제23판

금융기관론

FINANCIAL INSTITUTION

강병호 · 김대식

제23개정판을 내면서

미처 생각을 가다듬기도 전에 한 해가 훌쩍 지나갔다. 그간 국내외적으로 금융환경의 변화가 컸다. 이에 따라 금융제도의 변화도 컸다. 그간 관련된 국제적인 규범과 관련 법령의 개정으로 달라진 부분을 가급적 수정하였으며 일부는 개정이 예상되어 현재 국회에 계류되어 있는 부분도 포함하였다. 글로벌 환경의 변화에 따라 국제적인 규범이 대폭적으로 변하였다. 특히 은행과 보험부문의 변화가 컸는 바 이러한 제도의 부분도 중요한 것은 가급적 포함시키려고 노력하였다. 먼저 은행부문에서는 기존의 BASELⅡ의 최소자본금규제가 충분하지 못하여 시스템리스크의 확산과 금융위기 재발을 막는 데 한계가 있다는 비판에 따라 2013년부터 적용되고 있는 규제적인 BASELⅢ기준서의 중요 내용을 요약 설명하였다. 한편 보험부문에서는 2023년부터 국제회계기준원(IASB)의 IFRS9(금융상품)과 IFRS17(보험계약)기준으로 회계방식을 적용하게 되어 이에 대한 개략적인 설명과 함께 부록에 보다 자세하게 요약하였다.

제한된 시간이라 이번에는 변경된 내용을 충실하게 담지 못했지만 앞으로 책의 내용을 보다 알차게 하고 변경된 제도는 가급적 빨리 수정하도록 할 것이다. 책의 내용이나 형식에 대한 독자 여러분들의 어떠한 지적이나 충고에 대해서도 겸허히 수용할 것이다. 이 책의 교정에 자본시장연구원의 이성복 박사와 황현영 박사의 도움이 컸다. 이들에게 크게 감사한다.

2024년 1월

저 자

제22개정판을 내면서

금융기관을 둘러싼 환경이 급변하고 있고 그에 따라 법과 제도 또한 변하고 있어, 그 내용들을 정리하여 전체적인 그림을 이해하는 것만 아니라 구체적인 변화도 이해하는 것이 이 책의 목적이다. 그러나 이 개정판을 정리하면서도 현실을 완벽하게 표현 못한 부분이 많아 아쉬움이 남는다.

다만 이전 판의 기관별 상세한 설명에 덧붙여 금융기관의 전체적인 그림을 좀 더 잘 이해하는 데 도움이 되도록 변화를 주었다. 21판의 금융관련 사항을 개관하는 제1편에서 첫 장에 등장했던 '통화 및 통화정책'은 한국은행 설명편의 부록으로 보내고, 우리가 학습하려고 하는 금융과 금융기관의 본질에 대한 설명을 새로이 삽입하였다. 금융산업의 존재가 국민경제발전에 왜 필수적인가와 이러한 역할을 수행하기 위해서는 다양한 금융기관들이 필요함과 구체적인 기능을 설명하려고 노력하였다.

개별 금융기관을 살펴보는 제2편에서는 앞부분에 수많은 금융기관들의 종류와 숫자, 규모들을 개관할 수 있는 자료를 첨부하여 전체적인 그림을 우선 이해하고 개별 금융기관들의 특징을 볼 수 있도록 노력하였다.

물론 각 부분에 21판 이후에 변화된 다양한 관련 사항들도 수정하려고 노력하였다. 이런 노력에도 불구하고 좀 더 잘 표현할 수 없었을까 하는 아쉬움이 남는 것은 어쩔 수 없다. 좀 더 완벽한 제23판을 위해서 지금부터 시작하고 노력하겠다는 다짐으로 아쉬움을 달랠 수밖에 없을 것 같다.

2020년 2월

저 자

제21개정판을 내면서

이번 제21개정판은 대폭적인 수정을 하였다. 그간 한 학기에 강의하기에는 너무 분량이 많다는 지적에 따라 제3편 통화편에서 원화와 함께 이른바 3각 통화(triangle money)의 일부라 지칭하는 외환과 주가를 삭제하고 3편을 2편으로 줄였다.

그간 관련법의 개정으로 달라진 부분을 수정하였으며 일부는 개정이 예상되어 현재 국회에 계류되어 있는 부분도 포함하였다. 글로벌 환경의 변화에 따라 대폭직으로 변한 제도의 부분도 가급적 포함시켰다. 앞으로 책의 내용을 보다 알차게 하고 변경된 제도는 가급적 빨리 수정하도록 할 것이다. 책의 내용이나 형식에 대한 독자분들의 어떠한 지적이나 충고에 대해서도 겸허히 수용할 것이다.

2016년 2월

저 자

제20개정판을 내면서

우리나라 대학의 강의가 너무 이론에 치우쳐 실용성과 현실적합성이 부족하다는 말을 자주 들었다. 충분히 일리가 있고, 이렇게 된 데는 학자들의 책임도 적지 않다는 생각이다. 경제학을 생활의 방편이 아닌 너무 이론중심으로 가르쳐 학생들에게 경제학은 어려운 학문이란 인식을 심어 주었기 때문이다. 경제학을 위시한 사회과학이 실용적인 학문이 되기 위해서는 이론과 현실의 적절한 조화가 필요하다.

최근의 글로벌 경제위기를 계기로 경제학이 과연 필요한 것이냐는 냉소적인 비판이 많다. 모든 경제주체들은 합리적이고 이성적으로 행동한다는 전제하에 형성된 고전이론은 수정되거나 폐기되어야 하지 않느냐는 주장이 그것이다. 특히, 인간 합리성의 전제하에 '인간의 탐욕적 이윤추구 동기와 시장의 역할이 혁신과 발전의 원동력'이라는 신자유주의 이론이 거센 비판을 받고 있다. 기술혁신을 통해 기업은 노동비용을 줄이고 시장은 경쟁을 통해 기업의 이윤을 극대화하려 하지만 고용 없는 성장으로 소비자의 구매력은 오히려 줄어들고 이는 다시 산업의 몰락으로 이어지는 자기파괴 과정을 반복하고 있는 것이 작금의 현실이라는 것이다.

일찍이 자본주의의 업적을 평가하면서도 그 부작용을 우려했던 케인즈는 '비합리적인 세계에서 합리적인 예측을 하려는 것보다 더 큰 재앙은 없다'고 말한 바 있다. 그렇다고 그 또한 오늘의 경제 현실에 대해 그 원인을 충분하게 설명하고 이에 대한 만족할 만한 해법을 제시하지는 못하고 있다. 불황이 오면 정부가 적자재정을 통해 부족한 수요를 충족해야 한다고 주장한 그도 결국 국가파산이라는 덫을 제대로 보지 못하였을 뿐만 아니라, 특히 금융위기가 경제위기로 파급되는 과정과 원인에 대해 이론적으로 설명하지 못하고 있다. 과거 수 세기 동안 풍미해 온 주류경제학을 대체할 새로운 이론이 있어야 하는가? 현대 경제이론이 중대한 변곡점에 온 것은 분명하다.

사실 경제이론은 현실을 그대로 기술하는 것이 아니라 설명하는 것이 목적이기 때문에 때로는 무리한 가정과 추상화의 과정을 거칠 수밖에 없고, 따라서 태생적으로 불완전한 측면이 있다. 그렇다고 이론이 무용한 것은 아니다. 오히려 그 반대이다. 이론은 현실을 이해하는 방법을 제시하며, 충분한 해답은 아니더라도 무엇이 문제인가를 알게 해 준다. 따라서 이론적인 바탕이 없는 제도나 정책은 마치 기초공사가 없는 건축물과 같다고 할 것이다.

역사학자 에드워드 카는 "역사는 끊임없이 연구자의 주관과 사관에 의해 새롭게 해석되고 다시 쓰여져야 한다"고 했다. 경제학도 사회현상을 연구하는 학문인 이상 현실이 바뀌면 연구방법도 달라져야 한다. 이 책은 나름대로 이론과 실용성을 조화하려고 노력하였으나 부족한 점이 많다.

이 책은 3편으로 구성되어 있다. 제1편은 금융이론편으로 금융에 대한 기초지식과 함께 현실적합성과 실용성을 중시하여 현실에서 이슈가 되고 있는 테마를 주로 미시적으로 다루었다. 금융산업에 대한 경쟁과 규제, 금융자본과 산업자본의 관계, 금융기관의 지배구조 등이 그 예이다.

제2편은 우리나라의 금융제도를 다루었다. 현존하는 개별 금융기관과 이들을 지원 또는 감독하는 금융하부구조와 이들에 대한 규제환경 등이 그 예이다. 제3편은 통화편으로 화폐금융론에서 다루는 통화이론과 이자율, 환율, 주가 등 이른바 3각 통화(money triangle)에 관한 이론을 서술적으로 요약하였다.

저자의 강의 경험으로는 제2편까지만 다루어도 한 학기 강의 분량으로 충분하였고, 제3편은 거의 다루지 못하였다. 따라서 제3편은 별도로 화폐금융론에서 다루는 것이 적합하다는 생각이나 다른 부문과의 연계성을 고려하여 간단한 소개 정도는 바람직하다는 생각이다. 특히 학생들에게 금융제도 전반에 관한 이해를 돕기 위해 졸저 「금융시장론」과 연계하여 강의하면 더욱 효과적일 것으로 생각한다. 「금융시장론」은 국내에서 거래되는 각종 금융상품과 금융수단을 하부시장(sub-market)별로 소개하고 있다.

이 책은 새로 개정한 「상법」, 「한국은행법」 등과 현재 국회에서 심의 중인 「자본시장법」 개정안과 「금융회사의 지배구조 개선에 관한 법률」 제정안 중 주요 내용을 가능한 한 많이 담으려고 노력하였다. 그러나 변경된 부분이 많고 내용도 방대하여 누락하거나 소홀히 다룬 분야도 적지 않을 것이다. 혼자 힘으로 이를 모두 소화하기에는 능력에 한계가 있었음을 솔직히 고백하며, 이 점 독자 여러분의 이해가 있기를 빈다.

이 책은 대한민국 국회와 법제처의 각종 법령, 금융위원회의 '뉴스레터', 금융감독원의 '금융감독정보', 한국은행의 '금융경제연구', 금융연구원의 '주간금융브리프' 등의 각호와 이들 기관이 배포한 보도자료를 참고하였다. 이 밖에 이 책에서 인용한 논문이나 저술은 직접 인용한 것 이외에도 책 내용의 설명과정에서 간접적으로 인용된 부분이 많다.

이 책을 지금까지 계속 출판함에 있어 고마워해야 할 분들이 많다. 이헌재 전 경제부총리와 교정을 보아 준 한국기업지배구조원의 후배들, 그리고 매년 개정함에도 불구하고 흔쾌히 출판을 맡아 주신 박영사 임직원 여러분 등이 그들이다. 특히 이헌재 전 부총리는 외환위기 극복을 위해 선두에서 지휘하는 과정에서 천학비재한 저자를 동참하게 하여 현실과 이론에 대한 새로운 시각을 갖게 해 주었고, 이후에도 늘 각별한 애정으로 지도편달을 아끼지 않으셨다. 이들에게 늘 감사하는 마음으로 살아가고 있다.

2015년 1월

저 자

제 6 개정판을 내면서

지금까지 우리는 이것 저것 많이 한 것 같은데 막상 짚어보니 보잘것 없다. 구조조정, 망가진 시장의 복원, 각종 규범의 제정 등 이른바 하부구조를 의미하는 하드웨어는 어느 정도 손질되었지만 금융의 관행이나 시장참가자의 의식구조 등 상부구조를 의미하는 소프트웨어는 아직 멀었다는 느낌이다.

개혁은 국민들의 광범위한 신뢰와 지지 없이는 성공할 수 없다. 외환위기 직후 우리 국민들은 개혁을 전폭적으로 지원해 주었다. 한치 앞도 내다볼 수 없는 캄캄한 낭떠러지에 서서 한줄기 빛을 찾으려는 위기의식에서였을 것이다. 그러나 빛이 보이는 순간부터 개혁에 대한 국민적인 공감대는 약해졌다. 한편으로는 개혁에 대한 때이른 자만과 다른 한편으로는 개혁에 대한 피로감이 만연되고 있다. 위기가 되풀이되는 것을 막고 보다 전진하기 위한 틀을 만들기 위해 개혁의 속도를 내야 할 시기에 정작 개혁이 중단되고 있는 것이다. 지금이야말로 李珥 선생의 실용주의적 개혁을 추진하여 우리사회의 更張勢力이 제대로 형성되어야 할 시기가 아닐런지? 특히 기득권층과 개혁의 과실배분에 있어 상대적 박탈감이 컸던 소외계층들의 저항이 커지고 있다. 사회선택문제의 해답을 제시해 주는 이상적이고 일반적인 사회후생함수(사회의사결정과정)는 존재하지 않는다는 K. Arrow의 "불가능성 정리"가 새삼스럽다.

개혁의 초점은 무엇보다도 비생산적인 지대추구(rent seeking)행위를 억제하는데 두어야 한다. 무임승차가 있어서는 안 된다. 씨 뿌리는 자 따로 있고 거두는 자 따로 있어서는 안 된다(one man sows and another reaps). 그러나 개혁은 지속되어야 한다. 결코 1회성으로 끝나서는 안 된다. 개혁은 중도에 포기하거나 과거로 회귀하면 당초에 시작하지 않았던 것보다 사회적 비용이 비교가 안 될 정도로 크기 때문이다.

이미 세계는 하나의 시장으로 통합되어 가고 있고 이러한 추세는 앞으로 더욱 가속화될 것이다. 이러함에도 우리 특유의 제도만을 고집하는 것은 폐쇄경제하에서 국제경쟁에서 낙오만을 초래하는 결과가 될 것이다. 따라서 우리의 금융제도 또한 부단히 진화를 해야 한다. 그러나 금융제도를 개편하는 데는 많은 사회적 비용과 그 정착에 적지 않은 시간이 소요된다. 뿐만 아니라 이렇게 만든 제도가 지금 당장은 보다 효율적으로 보일지라도 장기적으로 최적의 금융제도가 된다는 보장은 없다. 금융제도란 본시 내생성을 가지고 있을 뿐 아니라 시대에 따라 변해야만 하는 동태적인 성격을 가지고 있기 때문이다.

금융제도 개편은 단순히 제도개편에 치중하기보다는 금융하부구조의 확충과 발전에 우선순위를 두어야 한다는 생각이다. 즉 금융시장의 경쟁성을 저해하지 않으면서 건전성과 공정성을 제고할 수 있는 금융규제 및 감독제도의 설정, 신뢰성과 유효성 있는 법률제도의 마련, 잘 훈련된 전문가집단의 형성, 국민의 의식수준의 향상과 금융에 대한 올바른 이해 증진 등이 그 예이다.

그간 우리나라는 수차례에 걸쳐 금융제도 개편을 하였지만 대부분이 그때 그때의 금융현상만을 보고 이에 대한 부분적이고 증상대응 식으로 이루어진 감이 없지 않다. 흔히들 기존 제조업위주의 산업구조로는 21세기 한국경제의 새로운 도약에 한계가 있으므로 앞으로의 우리나라의 성장동력은 지식서비스업이 바람직한 대안이며, 이 중 금융업이 이러한 시대적 요구에 가장 부합하는 산업일 것이라고 한다. 이른바 동북아 금융허브를 구축하자는 화두도 이러한 의미일 것이다. 그리고 이를 위해서는 다시 한번 금융제도의 일대 개혁이 필요하다는 주장도 적지 않다.

그러나 무릇 모든 개혁이 그러하듯 너무 서둘러서는 안 된다는 생각이다. 이미 우리는 1997년 외환위기를 계기로 한 차례 빅뱅식 개혁을 단행한 바 있다. 동 개혁조치는 전반적으로 성공적이었다고 생각되지만 부문에 따라서는 아직 동 조치가 제대로 정착되지 못하고 있거나 부작용과 시행착오가 있는 부문도 적지 않다는 생각이다. 따라서 지금 당장 금융제도의 급격한 변화를 추구하기보다는 기왕의 제도가 제대로 정착되도록 보완하는 쪽에 중점을 두고 가능한 한 시장원칙을 훼손함이 없이 금융제도의 내생적인 발전을 기대하며 점진적 경로의존적(path dependent)으로 국제적인 정합성을 접목시켜 가는 것이 더 바람직할 것이다.

외환위기 이후 3년 동안 정신없이 바빴지만 이 같은 일에 동참할 수 있었던 것은 개인적으로 큰 보람이었다. 이와 같은 기회를 준 李憲宰 전 금융감독원장님과 금융감독원 동우 여러분 그리고 출판을 맡아 준 박영사 임직원 여러분께 진심으로 감사한다.

2000년 1월

저 자

차 례

제 1 편 금 융 이 론

제4장 금융감독과 금융소비자 보호

제 5 장 금융과 산업

제 6 장 금융회사의 지배구조

제 2 편 금 융 기 관

제 7 장 우리나라의 금융기관

제 8 장 예금취급기관

제 1 편 금융이론

제1장 금융의 개관

제2장 금융제도

제3장 금융산업의 경쟁과 규제

제4장 금융감독과 금융소비자 보호

제5장 금융과 산업

제6장 금융회사의 지배구조

제 1 장

금융의 개관

FINANCIAL INSTITUTION

제 1 절 경제성장과 금융

Ⅰ. 저축과 투자

현재의 경제수준을 높이고 향후에도 높은 성장률을 유지하는 것이 모든 경제체제의 제 1차적인 목표이다.[1] 이를 위해서 금융은 중요한 역할을 하고 있는데, 이는 저축(saving)과 투자(Investment)라는 중요한 요소를 통해 실물경제와 밀접하게 연계되어 전체 경제(성장)의 중요한 축의 역할을 하고 있기 때문이다. 예를 들면, 실물자본의 축적과 그로 인한 경제성장은 저축과 투자가 있어야 하며, 이를 위해서는 경제주체들 간의 자금의 대부(lending)와 차입(borrowing) 행위를 용이하게 하는 금융이 존재해야 한다. 수많은 금융증권의 생성, 다양한 금융(중개)기관의 역할, 장단기금융시장 등의 금융요인들이 존재하는 이유이다.

이들의 역할과 상호연관성을 이해하려면 우선 '저축-투자(saving-investment)' 과정을 간단히 살펴보는 것이 출발점이 될 수 있다.

1. 저축–투자와 경제성장

경제성장에 필수적인 실물자본의 축적은 어느 경제체제에서나 가장 중요한

1) 현재 한 국가의 경제력을 우선 국민총생산(GDP)과 그 성장률을 기준으로 평가하고 있지만 이것만이 유일한 경제정책의 목표는 아니다. 그 외에도 빈부 격차 해소, 고용률, 환경문제 해결 등 국민들을 행복하게 할 수 있는 수많은 목표들이 공존하지만 여기서는 이 목표들의 근간이 되는 경제수준과 성장률에 초점을 두고 있다.

요소 중 하나다. 우리가 지향하는 높은 경제수준과 고용률, 경제성장, 물가안정 등 경제 목표를 달성하는데 핵심역할을 하는 것이 저축과 투자[2]의 관계이다, 현대 시장경제에서는 이들 관계 또한 복잡하지만 간단히 이해하기 위해 경제학자들이 흔히 애용하는 로빈슨 크루소우[3](앞으로 RC라고 지칭함) 경제를 가정하는 것이 도움이 될 것이다.

RC와 그의 앵무새는 생존하기 위해 물고기를 잡아야만 한다. 하루 동안 일상적으로 잡는 물고기의 양이 이 경제의 생산액이고 소득이 된다. 현재보다 나은 생활수준 향상을 원하는 RC는 하루에 좀 더 많은 고기를 잡기 위해 자본투자, 즉 그물제조를 하고자 한다. 이를 위해서는 추가적인 시간이 필요하므로 오늘 잡은 고기를 다 소비하지 않고 일부를 저축하여 그물망을 만드는데 투자하는 추가시간에 대비를 해야 할 것이다. 즉, RC는 하루 동안의 생산/실질소득 전부를 소비하지 않고 일부를 저축함으로써 자본축적(그물)을 하고, 이로써 내일은 좀 더 많은 생산과 소득을 획득하여 생활 수준이 제고될 것이다. 이러한 오늘의 수확량의 일부를 남기는 행위는 RC가 그물제조(실물투자)에 시간할애를 가능하게 하는데, 저축의 실적적인 효과는 생산물의 일부를 향상된 생활수준달성을 위해서 필수적인 자본재를 축적하여 생산성을 증가시키는 데 사용할 수 있게 하는 것이다.

생산성 증대를 위해서는 투자를 통한 자본축적이 필수적이고 투자를 위해서는 저축이 필요하다는 저축-투자 과정의 원리는 현재의 복잡한 시장경제에서도 동일하게 적용된다. 단 하나의 차이점은 RC경제와는 달리 저축을 하는 주체와 실물투자를 하는 주체가 서로 다르다는 점일 것이다.

한 경제에서의 다양한 개별 경제주체별로 보면 특정기간 동안 의도(ex-ante)되거나 사후적(ex-post)인 저축과 투자는 다를 수 있지만, 경제 전체로 보면 전체적으로 저축된 규모 내에서만 자본축적이 가능하기 때문에 사후적인(ex-post) 저축과 투자는 동일[4]할 수밖에 없다.

국민경제에서 특정 기간 동안에 걸쳐 얻어진 현재 소득 중 얼마가 저축으로

---

2) 여기에서의 투자(investment)는 자본재의 구입인 실물투자를 의미하며 금융자산을 구입하는 금융투자와는 구별된다. 저축(saving) 또한 소득에서 소비 이후에 남는 부분을 의미하며 금융자산형태로 유지되는 (금융)저축과는 구별된다. 따라서 여기서의 저축과 투자는 실물 저축과 투자를 의미한다.

3) Daniel DeFoe의 Robinson Crusoe와 Friday.

4) 간단하게 보면 특정기간 동안의 경제수준(Y:GDP)은 대외거래와 정부가 없는 단순경제에서의(Ex-post) 생산=소득이며 이는 C(총소비) + S(총저축) = Y = C(총소비) + I(총투자)로 S = I이다.

이어지고, 저축된 자원이 얼마나 더 생산성이 높은 투자로 연결되는가에 따라 경제성장률이 결정된다. 따라서, 다른 여건이 동일할 때, 주어진 경제수준에서 더 많은 저축과 투자가 이루어지면 생산성 향상으로 이어져 경제성장속도는 더 빠를 것이다. 더구나 저축자원의 더 효율적인 배분, 즉 순생산성이 더 높은 투자안으로의 자원배분이 이루어지면 경제성장률은 더 커질 것이므로 경제성장에의 저축-투자의 기여도는 더 커질 것이다.

더 잘 먹고 잘 사는 경제목적 달성에 필수적인 저축-투자의 중요성을 개념적으로 강조했지만, 저축을 하는 경제주체와 투자를 하는 경제주체가 일치하지 않고 각 주체의 숫자도 셀 수 없을 정도인 현대 경제사회에서 이와 같은 연결은 간단한 과제가 아니다. 다양한 방법으로 분산되어 있는 저축자원을 모으고, 수많은 투자안 중 생산성이 높은 투자자안을 선별하고 연결시켜서 경제적 목적을 효과적으로 달성하도록 하는 역할이 필수적인데, 이러한 역할을 금융시스템이 담당하고 있다. 금융시스템이 더 효율적으로 작동할수록 저축자원이 늘어나고, 늘어난 저축자원을 가장 생산성이 높을 것 같은 투자안에 연계시킴으로써 전체 경제성장률을 높이게 될 것이며, 이러한 과정에서 금융의 역할과 부가가치가 생성된다.

2. 저축-투자와 Borrowing-Lending의 관계

현대의 시장경제에서 실물변수(저축(S)과 투자(I))와 금융변수는 자본형성과정만 보더라도 복잡하게 얽혀 상호작용하고 있으며, 이로 인해 금융시장이 생성된다. 경제 내의 다양한 모든 경제주체(가계, 기업, 정부)가 자급자족단위라면 자신들의 계획된 투자만큼 저축을 할 것이고 저축된 규모 내에서 투자를 할 것이다, 이 경우 모든 개별주체의 저축과 사전/사후 투자는 동일함으로써 로빈슨 크루소우 경제와 동일하게 다른 경제주체의 투자를 위해 빌려줄 수 있는 잉여저축은 발생할 수 없을 것이다.

그러나 현실에서는 특정기간 동안 자급자족하는 경제주체는 극소수일 것이다. 일부는 저축이 자신들의 계획된 투자보다 더 많을 수 있다. 이런 경제주체는 흑자주체(surplus unit) 또는 잉여저축을 타인에게 빌려줄 수 있는 자금공급자이다. 다른 주체는 특정기간 동안의 저축이 계획된 투자보다 적은 경우이다. 이들은 적자주체(deficit unit) 또는 타인으로부터 부족분을 빌리고자 하는 자금차입자가 된다.

저축이 계획된 투자보다 많은 흑자주체는 현대의 경제체제하에서 잉여분으로 기존 부채를 상환하거나 새로운 금융자산(화폐, 예금, 채권, 주식 등)[5]을 취득하게 된다. 이러한 행위는 대부(lending)행위로 대부자금의 공급(supply of loanable funds)이 되고, 다른 면에서 보면 금융증권의 수요(demand for financial securities)가 된다. 동시에 저축이 계획한 투자보다 적은 적자주체는 보유하고 있는 금융자산을 처분하거나 차입을 해서 투자부족분을 메우게 될 것이다. 이러한 차입(borrowing)행위는 대부자금의 수요(demand for loanable funds)가 되고 금융자산측면에서 보면 금융증권의 공급(supply of financial securities)이 된다.[6]

그러므로 금융증권을 매개로 차입과 대부가 발생하는 근원적인 이유는 경제 내의 개별 경제주체의 생성된 저축과 계획된 투자규모의 차이가 존재하기 때문이다.

금융부분은 적자주체가 발행한 금융증권을 매개로 적자주체와 흑자주체의 적절한 연결을 용이하게 하거나, 또는 양자 사이에 위치하여 증권을 매개로 각각의 거래상대방이 되어 줌으로써 이들 다양한 흑자주체와 적자주체를 연결시키는 것이 기본적인 역할이다. 특히, 경제 전체적으로 보면 흑자주체들이 만족스럽게 생각하는 조건으로 금융증권이 제공되도록 하여 더 많은 저축자원을 확보하고, 확보된 자원을 생산성이 높은 더 높은 투자안으로 연결하여 개별 주체들을 만족시키는 역할을 하게 되는데, 그 결과 전체경제의 성장성을 제고하는 것이 금융의 바람직한 역할이라 할 수 있다.

특히 현실에서 특정기간 동안에 어느 경제주체(가계, 기업, 정부, 해외)나 흑자주체가 되기도 하고 적자주체가 되기도 할 것이지만, 통상적으로 흑자주체는 가계이고 적자주체는 투자를 주로 담당하는 기업인 것을 감안하여 간단하게 표현하면 [그림 1-1]과 같이 요약할 수 있다. 가계는 소득에서 소비를 하고 남은 저축으로 금융기관 또는 기업이 발행한 증권을 매입하고, 기업은 금융기관 또는 가계의 투자를 받

5) 현대사회에서 자금수요자와 자금공급자의 거래는 금융증권(financial security)을 매개로 이루어진다. 간단하게 말하면, 금융증권은 자금수요자가 자금공급자로부터 필요한 자금을 조달하기 위해, 자금공급자에게 제공할 미래의 혜택을 자금수요자가 상세히 기술한 증서라고 할 수 있다. 따라서 금융증권은 자금수요자가 발행하고 자금공급자는 증권을 받고 자금을 공급하게 된다. 금융증권은 다양한 자금공급자와 수요자의 다양한 수요를 용이하게 반영하기 위해 다양한 형태를 띠고 있다. 예를 들면, 예금, 적금, 주택담보대출, 생명보험, 채권, 주식 등 상황에 따라 명칭을 달리하면서 특정 형태의 자금공급자와 수요자의 필요에 맞추기 위해 존재하고 있고, 새로운 필요에 대응하여 새로운 증권이 개발되고 있다.

6) 각 경제주체의 저축과 투자, 그리고 이들 간의 자금거래를 요약한 내용이 한국은행에서 작성하는 '자금순환표'이며 제7장 부록 7-1에(331쪽) 자금순환표에 대한 설명이 있다.

그림 1-1 금융과 실물경제의 순환관계

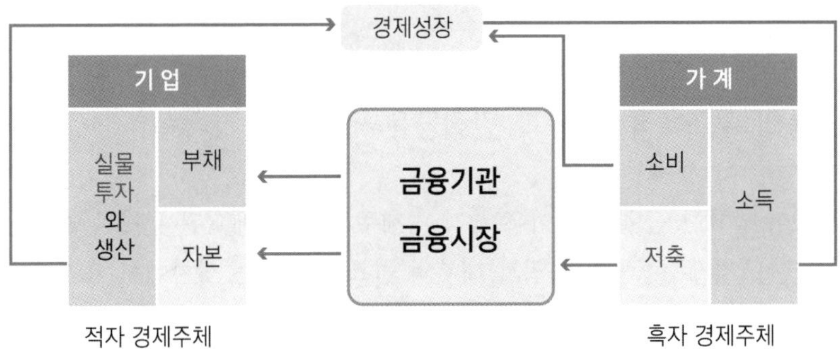

자료: 한국은행, 한국의 금융제도, 2018.

아 기업내부에서 조성된 저축과 합하여 실물투자와 생산을 하게 된다. 이 과정에서 경제성장을 하게 되고 가계는 다시 소득을 올리게 되는 순환과정을 거치게 된다.

3. 금융의 효율성

금융의 기본적인 역할이 자금수요자와 공급자를 연결시키는 것이지만 이를 얼마나 잘하고 있느냐를 언급할 때 금융효율성이라는 용어가 사용된다. 금융이 효율적일수록 주어진 여건에서 자금제공여건이 좋을 것이고 생산성 있는 투자안의 실행이 용이해질 것이므로 결국 전체적인 경제성장 가능성도 높아진다.

금융효율성은 두 단계로 나누어 볼 수 있다. 첫 번째는 분배의 효율성(Allocational Efficiency)이다. 한정된 저축자원이 생산성이 높은 (최소한 높을 것으로 기대되는) 투자안 순서대로 배정되는 정도가 높을수록 분배의 효율성이 높다고 할 수 있으며, 그 결과 주어진 성장성이 더 높아질 것이다.

두 번째는 비용면을 평가하는 운영의 효율성(Operational Efficiency)이다. 분배의 효율성을 달성하기 위해서는 다양한 방법으로 저축자원을 모으고 투자대안을 발굴, 평가, 자금투입, 사후관리 등을 통해 결과를 산출해야 하는데 이 과정 모두에 자원이 투입되어야 한다. 금융과정을 수행하기 위한 비용이 최소화될수록 운영효율성이 높다고 할 수 있다.

분배와 운영 효율성의 결과로 금융 효율성 수준이 결정되며, 분배와 운영 효율성이 높을수록 주어진 저축자원당 경제성장의 정도가 더 높아질 것이다.

Ⅱ. 금융의 구조: 직접금융과 간접금융[7)]

금융이 필요한 근원적인 이유는 각 경제주체 내의 계획된 투자와 저축의 불균형에 있으며, 경제주체들의 차입과 대부의 필요성이 있는 상황에서 흑자주체의 저축이 적자주체에게 연결되기 위해서는 다양한 금융연결이 필요하다.

현대의 금융의 구조는 선정된 기준에 따라 다양하게 구분되어 질 수 있지만[8)], 적자주체인 자금수요자와 흑자주체인 자금공급자의 필요를 금융시장에서 해결(연결)하는 방법이라는 기준에서 보면 금융은 직접금융(direct financing)과 간접금융(indirect financing)으로 구분할 수 있다.[9)]

직접금융은 자금조달이 필요한 적자주체가 발행한 금융증권이 대부를 하고자 하는 흑자주체에게 형태의 변환없이 전달되고, 그 결과 흑자주체의 자금이 적자주체에게 전달되는 방법을 의미한다. 경제주체 간의 직접 대면한 차입-대부거래가 이에 속하지만, 현대에서는 대면이 아니더라도 금융기관의 도움으로 국채, 회사채, 주식 등의 증권이 금융시장에서 다양한 흑자주체에 의해 소유되는 과정이 예가 될 수 있다. 이 방법에서는 적자주체가 발행한 증권이 형태의 변환없이 그대로 흑자주체(투자자)의 자금과 교환되는 과정에서 금융투자업자가 주된 중간 역할을 하고 있다. 여기서 금융투자업자는 부동산 시장의 공인중개사와 유사하게 수요자와 공급자의 연결을 손쉽게 하는 대가로 수수료를 받게 되지만, 증권과 자금의 교환 이후의 법

---

7) 이 세션의 설명은 금융기관론 제3판(청람)의 내용과 유사/동일한데, 동일한 저자가 작성했기 때문임을 밝히고자 한다.

8) 한 예로, 금융증권이 거래되는 장소 또는 메커니즘을 의미하는 금융시장은 흔히 거래되는 금융증권의 형태에 따라서 구분한다. 1년 미만의 만기를 가진 증권이 거래되는 단기금융시장(화폐시장), 1년 이상의 증권이 거래되는 장기금융시장(자본시장), 외환이 거래되는 외환시장, 선도, 선물, 스왑, 옵션이 거래되는 파생상품시장으로 구분되기도 한다. 그러나 증권의 매각대금이 증권발행자에게 전달되는가에 따라서 보면 발생시장과 유통시장으로 구분하기도 한다. 이외에도 다양한 기준과 구분이 있는데, 복잡한 금융시장을 이해하기 위해 다양한 기준을 적용하여 구분하는 것은 금융시장을 좀 더 잘 이해하고자 하는 노력의 일환으로 볼 수 있다.

9) 이 주제는 발행시장에서의 연결방법에 초점을 두고 있다.

적인 권한·의무 관계는 거래 당사자인 적자주체와 흑자주체 간에 직접 연결된다.

간접금융은 적자주체와 흑자주체 사이에서 거래에 책임을 지는 금융중개기관(finanacial intermediary)[10]의 존재가 필요하다. 금융중개기관은 흑자주체에게 자신이 발행한 금융증권(간접증권)을 발행하여 자금을 조달하고, 이 자금으로 적자주체가 발행한 증권을 매입보유하는 역할을 함으로써 흑자주체의 자금이 적자주체에게 전달되도록 하지만, 흑자주체가 자금제공 후 보유하는 증권은 적자주체가 아니라 금융중개기관이 발행한 증권이 된다. 따라서 금융거래를 통한 법적인 권한 의무관계는 흑자주체와 금융중개기관과 맺어지고 이와 별도로 적자주체와 금융중개기관 간에 맺어져서 적자주체와 흑자주체 간에는 아무런 연계성이 없게 된다. 예를 들면, 은행은 예금증권을 통해 자금을 조달하고 기업의 대출증권을 매입하여 자금을 기업에 제공하는 과정이나, 보험사가 보험증권 판매를 통해 자금을 조달하고 국채를 매입보유하는 행위들이 이에 속한다. 은행 예금자와 보험증권 매입자는 자금을 은행이나 보험에 제공하는 것이며, 제공된 자금을 사용하는 은행이나 보험사로부터 차입한 적지주체는 최종자금공급자와는 법적인 권한의무관계가 없다.

[그림 1-2]는 직접금융과 간접금융을 요약하여 보여주고 있다. 특정기간 동안

그림 1-2 금융의 구조

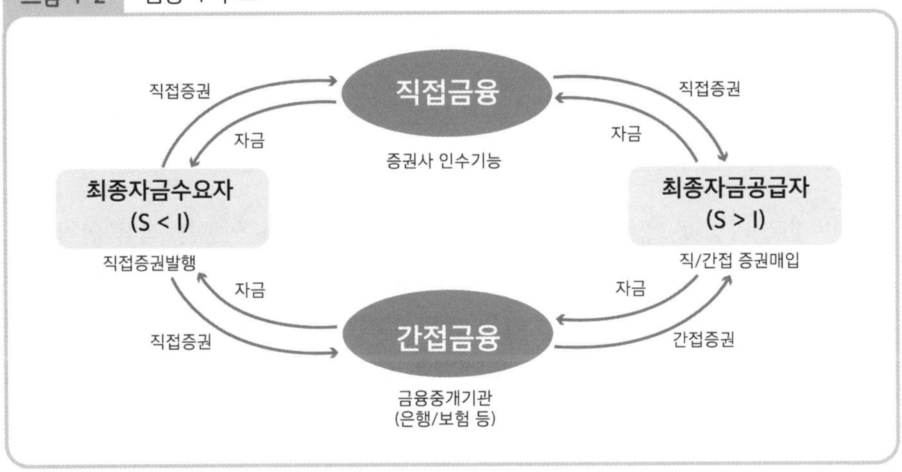

10) 금융기관(finanacial institution)은 자산과 부채 항목의 대부분이 금융증권으로 이루어진 기업조직이라고 할 수 있고, 금융중개기관(financial intermediary)은 금융기관 중에서 자신의 책임 하에 빌리고 자신의 책임하에 빌려주는 역할을 하는 조직, 은행과 보험 등으로 정의할 수 있다.

금융기관이 아닌 자금수요자(즉, 저축(S) < 투자(I)인 적자주체)는 금융증권을 발행하여 다음 중 한 방법으로 자금을 조달할 수 있다.

첫째, 금융증권(직접증권[11])을 발행하여 자금공급자인 비금융경제주체(즉, 저축(S) > 투자(I)인 흑자주체)에게 매각하여 자금을 조달하는 것으로 이 과정에서 금융투자업자의 도움을 받을 수 있고, 이 방법이 직접금융방법이다.

둘째, 금융중개기관에게 증권을 매각하여 자금을 조달하는 방법으로, 이 경우에 궁극적으로 자금을 제공한 최종자금공급자는 자금수요자가 발행한 증권이 아니라 금융중개기관이 발행한 증권을 보유하게 되며, 최종자금수요자와 공급자는 법적인 권한의무관계가 없는 간접금융방법이다. 금융중개기관의 수익원은 최종자금수요자가 지급한 대가와 금융중개기관이 최종자금공급자에게 지급한 대가의 차이로 결정된다.

이러한 차이점은 아래의 예로 보면 더욱 또렷이 볼 수 있다. 자금공급자인 가계의 저축 100만원이 자금수요자인 기업으로 전달되는 두 가지 방법을 약식 대차대조표를 통해 보여준다.

첫 번째 직접금융방법에서는 기업이 회사채(직접증권)를 발행하여 자본시장에서 증권사의 중개로 가계에 매각하였을 경우 거래 종료 후에는 다음과 같이 표시될 수 있다.

기업	
차변	대변
현금 100	회사채 100

가계	
차변	대변
회사채 100	순자산(저축) 100

이 경우 기업과 가계는 회사채를 통해 법적인 권리와 의무가 직접 연결된다. 기업이 약속한 원금과 이자는 가계에 전달되고 기업이 약속을 지키지 못할 때는 가계가 손해를 보게 된다. 이의 중개를 증권사가 담당했더라도 증권사는 거래성사를 위해 기업의 증권발행과 판매를 도와주고 가계에게는 정보제공 및 계좌관리 서비스 등을 제공하는 대가로 수수료를 받는 것으로 그 역할은 종료된다. 증권사는 대리인으로서의 역할이며 회사채의 약속사항에 대해서는 책임을 지지 않는다.

11) 증권발행 목적에 차이가 있어 이 장에서는 비금융경제주체가 소비 또는 투자를 위해 발행한 증권을 직접증권(direct security), 모은 자금을 다시 투자 또는 대출하기 위해 금융기관이 발행한 증권을 간접증권(indirect security)으로 구분하기로 한다.

두 번째 간접금융방법에서는 은행을 통해 자금이 중개된 경우를 예로 들었다. 은행을 통한 간접금융을 보면 가계는 은행이 발행한 예금증권(간접증권)을 받고 100만원의 자금을 빌려주고(예금하고) 은행으로부터 예금증권에 약속된 혜택을 기대하게 된다. 은행은 이 자금으로 기업에게 100만원의 대출(기업이 발행한 대출증권을 매입)하는 행위를 통해 가계의 자금이 기업의 투자에 활용되도록 연결시킨다. 은행은 대출금리와 예금금리의 차이로 수익 창출을 기대하기 때문에 이런 서비스를 하고 있다.

기업	
차변	대변
현금 100	대출 100

은행	
차변	대변
대출 100	예금 100

가계	
차변	대변
예금 100	순자산(저축) 100

가계의 자금이 기업의 투자에 활용되는 것은 직접금융과 동일하지만, 거래 종료 후의 이들 간의 관계는 직접금융과 다르다. 기업과 가계의 사이에 기업과 은행 간에는 대출증권으로 연결되고, 은행과 가계와의 관계는 예금증권으로 연결되지만 기업과 가계는 아무런 법적인 권리-의무 관계가 없다.

은행 등의 금융중개기관의 이러한 역할을 자산변환기능(Asset transformation function)이라고도 한다. 즉, 자금중개과정에서 자금공급자에 제공하는 금융증권의 형태와 자금수요자에게서 취득하는 금융증권이 서로 다르며 금융증권으로서의 특성 또한 서로 상이하며, 그 결과 한 형태의 금융증권(자산)이 다른 형태의 금융증권으로 변환하는 과정이 포함되는 것을 의미한다. 이 예에서는 금융중개과정에서 생성되는 대출증권의 특성과 예금증권의 특성이 안전성, 만기, 유동성 등 금융증권의 특질이 서로 상이하게 됨을 강조한 용어이다. 이런 변환 과정을 거치는 것은 금융중개기관의 고객이며 자금공급자인 가계의 금융필요성에 맞게 설계된 증권을 설계하는 동시에, 전혀 다른 방식을 원하는 자금수요자인 기업에 적정하도록 증권을 설계한 결과이며, 이를 통해 수익을 창출하려는 금융기관 노력의 결과이다. 동시에 금융기관은 이러한 자산변환서비스를 함으로써 양쪽의 고객을 만족시켜 수익성을 기대할 수 있지만 자산변환에 따른 책임을 지게 되므로 경영위험이 발생하기도 한다. 은행의 예금(증권)과 대출(증권), 보험사의 보험증권과 대출증권이 금융증권으로서의 성격이 상이하므로 자산변환기능의 예가 될 수 있다. 직접금융에서는 증권사가 중간에 개입하지만 동일한 증권을 통해 거래가 일어나므로 자산변환은 일어나지 않는다.

현실에서는 개별 금융기관이 어느 한 형태의 서비스만 하고 있다고 할 수는 없다. 상황변화에 따라 고객 서비스의 형태가 변할 수 있기 때문에 직접금융중심이면서도 어느 정도의 간접금융 서비스를 하는 경우도 있으며 그 반대도 마찬가지다. 또한 다수의 투자자에게 자금을 모아 투자포트폴리오를 구성운영하여 그 과실을 투자자에게 실적대로 나누어 주는 업무를 하는 자산운용사의 경우는 자산변환기능은 하지만 그에 따른 경영위험은 없는 경우이다.

III. 금융기관의 역할과 경영위험

금융은 최종자금수요자와 최종자금공급자의 효율적 연결을 통해 국민경제에 기여하고 있는데, 금융시장에서의 주된 연결고리는 금융기관이다. 최종자금수요자와 공급자가 자기들끼리 직접거래하지 않고 금융기관을 통해서 거래를 하는 데는 이유가 있을 것이다. 금융기관들 또한 자신들을 통해 거래하는 것이 직접거래보다 더 유리하도록 하는 서비스를 지속적으로 제공함으로써 수익을 창출하고자 하며, 이런 금융기관들의 서비스의 결과가 전체적으로 금융의 역할을 구성하게 된다.

구체적으로 어떠한 서비스를 제공함으로써 효율적 연결을 가능하게 하는가를 살펴보자. 일반제조기업이 특정 상품을 생산하여 고객을 만족시키듯이, 금융기관은 자금수요자와 자금공급자가 자체적으로 해결하기 어려운 다양한 금융욕구를 충족시키는 것을 업으로 하고 있고, 이를 통해 수익을 창출하고자 한다. 만약 이용자들이 아무 불편없이 자신들의 욕구를 스스로 충족시킬 수 있다면 금융기관은 존재할 이유가 없을 것이다. 금융기관이 존재하는 이유는 현실에서 그러한 욕구 충족이 용이하지 않기 때문이다.

예를 들면, 만약 현실에서 정보의 비대칭성(informational asymmetry)이 없고, 거래에 따른 위험(불확실성)도 없고, 거래비용(transaction costs)도 없는 완전시장(perfect market)이라면, 금융기관의 존재 이유가 없을 것이다. 자금공급자와 자금수요자가 서로 자신에 적합한 조건으로 차입하고 대여하려는 상대방에 대해 완벽한 정보를 가지고 있고, 서로 만나 각자에 적합한 계약을 성사시키고 그 후속으로 필요한 절차들을 이행하는데 따른 거래비용이 전혀 소요되지 않고, 또한 이런 거래에 따라 발생할 수 있는 위험을 스스로 인지, 측정, 관리할 능력이 있다면 금융기관의 역할을 찾기 힘든다.

그러나 현실에서는 자금수요자가 약속대로 잘 갚아 나가겠다는 약속을 믿을 수가 없고, 미래에 일어날 부정적인 상황에 대처할 능력도 결여된 경우가 많고, 자금차입자에 대한 추가정보를 얻거나 미래 위험을 추정하는데 또는 유효한 계약을 성사시키고 이행하는 데 많은 금전과 시간이 소요되는 게 보통이다. 결국 금융기관은 시장이 불완전하기 때문에 존재하는데, 시장의 불완전성이 다양한 만큼 불완전성을 해결하기 위한 금융기관들의 다양한 역할이 필요해 진다.

왜 현실에서 금융기관이 필요한지 금융기관의 서비스는 무엇인지를 좀 더 자세히 살펴보기 위해 직접금융 금융기관과 간접금융 금융기관들은 서로 상이한 서비스를 제공하고 있는데 그 내용을 살펴보기로 하자.

1) 직접금융시장에서의 역할

직접금융시장에서 연결 역할을 하는 금융기관인 증권회사는 투자자(자금공급자)에게 자금수요자 및 그가 발행한 증권의 특성에 대한 정보를 제공하고, 자금수요자(증권발행자)에게는 자금수요자의 상황을 반영한 적정 차입규모, 자금시장에서 선호도를 반영한 적절한 증권의 형태, 적절한 발생시기 등에 관해 조언하고, 더 나아가서 발행된 증권을 판매망을 통해 매각해주는 역할도 하면서 그 이후에 필요한 계좌의 관리서비스 등도 제공한다. 물론 증권이 발행된 이후의 유통시장에서의 거래도 담당한다.

이 과정에서 자금의 수요자나 공급자가 자신들이 필요한 서비스를 직접 수행할 때에 비해 보다 저렴한 비용으로 업무를 대행함으로써 시장참가자들의 거래비용을 낮추고 이로써 거래규모를 늘이는 데 기여한다. 증권사가 저렴한 가격에 이런 서비스를 제공할 수 있는 이유는 전문화된 조직과 인력, 그리고 판매망을 보유하고 있기 때문이다. 물론 증권사가 이러한 서비스를 제공하는 이유는 기업으로써 고객에게 제공한 서비스제공 대가인 수수료 수입을 위해서 이며, 이에 따른 금융기관이 부담하는 경영위험은 서비스제공을 위해 발생하는 비용이 수수료 수입보다 클 가능성에 국한된다.

2) 간접금융시장에서의 역할

간접금융시장에서는 자금의 수요자와 공급자 간의 연결이 하나의 증권을 통해 이루어지는 것이 아니라, 수요자와 공급자의 필요에 따라 금융중개기관(financial intermediary)이 별도로 디자인한 형태의 증권들을 매개로 거래가 이루어진다. 예를 들면, 은행을 통한 자금중개에서 예금자는 안전하고 언제나 찾을 수 있는 예금형태(예금증권의 매입)로 은행에 자금을 빌려주지만, 대출을 받는 기업은 부실가능성이 있는 장기 대출형태(대출증권을 발행하여 은행에 매각)로 자금을 빌린다. 만약 기업과 예금자가 직접 거래를 하고자 할 때는 서로가 원하는 증권의 형태가 달라 거래가 일어나기 어렵지만 은행이 중간에 들어 자산변환(Asset Transformation)을 통해 양자의 요구를 충족시킬 때 거래가 성사되게 한다. 즉, 예금자에게는 예금증권(안정성과 유동성 보장)으로 빌려서, 기업에게는 부실가능성이 있고 만기까지 유동성이 없는 대출증권으로 자금을 공급하게 된다. 금융기관이 이런 서비스를 제공하는 이유는 대출금리와 예금금리의 차이를 확보하는 것이지만, 이로 인해 부실로 인한 손실 가능성, 예상치 못한 과도한 예금인출에 따른 유동성 위험, 급격한 시장금리 변화로 인한 역마진 가능성 등 다양한 경영위험을 부담하게 된다.

자금수요자와 공급자가 직접 거래하고자 할 때 거래를 어렵게 하는 요인들이 무엇인지를 살펴보면 금융중개기관이 제공하는 서비스가 무엇인지 이해할 수 있을 것이다. 물론 이러한 서비스제공이 수익을 위해서지만 증권사보다는 더 다양한 경영위험도 수반하게 된다. 간접금융을 담당하는 금융중개기관들이 제공하는 중개기능과 그에 따른 경영위험은 아래와 같이 정리될 수 있다.

(1) 신용위험 중개기능(Credit Risk Intermediation)

자금의 수요자와 공급자 사이에는 자금수요자는 자신의 신용에 대해 정확히 알고 있지만 자금공급자는 알 수가 없는 정보의 비대칭성 문제가 존재한다. 불안한 자금공급자가 수요자에게 물어 본다면 모든 차입자가 신용이 좋다고 할 유인이 있고, 이를 확인하기에는 자금공급자가 전문성도 없고 막대한 비용을 지불하고 정확한 정보를 얻고자 하는 유인도 없다. 결국 신용이 나쁜데 좋다고 거짓말을 하는 차입자가 있을 가능성이 있으면 신용이 좋은 차입자도 자금을 조달하지 못하게 된다. 즉, 모든 차입자가 신용이 나쁘다고 평가되어버리는 레몬시장(Lemon Market)이 되어서 자금거래가 일어나지 않거나 일어나더라도 건전한 차입자가 과도한 이자를 지급해야 하는 문제가 발생한다. 차입자의 정확한 신용도가 측정되고 그에 따라 적정한 금리로 자금거래가 일어나는 시장을 잘 작동하는 시장이라고 하는 반면, 이 경우는 정보의 비대칭성 때문에 거래가 일어나지 않는 상황(시장실패)이 되어 버린다.

이러한 문제는 양자의 중간에 들어 자신의 책임 하에 빌리고 빌려주는 믿을 만한 제 3의 거래당사자가 있으면 해결이 될 수 있다. 자금 공급자는 은행의 약속(예금증권)을 믿고 빌려주고 은행은 조달된 자금을 차입자에게 신용도에 따라 차등금리를 받으면서 빌려주는 것이다. 특히 자금공급자가 안전한 대상에 투자하고 싶은 경우는 부도위험이 조금이라도 있는 차입자에게는 직접 빌려주지 않겠지만, 금융중개기관이 중간에 서서 법적 책임을 질 때는 이점에 대해 신경을 쓰지 않게 되어 자금중개가 가능해질 것이다. 이렇듯 자금 수요자와 공급자가 처한 위험이 다르더라도 자신의 책임 하에 빌리고 빌려주는 금융중개기관이 존재함으로써 자금중개가 가능하며 이러한 기능을 신용위험중개 기능이라고 한다.

물론 이런 기능은 아무나 제공할 수 있는 것은 아니다. 금융중개기관은 우선 자금 공급자가 안전성을 선호한다면 공급자가 믿을 수 있는 경제주체이어야 하고, 조달된 자금을 위험한 곳에 투자하는 업무를 수행하게 되므로 자금수요자에 대한 정보비대칭성 문제를 해결할 수 있는 정보능력을 갖추어야 한다.[12) 이러한 정보능력은 대상에 대한 정보를 취득하고 분석할 수 있는 능력으로 현실에서는 심사분석 능력이라고 한다. 또한 심사분석에 의거한 대출과 투자는 미래에 대한 예측이므로 부실이 발생할 수 있으므로 위험관리를 위해 분산투자를 할 정도로 규모가 커야 하고, 투자 후 상황 변화에 대응하기 위한 감시기능을 지속적으로 수행할 수 있어야 할 것이다. 금융중개기관의 정보비대칭성 문제를 해결하는 역할을 강조하여 위임된 감시자(delegated monitor)역할[13)]이라고도 부른다.

금융기관이 이러한 서비스를 통해 추구하는 것은 서비스를 통한 이익추구이며, 이를 위해 고도로 훈련된 전문가를 보유하여 이러한 능력을 강화한다. 금융중개기관이 신용위험중개기능을 심화시킬수록, 즉 자산과 부채의 평균 신용위험의 차이가 커질수록, 기대수익은 확대될 수 있지만 그에 따른 부실가능성은 커질 것이다. 기대수익의 확대는 금융기관의 부실자산규모의 확대 가능성, 신용위험(credit risk)의 증가로 이어지므로 수익과 위험 간의 조합은 개별 금융기관의 전략적 선택이 될 것이다.

(2) 만기중개기능(Maturity Intermediation)

자금 수요자와 공급자가 여타의 모든 조건은 일치하지만 원하는 만기가 일치

12) 정보비대칭성문제 해결 관점에서 금융중개기관의 필요성을 강조한 Leland & Pyle(1977) 참조.

13) Diamond D., "Financial Intermediation and Delegated Monitoring," *Review of Economic Studies*, August 1984, pp. 393-414.

하지 않을 경우도 거래가 발생할 수 없다. 예를 들면, 장기시설 투자자금이 필요한 기업과 언제든지 찾을 수 있는 조건으로 돈을 빌려주고자 하는 개인과는 거래가 일어나기 어렵다. 그러나 금융중개기관이 중간에서 각자가 원하는 만기로 거래의 상대방이 되어줌으로써 자금거래가 일어날 수 있게 된다. 이는 또 다른 금융중개 서비스인데 이러한 서비스는 경제 전체로 보면 금융거래 규모의 증가를 초래하여 경제발전에 기여할 뿐만 아니라 개별 참가자는 자신이 원하는 조건으로 금융거래를 할 수 있게 됨으로써 효용이 높아지게 된다.

최근에 도입된 모기지론(mortgage loan)은 만기중개기능을 통한 고객만족상품의 예이다. 이전의 주택담보대출은 소득에 비해 대출규모가 큼에도 불구하고 만기를 3년 또는 5년 정도로 한정함으로써 주택구입의사가 있지만 자금이 부족한 잠재대출자들이 대출대상에서 제외되는 경우가 흔했다. 그러나 모기지론은 20년 이상의 장기대출을 기본으로 함으로써 저축된 자금이 충분치 않은 사람들도 '자금 축적 후 구입'이 아닌 '구입 후 장기간 상환'을 통해 주택구입이 가능해진 것이다.

한편 은행과 같이 단기자금으로 장기대출을 하거나[14], 보험사와 같이 장기자금으로 단기대출을 하는 만기중개기능도, 자금운용수익과 조달비용 간 차이인 수익창출이 목적이지만, 이런 금융중개기관은 시장금리 변동으로 인한 금리위험과 단기자금의 과도한 유출이 발생할 수 있는 유동성 위험을 부담하게 된다.

1980년대 미국의 저축대부조합(S&Ls)의 문제가 만기중개기증으로 인한 금리위험의 예가 되고 있다. 이 기관은 단기인 예금으로 자금을 조달하여 30년 만기 고정금리 주택담보대출에 집중 투자하는 기관이다. 정상적인 상황에서는 만기가 길어질수록 대출이자가 높아지기 때문에 수익성이 좋았지만 역사상 유례가 없었던 높은 인플레이션과 고금리상황이 전개되자 역마진이 발생하여 산업자체가 붕괴되는 불운을 겪었다.

양쪽의 만기 차이가 커질수록 금융중개규모를 늘일 수 있고 기대수익도 커지지만 그에 따른 위험 또한 확대된다. 시장금리의 불확실성과 자금공급자들의 불확실한 자금수요에 의한 경영위험을 변동금리 대출, 대출의 증권화, 파생상품 등을 활용하여 관리할 수 있지만, 만기중개기능을 하는 한 금융기관들이 그에 따른 경

---

14) 금융중개기관의 유동성 창출 기능을 강조하고 그에 따른 예금보험기능의 필요성에 대해서는 Diamond,D and P. Dybig "Bank Runs, Deposit Insurance and Liquidity," Journal od Political Economy, 91-3, 1983, pp. 401-419 참조.

영위험을 부담하게 되는 것은 당연한 귀결이라 할 것이다. 결국 이를 얼마나 잘 관리하는가가 금융기관의 경쟁력을 좌우하고 나아가서는 생존에도 영향을 끼치게 된다.

(3) 금리위험중개(Interest Rate Risk Intermediation)

자금의 수요자와 공급자의 거래조건이 여러 면에서 다 일치해도 원하는 이자 지급방법이 상이할 때에도 거래의 성사가 어려울 수 있다. 이 경우에도 금융기관이 중간에 들어 변동금리 또는 고정금리의 설정을 고객이 원하는 형태로 맞추어 줄 수 있다. 이러한 자금거래자가 원하는 금리결정방법의 차이는 금리가 어느 한 방향으로 움직인다고 예상될 때는 특히 중요해진다. 금리위험중개 서비스의 제공으로 금융기관은 금리위험을 부담하게 된다.

(4) 환위험 중개(Foreign Currency Risk Intermediation)

자금거래 양 당사자의 원하는 통화가 다른 경우도 금융기관이 문제를 해결해 줄 수 있다. 그러나 이 결과로 금융기관의 자산과 부채가 서로 다른 통화로 표시되면 금융기관은 환위험에 노출되게 되며 이의 효율적 관리방안이 필요하다.

(5) 액면조정기능(Denomination Intermediation)

한편 금융중개기관은 자금수요자와 공급자의 규모 차이에 따른 문제점도 해결한다. 일반적으로 소액을 모아 거액 대출 또는 투자로 연결하는 역할을 한다. 특히 각종 펀드 상품의 경우에는 소액투자자들의 투자금액이 큰 규모의 펀드를 만들게 되고 따라서 단위당 거래 규모가 큰 상품에 투자하거나 분산투자를 가능케 해준다. 그러나 과도하게 작은 규모로 중개를 하는 경우에는 서비스제공에 따라 발생하는 비용을 부담하지 못 할 수 있는 운용위험이 따른다.

(6) 거래비용의 감소(Transaction Cost Reduction)

금융기관이 이용자들의 필요한 서비스의 거래비용을 낮추어주는 점이 존재를 정당화하는 요인이 된다. 간단한 예로, 부산에 계신 어머님이 서울에 유학중인 아들에게 생활비를 보내주는 경우를 가정해보자. 어머님이 직접 전달해 주고자 할 때의 시간과 금전적 비용을 고려하면 은행의 송금수수료 1,000원은 무시할 정도로 낮다고 할 수 있다. 이와 같이 금융시장 참가자들이 필요한 서비스를 각자 수행하는 것보다는 금융기관을 이용할 때 각자의 비용이 최소화될 수 있다. 주식투자 시에도 자신이 직접 정보를 수집분석하고 분산투자하고 모니터링을 하는 시간과 비용을 고려하면 일정한 수수료를 부담하더라도 전문가에게 위임하는 것이 유리할 수 있다.

금융기관이 거래자들의 거래비용을 낮추어 줄 수 있는 것은 정보수집 및 분석, 거래비용 등에서 규모의 경제(economies of scale)와 범위의 경제(economies of scope)가 존재하기 때문이다. 규모의 경제는 특정 서비스를 제공할 때 고정비용이 존재하므로 생산량이 많아질수록 단위당 원가는 감소하는 현상을 의미한다. 범위의 경제는 기존의 시설로 서로 연관된 상품을 추가로 생산할 때 단위당 비용이 낮아지는 경우를 의미한다. 규모의 경제는 금융기관 대형화를 위한 기본 논리로, 범위의 경제는 금융겸업화의 기본 논리로 각각 활용된다.

고객의 금융거래비용을 낮추어 주는 것이 금융기관의 한 가지 존재이유[15]가 되겠지만, 고객의 만족은 금융기관의 비용 증가로 이어질 수 있다. 고객의 편의 증대에 따른 수입이 그에 소요되는 비용보다 적다면 고객은 이득이라도 금융기관은 손해볼 수 있는 운용위험을 부담하게 된다.

(7) 보험위험중개기능(insurance risk intermediation)

위에서 언급된 금융중개기관의 중개서비스가 자금수요자와 공급자가 피하고 싶어하는 위험을 대신 맡아주는 역할을 하지만 보험사의 서비스는 명시적으로 위험을 계량하여 이에 대한 보호를 제공한다는 점에서 따로 볼 필요가 있다. 보험사는 우리가 생활하면서 불안해 하는 생명, 건강, 재산 등에 대한 손실을 보상해주겠다는 약속으로 보험료를 받아 자산으로 운영하고, 정해진 사건 발생 시 약속된 금액을 보장해주고 있다. 자금공급자에게 보험증권을 제공하여 자금을 조달하고 유가증권으로 운영한다는 면에서 자산변환기능을 하고 있다. 이에 특이한 것은 자산변환기능을 함으로써 상기한 경영위험을 부담하지만 그에 덧붙여 다른 금융중개기관에 없는 보험위험이 경영위험에 추가된다. 보험위험은 보험가입자의 위험을 평가하여 추정한 보험료의 수입보다 지급하는 보험금의 규모가 더 클 가능성을 의미한다. 이는 중개기능보다는 보험증권에 내재된 특성에서 발생하는 경영위험이다.

이상의 간접금융을 담당하는 금융중개기관의 서비스는 금융중개기관만이 제공하는 서비스라기보다 직접금융방법에 비해 비교우위에 있는 서비스라고 할 수 있다. 직접금융시장에서도 다양한 정보비대칭성 해결 방안(신용평가제도, 상장제도, 기업의 명성 등)을 가지고 있고, 만기조정기능도 유통시장을 발달시킴으로써 어느 정도

15) 금융기관의 거래비용 감소 역할은 Benston, G. and C. Smith Jr, "A Transaction Cost Approach to the Theory of Financial Intermediation," Journal of Finance, May 1976 참조.

해결하고 있는 등을 예로 들 수 있다. 그러나 간접금융시장과 같이 금융중개기관이 자금수요자와 공급자에 특화된 증권을 공급하고 그에 따른 위험을 자신들이 부담하는 방법과는 달라 직접금융시장에서는 서비스 정도에 한계가 있다고 할 수 있다. 간접금융기관(금융중개기관)이 자산변환기능을 통해 다양한 자금공급자와 수요자에 대한 맞춤서비스의 정도를 높일수록 기대수익은 커지겠지만 서비스제공에 따른 위험, 즉 신용위험, 유동성위험, 금리위험, 환위험, 운용위험 등은 더 커질 것이다. 서비스 정도와 위험부담 정도는 비례하게 된다.

금융기관의 현재의 모습은 소비자(자금수요자와 공급자)의 다양한 금융필요성을 채워주기 위해 발달한 결과이다. 소비자의 필요성이 동태적으로 변하고 있고 동시에 금융서비스를 제공하는 방법 또한 아이디어와 기술의 발달로 변하고 있다. 이러한 점을 감안하면 먼 장래에도 지금의 금융구조가 그대로 유지되라는 보장은 없을 것이다. 필요한 금융기능은 더 고도화되겠지만 그런 기능을 어느 금융기관이 주로 제공할지는 누가 더 효율적으로 제공하느냐에 달렸기 때문이다. 예를 들면, 현재 은행이 제공하는 주된 서비스가 꼭 필요한 서비스라고 하더라도 제공주체가 지금 형태의 은행이라고 단정하기는 어렵다고 할 수 있다. 어느날 Fintech 업체가 은행의 지급결제기능을 주로 담당할 수도 있을 것이다.

부 록 1-1

정보의 비대칭성과 시장실패

FINANCIAL INSTITUTION

시장에서 거래되는 물건에 대해 매입자와 매도자 간에 상이한 정보(asymmetric information)를 보유하고 있는 경우에 그 시장은 실패한다[16]는 것이 정설이다. 잘 작동하는 시장이란 품질에 따라 적합한 가격이 정해져서 거래되는 시장을 말하는데, 정보 비대칭성을 해결하지 못하면 가격이 품질과 무관하게, 특히 최악의 품질을 기준으로 정해지게 되며, 그 결과 최악의 품질 상품만이 시장에서 거래되는데 이를 시장의 실패(market failure)라고 한다.

중고차 시장의 예를 들어보자. 중고차의 매도자는 오랫동안 차를 사용해왔으므로 그 품질을 알고 있지만 매도자는 사용해본 적이 없으므로 품질을 판단하기 어렵다. 그렇다고 매입희망자가 매도자에게 품질에 대해 질문하더라도 품질이 나쁘다는 이야기를 듣기는 불가능하다. 매도자는 높은 가격을 받는 것이 목적이므로 나쁜 품질이더라도 진실을 고백할 이유가 없으며, 좋다고 거짓말을 해도 그에 따른 징벌이 없기 때문이다. 따라서 매입자는 매도자의 말을 그대로 믿기 어려운 상황에 빠지게 된다. 이런 경우 그 결과가 어떻게 되는가를 보기 위해 개별 자동차의 품질은 판단하기 어렵지만, 과거의 경험에 의해 전체 중고차 시장의 품질 분포는 다음과 같이 알려져 있다고 가정하자.

16) G. Akerlof, "The Market for Lemons: Quality Uncertainty and the Market Mechanism," Quarterly Journal od Economics 84, Auguat 1970 참조.

품질	(선험적) 확률	가치
우량	0.5	1,000만 원
불량	0.5	200만 원

이 경우 매입자가 평균인 600만원(=1,000원×0.5+200원×0.5)을 지급하려 한다고 해 보자. 이 가격은 일견 타당한 것 같아 보인다. 그러나 우량한 품질의 매도자는 중고차 가격이 가치에 비해 너무 낮아 매각을 포기할 것이고, 불량 품질의 매도자만 매각을 추진할 것이다. 따라서 합리적인 매입자는 이 가격에는 불량 품질의 중고차 밖에는 살 수 없다는 것을 깨닫고, 200만 원을 가격으로 제시하게 될 것이다. 결국 우량 품질의 중고차는 시장에서 사라지고 불량 품질의 중고차만이 시장에서 거래되어 중고차 시장은 결국 레몬시장(Lemon Market)이 되고 마는 것이다.

이와 같은 상황은 우리 주변에서 흔히 찾아볼 수 있고, 또 이러한 시장실패를 보정하기 위한 여러 가지 방안이 곳곳에 제도화되어 있다. 중고차의 품질인증제는 중고차 품질을 제3자가 인증케 함으로써 우량 중고차의 정보 전달을 촉진시킨다. 약사, 의사, 변호사, 건축사 등의 공인자격증제도, 신입사원 채용에서의 다양한 선별장치, 기업의 브랜드 이미지 제고에 대한 지속적 투자 등도 정보비대칭성을 완화시키기 위한 제도의 예다.

정보의 비대칭성이 가장 강한 시장 중의 하나가 금융시장이다. 투자의 결과는 미래에 실현되는 상황에서 모든 빌리는 사람은 자기가 우량고객이라고 주장하겠지만 그 약속이 옳은지는 시간이 지나야 확인할 수 있다. 주식의 상장제도, 채권의 신용등급제도, 정보 공시제도 등은 금융시장의 레몬시장화를 방지하기 위한 수단으로 이해된다. 또한 금융기관들의 존재이유 중의 하나가 금융시장에서 대상의 품질을 선별할 수 있는 전문능력을 갖춤으로써 정보비대칭성으로 인한 시장실패를 방지하고 거래가 원활하게 이루어지도록 하는 역할을 수행하는 것이라 할 수 있다.

제 2 장

금융제도

FINANCIAL INSTITUTION

제 1 절 제도학파와 금융제도

제도학파란 경제적 생산활동의 결과는 특정 사회의 정치적 · 사회적 제도(institution)에 달려 있다고 주장하는 경제학의 한 유파를 말한다. 제도란 용어는 사회과학에서 다양하게 쓰이고 있으나 그 정의는 통일되어 있지 않다. 경제학에서 제도론이 갖는 의미는 주류경제학, 특히 고전이론만으로는 경제현실을 설명하기에는 부족하다는 인식에서 비롯되었다. 합리성, 시장균형 등의 개념에 기초하고 있는 고전이론에 대해 인간합리성의 한계, 정보의 불완전성, 시장균형에 대한 인식이 증대되고 제도의 생성 · 변화에 대한 관심이 커짐에 따라 이에 대한 연구가 T. Veblen 등 주로 19세기 초의 이른바 구제도학파에 의해 이루어졌다.

이들은 한 사회의 고유한 제도는 경쟁의 원리는 물론 경제주체들 간의 상호작용의 원칙을 설명해 주는 동시에 경제주체들의 의사결정과 경제적 성과에 지대한 영향을 미친다고 본다. 이들은 또한 제도의 변천과정을 추적함으로써 현재의 상태를 파악하고 미래를 예측할 수 있으리라고 믿는다.

Veblen은 제도를 인간의 공통적인 습관(habit) 내지는 습관의 생성물인 관습(custom) 또는 관행(practice)으로 정의하고 있다.[1] 그는 특히 제도는 관성적이고 안정적인 성격을 가지고 있어 생물학적 유전자와 같이 시간의 경과에도 불구하고 중

1) 일반적인 용어로 습관이란 같은 상황에서 반복되는 비의도적 행동으로 정형적이며 자동적으로 발생하는 반응을, 관습 또는 관행이란 어떤 사회에서 오랫동안 지켜져 내려온 습관이 그 구성원들이 널리 인정하는 질서나 풍습이 된 것을 말한다. 사회생활에서 습관이나 관행이 굳어져서 법의 효력을 갖게 된 것을 관습법(Gewohnheitsrecht)이라 한다.

요한 특성이 전수되고 진화되면서 현상 인식의 틀을 제공한다고 본다.

제도학파는 자본주의 사회의 제도적 기초를 사유재산권의 보장으로 보고 재산권이 확실하게 보장되어 있으면 개인과 조직은 재산가치를 높이기 위해 최선의 노력을 기울일 강력한 동기와 유인을 가진다고 본다. 그리고 시장경쟁은 이들이 좀더 가치가 큰 교환기회(exchange opportunities)를 위하여 이를 저해하는 거래비용의 감소 방법을 강구하도록 하며 이러한 경쟁과정을 통해 새로운 지식과 기술이 발견되고 나아가 생산성의 향상과 경제성장이 초래된다고 본다. 제도론은 구체적으로 재산권이론(theory of property rights)과 거래비용이론(theory of transaction costs) 및 이런 시각을 원용한 경제사이론 등으로 구성되며 오늘날 다양한 정치경제 체제의 비교연구, 역사적 실증 연구에 널리 활용되고 있다.

1970년 이후 신고전학파의 경제학적 틀을 유지하되 완전합리성을 가정한 신고전학파의 가정과는 달리 행태가정(behavioral assumption)과 거래비용 개념을 도입하여 경제적 효율성을 달성하기 위해 비교제도접근법(comparative institutions approach)을 사용한 학파가 신제도학파이다.

신제도론은 신고전이론이 다양하고 중요한 경제현상들을 설명하기에는 너무 추상적이라는 논의가 전개됨에 따라 구제도학파가 관심을 가진 거래(transaction)에 대한 연구가 실제로 중요하고 재조명받을 필요가 있다는 인식에서 출발하였다. 신·구제도론은 개인행위에 대한 제도의 영향력과 경제현상의 설명에 있어서 제도의 중요성을 강조한다는 점에서 공통점을 지니나 신고전이론에 대한 입장 차이로 확연하게 구분된다.

구제도학파는 개인의 이기심과 합리성을 기초로 하고 있는 신고전이론을 근저에서부터 비판하는 데 비해, R. Coase, D. North, O. Williamson 등으로 대표되는 신제도학파는 신고전이론을 부정하는 것이 아니라 주어진 선호를 극대화하고자 하는 합리적인 개인이라는 신고전이론의 기본명제를 그대로 유지한 상태에서 신고전이론의 현실 적합성을 높일 수 있도록 거래의 불확실성과 복잡성 그리고 인간의 제한적 합리성(bounded rationality)과 기회주의(opportunism)를 가정하고 현상을 분석하는 데 있어서도 미시경제학의 기본가정과 분석모형을 그대로 활용한다.[2)]

2) 전형적인 신고전경제학 모형은 생산기능 관리체계로 기업을 인식하면서 자원, 노동, 자본 등 생산요소들의 최적 혼합에 초점을 맞추고 시장의 자동조절기능을 강조한다. 신제도학파는 이와는 대조적으로 생산이 아니라 재화와 용역의 교환이 중요하다고 가정하고, 이러한 교환을 지배하는 구조(조직)의 중요성을 강조한다.

R. Coase는 주류경제학이 외생변수로 취급한 법과 제도의 분석을 경제분석의 틀 속으로 끌어들였다는 점에서 큰 의미를 남겼다. 그는 기업의 존재를 설명하기 위해 거래비용이라는 새로운 개념을 도입하여 거래비용경제학 등으로 대표되는 신제도학파의 이론적 틀을 제시하였다.3) 그는 거래비용을 거래에서 가격을 결정하기 위해 협상을 하고 협상된 가격을 지키기 위한 계약의 작성과 계약을 지키지 않아 분쟁이 발생할 경우 이를 해결하기 위해 발생하는 제반 비용(cost of using price mechanism)으로 정의하고 시장에서의 거래비용이 내부조직의 운영에 드는 비용을 초과하는 경우 거래를 내부화하기 위한 수단으로서의 기업이 존재한다고 본다. 거래 주체 간의 시장거래가 개별적인 협상의 필요 없이 기업 내의 경영상의 의사결정으로 대체되기 때문이다.

D. North는 경제사적 입장에서 제도의 거시적 접근을 시도하여 제도를 인간의 상호작용이 발생하는 틀로서 인간이 고안한 사회의 게임규칙으로 인식하고 법 · 재산권 · 계약 등 공식적인 규칙과 규범 · 관행 등 비공식적 제약 및 그 시행상의 특성을 포함하는 것으로 정의한다.4)

그는 제도의 체계를 제도적 환경과 제도적 장치로 구분한다. 제도적 환경이란 선거, 재산권, 계약권 등과 같이 생산 · 교환 · 배분의 기초를 설정하는 정치, 사회 및 법적 규칙의 집합으로 국민의 선호도 변화나 법률의 개정 등에 의해 변한다. 제도적 장치란 경제주체들이 경쟁하고 협동하는 방식을 규정하는 합의적 장치로서 구성원의 협동 구조 및 법이나 재산권의 변화를 가져올 수 있는 메커니즘을 제공한다.

그는 특히 제도는 인간의 특정한 행위를 허용하거나 제약함으로써 일상생활의 불확실성을 감축시키며 시간의 변화에 따라 경로의존적(path dependent)으로 생성 · 변화한다고 본다.5) 경로의존성이란 제도의 지속성을 설명하는 데 이용되는 개념으로 역사의 중요성을 강조한다. 동 개념에 의하면 오늘의 현상은 과거사의 결

3) Ronald Coase, "The Nature of the Firm," *Economica*, 1937.

4) 게임이론의 대가로 제도설계(mechanism design)이론을 창시한 Leonid Hurwicz는 정보비대칭하에서 바람직한 제도(game)와 규칙(rule)을 설정하기 위한 수단의 하나로 정확한 정보를 제공한 자에게 유인을 제공함으로써 사회구성원들의 유인부합적(incentive compatible) 행위를 유발할 것을 강조한다.

5) D. C., North, *Institutions, Institutional Change and Economic Performance*, Cambridge University Press, 1990.

과로 초기의 조건에 민감하게 의존하는 속성이 있는바, 따라서 일단 채택된 제도는 상황이 달라진다 해도 변화가 어렵거나 변화가 있더라도 서서히 그리고 조금씩(incremental) 이루어지는 경향이 있다.

O. Williamson은 North가 제도에 대해 거시적 접근을 한데 비해 미시적 접근을 시도하여 North의 제도적 환경을 외생변수로 보고 제도적 장치를 시장, 조직(hierarchy) 및 시장과 조직의 혼합형태 등의 지배구조(governance)로 파악하고 이를 제도라고 정의하고 있다. 그는 거래비용 개념을 도입하여 시장과 기업을 거래를 실행하기 위한 상호대체적인 도구로 간주하고 거래의 특성에 따라 지배구조가 달라지며, 특히 조직에 중점을 두어 어떤 형태의 지배구조가 거래의 특성에 따라 거래비용 측면에서 보다 효율적인가를 분석하였다.6)

금융제도란 금융거래에 관한 규범과 체계 등을 통칭하는 것으로 금융거래와 관련된 법규, 관행, 금융중개조직, 금융수단 등과 경제주체들의 금융거래 행태와 이의 배경이 되는 실물거래와의 상호관계 등을 포괄하는 개념으로 정의된다. 일국의 금융제도는 각기 자생적 발전과정을 거처 형성된 것으로 나라마다 그 나라의 정치 · 사상 · 문화 · 경제 등 사회적 제도에 따라 다양한 모습을 보이고 있다.

정치는 본시 갈등관계에 있는 사회적 행위자간의 타협의 산물이고 사상(ideology)은 국가가 중심적인 핵심가치를 이상적으로 실현하기 위해 보유하는 가치와 관련된 신념이므로 이들은 금융제도의 형성과 변화를 설명하는 중요한 요소가 된다. 문화는 지식, 신념, 도덕, 법, 관습 등에 인간이 사회적 일원으로서 획득한 능력까지 포함하는 총체적 개념으로 이 또한 금융제도 형성에 기본적이고 내재적인 영향을 미친다. 경제는 성장방식, 기술진보, 금융과 산업의 관계 등에 따라 금융제도와 매우 밀접한 연관관계에 있다.

---

6) Oliver E., Williamson, *The Mechanisms of Governance*, Oxford University Press, 1996.

제 2 절 관계지향적 금융제도와 시장지향적 금융제도

금융은 정보의 생산과정에서 형성된 정보의 특징 및 계약형태 등에 따라 관계지향적 금융과 거래지향적 금융으로 나눌 수 있다. 전자는 금융기관과 거래기업이 상호신뢰를 바탕으로 장기적이고 반복적인 거래관계를 유지하는 거래방식을 말하고, 후자는 공개된 시장의 정보를 바탕으로 명시적이고 표준화된 계약의 형태로 자금의 거래가 이루어지는 거래방식을 말한다. 지금까지 양자는 각각 은행과 자본시장의 특성을 나타내는 개념으로 통상 은행은 관계지향적 금융으로, 그리고 자본시장은 거래지향적 금융으로 이해되어 왔다.[7)]

먼저 정보의 특징면에서 보면 관계지향적 금융의 경우 자금공급을 위한 심사 및 감시과정에서 생산된 정보는 제3자가 구득하거나 매매되기 어려운 사적 정보(private information)로 정보의 특정성(specificity)[8)]이 매우 높다. 자금공급자가 이와 같은 정보를 생산하기 위해서는 심사비용, 계약 및 협상비용, 감시비용 등 여러 가지 형태의 거래비용이 수반된다. 한편 자금수요자의 입장에서도 거래처를 변경하고자 하는 경우에는 거래처 교체비용(switching cost)이 들게 된다. 이에 따라 관계지향적 금융방식은 거래 쌍방에게 독점적 지위를 부여함으로써 장기·반복적이고도 밀접한 거래관계를 형성하게 되는 것이다.

은행들이 이와 같은 정보를 바탕으로 관계지향적 금융을 제공할 수 있는 것은 은행의 제도적 특성, 즉 은행이 자금수요자에 대한 정보를 용이하게 획득할 수 있으므로 심사 및 감시기능면에서 유리한 위치에 있기 때문이다.

이에 비해 거래지향적 금융은 공개된 정보(public information)를 토대로 거래가 이루어지기 때문에 정보의 특정성이 상대적으로 낮고 정보획득비용 등 거래비용도 낮다. 따라서 이와 같은 정보는 거래당사자 이외에 제3자에게도 저렴한 거래비용으로 쉽게 전달 또는 매매가 가능하다.

관계지향적 금융과 거래지향적 금융을 계약형태면에서 특성을 보면 전자는 계약형태가 암묵적(tacit)이고 불완전한 데 비해, 후자는 계약이 보다 명시적이고 완

---

7) A. W. Boot and A. Schmeits, "Challenges to Competitive Banking: A Theoretical Perspective," *Research in Economics*, vol. 52, 1998, pp. 255~270.

8) 특정성이란 어떤 자산이 특정한 용도로 사용될 경우에만 그 가치를 갖는 것으로 다른 용도로 쓸 경우 가치하락의 정도가 클수록 특정성이 높다고 한다.

전하다는 것이다. 계약형태가 명시적이고 완전하다는 것은 계약의 이행여부가 주로 계약서에 의해 명시된 내용에 근거하여 결정되기 때문에 계약이행의 강제가 용이하다는 것으로, 이 때 계약이행의 강제는 주로 공적인 법규 등을 통해서 이루어진다.

이에 비해 암묵적·불완전계약이란 계약의 내용이 암묵적으로 이루어져 상황에 따라서는 계약이 파기될 여지가 있는 불완전한 것을 말한다. 계약의 파기 여지가 있음에도 불구하고 암묵적·불완전 계약이 이루어지는 것은 예상치 못한 상황이 발생하더라도 대부분의 경우 거래당사자가 기회주의적으로 행동하지 않고 약속을 지킬 것이라는 암묵적인 기대나 관행이 형성되어 있기 때문이다. 암묵적 계약은 계약을 위반한 경우 법적으로 책임을 물을 수는 없다 하더라도 상호신뢰를 바탕으로 도덕적인 구속력을 갖기 때문에 지속적인 거래관계를 유지하기 위해서는 지키지 않을 수가 없는 경우가 보통이다.

거래지향적 금융의 경우 계약관계가 공식적·명시적이므로 거래조건이 투명하여 계약이행 여부의 판단이 용이한 반면 예상치 못한 상황이 전개될 때 계약조건의 탄력적 적용이 어렵다. 이에 비해 관계지향적 금융은 거래조건이 암묵적이어서 계약의 이행 문제가 발생할 수 있으나 차입자의 도덕적 해이를 억제하고 상황 변화에 탄력적으로 대응할 수 있다는 특성이 있다.

제 3 절 겸업은행제도와 전문은행제도

Ⅰ. 겸업의 의의

금융기관이 특수한 목적 또는 경쟁상의 비교우위에 따라 소수의 특정한 업무에만 전업하는 것을 전업제도(sound banking 또는 specialized banking)라고 하고, 금융기관이 주된 업무 이외에 범위의 경제를 추구하여 여타 주변업무를 겸영하는 것을 겸업제도(universal banking 또는 multipurpose banking)라고 한다. 일반적으로 은행, 증권, 보험, 신탁업무 등을 각 업종별 핵심업무라고 할 때 이들 업무 중 하나를 주된 업무로 영위하면서 여타 업무를 주변업무로 취급하면 겸업은행이라고 정의할 수 있다.

그러나 최근에 들어서는 각종 파생상품이나 연금 등 어떤 특정기관의 고유업무라 할 수 없는 공통영역(grey zone)이 늘어나는데다 대부분의 금융기관들이 정도에는 차이가 있지만 자신의 핵심업무 이외에 타 산업의 핵심업무를 포함한 여러 주변업무를 겸영하고 있기 때문에 겸업제도와 전업제도로 명확하게 구분하는 것은 쉽지 않다.

전통적으로 독일, 이탈리아, 프랑스 등 서구제국은 겸업제도를, 미국, 영국, 일본, 우리나라 등은 전업제도를 채택하여 왔었다. 그러나 1980년대에 들어 세계적인 금융산업에 대한 규제완화(deregulation)와 전자 및 통신기술의 발전에 따라 전통적인 상업은행들이 본연의 상품인 예금, 대출 및 결제업무 이외에 증권, 보험 등과 연계된 상품을 직접(in-house) 또는 자회사를 통해 취급하거나 아니면 증권회사, 보험회사 등 여타 연관 금융기관과의 업무제휴를 통해 주변업무에 진출하고 있다.

이에 대항하여 비은행산업도 증권펀드 등 결제성 상품을 취급하거나 은행의 인수, 계열화 등을 통해 은행업에 진출하고 있으며 자회사 등을 통해 금융 및 비금융업무를 광범위하게 취급하는 이른바 금융복합기업이 등장하고 있다.

독일의 은행은 원래 주로 자기자본과 채권 발행을 통해 조성한 자금으로 증권인수, 어음할인 등을 취급하는 투자은행이었으나 1873년 경제공황 이후 상업은행업무를 겸영하고 이를 확대해 왔으며, 현재는 이들 업무 이외에 일부 보험업무(인수업무를 제외한 주로 판매업무)를 본체에서 직접 취급하고 있고 종래 전업제도를 고수하여 왔던 영국도 1986년 이른바 Big Bang을 계기로 상업은행들이 자회사를 통해 증권업과 보험업에 진출하고 있다.

EU의 성립과 함께 대부분의 유럽국가들도 독일의 금융제도를 그대로 도입하여 은행의 증권업 겸영은 물론 은행이 보험회사를 인수하거나 보험회사가 은행의 주식에 참가하여 업무를 제휴하는 등으로 은행과 보험의 경영도 확대하고 있다. 특히 최근에는 은행과 보험회사의 겸업형태인 방카슈랑스(bancassurance)[9]가 확산되

9) 방카슈랑스란 은행(banque)과 보험(assurance)의 합성어로 독일에서는 Allfinanz라고 부른다. 방카슈랑스는 1986년 프랑스의 크레디 아글리콜은행이 프레디카라는 생명보험회사를 설립하여 대리점이 아닌 은행창구에서 보험상품을 판매한 것이 계기가 되었다. 현재 이와 같은 방식의 보험상품 판매가 프랑스 전체 생명보험시장의 50% 이상을 점유하고 있다. 방카슈랑스는 주로 은행이 보험회사를 소유하거나 은행을 통한 보험판매 방식인 데 대해 최근 이탈리아에서는 보험사업자가 은행을 직접 운영하는 "assurbanking"현상이 일어나고 있다.

면서 은행, 증권, 보험 등을 망라한 거대금융그룹(financial conglomerate)이 잇따라 등장하고 있다.

이 밖에 미국, 일본과 우리나라도 최근 일련의 금융제도 개혁으로 혼합주의(blended system)를 넘어 겸업주의로 이행되어 가는 추세이다.

미국은 대공황 이후인 1933년부터 Glass-Steagal Act의 제정으로 상업은행업과 투자은행업의 내부겸영(in house) 혹은 지주회사 방식으로 겸영할 수 없게 하였으나 1994년 Riegle-Neal Act와 1999년 Gramm-Leach-Bliley Act를 통해 은행과 증권회사 간 계열관계를 금지하는 조항이 폐지됨에 따라 이들 간의 겸영이 가능하게 되었다(은행의 증권업 내부겸영과 증권사의 예금수취는 계속금지).

겸업의 형태는 지금까지는 지주회사 중심의 제한된 겸업화가 이루어졌으나 동 법의 발효로 은행의 증권중개업(broker) 영위 등 직접 겸영 확대와 함께 금융지주회사(financial holding company)의 자회사 방식으로 은행자회사, 보험자회사, 증권자회사 및 기타금융자회사가 제한 없이 해당업종의 고유업무를 영위할 수 있게 되었다. 그리고 국법은행의 경우 직접 증권자회사를 소유할 수 있게 되었다.[10] 특히 최근의 금융위기로 투자은행들이 퇴출 또는 은행지주회사로 변신함에 따라 은행과 증권업의 겸업은 더욱 확대되고 있다.

일본은 1993년 관계법을 개정하여 자회사를 통하여 금융기관의 겸업을 확대하였으나 그 진전이 미흡하다는 판단에 따라 미국식 금융지주회사를 통한 겸업을 추진하고 있는바, 최근에는 지주회사간 합병과 이 업종 합병 등을 통해 거대금융그룹이 탄생하고 있다. 특히 2005년 일본 금융청은 「은행법」, 「증권거래법」, 「보험업법」 등 금융관련법들을 정비하여 겸업에 대한 규제를 대폭적으로 완화하는 한편 2007년 9월부터 금융자본시장의 기본적인 거래규정을 정한 법률로서 종래의 「증권거래법」, 「투자신탁업법」 및 「선물거래법」을 단일체계로 통합한 「금융상품거래법」의 전면적인 시행에 들어갔다.

우리나라의 금융산업도 그간 겸업이 점진적으로 확대되어 왔으나 아직도 주요업무에 대해서는 금융업종간 칸막이(compartment)가 존재하는 전업주의 형태를 벗어나지 못하고 있다. 현재 우리나라 금융업종별 영위업무는 고유업무(core business),

---

10) 미국은 연방국가로 연방과 주의 권한배분에 관한 규정(sovereignty provisions)에 의거 주권(sovereignty)은 원칙적으로 각 주에 귀속되어 있어 주에 따라 겸업 등 영업행태는 다소 차이가 있다.

부수업무(subsidiary business) 및 겸영업무(concurrent business)로 구분된다. 고유업무는 법령에 의거 허용된 해당 금융업종의 기본업무로 은행의 경우 예대업무와 환업무, 금융투자회사의 경우 증권의 매매중개와 인수업무, 보험사의 경우 보험의 인수 및 판매업무 등이다. 부수업무는 해당 금융업종의 고유업무와 관련되면서 인적·물적 자원을 활용할 수 있도록 허용된 보조업무를 그리고 겸영업무는 타 금융업종의 고유업무로서 법령 등에 의해 허용된 업무를 말한다.

앞으로 각 업종별 영위업무를 핵심업무(core business)와 비핵심업무(non-core business)로 구분하고 각 업종의 핵심업무는 배타적 취급을 허용하되 비핵심업무에 대해서는 타업종 금융기관이 단계적으로 취급할 수 있게 할 예정이다. 핵심업무와 비핵심업무의 구분은 각 업종이 현재 영위하고 있는 고유업무를 중심으로 개별업종에서 특정업무가 차지하는 비중, 특정업무 취급능력 및 다른 금융업종을 겸영방식으로 영위할 경우 이해상충의 크기 등을 기준으로 할 것이나 세계적인 금융의 겸업화 추세에 부응하기 위해 핵심업무를 최소한으로 좁게 정의하여 겸업을 확대할 것이다.

예컨대 은행의 핵심업무는 「예금자보호법」 상 보호대상이 되는 예금으로 한정하고 대출, 환 및 지급결제 등의 업무는 제외하며 금융투자회사의 경우 증권의 매매중개업무, 보험의 경우 핵심업무는 보험상품의 개발 및 모집에 따른 위험인수 업무로 한정하고 보험의 판매 또는 모집업무는 제외될 것이다.

Ⅱ. 겸업의 득실

일반적으로 겸업제도의 장점으로 다음과 같은 점을 든다.

첫째, 범위의 경제(economies of scope)이다. 범위의 경제란 업무의 다양화를 통해 얻을 수 있는 이점으로 고정비의 절감효과, 정보효과 등을 말하는바, 금융산업의 경우 특히 범위의 경제가 큰 것으로 간주되고 있다.

금융산업은 업무의 유사성이 많고 이에 따라 고정비용의 비중이 커 겸업으로 여러 업무를 동시에 수행할 경우 고정비의 절감효과가 크다. 금융산업은 또한 정보생산이 주된 업무로 서로 공통으로 이용할 수 있는 정보와 노하우(know-how)가 많아 비용의 상호보완성이 크다. 특히 최근의 정보통신 기술의 혁신적 발전으로 인한 금융서비스 코스트 체계의 변화는 한 부문에서 축적된 정보를 다른 부문에서 거의 영(0)의 한계비용으로 사용할 수 있게 되었다.

둘째, 겸업제도는 금융기관간의 경쟁을 통해 혁신을 촉진하고 금융중개비용 절감을 통해 금융시장의 효율성(efficiency)을 증대시킨다.

셋째, 겸업제도 하에서 금융기관이 다양한 업무를 취급함으로써 포트폴리오에 의한 위험절감과 수익의 다변화가 가능하여 금융기관의 경영의 안정성과 건전성에 도움이 될 수 있다.[11)]

넷째, 금융정보의 탐색비용 등 거래에 소요되는 비용의 절감을 통하여 금융소비자들이 보다 저렴하게 금융상품을 제공받을 수 있다. 이 밖에 금융상품의 다원화를 통한 고객의 다양한 수요를 충족시키고 소비자로 하여금 한 장소에서 여러 업무를 동시(one-stop service)에 수행할 수 있도록 하게 하여 소비자 효용을 보다 증대시킨다는 점 등을 겸업제도의 장점으로 든다.

반면, 겸업제도의 단점으로는 다음과 같은 점이 지적된다.

첫째, 전문은행이 갖는 전문화의 이점을 상실할 우려가 있다.[12)]

둘째, 은행이 여러 업무를 겸영할 경우에 규모나 거래관계 등에서 경쟁상의 우위를 갖고 있는 은행에 의한 타산업 지배와 권한의 남용(concentration and abuse of power) 우려이다. 예컨대 은행이 시장지배를 목적으로 여타 업무관련 수수료 등을 덤핑하고 이로 인한 손실은 은행부문의 이익으로 보전하는 이른바 내부보조(cross-subsidization) 행위 등을 자행하여 정상적인 거래질서를 파괴할 우려가 있다.

---

11) FDIC, *Mandate for Change: Restructuring the Financial Services Industry*, 1987, p. 260.

12) 일반적으로 전문화의 이점으로는 다음과 같은 점이 제시된다.

① 전문화는 비용절감 효과를 가진다. 일정규모의 금융기관이 규모를 확대하지 않고 업무분야를 비교우위가 있는 특정부문으로 축소시켜 한정된 투입요소를 그 부문에 집중함으로써 특화된 부문에 있어서는 최대한의 규모의 경제를 실현시킨다. 과거에는 금융기관의 업무다각화가 유행이었으나 최근에 들어 반대로 금융기관 본연의 업무에 충실하자(stick to the knitting)는 경향도 나타나고 있다. 업무영역 확장은 영업에 필요한 최소한의 규모(critical mass)를 확보하기 어려운 문제 등에 봉착하는 경우가 발생하기 때문이다.

② 전문화는 상품 또는 서비스의 질적 수준을 제고시킨다. 금융기관이 특화된 상품 또는 서비스의 품질을 집중적으로 개선하고 관리함으로써 같은 비용수준에서 최고의 질적 경쟁력을 가질 수 있다.

③ 전문화는 "습득효과(learning by doing)"를 통해 기술축적 및 기술혁신을 촉진하고 전문인력을 양성함으로써, 신상품 및 신종서비스 개발이 용이하게 되고 경영의 효율성이 향상된다.

④ 전문화는 금융기관이 고객의 선호를 신속히 파악하고 이에 효과적으로 대처할 수 있게 함으로써 고객의 만족도를 높일 수 있다.

셋째, 은행이 증권업무를 겸영할 경우 대출자금이 산업자금보다 투기자금으로 연결될 가능성이 크고 위험이 상대적으로 큰 증권업무 취급에 따른 은행경영의 안정성 저하(risk contagion)와 은행 지급결제제도의 위험성이 증대될 가능성이 있다.[13)]

넷째, 은행과 고객간 또는 고객상호간의 이해상충(conflict of interest)에서 발생할 수 있는 도덕적 해이(moral hazard)문제 등이 있다. 이해상충에 따른 도덕적 해이문제란 거래에 따라 거래주체간에 상반된 이해관계가 존재할 경우 한 주체의 이익의 희생하에 다른 주체의 이익의 증진을 도모하는 부도덕적 행위의 발생을 의미한다.

먼저 은행과 예금고객간의 이해상충 문제로는 이른바 위험이전 유인(risk incentive)을 들 수 있다. 은행은 본질적으로 적은 자본과 많은 부채로 영위되는 관계로 은행의 주주는 은행이 가급적 위험이 큰 증권업무 등을 적극적으로 수행하기를 선호한다는 것이다. 이와 같은 업무수행으로 투기적 이익이 발생할 경우 그 대부분을 주주가 향유하는 반면 만약 손실이 크거나 파산이 될 경우 손실의 대부분을 채권자인 예금자에게 전가(transfer)시킬 수 있기 때문이다.

은행과 대출고객간의 이해상충의 가능성으로는, 은행이 자신의 우월한 지위를 이용하여 자신 또는 계열증권회사가 보유하고 있는 불량증권을 대출고객이 매입하는 조건으로 대출을 하거나, 불량대출기업의 대출을 상환받기 위해 동 기업에게 증권을 발행케 하여 동 증권의 매각대금으로 대출을 상환받는 경우(bankruptcy risk transfer) 등이 그 예이다.

이 밖에도 은행이 대출을 무기로 고객에게 불리한 상품의 끼워팔기(coercive tied sale), 은행이 특정기업에 대한 대출심사시 지득한 기업의 사유적 정보(proprietary information)를 자신이나 다른 고객을 위한 투자정보로 이용할 가능성(information transfer) 등을 상정해 볼 수 있다.

은행과 증권투자고객간의 이해상충의 예로는 은행이 예금계수를 높이기 위해 고객의 일임계정(discretionary account)이나 신탁계정의 자금을 일시 유용하거나 신탁계정의 증권과 은행계정의 증권을 바꿔치기 하는 예(stuffing fiduciary accounts) 등을 들 수 있다.

이해상충은 은행과 증권업무의 겸영에 한정되는 것만은 아니다. 예컨대 딜링과 브로킹업무, 자산운용 또는 자문업무와 인수업무 등 증권업 내부의 겸영 시 그

---

13) 이 점은 은행이 증권담보 등의 형식으로 투자자에게 신용을 제공함으로써 주가하락 시에 투매를 하지 않도록 하는 시장안정적 기능이 있다는 장점으로 지적되기도 한다.

리고 위험의 특성과 계리방식이 상이한 보험업무와 여타금융업무, 위험수준이 상이한 생명보험과 손해보험업무 등의 겸영시에도 이해상충 문제가 발생한다.

이와 같은 이해상충 문제는 금융제도 전반에 걸쳐 악영향을 미치게 된다. 금융기관이 적정이윤 이상의 부당이득을 취득하거나 또는 특정고객들의 희생으로 다른 고객들의 이익에 부합되는 결과를 가져와 가격메커니즘이 왜곡될 수 있고 금융기관들이 서로의 상품을 우선적으로 고객에게 권유(salesman's stake)하는 등 고객의 이익에 상반되는 금융거래를 행함으로써 고객으로부터 신뢰감을 잃게 되어 신용질서가 파괴될 우려 등이 그 예이다.

이와 같은 이해상충 문제에 대처하기 위해 여러 가지 보완장치가 강구되고 있다. 정보의 유용, 누설 등을 방지하기 위해 서로 다른 업무간 정보의 물리적 이동이나 이해상충의 소지가 있는 거래를 막기 위한 차단벽(chinese wall)[14]의 구축, 금융기관과 고객 간의 정보의 비대칭성(informational asymmetry)에 따른 역선택과 도덕적 해이를 줄이기 위한 공시(disclosure)제도의 강화, 이해상충으로 인해 피해를 받은 고객이 이의를 제기할 수 있는 창구를 설치하거나 외부인에 의한 모니터링(monitoring) 설치 등이 그 예들이다. 그러나 과도한 차단벽 설치나 규제는 겸영에 따른 시너지효과를 저해할 수도 있는 바 개별 금융업이 가지는 특성과 경영위험 등을 고려하여 적절한 규제나 감독수단이 적용되어야 할 것이다.

III. 겸업의 형태

금융산업의 겸업의 형태는 크게 완전겸업 방식, 종합은행 방식, 자회사 방식, 지주회사 방식, 상호진출 방식 및 업무제휴 방식 등이 있다.

---

14) chinese wall은 주로 미공개정보가 내부자거래(insider trading)에 이용되는 것을 방지하기 위해 정보의 교류를 막는 영국형 차단장치를 말하고 fire wall은 이종업무의 겸영에 따른 이해상충을 조직적으로 방지하기 위한 미국식 차단장치를 말한다. 은행과 계열자회사 간 거래의 조직적 업무차단책(fire wall)으로 은행과 계열자회사간의 신용공여, 채무보증, 자산구입 등 내부거래의 금지, 계열자회사가 인수한 증권의 발행사에 대한 은행의 대출(third party loan) 금지, 은행과 계열자회사간의 공동마케팅 금지, 은행과 계열자회사간 임원의 겸직 금지 등을 예로 들 수 있다. 최근에 들어 양자를 구분함이 없이 사용하는 경향이 증가하고 있다.

독일의 경우 이러한 차단장치가 없이 소속직원들의 직업윤리, 시장에서의 평판, 금융기관간의 경쟁 등을 통해 이해상충 문제를 해결하고 있다.

완전겸업 방식은 본체(in-house)에서 모든 금융업무는 물론 상공업 업무까지 제한 없이 수행하는 방식으로 아직 이와 같은 제도를 채택하고 있는 국가는 없다. 동 방식은 범위의 경제를 최대한으로 발휘할 수 있는 장점이 있는 반면 이해상충의 발생소지가 크고 고위험사업의 겸영에 따른 금융기관 건전경영의 저해와 지급결제시스템의 불안정을 초래할 가능성이 있기 때문이다.

종합은행 방식은 독일의 종합은행(universal bank)방식으로 은행과 증권업무는 본체에서 수행하고 보험 등 기타 금융업무와 일반 상공업업무는 자회사 또는 이를 지배하는 지주회사 등을 통해 겸영하는 방식이다. 동 방식은 현재 독일을 비롯한 다수의 EU국들이 채택하고 있다. 동 방식은 은행과 증권업무의 겸영에 따른 시너지를 극대화할 수 있는 이점이 있는 반면, 리스크의 전이, 특히 상대적으로 큰 증권부문의 리스크가 은행부문으로 전이되는 시스템리스크가 크다는 단점이 있다. 최근 글로벌 금융위기과정에서 상당수의 투자은행이 몰락하고 유럽의 유니버셜뱅크들이 투자은행과 자산관리업무를 상업은행에서 분리하는 추세가 그 예이다.

자회사(subsidiaries) 방식은 개별 금융기관들이 이종 금융업무를 취급하는 자회사를 통해 이종 금융업무에 진출하는 방식으로 현재 우리나라를 비롯하여 영국, 일본 등이 채택하고 있다. 동 방식은 업종전문화를 기할 수 있고 이종업무를 별도의 조직에서 수행함으로써 겸업의 폐해를 방지하기 위한 효과적인 차단벽을 설치할 수 있다는 장점이 있는 반면 M&A를 통한 대형화에 한계가 있고 높은 차단벽으로 인해 종합적인 서비스의 제공이 어렵고, 자회사의 부실이 모회사로 파급되기 쉬우며 모회사의 영업이 우선시됨에 따라 모회사의 이익을 위해 자회사의 주주나 고객의 이익을 훼손할 우려가 있다는 점 등이 단점으로 지적된다.

상호진출 방식은 각 금융기관이 고유의 전업업무를 갖고 부분적으로 타 금융업무에 상호진출하는 방식으로 전업주의와 겸업주의를 절충한 방식이다. 각 금융기관은 고유의 업무영역을 가지면서 주로 부수업무에 대해서만 상호진출을 하는 게 보통이다. 상호진출 방식은 겸업에 따른 금융기관들간의 이해조정이 상대적으로 용이하다는 장점이 있으나 한 업무의 부실이 전체로 파급(contagion effect)되어 금융제도의 안정성을 저해할 우려가 있다는 것이 단점으로 지적되고 있다.

업무제휴 방식은 경영권의 독립성을 유지하면서 상품개발, 지점 및 전산망의 공동이용 등에 관해 안정적인 동반자 관계를 유지하는 것으로 금융서비스 생산구조에 미치는 변화는 서비스 전달체계에 한정되기 때문에 겸업에 따른 시너지효과는 여타 겸업방식에 비해 제일 낮다. 업무제휴의 장점으로는 ① 업무의 전문화가 가능하여 각각 경쟁력이 있는 분야에 특화하여 서로의 기능을 보완할 수 있고, ② 대형화와 독자적으로 새로운 분야에 진출함에 따른 위험부담이 적으며, ③ 실질적인 종합금융서비스가 가능하여 다양한 고객의 금융수요를 만족시킬 수 있다는 점 등을 들 수 있다.

반면 업무제휴는 제휴만으로는 대형화에 한계가 있고 경우에 따라서는 업무제휴가 이루어지지 않을 수 있다는 문제점도 있다.

지주회사 방식은 지주회사 산하에 은행, 증권, 보험 등 금융업을 영위하는 개별 자회사를 두고 겸업을 하는 방식으로 겸업의 폐해를 줄이면서 규모와 범위의 경제를 추구하기에 매우 효과적이란 점에서 현재 미국을 위시하여 전 세계적으로 가장 많이 이용되고 있다. 최근에 들어 일본과 우리나라도 주된 겸영형태를 지주회사 방식으로 바꾸었다.

우리나라는 외환위기 이전까지는 경제력 집중과 재벌의 문어발식 계열회사 확대를 막기 위해 지주회사 설립을 금지하였으나 기업의 구조조정과 대기업집단의 투명경영을 촉진하기 위해 「독점금지 및 공정거래에 관한 법률」(이하 「공정거래법」이라 한다)을 개정하여 지주회사제도를 도입하였다. 특히 지주회사의 완전자회사 설립을 용이하게 하기 위해 주식이전이나 주식교환제도[15] 등을 통해 지주회사가 자회사 주식의 100%를 취득할 수 있도록 「상법」상 특례절차를 신설하고 지주회사 설립·운영을 촉진하기 위해 지주회사가 자회사의 주식을 100% 소유한 경우 연결납세제도(consolidated tax return)를 도입하였다.

15) 주식이전제도는 회사가 발행주식 전부를 새로 신설하는 지주회사로 이전하고 신주를 배정받아 지주회사의 완전자회사가 되는 방식이고 주식교환제도는 기존 지주회사가 다른 회사의 발행주식 전부를 이전받고 지주회사의 신주를 교부하여 다른 회사를 완전자회사로 편입하는 방식이다.

제 4 절 금융지주회사제도

Ⅰ. 금융지주회사의 유형

지주회사(holding company)는 자회사를 지배할 목적만으로 설립되는 순수지주회사(pure holding company)와 자기사업을 영위하면서 자회사를 지배하는 사업지주회사(management holding company)로 구분된다.

미국, 영국, 독일, 일본 등 대다수 선진국의 경우 실질적으로 경쟁을 저해하거나 독점 형성이 우려되지 않는 한 금융지주회사의 설립에 대한 특별한 제한은 없다. 지주회사의 형태는 미국의 경우, 순수지주회사 또는 사업지주회사의 중간지주회사 형태인 순수지주회사[16]가 일반적이고 유럽의 경우, 지주회사에 대한 특별한 규제 없이 순수지주회사와 사업지주회사가 병존한다. 지주회사의 자회사에 대한 지분율은 법률상 제한은 없으나 순수지주회사의 경우 100% 소유가 일반적이다. 업무범위는 금융지주회사 또는 자회사를 통한 모든 금융업 진출이 가능하나 금융지주회사의 일반사업회사 소유는 독일이나 일본의 경우 가능하나 미국이나 영국의 경우에는 불가능하다.[17]

미국의 경우 1927년 「McFadden법」에 의하여 2개 주에서 동시에 은행업을 할 수 없다는 지역적 규제와 대공황의 사후 대책 차원에서 1933년 「Glass-Steagall법」을 통하여 은행업과 증권업을 분리한 2대 규제가 신설되었다. 이에 미국의 은행들은 은행지주회사를 설립하여 동 규제를 사실상 회피함에 따라 1956년 「은행지주회사법」을 제정하여 이를 규제하였으나 동 법이 제정된 이후에도 은행들이 금지여부가 명확하지 않은 업무를 적극 발굴하는 등 동 법을 회피하려는 시도가 계속되었다. 그리고 이러한 시도들의 대부분이 법원의 판결에 의해 합법성을 추인받고 이에 부응하여 FRB도 은행 및 은행지주회사 자회사의 업무범위에 대한 제한을 완화하여 줌으로써 실질적인 면에서 동 규제는 허물어져 오다가 1994년

16) 금융지주회사의 경우 순수지주회사가 보통이고 GE, GM, IBM, 듀퐁 등은 사업지주회사로 사업다각화 차원에서 산하에 순수지주회사를 설립하고 있다.

17) 일반적으로 미국, 영국, 일본계 은행들은 금융지주회사(financial holding company)를 선호하는 데 비해, 독일, 프랑스 등 유럽계 은행들은 유니버셜뱅킹을 영위하는 금융그룹(financial conglomerate)을 선호하는 것으로 나타났다.

「Riegle-Neal법」에 의하여 지역적 규제(inter-state banking)가 완전 폐지되고 1999년 「Financial Services Modernization법」에 의하여 금융지주회사가 허용됨으로써 업종간 규제도 대폭적으로 완화되었다.18)

동 법에 의하면 은행지주회사는 과거와 동일하게 은행업 및 은행업과 관련된 업무만을 영위할 수 있으나 금융지주회사의 경우 증권·보험업 등 모든 금융업을 영위할 수 있고 이러한 금융업을 영위하는 회사를 동시에 자회사로 둘 수 있게 되었다. 금융지주회사의 소유구조에 대한 제한은 없다. 한편 예금은행 업무를 영위하지 않고 보험업과 투자은행업만을 영위하고자 할 경우 금융지주회사 대신에 보험 및 투자은행지주회사를 설립할 수 있도록 하였으며 이에 대한 감독은 각각 주 보험당국 또는 SEC가 담당한다.

금융지주회사에 대한 감독은 FRB가 포괄적 감독기관(umbrella supervisor)으로서 지주회사와 자회사에 대한 감독권을 행사한다. 다만 자회사에 대해서는 가능한 한 직접검사보다는 다른 감독기관이 제공하는 검사보고서를 통하여 감독토록 한다. 지주회사의 자회사에 대한 감독은 영위하는 업무에 따라 해당 연방 및 주 감독기관(functional regulator)이 담당한다. 그리고 은행이 부수업무로서 투자은행업무와 보험업무를 내부겸영하는 경우 기능별 규제원칙에 따라 각각 SEC와 주 보험당국의 규제를 받는다.

지주회사 방식보다는 내부겸영 방식이 일반적인 독일의 경우 2002년부터 지주회사가 자회사로부터 받는 배당에 대한 비과세제도를 도입하는 등 지주회사제도를 활성화하기 위한 조치를 시행하는 동시에 은행, 증권, 보험 영역간 겸업화 추세를 반영하여 「통합감독법(Law on Integrated Financial Services Supervision)」을 제정하고 은행, 증권, 보험으로 분리되어 있던 감독체계를 일원화하였다.

일본의 경우 제2차 세계대전 후 재벌을 해체하기 위해 지주회사 설립을 금지하여 오다가 1997년 「독점금지법」을 개정하여 순수지주회사의 설립을 허용하고 1998년 3월 금융관련 법률의 개정과 「금융지주회사정비법」의 제정을 통하여 금융지주회사의 설립을 허용하였다. 금융지주회사는 주력금융기관의 업종에 따라 은행

18) 은행지주회사가 아닌 금융기관 또는 일반회사가 금융지주회사가 되기 위해서는 은행을 자회사로 인수한 뒤 금융지주회사로 전환이 가능하나 총 수익의 85% 이상이 금융업에서 발생하여야 하고 비금융업무는 10년 이내에 정리해야 한다. 그리고 우량 국법은행(평가등급 A 이상 등)에 대해서는 금융지주회사 외에 자회사 방식에 의해서도 보험인수 등 일부 업무를 제외한 금융업무 영위가 허용된다.

지주회사, 증권지주회사 및 보험지주회사로 구분하고 증권 및 보험지주회사는 일반사업회사를 자회사로 소유할 수 있으나 은행지주회사는 일반사업회사를 자회사로 가질 수 없다. 그러나 경쟁을 실질적으로 제한하는 것을 방지하기 위해 금융지주회사가 다수(5개 이상)의 업종에서 시장지배적 지위(시장점유율 10% 이상 또는 상위 3개 회사)에 있는 금융기관을 동시에 자회사로 두는 것은 제한하고 있다.

Ⅱ. 금융지주회사의 장단점

일반적으로 지주회사는 그룹 전체적인 측면에서 전략과 통제기능을 수행하고 자회사는 독자적으로 영업기능을 수행하는바, 다음과 같은 점이 장점으로 지적된다.

① 그룹 전체의 전략 및 통제의 축(control tower)으로서 그룹 전체 차원에서 경영자원의 최적배분을 이룰 수 있다. 또한 후선업무의 통합에 따른 비용효율성, 자회사간 고객정보의 공유를 통한 교차판매와 공통마케팅, 자회사간 제휴를 통한 복합상품 개발 등의 시너지 창출이 용이하다.

② 계열회사간 자금거래나 인적교류 그리고 일상의 거래관계 등에서 독립성(arm's length rule)이 보장되어 책임경영체제 구축이 보다 용이하고 특정 자회사 위험을 지주회사로만 한정시켜 계열회사로의 파급을 억제하여 위험을 국지화하기가 상대적으로 용이하다.

③ 지배자본의 절약으로 자회사 방식에 비해 그룹규모의 대형화가 유리하고 지주회사의 명성을 이용하여 자본조달이 용이하다. 특히 지주회사는 불안전한 외부자본시장을 대체 또는 보완하는 내부자본시장의 역할을 함으로써 자회사간 자원배분의 효율성을 높일 수 있다.[19)]

④ 자회사간 경영의 투명성이 높아 서로 이해상충이 있는 업무를 취급하더라도 자회사간 높은 차단벽의 설치가 불필요하기 때문에 자회사의 전문성을 살린 경쟁력 있는 금융서비스를 제공하기가 용이하다. 특히, 소유·지배관계가 단순 명료하고 자회사간에는 서로 독립성을 갖고 있기 때문에 자회사간 내부거래와 자금이

19) O. Williamson, *Markets and Hierarchies: Analysis and Antitrust Implications*, Free Press, New York, 1975, pp. 158~162.

동이 투명하게 공개되어 고객 및 감독당국의 감시 및 감독비용면에서 여타 방식에 비해 더 효율적이다.

⑤ 조직의 신축성이 커 M&A를 통해 다양한 업무에의 진출과 부진한 업무로부터의 퇴출이 용이하다. 특히 대형기관의 경우 지주회사를 이용하면 분사화를 통해 기존 조직을 보다 효율적인 소형기관으로 재구축할 수도 있다.

⑥ 합병의 경우와 같이 복잡한 이해관계에서 발생하는 법률적 · 조직적 문제를 피하면서 타 기업의 지배가 가능하여 기업간 간접적 결합을 통한 규모와 범위의 경제 추구가 용이하다. 특히, 이질적인 조직을 물리적으로 합병함에 따른 개별기업의 노동조건, 임금수준 및 조직문화나 전문성의 차이 등에서 발생하는 문제를 보다 효율적으로 해소할 수 있다.

⑦ 업종간 구분이 모호한 경계영역(grey zone)업무가 확대되는 추세에서 금융지주회사에 대한 포괄적인 감독을 통해 이들 경계영역 업무에 대한 감독의 사각지대(regulatory hole)를 줄여 감독의 실효성을 높일 수 있다.

반면 지주회사의 단점으로는 다음과 같은 점이 지적된다.

① 소유의 다단계화를 통해 적은 자본으로 다수 기업의 지배가 가능함으로 금융산업 내에서의 독과점의 발생 등 경제력 집중이 심화될 소지가 있고, 특히 지주회사를 산업자본이 지배할 경우 산업자본의 금융지배에 따른 폐해가 우려된다.

② 대형화된 조직에 대한 느슨한 감독(regulatory forbearance)과 시장감시의 소홀(weak market discipline), 관료적 조직(bureaucratic complexity) 행태 등의 가능성과 금융회사에 대한 공적안전망(public safety net)이 비금융자회사에 대해서도 제공될 우려가 있다.

③ 조직구조의 다단계화로 인해 의사결정 단계와 경영지원 기능의 중복가능성 등 경영의 비효율을 증대시킬 가능성이 있다.

④ 지주회사의 자회사 지분이 100% 미만일 경우 지주회사의 주주와 자회사의 소수주주간에 이해상충 문제가 발생할 수 있다. 이러한 이유로 미국 등의 경우 지주회사가 자회사 주식을 거의 100% 소유하는 형태가 일반적이다.

이와 같이 지주회사 제도의 장단점이 병존하나 세계 각국이 지주회사를 통해 금융산업의 경쟁력 강화를 도모하고 있다. 2005년 말 Banker지 기준으로 세계 25대 은행그룹 중 18개가 금융지주회사 소속이고, 3개의 은행그룹이 모자회사 방식을 그리고 4개의 은행그룹이 완전겸영방식(universal banking)을 채택하고 있다.

제 5 절 기타 금융제도

Ⅰ. 도매은행제도와 소매은행제도

금융기관은 거래하는 고객의 성격과 금융중개의 행태 등에 따라 도매은행, 소매은행, 도소매은행 등으로 분류할 수 있다. 전통적으로 금융기관의 거래고객이나 영업구역, 제공하는 서비스 등의 선택은 철저한 수익성에 입각하여 매우 제한적으로 이루어져 왔다.

먼저 금융기관의 거래고객은 거액의 예금이나 대출거래를 할 수 있는 기업이나 정부 및 정부기관들에 한정되었으며 영업구역, 즉 지점망의 선택도 큰 고객이 있는 대도시에 한정되었다. 한편 이들이 제공하는 금융서비스도 수익성에 입각하여 주로 예금과 대출, 그리고 신탁업무 등이 그 대종을 이루었는데 이러한 은행들을 도매은행이라 하고, 도매은행들에 의해 이루어지는 영업제도를 도매은행제도(wholesale banking system)라고 한다.

도매은행들은 상대적으로 관리비용이 많이 드는 소비자금융을 취급하지 않고 고객도 부유한 계층이므로 이들의 재산관리가 주종을 이루었다.

도매은행업의 장점으로는 고객의 수가 적고, 거래단위가 거액이어서 필요한 직원의 수가 상대적으로 적고, 지점망을 대도시로 제한하므로 다수의 소규모 점포를 유지하는 데 소요되는 비용을 절감할 수 있으며 고객에게 개별적으로 친절하고 전문적인 서비스를 제공할 수가 있다는 점 등을 들 수 있다.

반면 도매은행은 거래하는 금액이 거액이기 때문에 한 건의 문제만 발생해도 은행의 부담이 커져서 위험부담이 대단히 크다는 것과 고객이 다양화되어 있지 않아서 특정산업에 편중될 가능성이 많아, 특정산업이 경제여건의 변동으로 사양화되거나 경기가 침체할 경우 은행도 크게 타격을 입을 수 있다는 점이 그 단점으로 지적되고 있다.

현재 도매은행들이 취급하는 주요업무로 주로 기업을 대상으로 하는 예대업무 및 증권관련업무, 리스 · M&A · 벤처캐피털 · 프로젝트 파이낸싱 등 종합금융업무, 선물 · 옵션 · 스왑 등 파생금융업무, 부유고객을 대상으로 하는 재산관리업무 등을 들 수 있다.

이와 같이 기업금융이나 국제금융 등을 주로 취급하는 도매금융의 경우 대규모의 자산이나 자본을 필요로 하나 인력이나 유통경로, 정보기술 등의 면에서는 규모보다는 질적 심화가 더욱 중요하다.

제2차 세계대전 이후 직접금융시장의 발전으로 대기업들의 은행이용이 줄어들고 대고객들이 수익성이 보다 높은 비은행금융기관의 상품을 선호하게 되자 은행은 종래의 도매은행 전략을 바꾸어 가계 또는 소규모 고객을 대상으로 하는 소위 소매은행제도(retail banking system)를 받아들이기 시작했으며, 다수의 은행들은 도매와 소매를 겸영하는 도소매은행의 형태를 취하기 시작했다.

특히 최근의 첨단기술과 정보산업이 결합된 전자은행제도(electronic banking)와 전자자금이체제도(electronic fund transfer system)의 발전으로 은행은 각양각색의 소비자들이 요구하는 다양한 서비스 수요를 저렴한 비용으로 충족시킬 수 있게 됨에 따라 소매은행이 급속히 확대되어 이른바 소매금융혁명(retail banking revolution) 시대를 맞고 있다.

일반적으로 소매은행제도의 장점으로는 다수의 고객을 상대로 소액의 거래가 주종을 이루고 있으므로 영업대상이 다양화되어 있어서 위험부담이 적어 은행의 안정성이 제고된다는 점을 들 수 있다. 반면에 단점으로는 다수의 고객을 상대해야 하므로 개별 고객에게 보다 깊이 있고 친절하고 전문적인 서비스를 제공하기 어렵고, 소액을 거래하는 다수의 고객을 상대하므로 상대적으로 관리비용이 많이 든다는 점을 들 수 있다.

현재 소매은행들이 취급하는 주요업무로는 개인을 대상으로 하는 예대업무, 주택대출, 개인연금신탁, 카드 및 결제와 연관된 각종 수수료 업무 등을 들 수 있다. 앞으로 소매금융은 광범한 네트워킹이 필수적이기 때문에 이에 필요한 대규모의 장치투자 등을 통한 대형화를 추구하든가 아니면 타 기관과의 전략적 제휴가 필요할 것이다.

Ⅱ. 단점은행제도와 지점은행제도

단점은행제도(unit banking system)는 지점이 없거나 있더라도 그 설치가 지역적으로 엄격하게 제한되어 운영되는 제도이며 종래 미국의 은행제도가 그 전형적인 예이다. 지점은행제도(branch banking system)는 전국에 지점망을 갖는 은행제도로 우리나라와 일본 및 서구식 은행제도가 그 전형적인 예이다. 일반적으로 단점은행들은 지점은행들보다 규모가 작다.

각국은 역사적·지리적·사회적 및 정치적 이유에 따라서 단점 또는 지점은행제도를 채택하고 있다. 대은행의 전횡을 두려워하는 나라는 단점은행제도를, 대은행의 효율성을 선호하는 나라는 지점은행제도를 채택하고 있다. 일반적으로 전국적인 지점망을 갖는 지점은행제도의 장점으로는 다음과 같은 점들이 지적되고 있다.

첫째, 전국의 지점망을 통하여 거액의 자금을 조달할 수 있다는 점과 대출을 전국에 분산함으로써 대출의 위험을 줄일 수 있다.

둘째, 각 지방의 지점들도 본점의 전문화되고 다양한 금융서비스를 제공받을 수 있고 조직, 인사, 기타의 운영면에서 규모의 경제(economies of scale)를 얻을 수 있다.

셋째, 자금수요가 적은 지역으로부터 자금수요가 많은 지역으로 자금을 용이하게 이전시킬 수 있다.

넷째, 단점은행을 세우기에는 너무 작은 규모의 도시나 상가 또는 큰 빌딩 등 소지역에도 점포를 설치할 수 있기 때문에 금융서비스를 거의 모든 지역에 제공할 수 있다.

이 밖에 한 지역 안에 여러 은행의 지점들이 위치함으로써 경쟁을 높여 보다 좋은 서비스를 제공할 수 있다는 점도 그 장점으로 지적할 수 있다.

반면 지점은행제도의 단점으로는 다음과 같은 점들이 지적되고 있다.

첫째, 소수의 대규모 은행이 금융시장을 석권하여 독점 내지 과점의 이득을 추구할 가능성이 있다. 금융이란 막강한 힘이 소수의 은행에 집중될 경우 은행은 금융산업뿐만 아니라 여타 산업까지도 지배할 수 있게 된다. 미국이 단점은행제도를 택하게 된 가장 큰 이유 중의 하나가 바로 이것이다.

둘째, 지점은행의 경우 한 지역에서 예치된 예금을 그 지역사회 발전을 위하여 대출하기보다는 본점의 지시에 따라 다른 지역으로 이전함으로써 지역간 경제력 격차를 더욱 확대시킬 수도 있다.

셋째, 규모의 경제란 관점에서도 많은 수의 지점을 관리 유지해야 하므로 오히려 비용이 늘어날 수도 있다.

이 밖에 지점은행 제도는 단점은행제도에 비해 지역사회의 특수한 여건에 알맞은 금융서비스를 제공하기 어렵고 한 직원이 한 점포에 장기간 근무하지 않음으로 인해 고객과 긴밀한 관계를 유지하기 어려운 점이 있다.

III. 코레스은행과 그룹은행제도

기타 은행제도로서 열거할 수 있는 것은 코레스은행(correspondent bank)제도와 그룹은행(group banking)제도로서 연쇄은행(chain banking)제도 등을 들 수 있다.

코레스은행은 한 은행이 자기의 지점이 없는 지역에 소재하는 다른 은행과 코레스계약을 체결하고 서로 상대방을 대신하여 금융서비스를 제공하는 은행제도로 국제간 은행들의 코레스제도가 그 전형이다.

코레스은행은 주로 격지간의 환거래업무를 대행하나 이 밖에도 코레스은행은 상대은행에 대해 전문서비스를 제공하기도 한다. 미국의 경우 지방은행이 대도시 소재 대규모 은행과 코레스관계를 갖게 될 때 대도시 소재 은행이 결제, 외환, 리스, 신탁, 투자대행, 협조대출, 이 밖에 컴퓨터서비스 등을 지방은행에 제공해 주는 대신 지방은행은 대도시 소재 코레스은행에 구속성예금(compensating balance)을 무이자로 예치하기도 한다.

그러나 최근에 들어 이와 같은 패키지 거래보다는 코레스은행이 제공하는 개별 서비스별로 상대은행이 수수료를 지급하고 대신 코레스은행에 예치한 예금에 대해서는 명시적인 이자를 지급하는 방식이 늘어나고 있다.

연쇄은행이란 한 개인이나 기관이 두 개 이상의 은행을 소유하거나 경영권을 통제하는 경우를 말한다.

우리나라의 경우 현재 금융그룹으로 금융지주회사그룹, 모·자형 순수금융그룹 및 금융·비금융 계열집단으로 분류할 수 있다. 금융지주회사의 경우 대부분 은행중심 그룹이다. 비은행금융그룹의 경우 모·자형과 금융·비금융계열집단이 주종을 이루고 있다.

금융·비금융 계열집단의 경우 순환출자, 교차출자, 공동출자 등 복잡한 출자관계로 얽혀 있어 자회사간 위험의 전이·집중이 쉽게 이루어질 수 있고 개별 금융회사 단위의 규제·감독이 이루어지고 있어 비금융부문의 위험이 금융부문에 전이될 수 있는 우려 등 금융소비자 보호 문제와 시스템 리스크를 야기할 가능성 등이 상대적으로 크다. 따라서 현재 금융-비금융계열집단 등 금융그룹을 금융지주회사로 전환하도록 정책적으로 유도하고 있다.

제 6 절 우리나라 금융제도의 변천

Ⅰ. 맹아기시대(Nascent Stage)

우리나라에서는 재래 금융기관이라 할 수 있는 객주 및 여각(旅閣)과 상호신용인 계(契) 그리고 시변(時邊)제도[20] 등을 통해 자금의 예수, 대출 및 어음할인 등이 이루어져 왔다. 그러나 근대적 의미의 금융기능을 수행하는 금융기관은 강화도조약(1876)의 체결을 계기로 1878년 6월 일본 제일국립은행 부산지점이 처음이다.

이러한 일본계 은행의 국내진출에 자극을 받아 1894년 갑오경장 이후 우리나라의 민족자본에 의해 조선은행(1896), 한성은행(1897), 대한천일은행(1899) 등이 차례로 설립되었으며 1909년에는 대한제국정부에 의해 우리나라 최초의 중앙은행인 구 한국은행이 설립되었다. 그 후 1910년부터 1945년까지의 일제식민시대에는 구 한국은행이 조선은행으로 개편되어 중앙은행의 기능을 일부 수행하였고 다수의 일반은행과 조선식산은행, 조선저축은행 등 특수은행 그리고 금융조합, 신탁회사, 무진회사, 보험회사 등 비은행금융기관과 증권거래소 등이 설립됨으로써 금융제도가 근대적 모습을 갖추게 되었다.

---

20) 객주, 여각: 조선 후기시대 각 연안의 포구에 자리잡고 화물집산지의 역할을 하던 곳으로 지방에서 오는 객상들을 위하여 화물의 도매위탁판매·보관운송업, 여관업 등과 더불어 예금, 대출, 어음발행 등 금융업을 겸하기도 하였다. 객주와 여각은 각각 그 취급하는 물품이나 영업장소, 자본규모 등에 따라 다소 차이가 있으나 통상 양자가 구별 없이 통용되어 왔다.

시변: 조선 후기 개성상인들에 의해 주로 이용되었던 단기성 자금을 거래하는 독특한 방법의 금융제도로 자금을 대여하는 자와 차용자 사이에 환도중(換都中)이라는 중개인을 통하여 담보물 없이 신속하고 확실하게 결제가 이루어졌다.

시변의 기원은 정확하게 나타나지는 않았지만 조선 후기 상평통보가 교환수단으로 널리 유통된 이후에 복식부기의 원리를 이용하여 발달한 고유의 장부정리법인 사개(四介)부기와 거의 동시에 나타난 것으로 추측된다.

자료: 한국문화대백과사전편집부, 한국문화대백과사전, 한국정신문화원, 1992. 7.

그러나 당시의 금융기관들은 본연의 기능보다는 일제의 식민지 지배체제 확립과 전비조달창구로서의 역할을 주로 수행하였다.

1948년 수립된 대한민국 정부는 해방 후 문란해진 금융제도의 개편에 착수하여 중앙은행과 일반은행의 체계를 확립하기 위해, 1950년 5월 「한국은행법」과 「은행법」을 제정·공포하였으며 동년 6월 한국은행을 창립하였다. 그러나 곧이어 한국전쟁이 발발하여 금융제도의 정비가 지연되다가 종전 후 「은행법」이 시행(1954)되었고, 일반은행으로 조흥(구 한성, 1897), 상업(구 대한천일, 1899), 제일(구 조선저축은행, 1929), 흥업(한일은행 전신, 1932)과 지방은행인 서울은행(1958)이 있었다. 또한 전재복구 및 농업개발을 위한 한국산업은행(1954) 및 농업은행(1956)이 특수은행으로 발족하였으며 대한증권거래소(1956)가 설립되었다.

Ⅱ. 개발금융시대(Development Stage)

1960년대에 들어 정부주도의 경제개발계획을 뒷받침하기 위하여 금융제도면에서 커다란 변혁이 이루어졌다. 1950년대 후반 민영화 이후 소수 재벌에 의해 지배되어 온 일반은행의 주식이 부정축재재산 환수처리의 일환으로 정부에 다시 귀속되고 「한국은행법」이 전면 개정(1962)됨으로써 금융기관에 대한 정부의 영향력이 대폭 강화되었으며 개발자금의 원활한 지원을 목적으로 농업협동조합(1961), 중소기업은행(1961), 국민은행(1962), 수산업협동조합(1962), 한국외환은행(1967), 한국주택은행(1969) 등 특수은행이 대거 설립되었다. 또한 「증권거래법」과 「보험업법」이 제정(1962)되고 지방은행이 설립(1967)되었다.

1970년대에 들어 석유파동에 이은 세계적인 불황의 여파로 우리 경제도 크게 어려움을 겪으면서 이를 타개하기 위해 정부는 1972년 8·3 긴급경제조치를 단행하고 동 조치의 실시와 함께 사금융의 제도금융화(mainstream finance) 및 금융구조의 다원화를 추진하여 「단기금융업법」, 「상호신용금고법」, 「신용협동조합법」 등 이른바 사금융양성화 3법(1972)과 「종합금융회사에 관한 법률」(1975)을 제정하여 투자금융회사, 상호신용금고, 신용협동조합, 종합금융회사 등 다양한 형태의 비은행금융기관을 신설 또는 정비하였다.

이와 함께 자본시장의 육성을 위해 「기업공개촉진법」을 제정(1972)한 데 이어

증권투자신탁전문회사인 한국투자신탁(주)을 설립(1974)하였으며 증권관리위원회와 증권감독원을 설치(1977)하여 증권시장의 감독 및 관리체계를 확립하였다.

III. 현대화시대(Modernizing Stage)

1980년대에 들어 그간의 고도성장과정에서 실물산업에 대한 지원산업(shadow industry)으로서 역할이 강조된 나머지 산업 자체로서 그 중요성이 간과되어 상대적으로 성장이 낙후되었던 금융산업에 대한 인식이 새로워짐에 따라 성장동력 산업으로서 금융산업의 발전을 위한 일련의 근대화시책이 추진되기 시작하였다.

일차적으로 그간 개발금융시대에서 정부의 지도하에 정책금융의 주된 창구역할을 하여 왔던 은행의 자율경영체제를 확립하기 위해 1981~1983년 중 시중은행을 모두 민영화하고 은행 내부경영의 자율성을 제약하는 각종 규제를 완화하였다. 그리고 금융기관간의 경쟁을 촉진하기 위해 진입제한을 완화하여 1982~1983년과 1988~1989년 양차에 걸쳐 도합 5개의 시중은행과 12개 투자금융회사, 58개 상호신용금고, 6개 투자신탁회사, 11개 지방리스회사 등 다수의 비은행금융기관이 추가로 설립되었으며 금융기관 취급업무도 보다 다양화되었다.

한편 금융자율화와 더불어 금융시장의 대외개방도 점진적으로 확대되어 외국은행의 지점 증설이 허용되고 외국생명보험회사의 지점 설치, 합작회사 또는 현지법인 설립 등이 이루어졌으며 외국인전용 수익증권, 외국투자전용회사 등을 통한 외국인의 국내증권 간접투자도 허용되었다.

1988년 12월에는 정책금융을 제외한 모든 여신금리와 금융기관의 만기 2년 이상 장기수신금리에 대한 금리규제를 철폐하는 등 광범위한 금리자유화 조치를 단행하였으나 격심한 물가불안과 자금의 초과수요 등 당시의 경제여건이 성숙되지 못해 소기의 성과를 거두지 못하고 곧 금리에 대한 규제가 재개되었다.

그러나 이와 같은 저해 요인들이 많이 해소되고, 특히 금융시장의 개방이 진전되어 대외균형이 대내균형 못지 않게 중요하게 되어 금리자유화가 부득이 해짐에 따라 정부는 1991년부터 4단계로 나누어 금리자유화를 추진하였다. 자유화의 방식은 수신금리보다는 여신금리를, 단기금리보다는 장기금리를 그리고 소액보다는 거액의 금리를 우선적으로 추진하였다. 수신금리보다 여신금리를 먼저 자유화한 것은 여신금리는 자금배분에 미치는 영향과 투자, 소비 등 총수요의 조절을 통한 경기조절기능이 수신금리보다 크고 수신금리를 먼저 자유화할 경우 금융기관간 수신경쟁으로 인한 수신금리 상승이 여신금리의 추가적 상승으로 이어질 가능성이 컸기 때문이었다.

단기금리보다는 장기금리를 그리고 소액보다는 거액을 우선적으로 자유화한 것은 금융상품간의 급격한 이동(intramediation)과 금융기관의 취급비용의 상승을 억제하여 금융시장의 불안정성을 줄이기 위해서였다. 이 밖에 통화시장의 금리를 우선적으로 자유화하였는데 이는 통화자산의 경우 유통시장의 존재로 규제의 실효성이 낮은데다 통합자금시장으로서의 통화시장의 기능을 살려 전체 금융시장의 효율성을 증대하기 위해서였다.

1990년대에 들어 금융산업의 경쟁력 강화와 금융시장의 개방에 대비하기 위한 부분적인 금융제도 개편이 있었다. 1991년 3월 「금융기관의 합병 및 전환에 관한 법률」이 제정되어 8개 투자금융회사가 합병 또는 단독으로 2개 시중은행 및 5개 증권회사로 전환되었다. 그리고 1992년 1월부터는 외국인이 일정한도 범위 내에서 국내상장주식에 직접 투자할 수 있도록 허용함으로써 주식시장이 본격적인 개방시대를 맞이하게 되었다.

Ⅳ. 금융제도개혁시대(Restructuring Stage)

1. 금융실명거래제도

1993년에는 금융실명제가 실시되었다.[21] 금융실명제는 모든 금융거래자의 실제 명의(real name)로만 할 수 있는 제도로 1982년 「금융실명거래와 비밀보장에 관한 법률」로 법제화된 이후 두 차례의 실시 유보를 거친 뒤 1993년 8월 12일 「헌법」 제76조의 대통령 긴급명령의 형태로 전격적으로 실시되었다. 동 제도가 실시되기 이전에는 지하경제(underground economy)와 연계된 각종 부조리의 만연, 분식회계와 탈세 등 왜곡된 거래 관행으로 인한 폐해가 매우 심대하였다.

동 제도는 편법적인 금융거래정보요구(계좌추적) 등 일부 사정적인 용도로 사용되는 부작용도 있기는 하였지만 정치, 경제, 사회 전반의 투명성이 증대되고 과세

21) 금융실명제에 연이어 1995년에는 부동산실명거래제도가 도입되었다.

형평성이 제고되는 등 그 효과는 매우 컸다. 동 명령은 1997.12.31.「금융실명거래 및 비밀보호에 관한 법률」로 대체되었다. 동 법이 제정되기 이전에는 1961년 제정된「예금·적금 등 비밀보장에 관한 법률」에 의거 비실명거래를 명시적으로 허용하였었다.

「금융실명거래법」에 의하면 금융회사는 계좌를 개설하려는 자가 본인인지를 확인하여 계좌를 개설해야 하므로[22] 가명이나 제3자의 명의를 몰래 이용하는 도명거래는 불가능하게 되었다(도명거래의 경우「주민등록법」 위반으로 처벌을 받는다). 그러나 동 법에 의하면 금융회사가 계좌를 개설하는 명의인이 자금의 실소유자인지는 확인할 의무는 없다. 따라서 자금의 실소유자가 타인과 합의하여 타인의 명의를 빌려 거래하는 차명거래가 가능하다는 문제점이 있다.

이에 차명거래를 어렵게 하는 여러 장치들이 도입되어 있다. 2009년 대법원은 예금명의인과 실소유자간에 다툼이 있을 시는 극히 예외적인 경우를 제외하고는 예금명의인을 자금의 실소유자로 보고 금융회사가 명의인에게 예금을 지급할 수 있다고 판결하였고 차명거래를 통해 조세를 포탈할 때에는「조세범처벌법」에 따라 3년 이하의 징역이나 포탈세액의 최대 5배 이하의 벌금에 처할 수 있도록 하였다. 또한「특정금융거래보고법」은 금융회사가 예금명의인과 실소유자가 다르다는 것을 알았다면 예금의 실소유자를 밝혀 그 자금이 자금세탁이나 불법적인 용도로 이용되고 있는지를 확인하고 만약 그런 혐의가 있다면 금융정보분석원에 혐의거래보고를 하도록 의무화하고 범죄수익을 차명계좌에 은닉할 경우 5년 이하의 징역이나 3천만원 이하의 벌금에 처할 수 있도록 하였다.

그러나 이러한 장치에도 불구하고 차명계좌를 이용한 편법적인 상속이나 비자금 조성 등의 불법적인 행태가 근절되지 않고 있어 2012년 7월「금융실명거래법」을 개정하여 2014년 11월부터 시행하였다. 주요개정 내용은 차명거래는 원칙적으로 금지하되 예외적으로 선의의 차명거래[23]는 허용하기로 했다. 그리고 차명거래를 원천적으로 막기 위해 고객은 은행에서 계좌를 새로 개설하거나 2,000만원

---

22) 종래에는 본인 확인을 위해서는 계좌개설인과 금융기관직원간의 대면확인이 불가피하여 실무적으로 많은 불편이 있었다. 그러나 최근들어 영상통화나 휴대전화 본인인증 등의 비대면 채널을 통해 본인 확인이 가능하여 이와 같은 불편이 점차 해소되고 있다.

23) 동창회 등 친목모임, 종친회·교회 등 임의단체의 재산을 관리하기 위해 대표자 명의로 계좌를 개설하는 행위, 증여세 면제 혜택을 받는 한도(배우자 6억원, 자녀 5천만원, 부모 3천만원, 기타 친족 5백만원) 내에서 이들의 이름으로 계좌를 개설하는 행위 등.

이상의 거래를 할 경우에는 해당 계좌의 실제 소유자가 누구인지를 밝히는 절차를 밟도록 하였다. 이에 따라 고객은 기존 금융거래처럼 본인신분 확인을 한 뒤 거래 신청서에 따로 실제 소유 여부를 밝혀야 한다. 특히 불법 목적[24]의 차명은 엄격하게 금지하고 불법 차명금지에 대한 금융회사의 설명의무를 부과하고 있다.

차명거래 제재방식으로는 차명자산은 명의인의 소유로 '추정'하고 차명거래자(알선·중개한 금융회사 임직원 포함)는 형사처벌하며 실명확인 위반 시 기관 및 임직원에 대한 제재 근거를 신설하였다. 차명계좌의 재산이 실소유자로 인정받기 위해서는 소송을 통해 권리구제를 받아야 하며 이 과정에서 불법행위를 목적으로 실명제를 위반한 경우 형사적·행정적 제재는 물론 민사적 불이익까지 부과할 수 있게 하였다.

그러나 동 제도는 개인정보에 대한 엄격한 보호장치로 인해 국내금융감독기관과 외국금융감독기관과의 정보 교환을 통한 공조를 어렵게 하는 문제가 있었다. 이에 외국감독기관과의 효율적 공조를 통한 조사·검사의 실효성을 확보하기 위해 「금융실명법」에 대한 예외 근거를 마련하였다. 「자본시장법」은 금융위원회는 외국감독기관과 정보 교환과 조사·검사의 협력에 따른 자료를 상호주의원칙에 따라 제공하거나 제공받을 수 있도록 하고 한국거래소도 금융위원회의 승인을 얻어 외국거래소와 정보 교환이 가능하도록 하였다.[25]

2. 구조조정

1997년 외환위기는 금융 및 기업의 대대적인 구조조정을 가져왔다. 먼저 부실금융기관과 기업의 퇴출을 촉진하기 위해 「금융산업의 구조조정에 관한 법률」, 「자산유동화에 관한 법률」 등 관련 법규가 대폭적으로 정비되고 이를 바탕으로 부실금융기관의 폐쇄, 합병, 공적자금 투입을 통한 부실채권의 정리 등 외환위기의 원인이 된 금융과 기업의 부실을 정리하였다.

---

24) 불법재산은닉, 자금세탁행위, 공중협박자금조달행위, 강제집행의 면탈, 그 밖의 탈법행위 목적.

25) 2017년 9월부터 유럽과 조세피난처 등 51개국이 금융계좌정보 상호공유협정이 발효될 예정이다. 동 협정은 조세회피(tax evasion) 또는 조세포탈(tax fraud)을 막기 위해 가입국 세무당국들이 본국(home country) 이외의 국가(local contry)에서 보유하고 있는 납세자의 재산과 소득에 대한 정보를 수집하고 상호 교환하도록 의무화하고 있다. 우리나라도 동 협정에 가입하고 있으며 미국은 동 제도에 가입하지 않고 있으나 해외금융계좌신고법에 가입한 국가들과 해외계좌정보를 상호 공유하고 있다.

금융기관이 합병이나 제휴 등을 통해 대형화·전문화를 추진할 수 있는 여건을 조성해 주기 위해 금융기관의 인수·합병시 고용조정제도를 조기에 도입하고 부실금융기관의 퇴출을 촉진하기 위해 강력한 적기시정조치제도를 도입·실시하였다.

또한 경쟁에 의한 구조조정을 촉진하기 위해 진입장벽을 획기적으로 낮추었다. 금융기관의 설립을 위한 인가요건 및 절차가 보다 객관·간소화되고 인가요건만 갖추면 원칙적으로 설립이 허용되는 준칙주의를 도입하였다. 그리고 모든 금융업에 대해 외국인이 전액 출자하는 현지법인의 설립이 허용되고 외국인이 기존 금융회사를 인수하여 지배하는 것도 허용되어 금융시장을 사실상 선진국 수준으로 개방하였다.

그간 금융권역간 업무의 상호진출 등의 방식으로 점진적으로 겸업을 확대하여 오다가 2009년 2월 「자본시장법」의 시행으로 종래의 엄격한 칸막이식 업무영역을 획기적으로 낮추었다. 동 법의 시행으로 앞으로 인위적인 구조조정이 아니더라도 시장기능에 의한 대대적인 구조조정이 이루어지게 될 것이다.

3. 금융감독체제

우리나라는 1997년 외환위기를 맞아 금융개혁이 단행되기 전까지만 해도 금융감독은 금융시스템의 안정과 공정한 시장질서를 확보한다는 차원보다는 개발경제체제하에서 경제개발을 뒷받침하기 위한 정책수단으로서의 의미를 강조하여 정부가 사실상 금융감독정책과 주요 감독업무를 직접 수행하고 보조적이고 실무적인 사무는 중간감독기구들에게 위임하여 집행하는 수직적 감독체계를 유지하여 왔다. 특히 정부규제의 실효성을 확보하기 위해 감독행정은 법령상으로 근거가 없음에도 불구하고 훈령, 예규, 지침, 고시 등에 의한 자의적인 규제와 심지어는 창구지도라는 이름하에 아무런 근거도 없는 지시나 간섭을 하는 예가 적지 않았다.

또한 감독기관과 검사기관이 분리되어 업무의 일관성과 연속성이 결여되었을 뿐 아니라 감독기관의 중복으로 인해 피감독기관에게 이중규제의 부담을 안겨주었다. 이러한 규제는 개발경제 초기에는 어느 정도 성과를 거두었으나 경제규모가 커지고 개방경제로 이행됨에 따라 한계에 부딪치고 오히려 부작용이 점점 커지게 되었다. 이에 따라 그간 수차에 걸친 금융제도 개편작업을 단행하였으나 그 때마다 이해관계자들의 이해조정의 어려움과 오랫동안 관료주의 타성에 젖은 공무원들의 소극적인 자세로 부분적인 개선에 그쳤다.

그러나 1997년 외환위기의 발발은 우리 경제 전반, 특히 금융부문에 대해 대대적인 개혁이 불가피하게 했다. 외환위기 이후 정부는 IMF와의 합의사항 이행을 위해 강도 높은 금융개혁을 단행하였으며 이러한 조치의 결과 우리나라의 금융감독도 적어도 제도적으로는 국제적인 정합성을 갖게 되었다. 특히 감독행정의 효율성을 제고하기 위해 분리되어 있던 권역별 감독기구들을 하나로 통합하여 감독과 검사기능을 하나의 통합금융감독기관에 의해 이루어지게 하고 세계적인 추세에 따라 규제감독의 초점을 금융회사의 포트폴리오 규제에서 리스크관리 중심으로 전환하였다.[26]

이 밖에 감독행정을 감독서비스의 공급자인 감독기관 중심이 아닌 감독서비스의 수요자인 피감독기관 중심으로 전환하고 감독규정도 보다 명시적이고 투명하게 정비하였다. 그러나 아직도 금융감독기구의 조직형태, 감독유관기관간의 권한배분 등을 놓고 이해관계자들간의 이해상충으로 인해 감독행정의 효율성을 저해하는 요소들이 많이 남아 있어 감독행정의 효율성을 제고하기 위한 논의가 진행되고 있다.

4. 통화정책

외환위기 이후 통화정책의 기본방향은 직접규제 대신 시장원리에 의한 간접규제방식, 즉 공개시장조작, 재할인, 지급준비제도 등 전통적인 통화관리수단에 의한 유동성 조절방식으로 전환하고 있다. 구체적으로 공개시장조작을 활성화하기 위해 국공채 및 통화채의 발행금리를 실세화하고, 재할인제도를 개선하여 종래의 중앙은행 자동재할인제도를 축소·폐지하여 은행별 재할인총액한도제로 이행하였으며, 지급준비율도 점진적으로 낮추었다.

한편 통화관리의 여건을 개선하기 위해 종래 통화총량중심의 통화관리를 금리와 환율 등 가격변수중심으로 운용하는 체제로 바꾸었다. 그간 제한된 자금을 전략적으로 배분하는 과정에서 우선지원부문에 대해 저리자금을 지원하기 위해 금리에 대한 광범한 규제를 실시하여 왔다. 이와 같은 규제는 경제개발 초기에는 소기의 성과가 있었으나 부작용 또한 적지 않았다. 금리의 가격기능 상실로 인한 자원배분의 왜곡과 경기조절 기능 미흡, 규제금리와 실세금리 차이로 인한 각종 금융부조리의 발생 등이 그 예이다.

26) Mishikin, F. S., “Prudential Supervision: Why Is It Important and What are the Issues?” NBER Working Paper, No. 7926, NBER, September 2000.

종래 우리나라 금리자유화를 저해해 온 중요한 요인들로는 물가불안으로 인한 높은 명목금리 유지, 실세금리와 규제금리와의 큰 격차로 인한 만성적인 초과자금수요 상존, 통화시장(money market)의 미발달과 금융하부시장간의 연계성 부족으로 인한 시장분할과 금리구조의 왜곡, 통화관리의 간접규제 미정착과 통화총량위주의 경직적인 통화관리 등을 들 수 있다.

금리자유화는 자유화 일정에 따라 계획대로 단계적으로 진행되어 오다가 1997년의 외환위기로 자유화 계획을 앞당겨 일부 요구불예금을 제외한 모든 금리를 전면적으로 자유화하였고 2004년 2월부터는 요구불예금 금리도 완전히 자유화하였다. 현재 우리나라의 통화정책은 물가안정(2% 인플레이션)과 금융시장안정에 목표를 두고 주된 관리수단으로 기준금리(일주일 RP금리)조정을 활용하고 있다.

Ⅴ. 금융국제화시대(Globalization Stage)

그간 금융의 국제화는 실물경제의 개방에 맞추어 단계적으로 진행하여 왔으나 본격적인 금융의 국제화는 1993년 외환자유화와 자본자유화로 나누어 제3단계 금융자율화 및 시장개방계획(blue print)으로 제시되었다.

동 시장개방계획은 외환시장 및 국제수지 추이, 내외금리차 및 통화관리 등을 감안하여 3단계(1단계 1993년중, 2단계 1994~1995년중, 3단계 1996~1997년중)에 걸쳐 단계적으로 추진하는 것으로 되어 있었으며 이와 같은 계획은 대부분이 당초 일정보다 앞당겨 실행되었다. 특히 1997년 11월 외환위기를 계기로 환율제도가 자유변동환율제도로 변경되고 1998년 9월 종래의 원칙금지 · 예외허용체제(positive system)의 「외국환관리법」이 폐지되고 새로 원칙허용 · 예외금지체제(negative system)의 「외국환거래법」이 제정되었으며 1998년 6월 외환거래자유화 기본계획을 통해 2000년 말까지 2단계에 걸쳐 외환거래를 전면 자유화할 것을 발표하였다.

동 계획에 따라 1단계로 1999년 4월 기업 · 금융기관의 대외영업활동관련 외환거래의 전면적인 자유화가 이루어졌고 2001년부터 자유화하기로 하였던 재무건전성이 불량한 기업에 대한 단기해외차입 제한, 비거주자의 원화조달 제한 등 일부 외환시장 안정과 외화건전성 제고를 위한 항목에 대한 규제의 시효가 2005년 말로 종료되었다.

자본거래 자유화는 금융비용의 인하, 선진금융기법의 도입과 금융기관의 경쟁에 따른 금융상품의 질 향상, 경제주체의 포트폴리오 분산효과 등 금융산업의 효율성 증대효과가 기대되지만 적지 않은 부작용도 예상된다. 통화정책 수행상의 어려움과 급격한 자본유출입으로 인한 국내시장의 교란 등이 그것이다. 구체적으로 해외자본의 유입으로 유동성제약이 완화되면서 통화정책효과면에서 상대가격 또는 기대의 변화를 통한 간접적인 영향이 증대하여 직접적인 유동성조절에 의한 통화관리의 효과가 감소할 것이다.

특히 자본거래규제의 완화와 정보통신기술의 발달로 자본이동이 급격히 이루어지는 상황에서는 투기성 단기자금(hot money)의 국제적 이동은 외환 및 금융위기를 초래할 가능성을 크게 한다. 이와 같은 부작용을 예방하기 위해 외환거래세(Tobin Tax),[27] 외환예치제도,[28] 일정기간 외환거래를 중지시키는 세이프가드(safeguard) 제도, 자본거래허가제도 및 외환집중제도 등이 있다. 1997년 외환위기 이후 우리나라는 이 중 외환거래세를 제외한 긴급시 안정장치들을 계속 유지하는 한편 외환전산망 확충, 조기경보체제(early warning system) 도입 등 외환시장에 대한 상시적 모니터링을 위한 감시시스템을 강화하였다.

한편 글로벌 금융위기를 계기로 2010년 10월 G-20 정상회의 시 은행부과금(bank levy)[29] 도입에 관한 일반 원칙에 합의하고 국별 상황에 맞게 각자 추진키로

---

27) 토빈세는 1972년 고정환율제를 표방했던 브레튼우즈체제가 붕괴됨에 따라 단기자본의 급격한 유출입에 따른 환율불안을 막기 위해 국경을 넘는 자본이동에 대해 세금을 부과하자는 토빈(J. Tobin) 교수의 주장에 따라 붙여진 이름이다. 토빈은 그 방법론에 대해서는 구체적인 제시가 없었던바 과세대상을 단기외환거래 또는 투기적거래에만 한정하자는 주장들이 제시되기도 한다. 그러나 국제자본거래의 대부분이 실물거래와 관련 없는 거래로 투기적 성격이 있어 투기성 여부를 구분하기가 현실적으로 어려울 뿐 아니라 투기적 거래 또한 시장의 유동성을 증대시키는 긍정적인 측면이 있어 지금까지는 동 제도의 도입에 회의적인 시각이 더 많았다.

특히 토빈세 부과에 대해 국제적인 합의가 이루어지지 않을 경우 조세피난처 등 동 제도를 실시하지 않은 국가로 외환 및 자본거래가 집중될 우려가 있고 이 밖에도 현금통화를 보유하지 않고도 외환거래를 가능하게 하는 파생상품의 활용이 보편화됨에 따라 동 제도의 실효성이 낮다는 비판(Peter Garber) 등이 제기되고 있다.

28) 단기자금차입액의 일정부분을 중앙은행에 무이자로 예치하게 함으로써 단기차입을 장기차입으로 유도하자는 것으로 1995년 멕시코 외환위기 당시 칠레정부가 채택한 바 있다.

29) 독일은 은행의 비예금성부채에 대해, 프랑스는 위험가중자산에 대해 2011년 1월부터 부과한다. 미국과 IMF는 비예금성부채에 대해 부과할 것을 제안하고 있고, 특히 IMF는 이외에 일정한 수준을 초과하는 이익이나 보너스에 대해 금융활동세(financial activities tax)를 부과할 것을 제안하고 있다. 우리나라는 우선 은행의 비예금성 외화부채를 대상으로 부과하되 미지급 미결제현물환, 파생상품 평가 손실, 정책자금 처리 계정 등 외환거래 과정에서 일시적으로 발생하는 부채 계정 등

합의함에 따라 우리나라는 2011년 하반기부터 거시건전성부담금(macro-prudential stability levy)이라는 이름으로 금융회사의 비예금 외화부채를 대상으로 동 제도를 도입하였다. 동 부과금은 자본유입의 부정적 외부성(negative externality)이 큰 단기 외채에 대해 상대적으로 높게 부과하는 방식으로 설계되어 있는바, 외부성의 크기에 따라 차등적으로 부과한다는 점에서 모든 자본거래에 일률적으로 세금을 부과하는 금융거래세(Tobin Tax)와는 차이가 있다.

그러나 이러한 부작용을 근본적으로 예방하기 위해서는 경제정책을 통한 거시경제의 안정과 국내외 금리차의 축소, 금융기관의 경쟁촉진과 건전경영을 도모하기 위한 감독제도 강화, 중앙은행과 정부의 신축적인 외환시장개입, 국제금융거래의 투명성 제고를 위한 국제적인 공조체제 강화 등 국내외 균형을 담보할 수 있는 보완장치를 더욱 강화해야 할 것이다.

제 7 절 금융산업의 변화

Ⅰ. 규제의 진화와 강화

시장의 질서는 법과 제도의 테두리 안에서 존재한다. 따라서 법과 제도에 대한 올바른 이해 없이는 시장경제도 발전할 수 없다. 법과 제도가 경제주체의 자유로운 의사결정을 방해할 경우 정상적인 시장기능은 왜곡되며 이 경우 시장은 우회로를 선택하여 규제를 회피하거나 규제의 철폐 또는 완화를 요구하게 된다.

Kane은 기존의 규제를 이기적으로 이용하는 집단이 발생하게 되면 이것을 방지하기 위한 새로운 규제가 도입되고 새로운 규제가 효과를 발휘하여 자본의 흐름을 재편하게 되면 다시 이를 우회하는 집단이 나타나게 되어 이를 방지하기 위한 규제가 반복된다는 이른바 변증법가설(regulatory dialectic)을 주장한 바 있다.[30)]

은 자금 차입 성격이 아니므로 부과 대상에서 제외하고 있다. 동 부과금은 위기 시 외화유동성 공급 재원으로 활용하기 위해 외화로 징수하여 외국환평형기금에 구분·계리하여 적립하고 평시에는 원칙적으로 외환보유액에 준하는 방식으로 해외 안전자산 등에 운용된다.

30) E. J. Kane, "Technological and Regulatory Forces in the Developing Fusion of Financial Services Competition," *Journal of Finance*, vol. 39, 1976, pp. 211~240.

역사적으로 금융산업에 대한 규제도 완화(deregulation)와 강화(reregulation)를 반복하여 왔다. 30년대 대공황 이후 규제강화를 주도했던 케인지안이 쇠잔하고, 특히 70년대 오일쇼크 이후 시장의 기능을 강조하는 신자유주의가 경제학의 주류가 되면서 각국은 경쟁적으로 금융산업에 대한 규제를 완화하여 왔다. 특히 80년대에 들어 국제화가 가속화되면서 일국의 규제환경이 금융시장의 매력도나 금융산업의 경쟁력에 지대한 영향을 미치게 됨에 따라 각국은 경쟁적으로 규제완화 내지 철폐 조치를 취하였다. 금융산업에 대한 규제완화는 금융기관간의 경쟁격화에 따른 경영환경과 거시경제적으로 경제정책의 효과 등에 지대한 영향을 미치게 된다.

먼저 규제완화가 금융기관 경영에 미친 영향을 보면, 첫째, 각종 금리와 수수료의 자유화는 가격경쟁을 유발하여 금융기관의 수익성을 악화시켰다. 특히 종래 예대마진을 주요 수익기반으로 하는 은행들은 은행간 그리고 은행과 비은행금융기관과의 가격경쟁은 물론 동일은행 내에서도 저수익상품의 고수익상품으로의 대체현상(intramediation)이 가속화되어 수익성이 더욱 저하되었다. 또 대부분의 금융상품들이 시장의 실세금리에 연동됨으로써 금융자산의 금리변동성(variability)이 증대되어 보다 큰 금리변동리스크에 노출되었다.

한편 비은행금융기관들도 경쟁의 증대로 인해 수익성이 저하되었다. 특히 종래 은행산업에 대한 일방적인 가격규제로 인한 고객의 은행이탈현상(disintermediation)으로부터 얻었던 규제의 이득이 사라지고 고유업무에 대한 은행의 진입이 가속화되면서 분할된 시장에서 향유했던 과점적 이득 또한 크게 저하되었다.

둘째, 업무영역에 대한 규제완화와 컴퓨터와 통신 및 정보기술의 발달은 종래 금융시장을 분할(segment)하였던 법률적 · 기술적 제약을 완화함으로써 금융시장을 확대하고 심화시킬 뿐 아니라 금융상품들의 새로운 유통시장을 촉진하게 되었다. 이에 따라 모든 금융기관들이 새로운 업무에 직접 진출하거나 타기관과의 제휴 등을 통해 업무영역을 확대함으로써 금융의 겸업(convergence)이 가속화되었다.[31)]

예컨대 종래 은행의 독점적 영역이었던 결제제도(payment system)와 예금, 대출, 환전 등을 은행에 중개하는 은행대리점에 비은행회사들이 진출하고, 종래 은행이 직접 취급할 수 없었던 증권의 중개, 인수 등의 투자은행(investment banking)업무에

31) 2015년 10월부터 은행간 계좌이동서비스가 실시되고 있다. 은행들은 Payinfo를 통하여 개인 수시입출금식 예금계좌에서 출금되는 이동통신, 보험, 카드 3개업종 자동납부를 대상으로 출금계좌 변경서비스를 실시하고 있다. 앞으로 동 서비스의 수준을 더욱 높이고 현재 은행권에만 실시하고 있는 동 서비스의 참여금융회사 범위를 단계적으로 확대할 예정이다.

은행도 진출하게 되었다.

셋째, 금융업의 수행에 따라 불가피하게 발생되는 각종 리스크를 효과적으로 관리하기 위한 리스크관리가 강조되고 있다. 고객에 대한 불확실성 증대로 신용리스크는 더욱 커지고 이에 금리, 환율 등 가격의 자유화로 금리변동리스크, 환율변동리스크 및 투자자산에 대한 자본손실리스크 등 시장리스크(market risk)와 컴퓨터시스템의 기술적 장애나 내부통제제도의 미흡과 이를 이용한 사고나 범죄 등으로 금융기관이 직·간접적으로 입는 손실인 운영리스크(operational risk)[32]가 이들 리스크에 못지않게 중요시되고 있다. 특히 최근에 들어 전자상거래(electronic commerce)와 이를 뒷받침하는 정보기술(information technology)의 급속한 발전은 금융기관들로 하여금 새로운 운영리스크에 직면하게 하였다. 전자상거래에 의해 창조되는 사업환경의 변화에 성공적으로 적응하지 못하게 될지도 모르는 전략적 리스크(strategic risk)[33]와 전자상거래를 뒷받침하고 있는 컴퓨터와 네트워크기술(network technology)이 뒷받침되지 못하는 데서 나타나는 리스크 등이 그것이다.

다음으로 금융자유화의 거시경제적 영향을 보면 자유화는 기본적으로 경쟁의 촉진과 가격기능의 제고를 통해 금융시장의 배분효율성을 증대시킬 것이지만 다음과 같은 역기능도 우려된다.

첫째, 금융자유화는 민간의 금융이용 기회를 증대시켜 민간의 소비지출이 당기소득보다는 항상소득(permanent income)[34]에 의해 결정되게 하여 민간의 시점간

32) 운영리스크에는 이 밖에도 시장에서의 신뢰상실리스크(reputational risk), 각종 법률조건의 변경이나 고객과의 소송으로 인한 법적 리스크(legal risk), 경영자가 전략적 의사결정을 잘못할 전략리스크, 경영자의 권한 증대에 따른 도덕적 해이(moral hazard) 등의 경영리스크가 포함된다.

33) 전략적 리스크의 예로는 유리한 금리제공이 가능한 인터넷 전업은행과의 경쟁, 온라인상에 금리·서비스 수준이 비교·노출(electronic comparison shopping)됨에 따른 경쟁대응방식, 지점의 온라인망 대체가능성 등의 전략적 판단에 따른 위험 등을 들 수 있다.

34) 소비를 설명함에 있어 부의 개념을 처음으로 사용한 것은 Ando와 Modigliani(1963)의 생애주기가설(life cycle hypothesis)이다. 동 가설은 소득의 크기가 소비와 저축을 결정한다는 Keynes의 절대소득가설에 대비되는 가설로, 동 가설에 따르면 가계의 소비는 현재의 부에 미래소득의 현재가치를 합한 것을 여생의 기간으로 균등하게 나눈 값, 이른바 항상소득에 의해 결정된다고 하였다. 즉 현재소득이 항상소득보다 적은 청년기까지는 차입에 의하여 항상소득만큼 소비하고 소득이 일평생 가운데 가장 많은 중장년기에는 항상소득 초과분을 저축하며 노년기에는 저축한 부분으로 소비를 한다는 것이다. 따라서 소비자는 주가상승 등으로 부가 예상 밖으로 늘어날 경우 항상소득이 높아진 것으로 보아 현재 소득이 증가하지 않더라도 소비를 늘리게 된다.

A. Ando, and F. Modigliani, "The Life Cycle Hypothesis of Saving: Aggregate Implications and Tests," *American Economic Review* 53, 1963, pp. 55~84.

소비(intertemporal consumption)행태를 변경함으로써 민간의 유동성 제약(liquidity constraint)을 완화하여 통화정책의 유동성 효과가 약화되고, 특히 통화총량지표가 경제활동의 선행지표로서의 유용성이 감소되고 있다.

둘째, 결제성 예금인 당좌예금과 기타 이자부 예금간의 대체성(substitutability) 증가와 카드 등 비은행금융기관에 의한 준결제성 상품(near money)의 증가로 결제계정이 수익자산(earned asset)화되어 가격 및 금리변동리스크를 증대시켜 결제계정의 불안정성이 증대되고 있다.

셋째, 겸업의 확대에 따른 리스크의 증가이다. 특히 상업은행의 경우 투자은행업무의 겸영으로 투자은행업무로부터 야기될 수 있는 리스크가 전이되어 예금은행 본연의 임무인 예금 수취를 통한 자금중개와 지급결제기능이 훼손될 수 있다. 2008년 글로벌 금융위기 시 과도한 투자은행업무 취급으로 인해 많은 은행들이 도산이나 구조조정을 겪어야만 했던 예가 그것이다.

넷째, 금융자유화는 금융시장의 변동성을 증대시켜 경기순환을 과도하게 확장시킬 가능성이 크다. 특히 국제간의 자본이동에 따라 환율 등 시장가격은 본질적 요인(fundamentals)에 대한 정보를 반영하는 데 그치지 않고 투기 등에 의해 크게 변동되거나 왜곡될 가능성이 있다.

Stiglitz[35]는 자본주의 경제는 본질적으로 시장의 불안과 경제위기를 초래할 수 있어 정부개입의 불가피성을 지적하고 있는바, 그 대표적인 예로 1997년 동아시아 국가들의 외환위기의 주된 원인으로 적절한 통제장치를 마련함이 없이 성급하게 금융자유화를 추진한 것을 들고 있다. Krugman[36]도 1997년 동아시아 국가들의 외환위기 시 적절한 자본통제가 실시되었더라면 무질서한 외자유출을 규제할 수 있었다고 주장하고 있다.

이와 같은 규제완화의 역기능, 특히 성급한 시장 개방으로 인한 국제금융시장의 불안정성 증대는 20세기 말 개발도상국을 시작으로 시스템 위기로 현재화하기 시작하여 급기야는 최근의 글로벌 경제위기로 확대되기에 이르렀다. 이를 계기로 각국은 그간의 과도한 규제완화에 따른 부작용을 반성하고 다시 규제를 강화하는 한편, 국제금융체제상의 구조적 위험(architectural risk)을 줄이기 위한 국제감독체

35) J. E. Stiglitz, "Lessons from East Asia," *Journal of Policy Modeling*, September 1999, vol. 21, pp. 311~330.

36) Paul Krugman, "Saving Asia: It's Time to Get Radical," *Fortune*, 7 September 1998, pp. 74~80.

제 개편과 글로벌 금융안정망의 확충 등에 대한 논의가 현재 활발하게 진행되고 있다.

글로벌 금융위기 이후 금융규제상의 변화는 전반적으로 금융규제를 강화하는 방향으로의 변화가 나타났으며, 거시건전성정책 도입, 금융감독체계 변화, 시스템적으로 중요한 금융기관(SIFIs: Systemically Important Financial Institutions)에 대한 규제 강화, 바젤 III도입, 비은행 금융중개 규제, 금융소비자보호 강화, 금융기관 겸업제한 등이 이에 포함된다.[37]

거시건전성정책은 금융안정차원에서 시스템리스크를 억제하기 위해 건전성 정책수단을 설계, 도입, 실시하는 정책[38]을 의미하며, 글로벌금융위기를 계기로 개별금융기관을 규제감독하는 미시건전성수단만이 아니라 자산가격 등 거시경제적 요인과 금융거래의 상호의존성에 대한 종합적인 모니터링이 필요하다는 것이다.

이에 따라 주요 선진국들은 거시건전성정책을 수행하기 위해 개별적으로 운용되던 감독체계의 시스템리스크 대응효율성을 제고하는 방안을 시행하고 있다. 신설된 거시건전성 총괄기구의 형태를 보면 미국, 프랑스, 독일 등은 재무부 주도의 협의체를, 영국은 중앙은행 내부에 의사결정기구를 두고 있다.

금융위기 전개과정에서 특히 초대형금융기관들의 도산은 글로벌 금융시스템의 위기와 실물경제를 위축시키게 되어 대마불사(too big to fail) 논란에도 불구하고 공적자금이 투입과 납세자부담으로 연결되게 되었다. 이로 인해 대형금융기관들의 부실과 도산은 금융과 실물 전반에 미치는 영향이 크기 때문에 G20은 금융안정위원회(FSB)와 바젤은행감독위원회(BCBS: Basel Committee on Banking Supervision) 주도하에 시스템적으로 중요한 금융기관(SIFI)을 선정하고 이들에 대한 규제는 일반금융기관보다 더 강화된 규제[39]를 적용하기로 했다.

---

37) 한국은행, 한국의 금융제도, 2018.

38) 한국은행, 한국의 거시건전성정책, 2015.

39) SIFI에 추가자본 부과, 감독강화, 부실 시 효과적이고 원만한 정리 등의 원칙하에서 2010년에는 시스템적으로 중요한 글로벌은행(G-SIBs: Global Systemically Important Banks)과 시스템적으로 중요한 국내은행(D-SIBs: Doemestic Systemically Important Banks)의 선정방법, 추가자본 부과방안, 효과적인 정리방안, 감독강화권고안 등이 마련되도, 2011년부터 은행에 대해 책임을 지고 있는 BCBS는 G-SIBs명단이 발표되고 있고 선정된 G-SIBs는 시스템적 중요도 점수구간에 따라 1.0~3.5%의 보통주자본을 추가로 적립할 의무가 있다. 2013년부터는 시스템적으로 중요한 보험사(G-SIIs: Global Systemically Important Insurers)의 평가방법 및 정책수단을 공표하고 매년 G-SIIs명단을 발표하고 있다. 2015년에는 G-SIB가 도산할 경우 주주 및 투자자가 우선적으로 손실을 부담하도록 하는 총손실흡수력(TLAC: Total Loss Absorbing Capacity) 규제안을 공표했다.

은행분야의 글로벌 금융규제는 바젤III(Basel III)로 대표된다. 바젤은행감독위원회(BCBS)가 금융위기 시 개별은행들의 복원력을 제고하는 동시에 경기순응성에 따른 시스템리스크를 완화하고자 하는 거시적 측면의 규제를 포함하고 있다. 그 내용으로는 규제자본을 보통주위주로 하고 자본인정 요건을 강화해 자본의 질을 높이고 또한 규제자본의 양도 높이는 자기자본규제 강화, 은행의 익스포져를 기존자본의 일정배율 이상이 되지 못하게 하는 레버리지규제 신규도입, 30일 동안 급격한 순현금유출을 견딜 수 있게 하는 유동성커버리지비율(LCR: Liquidity Coverage Ratio), 자금조달구조의 안정성을 제고하는 순안정자금조달비율(NSFR), 거액익스포져 제한, 이에 덧붙여 거시건전성 정책수단으로 G-SIB에 대한 경기대응완충자본의 추가적립 등을 신규로 도입했다.

또한 비은행금융중개부분[40]에 대한 규제강화도 진행되었다. 이는 은행이외의 부분에서 시스템리스크를 촉발 또는 확대시킬 가능성을 축소하자는 것으로, 은행을 통한 간접규제, MMF규제, 비은행 금융중개기관 규제, 자산유동화 규제, 증권금융규제 등 범주에서 이루어지고 있다.

금융소비자보호 강화 또한 주목할 만한 변화이다. 금융혁신의 진전으로 금융상품의 구조가 복잡해짐에 따라 금융기관의 무분별한 판매에 대한 규제와 금융소비자의 피해를 방지하기 위한 규제의 필요성이 증대되었다. 이를 위한 규제로는 소비자에게 충분한 정보제공, 불건전한 영업금지, 불완전판매 행위규제, 규제위반 금융업자에 대한 제재 등이 있다. 금융위기를 계기로 소비자보호에 대한 인식을 새로이 하고 각국은 기구개편 및 규제를 마련하였다. 미국은 소비자관련 책임과 권한을 통합하기 위해 금융소비자보호국(CFPB: Consumer Financial Protection Bureau)을 신설하였고, 영국은 금융행위감독원(FCA: Financial Conduct Authority)을 설립하였고, 호주는 금융감독기구를 건전성감독기구와 행위감독기구로 완전히 분리하여 운영하고 있다. 우리나라도 소비자보호의 중요성을 강조하고 금융감독원의 조직으로 소비자보호처를 신설하여 운영 중이다.

금융기관의 겸업을 제한하는 경향도 강하다. 1990년대 이후 자국의 금융경쟁력을 강화하기 위해 겸업주의를 적극적으로 도입하는 사례가 많았다. 영국은 1986

이는 2018년부터 위험가중자산의 16%에 해당하는 규제자본 및 적격부채(손실흡수력수단)를 의무적으로 보유해야 하는 것으로 2022년부터는 18%로 상향조정된다.

40) 2018년 금융안정위원회(FSB)는 과거의 그림자금융(shadow banking)을 비은행금융중개(non-bank financial intermediation)로 변경하여 사용하기로 했다.

년 빅뱅을 통해 은행의 증권사 인수를 허용했고, 일본은 1998년 금융지주회사법을 도입했고, 미국도 1990년의 금융서비스현대화법의 도입으로 은행과 증권을 분리한 1933년의 글래스-스티걸법을 폐지하고 금융지주회사를 허용했다. 우리나라도 2000년에 금융지주회사법을 통해 겸업을 허용하였다. 그러나 금융위기를 계기로 금융겸업의 부작용이 나타나면서 이를 제한하려는 움직임이 진행되었다. 미국은 2010년의 도드-프랭크법(Dodd-Frank Wall Street Reform and Consumer Protection Act)을 제정하여 은행, 은행지주회사 및 계열자회사가 고객서비스와 관계없는 자기자본거래, 헤지펀드 및 PEF투자 등의 투자은행 업무의 겸업을 원칙적으로 금지하는 볼커룰(Volker Rule)을 도입하였다. 영국에서는 은행개혁위원회(Independent Commission of Bankin)가 2011년 겸업은행에서 소매금융부분을 은행그룹내의 독립된 이사회와 자본금을 갖는 자회사로 분리하여 여타부분과 엄격히 구분하고 자기명의의 투자를 금지하는 조치를 취했다. EU도 대형 예금수취기관들의 자기계정거래를 금지하고 고위험 트레이딩 사업부를 분리하도록 했다.

Ⅱ. 디지털화

금융의 디지털화란 기술혁신과 정보공학(IT: Information Technology)이 가져온 금융산업의 변화를 말하는 것이다. 정보공학은 정보의 저장·처리 및 전달과 관련된 기술로써 지식의 축적과 유통을 촉진하기 때문에 외부효과가 매우 크다. 컴퓨터와 통신 및 정보기술과 이를 이용한 정보공학의 발전은 금융산업의 업무행태와 조직구조를 획기적으로 변형시켜 금융산업을 단순히 자금의 중개업 차원을 넘어 정보지식집약형 장치산업으로 변모시키고 있다.

오늘날 금융기관의 방대한 업무량은 컴퓨터와 통신기술에 의해 대량으로 신속하게 처리하지 않고서는 불가능하다.[41] 기술혁신과 정보공학은 관리업무(back office)의 집중과 자동화의 획기적인 진전을 통해 방대한 업무를 신속 정확하게 처리해 줄

41) IT를 이용하여 생산되는 재화나 서비스는 한계비용이 지속적으로 체감함에 따라 규모의 경제가 발생한다. 구체적으로 거래량이 증가할수록 거래비용이 절감되고 정보량이 늘어날수록 급증하는 네트워크효과로 인해 생산성이 향상된다. 최근 *Economist*지에 영국 은행들의 정보화가 되지 않았다면 현재 영국 은행들이 취급하는 업무량을 수행하기 위해서는 전 영국민이 종사해야만 가능하다는 글이 실린 적이 있다.

뿐 아니라 정보유통 네트워크에 기초한 경영관리조직의 하부구조(infrastructure)를 구축하여 고객의 다양한 욕구에 부응하는 질 높은 서비스를 제공할 수 있게 하고 있다.

기술혁신과 정보공학의 발달로 지금까지 금융산업에 가장 큰 변화를 가져온 분야는 전자자금이체제도(EFTS: Electronic Fund Transfer System)와 전자은행제도(electronic banking)라 할 수 있다. 전자자금이체제도는 전자적 처리에 의한 자금이체 방식을 그리고 전자은행은 전자적인 유통경로(channel)를 통해 제반 금융서비스를 제공하는 것을 말한다. 전자자금이체제도는 결제에 소요되는 인력, 시간, 비용 등을 크게 절감함으로써 금융기관간의 결제를 신속하고 대량으로 처리가 가능하게 함은 물론 이를 이용한 새로운 금융상품의 개발을 촉진시켰다.

자동텔러기(ATM: Automated Teller Machine), PC뱅킹, 모바일뱅킹, 인터넷뱅킹 등으로 대표되는 전자은행제도는 점포 없는 영업, 영업시간 이외의 영업 등 공간적·시간적 제약을 극복하는 획기적인 금융경로(service delivery)로 등장하였다. 특히 접속이 용이한 개방형 네트워크인 인터넷을 이용하여 금융회사와 고객간에 시간과 장소에 구애됨이 없이 금융거래가 이루어지는 인터넷뱅킹은 사이버거래를 급속하게 확산시키고 있다.42)

사이버거래는 인터넷 등 가상공간(cyber space)에서 일어나는 제반 경제행위를 의미하는 것으로 이른바 디지털경제(digital economy)의 핵심적 개념이 되고 있다. 이미 금융업을 위시한 모든 경제주체간의 정보의 격차(digital divide)가 곧 경쟁력을 좌우하는 디지털경제 체제로 들어섰다. 디지털경제란 디지털기술, 즉 인터넷이란 개방형 네트워크와 가상공간의 활동을 통해 생산, 소비, 유통 등 제반 경제활동이 이루어지는 경제시스템을 말한다.

19세기 말~20세기 초에 발명된 정보통신기술에 1980년대 후반 디지털기술43)

---

42) 오프라인점포와 온라인채널을 동시에 운영하는 복수채널의 뱅킹에 비해 인터넷뱅킹의 경우 높은 초기투자비용, 고객측면에서의 안정성에 대한 우려와 대면접촉이 없음으로 인한 편의성에 대한 불만족, 제공되는 상품 및 서비스의 한계 등으로 인해 아직까지는 인터넷전업은행의 비용효율성과 투자효율성이 낮은 편이다. 그러나 시간이 지나감에 따라 인터넷을 이용하는 고객이 늘어나 평균거래비용이 낮아짐에 따라 비용절감효과가 나타나고 학습효과(learning by doing)를 통해 습득한 기술경험 및 기술특화효과가 나타나면서 인터넷뱅킹의 투자효율성이 빠르게 상승하고 있다.
현재 국내의 인터넷뱅킹은 잔액이나 거래내역 조회, 계좌이체, 일부 대출서비스 제공 등 초기단계에 불과하나 계좌개설에 따른 실명확인 문제와 비대면 및 온라인거래에 따른 고객보호와 보안위험 등에 대한 규제체계와 보완장치를 마련하여 인터넷전업은행(internet primary bank)을 도입할 예정이다.

43) 디지털기술은 문자, 영상, 음성 등 자연신호를 0과 1이라는 이진수(디지털신호)로 변환시키고 이를 다시 자연신호로 재변환시키는 기술이다. 자연상태의 아날로그정보는 표본화, 양자화 과정을 거쳐

이 접목되면서 전송능력, 연산능력, 네트워킹에 혁명적 변화가 초래되고 있다. 디지털기술은 컴퓨터에서 통신, 소프트웨어와 콘텐츠(contents)로 적용이 확대되고 있으며 온라인 네트워크의 접목으로 이른바 디지털혁명(digitalization)이 진행되고 있다.[44)]

디지털경제하에서 금융업은 점포 없이 인터넷상에서만 영업하는 사이버금융회사가 등장하고 사이버트레이딩, 대체거래시스템(ATS: Alternative Trading System) 등 사이버공간에서의 금융거래와 금융거래 방식이 크게 변화되고 있다. 전자상거래 확대로 전자화폐,[45)] 전자문서교환(Electronic Data Exchange)[46)] 등을 통한 전자결제가 일반화되고 금융업과 통신업의 연계가 더욱 강화되며, 금융회사간 사이버공간 선점을 위한 경쟁이 심화될 것이다. 정보통신기술의 발달은 또한 금융시장의 네트워

디지털정보로 변하고 압축, 저장/전송, 신장과정을 통해 최종적으로 아날로그 형태로 재변환된다.

44) 디지털경제는 다음과 같은 변화를 가져올 것이다.

① 경제의 모든 부문이 통합되고 경제단위의 크기에 관계없이 상호 연결된 네트워크 구조로 전환될 것이다.

② 경제환경 변화, 새로운 기술 등의 전파와 확산이 광속으로 이루어져 실시간(real time) 경제가 구현될 것이다.

③ 경제활동이 광범위하고 순간적으로 발생함으로 인해 경제주체가 인식해야 하는 대상범위가 확대되고 경제에 영향을 미치는 변수가 복잡다기화되어 산업화시대보다 불확실성이 크게 증대될 것이다.

④ 재화의 생산 및 유통비용의 측면에서 한계비용이 거의 영(0)에 가까워짐에 따라 수확체증이 가능하게 되어 제품의 생산과 유통이 신속 · 저렴해질 것이다.

⑤ 재화, 노동력 및 자본 등 물리적 · 유형적 생산요소에서 지식, 정보와 같은 정신적 · 무형적 요소로 핵심생산요소의 변화가 초래될 것이다.

45) 전자화폐는 정보통신망과 연결된 PC 등의 매체에서 디지털신호로 화폐가치를 저장하였다가 인터넷 등 네트워크를 통해 지급결제에 사용하는 것으로 디지털화폐(cryptocurrency), E-Cash, Cybor Coin 등으로 불리기도 한다. 디지털화폐란 실물로는 존재하지 않는 지급수단으로 화폐의 생성, 이체, 계약이행 등의 절차로 구성된 전자서명체제이다. 최근 일부 국가들이 중앙은행이 발행하는 디지털화폐(CBDC: central bank digital currency)를 도입하고 있다. CBDC는 민간의 가상자산(통화)처럼 블록체인(block chain) 기술을 이용해 만들어지지만 중앙은행이 가치를 보증한다는 점에서 차이가 있다. 특히 CBDC는 은행계좌, 신용카드 앱 등을 이용해 결제, 송금이 가능하고 기존 화폐의 막대한 발행 · 보관 · 유통비용을 감소시킬 수 있다. 또한 민간이 발행하는 가상자산과는 달리 지급불능 위험이 없다는 이점도 있다. 현재 우리나라도 장래의 도입에 대비하여 현재 모의시험(pilot test) 중이다. 미국 등 선진국들도 현재 이의 도입 여부에 대한 검토를 하고 있다. Bitcoin 등 분산원장과 블록체인을 바탕으로 창출한 가상자산(virtual asset)도 일부 환경하에서는 전자화폐처럼 쓰이기는 하나 가격변동이 심하여 가치저장수단과 교환수단의 기능을 갖지 못하고 지급불능 위험이 있는 등 화폐의 모든 속성을 갖추고 있지 못하다는 의미에서 우리나라를 비롯한 대부분의 국가들이 화폐 또는 금융자산이라는 용어 대신 가상자산이라는 용어를 사용하고 있다.

46) 발신인과 수신인 간의 합의된 표준에 따라 컴퓨터를 통해 구조화된 정보를 전송하는 전자적 통신문을 말한다. 최근 전자상거래(electronic commerce)가 활성화함에 따라 유통, 제조, 금융 등에 다양하게 활용되고 있다. 금융의 경우 무역거래에 수반되는 신용장과 대금결제업무를 컴퓨터를 통해 행하는 것이 그 예다.

크 외부성(network externalities)을 창출하고 정보비대칭의 해소와 금융소비자 권력의 증대를 가져오게 될 것이며 이는 다시 금융기관 내지 기업의 투명성을 촉진하고 그 효율을 증대시킬 것이다.

이러한 면에서 최근 특히 주목받는 분야가 핀테크(FinTech)[47] 인데 Finance와 Technology의 합성어로 금융과 정보통신기술(ICT)의 융합을 통해 새롭게 등장한 산업과 서비스 분야를 통칭하고 있다. 핀테크 산업은 4차 산업혁명과 함께 금융부분의 신성장동력으로 주목받고 있다.

핀테크혁신의[48] 공급측면에서는 APIs,[49] 클라우드 컴퓨팅(Cloud computing)[50] 등의 정보통신기술이 발전하면서 기존금융서비스를 새로운 방식으로 더 효율적으로 제공하는 신생기술기업인 핀테크기업들이 출현했고 이 분야가 급속도로 커지고 있다. 이러한 공급은 편의성과 비용절감에 민감한 소비자들의 기대와 맞물리면서 시장이 확대되고 있다.

최근의 핀테크의 주요 사업부분을 보면 지급결제·송금분야의 효율화 사업에서 영역이 확대되고 있으며, 금융중개기관을 거치지 않고 자금공급자를 직접모집하는 크라우드펀딩(crowd funding), 로보어드바이저(Robo-advisor)[51] 등을 이용해 개별투자자에 적합하고 저렴한 온라인자산관리서비스의 제공 등에 덧붙여, 이제는 디지털기술을 기반으로 무점포 비대면 거래를 통해 전통적인 은행 업무를 좀 더 효율적으로 수행하고자 하는 인터넷전문은행(internet only bank) 등도 이에 포함될 것이다.

앞으로 소비자를 위한 금융회사간의 경쟁이 더욱 촉진될 것이다.[52] 그리

---

47) 금융안정위원회(FSB)는 핀테크를 새로운 사업모델, 업무처리, 상품, 서비스 등의 창출을 통해 금융시장, 기관 및 서비스에 실질적인 영향을 미치는 기술로 보고 있다(2017).

48) 한국은행, 한국의 금융제도, 2018.

49) Application Programming Interfaces는 개별금융회사가 보유하고 있는 고객의 금융정보에 접근할 수 있는 통로로 API를 통해 핀테크기업은 다양한 금융서비스의 개발이 가능해진다.

50) 전산설비를 직접 보유하지 않고 전문업체로부터 인터넷을 통해 필요한 IT자원을 탄력적으로 제공받아 사용하는 환경을 의미한다.

51) 로보어드바이저란 robot adviser의 합성어로 증권회사가 AI 알고리즘을 활용하여 자신이 보유한 방대한 정보에 이종 기업이 보유한 고객 데이터를 결합하여 초 개인화된 맞춤형 상품과 서비스를 고객에게 앱을 통한 투자자문 또는 투자일임서비스를 제공하며 계약을 맺은 고객은 AI가 배분한 포트폴리오대로 국내외 펀드와 ETF 등에 투자하게 된다.

52) 2015년 10월부터 은행간 계좌이동서비스가 실시되고 있다. 은행들은 Payinfo를 통하여 개인 수시입출금식 예금계좌에서 출금되는 이동통신, 보험, 카드 3개 업종 자동납부를 대상으로 출금계좌 변경서비스를 실시하고 있다. 앞으로 동 서비스의 수준을 더욱 높이고 현재 은행권에만 실시하고

고 금융업에 대한 인식과 사고의 체계, 즉 패러다임의 대 전환이 이루어질 것이다. 정보통신기술(ICT)의 사회가 지능화사회, 스마트사회 이른바 생산, 유통, 소비 및 서비스가 융합되고 복합화되는 스마트사회로 변화되어 감에 따라 금융업 또한 스마트산업으로 변화되어 갈 것이다.

이와 같은 변화는 금융산업의 성격을 근본적으로 변화시켜 많은 외부경제를 창출하고 있지만 그 역기능도 적지 않다. 전자금융의 비대면성과 비서면성은 거래비용과 정보획득비용을 획기적으로 절감시키지만 금융거래상대방의 행위를 직접 관찰할 수 없다는 면에서 정보의 비대칭성으로 인한 도덕적 해이와 각종 금융사고의 발생 가능성을 증가시키고 있다.

특히 인터넷거래는 안전성과 신뢰성 확보가 곤란하여 인터넷중심의 금융시장은 변동성이 높은 투기적 시장이 될 가능성이 높다. 예컨대 특정기업의 채무불이행 정도가 인터넷에 게시될 경우 정보전달속도만큼이나 빠르게 동 기업주식의 투매현상이 나타날 수도 있다.

이와 같이 정보가 실시간으로 시장에 전달되고 시장참가자들이 즉각적으로 이에 반응하는 전염효과(contagion effect)로 인해 어느 금융기관이건 간에 평판에 손상을 입게 되면 해당금융기관은 물론 금융기관간에 서로 복잡하게 얽혀 있는 거래로 인해 금융시스템 전체가 불안해질 수 있다. 전통적인 '뱅크런'은 부정적 정보로 인한 예금자의 은행앞 줄서기로 상상되었는데 이제는 2021년의 SVB(Silicon Valley Bank)사태에서 보듯이 스마트폰 앱상의 인출로 전환되어 그 속도와 규모가 과거와는 다르게 진행된다. 그만큼 금융산업의 불안정 정도가 기술발달로 인해 높아지는 것이다.

전자상거래 확대에 따른 전자결제의 일반화와 사이버공간을 통한 금융서비스의 국경 없는 이동(cross-border)은 현행 화폐와 은행예금중심의 결제제도(payment system)의 혼란과 통화관리상의 애로를 초래할 수도 있다. 구체적으로 전자화폐와 전자결제시스템은 중앙은행이 공급하는 현금을 대체할 수 있는 데다[53] 중

있는 동 서비스의 참여금융회사 범위를 단계적으로 확대할 예정이다.

53) Goodhart는 전자화폐의 현금대체에는 한계가 있다고 주장한다. IT기술의 발전으로 전자화폐의 익명성이 보장되는 단계에 이른다 하더라도 이는 어디까지나 거래상대방의 신뢰에 기초하는 것이기 때문에 현금통화가 제공하는 거래의 익명성에는 비할 바가 못되고 현금통화는 일국의 법화로써 이미 사회적 비용을 지불하여 추가발행에 따른 비용부담이 그리 크지 않은 반면 전자화폐가 확대·보급되기 위해서는 인력, 설비 등의 막대한 신규투자가 필요할 뿐 아니라 통용을 위한 사

앙은행의 개입이 없이도 금융기관간의 상호결제(bilateral transfer)가 가능해짐에 따라 금융기관의 중앙은행 의존도가 줄어들어 중앙은행의 통화정책의 효과가 감소된다는 것이다.

이 밖에도 기술혁신은 금융결제의 초고속화로 순간적인 시스템의 장애와 컴퓨터해커의 침입 등 보안상의 문제들이 전체 금융시장의 혼란으로 연결될 우려를 증대시켰다. 이에 따라 금융감독도 이와 같은 기술혁신의 진전에 부응할 수 있는 감독기술을 개발함과 동시에 감독방식의 유연한 적용이 필요할 것이다. 특히 다양한 상품이나 서비스의 제공 등 디지털금융이 창출하는 고객의 편익증진과 디지털금융에 내재된 각종 위험을 적절하게 조화시킬 수 있는 신축적인 감독방식이 필요할 것이다.

구체적으로 전자금융부문에서의 혁신과 창의력을 저하하지 않도록 전자통신기술의 발전을 적극적으로 수용하면서 금융의 디지털화에 수반되는 각종 리스크를 면밀히 분석 대처하고 이에 대한 적절한 보안장치를 설정하는 등 디지털화의 안전을 위협하는 요인들에 선제적으로 대응할 수 있도록 디지털 거래에 대한 감독기준과 운영의 틀을 마련해야 할 것이다.

III. 증 권 화

금융의 증권화(securitization)란 광의로 정의하면 금융청구권의 매입 또는 매출과 관련한 금융의 직접금융형태의 증가현상이라 할 수 있고[54] 협의로 정의하면 보유하고 있는 비유동적인 금융자산을 결합 또는 담보로 하여 증권의 형태로 발행·유통시키는 것을 말한다.[55]

금융의 증권화 현상은 범세계적으로 자금조달 및 운용수단이 종래의 예금이나 대출을 위주로 한 간접금융 방식에서 채권 및 주식 등 증권의 비중이 커지고

회적 비용도 클 것이라는 것이다.

C. Goodhart, "Can Central Banking Survive the IT Revolution?" *Future of Monetary Policy and Banking Conference, IMF and the Journal of International Finance*, July 2000.

54) Christine Cumming, "Economics of Securitization," *Quarterly Review*, Federal Reserve Board of New York, Autumn 1987, p. 11.

55) Everette D. Hull, "The Complete Story on Securitization of Bank Assets," *The Journal of Commercial Bank Lending*, November 1989, p. 20.

있는 현실에서 쉽게 찾아볼 수 있다. 이와 같이 금융시장에서 증권화가 진전되는 중요한 이유로 다음과 같은 점을 들 수 있다.

① 증권은 대출채권 등에 비해 양도성과 환금성이 크고 표준화되어 있어 증권화는 경제 전체의 유동성을 증대시킨다.

② 증권화를 통해 신용리스크의 전가가 가능하고 자산이나 기간의 재구성을 통한 리스크관리 기능을 향상시킬 수 있다.

③ 대규모 차입자들이 금융중개를 통한 간접적인 자금조달수단보다는 거래비용이나 금융의 신축성면에서 유리한 직접증권을 통한 자금조달을 선호한다.

④ 금리나 환율변동리스크 등 각종 가격위험을 효율적으로 관리하기 위해서는 대출거래의 분해(unbundling)를 통해 각종 선물, 옵션 등의 증권으로 리스크를 분리하여 헤지할 필요성이 있다.

⑤ 은행의 경우 대출채권의 증권화와 이의 매각을 통한 자금조달로 준조세(regulatory tax)를 회피할 수 있다. 여기서 준조세란 은행이 예금으로 자금을 조달할 경우 지급준비금 부담, 위험자산에 연계된 자기자본 규제 등에 따른 실질적인 자금코스트의 증대 등을 말한다.[56)]

⑥ IT의 발달에 따른 금융혁신을 들 수 있다. IT를 기초로 한 거래시스템의 도입으로 증권거래비용이 획기적으로 절감되고 IT를 바탕으로 하는 금융공학(financial engineering)을 이용하여 금융상품의 개발 및 기초자산의 위험의 평가, 분리, 이전 등 포트폴리오 관리의 혁신 등이 그 예이다.

향후 금융의 증권화는 신금융상품 개발과 금융상품의 가격변동성의 확대 등을 초래하게 될 것이며 이는 증권의 결제위험,[57)] 즉 기관투자가 어느 일방의 결제불이행이 다른 거래자의 결제불이행으로 파급되는 시스템위험의 발생 가능성을 증대시킬 것이다.

---

56) E. F. Fama, "What's Different about Banks," *Journal of Monetary Economics*, January 1985.

57) 증권결제위험은 기본적으로 매매계약 체결과 실제 증권과 대금의 수수가 이루어지는 결제 사이에 시차가 존재한다는 점과 거래대상인 증권의 가치의 변동이 심하다는 데에서 기인한다. 이 기간에 증권거래자들은 본의 아니게 그 시차만큼 신용을 공여한 셈이 되고 결제가 완결될 때까지는 신용위험에 노출되게 되는 것이다. 이러한 위험은 증권가격의 변동성이 커질수록 더욱 심화된다. 예를 들어 매매계약일보다 가격이 폭락하는 경우 매수인은 결제를 불이행할 유인을 갖게 되어 매도인은 결제위험에 노출되고 반대로 증권가격이 폭등하는 경우에는 매도인이 증권인도를 거부할 동기를 갖게 되어 매수인이 결제위험에 노출되게 된다.

이에 따라 증권거래, 특히 최근 세계적인 금융위기의 직접적인 촉발원인이 되었던 파생상품거래에도 은행간 결제시스템과 유사한 결제시스템의 구축 필요성에 대한 논의가 증가하고 있다.

한편, 그간 세계경제의 호황으로 과다한 레버리지를 통해 고위험·고수익을 추구해 온 투자은행들은 심각한 경영위기를 맞이하면서 과도한 레버리지를 해소(deleverage)하고 전통적인 업무영역인 증권의 발행·인수, 매매·중개, 자산운용, M&A중개 등에서 자산을 늘리지 않으면서 안정적인 수익을 추구하는 방향으로 사업모델을 바꾸어 나가고 있다.

미국의 「Dodd-Frank법」은 부보예금취급기관과 그 계열회사 및 은행지주회사의 대고객 서비스와는 상관없는 트레이딩 거래(proprietary trading)[58]나 일정 규모(Tier1 자기자본의 3%)를 초과하는 헤지펀드·사모펀드의 소유·운용·투자금지, 부보예금을 취급하지 않는 비은행금융회사의 트레이딩 거래에 대한 자본규제 및 상한선 설정 등을 담고 있다.

글로벌 금융위기를 계기로 영국은 예금은행과 투자은행의 업무를 구분(ring fencing)하여 유니버셜 체제를 사실상 종결하고 금융회사의 손실흡수능력을 제고하는 것을 주요 내용으로 하는 Vickers보고서를 2015년부터 도입할 예정이다.

이와 같은 흐름을 볼 때 앞으로 금융산업은 본체에서 다양한 증권관련 서비스를 제공하는 투자은행(full service stand-alone investment bank)보다는 금융지주회사의 자회사 등의 형태로 겸업이 이루어지는 투자은행(commercial investment bank)이나 자신의 역량(competence)을 가장 잘 발휘할 수 있는 부문에 특화하는 전문투자은행(boutique investment bank)의 역할이 한층 강화될 것이다.

Ⅳ. 국 제 화

금융의 국제화[59]가 진전된 주된 동인은 세계경제의 상호의존성의 심화,

58) 고객을 위한 증권의 인수나 시장조성, 리스크 관리를 위한 헤지거래 등은 고객과 관계있는 트레이딩 거래이므로 금지의 대상이 아니다. 대형 은행의 경우 금리스왑, 외환스왑, 금·은스왑거래는 허용되나 투자부적격등급 주식이나 원자재관련 장외파생상품, 신용부도스왑(CDS) 등의 투자는 반드시 자회사를 통해서만 취급이 가능하다.

59) 금융의 국제화는 금융의 초국가화, 금융의 다국적화 및 금융의 범세계화의 3단계로 나누어

기술혁신, 금융의 기관화 및 금융시장의 개방을 위한 국제간의 협력 등에서 찾을 수 있다.

다국적기업의 대거출현 등으로 세계경제의 상호의존성이 심화되면서 국가간의 자본이동성이 증대되고 환율의 결정 및 외환에 대한 규제가 완화되어 환율과 금리간의 관계가 더욱 밀접하게 된다. 이에 따라 각국은 환율과 금리를 독립적으로 통제할 수 없기 때문에 이들간의 조화적 운용을 위해 국가간의 협조의 필요성이 증대하게 된다.

기술혁신 또한 금융의 국제화를 가속화시키고 있다. 정보통신기술의 발달을 바탕으로 한 기술혁신의 뒷받침과 통일된 거래체제를 확립함으로써 지구촌거래(global trading)가 가능케 되었기 때문이다. 현재 세계시장이 전산망으로 연결되어 국제간의 정보분석 및 거래가 실시간(real time)으로 이루어지고 이를 뒷받침하기 위한 거래소간 통합 또는 연계체제의 구축 및 다국가간, 다통화 관련 금융거래를 결제하는 결제기구가 설립되어 국제간의 결제에 따른 위험, 시간 및 비용을 크게 절감하고 있다.

금융의 기관화, 특히 기관투자가들의 새로운 금융기법 개발과 국제적 분산투자 또한 금융의 국제화를 가속화시키는 중요한 요인으로 작용하고 있다. 금융의 국제화는 금융시장의 효율성 증대, 금융시장의 통합화, 금융제도의 일체화, 국제간의 자금이동 및 금융시장의 개방확대 현상 등을 초래하고 있다.

먼저 금융시장의 효율성 측면에서 보면 금융의 국제화는 옵션 및 선물거래 등 각종 위험을 관리할 수 있는 시장을 제공하고 금융거래에 있어 계약과 결제의 분리를 가능하게 함으로써 금융거래가 유동성의 이동을 수반하지 않고서도 금융시장간 이동이 가능하게 하여 국제금융시장의 효율성을 제고시키고 있다.

금융의 통합화 현상은 거래상품의 동조화(synchronization)와 현지화(localization)가 심화되는 형태로 나타나고 있다. 동조화 현상이란 각국 경제의 상호의존성 증대로

볼 수 있다. 금융의 초국가화(transnationalization of banking)는 주로 재화와 용역의 국제간 거래에 수반되는 금융서비스를 제공하는 것으로, 본국에 거점을 두고 외국인 또는 외국금융기관과의 중개업무 위주의 금융거래를 하는 단계이다. 금융의 다국적화(multinationalization of banking)는 금융기관이 외국에 진출, 거점을 확보하여 주재국의 금융기관과 경쟁하면서 영업활동을 수행하는 단계이다. 금융의 범세계화(globalization of banking)는 금융국제화의 가장 진전된 단계로 정보통신망을 통해 서비스의 국경간 이동(cross-border)이 이루어지는 단계를 말한다. 서비스의 국경간 이동이란 서비스의 공급자와 소비자가 국경을 이동하지 않고 서비스 자체가 국경간에 이동하는 거래방식을 말한다.

각국의 시장에서 거래되는 유사한 상품의 가격이 비슷한 방향으로 움직이는 것을 말한다.

이와 같은 동조화 현상은 국제적인 자본이동의 자유화와 통신 및 거래시스템의 발달로 국경을 넘는 거래(cross-border trading)가 촉진되고 다국적기업이 발행한 증권이 여러 국가의 증시에 상장되어 있는 데다 이들의 해외영업 실적이 진출국의 경제상황과 연계되어 있기 때문이다.

한편 종래 금융기관들의 국제업무는 본국, 진출국, 제3국을 망라한 국제금융시장에서 도매금융(wholesale banking)업무가 주종을 이루었으나 이제는 진출국의 현지 풍토에 맞는 업무, 특히 소매금융(retail banking)업무를 늘리고 있다. 특히 종래의 금융마케팅은 개발된 상품을 변화시킴이 없이 현지에 공급하는 방식이 주류를 이루었으나 현지화가 진행되는 요즈음은 기 개발된 상품을 현지에 맞게 변형시키거나 현지에 맞는 새로운 상품을 개발하고 있다.

금융의 국제화는 또한 금융제도의 국제적인 정합현상(congruence)을 초래하고 있다. 금융의 범세계화로 국제간의 자금이동이 증대되고 다국적금융그룹들의 영향력이 커지고 국가의 정책으로 인한 투자의 피해를 막기 위한 소송제도[60]의 도입 등에 따라 국제적으로 일반화된 규범이나 관행과 괴리되는 제도의 유지가 어려워지기 때문이다.

금융의 국제화는 국제간의 자금이동, 즉 자본자유화를 촉진할 것이다. 자본자유화는 시장규율 제고를 통해 폐쇄경제하에서는 가용하지 않은 자원의 효율적 배분과 위험분산기회의 확대, 선진금융기법의 전수, 기업의 경영 투명성 및 통제의 강화, 경제정책의 개선 등을 통해 경제의 효율성과 생산성을 제고하는 데 기여할 것이다.

그러나 자본자유화는 금융감독장치나 거시적 안전장치(safe guard)가 제대로 마

60) 기업이 상대방 국가의 정책으로 인해 부당하게 이익을 침해당했을 경우 해당 국가를 국제투자분쟁중재센터(ICSID)에 제소할 수 있는 투자자-국가간소송제도(ISD: Investor-State Dispute Settlement) 등이 그 예이다.

ICSID(International Centre for Settlement of Investment Disputes)는 국가와 다른 국가의 국민 간 투자분쟁해결에 관한 협약(워싱턴협약)에 의거 1966년 World Bank Group의 일원으로 설립된 기구이다. ICSID는 직접 분쟁의 조정 또는 중재를 하지는 않고 분쟁을 조정 또는 중재에 의하여 해결하기 위한 편의를 제공할 뿐이며 실제의 조정 또는 중재는 사건이 발생할 때마다 설치되는 조정위원회 또는 중재판정부에 의하여 행해진다. ISD는 국가가 상대국 투자자에 대한 차별대우, 보상 없는 재산 몰수, 투자가치를 상실케 하는 규제 시 발동된다. 외국투자자는 해당국가에서 행정소송을 제기할 수 있으나 ISD는 이에 더해 투자자가 상대국 정부에 대해 국제중재를 제기할 수 있도록 하는 제도이다.

련되어 있지 않을 경우 심대한 부작용을 초래할 우려도 있다. 단기차익을 노리는 투기성 자본의 과도한 유출입에 따른 통화 및 은행위기 등이 그것이다. 그러나 이에 대한 지나친 규제는 득보다는 실이 더 클 가능성이 있다. 따라서 자본이동에 대한 적절한 통제장치와 건실한 거시경제 운용을 전제로 자본자유화를 포함한 금융시장의 개방을 확대하는 것이 세계적인 추세이다.

우리나라의 OECD 가입(1996)과 WTO체제의 출범(1999)은 금융시장의 개방을 가속화시키는 중요한 계기가 되었다. 자유화와 관련한 OECD 규약은 비록 법적 강제력이 없기는 하나 가입국으로서는 지키지 않을 수 없는 국제협약에 준하는 규범이다. 우리나라는 개방계획 제출 시 대부분의 항목에서 부분적으로 유보(reservation)를 하고 점진적으로 그 유보를 철폐하여 오던 중 1997년의 외환위기를 계기로 유보사항의 대폭적인 철폐가 이루어졌다. OECD규약상 일단 개방한 항목에 대해서는 긴급한 경제적 불안 등 특별한 예외사유에 해당되지 않는 한, 현상을 유지해야 한다는 원칙(standstill)에 따라 자유화는 더 이상 후퇴할 수 없고 장기적으로는 자유화의 정도가 확대되는 이른바 톱니효과(ratchet effect)가 나타나게 되어 있다.

WTO체제 출범의 모체가 된 서비스 개방을 위한 다자간협정(GATS: General Agreement on Trade in Service)은 금융시장 개방의 기본적인 틀을 규정하고 있다. 동 협정은 모든 서비스분야에 공통적으로 적용되는 기본협정(framework), 동 기본협정을 그대로 적용하기 어려운 규범을 따로 규정하여 이에 첨부하는 금융분야 부속서(annex on financial services), 그리고 각국이 경제적 여건 등을 고려하여 시장개방을 약속한 국별 양허표(national schedule) 등의 3부문으로 되어 있다.

기본협정에는 최혜국대우(MFN: Most Favored Nations Treatment)[61]와 공개주의(transparency)[62] 등의 기본원칙을 규정한 일반적 의무사항과 양허표에 기재되어 있지 않는 한 시장접근(market access)[63]과 내국민대우(national treatment)[64]를 보장한다는

---

61) 최혜국대우: 한 체약국이 일단 특정국에 자유화한 양허혜택은 양허표에 적용배제로 명시되어 있지 않는 한, 모든 체약국에 조건 없이 동등하게 적용해야 한다는 것으로 이에 따라 특정국가를 대상으로 하는 배타적인 시장개방은 불가능하다. 지금까지 금융시장의 개방은 주로 상호주의(reciprocity)에 입각하여 쌍무계약(bilateral agreement)하에 이루어져 왔는데 동 원칙이 적용될 경우 쌍무계약에 의거 특정국에게 제공한 자유화 혜택이 체약국 모두에 적용됨으로써 개방이 더욱 가속화된다.

62) 공개주의: 각국은 서비스협정문과 관련이 있거나 협정운영에 영향을 미치는 모든 법률, 행정지침, 규칙, 조치들을 공개해야 한다는 원칙이다.

63) 시장접근: 금융서비스의 자유로운 교역을 위하여 양허표에 기재되지 않는 한 서비스공급자 수, 서비스공급가액, 서비스물량, 진출형태, 외국인 투자한도 등에 대한 제한과 같은 규제조

구체적 약속을 규정하고 있다.

금융분야 부속서는 금융서비스의 공급에 영향을 미치는 제반 조치를 규정하고 있는바, 구체적으로 금융제도의 건전성 및 안정성 확보를 위해 금융감독당국이 규제조치를 취할 수 있도록 허용한 국내규제(domestic regulation), 분쟁해결 절차(dispute settlement) 및 금융서비스의 정의(definition)와 범위(scope) 등이 규정되어 있다.65)

개방의 방식은 개발도상국가들이 주장하는 열거주의방식(positive system)을 채택하여 회원국들이 양허표에 자신들이 개방을 약속한 서비스유형을 열거하고 이에 대한 개방의 조건이나 제한을 부과할 수 있도록 하였다. 그러나 그 제한이나 조건은 차별취급에 관한 내용으로 한정되며 쿼터의 배정 등과 같은 양적인 제한은 허용되지 않으며, 특히 적극적으로 시장개방에 부수하는 제한이나 조건들을 표시하지 않는 한, 더 이상 아무런 제한이나 조건이 없는 개방으로 간주한다.

그러나 동 협정은 일본과 개발도상국들의 무임승차문제를 제기하며 금융 및 통신서비스분야에서 최혜국대우원칙의 부제한적인 적용을 거부한 미국의 반발로 결국 1995년 7월부터 미국을 제외한 잠정협정 형태로 운영되어 오다가 1997년 12월 미국과의 협상타결로 각국은 협상결과의 국내 비준 등 필요한 절차를 거쳐 1999년 2월 28일부터 발효되었다.

한편 2001년 11월 제4차 WTO 각료회의에서 WTO체제를 탄생시킨 우루과이라운드 이후 변화된 세계무역질서에 맞게 자유교역의 새로운 틀을 마련하기 위한 다자간 무역협상 체제인 DDA(Doha Development Agenda)66)가 출범함에 따

치가 불가능하다는 원칙이다.

64) 내국민대우: 양허표에 기재하지 않는 한 외국서비스공급자에 대해 세제나 기타 경쟁관계에 영향을 미치는 법 또는 규제에 있어 내국인에 비해 불리한 대우를 해서는 안 된다는 원칙이다.

65) GATS에 의한 금융서비스 거래는 다음의 4가지로 분류한다.

Mode 1. 국경간 공급(cross-border supply): 특정국에 위치한 금융회사가 통신이나 인터넷을 통하여 타국에 거주하는 소비자에게 상업적 주재 없이 금융서비스를 제공하는 것

Mode 2. 해외소비(consumption abroad): 소비자와 그의 재산이 서비스 획득을 위해 다른 회원국의 영역으로 이동하는 것

Mode 3. 상업적 주재(commercial presence): 특정국의 금융회사가 다른 회원국의 영역 내에 지점이나 현지법인을 설치하여 서비스를 제공하는 것

Mode 4. 자연인의 이동(movement of natural persons): 특정국의 금융전문가 개인이 회원국의 영역에서 전문서비스를 제공하는 것.

66) DDA협상은 총 9개의 주요 협상의제를 포함하고 있는데, 이 중 농업, 비농산물 시장접근, 서비스 등이 가장 핵심적인 분야이며 규범, 무역 원활화, 무역과 개발 등도 중요한 이슈이다.

라 금융서비스도 동 협상의 공식의제에 포함되어 일괄타결될 예정이다. 일명 뉴라운드라고 지칭되는 동 의제는 종래 각국의 고유문제로 간주되어 왔던 상이한 경제정책과 기준, 관행 등을 통일시켜 공정한 경쟁기반(level playing field)을 조성하는 것을 기본목표로 하고 있다. 그러나 DDA는 선·후진국간, 농산물수출·입국간 등 여러 국가의 이해관계가 얽혀 아직까지 협상이 진전되지 못하고 있다. 이에 따라 각국은 이해조정이 어려운 다자간협상에 매달리기보다는 쌍무협상을 통해 개방의 폭을 확대해 가고 있는 것이 세계적인 추세이다.[67]

우리나라는 1996년 OECD 가입과 1997년 외환위기를 계기로 상업적 주재형태의 개방은 대부분 완료되었고 이 밖에 투자자문, 생명보험, 수출입적하보험, 항공보험, 여행보험, 선박보험, 재보험 등 일부 금융서비스에 비대면 방식의 국경간 공급과 1999년에는 증권업과 해상보험업에 대한 해외소비도 허용되는 등 거의 선진국수준으로 금융서비스의 대외개방이 이루어졌다. 앞으로 금융서비스의 해외소비가 더욱 확대되고 주요국과의 FTA(Free Trade Agreement)협상 결과에 따라 금융서비스의 국경간 공급과 신금융서비스[68]에 대한 개방압력이 더욱 드세질 것이다.[69] 그리고 이러한 개방에 대비하여 먼저 관련법 체계의 정비와 효율적인 감독과 소비자 보호를 위한 금융감독체제의 선진화에 박차를 가해

67) 2009년 글로벌 경제위기를 계기로 새로운 보호무역주의가 조성될 우려가 커짐에 따라 2010년 G20 정상회의에서는 2011년 DDA협상 타결을 목표로 포괄적인 협상을 시작할 것을 결의하였다.

68) 특정국 내에서는 어떤 금융회사도 제공하지 않지만, 다른 회원국 내에서는 공급되는 금융서비스를 말한다.

69) 2011년 미국과의 FTA 금융부문 주요 협정내용은 다음과 같다.

1. 경제 위기상황 때 외화유출입을 통제할 수 있는 정부의 단기 세이프가드(safe guards) 발동 인정
2. 신금융서비스
   ① 국내법이 허용하는 범위 내에서 상업적 주재를 통한 공급 허용
   ② 금융위원회가 개개 상품별로 심사하여 판매여부를 결정
3. 금융기관의 금융정보·자료처리를 해외 본점 및 금융정보 처리기관에 위탁 허용. 단, 개인정보 보호를 위한 감독체계 정비 등을 위해 FTA 발효 후 2년 이내의 유예기간 인정
4. 비대면 방식의 보험중개 및 보험부수서비스(보험계리, 손해사정, 보험자문, 위험평가 등)의 국경간 거래 허용
5. 보험자문 등 일부 보험부수서비스에 한해 자연인 이동(mode 4)을 통한 판매 허용
6. 유사보험에 대한 감독 강화
   ① 금융위원회가 농협·수협·신협·새마을금고 공제에 대해 3년의 유예기간을 둔 뒤 지급여력기준에 대해 감독
   ② 금융위원회의 우체국보험 재무제표와 결산서류 등에 대한 심사 및 상품 가입한도나 기존 상품 변경 시 동 위원회의 의견을 따르도록 함.

야 할 것이며, 특히 최근 진행되고 있는 새로운 국제금융체제(new financial architecture)의 구축 논의에 우리나라도 적극적으로 참여하면서 금융시장의 안정을 위한 국제적인 공조노력에 협력해야 할 것이다.[70)]

V. 대형화·전문화

앞으로 금융산업은 규모와 범위의 경제(economy of scale and scope)를 추구하는 대형복합금융기관(agglomeration)과 전문화를 추구하는 소형전문화기관(de novo bank)으로의 양극화(polarization) 현상이 두드러질 것이다.

금융산업 통합 · 대형화(consolidation)의 주된 동인은 정보기술의 발전, 규제완화, 금융 및 실물시장의 세계화, 그리고 재무성과에 대한 주주압력의 증대 등을 들 수 있다. 먼저 대형화, 통합화의 경제적 논리는 금융산업에 존재한다고 믿어지는 규모와 범위의 경제에서 찾을 수 있다. 규모의 경제란 산출량이 증가할수록 산출물 한 단위당 생산비용이 저하(cost efficiency)되는 것으로 금융산업의 양대 업무인 자금의 중개와 정보산업에는 규모의 경제가 존재할 가능성이 크다.

자금의 중개는 규모가 클수록 이와 연관된 비용은 감소하게 된다. 예컨대 자금조달 규모가 클수록 자금조달비용이 적게 들고, 대출 규모가 클수록 대손에 따른 준비금의 크기는 감소할 것이며, 예금 규모가 클수록 유동성 준비 규모나 지급불능에 대비하기 위한 자기자본 규모는 줄어들 것이다.

한편 정보서비스는 이미 정보가 존재하는 곳에 정보가 모이는 성질이 있어 생산이 증가될수록 정보의 양과 질이 높아짐으로써 평균생산비용이 낮아져 규모의 경제가 커지게 된다.

범위의 경제[71)]란 하나의 생산주체가 다종 생산물을 생산하는 데 드는 비

70) 2009년 4월 런던에서 개최된 G20 정상회의에서 각국 정상들은 세계금융위기 극복과 위기재발 방지를 위한 금융규제 개혁에 합의하고, 이를 위해 1997년 아시아 외환위기를 계기로 주요 7개국(G7)이 외환위기의 재발 방지와 국제협력을 목적으로 설립한 금융안정화포럼(FSF: Financial Stability Forum)을 금융안정화위원회(FSB: Financial Stability Board)로 확대 개편하였다. 우리나라도 동 위원회와 바젤은행위원회(BCBS: Basel Committee on Banking Supervision) 가입이 확정되어 국제금융규범의 능동적인 설정자(rule-setter)로 참여하게 되었다.

71) 금융산업에 범위의 경제가 존재하는가는 각국이 어떤 금융제도를 채택하고 있는가에 따라 다를 것이나 미국은행을 대상으로 하는 실증분석 결과는 대체로 그 효과가 크지 않는 것으

용이 2개 이상의 생산주체가 이들 생산물을 독립적으로 생산하는 데 드는 비용보다 적은 것을 말하며 일반적으로 다종 생산물의 생산에 따른 비용의 상호보완성(cost complementarity)[72]에 의해 발생하는 것으로 믿어지고 있다.

금융산업은 특정고객과의 거래에서 획득한 정보를 다른 거래에 쉽게 이용(customer information economies)할 수 있고, 장비의 공동이용으로 고정비용을 절감(spreading fixed cost)할 수 있다. 이 밖에도 다종 생산물을 고객에게 동시에 제공함으로써 고객이 부담하는 수송비용 등 거래비용(customer cost economies)을 절감할 수 있다. 특히 전자금융거래와 같이 거래이행과정이 시간이나 공간 등 물리적 제약(friction)을 적게 받는 경우 규모와 범위의 경제가 더욱 크다.

금융산업이 이와 같은 규모와 범위의 경제를 실현하기 위해서는 이를 지원하기 위한 막대한 시설투자, 특히 첨단전자통신설비와 컴퓨터 등 hardware는 물론 이를 운영하기 위한 software 개발, 이 밖에 조직 및 고급인력 개발에 대한 투자가 필요할 것이며 이를 위해서는 증자는 물론 필요한 경우 합병(M&A)[73]이나 재조직(reorganization)을 통한 대형화가 진행될 것이다.

이에 반해 소형 전문화의 논리는 규모의 비경제(diseconomy of scale)에서 찾을 수 있다. 오늘날과 같이 환경이 급변하는 정보화 사회에서는 규모의 비경

로 나타났는데 그 이유로는 이미 모든 은행들이 다양한 상품을 취급하고 있기 때문에 범위의 경제가 실현되어 있어 합병 등에 의해 추가적인 개선가능성이 크지 않기 때문이라는 주장이 있다.

D. B. Humphery, "Why Estimates of Bank Scale Economies Differ?" *Economic Review*, Federal Reserve Bank of Richmond, September/October 1990, pp. 38~50.

72) X의 한계생산비가 Y의 생산이 증가함에 따라 감소하는 경우 X와 Y간에는 비용의 상호보완성이 존재한다고 하고 반대로 증가하는 경우 비용경쟁 관계가 있다고 한다.

73) 합병의 효과로는 규모와 범위의 효율성, 시장지배력 향상에 따른 수익효율성(revenue efficiency), 이 밖에 비효율적 경영 및 관리요인을 제거하여 비용을 통제하는 X-효율성(X-efficiency) 등을 기대할 수 있다.

X-효율성이란 관측자료로부터 추정되는 가장 효율적인 조직의 투입비용 또는 수익에 대비하여 개별 조직의 투입비용 또는 수익이 얼마나 근사한가를 나타내는 지표로 조직의 규모, 상품믹스, 투입가격 및 기타 외생변수의 영향을 고려하여 측정된다. 국내외의 실증분석결과에 의하면 금융업 합병의 경우 X-효율성이 규모의 효율성 등 여타 효율성보다 훨씬 크다는 것이 공통된 결론이다. 미국은행을 대상으로 한 실증분석결과에 의하면 합병으로 인한 X효율성은 총비용의 20% 이상인 것으로 나타났다.

A. N. Berger, W. C. Hunter and S. G. Timme, "The Efficiency of Financial Institutions: A Review and Preview of Research, Past, Present and Future," *Journal of Banking and Finance* 17, April 1993, pp. 221~249.

제[74]가 존재할 가능성도 있다는 것이다.

따라서 모든 금융기관들이 전부 대형화에 의한 규모의 경쟁만을 할 수는 없다. 특히 특정 금융회사의 규모가 정부가 통제할 수 없도록 커질 경우 심각한 금융시스템위기를 초래할 수도 있다(too big to discipline). 최근 글로벌 금융위기를 계기로 시스템적으로 중요한 금융회사(SIFIs)에 대한 규제강화가 대표적인 예다. 앞으로 금융산업은 정보집약적인 고도기술(hightech)산업으로 변모되어 전문적인 인력과 노하우를 갖추고 고도의 전문적인 서비스를 필요로 하는 시장영역(market niche)도 필연적으로 존재하게 될 것이다.

환언하면 특수한 고객이나 지역 또는 특화된 서비스만의 제공으로 비교우위를 갖는 전문화의 조류도 활발하게 이루어진다는 것이다.

전문화전략은 비교우위가 있는 특정부문에 주력하는 이른바 틈새전략(niche strategy)을 구사하는 것으로 고도의 노하우와 신축성 및 신속성이 요구된다. 전문화전략을 구사하는 금융기관들은 고객의 다양한 욕구에 부응하기 어렵다는 문제점은 있으나 이와 같은 문제는 상호보완기능이 큰 다른 금융기관과의 업무 제휴(operational alliance)를 통해 해결할 수 있다. 상호보완기능이 큰 금융기관끼리 업무제휴[75]를 할 경우 합병이나 업무전환에 비해 노하우의 상호교류 및 고정비용의 절감, 거래고객의 이탈이나 기존업계의 견제 등을 예방하여 실질적으로 대형화의 이점을 얻을 수 있다. 이 밖에 비명시적인 업무제휴로 금융기관들이 동일 건물에 모여 금융서비스 슈퍼마켓(financial service supermarket)을 형성하고 상호 고객을 소개하고 알선할 수도 있다.

따라서 앞으로 금융산업은 개별 금융기관들의 특성에 따라 광범한 네트워크를 갖고 모든 고객을 대상으로 종합적인 서비스를 백화점식으로 제공하여 규모와

---

74) 규모의 비경제는 유통의 비경제와 관료화의 비경제로 나누어 볼 수 있다. 유통의 비경제는 한 장소에서의 대량생산체제는 고객과의 거리가 멀어져 유통비용이 많이 들 뿐 아니라 고객에게 긴밀한 서비스를 제공할 수 없다는 것이다. 관료화의 비경제(diseconomies of management scale)는 조직이 커질수록 관리계층이 늘어나 커뮤니케이션과 통제의 어려움으로 간접비용이 늘어나고 조직의 경직성으로 말미암아 환경변화에 대응하는 신축성이 떨어진다는 것이다.

75) 업무제휴에는 연합, 협조제휴 등이 있다. 연합(capital alliance)은 주식의 상호교환, 상호출자에 의한 업무제휴이며, 경영권의 독립성을 유지하면서 안정적이고 장기적인 동반관계를 유지하는 것으로 장래의 합병을 용이하게 한다.

협조제휴(cooperation agreements)는 각서에 의한 업무제휴로 상품개발, 연대대출, 지점 이용, 전산망 이용, 직원의 상호교류, 교육 등의 업무에 관한 제휴 등이 이에 속한다.

범위의 경제를 추구하는 종합은행(universal bank)이나 대형조직이 안고 있는 규모의 비경제를 해소하는 동시에 전문화의 경제를 추구하는 전문은행(specialized bank)으로 양극화될 것이다. 그리고 전문은행은 다시 개별 은행의 비교우위에 따라 규모에 관계없이 특정고객이나 특정지역에서 존립기반을 찾는 밀착형 은행(region-based relationship banking)과 특정상품이나 업무 등에 특화하여 대형은행들이 제공하기 어려운 틈새(niche)를 파고들어 고부가가치 상품개발에 주력하는 전문점은행(financial boutique)으로 특화될 것이다.

최근 들어 금융시장에서 기술의 중요성이 커짐에 따라 금융상품을 개별 요소로 분해(deconstruction)하여 특화하는 경향이 증가하고 있다. 예컨대 전통적으로 단일업무로 간주돼 오던 대출업무는 위험평가, 대출 취급, 대출자금 조달, 대출관리 서비스, 대출자산 보유 등으로 분해하고 핵심적인 업무나 경쟁우위가 있는 업무를 제외한 업무는 외주(outsourcing) 내지 분사하여 선택적으로 취급(cherry picking)함으로써 최대한의 가치사슬을 구축하는 전략이 그 예이다.

한편 대형화를 추구하든 전문화를 추구하든 간에 개별 기관들이 독립적인 지위를 유지하면서 영업상의 유리한 관계를 맺는 네트워킹(networking)현상이 증가할 것이다. 대형기관의 경우 네트워킹을 통한 영업력의 확대를 위해 그리고 전문화기관의 경우 상호보완적인 기관과의 업무제휴를 통해 서로 이질적인 경쟁을 하면서도 대형화의 이점을 추구할 수 있기 때문이다.

앞으로 금융기관의 경쟁력을 좌우하는 핵심적인 요소는 종합은행의 경우 자본력과 네트워크가, 밀착형 은행의 경우 고객에 대한 정보관리와 마케팅 능력이 그리고 전문점 은행의 경우 특정업무에 관련된 전문적인 노하우와 상품개발 능력이 될 것이다.

제 3 장

금융산업의 경쟁과 규제

FINANCIAL INSTITUTION

제 1 절 금융산업의 경쟁의 논리

금융시장이 효율적이 되기 위해서는 무엇보다도 경쟁의 조장이 필요하다. 경쟁은 시장참여자의 능률과 창의성 그리고 다양한 정보를 가장 효율적으로 활용하는 수단이기 때문이다.

금융산업의 경쟁을 촉진해야 한다는 논리는 기본적으로 시장경제에서 가격의 기능을 신뢰하는 고전이론에 그 바탕을 두고 있다. 금융기관간의 경쟁에 따라 금융상품의 가격, 예컨대 금리나 각종 수수료 등이 경쟁적 가격으로 형성되면 금융시장의 효율성을 높여 경제주체들의 후생의 증대를 가져온다는 것이다.

[그림 3-1]은 자금의 수요곡선과 공급곡선의 이동이 없는 상황에서 이자율을 인위적으로 규제할 경우 후생경제학적 측면에서 후생에 어떤 영향을 가져오는가를 설명해 주고 있다.

[그림 3-1]에서 $\overline{OS_1}$과 $\overline{AM}$는 각각 자금의 공급곡선과 수요곡선이다.

공급곡선은 어떤 자금공급량 수준에서도 공급자가 자금 한 단위를 추가로 공급하기 위해 지불해야 하는 추가조달비용을 나타내고 수요곡선은 자금차입자가 자금 한 단위를 추가로 이용하는 데서 얻는 효익(benefit)을 나타낸다. 이자율에 대한 규제가 없을 경우 경쟁적 가격으로 형성되는 시장이자율은 i_m이고 그 때의 자금의 수급량은 $\overline{OH}$로 결정될 것이다.

만약 정책당국이 인위적으로 시장이자율보다 낮게 이자율을 i_r로 규제한다면 시장에 공급되는 자금량은 이자율을 규제하지 않을 때보다 적은 $\overline{OF}$이고 $\overline{FJ}$만큼의

그림 3-1 규제의 효과

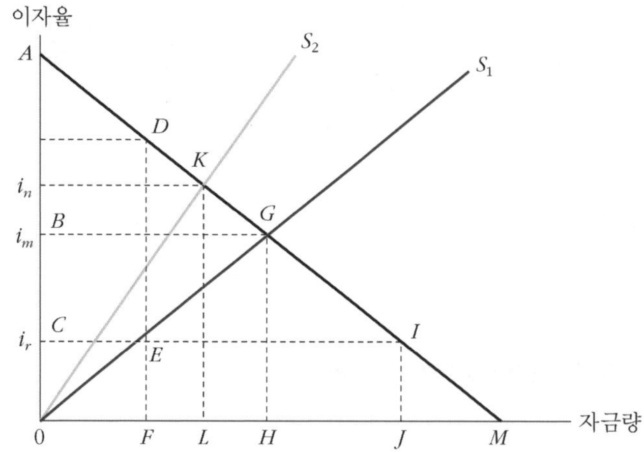

자금의 초과수요가 존재할 것이다. 이 때 자금공급자가 얻는 수익에서 자금조달비용을 차감한 나머지인 자금공급자의 잉여(supplier's surplus)는 △*OEC*이고 자금의 차입자가 얻는 효익에서 자금의 공급자에게 대가로 지불하는 비용을 차감한 나머지인 자금차입자의 잉여(consumer's surplus)는 □*ACED*가 되어 이들을 합한 사회적 잉여(total surplus)는 □*AOED*가 된다.

마찬가지로 이자율이 경쟁적 가격으로 형성될 경우 자금공급자의 잉여는 △*BOG*, 자금차입자의 잉여는 △*AGB*가 되어 사회적 잉여는 △*AOG*가 된다.

□*AOED*와 △*AOG*를 비교하여 보면 이자율을 규제할 때의 사회적 잉여가 이자율이 경쟁적 가격으로 형성될 때의 사회적 잉여보다 △*DEG*만큼 작은 것을 알 수 있는바, 이를 후생경제학에서는 후생손실(welfare loss 또는 dead weight loss)이라고 부른다. 이런 점에서 자금의 공급과 수요곡선의 행태에 영향을 주지 않는 한 이자율이 경쟁적 가격으로 형성될 때 자금을 최대한으로 공급할 수 있고 후생손실도 발생하지 않도록 하여 금융시장의 효율성을 극대화시킬 수 있다.

한편 금융시장에 대한 진입장벽이 형성되면 공급곡선이 S_1에서 S_2로 바뀌어 새로운 균형점은 *K*로 결정된다.[1] 그림에서 보듯이 *K*점의 이자율 i_n은 i_m보다 높으

1) 진입장벽이 있게 되면 공급자의 수가 감소하기 때문에 개별공급자들의 공급곡선을 수평으로 합한

며, 자금공급량 $\overline{OL}$은 $\overline{OH}$보다 적다. 진입규제의 결과 이자율은 상승하고 자금거래량은 감소한 것이다. 이 때 이자율 상승의 정도와 자금거래량 감소의 정도는 진입규제의 강도 및 자금에 대한 수요공급곡선의 이자율탄력성 여하에 따라 정해진다. 여기서 주목할 것은 진입장벽을 구축한 결과 사회적 후생이 그림에서 △*OGK*로 나타낸 영역만큼 줄어든다는 사실이다. 즉 진입규제 또한 사회적 후생의 손실을 낳는다는 것을 알 수 있다.

이 밖에 경쟁의 논리로 다음과 같은 점이 지적될 수 있다.

첫째, 경쟁의 촉진은 금융산업에 기술혁신을 촉진하여 새로운 상품의 개발과 시장의 확대를 가능케 함으로써 범위의 경제(economies of scope)를 가능하게 한다고 믿어진다. 때문에 경쟁의 조장은 금융기관이 취급하는 상품의 다양화를 촉진함으로써 소비자는 그들의 기호에 맞는 보다 다양한 상품을 저렴한 가격으로 제공받을 수 있게 하여 소비자잉여(consumer surplus)를 증대시킬 수 있게 된다.

둘째, 경쟁을 통하여 금융시스템이 효율적으로 될 때 이를 통해 경제정책의 효과를 보다 향상시킬 수 있다. 금융기관이 경제정책을 비롯한 외적환경에 민감하게 대응할수록 정책당국이 정책변수를 신속하게 변경시켜 정책의 효과를 극대화할 수 있기 때문이다.

셋째, 규제의 실패가능성이다. 규제에 따른 비용이 규제의 효과를 상회한다면 경쟁을 제한하는 논리는 상실하게 된다. 여기서 규제비용이란 규제를 수행하는 규제당국의 행정비용뿐만 아니라 피규제자가 규제를 준수하는 데 드는 준수비용과 규제로 인해 부담하는 유무형의 기회비용을 포함한다.

규제의 실패로는 다음과 같은 점이 지적될 수 있다.

① 규제가 시장을 분할하는 차별적 규제가 될 경우 규제를 받지 않거나 규제의 강도가 적은 부문(judicial forbearance)에 대해서는 사실상 정부가 보조금을 지급하고 규제를 받거나 규제의 강도가 큰 부문에 대해서는 반대로 세금을 부과하는 결과를 가져오게 되어 분할된 시장간의 형평의 상실이라는 문제가 발생된다.[2]

② 비생산적인 지대추구 행위(unproductive rent seeking behaviour)[3]가 발생할 가능

시장공급곡선이 좌측으로 이동(shift)하기 때문이다.

2) R. A. Posner, "Taxation by Regulation," *Bell Journal of Economics and Management Science*, Spring 1971.

3) 지대란 원래 리카도(D. Ricardo)를 중심으로 하는 고전학파에서 토지의 사용료를 의미하였으나 마샬(A. Marshall)을 중심으로 하는 신고전학파에서는 토지를 포함하여 석유 등과 같이 희소성이

성이 크다. 이와 같은 행위는 생산적 활동에 의해 적극적으로 부가가치를 창출하려고 노력하기보다는 규제에 의해 경쟁자의 시장진입을 막음으로써 초과이익을 누리려고만 노력하기 때문에 사회 전체적으로 볼 때 자원의 낭비만을 초래하기 때문이다.

Bhagwati는 특히 정부가 지대(rent)를 추구하거나 이를 창출할 수 있는 권한을 가질 경우 이를 획득(rent seeking)하기 위해 이해집단들(interested groups)이 뇌물이나 로비자금 등을 제공하거나 아예 규제를 회피하기 위한 탈법적 행위를 하는 집단이 생성됨으로써 규제에 따른 비생산적 활동에 자원이 낭비될 가능성이 있음을 지적하고 있다.[4)]

③ 정부실패(government failure)의 가능성이다. 정부도 인간의 조직인 이상 여타 경제주체와 같이 관리들이 사회적 이익보다는 사적이익을 추구할 가능성, 정치적 지대(political rent)를 추구하는 이해집단으로부터 영향을 받아 경제논리가 아닌 정치적 논리로 결정을 내릴 가능성, 시장에 대한 충분한 정보를 바탕으로 시장친화적인 규제를 하기보다는 탁상행정에 의해 너무 근시안적이고 경직적인 규제를 행할 가능성, 이 밖에 관리들이 정책목표를 실현하는 데 기여할 것이라는 충분한 정보와 증거 없이 규제조치를 시행하거나 그것을 제대로 운용할 만한 전문적 지식과 의욕을 갖추고 있지 못할 가능성 등이 그 예이다. 따라서 이러한 규제실패의 영향이 시장실패의 폐해를 능가한다면 시장의 자율성을 제한하는 규제의 논리도 상실하게 된다.

큰 자원이나 특수한 재능을 가진 인적자원 등 장기적으로 고정성이 강한 모든 요소에 귀속되는 소득을 지칭하는 경제적 지대(economic rent)개념으로 확대되었다.

지대는 생산요소를 이용함으로써 얻는 총수입에서 가변적 생산요소를 이용한 데 대한 대가, 즉 가변비용을 차감한 것으로 정의되며 이는 고정적 생산요소를 타 용도로 사용할 경우 얻을 수 있는 수입, 즉 기회비용과 같다. 한편 건물이나 기계 등과 같이 단기적으로는 고정성이 크나 장기적으로는 가변적인 고정요소에 귀속되는 소득은 준지대(quasi-rent)라고 하며 준지대는 단기적으로는 존재하나 장기적으로는 소멸한다. 지대는 특정산업에 대해 진입을 규제하는 경우에도 발생한다. 진입이 허용된 자는 그 존재의 희소성에 따른 초과이득을 누릴 수 있기 때문이다.

4) Jagdish Bhagwati, “Directly Unproductive Profit-Seeking Activities,” *Journal of Political Economy* 90, October 1982.

제 2 절 금융규제의 논리

경쟁은 효율적인 시장을 위한 전제조건이긴 하지만 과다한 경쟁은 시장의 실패(market failure)를 초래할 우려가 있다. 시장의 실패는 경쟁의 제한 또는 불완전한 경쟁으로 시장이 자원배분의 기능을 제대로 수행하지 못하거나 경쟁의 조성에 의해서도 시장 자체가 형성되지 못하는 상태(missing market)를 말하며 이 경우에는 정부의 개입이나 규제가 불가피하게 된다.

그러나 정부가 시장을 대체할 수 있을 정도로 기능이나 정보 측면에서 시장보다 우월하지 못할 경우 정부의 시장개입이 오히려 사회적 편익보다는 비용을 크게 하는 정부실패(government failure)를 초래할 가능성도 있다. 정부가 시장실패의 원인과 대책에 대한 잘못된 처방을 내릴 수도 있기 때문이다. 따라서 경쟁의 촉진과 시장의 실패를 방지하기 위한 규제는 양면성을 가지며 이를 적절하게 조화하는 것이 규세의 목적이라 할 수 있다.

시장을 규제하는 이론으로 공공이익가설, 자기보호가설, 금융불안정가설 등 많은 이론들이 제시되고 있다. 공공이익가설(public interest hypothesis)[5]은 현재까지 가장 보편성을 가진 논리로 동가설의 이론적 배경은 시장실패, 즉 시장이 불완전 경쟁상태에 있을 경우 재화나 서비스의 생산이 사회적 최적상태(social optimum)를 달성할 수 없다는 것이다.

시장이 불완전경쟁상태에 있을 경우 개별 경제주체들의 효용극대화를 위한 이기적 행위가 사회적 후생의 극대화를 보장할 수 없기 때문이다. 구체적으로 개인들은 그들의 사적효용의 극대화만을 추구하기 때문에 사적효용이 사회적 효용보다 적은 경우 생산은 과소생산이 되고 그 반대의 경우에는 과잉생산이 된다. 따라서 이런 경우 정부가 개입하여 사적생산 수준을 사회적 최적생산 수준으로 접근시킴으로써 사회적 후생을 극대화시켜야 한다는 것이다.

또한 경쟁적 가격구조가 형성되어 시장기능에 의해 자원이 효율적으로 배분되어 파레토 효율(Pareto efficiency)이 달성된다 하더라도(후생경제학의 제1최적정리) 이것이 사회적으로 가장 바람직스런 소득분배, 즉 공정성(justice as fairness)까지 보장하는

5) D. Needham, *The Economics and Politics of Regulation: A Behavioral Approach*, Little, Brown and Company, Boston, 1983.

것은 아니다. 파레토 효율은 자원의 효율적 배분을 통한 경제효율의 극대화만을 그 대상으로 하기 때문이다.

그러나 임의의 파레토 효율적인 배분이 있을 때 이를 일반균형(general equilibrium)[6]으로 만들어 주는 가격이 존재한다는 후생경제학의 제2최적정리에 의하면 초기의 부존자원, 즉 소득을 적절히 재분배하면 어떤 임의의 파레토 효율적인 배분이라도 시장경제를 통해 일반균형을 달성할 수 있다고 한다. 환언하면 제1최적정리가 소득분배의 형평성이라는 차원에서는 아무런 해결책을 제시하지 못하는 데 비해 제2최적정리는 정부에 의한 개입, 예컨대 정액세(lump-sum tax)나 보조금(subsidy) 등을 통해 초기의 부존자원을 적절하게 재분배하면 소득분배 문제도 시장경제의 균형을 통해 어느 정도 해결할 수 있다는 것이다.

자기보호가설(capture theory)은 피규제자들이 규제자를 포획(capture)하여 규제자가 피규제자의 이해와 일치하는 정책을 취하게 하려는 경향이 있다는 것이다. 동 이론은 보수성이 강한 시카고학파가 주장한 것으로 시장규제의 논리를 사적이익을 증대시키고자 하는 이해관계자들에 의해 규제에 대한 수요가 발생한다는 것이다. 여기서 포획이란 정책이나 규제를 펴는 정부, 정치인, 관료 등이 잘 조직화된 이익집단에 붙잡혀 있는 상태를 말한다. 정부 등 규제자는 이익집단에게 정치적·경제적 편익을 안겨 주는 대가로 이익집단으로부터 퇴직 후 고용 보장, 투표, 정치자금 등을 제공받는다는 것이다.

Stigler는 규제 변동이 부의 재분배효과(wealth redistribution effect)를 가져온다는 논리하에 정부가 규제수요자에 사로잡히면 규제의 결과는 공공이익의 희생 위에 규제 수요자에게만 이익을 주게 된다고 주장한다.[7] 예컨대 의사, 변호사 등과 같이 정부로부터 인가를 받는 독과점 직종에 종사하는 사람들의 경우 정부는 비인가

6) 한 경제를 구성하는 개별 시장들간의 상호작용이 모두 반영된 결과, 모든 시장에서 동시에 수요와 공급이 일치하는 상태를 일반균형상태라 한다. 시장경제의 일반균형은 개별 경제주체들이 자신의 효용 및 이윤의 극대화라는 목표하에서 수요와 공급을 형성하고 이렇게 형성된 개별 수요와 공급으로부터 형성된 시장수요와 시장공급에 가격체계가 패러미터로서 기능을 수행하여 수요와 공급을 일치시키게 된다.

한편 사람들이 필요로 하는 재화와 용역의 시장이 모두 존재하는 완비시장(complete market)하에서 완전경쟁이 이루어지는 시장경제의 일반균형(general equilibrium)은 항상 파레토효율을 달성한다고 한다(Arrow의 제1최적정리). 환언하면 이러한 조건이 갖추어져 있는 시장경제는 정부의 간섭 없이도 한 경제의 자원을 효율적으로 배분하는 기능을 수행한다는 것이다.

7) G. J. Stigler, "The Theory of Economic Regulation," *Bell Journal of Economics and Management Science*, 1971, pp. 3~21.

업자의 활동을 불법화함으로써 사실상 이들을 보호하고 있는 셈이다.

Peltzman도 규제가 수요와 비용 변화 등 시장 변화로부터 규제수요자를 보호함으로써 이들의 영업위험을 감소시켜 이득을 준다는 위험감소이론(risk buffering effect)을 주장한다.[8)]

금융불안정가설은 금융시장은 외생적인 충격이 없다 하더라도 본질적으로 불안정하여 규제가 필요하다는 것이다.[9)]

금융의 불안정성(fragility)이란 거시경제의 순환(cycle), 즉 금융과 실물의 상호작용에 의해 경기의 순환이 증폭되는 현상을 말하며 최근에 들어 경기순응성(procyclicality) 문제로 다시 부각되고 있다. 경기순응성이란 금융부문의 신용의 확대 및 축소 사이클이 실물부문의 경기 사이클과 동일한 방향으로 움직이면서 이들의 상호작용에 의해 경기의 진폭이 가속적으로 확대되는 현상을 말한다.[10)] 동 가설은 자산가격거품의 발생 · 붕괴과정(boom-bust cycle) 및 부채의 실질 상환부담을 가중시키는 부채디플레이션 등과 밀접한 연관을 가지고 있다. 전자는 경제주체들은 투기에 빠질 수 있는 비합리적인 면을 갖고 있으며, 일단 투기열풍이 불게 되면 금융기관의 신용확대를 기반으로 대출가능 화폐자본이 과다하게 되고, 동 자본은 이식증대(money game)에 몰두하게 되어 이에 따른 과잉유동성이 경제의 거품(bubble)을 초래하게 된다는 것이다.

그러나 이러한 상태는 오래 지속될 수 없고 어떤 단계에서 반전(revulsion)의 국면을 맞게 되는데 이 때 신용의 확대가 더 이상 지속될 수 없는 한계를 넘어서게 되면 자산가격의 하락, 즉 거품이 해소되기 시작한다는 것이다. 한편 투자자들이 일단 투기의 대상이 된 자산가격의 하락을 인식하게 되면 손해에 대한 공포감으로 투기대상 자산을 서둘러 화폐로 전환하려 하고 이 결과는 구성의 오류(composition error)가 작동되어 자산가격의 폭락과 금융중개기능이 상실되는 금융위기로 연결될 수 있다는 것이다.

부채디플레이션은 자산가치의 하락과 실질금리의 상승으로 실질채무부담이 늘어나는 것을 말한다. 동 이론은 I. Fisher가 1933년 대공황(Great Depression)을 설

---

8) S. Peltzman, "Toward A More General Theory of Regulation," *Journal of Law and Economics*, vol. 19, 1976, pp. 211~240.

9) C. P. Kindleberger, *Manias, Panics and Cashes, Basic Books*, ch. 4, 1991.

10) 이에 대해서는 1930년대 Irving Fisher의 부채디플레이션(debt deflation)이론과 1989년 Bernanke 등의 금융가속화(financial acceralator)이론 등에서 논의된 바 있다.

명하면서 처음으로 주장하고 이후 Minsky, Bernankee 등이 발전시킨 이론이다. Mishkin은 부채디플레이션(debt deflation)이 발생하면 가계와 기업은 보유자산의 가치 하락에도 불구하고 그들이 보유한 부채는 명목가격으로 원리금을 상환해야 하기 때문에 상환능력이 저하된다. 이렇게 되면 금융회사는 상환능력 저하에 상응하여 이들에 대한 신용을 축소(deleveraging)하게 되고 이는 다시 이들의 도산위험을 증대시킴으로써 금융회사의 자산건전성의 저하를 유발하여 금융위기로 연결될 수 있다고 주장한다.[11)]

특히 부채비율이 높은 상태에서 자산가격이 급격히 하락하는 경우 부채디플레이션은 더욱 심화된다. 만약 이 때 경제주체들이 실물자산을 매각하는 상황(distress selling)이 뒤따르면 디플레이션이 더욱 심화(deflationary spiral)되고 이에 담보 및 주식가치의 하락과 디플레이션 기대심리의 고착화가 가세할 경우 금융기관의 도산, 금융시장의 붕괴 등 금융시스템에 심각한 문제가 발생할 수도 있다.

이 밖에도 규제의 결정요인을 각국의 고유한 정치적·문화적 특성에서 찾는 문화이론(cultural theory), 규제를 담당하는 관료사회가 야기하는 여러 가지 행정적 문제를 해결하는 시각－예컨대 규제의 실패현상을 보완하기 위해 규제를 다시 실시한다는 등－에서 찾는 행정이론(administrative theory) 등이 있다. 여기서는 주로 시장실패를 바탕으로 하는 공공이익가설에 입각하여 규제의 논리를 설명하기로 한다.

금융시장에서 시장실패가 발생하는 원인으로는 자연독점(natural monopoly), 외부성(externalities), 공공재(public goods), 정보의 비대칭성(asymmetric information)의 존재 등을 들 수 있다. 그리고 이와 같은 요인들에 의한 시장실패를 미시적 시장실패라고 정의하고 이를 불공정한 소득분배, 인플레이션, 실업, 대외불균형 등으로 정의되는 거시적 시장실패와 구분하기도 한다.

이하에서 이러한 미시적 요인들이 어떻게 시장실패를 야기하는지를 살펴보기로 한다.

---

11) Fredric S. Mishkin, *The Economics of Money, Banking, and Financial Markets*, 6th ed., Addison Wesley, pp. 204~205.

Ⅰ. 자연독점

자연독점이란 규모의 경제가 존재하여 한 산업이 본질적으로 독점상태에 놓이게 되는 성질을 말하며 전기업이나 수도업 등이 전형적인 예이다. 금융산업은 일반적으로 규모의 경제가 존재한다고 여겨진다.[12)]

따라서 규모의 경제를 얻기 위한 과다한 경쟁은 결과적으로 소수 금융기관만이 생존하게 할 것이며 이는 곧 필연적으로 경제력의 집중(concentration)에 따른 지배권의 남용(abuse of power)문제를 발생시킨다.[13)]

이와 같이 금융산업은 경쟁이 심화될 경우 소수의 금융기관이 시장을 지배하는 독과점적 시장구조를 초래할 가능성이 커지게 된다. 이렇게 되면 시장지배력이 없는 다수의 경쟁자가 존재함으로써만 달성될 수 있는 경쟁시장의 이점을 상실하게 된다.[14)]

Jean Tirole 교수는 게임이론을 산업조직론에 접목하여 독과점으로 인한 시장실패를 줄이려면 가격이나 담합규세 같은 획일적인 규제보다는 산업과 시상의 특성을 반영한 맞춤형 규제가 보다 효과적이라고 주장하고 있다.[15)]

일반적으로 금융산업의 시장집중도[16)]가 높아지면 금융회사들의 독과점 가격부과로 사회후생이 감소하고 높은 대출이자율로 투자가 위축되는 등의 부정적 효과가 있는 것으로 알려져 있다. 특히 대형화된 금융회사들이 개별기업의 특성을

---

12) 1995년 미연준의 조사보고서에 의하면 미국은행업의 평균비용함수는 편편한 U자형 곡선으로 그 저점은 자산규모 10~150억 달러 내외의 중대규모은행으로 나타났다. 동 보고서는 이와 같이 미국은행업에 규모의 경제가 존재하는 주된 이유로 정보혁명과 규제완화를 지적하고 있다. 즉 대형은행의 우수한 정보능력을 바탕으로 하는 영업력과 지점설치 규제 제한의 철폐로 소규모은행들의 영업상의 이점이 사라지고 있다는 것이다. 우리나라의 경우 학자간의 결과가 다양하나 대체로 규모 및 범위의 경제가 있다는 의견이 많다.

13) 독일의 예를 들어 금융업은 제조업에 비해 독과점 문제가 상대적으로 적다는 주장도 있다.

14) 그러나 시장의 경쟁자들이 적다는 사실만으로 시장실패를 초래한다고 일률적으로 단정하기에는 무리가 있다는 주장도 있다. 사적 이윤추구 동기에 의해 촉발되는 혁신 때문에 잠재적 경쟁자의 출현 가능성이 증대되어 독점기업이 경쟁기업처럼 행동하는 사례가 증대하고 있기 때문이다. 한때 자연독점산업으로 간주되던 정보통신산업이 기술혁신과 규제완화로 경쟁적 산업으로 변모하고 있는 것이 그 예이다.

15) Jean Tirole, The Theory of Industrial Organization, MIT Press, 1988.

16) 시장집중도를 측정하는 지표로 일반적으로 CR_k와 HHI지수(Herfindal-Hirshman Index)가 많이 이용된다. 전자는 시장점유율이 높은 상위 *k*개의 시장점유율을 합한 것이고 후자는 모든 기업의 시장점유율을 제곱하여 합한 것을 말한다.

충분하게 고려하지 않고 모든 기업에 표준화된 대출심사기준을 적용할 경우 중소기업에 대한 대출이 축소될 가능성이 제기되고 있다. 이 밖에도 대형금융회사에 대한 감독당국의 관대한 규제 적용(too big to discipline), 대마불사에 대한 기대로 인한 시장규율기능의 약화, 대형금융회사간의 거래증가로 인한 상호의존성 증대 등에 따른 금융시스템 리스크의 증대 등이 그 부작용으로 지적된다.

반면 독과점에 의한 경제력 집중이 반드시 국민경제에 부정적인 영향만 끼치는 것인가에 대한 반론도 있다. 정보의 비대칭이 높은 신용시장에서 시장지배력을 갖는 금융회사들이 증가하면 이들의 정보력이 확대되어 철저한 여신심사를 통하여 자원배분의 효율성을 증진시키고, 특히 정보불투명성이 높아 대출을 받지 못했던 산업들이 더 좋은 조건에서 보다 많은 대출을 받게 되어 경제 전체에 긍정적인 효과를 가져온다는 주장 등이 그것이다. 이들은 금융회사들의 난립으로 차입기업들이 대출심사가 까다롭지 않은 금융회사를 찾게 되고 이러한 금융회사들간의 경쟁으로 인해 대출심사가 제대로 이루어지지 못할 경우 오히려 자원의 효율적 배분이 저하될 수도 있다고 주장한다.17)

이 밖에도 최근에 들어 독과점 자체에 대한 개념도 달라져야 한다는 주장도 있다. 특히 개방경제(open economy) 하의 국경을 초월하는 무한경쟁시대(global competition)에서는 폐쇄적인 경제체제 하에서의 독과점과 경제력 집중이라는 개념은 바뀌어야 한다는 것이다.

요약컨대 금융산업의 시장집중도 증가는 경쟁을 저하시켜 금융중개의 효율성을 저하시키는 일면이 있는 반면 금융회사의 경쟁력을 상승시켜 금융시스템의 안정성을 제고시키는 일면이 있는 등 나라별로 고유한 제도적 환경에 따라 상이한 영향을 미치고 있다. 따라서 정부는 이와 같은 양면성(trade-offs)을 적절하게 조화하여 금융시장의 구조와 특성에 맞는 정책을 선택하여야 할 것이다.

Ⅱ. 외 부 성

금융산업은 외부성(externalities)이 큰 산업이다. 외부성이란 경쟁적 시장경제 내

17) D. E. Banaccorsi and G. Dell'Ariccia, "Bank Competition and Firm Creation," IMF working paper, 2001. 2.

의 한 주체의 소비나 생산행위가 동소비나 생산활동에 참여하지 않은 시장 밖의 제3자에게 영향을 미치는 것을 말한다. 이런 의미에서 외부성을 비가격효과 또는 파급효과(spillover effect)라고 부르기도 한다.

외부성이 존재하면 소비와 생산활동에 참여하지 않은 제3자가 아무런 대가를 지불하지 않고 이익을 얻거나 아무런 보상을 받지 못하고 손해를 보는 경우가 발생할 수 있다. 전자를 외부경제(external economy), 후자를 외부불경제(external dis-economy) 또는 부(−)의 외부경제라고 한다.[18]

외부성이 존재하면 사회적 비용(social cost)과 사적비용(private cost), 사회적 편익(social benefit)과 사적편익(private benefit) 간의 괴리를 발생시킴으로써 경쟁적 가격기구만으로는 자원의 효율적 배분을 이룩할 수 없는 시장의 실패가 일어나게 된다. 예컨대 공해를 발생시키는 기업이 사회적 비용을 감안하지 않고 사적비용만을 기준으로 재화를 생산할 경우 생산의 과다현상이 발생할 것이고, 교육이나 국방과 같이 사회적 편익이 큰 재화임에도 불구하고 사적편익만을 고려하여 생산할 경우 과소생산 현상을 낳게 될 것이다.[19]

금융산업은 통화의 창출과 그 파급경로를 통하여 국민경제에 지대한 영향을 미치는 등 외부경제가 매우 큰 산업이지만 외부불경제 또한 매우 크다. 예금뇌취 현상은 금융산업의 전형적인 외부불경제이다. 한 금융기관의 예금인출사태(bank run)로 지급불능 위기가 발생하게 되면 그 여파는 당해 금융기관에만 한정되지 않고 타 금융기관으로 파급(contagion effect)되기 쉽다. 특히 은행부문은 서로 긴밀하게 연계된 하나의 시스템으로 지급결제제도 및 은행간 시장을 통한 전염 리스크에 매우 취약하다. 이 경우 예금자는 지급능력이 있는 은행과 없는 은행을 분별하기 어렵기 때문에 일단은 예금을 인출(flight to currency)하려 하므로 한 금융기관의 예금지급불능 사태는 다른 금융기관에 대한 예금뇌취 현상으로 쉽게 연결될 가능성이 크다.

---

18) 외부성은 소비의 외부성과 생산의 외부성으로 구분할 수 있다. 예컨대 한 주민이 아름다운 정원을 가꾸어 이웃에게까지 좋은 생활환경을 조성하여 주었다면 소비의 외부성이 될 것이고 실내에서 담배를 피우는 것은 소비의 외부불경제가 될 것이다.

사과 꽃가루가 인근 양봉업자의 꿀 생산량을 증대시켰다면 생산의 외부성이 될 것이고 한 연탄공장의 연탄재가 이웃 세탁공장의 옷을 더렵혔다면 생산의 외부불경제가 될 것이다.

19) 전자의 경우 정부는 생산자에게 세금(Pigou tax)을 부과하여 사적비용을 사회적 비용수준으로 인상시키고 후자의 경우 생산자에게 보조금을 지급하여 사적편익을 사회적 편익수준으로 인상시킴으로써 파레토 효율을 달성할 수 있다.

이와 같은 예금뇌취 사태가 발생하면 금융기관 전체의 지급 및 금융중개기능이 마비되는 시스템 위기(systemic crisis)로 발전할 가능성이 크며 이 경우 거래비용 증대, 통화 수축, 나아가서는 금융기관의 도산위험 증대 등을 유발하여 경제 전체에 심대한 피해를 초래하게 된다.[20]

따라서 외부성이 존재하면 시장을 통한 거래가 이루어지지 않거나 거래가 이루어진다 하더라도 가격기능에 의해 사회적으로 바람직한 자원의 효율적 배분을 달성할 수 없게 된다. 이러한 경우 정부가 개입하여 자원의 재배분을 통한 완전경쟁균형을 달성해야 한다는 것이 후생경제학의 논리(제2최적정리)이다.

그러나 이와 같이 한 경제 내의 소비나 생산의 외부성이 존재하면 정부가 곧 개입해야 한다는 논리에 대해 반론도 많다.

코스[21]는 외부성이 존재한다 하더라도 재산권(property right)이 분명하게 확립되어 있고 모든 관련 경제주체들간의 자발적인 협상이 가능하다면 정부의 규제나 간섭 없이도 외부성이 내부화(internalize)[22]되어 시장실패 없이 자원의 효율적 배분이 가능하다고 주장한다.

이른바 코스정리(Coase theorem)라고 불리는 이 주장은 피구(A.C. Pigou)를 위시한 후생경제학자들의 논리, 즉 시장기능이 실패할 경우 정부가 개입하여 사회적 비용에 상응하도록 사적비용을 인상해야 한다는 주장을 반박하고 외부경제가 존재한다 하더라도 이미 재산권이 확립되어 있어 그것을 자유로이 매매할 수 있다면 그 재산권이 누구에게 귀속되어 있는가에는 관계없이 정부의 개입 없이도 당사자간의 자발적인 협상에 의해 효율적인 자원배분이 가능하다는 것이다.[23]

---

20) 예금뇌취현상이 발생할 경우 비록 모든 은행들이 도산에까지 이르지는 않는다 하더라도 개별 은행들은 예금인출을 일시 정지하거나 예금인출 요구에 대비하기 위해 자본손실을 감내하면서도 보유자산을 헐값으로 매각(fire sale)하지 않을 수 없게 됨에 따라 손실을 보게 된다.

예금자도 조기인출 대열에서 예금을 인출하였을 경우 예금의 조기인출에 따른 이자수익의 감소를 감수해야 하며 차입자나 잠재차입자들도 금융기관이 대출을 무리하게 회수하거나 억제할 경우 연쇄도산을 유발할 수도 있다. 이러한 외부불경제를 줄이기 위해 각종 예방적인 규제를 하거나 예금보험(deposit insurance)제도 등과 같은 안전장치(safety net)를 도입하는 것이다.

21) R. Coase, "The Problem of Social Cost," *Journal of Law and Economics* 2, October 1960.

22) 외부성을 시장경제체제로 내부화하여 자원배분의 효율성을 달성하는 정책수단으로는 외부성이 있는 재화에 대한 소유권의 설정과 이에 대한 적절한 보상, 외부성이 있는 당사자간의 합병이나 자발적인 협상 등이 있다. 예컨대 사과 꽃가루와 양봉업자의 경우 양봉업자가 꽃가루에 대한 적절한 보상을 하거나 양 업자가 합병을 한다면 외부성은 더 이상 문제가 되지 않는다.

23) 예컨대 공해발생업체가 공해로 인한 피해를 받는 농지의 소유권을 갖는다면 동업체는 공해배출로 얻어지는 한계이익과 공해제거에 소요되는 한계비용이 일치하는 수준에서 적절한 공해발생량을

그러나 코스정리는 다음과 같은 한계점들이 지적된다.

① 소유권 확정과 계약에 따른 거래비용과 협상비용이 무시할 수 없을 정도로 클 경우 협상을 통한 경제적 효율의 달성이 어렵다.

② 이해당사자의 확정이 어렵다. 예컨대 산성비의 경우에는 아직도 그 정확한 원인이 어디에 있는지를 알지 못하며, 따라서 산성비로 인한 피해가 문제될 때 가해자 측으로 누구를 확정해야 할지 알 수 없다.

③ 소유권 귀속에 따른 사회적 분배의 형평성(equity) 문제를 고려하지 않고 있다. Gillman은 효율성 달성이 보장된다면 정부가 형평성을 제고하는 차원에서 소득불균형을 시정하는 방향으로 재산권을 부여해야 한다고 주장한다.[24] 이런 조치가 소득 불균형을 완화하여 궁극적으로 사회 전반의 거래비용을 인하하는 효과를 발생시킬 수 있기 때문이다.

④ 당사자 사이의 자유로운 협상에 맡기면 사회적 약자가 불리해지기 쉽다.

⑤ 무임승차의 가능성이 있다. 외부성에 의한 피해액이나 이익을 정확하게 알기 어렵기 때문에 협상당사자들이 많아질 경우 보상을 하지 않고 무임승차를 하려는 당사자가 생기게 된다. 이 경우 무임승차를 하는 당사자가 부담해야 할 금액을 다른 당사자들이 부담하게 되므로 협상비용이 커지게 되고 협상비용이 너무 커져서 과다하게 될 경우 코즈정리가 성립될 수 없다.

⑥ 편익(benefit)과 비용(cost)에 관한 정보가 부족할 경우 당사자 사이에 전략적인 이익추구 행위가 가능하여 사회적으로 바람직하지 않은 결과를 초래할 수 있다. 예컨대 소수의 거래당사자가 개개인의 이익의 극대화를 위해 상호전략적 행동을 보일 경우 게임이론이 적용되어 거래당사자들간의 전략의 균형[25]이 존재하지

결정하게 될 것이다. 이 경우 농부는 공해업체에 적당한 지대를 지불하고 농업에 종사할 것이며 이 지대에는 공해제거비용이 포함된다.

반대로 공해발생지역을 농부가 소유할 때에도 농부는 공해배출업체에게 공해제거비용을 요구하게 되므로 공해배출업체는 농부에게 지급하는 공해제거비용과 공해배출에 따라 얻는 한계이익이 일치하는 수준에서 공해방출량을 결정하게 된다. 따라서 이 경우 '농부에 의한 지대 지급인가, 공해발생업체에 의한 공해제거비용 지급인가'하는 자금이전의 방향만을 결정할 뿐이지 공해발생 투자사업의 집행 여부와는 무관하다.

이와 같이 공해발생장소의 소유권이 누구에게 귀속되든간에 사회 전체적으로 한계비용과 한계이익이 일치하는 점에서 공해량이 결정되어 공해에 관한 효율적인 시장이 존재할 수 있다는 것이다. 최근 활성화되고 있는 공해배출권 매매시장이 그 전형적인 예다.

24) Max Gillman, "The Problem of Social Cost: The Role of the State," *International Journal of Social Economics*, vol. 26, 1999.

않을 수도 있으며, 존재한다 하더라도 양자 모두에 대해 최적선택(Pareto efficiency)이 아닐 수도 있다. 개개인이 최적의 의사결정을 하더라도 사회 전체적으로 최적상태에 도달할 수 없는 죄수의 양난(prisoner's dilemma)[26] 현상이 그것이다.

이와 같은 지적에도 불구하고 코스는 시장실패를 보완하기 위해서는 정부가 직접 개입하여야 한다는 Pigou의 일방적 접근방식과는 달리 '외부성은 쌍방적인 특성을 가지고 있으며 항상 상대적인 것이어서 사회적으로는 하나의 선택의 문제로 귀결된다'고 강조하고 정부는 외부성의 문제에 있어서 적극적으로 개입하기보다는 경제 주체들간의 자율적인 협상을 보장하고 협상 진행 시 발생되는 제반 문제들을 조정하는 역할을 해야 한다고 주장하고 있다.

III. 공 공 재

금융산업이 제공하는 서비스는 공공재[27]의 성격이 강하다. 공공재는 사적비용이 들지 않기 때문에 이른바 무임승차(free ride)의 문제가 발생하게 된다. 이와 같

---

25) 상호전략적 의사결정을 하는 비협조적 게임(non-cooperative game)에서 상대방이 어떤 전략을 선택하는가에 관계없이 자신에게 가장 유리한 결과를 가져다 주는 하나의 동일한 전략을 우월전략(dominant strategy)이라 하고 모든 게임참가자들의 전략이 이와 같은 우월전략으로 구성되는 경우를 우월전략균형이라고 한다.

한편 B의 전략 b가 주어졌을 때 A가 선택한 최선의 전략(best response)이 a이고 A의 전략 a가 주어졌을 때 B가 선택한 최선의 전략이 b일 때 이들 한쌍의 전략묶음(strategy profile) a, b를 내시균형(Nash equilibrium)이라 한다. 내시균형은 대부분의 게임의 경우 적어도 1개 이상이 존재하나 경우에 따라서는 전혀 존재하지 않을 수도 있다.

26) 게임참가자가 두 사람이고 각 참가자가 2개의 전략을 갖고 있으며 그 중 한 전략이 우월전략이지만 두 사람 모두 우월전략을 선택하지 않을 때 얻는 결과가 우월전략 균형보다 더 나은 결과를 갖다 주는 게임을 말한다. 이에 대해 노벨경제학상을 수상한 Robert Aumann과 Thomas Schelling은 반복되는 게임의 경우 상대방의 되갚기(tit for tat)전략을 기대하여 서로 협조적 게임에 도달할 수 있음을 증명한 바 있다.

27) 공공재란 비배제성(non-excludability)과 소비의 비경합성(non-rivalrous consumption)을 갖는 재화를 의미한다. 비배제성이란 사용료를 내지 않고 재화를 사용하려는 사람들도 동재화의 이용 대상에서 배제할 수 없다는 것으로, 이로 인해 무임승차(free ride)의 문제가 발생한다. 예컨대 공기를 오염시키는 사람들도 별도의 비용을 부담하지 않는다고 해서 맑은 공기를 마실 수 없게 할 수는 없다. 소비의 비경합성이란 한 사람의 소비가 다른 사람의 소비를 저해하지 않는다는 뜻이다. 예컨대 한 사람이 공기를 마신다고 해서 다른 사람이 마실 수 있는 공기의 양이 줄어드는 것은 아니다.

은 무임승차 문제가 발생하게 되면 공공재가 사회적으로 최적상태보다 과소생산되게 된다. 예컨대 남이 많은 비용을 들여 개발한 기술이나 R&D정보 등의 공공재적 성격을 갖는 재화를 공짜로 이용할 수 있다면, 아무도 이와 같은 재화를 생산하려 하지 않기 때문에 이들 재화들은 사회적으로 바람직한 양만큼 생산되지 않을 것이다.

예금보험제도의 경우 그 가입 여부를 금융기관의 임의에 맡길 경우 아무도 보험료를 내고 동 제도에 가입하려 하지 않을 것이다. 보험에 가입하지 않은 금융기관도 예금보험제도로 인해 금융시스템이 안정됨에 따른 이득을 공짜로 누릴 수 있기 때문이다.

이와 같이 공공재에 대해 개개인이 소비하여 얻은 혜택에 상응하는 대가 지불을 회피할 경우 가격기능에 의한 공공재의 효율적 배분이 어렵게 되며 이는 곧 공공재의 생산과 소비에 정부가 개입하여야 하는 근거를 제공하게 된다.

그러나 기술발전 등으로 공공재의 개념도 많이 변하고 있다. 국방과 같은 공공성이 매우 강한 서비스는 정부가 개입하여야 하지만 종래 공공재로 간주되었던 부문에 정부의 개입이 없이도 시장경제의 원리가 적용될 수 있는 부문이 증가하고 있다. 치안의 경우 사설경비서비스의 등장, 교육의 경우 개인의 비용부담이 증가하는 추세나 민간도로 건설자들에게 건설비용을 회수하고 적정이윤을 얻게 하기 위해 통행료를 징수하게 하는 예가 그것이다.

Ⅳ. 정보의 비대칭성

금융거래는 거래자간에 이해가 상충되는 것이 많은 속성상 공개되기가 어려운 점이 많다. 금융기관이 고객의 정보를 파악하는 것이 쉽지 않고 고객이 금융기관의 영업내용을 외부에서 파악하는 것은 더욱 어렵다. 금융산업에서 이와 같은 비대칭적 정보(asymmetric information)의 존재는 역선택, 도덕적 위험, 무임승차 및 신용할당 등의 문제를 야기한다.

1. 역선택 문제

역선택(adverse selection) 문제는 사전적으로 알려지지 않은 정보(hidden information)와 관련된 것으로 이러한 정보를 갖지 못한 자는 정보의 부족으로 최선의 선택을 하지 못할 가능성이 크다는 것이다. 역선택 문제의 전형적인 예로 정보의 비대칭이 존재하면 시장에는 질이 좋은 상품은 빠져 나가고 불량한 제품만이 거래되는 이른바 Akerloff효과 또는 중고차시장(market for lemons)의 문제를 들 수 있다.[28) 정보를 갖지 못한 소비자는 역선택의 상황에 직면하여 자신에게 불리한 계약을 체결하지 않으려고 시장평균의 품질수준에 부합하는 가격을 지불하려고 하며, 이에 따라 정보를 갖고 있는 공급자는 평균품질 이하의 상품에 대하여만 공급유인을 갖게 된다. 이렇게 되면 시장평균수준은 점차 낮아지고 더 이상 질이 낮은 상품들이 거래될 수 없는 상태에 이르게 되면 전반적인 시장신뢰의 상실로 이어져 시장이 실패될 수 있다.[29)]

이와 같은 역선택 문제는 현실적으로 수없이 많다. 예컨대 보험회사는 보험가입자의 건강이나 신용상태 등에 대해 잘 모르지만 보험가입자는 자신에 대한 정보를 잘 알고 있다. 이러한 상황에서 모든 가입자에게 동일한 보험료를 적용한다면 건강이나 신용상태가 평균인보다 나쁜 자(bad risks)들은 그들의 위험에 비해 보험료가 싸므로 보험에 가입하고 신용상태가 평균인보다 좋은 자(good risks)들은 그들의 위험에 비해 비싼 보험에 가입하지 않으려 할 것이므로 결국 시장에는 불량고객만 남게 되어 보험회사는 잘못된 고객선택으로 인해 손해를 볼 것이다.

기업가와 소비자 간의 거래에서 일반소비자는 그들에게 불리한 계약의 내용은 물론 거래로부터 그들의 이익이 침해되는 사실조차 모르는 경우가 많다. 금융거래에는 이와 같은 역선택의 문제가 더욱 큰바, 이는 일반적으로 고객은 금융기관의 서비스 내용을 제대로 파악하지 못하고 금융기관을 그대로 신뢰하는 경향이 크기 때문이다.

은행의 경우 예금자보호 문제가 전형적인 예이다. 은행의 자산이나 자본의 건전성과 안정성은 예금자의 이해와 직결되나 예금자는 이를 감시할 만한 충분한 장

28) G. Akerloff, "The Market for Lemons: Quality Uncertainty and the Market Mechanism," *Quarterly Journal of Economics* 84, August 1970, pp. 488~500.

29) 미국에서는 질이 나쁜 중고차를 레몬이라고 부른다. 레몬을 골라내는 방법으로 2001년 Akerlof와 함께 노벨경제학상을 공동으로 수상한 Michael Spence와 Josepf Stiglitz는 각각 신호효과(signaling effect)와 선별효과(screening effect)이론을 제시하였다. 전자는 정보를 가진 자가 정보를 갖지 못한 상대방의 신뢰를 얻기 위해 신호를 보내는 방식으로 품질보증제도, 브랜드네임 등이 그 예이다. 후자는 정보를 가지지 못한 자가 정보를 가진 상대방에게 정보를 드러내도록 유도 또는 요구하는 방식으로 녹색신고제도나 은행의 대출심사 등이 그 예이다.

치를 갖고 있지 못하고 있거나, 설사 갖고 있다 하더라도 감시로 얻는 혜택에 비해 감시비용(monitoring cost)이 더 든다면 감시유인이 없어져 이를 포기함으로써 최선의 선택을 하지 못할 가능성이 크다.

이 밖에도 증권발행자에 대한 정보부족으로 투자자가 모든 증권에 대해 기업의 평균적인 가치를 반영한 가격만을 지불하려고 할 경우 가격이 실제 내재가치보다 높은 불량한 증권만이 발행되고, 실제 내재가치가 투자자가 지불하려는 가격보다 높은 우량증권은 발행되지 못할 것이다. 이로 인해 투자자는 불리한 증권을 선택함으로써 손해를 볼 것이며 우량한 기업은 증권을 발행하지 못함으로 인한 기회손실을 부담하게 된다. 이와 같은 문제는 주가가 하락하고 불황이 심할수록 기업의 가치가 낮아짐에 따라 더욱 커질 것이다.

이와 같이 정보의 편재에 따른 일반 소비자 또는 투자자의 불리한 선택을 방지하기 위해 금융거래에 대한 규제가 필요하다. 이 경우 규제의 내용으로는 정보를 소유하고 있는 당사자로 하여금 정보의 공시(disclosure)를 강제하거나 이익상충 문제를 야기한 관계자에 대한 처벌 강화 등을 들 수 있으나 이 중에서 가장 중요한 것은 정보의 공시라고 할 수 있다.

정보의 공시는 시장의 투명도(transparency)를 제고함으로써 시장참가자 스스로가 자기책임원칙(caveat emptor)[30]에 따라 적절한 주의(due diligence)를 기울임으로써 시장을 감시하고 제재를 가하는 시장규율(market discipline)기능을 제고할 수 있다. 예컨대 투자자가 부실한 금융기관의 주식을 싼 값에 팔거나 예금이나 채권수익률의 프리미엄을 높게 요구하여 부실금융기관의 자본조달비용을 높임으로써 징벌을 가할 수 있다.

이와 같이 시장참가자들의 시장감시 및 규율행위는 금융기관들로 하여금 위험이 크거나 불건전한 경영을 추구하는 행위를 억제케 하는 유인기능을 제공한다. 이 밖에도 정보의 공시는 시장의 투명성을 바탕으로 정부의 규제행위를 보다 효율적으로 수행하게 하여 규제규율(regulatory discipline)의 효과를 제고시킨다.

그러나 정보의 공개는 부작용을 수반할 수도 있다. 예컨대 정보의 생산과 보급에 수반되는 추가비용, 정보의 공개로 경쟁자와의 경쟁상 불리하게 될 위험, 불리한 정보에 대한 시장의 오해나 과민한 반응(overkill)으로 해당금융기관에 대한 신

30) 자유방임주의시대의 매매법상의 원리를 나타내는 라틴어법 격언으로 “let the buyer beware”라는 의미이다.

뢰도의 급격한 저하와 이에 따른 전체 금융시스템이 불안정하게 될 위험 등 공시의 잠재적 비용의 증가가 그것이다.[31]

공시의 잠재적 비용을 줄이기 위해서는 개별 금융기관이 공시하는 정보의 범위를 줄이되 신용평가기관으로 하여금 금융기관의 정보를 제공받아 보다 총량적인 형태로 가공한 후 공시하게 하는 방안 등이 제시되기도 한다. 그러나 이러한 문제들은 정보가 정확하게 공개되지 않음으로써 오히려 그 부작용들이 더욱 증폭될 수도 있다는 점에서 정보공시의 중요성이 이럴수록 더 강조되기도 한다.

2. 도덕적 해이

도덕적 해이(moral hazard)는 정보가 비대칭적으로 분포되어 있을 경우 사전적으로 알려지지 않은 타인의 행위(hidden action)에 관계되는 문제로 정보의 우위를 가진 자가 그렇지 못한 자의 이익을 희생하여 사적 이익을 취하는 행동을 말한다.[32] 도덕적 해이의 대표적인 예로 위임자가 실제 의사결정을 하는 대리인의 이기적 행동을 관찰할 수 없음에 따른 대리인문제(agency problem)를 들 수 있다.

도덕적 해이는 원칙적으로는 법률적 흠은 없으나 사적이득을 추구하는 비윤리적 행위(moral perfidy)를 말하나 탈법적 행위를 수반하는 법률적 위험(legal hazard)을 포함하는 개념으로 쓰이기도 한다.[33]

대리인이론은 기업을 경제주체들간의 명시적·묵시적 계약관계(nexus of contract)의 집합체로 보고 이러한 계약을 체결함에 있어 경제주체들간에 의사결정을 위임하여 이들간의 이해가 상충하는 문제를 다루는 이론으로 대리인비용(agency cost)의 존재가 그 핵심이다. 대리인문제(agency problem)가 발생하는 원인은 주인(principal)과 대리인(agent)간의 정보의 비대칭에 있다.[34] 미래의 상황이 불확실한 상

31) J. Benston et al., *Perspective on Safe and Sound Banking*, MIT, 1986.

32) 도덕적 해이는 정보의 밀집성(information impactedness)이 클수록 심하다. 정보의 밀집성이란 거래와 관련된 중요한 사항이 거래 당사자 중 어느 일방에 편중되어 있을 경우 정보를 소유하지 못한 자가 그 정보를 입수하는 데 상당한 비용이 수반되는 경우를 말한다.

33) 광의의 도덕적 해이(moral hazard)에 부주의, 무관심, 기대감, 사기저하, 풍기문란 등의 방관적 위험(morale hazard)을 포함시키는 경우도 있다.

34) 도덕적 해이는 정보의 비대칭문제가 아니더라도 발생할 수 있다. 예컨대 위임자가 대리인의 도덕적 해이 행위를 사전에 알고 있다 하더라도 이를 방지하는 데 너무 많은 비용이 소요된다면 위임자는 그러한 행위를 방지하려는 노력을 포기할 것이고 그렇게 되면 대리인은 계속 도덕적 해이를 저지르게 될 것이다.

황하에서 주인은 대리인의 노력 정도를 완벽하게 무비용으로 관찰할 수 없기 때문에 주인의 대리인에 대한 정보는 한정될 수밖에 없고, 따라서 주인과 대리인간의 계약 또한 완전할 수가 없다. 이 경우 대리인은 주인의 비용으로 자신의 효용을 증가시키려는 유인을 갖게 되며 이로 인한 비용과 손실은 결국 기업가치의 감소를 통해 기업의 주인인 주주가 부담하게 된다.

Jensen과 Meckling은 대리인문제를 줄이기 위해 주주 또는 기업이 부담하는 비용을 대리인비용(agency cost)이라 정의하고 이를 그 발생형태에 따라 감시비용(monitoring cost), 구속비용 또는 확인비용(bonding cost) 및 잔여손실(residual loss)로 분류한다.[35)]

감시비용은 대리인이 위임자의 이익에 반하는 행위를 하지 못하도록 감시를 하거나 대리인의 행동 유인을 변경시키는 데 드는 비용으로 감사비용이나 경영자의 성과에 연결된 보상비용 등이 그 예이다.

구속비용 또는 확인비용은 대리인이 자신의 의사결정 및 행위가 위임자의 이해관계와 일치한다는 것을 위임자에게 확인시켜 주기 위해 소요되는 비용으로 대리인이 스스로 회계감사를 받는다든지 자신의 부정행위에 대해 변상을 하는 등 벌칙규정을 두는 것 등을 예로 들 수 있다.

잔여손실은 이러한 감시활동과 자기구속활동이 최적적으로 이루어졌다고 하더라도 대리계약의 불완전 등으로 인해 대리인의 의사결정이 위임자의 이익을 최대화시키는 의사결정과 괴리될 경우 이에 따라 위임자가 입는 손실을 의미한다. 예산이나 투자제약 등 경영자의 활동을 제약함에 따라 경영자가 최선의 의사결정을 하지 못함으로 인해 위임자가 입는 기회비용 등이 그 예이다.

대리인문제가 발생하는 원천 중 가장 중요한 것은 기업의 지배권을 장악하고 있는 경영자와 지배권을 갖고 있지 않은 외부주주나 채권자들간에 발생한다. 예를 들면 대리인(예컨대 기업의 경영자)이 그들에게 권한을 위임한 자(예컨대 주주)의 이익을 위해 최선의 노력(best effort)을 다하지 않고 오히려 이들을 기만하여 사적이득을 취하려는 유인(incentive to perk)[36)] 이나 노동은 비효용(disutility)이므로 이를 줄이기 위해

---

35) Michael Jensen and William Meckling, "Theory of the Firm: Managerial Behaviour, Agency Costs and Ownership Structure," *Journal of Financial Economics*, 1976.

36) 대리인이 그들의 직위를 이용하여 대리인 개인의 편익(perquisites)을 도모하는 행위, 위임자가 가지고 있지 않고 그들만이 가지고 있는 정보의 유용(misappropriation), 횡령(embezzlement) 등으로 위임자의 이익을 침해할 가능성 등이 그 예이다.

게으르고자 하는 유인(incentive to be idle)[37]에 따라 행동함으로써 결과적으로 위임자에게 피해를 주는 경우 등을 들 수 있다.

금융기관은 주주와 예금자가 맡긴 돈을 대출 등으로 운용함에 있어 이것이 안전하게 회수될 수 있도록 차입자를 감시하는 업무를 위임(delegated monitor)[38] 받고 있으며 금융기관이 동업무를 제대로 수행하지 않거나 게을리하면 주주와 예금자들에게 피해를 주게 된다.

이 밖에 경영자가 범할 수 있는 도덕적 해이로 무조건 기업의 규모를 키워 경영자 자신의 위신과 보상을 증대시키려는 이른바 제국건설(empire building) 행태나 경영자가 자신의 능력을 과신하여 자기도취(agent hubris)에 빠지는 행동양태 등을 들 수 있다.

도덕적 해이 문제를 감소시키기 위해 일반적으로 이용하는 수단으로는 크게 대리인의 행동유인을 변경시키는 것과 시장을 통해 시장참여자가 제재를 가하는 시장규율(market discipline)을 증대시키는 것으로 나누어 볼 수 있다.[39] 먼저 대리인의 행동유인을 변경시키는 방안으로는 외부감사나 내부통제제도 등을 통한 대리인에 대한 감독강화, 경영자의 성과와 연계된 주식상여제도나 임금조정 등과 같은 복합적 재무계약의 체결 등을 들 수 있다. 시장규율을 증대시키는 방안으로는 첫째, 경영자 인력시장의 활성화를 들 수 있다. 경영자 인력시장이 효율적으로 작동하는 경우 동 시장에서 경영자들에 대한 평판(reputation)에 따라 경영자들의 진퇴가 좌우됨으로 인해 경영자들이 주주의 이익에 보다 합치되도록 행동할 것이라는 논리이다.

둘째, 증권시장, 특히 기업지배권시장을 통해 주주들이 경영자에 대한 통제기능을 수행하게 하는 것이다. 경영자들의 경영성과가 주가에 반영되므로 주가가 만족할 수준이 못 될 경우 주주는 대리투표(proxy fight)나 인수제의(takeover bid) 등을 통해 경영자를 교체하거나 이를 위협수단으로 경영자를 통제할 수 있다는 것이다.

그러나 증권시장을 통한 통제에는 무임승차(free rider)와 비용의 문제가 있을

---

37) 경영자들이 기업을 위해 최선을 다하지 않고 가급적 자신을 위해 여가를 많이 즐기려는 행위(incentive to shirk) 등을 들 수 있다.

38) Dewatripont, Mathias and Jean Triole, *The Prudential Regulation of Banks*, The MIT Press: Cambridge, Massachusetts, 1994.

39) E. Fama, "Agency Problems and the Theory of Firm," *Journal of Political Economy* 88, 1980.

수 있다. 무임승차 문제는 예컨대 소액주주 등 통제에 적극적으로 참여하지 않은 자도 통제에 따른 이득을 공짜로 향유할 수 있다는 것이다. 비용의 문제는 기업지배권시장을 통해 비효율적인 경영자를 교체하기 위해 주식을 매수하기 위해서는 시장가격보다 더 비싼 가격을 지불하거나 기타 인수작업에 수반하여 제반 비용의 지출이 소요된다는 것이다.

이 밖에 금융산업에서 차입자의 도덕적 해이를 해결하는 방안의 하나로 담보의 징구와 차입자의 행위를 제한하는 약정(covenants) 등을 들 수 있다. 담보의 가치가 클수록 차입자가 차입금을 변제하지 않으려는 유인이 감소할 것이며 차입에 따른 제한 약정을 준수케 함으로써 차입자가 도덕적 해이를 범할 가능성을 줄일 수 있기 때문이다.

3. 신용할당

금융기관이 차입자에 대해 충분한 정보를 가지고 있지 않을 경우에는 금리 등 가격변수에 의한 신용배분(price rationing)보다는 차입자의 신용도에 따른 신용할당(credit rationing) 문제가 발생할 수 있다.

이와 같은 신용할당이 존재하면 우량한 고객이라도 신용제한을 받아 사회적으로 바람직한 투자가 집행되지 않을 수도 있고 반대로 불량한 고객이 대출을 받아 사회적으로 바람직하지 않은 투자가 실행되어 사회 전체적으로 자원의 최적배분이 실현되지 않을 수도 있다.

금융기관은 정보의 비대칭 문제를 해결하기 위한 선별적 장치(screening device)로 신용할당을 실시한다. 일반적으로 위험이 큰 불량차입자일수록 높은 금리를 지급하더라도 자금을 차입하고자 하므로 금융기관이 불량차입자에 대해 충분한 정보를 갖고 있지 못할 경우 금융기관이 낮은 금리를 제시하는 우량차입자를 제외하고 높은 금리를 제시하는 불량차입자에게 대출을 하는 잘못된 선택을 할 수 있다.

그리고 이렇게 높은 금리로 차입을 한 불량차입자는 이를 보전하기 위해 보다 위험이 큰 사업을 선택하고자 하는 도덕적 해이 문제를 발생시킬 소지가 크다.

[그림 3-2(A)]는 대출실질수익률(대출금리)과 대출의 기대수익(대출금리 × 채무이행확률) 간의 관계를 보여 주고 있다. 점선(45°선)은 채무이행확률이 100%일 때의 대출금리를 그리고 실선은 채무불이행확률이 0보다 클 때의 대출기대수익[대출금리 × (1 − 채무불이행확률)]을 나타낸다. 실선은 대출금리가 상승할수록 불량차입자의 증가로 채

그림 3-2 정보비대칭과 신용할당

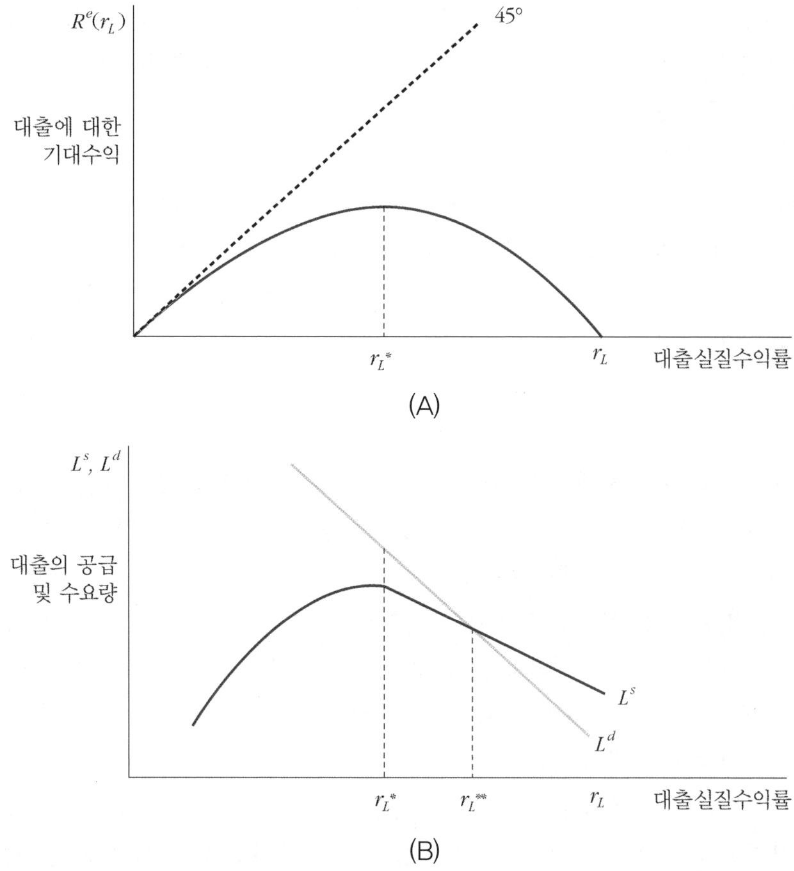

무불이행 확률이 높아져 기대수익은 체감적으로 증가하다가 대출금리가 일정 수준 (r_L*) 이상을 넘게 되면 기대수익은 오히려 감소하는 현상을 설명하고 있다.

한편 [그림 3-2(B)]에서 은행에 최대의 기대수익을 가져다 주는 금리 r_L*이 자금의 수요와 공급을 균형시켜 주는 금리 r_L**보다 낮다면 은행은 금리 r_L*로 대출을 할당하게 된다. 따라서 이 경우 차입희망자 중 일부는 대출을 받고 일부는 대출을 받지 못하게 되어 초과대출수요가 존재하게 된다.

대출시장에서 이러한 균형을 신용할당 균형(credit rationing equilibrium)이라 하며 이런 경우 자금의 초과수요가 존재하더라도 금리가 상승하여 이를 해소하지 못한다.

특히 기술개발이나 기간산업의 설비투자와 같이 국민경제적으로 외부성이 큰 사업임에도 불구하고 불확실성이 크기 때문에 은행이 대출을 꺼려 투자가 이루어지지 못함으로써 국민경제적으로 적정수준 이하의 과소투자가 될 가능성이 크다.

신용할당이 존재하는 경우 은행은 균형금리보다 낮은 금리로 대출을 하거나 담보요구(collateral requirements)를 낮춤으로써 대출의 위험을 감소시켜 기대이익을 상승시킬 수도 있다. 이는 금리와 담보요구를 낮춤으로써 불량한 고객(bad risks)이 대출을 받게 되는 기회를 줄이는 대신 우량고객이 대출을 받는 기회를 증대시킴으로써 은행의 역선택을 줄이고 차입자가 위험이 과도하게 큰 사업을 선택하게 되는 도덕적 해이 문제를 줄일 수 있기 때문이다.

예컨대 기대수익은 좀 낮으나 위험이 적은 우량고객(good risks)들은 높은 금리수준에서는 투자의 채산성이 맞지 않아 차입을 포기할 것이나 금리가 충분히 낮아지면 차입을 하게 되어 은행은 우량고객을 선별(screen)할 수 있게 된다. 또한 높은 금리수준하에서는 기업이 이를 보상하기 위해 높은 위험의 사업에 투자할 가능성이 크나 금리를 낮게 하면 보다 안전한 사업에 투자하도록 유도(induce)함으로써 기업이 도덕적 해이를 범할 가능성을 줄일 수도 있다.

한편 은행과 차입자간에 정보의 불균형이 존재하는 경우 차입자가 의도적으로 도산하려는 유인을 가질 수도 있으며,[40] 이 경우에도 신용할당의 문제가 발생한다. 이런 경우에 은행이 정직한 차입자와 부정직한 차입자를 구별하기 위해서는 대출이 자율에만 의존할 수는 없고,[41] 담보를 징구하거나 대출한도나 구속성예금(compensating balance)의 설정 등 은행과 차입자간의 전유가능한 지대(rent)를 효과적으로 배분하기 위한 암묵적 계약(implicit contract)의 체결이 불가피하게 요구되기도 한다.

4. 무임승차

무임승차가 가능하면 가격기능이 왜곡되어 자원배분의 효율성을 저해한다. 무임승차 문제가 발생하면 사적 비용과 사회적 비용 간에 괴리가 발생하여 사회적으

---

40) D. M. Jaffe and T. Russel, "Imperfect Information and Credit Rationing," *Quarterly Journal of Economics*, November 1976, pp. 651~666.

41) J. E. Stiglitz and A. Weiss, "Credit Rationing in Markets with Imperfect Information," *The American Economic Review*, vol. 71, no. 3, 1981, pp. 393~410.

로 바람직한 재화나 서비스가 충분히 생산되지 않거나 사회적으로 필요한 비용이 지출되지 않기 때문이다.

무임승차 문제는 정보의 비대칭이 클수록 더욱 큰 유인을 갖는다. 금융거래정보는 속성상 외부에 잘 공개되지 않는 것이 많아 외부에서 금융기관의 영업내용과 재정상태를 파악하기는 매우 어렵다. 따라서 고객이 금융기관이 제공하는 서비스의 질에 대한 충분한 정보를 갖고 있지 못할 경우 질이 낮은 서비스를 생산하는 금융기관은 질이 좋은 서비스를 생산하는 금융기관에 편승하여 무임승차를 기대할 유인이 크게 된다.

이와 같이 정보의 비대칭은 많은 문제점을 야기하여 자원의 효율적 배분을 저해한다. 정보의 비대칭에서 야기되는 문제를 해소하기 위해서는 정보를 가진 자로 하여금 정보를 공개하게 하여야 한다.

W. Vickery 등 일부 재정학자들은 정보비대칭하에서 경제주체들이 자신의 정보를 성실하게 공개하도록 하기 위해 인센티브를 주는 방안을 제시하고 있다. 성실하게 소득을 신고한 납세자에게 과세상의 특혜를 주거나 보험사고가 적은 보험가입자에게 보험료를 되돌려 주는 제도 등이 그 예이다.

시장참가자들이 정직하게 행동하지 않을 경우 시장은 효율적으로 운영될 수 없다. 불공정행위(market abuse)나 사기행위 등 부정행위(market misconduct)가 그것이다. 정부는 이러한 행위로부터 시장참가자들을 보호하고 시장의 효율성 및 공정성을 제고하기 위해 이와 같은 행위를 처벌하고 정보의 공시를 강화하는 등 시장의 무결성(market integrity)을 위한 규제를 실시하게 된다.

제 3 절 금융규제의 대상

금융산업에 대한 규제의 대상은 가격규제, 진입규제, 건전성 규제, 소유 및 지배구조에 대한 규제, 업무영역에 대한 규제 등으로 나누어 볼 수 있다.

Ⅰ. 가격규제

가격규제는 금리나 각종 서비스 제공의 대가인 수수료에 대한 규제를 의미한다.

먼저 금리를 규제할 것인가, 자유화할 것인가에 대해서는 상반된 논리가 존재한다.

금리자유화의 논리는 완전경쟁시장에서 금리가 경쟁적 가격(market clearing price)으로 형성될 때 자원이 가장 효율적으로 배분된다는 고전이론에 그 바탕을 두고 있다. 그러나 현실적으로 완전경쟁시장은 존재하지 않으며, 따라서 금리자유화에 대한 논리도 이와 같이 단순하지는 않다.

Mckinnon[42]과 Shaw[43]는 개발도상국에 있어 금리자유화가 경제전반에 걸쳐 긍정적인 효과를 줄 수 있다고 주장하고 있다. 이들은 규제금리를 시장금리 수준으로 인상하면 저축을 증대시켜 투자가용자금을 증가시킬 뿐 아니라 이전에는 저금리하에서 투자가 가능하였던 수익률이 낮은 사업에서 고수익사업으로 투자가 전환되게 하여 자금배분의 효율성을 높이게 된다고 주장한다.

이에 반해 Van Wijnbergen[44]은 지난 20~30년간 개발도상국의 경우 경제성장과정에서 공금융시장과 더불어 잘 조직화된 사금융시장이 존재하고 이와 같은 이중금융구조하에서는 금리자유화는 단기적으로는 사금융시장의 위축에 따른 자금난 악화와 투자 위축, 금융비용 상승으로 인한 인플레이션 심화 등을 초래할 수 있다고 지적하고 이와 같은 폐단이 공금융시장의 확대가 가져오는 긍정적 효과를 압도할 수 있다는 데 주목한다. 특히 그는 사채시장의 자금이 은행으로 이전할 경우 은행의 지급준비금 부담으로 인해 전체 자금시장의 자금공급 규모가 줄어들 수도 있음을 지적하고 있다.

현실적으로 금리자유화란 금리결정을 시장에 맡기고 정부는 완전히 손을 뗀다는 것이 아니라 금리를 가급적 시장에서 경쟁가격으로 형성되게 하되 거시경제적인 측면에서 필요한 경우 정부가 간접적으로 조절한다는 의미이다.

금리정책은 통화정책의 가장 중요한 수단의 하나로 금리수준이 적정수준에서 크게 이탈한 경우 통화당국은 재할인금리의 변경이나 공개시장조작을 통해 시중금리를 적정수준으로 유도하게 된다.

특히 금융의 국제화가 심화되어 금리가 환율 및 국제간의 자본이동과 밀접하

---

42) R. I. Mckinnon, *Money and Capital in Economic Development*, Washington, D.C., Brookings Institution, 1973.

43) E. S. Shaw, *Financial Deepening in Economic Development*, New York: Oxford University Press, 1973.

44) S. Van Wijnbergen, "Stagflationary Effects of Monetary Stabilization Policies," *Journal of Development Economics* 10, 1982.

게 연계되어 움직이는 경제하에서는 금리의 자율조정기능 하나만으로는 경제의 균형회복을 기대하기는 어려운 일이다. 금융의 국제화가 심화된 경제하에서는 금리, 환율, 주가 등 이른바 삼각통화(money triangle) 가격의 어느 하나의 변화는 다른 것에 파급효과를 미치게 되어 금융시장의 불안정성을 증대시키기 때문이다.

따라서 시장의 불안전성이나 실물경제의 구조적 불균형이 존재하는 한 금리자유화는 경제의 발전과 안정성의 수준에 맞추어 추진될 수밖에 없다. 금리자유화를 추진하는 과정에서 가장 중요한 과제는 금리수준과 금리구조의 적정성을 평가하는 것이라고 할 수 있다.

금리수준의 적정성이라 함은 금리수준이 국민경제 전체의 전반적인 투자수익률, 인플레이션, 국내외 금리차, 자본과 노동의 상대가격 등에 비추어 적정한 수준인가 등을 말하는 것이고 금리구조의 적정성이란 금융상품의 위험, 만기, 유동성 등의 특성과 금융기관의 중개비용 등을 고려하여 금융상품간에 가격이 적정한 격차를 유지하고 있는가를 말한다.

IMF는 금리자유화는 먼저 다음과 같은 사항이 고려되어야 한다고 지적하고 있다.[45)]

① 여·수신시장이 적절한 경쟁상태를 유지하고 있는가.

② 통화시장이 발전되어 있고 통화정책 수단이 제대로 기능을 하고 있는가.

③ 금리가 통화정책 및 국제금리, 환율 등 주요경제여건 변화에 탄력적으로 반응하는 등 통화정책의 파급경로가 충분하게 효율적인가.

④ 금융기관들이 금리경쟁을 할 수 있을 만큼 재정 및 경영관리 상태가 충분히 건전하며 이를 효과적으로 감시할 수 있는 감독기능이 마련되어 있는가.

⑤ 금융시장에서 정부의 재정적자를 보전하는 경우 자원배분의 왜곡이나 민간부문에서의 구축효과(crowding-out effect) 야기 등 부정적 영향이 없도록 재정지출의 사회적 수익률이 충분히 큰가.

⑥ 재정적자의 규모가 축소되고 통화관리와의 조화가 이루어지고 있는가 등이 그것이다.

종래 우리나라의 금융시장은 이와 같은 기본적 요인 외에도 금리의 경직성을 초래하는 거래관행, 금융공급자와 수요자의 독과점적 시장구조, 금융하부시장간의 연계성 부족에 따른 금리재정기능의 미흡 등이 금리자유화를 위한 장애요인이 되

45) IMF, "Issues in Interest Rate Management and Liberalization," 1991. 12.

어 왔었다.

특히 그간 제한된 자금을 전략적으로 배분하는 과정에서 우선 지원부문에 대하여 저리자금을 지원하기 위해 금리규제를 실시하여 왔다. 이와 같은 금리규제는 경제개발 초기에는 불균형성장이론에 입각한 전략적 경제개발에 상당한 기여를 하였으나 경제규모가 확대되고 경제구조가 고도화됨에 따라 많은 부작용을 유발하였다.

은행대출 자체가 특혜로 인식됨에 따라 만성적인 초과자금 수요를 유발하여 자원배분의 비효율을 초래하고 금리의 경기조절 기능이 상실되었으며, 금리와 연계된 상품개발을 지연시키고 실세금리와 규제금리의 차이로 인한 양건예금, 이면거래 등 각종 금융부조리를 유발하였다.

또한 정부는 금융기관의 경영효율에 관계없이 모든 금융기관에 동일한 예대마진을 보장해 줌으로써 금융기관의 경쟁체질 약화, 금융기관간의 차별적인 금리규제에 따른 금융권간의 불공정경쟁 등 여러 가지 부작용을 초래하였다.

이에 따라 정책당국은 그간 금리자유화를 위해 꾸준히 노력해 왔으며 몇 차례에 걸쳐 금리자유화를 단행하기도 했었다. 그러나 금리자유화를 위한 여건이 성숙되지 못한 관계로 소기의 성과를 거두지 못하고 자유화의 시기를 미루어 왔던바, 1990년대에 들어 금리자유화에 대한 내적 필요성과 대외로부터의 개방압력에 밀려 4단계에 걸쳐 단계적으로 자유화를 추진하여 오다가 1997년 12월 외환위기를 계기로 완전한 자유화가 이루어졌다.

수수료에 대한 규제 역시 금융중개기능의 효율성을 저해한다. 수수료율이 적정하지 못하게 되면 역선택(adverse selection)과 비자발적 보조(involuntary subsidization)를 유발하여 금융서비스의 생산이 사회적으로 최적상태를 달성할 수 없게 되기 때문이다. 역선택의 경우 예컨대 서비스의 양과 질에 비해 수수료가 너무 싸면 수수료 수준에 비해 서비스를 많이 이용하는 불량고객만이 증가하게 된다.

비자발적 보조란 다종상품을 취급하는 공급자가 수요자별로 가격책정(pricing)을 함에 있어 상대적인 비용과 위험을 정확하게 측정하지 않음으로 인해 보조하는 상품, 즉 위험에 비해 상대적으로 높은 가격을 책정하는 상품(subsidizing produt)과 보조받는 상품, 즉 위험에 비해 상대적으로 낮은 가격을 책정하는 상품(subsidized product)이 나타나는 현상을 말한다. 서비스제공자가 서비스의 생산원가나 고객이 입는 혜택의 정도와 관계없이 수수료를 책정하여 이를 일률적으로 고객에게 부담시킬 경우 서비스를 적게 이용하는 고객이 서비스를 많이 이용하는 고객에게 비자발적인 보조를 주는 현상이 발생하게 된다.

Ⅱ. 진입 및 퇴출규제

금융산업의 진입규제(entry barrier)는 금융제도의 안정을 위해 정부가 취하는 규제라는 점에서 생산기술이나 상품의 특성으로 인해 잠재진입자의 신규진입이 제약되는 일반산업의 시장장벽(market barrier)과는 성격이 다르다. 진입 또는 퇴출장벽이 없어야만 잠재적 경쟁위협이 존재함으로써 완전경쟁에 준하는 유효경쟁시장(contestable market)의 성과가 달성될 수 있다. 유효경쟁시장 또는 경합적 시장이란 매몰비용(sunk cost)이 작아 진입 및 퇴출이 자유롭고 잠재적 경쟁이 존재하는 관계로 규제가 없어도 경쟁균형에 가까운 상태가 실현될 수 있는 시장을 말한다.

금융산업에 대한 과도한 진입규제는 기존 금융기관의 영업권을 보호, 이들의 퇴출유인을 낮춤으로써 이는 다시 신규진입에 장애로 작용할 수도 있다. 그러나 규제완화가 지나친 경쟁을 유발할 경우 금융기관의 면허가치(franchise value)가 하락하게 되고, 이렇게 되면 금융기관이 건전성을 유지하는 것이 더 이상 이윤추구에 바람직하지 않게 되어 과도하게 위험을 추구하려는 유인이 커질 우려도 있다.[46)]

금융산업에 대한 진입규제의 전형적 수단은 금융업의 설립, 전환, 합병, 영업양수도, 지점의 설립 및 폐쇄 등에 대하여 당국의 인·허가[47)]를 받도록 함으로써

---

46) L. Summers and G. Caprio, “Finance and Its Reform: Beyond Lassez-Faire,” *Financial Policy and System Devision*, The World Bank, 1992.

47) 인가(authorization)란 타인의 법률행위에 동의를 부여하여 그 행위의 효력을 보충함으로써 법률상의 효력을 완성시키는 행위를 말한다. 인가는 당사자의 행위가 갖는 공익적 성격으로 인하여 행정기관으로 하여금 당사자 사이의 행위를 개별적으로 검토하여 그 효력을 완성하도록 하는 의미를 갖는바, 인가를 요하는 행위를 인가 없이 행한 경우에 그 행위는 무효이나 강제집행 또는 처벌 등 제재를 받지는 않는 것이 원칙이다.

허가(permission)란 일반적 금지를 특정한 경우에 해제하여 적법하게 일정한 행위를 할 수 있게 하여 주는 처분, 즉 일반적으로 금지된 행위에 관한 자유의 회복을 말한다. 따라서 허가의 법률효과는 제한되었던 자연적 자유가 회복되는 데 그치며, 새로운 권리를 설정하는 것은 아니다. 허가는 행위의 적법요건이므로 허가를 요하는 행위를 허가 없이 행하는 것은 위법으로 법률이 정하는 바에 따라 처벌의 대상이 되는 데 불과하고 당연히 그 효력이 부인되는 것은 아니다. 그러나 현행 금융법령 상에서는 행정법에 따른 엄격한 구분을 두지 않고 허가와 인가를 혼용하여 사용하고 있다.

금융기관의 수를 제한하는 것이다. 현재의 시장규모로 보아 금융기관의 수가 지나치게 많아 금융기관 경영의 안정성 보장이 어렵다고 판단되는 경우에는 진입조건을 까다롭게 하는 등으로 금융기관의 신규참여를 제한하고 시장규모에 비해 금융기관의 수가 적어 금융산업의 효율성이 저하되고 경쟁제한으로 독과점의 폐해가 생기게 되면 진입조건을 완화하여 금융기관의 신규참여를 유도하게 된다.

이와 같이 규제기관은 금융시장의 진입장벽의 수위를 올리고 내림으로써 금융산업의 건전한 육성을 도모하게 되는데 이러한 경우에도 각국은 금융기관의 공공성을 감안하여 금융기관의 설립을 위한 최소한의 인가조건을 규정화하고 있다. 대표적인 예가 금융기관 경영자들의 도덕적 자질, 자본동원 및 경영능력 등 이들에 대한 자격기준(fit and proper person test)을 설정하는 것이다. 적격성 심사는 취임승인 단계뿐만 아니라 승인 이후 주기적으로 그리고 특정사건의 발생 시에도 실시한다. 특히 대부분의 국가들이 통화창출과 지급결제기능을 갖는 은행의 대주주는 물론 경영자에 대해 엄격한 적격성 심사를 실시하고 부적격자에 대한 거부권을 행사하고 있다.[48]

그 동안 우리나라 금융산업의 진입정책은 진입기준의 합리성과 일관성이 부족하여 어떤 부문에는 과당경쟁이 발생하는가 하면 어떤 산업에는 과보호로 인한 과점체제가 유지되어 왔다. 선진국의 경우 합병 등에 의한 진입의 경우 금융산업은 일반산업과는 다른 특성을 고려한 경쟁도 관련 심사 제도가 마련되어 있는 것이 보통이나 우리나라의 경우 아직 이러한 제도가 마련되지 않고 있다.[49]

그간 우리나라의 금융산업에 대한 진입은 독립된 신규진입보다는 기존의 금

---

48) 영국의 금융감독원은 금융기관의 임원 등 주요기능을 담당하는 자의 선임에 있어 엄격한 적격성 심사를 통해 승인 여부를 결정하며 독일의 금융감독청은 적격성 심사는 물론 금융기관이 무자격자를 경영자로 선임한 경우 그 해임을 요구할 수 있고 긴급한 경우 해당 금융기관을 폐쇄할 수도 있다. 우리의 경우 금융기관의 대주주와 주요 임원에 대해 적격성 심사를 하도록 규정되어 있으나 감독당국의 적극적 심사에 대한 시장의 신뢰 부족 등으로 인해 사후적 결격요건 확인 심사에 그치고 있어 앞으로 적극적인 사전 적격성 심사가 이루어질 수 있도록 제도적 개선책이 요망된다.

49) 현재 금융기관의 합병인가 심사시 금융위원회는 경쟁의 실질적 제한 여부를 공정거래위원회와 협의하여야 한다(「금융산업의 구조개선에 관한 법률」 제4조 제4항). 「공정거래법」은 경쟁을 실질적으로 제한하는 것으로 추정되는 기준을 정하고 있으나 동 기준은 금융기관의 특성을 고려함이 없이 금융기관간 합병도 일반기업의 합병과 마찬가지로 동일한 기준을 적용하고 있다. 동 기준에 의하면 상위 1위 기업의 시장점유율이 50% 이상 또는 상위 3개 기업의 시장점유율이 75% 이상인 경우에만 시장지배자적 사업자로 추정한다(「공정거래법」 제7조 제4항).

융기관을 매수하여 진출(foothold entry)하는 방식이 많이 이용되어 왔다. 이는 신규 진입의 요건이 까다로운 이유 등도 있었지만 이미 설립된 금융기관을 매수할 경우 대주주자격요건 등 신규진입 시 요구되는 진입요건의 적용을 회피할 수 있어 매수 진입이 신규진입보다 상대적으로 쉬운 점에도 일인이 있었다. 이에 일부 금융업의 경우 부적격자의 변칙적인 금융산업 진입을 막고 금융산업이 진입허가의 목적대로 운영될 수 있도록 하기 위해 진입이 이미 허용된 후에도 신규진입시와 동일한 자격요건이 유지될 수 있도록 하였다.[50)]

금융기관의 퇴출은 금융산업 전체의 시스템 위험으로 파급될 우려가 크기 때문에 일반 기업과는 다른 특별한 고려가 필요하다. 구체적으로 금융기관의 퇴출절차는 금융시스템에 대한 일반 대중의 신뢰성 유지, 금융시스템의 안정과 시장규율의 조화, 파산처리 시 비용의 효율성과 파산처리 절차의 공정성 및 일관성의 유지 등이 반드시 고려되어야 한다.

정부는 부실금융기관을 원활하게 퇴출시켜 금융산업의 구조조정을 촉진하기 위해 「금융산업의 구조개선에 관한 법률」을 제정(1996.12)하여 시행하고 있다. 동법은 부실금융기관[51)]에 대해 영업의 정지, 영업의 양도, 계약의 이전, 주식의 소각 명령 및 정부 또는 예금보험공사에 의한 출자 등 자금지원을 할 수 있는 근거를 제공하고 있다.

한편 우리나라에 진출해 있는 외국금융회사의 국내지점이나 대리점은 영업기금에 상당하는 자산을 국내에 보유하도록 하면서 파산이나 청산의 경우 국제도산법상 보편주의 또는 속지주의의 선택과 무관하게 내국채권자가 우선 변제를 받을 수 있도록 개별법에 내국채권자 우선변제조항(ring fencing)을 두고 있다.[52)]

---

50) 2005년 6월 「증권거래법」 등의 개정을 통해 주식 취득을 통해 증권회사, 자산운용회사, 선물회사 등의 지배주주가 되고자 하는 자는 금융위원회의 사전승인을 얻도록 하고 승인을 얻지 아니하고 취득한 주식에 대해서는 동 위원회가 6월 이내의 기간을 정하여 처분명령을 할 수 있도록 하였다.

51) 부실금융기관이라 함은 ① 채무가 재산을 초과하거나 거액의 금융사고 또는 부실채권의 발생으로 부채가 자산을 초과하여 정상적인 경영이 어려운 금융기관, ② 불특정다수인으로부터 조달한 금전에 대하여 거래 상대방에 가지는 예금채권의 지급 또는 다른 금융기관으로부터의 차입금의 상환이 정지상태에 있는 금융기관 및 ③ 외부로부터의 자금지원 또는 별도의 차입이 없이는 예금 등 채권의 지급이나 차입금의 상환이 어려운 금융기관을 말한다(동 법 제2조).

52) 「은행법」은 '외국금융기관의 지점 또는 대리점이 청산 또는 파산된 때에는 그 자산·자본금·적립금 기타 잉여금은 대한민국국민과 국내에 주소 또는 거소가 있는 외국인의 채권 변제에 우선 충당하여야 한다'(동 법 제37조의 6)고 규정하고 있고 「자본시장법」도 이와 유사한 조항(동 법 제65조)을 두고 있다.

III. 건전성 규제

건전성 규제(prudential regulation)란 금융기관 경영의 건전성과 금융시스템의 안정성을 제고하기 위하여 금융기관의 자산운용이나 자본조달 방식 및 그 행태 등에 대해 규제하는 것을 말한다.

현행 건전성 규제는 금융기관별로 개별법에 따라 기관별·상품별로 규율하고 있다. 따라서 동일 또는 유사한 성격을 가진 자산운용 또는 자금조달이라 하더라도 금융기관의 종류에 따라 규제의 대상, 규제의 정도 등에 차이가 있다. 이는 개별금융기관의 특성을 고려하여 불가피한 측면도 있지만 규제상 정의 방식의 한계와 규제의 형평성 및 일관성 저하 등의 문제점을 갖고 있다.[53]

규제상 정의 방식의 한계란 취급가능 업무를 열거주의 방식으로 규율하는 규제체계하에서는 금융회사가 새로운 상품을 개발하고자 할 경우 동상품이 어느 종류에 속하며 어느 기관에서 취급할 수 있느냐가 불분명하여 신상품 개발을 저해할 뿐 아니라 금융소비자의 입장에서도 특정상품이 법에서 열거하는 상품에 속하지 않을 경우 법적 보호를 받을 수 없다는 것이다.[54]

규제의 형평성이란 취급하는 업무의 내용이나 경제적 기능이 유사함에도 불구하고 금융회사별로 규제의 차별이 존재하면 불공정한 경쟁관계를 초래할 뿐 아니라 비생산적인 규제차익(regulatory arbitrage)을 추구하는 유인을 제공한다는 것이다.[55] 규제의 일관성이란 동일한 차원의 규제조치가 업종별로 별도의 법규가 적용될 경우 규제의 혼선과 이로 인한 피규제자의 규제준수비용을 증대시킨다는 것이다.

자산운용 및 자본조달에 대한 규제가 금융기관의 재무건전성을 확보하기 위한 사전적이고 직접적인 규제라고 한다면 금융기관의 자기자본비율 규제와 이를 근거로 한 적기시정조치제도는 사후적이고 간접적인 건전성 규제라고 할 수 있다.

---

53) 김건식 외, "금융법통합작업의 추진현황: 법제화 방안을 중심으로," 「금융연구」, 2004년 8월.

54) 2007년 「자본시장법」의 제정과 2010년 「보험업법」의 개정으로 포괄주의 방식이 도입됨에 따라 이와 같은 문제는 많이 해소되었다.

55) 2009년 6월 미국정부는 'Financial Regulation Reform－A New Foundation: Rebuilding Financial Supervision and Regulation'에서 금융위기를 촉발한 이유 중의 하나로 투자은행들이 편의에 따른 감독기관 선택으로 레버리지 규제를 회피한 것과 보험그룹들이 고객으로부터 자금을 유치하는 부보대상 금융기관임에도 불구하고 관계법상 은행으로 분류되지 않아 보다 엄격한 규제가 적용되는 은행지주회사 대상에서 제외된 사실을 지적하고 있다.

금융기관은 여타 산업에 비해 상대적으로 많은 타인자본으로 영업을 하기 때문에 금융기관이 건전한 재무관리를 통해 자기자본 충실화(capital adequacy)와 자산의 건전성을 높일수록 금융기관의 안정성이 높아진다.

금융기관의 자기자본 충실화를 위해서는 적극적으로 수익증대, 대손충당금 등 각종 적립금 유보나 증자 등을 통해 자기자본 또는 이에 갈음할 수 있는 후순위채무의 규모를 늘리거나 아니면 소극적으로 총자산의 규모, 특히 위험자산이나 부실자산의 규모를 감소시켜야 한다.

적기시정조치(prompt corrective action)제도[56]는 금융기관의 자본충실도가 일정수준 이하로 저하되고 경영실태평가에서 정해지는 등급이 수준 이하인 금융기관에 대해 감독당국이 시정조치를 의무적으로 실시하는 제도를 말한다. 동 제도의 목적은 금융기관의 경영내용을 상시적으로 분석하여 건전성 정도에 따라 시정 및 제재조치를 단계적으로 실시함으로써 부실경영의 예방효과를 높이고 손실이 적은 단계에서 적절한 조치를 취함으로써 금융시스템의 안정과 사회적 비용을 최소화하기 위함이다.

우리나라는 「금융산업의 구조개선에 관한 법률」에 의거 금융위원회가 모든 금융기관에 대해 금융기관별로 소정의 기준에 따라 경영개선 권고(인력·조직운영 개선, 부실자산 처분, 신규업무진출 제한, 증자·감자·이익배당 제한 등), 경영개선조치 요구(조직 축소, 신규영업 제한, 차입 제한, 임직원 교체 등), 경영개선 명령(주식소각, 임원직무집행정지, 합병, 영업정지 등) 등으로 단계적으로 제재의 강도를 더하는 적기시정조치제도를 도입하고 있다.

금융위원회는 1개 이상의 금융기관을 지정하여 합병, 영업양도, 계약이전의 명령을 받은 금융기관과의 합병 등을 권고할 수 있고 예금보험공사는 권고를 받은 금융기관에 대해 권고의 이행을 전제로 증자 등 자금지원의 금액과 조건을 미리 제시할 수 있다.

---

56) 적기시정조치는 1974년 덴마크가 「상업은행 및 저축은행법(CBSBA)」 제정 시 최초로 도입하여 그 실효성이 입증되었다. 미국은 1980년대 초 시작된 금융기관의 도산 및 이로 인한 예금보험기금의 고갈사태 발생 이후 1992년 「연방예금보험공사개혁법(FDICIA)」 제정 시 도입하였으며 이후 각국이 적기시정조치제도를 건전성 규제 수단으로 도입하기 시작하였다.

표 3-1 금융기관에 대한 적기시정조치제도 개요

구분	업종	기준지표	적기시정조치 단계		
			경영개선권고	경영개선요구	경영개선명령[1]
자본충실도	비은행 지주회사	필요자본 대비 자기자본 비율	100% 미만	75% 미만	25% 미만
	은행과 은행지주회사	BIS자기자본비율	8% 미만	6% 미만	2% 미만
		기본자본비율,	6% 미만	4.5% 미만	1.5% 미만
		보통주자본비율	4.5% 미만	3.5% 미만	1.2%
	금융투자업자	순자본비율[2]	100% 미만	50% 미만	0% 미만
		영업용순자본비율[3]	150% 미만	120% 미만	100% 미만
		최소영업자본금[4]	자기자본이 최소영업자본액에 미달	자기자본이 필요유지자본과 고객 및 고유자산운용 필요자본의 50%를 합산한 금액에 미달	자기자본이 필요유지자기 자본에 미달
	보험	지급여력비율 (K-ICS)	100% 미만	50% 미만	0% 미만
	종금		8% 미만	6% 미만	2% 미만
	저축은행	BIS자기자본비율	7(8)% 미만[5]	5% 미만	2% 미만
	신협	순자본비율	2% 미만	-3% 미만	-15% 미만
	여신전문사 (카드사)	조정자기자본비율	7%(8%) 미만	4%(6%) 미만	1%(2%) 미만
경영실태평가	금융지주회사		종합등급 3등급 및 재무상태부분 4등급 이하	종합등급 4등급 이하	-
	권역공통[6]		종합등급 3등급 및 자본적정성 또는 자산건전성 4등급 이하	종합등급 4등급 이하	-
	여신전문사		종합등급 4등급으로서 자본적정성 또는 자산건전성 3등급 이상	종합등급 4등급으로서 자본적정성 또는 자산건전성 4등급 이하	종합등급 5등급
		카드사	종합등급 1~3등급 및 자본적정성 또는 자산건전성 4등급 이하	종합등급 4등급 이하	-
	조치내용(권역 공통)		조직·인력 운영 개선, 자본금 증액 또는 감액, 신규업무 진출 제한 등	점포 폐쇄 및 신설제한, 임원진 교체 요구, 영업의 일부 정지 등	주식소각, 영업양도, 외부관리인 선임, 합병 및 계약이전 등

주: 1) 금융지주회사, 은행, 금융투자, 보험, 종금, 상호저축은행의 경우 경영개선명령 발동 시 '자본충실도' 및 '경영실태평가'요건 외에 '부실금융회사지정'요건 포함. 신협은 '경영관리' 요건

2) 투자매매중개업자(증권사) 3) 신탁업자 4) 집합투자업자 5) 자산총액 1조 이상은 8% 적용

6) 금융지주회사, 여신전문회사, 집합투자업자 제외하고 권역 공통

자료: 금융감독원, 금융감독개론 2022.

Ⅳ. 소유와 지배구조에 대한 규제

기업에 대한 소유(ownership)와 지배(governance)를 규제하는 것은 시장에 대한 독과점적 시장구조 그 자체를 규제하는 구조규제의 하나로 독과점적 지위는 인정하면서 그 남용행위를 규제하는 행위규제와는 달리 폐해의 원인을 미리 방지하자는 데 그 목적이 있다.

이론적으로 진입과 퇴출이 완전히 자유로운 시장(contestable market)에서는 시장집중이 존재하더라도 독과점적 이윤이 발생할 수 없다. 진입규제가 완화되면 잠재적 진입자들에 의해 독과점적 이윤이 소멸될 수 있기 때문이다. 그러나 앞서 진입규제에서 설명하였듯이 금융산업이 갖는 강한 외부성으로 말미암아 진입규제가 불가피하기 때문에 독과점적 시장구조에 대한 규제 또한 불가피하다. 금융기관에 있어 소유와 지배구조가 특히 문제가 되는 것은 금융기관이 사적기업이면서도 공익성이 크다는 점에 있다.

따라서 금융기관의 소유 및 지배구조에 대한 규제의 논리도 이와 같은 맥락, 즉 소유자가 경영에 미칠 수 있는 통제력을 제한함으로써 과다한 사적이득 추구를 자제시키는 한편 예금자 보호, 통화정책의 유효성 및 지급 결제제도의 안정성 확보, 독과점이나 담합의 방지를 통한 경쟁적인 금융제도의 유지 등에서 찾을 수 있다.

우리나라의 경우 현재 은행 및 보험회사 등 일부 금융회사에 대해서는 산업자본의 지배를 막기 위한 소유 및 지배 제한이 있으나 여타의 금융업에 대해서는 일부 소유상한이 있기는 하나 지배가 불가능할 정도는 아니며 조만간 이러한 제한도 없어지게 될 전망이다.

Ⅴ. 업무영역에 대한 규제

우리나라의 금융에 대한 규제체계는 자본시장을 제외하고는 아직까지도 규제대상이 기본적으로 전업주의를 채택하고 있다. 즉 규제대상을 금융업무가 아닌 은행, 증권, 보험업 등과 같은 금융업, 즉 금융회사로 하고, 이종업무의 겸영은 “원칙적 금지, 예외적 허용”이라는 열거주의(positive system) 방식에 의거 법에 명시적으로 개별 금융업이 영위하는 업무범위를 열거하고 있다. 이에 반해 영국과 미국 등 영미법을 채택하고 있는 국가들은 규제대상이 금융업무이고 규제방식은 개별 금융업무를 구체적으로 열거하는 대신 금융업무의 경제적 기능을 바탕으로 추상적으로 정의하는 포괄주의(negative system) 방식을 채택하고 있다.

열거주의 방식은 개별 금융업무를 명확하게 정의함으로써 법적 불확실성을 줄일 수 있다는 장점이 있는 반면, 새로운 금융업무가 출현할 경우 규제당국이 이에 신속하게 대응하기가 어렵다는 약점이 있다. 포괄주의 방식은 금융업무를 그 경제적 기능을 바탕으로 정의함으로써 여러 금융업무를 겸영하는 겸업주의제도의 규제체계로 적합하나 특정 금융업무를 놓고 해석상의 혼란으로 금융업종간에 영역분쟁이 일어날 소지가 크다.

우리나라는 그간 전업주의 원칙하에 금융업간에 배타적인 업무영역을 설정하고 이종업무의 겸영은 예외적으로만 허용하여 왔으나 그동안 업무영역조정이 금융산업의 장기적인 발전을 위한 합리적인 원칙과 기준에 의해 이루어지기보다는 그때 그때의 여건에 따라 임기응변식으로 이루어져 부문에 따라 업무의 과다한 중복이 발생하고 금융권간 차별적 규제로 인해 금융권간 불균형적인 성장을 가져오는 등 금융산업 전반에 걸쳐 비효율성을 초래하는 한 원인이 되었다.

이에 정부는 금융의 겸업화를 점진적으로 추진한다는 원칙하에 일차적으로 간접투자자산 운용업무를 모든 금융회사에 허용하는 「간접투자자산 운용업법」을 제정(2003년 9월)한 데 이어 증권, 선물, 자산운용 및 신탁회사 등의 업무를 통합한 「자본시장 및 금융투자업에 관한 법」(이하 「자본시장법」이라 함)을 제정하였다(2007년 7월).

앞으로 금융하부시장의 균형적인 발전을 위해 완전한 겸업주의로 이행하기보다는 현행의 은행, 보험, 금융투자업을 기본 영역으로 하는 전업주의를 유지하되, 점진적으로 겸영을 확대하는 방식으로 진행될 것이다. 구체적으로 이들 타 업종 고유업무의 자체 내에서의 직접적인 겸영은 금지하되, 이해상충이 적거나 고유업무와의 연계성이 큰 부수업무는 상호진출을 통하여 직접 겸영을 확대하고 타영역의 고유업무라 하더라도 이해상충 문제를 막기 위해 자회사를 통해 영위하는 것은 허용될 것이다.

제 4 절 금융규제의 형태

금융규제는 규제자가 누구인가에 따라 자율규제와 공적규제로 구분할 수 있다. 공적 규제란 공적 규제기관이 법적 강제력을 근거로 피규제자를 규율하는 것을 말하고 자율규제(self regulation)는 시장참가자들이 자율규제기구(SRO: Self Regulatory Organization)를 통하여 스스로 행동규율을 정하고 이를 이행하기 위해 상호감시(peer monitoring)를 하는 것을 말한다.

공적 규제는 법규 위반 시 제재에 있어 법적 강제력을 갖기 때문에 규제의 효력이 직접적이고 신속하며 공신력이 높다는 장점이 있다. 반면 공적 규제기구가 시장메커니즘에 직접 개입하기 때문에 시장의 자율적 조정기능의 작동을 막아 시장의 창의성과 역동성(dynamism)을 저해하고 규제비용을 증대시킬 우려가 있다는 점이 단점으로 지적된다.

자율규제는 거래내용과 거래방법이 끊임없이 변화하는 시장에 보다 유연하고 기동성 있게 대처할 수 있고 시장에 밀착하여 전문적 지식을 보다 효율적으로 활용하여 규제비용을 줄일 수 있다는 장점이 있다. 반면 규제의 법적 강제력이 없기 때문에 피규제기관들의 자발적인 협조가 없을 경우 규제의 실효성이 저하되고 자율규제기구가 구성원의 이익을 우선적으로 고려하거나 담합하여 신규 진입자에 대한 진입장벽을 만드는 등 경쟁제한 행위를 할 우려가 있다는 점 등이 단점으로 지적된다.

2008년 세계적인 금융위기가 발생하기 이전에는 독립성 있는 자율규제기구들이 규제기구간의 경쟁(regulatory competition)에 참가하여 정부의 규제독점에 따른 권한의 남용을 막고 피규제자의 과도한 규제준수 부담을 덜어주었다. 특히 범세계적인 규제 완화로 금융시장의 역동성이 커짐에 따라 미시적 시장규제는 자율규제기구가 담당하고 공적 규제기구는 자율규제기구에 대한 감독을 통하여 주로 건전성 규제 중심으로 운영되었다. 공적 규제기구는 가능한 한 시장에 직접 개입하는 것을 삼가고 부득이 개입하는 경우에도 금융시스템의 안정이나 시장의 실패를 방지하기 위하여 필요한 경우로 한정하였다.

일반적으로 건전성 규제의 성격이 강한 금융기관에 대한 감독·검사업무와 불공정거래 조사 등과 같은 시장의 정직성(market integrity) 관련 업무 등은 공적 규제기구가 관장하고 그 밖에 시장 감시나 동 업자의 자율규제 위반에 대한 조사, 제재 등 상대적으로 금융기관의 건전성이나 금융시스템위험이 낮은 분야에 대해서는 법령 또는 행정위임을 통하여 자율규제기구에 권한을 위임하고 있다.

미국의 증권관련 공적규제기구인 SEC는 증권회사 인·허가 심사 및 재무건전성 감독, 불공정거래 조사 및 발행시장 규제 등에 집중하며 이 밖에 증권회사에 대한 규제의 대부분은 자율규제기구인 FINRA(Financial Industry Regulatory Authority)에 위임하고 자율규제기구의 업무처리의 적정성을 사후 감독하는 방식으로 감독업무를 수행하고 있다.[57] 일본의 공적규제기구는 금융정책 입안, 금융회사의 건전성 감독, 자율규제기구에 대한 검사 및 감독업무 등을 수행하고 자율규제기구는 금융회사의 법령준수 여부 등에 대한 검사, 제재 및 일부 재무건전성 감독업무를 수행하고 있다.[58] 특히 피규제기구에 대한 중복규제 방지 등을 위하여 양 기구의 공동검사 실시 등 공적 규제기구와 자율규제기구간의 협조체제가 유지되고 있다.

그러나 2008년 세계적인 금융위기의 주된 원인 중의 하나가 자율규제기구에 대한 과도한 권한 위임과 이로 인한 느슨한 감독 때문이라는 비판에 따라 미국을 위시한 선진국을 중심으로 공적규제기구의 권한과 기능을 확대하는 방향으로 감독체제를 개편하려는 움직임도 있다.

우리나라는 이들 국가와는 달리 금융회사의 업무 전반에 대한 감독 및 검사업무를 공적규제기구에서 수행하고 극히 제한된 업무만을 자율규제기구에 위임하고 있다. 공적규제인 금융위원회와 금융감독원은 금융회사에 대한 인·허가 및 건전성 감독, 검사, 영업행위 규제 등 금융회사 전반에 대한 포괄적 감독기능을 수행하고 있다. 대부분의 업종별 협회의 경우 자율규제기능이 매우 약해 자율규제기구라기보다는 관련업계의 이익을 대변하는 이익단체의 성격이 강하다.

---

57) SEC는 증권규제법률의 집행·해석, 증권회사 및 자율규제기구에 대한 포괄적 조사·제재, 자율규제기구규정 승인 및 변경명령, 인·허가 및 재무건전성 규제 등의 권한을 보유하고 있다. FINRA는 회원에 대한 검사 및 제재, 규정 제·개정 등 자율규제기능의 효율적 수행에 필요한 제 권한을 법령에 의거 확보하고 있으며 법령 및 제 규정준수 여부, 재무건전성 등에 대한 검사와 분쟁조정 등 증권회사의 업무 전반에 관한 규제기능을 수행하고 있다.

58) 공적규제기구인 금융청은 금융정책 및 제도 입안, 금융업 인·허가 및 제재, 금융기관 검사·감독 등의 권한을, 그리고 증권거래등감시위원회는 금융청으로부터 검사권을 위임받아 증권시장 관리·감독, 불공정거래 심사·조사, 자율규제기구 검사 및 감독 등의 업무를 수행하고 있다. 자율규제기구인 증권업협회는 자율규제 관련 규정 제·개정, 회원의 재무건전성 감독 및 분쟁조정 등의 업무를 수행하고 있다.

특히 형식상 자율규제라 하더라도 실제로는 공적규제기구의 주도하에 자율규제기구의 명의로 시행하는 경우가 적지 않다. 이와 같이 자율규제기구에 실질적인 권한이 주어지지 않은 것은 그간 소규모경제에서 양 기구 간에 정보나 전문성의 차이가 현실적으로 존재하지 않았던 데도 일인이 있지만 권한을 놓지 않으려는 규제기구간의 조직이기주의 속성 또한 간과할 수 없다.

그러나 금융의 겸업화와 금융업무의 복잡다기화 등을 고려할 때 공적규제만으로 증가하는 규제 수요에 적절하게 대처하기 어려울 것이다. 따라서 앞으로는 공적규제와 자율규제의 적절한 역할 배분과 긴밀한 협조체제 하에 공적규제는 가능한 한 건전성 감독 중심으로 운영하고 미시적 시장규제, 특히 영업행위에 대한 규제는 규제의 탄력성과 확장성이 큰 자율규제로 상당 부분 이관하여야 할 것이다.

제 5 절 금융규제의 방향

일반적으로 경쟁을 촉진하는 것과 시장실패를 방지하기 위한 규제간에는 상충(trade-off)이 있기 마련이다.[59] 환언하면 시장의 능률을 제고하기 위해 경쟁을 촉진하다 보면 금융시스템의 안전성이 저해될 우려가 있고, 반대로 금융시스템의 안전성을 강조하여 경쟁을 제한하게 되면 금융서비스의 질이 저하되어 이용자들에게 불이익을 주는 등의 부작용이 따르게 된다. 따라서 금융산업에 대한 규제와 경쟁의 촉진은 어느 하나의 선택(alternative)의 문제가 아니라 이와 같은 양면을 적절하게 조화(balance)시킬 수 있도록 하는 정도의 문제로 귀착되게 된다.

그러나 이러한 금융규제가 금융기관 경영상태에 미치는 영향의 정도는 나라마다 다르고 이에 대한 이론도 반드시 통일되어 있지는 않다.[60] 후진국일수록 실

---

59) 규제와 경쟁은 상충되는 관계가 아니라 보완적인 관계에 있는 경우도 있다. 예컨대 공시(public disclosure)와 같은 시장규율을 강화하는 규제는 경쟁을 촉진시킨다.

60) 경제발전에 있어 정부의 역할, 특히 금융산업에 대한 정부의 역할에 대한 정설은 아직 없다. 한국, 일본 등 동남아의 고도성장국들은 금리규제, 신용할당 등 금융산업에 대해 비교적 정부의 규제가 심했었으나 건전재정의 유지와 어느 정도 발달된 유사시장(parallel market)의 존재로 금융억압현상이 발생하지 않아 결과적으로 경제발전에 있어 정부의 긍정적 역할이 컸던 데 반해 인도

물경제발전을 뒷받침하기 위한 지원산업(shadow industry)으로서의 금융산업의 역할을 강조하여 금융산업에 대한 규제가 강한 편이다. 그리고 1980년대 이후 세계적인 금융규제 완화도 각국의 금융발전단계와 특히 금융혁신에 대응하는 감독기술의 발달 정도에 따라 규제완화의 방법과 그 추진속도가 상이한 모습을 보이고 있다.[61] 일반적으로 금융시장의 수요와 기술변화에 부응한 감독기술이 뒤따르지 못할 경우 규제를 선호하는 경향이 있다.

E. Shaw와 R. Mckinnon은 저개발국가의 경제성장 정체의 원인으로 금리에 대한 규제, 비합리적인 세제, 국내통화의 고평가 등 금융억압(financial repression)[62]과 독점산업에 대한 특혜 등 정부의 간섭(intervention syndrome)[63]을 지적, 금융의 자유화를 강력히 주장하였다.

금융억압이란 주로 개발도상국과 관련하여 사용되는 개념으로서 효율적인 금융시스템 발전을 저해하는 정부의 통제나 조세체계를 의미한다. 인플레이션율보다 낮은 수준에서 예금과 대출금리를 통제하는 것이 그 전형적인 예다. 일반적으로 개발도상국가의 경우 금융억압의 정도와 인플레이션간의 상관관계가 높게 나타나고 있는데, 이는 인플레이션율이 높을수록 시장금리와 통제금리간의 차이(gap)가 커지기 때문이다. 특히 R. Mckinnon은 여러 나라의 실례를 들어 이와 같은 금융억압에 대한 개혁이 이루어지고 난 다음에 대외개방이 이루어져야 한다고 주장하고 있다.[64]

등 일부 저성장국가들은 금융산업에 대한 규제가 심함으로 인한 금융억압현상의 폐해로 정부의 개입이 경제발전에 긍정적인 역할을 한 것으로는 보이지 않는다. J. Stiglitz는 그간의 우리나라 정부의 역할을 금융억압이 아닌 금융제약(financial restraint)으로 규정한 바 있다. 즉 규제에 따른 이득을 민간에 합리적으로 배분함으로써 경제성장을 지원한 결과를 낳았다는 것이다.

한편 서구선진국들은 비록 금융혁신의 진전으로 규제의 실효성이 상실되고 유로시장 개설 이후 자국 금융기관들의 경쟁력 제고를 위한 불가피한 선택이었기는 하지만 규제완화를 통해 금융시장의 효율성을 증대시킨 데 반해 남미제국은 거시경제의 불안정, 대내적인 금융자유화의 불충분 등 금융시장 개방의 여건이 성숙되지 않았음에도 불구하고 금융시장의 조기개방과 자유화로 외채 누적과 금융기관의 파산 등 극심한 경제적 곤경을 겪었다.

61) 미국은 금융기관들이 주도적으로 행한 규제회피를 정부가 수용하는 형태로 규제완화가 진행되었고 일본과 대다수의 개발도상국들의 경우 정부가 주도적으로 규제를 완화하고 금융기관은 이를 추종하는 모습이었다. 한편 규제완화의 추진속도면에서 보면 영국, 대만, 뉴질랜드 등과 같이 단기간 내에 전면적인 개혁을 추진한 국가도 있지만 대부분의 국가들은 단계적인 계획에 따라 점진적으로 추진하였다.

62) E. Shaw, *Financial Deepening in Economic Development*, Oxford University Press, 1973, pp. 99~112.

63) R. Mckinnon, *Money and Capital in Economic Development*, The Bankings Institution, 1973.

64) R. Mckinnon, *The Order of Economic Liberalization: Financial Control in the Transition to*

1980년대 이후 세계적인 금융규제의 방향은 금융혁신이 가속화되고 있는 상황에서 금융시스템의 안정성이나 투자자의 보호보다는 경쟁에 의한 금융산업의 능률을 보다 중시하여 규제를 완화하는 방향이었는바, 그 주된 이유는 다음과 같은 점을 들 수 있다.65)

첫째, 예금보험제도의 창설 등 금융시장의 각종 안전장치(safety net)의 마련으로 금융시스템의 안정성을 저해할 위험이 크게 줄어들었다는 것이다.

둘째, 경쟁 자체가 유효한 안전장치가 된다는 사실이다. 경쟁에 의해 비효율적 금융기관이 도태되고 효율적인 금융기관만이 존속하게 될 때 금융시스템의 안정성이 더욱 제고되고, 특히 경쟁에서 탈락한 금융기관 때문에 얼마간의 사회비용(social cost)을 부담하더라도 경쟁으로 인해 소비자에게 돌아가는 혜택이 이를 훨씬 상회한다는 것이다.

셋째, 경쟁은 역선택(adverse selection)이나 도덕적 해이(moral hazard) 등 정보의 비대칭 문제를 저감시킬 수 있다는 것이다. 환언하면 금융산업에 대한 정부의 과다한 보호는 금융기관이 정보의 공시를 충분하게 하지 않음으로써 소비자에게 역선택을 유발하게 하고 금융기관 경영자로 하여금 정부를 믿고 지나친 위험을 부담하고 이윤을 추구할 소지를 제공함으로써 이러한 잘못된 판단은 곧 금융기관의 안전성을 저해할 우려가 있다는 것이다.66)

넷째, 금융기관에 대한 경쟁의 촉진은 정(+)의 외부경제(externalities)를 가져오는 소지도 있다. 예컨대 금융기관들이 고객지향적(customer-oriented)으로 경쟁할 경우 고객에게 보다 유익한 서비스를 제공하기 위하여 서로 제휴하는 등, 이른바 심비오틱 마케팅(symbiotic marketing)전략을 구사함으로써 예수금의 상호증대나 관리비용의 절감을 가져올 수도 있는 것이다.

그러나 금융의 자유화와 개방화가 진전될수록 금융기관들의 경쟁이 심해짐에 따라 금융기관의 수익성이 저하되고 이를 보전하기 위해 금융기관들이 고위험 · 고수익경영을 추구하게 되어 금융기관의 위험이 증대되고 금융시장의 안정성이 크게 저하되게 되었다. J. Tobin은 미국이 금융자유화를 추진한 이후 금융기관의 부실과

---

a Market Economy, Johns Hopkins University Press, 1991, pp. 1~10.

65) OECD, "Financial Market Trends 43," *Competition In Banking*, May 1989, pp. 16~28.

66) G. G. Kaufman, L.R. Mote, and H. Rosenblum, "Implications of Deregulation for Product Lines and Geographical Markets of Financial Institution," *Journal of Bank Research*, Spring 1983, pp. 8~21.

금융자산의 단기 · 투기화를 겪은 경험을 들어 금융산업은 정부가 책임져야 할 최종부문으로 금융산업에 대한 성급한 규제완화는 오히려 부작용을 초래할 위험성이 크다고 경고하고 있다.[67)]

자유무역주의를 강력하게 지지하는 J. Bhagwati는 금융은 실물과는 다른 속성을 가지고 있어 금융시장에 대한 적절한 규제와 감독이 필요하며 특히 금융시장의 개방에 대해서는 매우 신중해야 한다고 주장하고 있다.

2008년 글로벌 금융위기의 발발을 계기로 2010년 G-20 정상회의는 외국자본의 급격한 유출입으로 인한 신흥국가들의 경제의 교란을 억제하기 위해 일정한 요건에 해당될 경우 적절한 자본통제를 할 수 있는 거시건전성 규제(macro-prudential regulation)를 허용하기로 합의하였다. 그간 금융위기를 겪은 국가들의 공통점 중의 하나는 규제당국의 금융기관에 대한 규제가 너무 관대하였다는 것이다.

관대한 규제(regulatory forebearance)는 규제업무 수행에서 발생하게 되는 대리인 문제(principle-agent problem)에서 주로 발생한다.

예컨대 규제자는 이해집단의 반발을 무마하고 피규제기관의 저조한 실적에 대한 비난을 회피하기 위해 자기자본규제의 느슨한 적용, 편법 · 불법행위에 대한 관용, 금융기관의 잠재부실을 숨기거나 경제상황의 호전으로 인해 부실이 소멸하기를 기다리는 행위 등 소위 관료적 도박행위(bureaucratic gambling)[68)]를 할 유인이 있다.

이에 따라 이러한 위험을 예방하여 금융기관의 안전과 건전경영을 유도하기 위한 건전성 규제(prudential regulation)는 오히려 강화되고 있다.

국제금융기구 등이 제시하고 있는 건전성 규제의 포괄범위도 조금씩 다르다. IMF(1997)에 따르면 건전성 규제의 구체적 내용으로서 은행의 과도한 리스크 부담의 제한, 적절한 공시 및 회계제도의 구축, 부실은행의 경영제한 및 시정조치 등을 들고 있다. 바젤위원회의 핵심준칙에서는 자기자본의 적정성, 리스크관리, 편중여신, 내부통제제도 등에 관한 규제를 건전성 규제로 분류하고 있다.

OECD는 금융부문의 시스템리스크 방지를 위한 규제를 경쟁제한적 규제와 건전성 규제로 구분하고 경쟁제한적 규제로는 금리 · 해외자본이동 · 업무영역 · 신규

---

67) J. Tobin, "A General Equilibrium Approach to Monetary Theory," *Journal of Monetary Economics*, 1975.

68) E. J. Kane, *The S&L Insurance Mess: How Did It Happen?*, Urban Institute Press, Washington, D.C., 1989.

진입 등에 대한 규제를, 건전성 규제는 재무상태표비율 및 리스크관리 등에 관한 규제를 제시하고 있다.

최근의 건전성 규제의 세계적 추세는 금융시스템의 안정과 금융소비자 보호를 도모하면서도 시장기능을 최대한 보장한다는 점에서 시장친화적인 유인부합적 감독(incentive compatible supervision)을 강조한다. 유인부합적 감독은 피규제자의 유인과 규제자의 규제목적을 양립될 수 있게 하여 피규제자들로 하여금 규제목적을 내부화하여 자신에게 가장 적합한 이득을 얻을 수 있는 행동과 혁신을 유발할 수 있는바, 최근 논의되고 있는 사전약속방식(precommitment approach) 자기자본규제제도도 그 전형적인 예의 하나이다.

동 제도는 시장위험에 대비하여 금융기관이 보유해야 하는 의무적 자기자본 적립한도를 규제당국이 설정하지 않고, 금융기관 스스로가 최선의 방법을 통하여 사전적으로 향후의 시장위험을 예상하고 이에 상당하는 적정 자기자본을 자발적으로 적립하고, 사후적으로 동기간에 실제 발생한 손실이 기 적립된 자기자본 규모에 상당하는 손실규모를 초과할 경우에는 규제당국이 금융기관에 일정한 벌칙(penalty)을 부여하는 방식이다. 동 제도 하에서는 만약 사후적 손실 발생치가 사전적 약속치보다 적을 경우에는 금융기관은 실제 발생한 손실치에 해당하는 자기자본 이상으로 과다하게 자기자본을 적립하여 자금운용 측면에서 효율성을 극대화하지 못한 결과가 된다.

결국 금융기관은 시장위험에 따른 손실액을 정확히 예측하려는 유인이 생기게 될 것이므로 금융기관은 자체적인 위험손실액 예측 및 위험관리시스템을 더욱 정교하게 할 것이라는 것이 그 논리의 핵심이다. 그러나 시장참가자들에 대한 유인만으로 시장의 실패를 막을 수 있을 것인가에 대해서는 회의적인 시각도 적지 않다. 최근의 범세계적인 금융위기의 주된 원인 중의 하나가 불충분하고 적절하지 못한 감독으로 인해 시장참가자들의 지나친 탐욕과 방종을 억제하지 못한 데 있다는 주장이 그것이다.

앞으로 금융산업에 대한 규제는 금융환경의 변화에 따라 강화와 완화의 반복현상이 계속될 것이다. 이런 과정에서 새로운 환경에 적합하지 않는 규제는 폐지되거나 새로운 환경에 맞는 규제로 대체될 것이다. 특히 규제의 초점이 종래의 금융시스템의 안정성과 금융회사의 건전성에서 이에 못지않게 금융소비자 보호와 경쟁시장에 의한 시장규율(market discipline)이 강조될 것이다.

제 4 장

금융감독과 금융소비자 보호

FINANCIAL INSTITUTION

제 1 절 금융감독의 의의와 분류

Ⅰ. 거시감독과 미시감독

금융감독이란 금융행위로부터 유발되는 각종 리스크가 금융시장의 불안과 금융산업의 건전성의 저해를 초래하여 전체 금융시스템의 안정성의 훼손으로 연결되는 것을 방지하기 위해 취하는 규제행위의 하나이다. 금융감독은 거시경제, 금융시장 및 지급결제시스템 전반을 다루는 거시감독과 주로 금융시장 참가자들의 개별적인 거래행태를 규율하는 미시감독으로 구분한다. 거시감독은 비교적 최근에 정립된 개념으로 미시감독만으로는 금융시스템의 안정과 특히 금융위기에 효율적으로 대처하기에 부족하다는 데 그 근거를 두고 있다.

개별 금융회사들의 건전성만 확보되면 자동적으로 금융시스템의 안정이 이루어진다는 전통적인 미시감독 이론에 대해 비록 개별 경제주체들의 경제행위가 최적적으로 이루어진다 하더라도 경제 전체적으로 바람직한 결과가 아닐 수도 있다는 이른바 구성의 오류(composition error)의 발생 가능성이 그것이다. 최근 범세계적으로 발생한 금융위기는 특정 금융회사에 국한된 위기(idiosyncratic risk)라기보다는 전체 금융시스템에 영향을 미치는 공통요인(common exposure)과 경제주체들의 군집행동(herd behaviour)에 연유한다는 견해도 있다.[1]

1) Borio, C., "Towards a Macroprudential Framework for Financial Supervision and Regulation," BIS working paper No. 128, February 2003.

표 4-1 미시감독과 거시감독의 비교

	미시감독	거시감독
감독목표	- 개별 금융회사의 경영건전성 유지	- 금융시스템 전반의 리스크 요인 감독
감독수단	- 각종 위험요인에 대해 표준화된 감독기준을 제시 • 재무건전성기준, 각종 한도규제 등 - 경영실태평가 및 적기시정조치	- 경기대응적 감독기준 운영 - 거시 금융환경 변화에 따른 리스크 요인 분석 - 거시경제정책, 조기경보시스템 등 - 여신한도규제 자본거래허가제도 - 위기시 대비한 기금 조성
경제상황에 대한 인식	- 금융회사 영업행태와 무관한 외생(exogenous) 변수	- 금융회사의 집단적 영업행태에 의해 영향받는 내생(endogenous) 변수

〈표 4-1〉은 금융시스템의 안정을 유지하기 위한 미시감독과 거시감독의 주된 관점을 예시한 것이다.

미시감독은 주로 개별금융기관 경영의 건전성을 위한 건전성 감독과 시장참가자들의 정직하고 공정한 거래를 실현시키기 위한 행위규제를 다룬다.

거시감독과 미시감독은 궁극적으로 금융안정이란 목적을 공유하지만 이를 달성함에 있어 서로 다른 측면을 강조한다는 점에서 차이가 있다. 미시감독은 금융시스템의 전체 위험을 외생적(exogenous)으로 주어진 것으로 보고 개별금융회사의 건전성 제고를 목적으로 하는 데 반해, 거시감독은 시스템위험이 개별금융회사의 집합적 행동에 의해 내생적(endogenous)으로 결정되는 것에 주목한다.

그러나 효율적인 금융감독을 위해서는 양자는 서로 밀접한 연관성을 가져야 한다. 개별금융회사의 건전성 없이는 거시적인 금융 및 경제의 안정이 있을 수 없고 거시경제의 안정 없이는 금융시장과 개별금융회사의 안정이 이루어질 수 없기 때문이다. 따라서 거시경제의 효율적인 운영을 위해서는 정부, 금융감독기구, 중앙은행 등 감독유관기관 간에 금융불안정의 진단, 처방 등에 대한 긴밀한 정책협조 및 상호견제가 필수적이다.

정부는 경제안정의 최종책임자로서 중요한 경제정책을 통해, 금융감독기구는 각종 법령·규정의 제·개정, 인·허가, 검사 및 제재 등 개별 시장참가자들의 행동에 대한 직접적인 영향력 행사를 통해 그리고 중앙은행은 통화정책과 지급결제제도의 운영 및 관리를 통해 금융안정을 도모해야 할 책임이 있다.[2] 이들 기관들은

2) European Central Bank, "The Role of Central Banks in Prudential Supervision," April 2001.

먼저 거시적인 분석을 통해 거시경제와 금융시장에 존재하는 잠재적 불안요인을 발견하고 이에 선제적으로 대응하기 위해 정보를 교환하고 정책의 결정과 실행에 긴밀하게 협력하여야 하며 경우에 따라서는 서로 견제하여야 한다.

특히 경기변동 과정에서 자산가치 및 신용창출의 팽창·축소가 반복되는 금융순환주기(financial cycle)로 인한 금융불균형에 적절하게 대응하고[3] 긴급유동성 지원, 예금보호제도, 지급결제제도 등 위기관리를 위한 금융안전망이 잘못 운영될 경우 초래될 수 있는 시장규율의 상실과 도덕적 해이 등으로 인해 야기되는 금융위기를 효과적으로 조정하기 위해서는 이들 유관기관들의 협조와 견제가 필수적이다.

이와 같은 협력과 견제체제를 확립하기 위해서는 법률상의 규정, 양해각서, 공식적인 합의 등 협력과 견제의 제도화도 필요하지만 기능적 측면에서 서로 정보를 교환하고 협력하며 상호 존중하는 전통과 관행을 확립하는 것도 이에 못지 않게 중요하다.

이 밖에도 금융시장의 개방확대에 따른 외국감독기관과의 정보교환 등 협조체제 강화와 국제적 정합성을 가진 감독기준과 감독방식의 채택도 매우 중요하다. 특히 국제적인 네트워크를 갖춘 금융그룹의 출현으로 이들을 효과적으로 감독하기 위해서는 국내외 감독기관간에 긴밀한 정보공유와 협조가 매우 중요하다.

Ⅱ. 시장감독과 기관감독

금융감독은 크게 금융시장 참가자들의 거래행위를 규율하는 시장감독과 개별 금융기관들의 건전경영을 위해 이들에 대한 지도·감독을 다루는 기관감독으로 구분할 수 있다. 시장감독은 불특정다수의 거래자가 참가하는 금융시장에서 발생하는 각종 리스크를 최소화하여 금융시장의 안정을 도모하고 금융시장의 투명성과 공정성을 제고하여 공정한 경쟁기회(level playing field)를 제공함으로써 선의의 시장참가자를 보호하자는 데 그 목적이 있다.

시장감독은 감독당국이 시장참가자의 거래를 직접 규제하는 방식보다는 거

3) Mishkin, F. S., “Prudential Supervision: Why Is It Important and What Are the Issues?” NBER Conference, January 2000.

래의 무결성(integrity)과 정직성(honesty), 회계의 투명성 등을 통한 시장규율을 지향하는 시장친화적 감독방식(market-friendly supervision)이 강조된다. 금융거래 행태가 복잡·다양해지는 데다 시장참가자들의 규제회피기술의 발달로 감독당국에 의한 법적·행정적 규제만으로는 한계가 있기 때문이다. 시장감독은 특히 공시주의(disclosure philosophy)가 강조된다. 공시를 통해 금융시장에 정보의 비대칭이 완화됨으로써 공정한 금융거래와 시장참여자의 자율과 책임에 의한 시장규율이 기대되기 때문이다.

공시는 적시성, 신뢰성, 적절성 및 충분성이 요구되며 질적·양적 정보가 모두 포함되어야 한다. 공시의 대상이 되는 정보는 예금자와 투자자의 투자판단 및 감독기관의 감독행정에 영향을 미친다고 판단되는 중요한 정보로 일반적으로 재무성과 및 재무상태, 경영정책 및 경영전략, 리스크의 노출현황과 그 관리대책, 회계 및 재무정책, 내부통제, 소유와 지배구조 등이 포함된다.

기관감독은 금융회사의 건전성을 제고하여 금융중개기능의 효율성을 제고하고 개별 금융회사의 리스크가 금융시스템 전체의 리스크(system risk)로 확산(contagion)되는 것을 막기 위한 것이 주요 목적이다. 기관감독은 감독기구의 감독 및 검사 등을 통해 주로 개별금융회사들의 자본적정성(capital adequacy), 리스크관리, 내부통제시스템 등을 점검하며 이 중에서도 특히 금융회사의 리스크관리에 초점을 맞추는 리스크관리 중심의 감독방식(risk based supervision)이 강조된다.[4)]

리스크중심 감독방식의 목적은 금융기관 경영의 리스크를 완전히 제거하자는 것이 아니라 금융기관이 직면할 수밖에 없는 리스크를 사전에 인지하여 이에 적절한 조치를 취하자는 것으로 사전예방적이고 동태적인 감독방식이라 할 수 있다. 리스크중심 감독의 핵심적 구성요소는 개별 금융기관들이 노출되어 있는 리스크의 인식(identification), 인식된 리스크량의 측정(measurement), 동 리스크의 통제(control) 및 감시(monitor)장치 등을 포괄한다. 효율적인 리스크중심 감독을 위해서는 감독당국의 감독역량 못지 않게 개별금융기관의 리스크관리를 위한 내부통제시스템 기능의 활성화가 중요하다.

내부통제란 회사가 효율적인 업무수행과 정확하고 신뢰성 있는 재무보고체제의 유지 그리고 관련법규 및 절차의 준수 등을 위해 회사내부에서 고안된 일련의

4) BIS는 1997년 9월 제정한 "은행감독 핵심준칙"(core principles for effective banking supervision)의 총 25개 핵심원칙 중 10개가 종합리스크 관리체제 구축에 관한 것이고 IOSCO는 1998년 3월 종합리스크 관리지침(risk management and control guidance for securities firms and their supervisors)을 제정한 바 있다.

통제과정을 말한다. BIS는 금융기관의 내부통제의 목적을 영업활동의 효율적 달성을 위한 성과목적, 재무 및 경영정보의 신뢰성, 완전성 및 적시성 유지를 위한 정보목적 그리고 관련법규 및 정책의 준수를 위한 준법목적으로 구분하고 있다.[5)]

일반적으로 개별금융기관 스스로 선택한 리스크관리 방식을 허용하되 감독당국은 이들이 선택한 방식의 적정성과 동 시스템이 설계대로 작동하고 있는가를 검증·평가하고 필요한 경우 시정을 요구하는 것이 보통이다. 물론 금융시스템의 안정을 위해서는 이와 같은 예방조치에도 불구하고 부실금융기관이 발생할 경우에 대비하기 위한 사후적 조치도 필요하다. 금융기관의 부실이 전체 금융시스템의 불안으로 연결되는 것을 막기 위한 예금보호제도 등이 그것이다. 그러나 사후적 조치는 시장참가자들의 도덕적 해이를 조장하는 등 금융시스템의 안정을 오히려 저해할 소지도 있는 등 예방적 감독에 비해 유효성이 뒤떨어진다. 따라서 금융시스템 안정망의 근간은 예방적 건전성 감독이 주류가 되어야 한다.

이에 따라 각국은 금융기관의 건전성(soundness)과 금융시스템의 안정성(stability)을 도모하기 위해 건전성 감독을 강화하고 있다. BCBS(Basel Committee on Banking Supervision),[6)] IOSCO(International Organization of Securities Commissions),[7)] IAIS(International Association of Insurance Supervisors)[8)] 등 국제금융감독기구들도 국제금융시스템의 안정과 금융기관들의 공정한 경쟁을 촉진하기 위해 금융기관의 자기자본충실기준을 일원화하고 금융기관의 명확한 회계기준을 제정하는 등 국제적인 통일기준을 마련하기에 이르렀다.

III. 사전적 감독과 사후적 감독

금융기관에 대한 감독은 금융기관의 특정행위 시점을 기준으로 동행위가 발

---

5) BIS, "Framework for Internal Control System in Banking Organization," 1998. 9.

6) 독일 Herstatt Bankhaus 파산을 계기로 은행감독당국간 상호협력을 위해 1974년 12월 BIS(Bank for International Settlement) 후원 아래 G-10 중앙은행 총재회의 결정으로 설립되었다. 우리나라는 2009년 3월 가입함에 따라 금융위원회, 금융감독원 및 한국은행이 BIS 회원으로 활동중이다.

7) 1983년 국제증권거래에 관한 감독 및 기준설정 등을 위해 창설하였으며 우리나라의 금융감독원(당시 증권감독원)은 1984년 정회원으로 가입하였다.

8) 1994년 표준보험감독기준의 제정 목적으로 설립되었으며 우리나라의 금융감독원(당시 보험감독원)은 창립회원으로 가입하였다.

생하기 전에 미리 이에 대해 규제하는 사전적 감독과 특정행위가 발생한 후 동행위에 대해 사후적으로 조치하는 사후적 감독으로 나누어 볼 수 있다. 사전적 감독은 주로 인가(license)와 규제(regulate)를 통해 그리고 사후적 감독은 통제(control)와 제재(sanction)를 통해 행사된다.

인가는 금융기관의 진입, 퇴출, 합병, 정관의 변경 등에 관한 사항으로 인가신청자에 대한 사전적인 적격성 평가로부터 출발하여 인가 후에는 인가조건이 지속적으로 충족되고 있는가를 평가하는 것을 말한다. 규제는 주로 감독정책의 수립이나 규정의 제·개정 등을 통해 사전에 금융기관의 건전한 경영을 유도하고 지도하는 기능을 말한다.

통제는 감독당국의 금융기관에 대한 검사 또는 보고서에 의한 감사활동을 말한다. 검사는 금융기관에 대한 가장 직접적인 감독수단으로서 주로 감독기관의 임점검사(on-site examination)를 통하여 금융기관의 업무활동 및 경영실태를 조사하여 금융기관이 취급한 업무가 관계법령이나 지시 등에 위배되었는지를 확인·조사하는 행위이다. 보고서에 의한 감사는 감독기구가 금융기관의 경영상태 및 업무전반에 관한 보고서와 자료 등을 정기 또는 수시로 제출받아 분석·평가하는 상시감시(off-site surveillance)제도의 하나이다.

상시감시제도는 금융기관으로부터 받은 보고서 자료와 외부에서 수집된 자료를 함께 검토·분석하여 금융기관의 경영상의 문제점을 조기에 발견하여 시의 적절한 조치를 취하기 위한 제도로 효과적인 상시감시를 위해서는 자료의 정확성과 투명성, 리스크관리 및 내부통제기능의 효율성, 상시감시담당인력의 전문성 등이 매우 중요하다.

제재는 금융기관이나 그 임직원 등이 법령이나 규정을 준수하지 않을 경우 이를 시정하기 위해 금융감독당국이 해당 당사자에게 불이익을 가하는 조치를 말한다.[9] 제재의 유형은 비금전적 또는 신분적 제재와 금전적 제재로 구분된다. 현행 금융관련 법령상 비금전적 제재로는 금융기관의 경우 인가취소, 영업정지, 시정명령, 기관경고, 기관주의 등이 있다. 임원의 경우 해임권고, 직무정지, 문책경고, 주의적경고, 주의 등이 있고 직원의 경우 면직요구, 정직요구, 감봉요구, 견책요구, 주의요구 등이 있다. 제재권자는 금융위원회이며 금융위원회는 징계의 경중에 따라 개

9) 금융당국의 제재는 행정처분으로 불복시 행정소송을 통해 권리구제가 가능하나, 행정벌의 경우 항소 및 상고를 거치면서 법원에 의해 형이 확정된다.

별법의 시행령 또는 금융위원회의 고시(「금융기관 검사 및 제재에 관한 규정」)에서 일부 제재권을 금융감독원장에 위탁하고 있다.

대체로 제재가 인가취소, 영업정지, 임직원의 해임권고·요구 등 권리제한적 성격을 갖는 중징계의 경우 금융위원회가 심의·의결하고 주의, 경고, 견책 등 사실행위적 성격을 갖는 경징계의 경우 금융위원회가 금융감독원장으로 하여금 조치를 할 수 있게 하고 있다.[10] 현재 금전적 제재로는 금융기관의 경우 과징금과 과태료, 임직원의 경우 과태료가 있다. 종래 우리나라의 제재는 주로 비금전적 제재 위주로 이루어져 왔으며 특히 중요한 금전적 제재수단의 하나인 과징금[11]의 경우 금융기관의 특정 위법행위에 대해서만 부과가 가능하고 임·직원 등에게는 부과가 불가능하였다. 그러나 앞으로는 임직원에 대한 신분적 제재를 과징금 등 금전적 제재로 전환하는 등 선진국과 같이 금융기관은 물론 그 임직원과 지배주주 등 금융기관관계자(institution affiliated party)에 대해서도 금전적 제재가 광범하게 도입될 예정이다.[12]

이와 같은 일련의 감독기능은 대부분 국가의 경우 동일한 감독기관에 의해 일관되게 수행된다. 검사, 제재 등 사후적 감독을 통해 인가 및 규제의 목적을 달성하도록 유도하고 사후적 감독과정에서 발견된 문제점 등을 다시 사전적 감독정책에 반영하여 감독행정의 효율을 높이기 위해서다. 특히 인가권의 경우 종래에는 정부가 직접 관장하는 국가가 많았으나 1970년대 이후 인가결정에 정치적 또는 행정적 영향이 미칠 수 있는 소지를 없애기 위해 인가권이 정부에서 감독기관으로 이관되는 추세를 보이고 있다. 감독당국이 정치적 영향력을 떠나 인·허가, 규제, 검사, 제재 등 감독기능을 일관되게 수행함으로써 금융시스템의 건전성에 대한 책임이 보다 분명해지기 때문이다.[13]

---

10) 금융위원회는 금융감독원장의 처분이 위법·부당한 경우 그 처분의 전부 또는 일부를 취소하거나 집행을 정지할 수 있다.

11) 과징금은 금전상 제재라는 점에서 벌금, 과태료 등과 유사하나 다음과 같은 점에서 차이가 있다.
① 과징금은 금융당국에 의해 부과되는 행정처분이고, 벌금은 법원의 재판에 의해 부과되는 형벌로 불복시 과징금은 행정소송에 의해, 벌금은 형사소송절차에 의한다.
② 과징금은 실체적 의무위반에 대해 부과하나, 과태료는 벌금과는 달리 형벌적 성질을 가지지 않는 법령위반에 대해 부과하며 불복시 과태료는 「비송사건절차법」에 따른 법원의 재판에 의한다.

12) 미국의 통화감독청(OCC: Office of Comptroller of Currency)은 제재수단으로 과징금(civil money penalty), 공식약정(formal agreement), 정지명령(cease & desist order), 금융업 취업금지명령(prohibition order), 반환명령(restitution order) 등을 활용하고 있다.

Ⅳ. 기관별 감독과 기능별 감독

기관별 감독(regulation by institution)이란 금융기관이 제공하는 서비스나 행위의 유형에 관계없이 은행, 증권회사, 보험회사 등과 같이 금융권역별로 별도의 감독조직이 감독을 하는 방식을 말하고 기능별 감독(regulation by function)은 금융권역과는 관계없이 금융기관이 제공하는 서비스나 행위의 유형에 따라 감독을 행하는 방식을 말한다.

금융기관별로 감독을 하게 되면 감독기관별로 책임소재가 명확하다는 장점이 있는 반면 감독의 전문성이 낮고 여러 금융권역에 걸쳐 이루어지는 연계거래를 효과적으로 감독하기가 어렵다는 것이 문제점으로 지적된다. 특히 주된 업무가 아닌 금융거래의 경우 감독업무의 전문성을 기하기가 어려울 뿐 아니라 이종 상품간에 규제의 형평성이 결여될 경우 규제의 재정(regulatory arbitrage)행위를 통해 규제의 회피가 초래될 우려가 있다.[14)]

예컨대 동질적인 금융상품 및 서비스를 제공하는데도 감독기관별로 감독기준의 일관성이 결여될 경우 피감독기관이 감독기준이 덜 엄격한 감독기관의 감독을 선택함으로써 위험이 큰 금융업무가 최소한의 감독수준에서 영위될 우려가 있다. 이 밖에도 기초상품과 파생상품 투자는 동일한 경제적 효과를 가지고 있기 때문에 양 시장간의 규제의 차별은 한쪽 시장이 비정상적으로 비대 또는 축소되는 결과를 초래할 수도 있다.

기능별 감독은 한 감독기관이 하나의 감독목적을 갖고 특정업무별로 이를 수행하는 다수의 금융기관을 동시에 감독한다는 점에서 감독상의 규모의 경제를 기대할 수 있다. 다만 이와 같은 장점을 기대하기 위해서는 특정업무에 능통한 다수의 전문인력 확보가 전제되어야 한다. 기능별 감독은 감독의 전문성을 살리고 감

---

13) Peter Hayward, "The Financial Sector-The Responsibilities of the Public Agencies," The Operational Paper of the Monetary and Exchange Affairs Department of the IMF, October 2000, pp. 65~93.

14) 규제의 재정현상이란 금융거래 또는 계약의 전부 또는 일부를 행함으로써, 거래의 일방 또는 쌍방이 규제상의 장애 때문에 직접적으로 할 수 없었던 목적을 달성할 수 있는 경우를 말한다. 예컨대 특정국의 투자자들이 외국의 거래소에서 거래되는 주가지수선물 거래에 대한 투자가 허용되지 않을 경우에 주식관련 파생상품의 구조를 사용하여 당해 외국의 주가지수에 대한 포지션을 보유함으로써 지수선물 거래에 대한 규제를 사실상 회피(circumvent)할 수 있다. 최근 들어 다수의 구조화 상품(structured note)이 이러한 목적으로 이용되고 있다.

독의 중복이나 사각지대를 해소하는 측면에서는 기관별 감독방식보다 우월하다. 그러나 금융기관별로 취급업무의 방화벽이 쳐져 있거나 금융기관들이 업무 분야별로 특화되어 있는 경우에는 기능별 감독은 오히려 감독기관들의 중복감독 및 감독기관들의 책임소재의 불명확 등의 혼란만 초래할 가능성도 있다.[15)]

V. 통합감독과 이원감독

금융감독은 금융시스템 리스크를 인식·측정하여 이를 규제·관리하기 위한 건전성 감독과 금융시장의 공정성과 정직성을 제고하기 위해 금융거래 행위를 규제하는 영업행위 감독으로 나눌 수 있다. 통합감독체제는 단일 감독기구가 건전성 감독과 영업행위 감독을 모두 관장하는 체제를 말하고 이원감독(twin-peaks supervision model) 체제는 건전성 감독기구와 영업행위 감독기구가 각각 건전성 감독과 영업행위 감독을 별도로 수행하는 체제를 말한다.

통합감독체제는 감독기구의 중복에 따른 책임성 혼란을 방지하고 정보의 집중에 따른 시너지를 얻을 수 있다는 장점이 있는 반면, 동일 감독기관이 상충 가능성이 있는 두 가지 감독을 동시에 수행할 경우 어느 하나가 다른 하나에 비해 소홀히 취급되거나 특정 감독목적이 충분히 달성되지 못하는 결과가 초래될 우려가 있다는 점이 단점으로 지적된다. 통합감독체제의 경우 그간 전통적으로 중시되어 왔던 건전성 감독에 비해 영업행위 감독이 소홀히 될 우려가 있다는 견해가 지배적이나 일각에서는 건전성 저하의 결과는 비교적 서서히 나타나기 쉽고 정치적 이해에서 비교적 자유로울 수 있으나 소비자 보호가 핵심 이슈인 영업행위 감독의 결과는 비교적 이른 시일에 나타나고 정치적·사회적 문제로 비화되기 쉽기 때문에 건전성 감독이 부차적인 것이 될 가능성이 크다는 지적도 있다.[16)]

이와는 반대로 두 감독목적은 상충되는 것이 아니라 보완적이라는 견해도 있다. 건전성 감독으로 금융시스템의 안정성이 높아지면 금융소비자 보호 효과도 높아지고 영업행위 감독으로 금융회사의 평판위험과 법률위험이 줄어들면 금융회사

15) 김동환, "금융규제·감독 추세의 변화와 과제," 「주간 금융동향」, 한국금융연구원, 2003. 2, 22~28면.

16) Taylor, M., "Two Peaks: A Regulatory Structure for the New Century," *Center for the Study of Financial Innovation*, Dec. 1995.

의 건전성도 제고된다는 것이다.

그러나 금융혁신과 규제완화 등으로 금융시스템의 위험이 더욱 증대하고 있는 현실에서 통합감독기관이 모든 감독업무를 효율적으로 수행할 수 있겠는가에 대한 회의도 적지 않은 것 또한 사실이다. 통합감독기구의 비대화에 따른 비용의 과다와 조직통제의 애로, 금융기관의 다양성과 직원의 전문성 훼손, 다양한 금융감독 이슈에 대한 우선순위 설정의 어려움, 통합감독기관에 대한 적절한 통제가 없을 경우 피감독기관에 대한 권한의 남용과 금융소비자에 대한 책임성 결여 등에 대한 우려가 그것이다.

이원감독 모형은 건전성 규제와 영업행위와 소비자보호 기능을 별개의 감독기관이 관장함으로써 단일감독기구가 두 기능을 동시에 수행하는 경우 상대적으로 일상적인 정치적 영향이 큰 소비자보호 및 영업행위 규제에 더 집중하므로 건전성 규제가 소홀히 취급될 수 있고 두 기능을 수행하는 인적자본의 성격이 다름에도 두 기능이 합쳐져 있는 경우 어느 한쪽이 지배적인 축이 되어서 다른 한쪽의 유효성이 감소하는 등의 문제점을 해소할 수 있다는 장점이 있다. 그러나 감독목적간 이해상충 발생 시 감독기관간 분쟁발생 우려, 감독기관의 중복에 따른 감독비용의 증가와 피감독기관의 규제부담(regulatory burden) 증가, 피감독기관의 규제회피(regulatory arbitrage) 추구,[17] 금융회사 전체 리스크 파악의 어려움 등으로 인해 통합감독체제에 비해 효과적 감독이 어렵다는 지적도 있다.

현재 우리나라를 비롯하여 독일, 일본 등 다수의 국가가 통합감독체제를 채택하고 있으며 오스트레일리아, 네덜란드 등 일부 국가에서는 건전성 감독기구와 영업행위 감독기구가 분리된 이원감독 모형을 도입하고 있고 2008년 금융위기를 계기로 영국도 부분적으로 동 모형과 유사한 감독체제의 도입하고 있다.

우리나라는 금융소비자 보호기능은 금융회사 건전성 감독기능과 상충되어 동일 기구 내에서 수행하는 것은 근본적인 한계가 존재하고 있기 때문에 금융감독원과 독립된 별도의 금융소비자보호원을 신설하고 금융감독원은 금융기관의 건전성 감독을 담당하는 이원감독체제를 도입하자는 법안이 고려되고 있으나, 금융감독원 내에 소비자보호처를 신설하고 권한을 강화시킴으로써 전면적인 이원체제로의 전환 이전의 중간 형태를 취하고 있다.

17) Barry Eichengreen, "Future of the International Financial Architecture," International conference, The Bank of Korea, May 2011.

VI. 개별감독과 그룹감독

금융감독은 개별금융기관에 대한 개별감독(solo supervision)과 금융그룹에 대한 그룹감독(group supervision)으로 나누어 볼 수 있다. 금융그룹은 복수의 금융회사가 자본적 연계 등으로 공동지배 하에 있는 그룹을 말한다. 최근 지주회사나 자회사 등을 통한 금융겸업화가 확산되고 은행, 증권, 보험 등 이종금융업종을 영위하는 복합금융그룹의 출현으로 금융그룹 전체를 감독할 수 있는 그룹감독에 대한 중요성이 높아지고 있다. 이는 금융그룹에 대한 감독의 경우 개별 금융회사에 대한 감독만으로는 충분하지 않기 때문인바, 구체적으로 금융그룹이 가지는 다음과 같은 속성에 기인한다.[18)]

첫째, 리스크의 전염가능성(risk contagion)이다. 일반적으로 금융그룹에 속한 계열회사의 리스크는 다른 계열회사에 전염되는 효과가 있어 개별금융회사의 감독만으로는 금융그룹 전체의 리스크를 파악하는 데는 한계가 있다.

둘째, 그룹 내 계열회사간 거래의 복잡성 및 투명성결여 문제(complexity and lack of transparency)이다. 그룹 내 계열회사간 또는 대주주 등 특수관계인과의 내부거래는 손실이나 위험의 부당한 이전을 초래하는 이익상충 문제를 발생시킬 소지가 있다.

셋째, 규제의 재정현상이다. 유사한 성격의 거래에 대해 규제의 비형평성이 존재할 경우 피규제자는 상대적으로 약한 규제를 받는 거래를 선호하는 유인을 갖게 된다. 예컨대 동일한 신용리스크를 지닌 대출자산에 대한 자본적정성 규제가 금융회사간에 차이가 있을 경우 금융그룹은 규제가 약한 금융회사에서 대출이 발생하게 하는 등으로 규제를 회피할 수 있다.

넷째, 그룹감독은 개별 금융회사에 대한 공적금융안전망(official financial safety)이 안정망의 제공대상이 아닌 그룹 내 타 회사로 악용되는 것을 방지할 수 있다.

다섯째, 그룹감독은 조직구조, 관리 등에서 복잡하고 다양한 금융그룹을 대상으로 감독의 사각지대를 줄일 수 있다.

이 밖에도 그룹감독은 그룹 내 회사간 정보의 공유를 인정하는 경우 고객정보의 오·남용을 방지하는 데 보다 효율적이라는 점 등을 들 수 있다.

그룹감독의 기본 틀은 연결감독(consolidated supervision)이다. 연결감독은 금융그룹에 속한 계열회사를 대상으로 개별 금융회사에 영향을 미치는 모든 리스크를 고

---

18) 최장봉, "금융회사집단 감독체제의 구축방향," 한국금융연구원, 2004. 3.

려하면서 계열회사를 연결하여 감독하는 것을 말한다. 연결감독에 의하여 개별 금융회사에 노출되어 있는 리스크가 보다 정확하게 파악될 수 있다.

그러나 그룹감독, 특히 그룹을 형성하는 회사를 연결하여 감독하는 연결감독은 금융그룹의 감독을 위한 별도의 감독수단은 아니며 어디까지나 기존의 개별 금융회사 감독을 보완하는 수단이라고 할 수 있다. 그룹을 형성하는 개별 회사의 특성, 특히 위험의 성격이 다르기 때문이다. 이러한 점을 고려하지 않고 그룹 전체의 공통분모를 중심으로 일률적인 규제 및 감독기준(one size-fits all)을 적용할 경우 규제의 공백과 감독의 사각지대를 초래할 우려가 있다.[19]

현재 대부분의 국가에서 연결감독이 의무화되어 있다. 1995년 7월 BIS, IOSCO 및 IAIS는 공동으로 복합금융그룹에 관한 감독(Supervision on Financial Conglomerates) 보고서를 발표한 데 이어 1996년에는 동 보고서를 토대로 복합금융그룹에 대한 통합감독기준을 마련하기 위해 Joint Forum을 출범시켰다.

Joint Forum은 그 동안의 연구결과를 토대로 복합금융그룹의 감독에 대한 최종보고서를 발표하고, 감독당국에 동 보고서에 제시된 원칙을 이행하도록 권고하고 있다.[20] 동 제도의 핵심은 연결재무제표 등 연결기준에 의하여 금융그룹 전체의 경영상태를 확인·점검하여 금융그룹 전체 차원에서 효율적인 리스크 통합관리 체제를 구축하자는 것이다. 금융그룹의 통합리스크관리는 금융그룹 전체 차원에서 리스크 총량을 산출하고 리스크 규모에 상응하는 필요자본(economic capital) 규모를 유지하는 한편, 이를 각 계열사별로 배분하고 성과를 평가하는 체제를 말한다.

이를 위해 금융그룹 전체의 리스크 측정방법과 리스크로 인해 발생가능한 손실을 흡수할 수 있는 금융그룹 전체의 필요자기자본 규모의 결정이 주요한 과제가 된다. 금융그룹 전체의 필요자기자본 규모는 그룹소속 회사간의 리스크의 상관관계와 리스크의 전염가능성 및 자본의 적격성(eligibility) 등을 고려하여 산정되어야 한다.

Joint Forum은 각 익스포저별로 필요자본을 추정하고 합산과정에서 익스포저간의 상관관계를 고려하여 통합리스크량을 산출하는 방법을 제시하고 있다. 구체적으로 은행, 증권, 보험 등 금융그룹의 계열회사별로 먼저 계열회사가 개별리스크

19) 서근우 등, "금융법 체제개편에 따른 금융회사의 건전성 감독제도 개선방향," 「금융연구」, 2004. 8.

20) 우리나라는 금융지주회사에 대한 연결감독은 제도화되어 있으나 아직까지 일반 금융그룹(금융회사 및 이와 지배나 종속관계에 있는 금융회사로 구성된 그룹)이나 계열금융그룹(「공정거래법」상 기업집단에 속하는 금융회사들로 구성된 그룹)에 대한 연결감독은 명시적으로 규정화되어 있지는 않다.

유형별로 리스크를 측정한 다음 각 계열회사별 리스크를 합산하고 마지막으로 이와 같이 산출된 리스크를 금융그룹 차원에서 합산하는 단계별 접근방식(building block approach)이다. 리스크간의 상관관계는 각 단계별로 리스크를 합산하는 과정에서 적절한 통계기법을 이용하여 반영한다.

자본의 적격성이란 특정회사의 자본의 성격상 그룹 내 다른 회사의 자본으로 이용될 수 있는지를 말하는 것으로, 예컨대 보험회사에서 인정되는 자본이 은행에서는 자본의 기능을 담당하기 어려운 경우 등이 일례이다. 이 밖에 후순위채무의 비중 등 자본구성, 소속회사간 자본의 분포 등도 그룹 전체의 자본적정성 정도에 영향을 미친다.

금융그룹 전체의 필요자기자본 규모는 소속 개별회사의 적정자기자본 규모의 합과 비교할 때 양면적인 측면이 있다. 그룹형성에 따른 비용절감과 수익다변화 효과로 인해 감소되는 측면과 조직통제의 어려움, 거래의 복잡성 등 그룹의 속성으로 인해 증가하는 측면이 그것이다. 일반적으로 금융그룹의 적정필요자본 규모는 소속 개별회사의 필요자본 규모를 합한 것보다 커야 하는 것으로 이해되고 있는데 이는 다음과 같은 요인들에 기인한다.

첫째, 금융그룹 소속회사에 대한 자기자본 규제에 차이가 있을 경우 금융그룹은 규제가 약한 회사의 업무비중을 증가시키는 규제회피 유인이 있다. 예컨대 은행에 대한 대출규제가 보험회사에 대한 규제보다 강할 경우 금융그룹은 계열보험회사를 통한 대출을 선호하는 유인이 있을 수 있다.

둘째, 금융그룹의 필요자기자본 계산시 동일 자본을 여러 소속회사의 자본으로 계상하는 다중계상 행위(multiple gearing)나 특정 소속회사의 부채로 조달된 자금을 타 소속회사의 자기자본으로 계상하여 순자본에 비해 부채가 과대해지는 과다채무 현상(excessive leverage)이 발생할 가능성 등이 있다.

셋째, 상호출자, 신용공여, 지급보증 등의 내부거래로 인한 금융그룹 내 회사간 부당한 리스크의 전가나 내부거래 등으로 인해 부실이 전염될 가능성이 있다. 이와 같은 현상으로 인해 그룹 소속 개별 금융회사는 건전하다 하더라도 금융그룹 전체의 건전성은 저하될 수 있다.

넷째, 대형화된 금융그룹의 도산이 전체 금융시스템이 미치는 파급효과로 인해 금융그룹이 대마불사(too big to fail)를 기대하거나 대규모 금융그룹의 거대성과 복잡성으로 인한 감독의 어려움(too big to discipline)을 악용하여 과도한 리스크를 부담하려는 도덕적 해이를 범할 우려가 있다.

이와 같은 문제들로 인해 금융그룹에 대해서는 개별 회사차원보다 높은 자기자본규모가 요구되나 이를 그룹 스스로 충족하는 유인은 작다.

Ⅶ. 금융감독의 방향

앞으로 금융감독방식은 규정중심 감독방식(rule-based supervision)에서 원칙중심 감독방식(principle-based supervision)으로 점진적으로 이행되어 갈 것이다. 규정중심 감독방식이란 금융회사의 영업에서 수반되는 리스크의 종류와 수준 등 금융회사가 지켜야 할 바람직한 행위기준을 사전에 법규에 정하여 놓고 사후적으로 금융회사의 건전성과 자본적정성 등이 동 기준을 충족하는지 여부에 초점을 두는 사후적·적발적 감독방식이다.

규정중심 감독방식은 변화의 예측이 가능한 정태적 환경하에서는 규제의 투명성과 객관성이 높아 유효한 방식이나 변화가 큰 동적 환경하에서는 규정을 기계적으로 적용하는 관료성으로 인해 상황 변화에 유연하게 적응할 수 없다는 약점을 가지고 있다. 특히 최근에 들어 금융혁신의 급속한 진전과 금융회사들의 규제회피 기술의 향상 등으로 인해 감독당국이 사전에 이와 같은 기준을 세우고 통제하는 것이 점점 어려워지고 있다.

원칙중심 감독방식은 이러한 규제환경 변화에 따라 진화된 산물로 금융회사가 사전에 법규에 정하여진 기준을 준수하는지보다는 금융회사의 행위가 궁극적으로 금융회사의 건전성에 미친 결과를 중시하고 결과 도달까지의 중간과정은 금융회사의 자율적 판단을 존중하는 감독방식으로 주로 리스크와 증거(evidence)에 기초를 두는 사전적·예방적 감독방식이다. 원칙중심감독방식은 금융회사의 자율적 판단을 중시하므로 이론과 원칙에 따라 다양한 상황에 대한 적응력과 문제해결능력을 갖춘 전문가가 필요하다.

리스크에 기초를 두는 감독이란 금융회사의 리스크의 측정·관리에 있어 금융회사 스스로 만든 내부모형을 사용할 수 있도록 하여 시장 변화에 신속하고 효과적으로 대응할 수 있도록 하고 감독당국은 리스크 관리에 대해 일률적인 방식을 강요하기보다는 개별 금융회사의 내부모형과 위기관리 능력이 적정한지만을 점검하는 것을 말한다.

증거에 기초한 감독이란 감독당국의 규제가 필요한 시장실패가 존재하는지, 규제가 필요하다 하더라도 비용과 혜택의 측면에서 규제의 경제적 합리성이 존재하는지 등을 사전에 충분히 고려하여 규제를 실시한다는 것이다.

원칙중심 감독방식은 특히 금융시스템의 안정과 금융소비자 보호를 도모하면서도 시장기능을 최대한 보장한다는 점에서 시장친화적인 유인부합적 감독(incentive compatible supervision)임을 강조한다. 유인부합적 감독은 피규제자의 유인과 규제자의 규제목적을 양립될 수 있게 하여 피규제자들로 하여금 규제목적을 내부화하여 자신에게 가장 유리한 행동을 유발할 수 있게 하자는 것이다.

원칙중심 감독방식은 미국, 영국 등 주로 당사간의 합의를 중시하는 관습법 위주 국가들이 도입하고 있는바, 특히 영국이 그 전형이다. 동 방식은 금융회사가 금융시장의 혁신과 변화에 신속하게 대응할 수 있게 하는 등의 장점이 있는 반면에 규제의 명확성이 낮기 때문에 감독당국의 재량권(regulatory discretion)이 증가하여 규제비용이 증가할 우려가 있는 등 부작용도 적지 않다. 따라서 동 방식을 도입한 국가들도 전면적으로 동 방식을 도입하기보다는 규제의 성격 및 특징에 따라 규정의 필요성을 인정하는 혼합방식을 사용하고 있다.[21)]

제 2 절 금융감독기구

Ⅰ. 금융감독기구의 법적 성격

주요국의 금융감독제도를 보면 각국 특유의 금융제도에 따라 다르나 대체로 금융감독권을 정부(정부 산하 독립행정조직 포함), 중앙은행 또는 별도의 독립법인에 부여하는 유형 중 하나를 선택하는 경우가 보편적인 현상이다. 일본의 금융청은 정부조직이고 미국의 FRS, OCC, SEC, 캐나다의 OSFI 등은 공적조직 또는 정부산하 독립행정조직이다. 그러나 영국의 FCA, 호주의 APRA 등은 정부로부터 독립된 공적 민간조직이다.

21) 김영도, '원칙중심 감독체계의 도입과 과제', 「주간 금융브리프」, 제17권 제7호, 한국금융연구원, 2008. 2.

표 4-2 주요국의 금융감독기구 현황

국 별	기관명	법적 성격
미 국	Federal Reserve System(FRS)	공적기구
	Office of the Comptroller of the Currency(OCC)	정부기구
	Securities & Exchange Commission(SEC)	정부기구
일 본	Financial Service Agency(FSA)	정부기구
독 일	Bundesanstalt für Finanzdienstleistungsaufsicht(BaFin)	공적기구
프 랑 스	Autorité de Contrôle Prudentiel(ACP)	공적기구
	Autorité de Marchés Financiers(AMF)	공적기구
캐 나 다	Office of the Superintendent of Financial Institutions(OSFI)	정부산하 독립청
덴 마 크	Office of the Supervisory Authority(DSFA)	정부기구
스 웨 덴	Financial Supervisory Authority(FSA)	정부산하 독립청
노르웨이	Banking, Insurance and Securities Commission of Norway(BISCN)	정부기구
싱가포르	Monetary Authority of Singapore(MAS)	정부기구 (통화정책도 포함)
영 국	Prudential Regulatory Authority(PRA)	정부기구
	Financial Conduct Authority(FCA)	공적기구
호 주	Australian Prudential Regulation Authority	정부기구
	Australian Securities and Investments Commission	정부기구
한 국	금융위원회(FSC: Financial Services Commission)	정부기구
	금융감독원(FSS: Financial Supervisory Service)	무자본 특수법인

자료: 금융감독원.

우리나라의 경우 통합감독기구는 정부조직인 금융위원회와 공적 민간조직인 금융감독원으로 이원화되어 있다.

금융감독기구 직원의 신분은 조직의 법적 성격 및 조직연혁 등에 따라 공무원과 민간인으로 구분된다. 일반적으로 감독기구의 성격이 정부조직(산하 행정조직 포함)인 경우 직원의 신분이 공무원이며 독립법인인 경우 민간인인 경우도 있고 공무원인 경우도 있다. 주요국 금융감독기구 직원의 신분을 보면 미국의 FRS, FRB[22] ·

22) 미국의 FRB, FDIC, SEC 등의 직원들이 공무원이라고 하는 것은 우리의 개념과는 다르다. 미국의 정부와 공공기관은 직위분류제 등의 개방형 시스템을 갖추고 있기 때문에 우리와 같은 직업공무

OCC · FDIC · SEC, 일본의 금융청, 캐나다의 OSFI, 독일의 금융감독청, 호주의 ASIC 등은 공무원이고 영국의 FCA와 호주의 APRA 등은 민간인이다.

금융감독기구의 조직형태를 '정부조직으로 해야 하느냐, 공적 민간조직으로 해야 하느냐'에 대해서는 조직운영의 효율성 측면에서도 상반된 논리가 제시되고 있다.

우리나라에서 금융감독기구를 민간조직으로 해야 한다는 주장은 다음과 같은 논리를 제시하고 있다. 첫째, 상명하복에 충실한 정부조직으로 할 경우 그 속성상 감독기구를 정부조직체계 내에서의 지휘 · 명령체계로 인식하기 때문에 정치권 또는 행정부로부터 감독업무 운영의 독립성과 중립성을 확보하기 어렵고 특히 정치권의 영향을 많이 받을 수밖에 없는 공무원 조직은 정치적 동기로 인해 이해집단에 포획(capture)되어 규제를 느슨하게 하는 이른바 규제유예(regulatory forbearance)를 행할 우려가 있다.

둘째, 행정기능에는 시장에서 시장참여자로서 민간과 대등한 지위에서 각종 서비스를 제공하는 기능도 있고 민간과 대등한 지위에서가 아니라 우월적 지위에서 공권력적 행정작용을 행사하는 기능도 있다. 그러나 최근의 금융감독의 세계적인 흐름은 시장친화적인 감독, 즉 전자를 보다 강조하는 추세이다. 금융감독기구를 정부조직으로 할 경우 공무원의 뿌리 깊은 관료우월 의식과 특유의 배타성으로 인해 시장의 동등한 일원으로서 참여하여 시장상황을 진단하고 이를 토대로 시장친화적인 감독업무를 수행하기에는 부적합하며 이로 인해 시장참여자들도 이들에게 감독수요를 전달하기가 용이하지 않다.

셋째, 정부조직의 경우 순환보직으로 전문성 축적이 곤란할 뿐만 아니라 경직적인 보수체계와 연공서열을 중시하는 인사체계 등으로 우수한 외부 전문인력의 확보가 어렵다.

넷째, 감독기구가 정부조직으로 되면 금융감독정책이 정부의 거시경제정책의 수단이 되어 금융감독의 주된 목표인 건전성 감독이 위축될 우려가 있다.

이와 같은 주장에 대해 감독기구를 정부조직 형태로 해야 한다는 논리는 첫째, 현행 법령상 행정권은 대통령을 수반으로 하는 정부에 속하고(「헌법」 제66조 제4항)

원제도가 없고 직원의 임면 및 보수 등은 기관이 독자적으로 결정한다. 이들의 신분을 우리나라와 같은 기준으로 공무원 또는 민간인으로 분류하는 것은 부적절하다. 그 사회에서는 공적인 업무에 종사하는 법적조직의 구성원을 공무원이라고 칭한다.

표 4-3 통합금융감독기구의 권한

국별	설립인 · 허가권	검사권	자료 요구권	지시 · 감독 및 조치 요구권	개별금융기관에 대한 지시권	임원 자격 심사권	임원 해임 (권고)권	영업 정지권	관리인 선임권	계약 이전 명령권
영국	○	○	○	○	○	○	…	○	○	…
호주	○	○	○	○	○	×	×	×	○	○
일본	○	○	○	○	…	○	○	○	○	○
캐나다	△(인가추천)	○	○	○	○	△ (설립시)	○	○	○	△ (추천)[1]
덴마크	○	○	○	○	×	○	△ (감사만)	○	○	○
스웨덴	○	○	○	○	○	○	×	×	×	×
노르웨이	△(인가추천)	○	○	○	○	○	△ (추천)	△ (일부)	…	△ (일부)[2]
싱가포르	○	○	○	○	…	○	△ (감사만)	○	○	…

주: 1) 금융감독청장이 추천, 재무부장관이 승인.
2) 증권회사 및 보험중개인(insurance broker).
자료: 금융감독원.

금융기관의 인허가와 같이 국민에게 특정한 권리를 부여하거나 제재와 같이 국민의 권리를 제한하는 공권력적 속성을 갖는 감독업무를 민간에게 위탁할 수 없다는 것이다. 「정부조직법」(제6조)은 '행정기관은 법령이 정하는 바에 따라 그 소관사무 중 조사·검사·검정·관리업무 등 국민의 권리·의무와 직접 관계되지 아니하는 사무를 지방자치단체가 아닌 법인·단체 또는 기관이나 개인에게 위탁할 수 있다'고 규정하고 있다.

둘째, 감독업무의 책임성 확보를 위해 정부조직으로 하는 것이 더 효율적이라는 것이다. 즉, 감독기구를 민간조직으로 할 경우 민간조직이 권한만 있고 그에 따른 책임성은 담보되지 않아 감독업무의 책임성 확보가 어렵고 정부정책과 연계된 감독업무 수행이 곤란하며, 특히 여러 행정·법률상 애로로 인해 감독업무를 효과적으로 수행하지 못할 가능성이 크다는 것이다.

이들은 또한 공무원이 감독업무를 수행하면 민간인에 비해 독립성과 중립성이 떨어진다는 주장에 대해 금융감독업무를 수행함에 있어 중요한 것은 금융감독기구가 정부 내 운영상에 있어 독립성을 확보하는 것으로, 이는 감독주체인 감독기구 직원의 신분이 공무원인가 민간인가와는 별개이며 공무원 조직의 경우 전문성이 떨어진다는 주장에 대해 금융감독업무 중 전문적·기술적 분야를 특정하고 이에 대해 지시·감독 및 책임성을 확보하기 위한 장치를 마련하면 금융감독의 전문성과 책임성을 동시에 제고시킬 수 있다고 주장한다.

Ⅱ. 금융감독기구의 권한

대다수 국가들의 경우 금융감독기구는 금융기관에 대한 인·허가권, 규제권, 통제권, 제재권 등 감독에 수반되는 권한을 포괄적으로 보유하고 있다. 미국, 영국 등 대다수의 선진국들은 법에서 금융감독기구에 포괄적인 감독권을 위임하고 있고, 특히 미국은 해당 법률에서 포괄적 금지규제를 가하는 대신 공익 또는 투자자보호상 문제가 없다고 판단되는 경우 금융감독기구가 당해 금지의 적용면제를 정하도록 하고 있다.

이와 같이 독립된 감독기구에 폭넓은 권한을 부여하는 이유는 감독기구가 가능한 한 정치와 여타 행정으로부터 독립하여 금융감독을 중립적으로 수행하고 시장에 대한 밀착감시를 통해 법규와 현실간의 괴리를 줄여 감독체제의 위기대응 능력을 극대화하기 위해서다.

대다수의 선진국의 경우 금융관련 법률 제·개정권은 전통적으로 금융제도의 형성을 담당해 온 행정조직이 보유하고 있는 것이 보편적인 현상이다. 영국의 경우 재무성이 금융관련 법률 제·개정권을 보유하고 있고 일본도 정부조직인 금융청이 금융관련 법규 및 제도를 기획·입안하고 있다. 우리나라는 정부조직인 금융위원회가 금융관련 법령뿐만 아니라 하위규정의 제·개정권도 갖고 있다. 이에 따라 감독실무를 관장하는 금융감독원과의 권한 배분의 문제가 제기되고 있다.

영·미의 금융법 체계는 법률과 감독기구 규정으로 단순화되어 있어 각 법규관장 조직간에 마찰이나 갈등의 소지가 적지만 우리나라의 경우 법률, 시행령, 규정, 규칙 등으로 단계가 많아 관련 조직간에 갈등의 소지가 크다. 특히 시장의 필요에 따라 적시에 제도 보완이 이루어져야 하는 사항까지 상위 법규로 정할 경우 감독당국이 신속하게 대응할 수 있는 여지가 없어진다. 따라서 금융 현장에서 일어나는 상황에 보다 신속하고 탄력적으로 대응할 수 있도록 법규의 시행단계를 줄이고 금융위원회는 가능한 한 금융정책과 제도의 설정에 관한 업무에 주력하고 금융시장 현장에 관한 감독업무는 금융감독원에 대폭적으로 위임해야 할 것이다.

III. 금융감독의 독립성과 중립성

효율적인 금융감독을 위해서는 감독주체인 감독기관의 독립성과 감독업무의 중립성이 보장되어야 한다. 금융감독기구를 정부조직으로 운영하는 국가들의 경우에도 대부분 금융감독기구에 운영의 자율성을 보장하여 금융감독기구의 독립성과 감독업무의 중립성을 보장하고 있다.

Das 등은 감독기구의 독립성(independence)의 요소로 규제독립성, 감독독립성, 기관독립성 및 예산독립성을 들고 있다.[23] 규제독립성이란 법률이 정한 범위 내에서 감독기구가 독자적으로 규정을 제정하고 이를 집행할 수 있는 것을 의미하고 감독독립성이란 인·허가, 검사, 제재 등 감독기능의 자주적 행사를 보장하는 것을 의미한다. 기관독립성이란 감독기구가 행정부와 입법부와는 별도의 기관으로서의 독자적인 지위를 확보하는 것을 말하고 예산독립성은 감독기구의 조직, 예산, 직원의 충원·연수·보상 등을 자율적으로 결정할 수 있는 것을 말한다.

이들은 또한 금융감독기구의 책임도 강조하여 권한에 상응하는 책임도 뒤따라야 한다고 주장한다. 구체적으로 금융감독기구는 자신의 행동이나 결정에 대해 책임을 지며 이러한 책임성(accountability)을 근거로 독립성을 스스로 지켜 나가야 한다는 것이다.

금융감독기구의 독립성을 확보하기 위해서는 특히 감독기구의 장을 전문성과 청렴성을 갖추고 정치적으로 독립적인 인사로 임명하는 것이 중요하다. 이 밖에 감독기구 직원들의 전문성을 향상시켜 이들로 하여금 시장참여자를 선도하고 그들에게 시장친화적인 감독서비스를 제공하게 하여야 한다. BIS도 감독기관의 독립성, 자율성 및 전문성을 제고하기 위한 핵심준칙을 설정하고 있다.[24] 동 준칙의

23) Das, U. S., M. Quintyn, and M. Taylor, "Financial Regulators Need Independence," in *Finance and Development*, vol. 39, No. 4, International Monetary Fund, December.

24) Basel Committee on Banking Supervision, "Core Principle Methodology," Basel, October 1999, p. 12.

주요내용을 보면 감독기관은 정부나 기업 등으로부터 독립성과 자주성을 확보하여야 하며 이를 위해 예산의 독자적 확보, 직원의 자질향상, 감독기관장의 임기보장 등을 필수사항(essential criteria)으로 적시하고 있다.

금융감독의 중립성을 확보하기 위해서는 금융감독정책과 일반 경제정책을 구분하여 운영하는 것도 매우 중요하다. 지금까지 우리나라의 금융감독기구는 감독정책을 금융시스템의 안정성 확보라는 본연의 책무보다는 때로는 이와 상충되는 경제정책, 특히 경기대책을 뒷받침하는 수단으로 이용한 예가 적지 않았다.

제 3 절 우리나라의 금융감독체계

1. 금융위원회

금융위원회는 금융정책 및 금융감독에 관한 업무를 수행하게 하기 위하여 「금융위원회의 설치 등에 관한 법률」에 의거 국무총리 소속 하에 설치된 정부조직법상 합의제 중앙행정기관인 행정위원회이다.[25]

금융위원회는 금융에 관한 정책 및 제도에 관한 사항, 금융시장의 안정에 관한 사항, 금융기관 감독 및 검사·제재에 관한 사항, 금융기관의 설립, 합병, 전환, 영업양도·양수 및 경영 등의 인·허가에 관한 사항, 외국환업무 취급기관의 건전성 감독에 관한 사항, 금융 및 외국환거래 취급기관의 건전성 감독에 관한 국제협력에 관한 사항, 금융중심지의 조성·발전에 관한 사항, 그 밖에 다른 법령에서 금융위원회의 소관으로 규정된 사항을 관장한다.

금융위원회는 위원장, 부위원장, 금융감독원장, 예금보험공사 사장, 기획재정부 차관, 한국은행 부총재, 금융위원장이 추천하는 금융전문가 2인, 대한상공회의소 회장이 추천하는 경제계대표 1인의 9인으로 구성되고 당연직을 제외한 위원은 대통령이 임명한다. 금융위원장, 부위원장과 금융위원장이 추천하는 2인은 상임으로 하고 나머지는 비상임으로 한다. 금융위원장은 국무총리의 제청을 거쳐 대통령이 임명한다. 금융위원장은 국무회의에 출석하여 발언할 수 있다. 의안은 위원장이

25) 행정위원회는 정치적 중립성, 기술적 전문성 등의 필요에 의하여 일반 행정청으로부터 독립하여 순수한 행정기능 이외에 준입법적·준사법적 기능을 수행하는 합의제 기관이다.

단독 또는 3인 이상의 위원이 제안할 수 있다. 위원장은 예외적으로 내우·외환·천재지변 또는 중대한 금융경제상의 위기 등 긴급한 상황에서는 위원회를 소집하지 않고 독자적으로 필요한 조치를 취할 수 있다.

금융위원회는 증권·선물의 특수성을 감안하여 내부에 별도의 행정위원회인 증권선물위원회를 둔다. 증권선물위원회는 내부자거래나 시세조종 등 불공정거래에 대한 조사·조치권과 금융위원회의 증권·선물 관련 규정과 조치에 대한 사전 심의권을 가지고 있으며 기업회계기준 및 회계처리에 관한 업무를 관장한다. 증권·선물위원회는 5인으로 구성되고 위원장은 금융위원회 부위원장이 겸임하고 4인은 금융위원장의 추천으로 대통령이 임명한다.

금융위원회는 사무를 처리하기 위하여 사무처를 둔다. 금융위원회는 금융감독원의 업무·운영·관리를 지도·감독한다. 금융위원회와 증권선물위원회는 금융감독의 효율성을 제고하기 위하여 필요한 경우에는 「금융위원회의 설립에 관한 법률」 또는 다른 법령에 따른 권한의 일부를 금융감독원장에게 위탁할 수 있다.

금융위원회가 의결하는 경우에는 의결서를 작성하며, 의결에 참여한 위원이 기명하고 날인 또는 서명을 하고 금융위원회가 정하는 바에 따라 의사록을 공개하여야 한다.

2. 금융감독원

금융감독원은 금융위원회와 증권·선물위원회의 지도·감독을 받아 금융기관의 검사·감독업무를 수행하기 위해 설립된 무자본특수법인이다. 금융감독원은 금융기관의 업무 및 재산상황에 대한 검사, 검사결과에 따른 이 법과 다른 법령의 규정에 의한 제재, 기타 이 법과 다른 법령에서 금융감독원이 수행하도록 하는 업무 등을 수행한다.

금융감독원장은 금융위원회의 의결을 거쳐 금융위원장의 제청으로 대통령이 임명하며, 임기는 3년이고 1차에 한하여 연임할 수 있다. 금융감독원 부원장은 금융감독원장의 제청으로 금융위원회가 임명한다.

금융감독원장은 금융위원회에 안건 상정을 요청할 수 있고 금융위원장은 특별한 사유가 없는 한 이에 응하여야 한다. 금융감독원은 감독업무에 필요한 규칙을 제정 또는 변경할 수 있고 이 경우 금융위원회에 즉시 보고하여야 한다. 금융위원회는 동 규칙이 위법하거나 부당한 경우에는 시정을 명할 수 있다.

금융감독원 내에 인사 · 예산 · 업무상 독립성을 강화하여 준독립기구화 된 금융소비자보호처가 설치되어 있다. 금융소비자보호처는 금융분쟁조정, 금융교육, 민원처리 등의 업무를 전속적 업무로 규정하고 동 업무에 대해서는 금융감독원장의 지시 · 감독을 배제하고 있다. 금융소비자보호처는 이 밖에 업무를 수행함에 있어 필요한 경우 금융회사에 대해 사실조사를 할 수 있는 권한과 사실조사 결과 필요한 사안에 대해서는 금융위원회나 금융감독원에 대해 적절한 조치를 건의할 수 있는 권한을 갖고 있다.

3. 기획재정부

기획재정부는 경제정책의 수립 · 총괄 · 조정하는 차원에서 화폐, 국제금융 및 외환 등의 업무를 관장한다. 현재 국제금융은 기획재정부와 금융위원회가, 외환시장은 기획재정부와 한국은행의 금융통화위원회가 정책의 수립 · 운영 및 감독기능을 협조하여 수행하고 있다. 기획재정부, 금융위원회 및 금융통화위원회는 경제정책, 금융정책 및 통화정책의 유기적 협조를 위해 정책수행에 필요한 경우 상호간에 자료를 요청할 수 있으며 요청을 받은 기관은 특별한 사유가 없는 한 응하여야 한다.

4. 한국은행

한국은행은 금융안정을 위한 통화정책을 통해 거시감독 기능을 수행하고 있다. 한국은행은 금융통화위원회(Monetary Board)가 통화정책 수행을 위해 필요하다고 인정하는 경우 은행업을 규칙적 · 조직적으로 영위하는 금융기관(「한국은행법」 제11조의 금융기관)과 지급결제제도 운영을 담당하는 기관에 대해 자료제출을 요구할 수 있다.

한국은행은 또한 금융통화위원회가 필요하다고 인정하는 경우 금융감독원에 대해 구체적인 범위를 정해 금융기관에 대한 검사 또는 공동검사와 검사결과의 송부나 필요한 시정조치를 요구할 수 있다. 한편 금융통화위원회는 금융위원회가 통화정책과 직접 관련되는 조치를 취하는 경우 이의가 있을 때는 재의를 요구할 수 있다.

5. 예금보험공사

예금보험공사는 금융위원회 산하의 무자본특수법인으로 「예금자보호법」(제2조 제1호)의 부보금융기관과 공적자금이 투입된 금융기관에 대한 검사나 보고서 징구 등을 통해 이들 기관에 대해 주로 미시감독기능을 수행하고 있다. 예금보험공사는 업무수행을 위해 필요하다고 인정하는 경우 금융위원회 또는 금융감독원에 대해 부보금융기관에 대해 검사를 요청하거나 동 사의 직원이 검사에 공동으로 참여할 수 있도록 요청할 수 있다. 예금보험공사의 부보금융기관 조사결과 금융감독원장에 대해 시정조치를 요청할 수 있으며 금융감독원장은 예금보험공사의 시정조치 요청에 따른 금융감독원의 조치결과 및 조치대상 금융기관의 이행내역을 예금보험공사에 송부해야 한다(2014. 5. 개정).

예금보험공사는 예금보험기금과 예금보험기금채권상환기금을 운용한다. 예금보험공사는 재무구조가 취약해 부실금융기관이 될 가능성이 있는 금융기관에 대해 출자, 출연 또는 유가증권의 매입 등을 통해 자금을 지원할 수 있으며 부실금융기관의 정리와 함께 부실금융기관에 지원한 자금을 원활히 회수하기 위하여 부실금융기관이나 당해 부실금융기관 등에 채무를 이행하지 않은 채무자 등 부실관련자에 대하여 손해배상 청구를 하거나 이를 위한 업무 및 재산상황을 조사할 수 있다.

6. 자율규제기구

현재 금융기관에 대한 자율규제기구로는 각 금융기관 종류별 동업자단체인 협회와 중앙회가 있고 이 밖에 금융투자업의 경우 한국거래소가 있다. 종류별 협회로는 은행, 금융투자업, 생명보험, 손해보험, 여신전문금융협회 등이 있고 업종별 중앙회로는 농·수산협동조합중앙회, 전국신용협동조합중앙회, 상호저축은행중앙회 등이 있다.

각 중앙회는 회원조합 또는 회원저축은행에 대한 지도와 검사기능을 수행하는 등 자율규제기능을 상당부문 수행한다. 금융투자협회와 여신전문금융협회는 금융감독원의 위탁을 받아 회원사에 대해 제한적인 검사업무를, 생·손보협회는 금융감독원의 위탁을 받아 보험대리점 및 소속 모집인에 대한 검사업무 일부를 수행한다. 이 밖에 각 협회는 공정한 경쟁질서 확립을 위한 기준의 제정 및 동 기준의 위반시 제재 등 일부 자율규제업무를 수행하고 있다.

제 4 절 금융소비자 보호

Ⅰ. 금융소비자 보호제도

금융소비자란 금융업자와 금융서비스를 거래하는 거래당사자(counter party)로 정의되며 통상 예금자, 대출자, 투자자, 보험계약자 등 금융업자의 고객을 말한다. 일반적으로 금융소비자라는 의미에는 금융거래에 있어 보호의 대상이라는 가치판단이 묵시적으로 내포되어 있다. 금융상품의 복잡성과 난해성 등으로 인해 금융소비자와 금융서비스를 제공하는 금융업자간에는 본질적으로 능력, 정보 및 자원면에서 비대칭이 존재하여 금융소비자가 불리한 위치에 놓이기 때문이다.

금융소비자가 비대칭적으로 열위에 있는 경우 특히 저소득층이 금융서비스의 이용으로부터 배제되는 금융소외(financial exclusion)현상이 발생하기 쉽다. 금융소외 현상이란 소비자가 제도권이 제공하는 금융서비스로부터 비자발적으로 배제되는 현상으로 금융포용(financial inclusion)에 대비되는 개념이다. 금융포용이란 금융소비자의 제도권 금융에 대한 합리적이고 용이한 접근이 가능한 형태로 특히 저소득층(unbanked household)이 정상적인 금융과 경제활동을 가능하게 하는 상태를 의미한다. 따라서 금융거래의 공정과 형평성을 유지하고 금융포용을 확대하기 위해서는 약자인 금융소비자(vulnerable consumers)를 보호하기 위한 특별한 장치가 필요하며 이에 따라 금융소비자 보호가 금융시스템의 안정에 초점을 둔 건전성 감독과 함께 금융감독의 중요한 목적이 되고 있는 것이다.

금융소비자에게 제공되는 서비스에 대한 충분한 정보제공, 금융소비자에게 적합·적정한 금융서비스 제공, 금융업자의 우월한 지위를 이용한 금융소비자에게 불리한 계약 체결 금지, 금융상품의 판매를 위해 부당한 재산상의 이익제공과 부당권유 행위 등 불건전한 영업행위 금지, 불완전판매 행위규제, 피해를 입은 소비자의 효율적 구제, 이와 같은 사항을 위반한 금융업자에 대한 제재 등이 대표적인 규제 내용들이다.

2011년 11월 G20 정상회의는 OECD가 마련한 금융소비자 보호를 위한 일반원칙을 채택하였다. 동 원칙은 금융소비자 보호에 관한 법·규제·감독체계의 확립, 소비자 보호에 관해 명시적인 책임을 지는 감독기구의 설치, 소비자에 대한 공평한 대우, 소비자에 대한 주요 정보의 제공 및 공시의 투명성, 소비자가 리스크와 기회를 적절히 이해할 수 있도록 금융교육과 인지도 제고, 금융회사의 책임 있는 영업행위, 사기·오용으로부터 소비자 자산 보호, 소비자 개인정보 보호, 소비자 고충처리와 구제, 금융회사 간 경쟁의 촉진 등으로 구성되어 있다.[26)]

현재 우리나라의 금융소비자 보호는 「민법」, 「형법」 등 일반법에 의해서도 보호되고 있으며 이 밖에 「공정거래법」, 「소비자기본법」 등과 「자본시장법」과 「보험업법」 등 금융관련 개별법 등에서도 산발적으로 보호규정이 있다. 그러나 이와 같은 규제체계는 판매규제가 없는 영역에 규제공백(regulatory hole)이 발생하거나 유사한 행위에 대해 상이한 규제가 적용됨에 따른 규제차익(regulatory arbitrage) 추구 등의 문제가 있다.[27)] 이러한 문제점을 해소하기 위해 기능별 규제체계를 도입하여 모든 유형의 금융상품·서비스가 소비자에게 전달되는 판매행위 전반을 규율할 수 있는 규제법인 「금융소비자보호법」의 제정이 추진되고 있다. 동 법안의 주요 내용을 요약하면 다음과 같다.

(1) 금융소비자 보호를 위한 일반원칙: 금융상품판매업자 등은 금융상품에 관한 계약의 체결, 권리의 행사 및 의무의 이행을 신의성실의 원칙에 따라 하여야 하고 판매업 등을 영위함에 있어서 정당한 사유 없이 금융소비자의 이익을 해하면서 자기가 이익을 얻거나 제3자가 이익을 얻도록 하여서는 아니 된다.

(2) 금융상품 및 동 판매업자의 분류: 금융상품을 상품 속성에 따라 보장성·투자성·예금성·대출성 상품으로 분류하고, 개별 금융법상 모든 금융회사 및 판매채널을 행위 속성에 따라 직접판매업자, 판매대리·중개업자, 자문업자로 분류하고 있다.[28)] 이는 그간 개별 업권별로 달리 적용되는 규제대상 상품 및 판매행위를 금융소비자 입장에서 재분류·체계화함으로써 동일 기능에 대한 동일 규율이 적용되

---

26) OECD, "G20 High-Level Principles on Financial Consumer Protection," October 2011.

27) 현행 업권별 규제는 해당 업권의 금융상품을 중심으로 규제체계가 마련되어 있어 부수업무 형태로 영위하는 업무나 타 업권 상품과 연계한 부가서비스 등에 대해서는 규제가 미비하다.

28) 동 법은 금융상품 판매업을 직판, 대리, 중개 및 자문으로 분류하고 있다. 직판은 금융상품 제조업자 자신이 직접 판매하는 행위를, 대리는 제조업자와의 대리계약 하에 제조업자를 위해 자신의 이름으로 위임받은 권한 내에서 상품을 판매하는 행위를, 중개란 제조업자와 소비자 사이에서 금융상품의 판매가 성사될 수 있도록 돕는 사실행위를 말한다. 자문은 특정 상품의 판매를 목적으로 하는 것이 아니라 금융소비자의 의사결정에 필요한 금융상품 전반에 대한 조언을 하는 행위로 특정회사나 특정 상품에 부수되는 조언이나 설명판매(guided sale)는 제외된다. 자문은 성격상 판매행위는 아니나 소비자 보호를 위한 규제목적상 판매업으로 분류한 것이다.

게 하고 규제공백과 규제차익을 없애기 위함이다.

(3) 판매행위 규제: 업권과 관계없이 금융소비자 보호를 위해 공통적으로 적용되어야 할 판매행위 규제, 즉 적합성원칙, 적정성원칙, 설명의무, 구속성상품계약체결 금지원칙, 부당권유행위 금지, 광고규제 등을 규정하고 판매행위규제 위반 시 과징금을 부과하는 등 금융상품 판매업자 등의 불완전판매행위에 대한 제재를 강화하고 있다.

적합성원칙이란 금융소비자의 재산상황 등에 비추어 가장 적합한 상품을 권유해야 하는 원칙을, 적정성원칙이란 금융소비자가 구매하고자 하는 상품이 해당 금융소비자의 재산상황 등에 비추어 적정하지 않을 경우 이를 알려주도록 하는 원칙을, 설명의무란 금융소비자가 반드시 알아야 할 상품의 주요 내용을 설명해 줄 의무를, 구속성상품계약체결 금지원칙이란 금융소비자가 원하지 않는 다른 금융상품을 같이 구매하도록 강요하는 행위를 금지하는 원칙을, 부당권유 금지원칙이란 단정적 판단 또는 허위사실을 제공하는 등 부당한 권유행위를 금지하는 원칙을, 그리고 광고규제란 금융상품 광고시 필수적으로 포함되어야 하는 사항과 금지되는 행위에 대한 규제를 말한다.

(4) 손해배상책임: 금융회사－대리 · 중개업자(판매채널) 간에 사용자 책임을 손해배상의 일반원칙으로 도입하여 대리 · 중개업자에 대한 금융회사의 관리책임 및 지휘 · 감독관계를 명시하고 사용자 책임을 일반화하여 모든 판매채널에 적용함으로써 판매과정에서 위법행위로 금융소비자에게 손해를 발생시킨 경우 당해 판매채널뿐만 아니라 금융회사에도 배상책임을 부담토록 하여 금융소비자를 두텁게 보호하고 있다.

(5) 금융분쟁조정제도: 금융소비자와 금융기관 및 기타 이해관계자 사이에 발생하는 금융관련 분쟁의 조정에 관한 사항을 심의 · 의결하기 위해 금융소비자보호원에 금융분쟁조정위원회를 설치하고, 분쟁조정 절차와 소송이 경합하는 경우 수소법원의 결정에 따라 소송을 중지할 수 있도록 하며,[29] 소액사건에 대한 분쟁조정 중 금융기관의 이탈을 금지[30]하는 등 기존의 금융분쟁조정제도를 강화하고 있다.

(6) 금융위원회의 소비자 보호 기능: 금융위원회가 금융소비자 보호기관으로서

29) 조정이 신청된 사건에 대하여 소송이 진행 중인 때에는 수소법원은 조정이 있을 때까지 소송절차를 중지할 수 있는 제도.

30) 소액분쟁사건에 대해 조정절차가 개시된 경우에는 동 조정안을 제시받기 전에는 금융기관이 소를 제기하지 못하게 하는 제도.

의 금융상품 및 금융소비자의 특성을 고려하여 금융소비자 정책에 관한 기본계획을 수립하고 금융소비자 교육을 실시하도록 규정하고 있다.

Ⅱ. 예금보험제도

1. 예금보험제도의 연혁

예금보험제도는 다수인으로부터 예금을 수입한 금융기관이 은행공황(bank panic)이나 부실경영 등으로 인해 예금의 지급불능사태가 발생할 경우 예금자를 보호하기 위해 예금액의 전부 또는 일부를 대신 지급해 주는 안전장치(safety net)를 말한다.[31)]

예금보험제도는 이 밖에도 나라에 따라 경영부실은행에 대한 자금지원, 도산은행의 원만하고 신속한 시장퇴출여건을 조성하기 위한 재산관리 및 청산업무, 가입금융기관에 대한 감독업무 등을 수행하며 이 밖에 매우 드물기는 하지만 대출보험, 신용보증 등을 취급하는 경우도 있다. 예금보험제도는 이와 같이 일국의 금융제도의 안정성을 위한 장치로서의 역할도 하기 때문에 예금보험과 정부보증의 성격을 혼용해 운용하는 것이 일반적이다.

지금까지 이 제도는 이와 같은 취지를 성공적으로 수행하고, 금융회사의 공신력을 높임으로써 금융산업의 발전에 이바지하고 있을 뿐 아니라 국가적으로 통화정책을 보다 효과적으로 수행할 수 있는 여건을 조성하는 데 크게 기여하는 것으로 평가되고 있으나, 일각에서는 도덕적 해이와 역선택 문제를 증대시켜 금융시스템의 안정에 별로 도움이 되지 못하고 있다는 지적도 있다.

예금보험제도의 형태나 운영방법은 나라에 따라 다르다. 미국, 영국, 일본, 캐나다 등은 정부나 중앙은행 등의 출연에 의해 설립되어 이들에 의해 운영되는 공적조직이고 독일, 프랑스, 네덜란드 등은 민간금융기관들에 의해 자율적으로 운영

31) 예금보험제도의 시초는 미국 뉴욕의 중간상인들간에 성행하였던 상호보증제도로부터 교훈을 얻어 1829년에 시작되었다고 한다. 당시 뉴욕주 소재 상호보험가입은행들은 매년 자본금의 0.5%를 자본금의 3%에 달할 때까지 주금고에 납입하여 보험기능을 수행하였던바, 1830년대 후반 공황의 여파로 인한 기금부족으로 1846년에 동 제도는 폐지되었다.

예금보험제도의 부활에 결정적인 전기가 된 것은 1930년의 대공황을 통하여 수많은 은행이 도산했던 경험이었으며 이를 계기로 미국에서는 1934년 「은행법」(G-S법)에 의거 전국을 관장하는 연방예금보험공사(FDIC: Federal Deposit Insurance Corporation)가 발족하게 되었다.

표 4-4 금융기관의 예금보호장치(2019년 10월)

1. 대상기관	일반·특수은행 외국은행지점[1]	종금, 상호저축은행	보험회사	금융투자회사[2]
2. 보험요율	예금등의 잔액의 0.08%(분기별 납입)	예금등의 종금 0.15%, 상호저축은행 0.4%	예금등의 0.15%	예금등의 0.15%
3. 특별 기여금[3]	예금등의 0.1%	예금등의 0.1%	예금등의 0.1%	예금등의 0.1%
4. 대상예금	예금, 적금, 표지어음, 원금보전형 신탁	- 종금: 발행어음, 표지어음, CMA - 저축은행: 예금, 적금, 표지어음	개인보험계약, 법인보험계약 중 퇴직보험계약, DC형 퇴직연금신탁, 변액보험의 최저보증금	위탁자예수금, 선물옵션거래예수금, 수익자예수금, 일반적립식 증권저축, 세금우대증권저축, DC형 퇴직연금, 개인퇴직연금 등
5. 가입방식	의무가입	의무가입	의무가입	의무가입
6. 동일인 지급한도	5천만원	5천만원	5천만원	5천만원

주: 1) 국내은행의 해외지점 및 현지법인에 의한 예금은 현지의 예금보호제도에 따라 보호 여부 결정.
2) 투자매매업자와 투자중개업자는 제외, 증권금융회사는 포함.
3) 특별기여금('예금보험기금채권상환특별기여금')은 과거 금융구조조정시 투입된 공적 자금의 상환을 위하여 2002년 수립된 공적자금상환대책에 따라 2003년부터 2027년까지 25년간 부보금융회사가 납부하는 법정부담금.

자료: 예금보험공사 Homepage.

되는 순수 민간조직이며 노르웨이, 필리핀, 터키 등은 공사 중간조직형태이다. 이밖에 특정 금융산업들의 협회 등이 소속 금융기관들의 자구적인 상호보험제도를 운영하는 나라도 있다.

1997년 외환위기 이전까지 우리나라 금융기관의 예금자보호는 정부의 감독기능(prudential regulation)에 의존하여 왔다. 즉 감독을 통하여 사전에 금융기관의 부실화 내지 도산을 방지함으로써 사실상 정부의 보호 및 지원에 의해 예금자보호가 이루어져 왔다. 특히 외환위기 이후 금융의 자율화 및 국내금융시장의 개방에 따른 경쟁의 심화로 금융기관의 부실화의 가능성이 커지자 이에 대비하기 위해 금융기관 경영이 부실해져 고객이 피해를 볼 우려가 있을 경우 금융위원회가 해당 금융기관에 대해 여수신 제한이나 예금지급정지조치를 내릴 수 있도록 규정하였다.

그러나 이와 같은 감독기능만으로는 예금자보호에 한계가 있고, 특히 금융자율화 및 개방화가 급속히 진전되고 경쟁의 심화로 인해 금융기관의 부실화 내지 도산가능성이 증대될 것으로 예상됨에 따라 예금보험[32]은 물론 부실금융기관의 퇴출을 정리하는 업무를 수행하는 무자본 특수법인 형태의 예금보험공사가 설립된 것이다.

우리나라 금융회사에 대한 예금보호장치의 구체적인 내용은 〈표 4-4〉와 같다.

한편 2003년 5월「보험업법」개정으로 보험회사의 파산 시 법률로 가입이 의무화되어 있는 15개 의무보험과 임의보험계약인 자동차종합보험가입 피해자(법인은 제외)의 5천만원을 초과하는 손해에 대해서는 손해보험회사들이 기금을 출연하여 지급을 보장하되 15종의 의무보험에 대해서는 법에서 정한 보상한도액을, 그리고 자동차종합보험의 경우에는 1억원 한도내에서 보험회사 지급불능액의 80%까지 지급보장한다. 손해보험회사는 보험회사 파산시 각 사별 분담액을 매년 예금보험료의 범위 내에서 분할 납부한다.

우리나라에서는 차등(변동)보험요율제도를 채택하고 있어 개별금융사의 위험도에 따라 상이한 보험료가 책정될 수 있다. 여기서 표시된 금융영역별 보험요율은 평균위험수준일 때를 반영하는 것이고 개별 금융회사의 위험정도에 따라 일정 범위 내에서 가감하여 차등보험료가 부과되고 있다.

또한 보험사고에 대비하기 위해 납입보험료가 축적된 예금보험기금이 일정(충분하다고 판단되는) 수준에 달하면 보험료 납입을 면제 또는 감면해주는 목표기금제를 운영중이어서 과도한 보험료 부담을 줄이려고 노력하고 있다.

2. 예금보험제도의 존재 의의

예금보험제도가 필요하다는 논리는 은행의 자산변환 기능과 부분지준제도 그리고 선착순 지급을 특성으로 하는 은행제도는 예금자들의 기대나 선호변화 등 외생적 충격이 발생하였을 때 예금뇌취 현상이 발생할 가능성이 있는 등 본질적으로 불안정하다는 사고에서 출발한다.[33]

자산변환 기능이란 은행의 주된 부채인 예금은 은행의 지급능력이 있는 한 명목가치와 환금성을 보장해 주어야 하는 반면에 예금을 재원으로 운용하는 자산은

32) 우리나라의 예금보험은 은행의 예금뿐만 아니라 비은행 금융기관예금, 보험이나 금융투자상품까지 보험의 대상으로 하고 있어 사실상 금융소비자보험이라고 할 수 있다.

33) D. W. Diamond and P. H. Dibvig, "Bank Runs, Deposit Insurance and Liquidity," *Journal of Political Economy*, June 1983, pp. 401~419.

대부분 대출이나 채권 등 유동성이 낮아 예금청구에 즉각적으로 충당할 수 없다는 것이다.

부분지준제도란 은행은 예금의 일부분에 대해서만 지급준비자산을 보유하고 나머지는 예금의 지급청구에 즉각적으로 응할 수 없는 자산으로 운용하기 때문에 모든 예금자가 일시에 지급청구를 하면 지급불능사태에 빠질 수밖에 없다는 것이다.

선착순 지급이란 은행이 지급부족 상태에 처할 경우 예금인출 대열에 늦게 선 예금자들은 예금을 지급받을 수 없기 때문에 예금지급 부족이 예상되면 모든 예금자들이 서로 먼저 예금을 인출하려는 현상이 벌어진다는 것이다. 이러한 사태가 발생하면 은행권 전체에 대한 불신으로 이어져 예금의 대량인출 사태가 발생할 가능성이 있으며 이는 곧 은행이 모든 예금자들의 예금지급 요구에 응할 수 없게 되어 지급결제제도와 신용질서를 위태롭게 하고 나아가서는 국민경제에 심대한 부작용을 끼칠 우려가 있다.

따라서 예금자를 보호하고 이러한 사태를 사전에 예방하기 위해서는 은행의 건전한 경영이 요구되며 이는 은행산업에 대한 규제에 의해 어느 정도 목적을 달성할 수도 있다. 그러나 규제에 의한 은행의 건전성 유도는 일단 예금뇌취(대량인출: Bank run) 현상이 발생하면 유효한 수단이 될 수 없다. 건전한 은행이라 할지라도 외부적 요인에 의한 예금인출 사태에 직면하게 될 가능성이 있기 때문이다.

환언하면 불건전은행의 도산으로 동 은행에서 인출된 예금이 건전한 은행에 입금(flight to quality)되어 예금뇌취 현상이 다른 은행에 파급되지 않는다면 크게 문제가 되지 않으나 그것이 전 은행에 대한 불신으로 이어져 예금자들의 직접 현금보유(flight to currency) 사태로 이어질 경우 건전한 은행들도 예금인출 사태가 파급되어 연쇄도산에 따른 사회적 비용(social cost)은 피할 수 없게 된다.

따라서 이와 같은 사태의 예방은 은행산업의 건전경영을 유도하는 규제만으로는 해결될 수 없으며 여기서 예금보험제도의 존재의의를 발견할 수 있다. 물론 예금의 대량인출 사태를 예방하는 다른 방법이 있을 수도 있다. 예컨대 중앙은행의 최종대부자기능(lender of last resort)을 활용하거나 일시적인 예금인출 동결(suspension of convertibility) 조치 등이 그 예이다.

중앙은행이 은행들의 대출자산을 담보로 대출을 하여 주면 은행들은 유동성 확보를 위해 보유자산을 헐값(fire sale)으로 매각하지 않고 예금지급불능 사태를 막을 수 있다. 그러나 중앙은행의 최종대부자 기능이 국민경제 전체적인 유동성 차원이 아닌 일부 은행을 구제하는 차원에서 제공된다는 것은 그 조치의 당위성에서 논란이 있을 수 있다. 예컨대 위험자산을 많이 보유하여 유동성이 나빠진 은행에 중앙은행이 쉽게 대출을 하여 주면 이는 부실은행에 장려금을 지급하는 격이 될 수도 있다는 점이 그것이다.

한편 예금인출 동결조치도 예금자 신뢰의 상실과 사태의 근본적인 해결이 아닌 이연에 불과하다는 문제점이 있다. 따라서 아직까지는 예금보험제도가 대량예금 인출을 예방하는 데 가장 유효한 장치로 인식되고 있다.

3. 예금보험제도의 내용

1) 가입의무

예금보험 가입대상은 예금보험제도를 도입한 목적에 따라 차이가 있다. 예금보험제도를 도입한 목적이 주로 소액예금자의 보호에 있는 국가에서는 예금업무를 담당하는 모든 금융기관을 가입대상으로 하고 있으나 예금보험제도의 도입목적이 주로 금융시스템을 안정시키는 데 있는 국가들의 경우 상업은행만을 가입대상으로 하고 있다.

예금보험의 가입자격과 관련하여 금융기관으로 하여금 강제적으로 가입토록 할 것이냐, 아니면 자의에 의하여 가입 여부를 선택할 수 있도록 할 것이냐에 대해서는 논란이 있다. 강제가입을 원칙으로 해야 한다는 주장의 근거는 가입하지 않은 은행들은 예금뇌취 현상의 방지 등 예금보험제도의 혜택을 보면서도 보험료를 내지 않고 무임승차(free riding)를 하게 되고 그렇게 되면 비가입은행은 가입은행에 비하여 상대적으로 경쟁에 유리하게 될 수가 있다는 것이다.

또한 많은 은행들이 가입하지 않을 경우 예금보험제도를 운영하는 비용을 가입은행들만이 분담해야 하므로 그 비용이 커져서 기금의 부족으로 예금보험제도가 파산위기에 이르게 되면 결국 정부가 이를 지원해야 할 사태가 발생할 수도 있다는 것이다. 따라서 대부분의 국가에서는 예금보험의 가입자격(membership)에 관하여 은행은 강제규정으로 모두 가입토록 하는 것이 일반적인 현상이다. 미국의 경우[34] 연방준비제도(Federal Reserve System)의 가맹은행은 모두 FDIC(Federal Deposit Insurance

34) 미국의 경우 국법은행(National Bank)은 FDIC의 가입이 의무이나, 주법은행(State Bank) 중 FRS(연방준비제도)에 가입하지 않은 은행은 FDIC에 가입하지 않아도 된다. 그러나 예금보험없이 은행업을 하기는 불가능하기 때문에 FDIC에 가입하지 않은 주법은행은 주정부로부터 유사한 보장을 받고 있다.

Corporation)에 가입토록 요구하고 있고 그 밖의 은행은 FDIC에의 가입을 임의적으로 선택할 수 있으나 규모가 큰 은행들은 대부분 가입하고 있다.

이탈리아, 스페인, 아르헨티나, 칠레 등의 국가에서는 가입 여부를 은행의 자율에 맡기고 있다. 우리나라의 경우 은행을 비롯한 대부분의 금융기관들이 강제로 가입하여야 하며 외국은행 국내지점의 경우 외국과의 상호주의 등을 감안하여 예외를 둘 수 있게 되어 있다.

2) 보험지급한도

예금보험이 예금 전액에 대해 지불보장을 할 것인가 아니면 부분적으로만 지불보장을 할 것인가도 논란의 대상이 되고 있다. 부분적 지불보장을 주장하는 논리는 부분적 지불보장을 함으로써 보험가입 후 보험가입자가 위험방지 노력을 게을리하거나 금융기관이 위험한 경영을 추구하는 도덕적 위험을 범할 가능성을 방지하자는 것이다. 그러나 동 제도는 지불보장한도가 높으면 사실상 전액지불보장제도와 다를 바가 없고, 지불보증한도가 너무 낮으면 거액예금주들에 의한 예금뇌취 가능성이 남게 되어 그 취지가 상실되게 된다.

이 밖에 부분지불보장제도의 논리로 소액예금주는 보호가 필요하지만 거액예금주는 보호하지 않아도 되지 않느냐는 것이다.[35] 예금보험이 소액예금자들을 보호해 주지 않게 되면 소액예금자들은 금융기관의 도산에 대한 정보 등이 늦어 금융기관 도산으로 인한 피해가 상대적으로 클 가능성이 많으나 거액예금주는 소액예금자에 비해 정보가 빨라 금융기관의 도산에 보다 신속하게 대처할 수 있기 때문이다.

이 밖에 거액예금자들은 은행경영자에게 건실한 경영을 하도록 압력을 가할 수 있는 힘이 있기 때문에 이들로 하여금 은행에 대한 감시기능을 갖도록 해야 한다는 것도 그 논리 중의 하나이다.

주로 소규모 은행들은 예금액의 크기에 관계없이 전액을 보전해야 한다고 주장하고 대규모 은행들은 거액예금에 대해서는 전액보전이 아닌 일부보전으로 거액예금주들이 어느 정도 손실을 부담해야 한다고 주장하는 경향이 있다. 소규모 은

35) EU의 예금보험제도의 지침(directives)에서는 예금수취기관의 신용을 스스로 평가할 수 있는 대형금융기관, 예금수취기관과 긴밀한 관계에 있는 고위 임·직원, 주주, 거래인 및 기타 사적으로 특별히 취급되는 예금의 예금자 등은 보호할 필요가 없다고 규정하고 있다. 동 지침은 자국에 진출한 외국은행에 대해 자국의 예금보험제도를 적용하던 종래 방식과는 달리 본국의 예금보험제도를 적용토록 하는 모국주의를 채택하고 있다.

행들이 주장하는 논리는 예금의 일부만 보험에서 보전하도록 하게 되면 일반적으로 대규모 금융기관은 소규모 금융기관보다 안전하다고 믿어지므로 대규모 금융기관이 경쟁에서 상대적으로 유리해진다는 것이다. 구체적으로 어느 금융기관의 경영이 부실해진다는 소문이 나거나 건실한 금융기관이라도 그릇된 정보가 유포되면 보다 크고 안전한 금융기관으로의 예금이전(flight to quality) 사태가 발생할 가능성이 크다는 것이다. 이러한 이유로 소규모 은행들은 예금전액에 대한 지불보장을 선호하는 것이다.

이 밖에 소규모 은행들이 예금 전액이 아닌 일부에 대한 지불보장을 싫어하는 또 다른 이유는 금융기관의 도산처리에 대한 보험기관의 관행이다.[36] 지금까지 대규모 은행이 도산할 경우 경제 전체의 지급결제제도가 붕괴될 우려가 크기 때문에 이를 방지하기 위해 도산한 대규모 은행들은 보험기관의 주선에 의해 다른 건실한 은행에 의해 인수(purchase & assumption)되거나 보험기관의 직접지원을 통해 대부분의 예금자들이 사실상 보호를 받았는 데 반해, 소규모 은행도산의 경우 소액예금에 대해서는 보험에 의해 전액지불되나 보험금지급한도 초과예금에 대해서는 전액이 지불되지 않은 사례가 많았다는 것이다. 이러한 사례는 예금자들에게 '대규모 은행은 도산하지 않는다(too big to fail)'라는 인식을 주어 소규모 은행이 대규모 은행과의 경쟁상 불리하다는 것이다.

이에 반해 대규모 은행들은 예금자에게 건전은행을 선택하도록 유인을 제공함으로써 금융기관 경영의 안정성과 건전성을 유도하고 불건전한 은행이 계속 영업함에 따른 비용을 건전한 은행이 대신 부담하는 불공평을 막아야 한다고 주장하고 있다. 예컨대, 불건전은행이 예금을 유치하기 위해 높은 수신금리 프리미엄을 지급하게 되면 같은 지역에서 영업하는 건전한 은행도 같은 프리미엄을 지급하지 않을 수 없게 되어 결과적으로 불건전은행 때문에 건전은행이 피해를 보는 결과가 된다는 것이다.[37]

따라서 예금보호한도는 예금자의 도덕적 해이와 금융제도의 안정이 조화를 이룰 수 있는 수준에서 결정되는 것이 바람직하다. 지나치게 높은 수준의 보호한

---

36) E. D. Short, "FDIC Settlement Practices and the Size of Failed Banks," *Federal Reserve Bank of Dollas, Economic Review*, March 1985.

37) E. D. Short and J. W. Gunther, "The Texas Thrift Situation: Implication for Texas Financial Industry," *Federal Reserve Bank of Dallas, Financial Industry Studies Department*, September 1988.

도는 예금자의 도덕적 해이를 유발하는 반면 낮은 수준의 보호한도는 위기시 예금인출 사태 등으로 금융시스템이 불안정해지는 것에 대해 효과적으로 대응할 수 없기 때문이다.[38] 현재 예금보험제도를 운영하는 대부분의 국가가 부분보호제도를 채택하고 있다.

보험금지급한도의 산정기준은 대부분의 경우 금융기관별, 개인별로 정한다. 보험금 지급한도를 예금계정(account)별로 정할 경우 거액예금을 보험금 지급한도 이내의 금액으로 쪼개어 예금할 가능성이 크기 때문이다. 보험금 지급한도를 개별 금융기관별로 관리하는 것은 모든 금융기관을 개인별로 합산하여 관리하는 것이 실무적으로 복잡할 뿐만 아니라 개별금융기관별로 관리하는 것이 부실금융기관들의 도덕적 해이와 무임승차를 방지하는 데 효과적이기 때문이다.

3) 재원조성

예금보험의 재원조성방법으로는 가입은행이 정기적으로 보험료를 납부하여 사전에 기금을 조성하는 방법과 사전에 기금조성을 하지 않고 가입은행의 도산시 손실액을 사후적으로 조성하여 보전하는 방법이 있다. 사전적 기금적립방식을 채택하고 있는 국가들의 경우 예금보험기구의 기금의 건전성을 확보하기 위해 총예금이나 부보예금에 대한 비율에 의거 기금의 적립목표를 설정하는 것이 보통이다. 현재 미국을 위시한 예금보호제도를 도입한 95개국 중 29개국이 목표기금제도를 도입하고 있으며[39] 우리나라도 마찬가지이다. 사전적 기금방식은 미국, 독일, 일본 등 대부분의 국가들이 채택하고 있는 제도로 은행의 도산위험에 신속하게 대처할 수 있다는 장점이 있는 반면 보험료의 산정방법과 기금의 적정규모를 정하기 어렵다는 약점을 가지고 있다.

사후적 기금조정제도는 영국, 프랑스, 이탈리아, 스위스, 오스트리아, 네덜란

---

38) IMF는 적절한 보호한도로 1인당 GDP의 1~2배를 권장하고 있다. 미국은 10만 달러(신탁자금은 별도)이나 예금보험개혁법(Federal Deposit Insurance Reform Act of 2005)의 통과로 2006년 4월부터 퇴직연금계좌(retirement accounts)의 1인당 예금보험한도를 종래 10만 달러에서 25만 달러로 상향조정하고 2011년부터 일반계좌(general accounts)에 대한 예금보험한도의 인플레이션 연동을 허용하기로 하였다. 일본은 결제용 예금(전액보호)을 제외한 모든 예금에 대해 1,000만 엔, 독일은 도산은행 자기자본의 30%로 사실상 전액보장, 프랑스는 7만 유로, 캐나다는 6만 캐나다 달러, 영국은 2,000파운드까지는 전액보장, 2,000파운드 초과 3,500파운드까지는 90%를 보장하고 있다.

39) 미국은 2006년 「예금보험개혁법」을 개정하여 연방예금보호공사는 기금수요, 경기변동, 금융기관의 납부부담 등을 고려하여 매년 기금적립목표를 보호예금의 1.15~1.50%에서 결정한다.

드, 칠레 등이 채택하고 있는 제도로 출연금 등으로 최소한의 재원만 사전에 조달하고 보험사고 발생 시 사후적으로 기금을 조성한다. 동 제도는 가입은행간에 손실을 방지하기 위한 상호감시기능이 강화된다는 장점이 있는 반면, 도산은행 자체는 손실을 부담하지 않는다는 형평성 문제가 있고 이로 인한 도덕적 해이를 심화시킬 수 있다는 약점이 있다.

그러나 대부분의 국가에서는 재원조성방법이 사전이든 사후이든 부족자금은 정부예산, 정부 및 중앙은행차입 등에 의하여 충당한다.

4) 보험운영

예금보험을 운영하는 주체로 공적기구 형태와 사적기구 형태로 나눌 수 있다. 공적기구 형태는 정부 또는 중앙은행의 출연에 의해 설립되어 이들에 의해 운영되는 조직으로 보험제도에 대한 공신력이 높은 장점이 있는 반면, 예금보험기구가 보험경영의 부실을 최종적으로 정부에 전가시킬 수 있다는 점을 믿고 효율적인 경영에 전념하지 않는 도덕적 해이(moral hazard) 문제를 발생시킬 소지가 있다.

사적기구 형태는 공적기구와 반대로 보험경영의 효율성이 높고 보험기구의 도덕적 해이 문제가 적은 반면 보험제도에 대한 공신력이 낮고 예금보험기구가 가입은행의 파산 시 예금보험기구가 부담하게 될 손실을 두려워한 나머지 실제로 파산상태에 이르지 않을 은행까지 파산선고를 함으로써 사회적 비용을 무시할 가능성이 있다. 이 밖에 예금보험기구가 위험이 큰 은행의 보험인수를 기피하는 등 공공재 성격의 예금보험이 사회적으로 최적수준보다 과소생산될 우려도 있다.

그러나 도덕적 해이의 방지를 위해서는 은행에 대한 어느 정도의 강제적인 규제가 필요하다는 점, 은행의 파산에 따른 잠재적 사회비용이 매우 크다는 점, 예금보험을 사적기구에 맡길 경우 공공성과 사회비용을 무시할 가능성 등 때문에 예금보험기구는 공적기구의 성격을 띠는 것이 보편적인 현상이다.

예금보험기구를 독립된 기구로 할 것인가 중앙은행 등의 산하기구로 할 것인가도 논의의 대상이 된다. 전자는 미국에서 채택하고 있는 제도로 예금보험제도가 예금보험 가입은행에 대한 감독권을 갖고 책임 있게 대처한다는 장점이 있으나 독립된 기구를 유지하는 관계로 관리비용이 많이 든다는 단점을 가지고 있다. 일본은 예금보험기구가 법적으로는 독립된 기구이나 중앙은행이 관리하고 있고 독일과 프랑스 등에서는 은행연합회 내의 기금형태를 운영하고 있다.

영국은 종래에는 중앙은행이 예금보험기구를 관리하여 왔으나 1997년 5월부터 예금보호제도 이외에 2개의 보험계약자보호제도 및 2개의 투자자보호제도 등 5개의 예금보험제도를 단일제도로 통합하였다.

한편 최근에는 사적보험기구와 공적보험기구의 이원적 체제(two tier system) 유지, 예금보험의 재보험가입제도 도입 등이 논의되고 있다. 미국의 FDIC는 1994년부터 예금보험 업무 중 일부를 민간보험회사와 일반은행에 이관하는 계획을 발표하였다.

이는 은행도산 시 FDIC의 예금지급의무 부담을 경감하고 예금보험자금이 고갈될 경우라도 납세자의 부담이 되지 않도록 하기 위한 것으로 민간보험회사 등이 부보은행을 지정한 후 FDIC로부터 예금보험의 일부를 재보험의 형태로 인수함으로써 부보은행이 도산할 경우 FDIC를 대신하여 예금을 지급하게 하자는 것이다.

5) 감독기능

미국과 같이 예금보험기구에 가입은행에 대한 감독권을 부여하는 형태와 유럽제국과 같이 보험기능만 부여하는 형태가 있다. 전자는 예금보험기구가 은행부실에 따른 손실을 자신이 부담하므로 보다 철저한 감독을 통한 감독업무의 효율을 기할 수 있는 장점이 있는 반면, 다른 감독기관과 감독업무의 중복에 따른 마찰이 발생할 소지가 있고 한 기관이 당근(보험)과 채찍(감독)을 모두 갖게 되면 지나치게 권한이 비대해져 동기관이 잘못 판단할 경우의 부작용이 매우 크다는 약점을 갖고 있다.

후자는 이와는 반대로 감독기관의 중복에 따른 마찰을 방지할 수 있는 장점이 있는 반면, 예금보험기구가 은행부실에 따른 부담을 지지 않음으로 인해 감시업무를 소홀히 하는 등 도덕적 해이를 야기할 소지가 있다는 점이 약점으로 지적되고 있다.

최근 예금보험기구가 금융기관으로부터 보험료를 징수하여 보험사고 발생 시 보험금을 지급하는 전통적인 보험형(pay-box형)에서 동 기능 이외에 부보금융기관의 부실을 예방하고 부실금융기관을 효율적으로 정리하기 위해 제한적인 감독권을 동시에 보유하는 국가가 늘어나고 있다.

4. 예금보험제도의 한계와 그 대안

1) 예금보험제도의 한계

예금보험제도가 은행제도와 신용질서 유지를 위한 유효한 장치이기는 하지만 그 부작용도 적지 않다. 은행이나 예금고객이 범하기 쉬운 도덕적 해이(moral hazard)와 역선택(adverse selection) 문제가 그것이다.

먼저 은행측이 범할 수 있는 도덕적 해이 문제로 이는 주로 은행의 위험도와 관계없이 고정보험료를 징수하는 고정보험요율제도에서 나타난다. 고정보험요율제도하에서는 불건전한 금융기관이 예금보험제도를 믿고 고위험 · 고수익 위주로 투자를 하고 자기자본을 될 수 있는 한 적게 유지함으로써 경영부실(mismanagement)을 초래할 가능성이 크다.

동 제도하에서는 고위험 · 고수익을 추구하는 은행의 경우 보험구입의 한계비용인 보험료가 보험혜택보다 상대적으로 저렴하기 때문이다. 예컨대 도산가능성이 있는 은행은 한 번 크게 모험(go for broke policy)을 해 보고 싶은 유혹을 갖게 될 가능성이 크다. 잘하면 크게 벌 수 있고 실패해 보았자 더 이상 잃을 것이 없기 때문이다.

이러한 사태가 발생하게 되면 은행제도의 안전성을 보호하기 위해 고안된 예금보험제도가 오히려 은행의 부실위험을 증대시키고 은행의 자금이 보다 위험한 사업으로 운용되어 자원의 최적배분을 저해하게 된다.

예금자측에서도 예금보험제도가 예금지급을 보장해 주므로 위험을 감안하여 건전은행과 부실은행을 선별할 필요성을 느끼지 않으며, 따라서 예금자들은 수익성이 높은 상품만을 선호할 유인이 크다.

한편 보험에 있어 역선택의 문제는 보험회사가 피보험자에 대한 정보를 알지 못하는 데서 야기되는 문제로, 역선택이 발생하는 이유는 위험수준에 상응하는 보험요율이 적용되지 않기 때문이다.40) 이러한 상태하에서는 피보험자들의 평균적인 위험수준보다 높은 위험을 가진 은행(bad risks)들은 보험에 가입하려 하고 평균적인 위험수준보다 낮은 은행들(good risks)은 보험에서 이탈하려 할 것이다. 전자(bad risks)는 그들의 실제보험수리상의 이론가치(actuarial value)보다 낮은 보험료를 내게 되고 후자(good risks)는 보험수리상의 이론가치보다 높은 보험료를 내게 되기 때문이다.

따라서 이와 같은 도덕적 해이와 역선택 문제를 줄일 수 있는 제도적 장치가 마련되지 않는 한 대부분의 위험이 예금보험제도로 전가될 위험이 크다 하겠다.

---

40) J. Kareken and N. Wallace, "Deposit Insurance and Bank Regulation: A Partial Equilibrium Exposition," *Journal of Business*, July 1978.

이와 같이 예금보험제도의 문제점이 현실적으로 등장하자 이러한 문제점을 해소하기 위한 방안들이 검토되고 있는데 이는 크게 예금자규율(depositor discipline)과 규제자규율(regulatory discipline)로 대별할 수 있다.

예금자규율은 예금자도 위험을 부담하게 하여 예금자 스스로 은행을 감시하게 하자는 것으로 대규모 예금자의 손실에 대해 부분적으로만 보전하여 주는 예금보험보상액(deposit insurance coverage)의 한도조정(adjusted ceilings)제도가 그 전형적인 예이다.

한도조정제도는 보험지급 한도를 축소함으로써 예금자들로 하여금 은행을 감시토록 하자는 것이다. 그러나 한도의 축소는 예금자들이 은행을 효과적으로 감시할 수 있을 만큼 충분한 정보를 갖는 것을 전제로 하는바, 만약 그렇지 못하다면 예금자는 은행을 감시하는 것보다는 은행의 부실경영 여부에 대한 확신이 없으면 예금을 인출하는 것이 보다 편리할 수도 있으며 이렇게 하면 오히려 예금인출 사태를 유발할 우려도 있다.

규제자규율은 규제를 통해 은행의 위험인수비용을 높여 은행이 위험을 과도하게 부담하려는 유인을 줄이자는 것으로 은행별 위험도에 따라 보험요율을 차등화하는 차등요율제도,[41] 도덕적 해이를 범한 해당금융기관 경영자에 대한 제재 등이 그 예이다. 차등요율제도의 논리는 개별 은행의 위험수준에 상응하는 보험료를 징수하게 되면 개별 은행은 그들의 위험추구로 얻는 한계수익과 위험에 상응하는 보험료의 증가에 따른 한계비용이 일치하는 수준에서 적정수준의 위험을 선택하게 되어 도덕적 해이가 해소될 것이라는 것이다.[42] 그러나 동 제도의 약점은 가변요율의 측정기준을 정하는 것이 매우 어렵다는 점으로 이는 다음과 같은 요인에 기인한다.

첫째, 예금보험기구와 은행간의 정보의 비대칭이 클 경우 은행의 위험을 사전적으로 예측하기 어렵다는 것이다. 은행의 주된 자산인 대출은 유통시장에서 별로 거래되지 않기 때문에 그 위험을 정확하게 평가하기는 매우 어렵기 때문이다.

---

41) 우리나라는 2014년부터 차등요율제도를 시행하고 보험요율 차등폭은 현행 보험요율에 대하여 10% 범위 내에서 예금보험위원회가 정하도록 할 예정이다. 또한 2009년 1월부터 보험료가 목표규모 하한 도달 시 보험요율을 인상하고 상한 도달 시 보험료를 면제 또는 환급하는 목표기금제도를 도입하였다.

42) A. Meltzer, "Major Issue in the Regulation of Financial Institution," *Journal of Political Economy*, August 1976.

둘째, 차등보험료는 은행이 예금보험기구에 끼칠 손실을 추정하여 산정하여야 하지만 예상손실이 은행의 위험과 무관하게 결정될 수 있다는 점이다. 피보험자의 사고확률과 손실규모를 통제할 수 없는 일반보험과는 달리 예금보험의 경우 예금보험기구의 규제와 감독의 정도, 지급불능은행에 대한 영업정지시기의 선택 등에 따라 은행부실확률 및 손실규모를 어느 정도 통제할 수 있기 때문이다.

이 밖에 또 다른 차등요율제도의 한계로 보험가입은행이 보험료 책정기준을 사전에 알아 동 기준에 의한 위험도는 낮게 유지하되 실제위험은 높게 하여 고위험·고수익을 추구하고자 한다면 동 제도의 효과는 없어진다는 점과 상대적으로 재무구조가 취약한 금융기관에 보다 많은 보험료를 부과함으로써 부실을 더욱 악화시킬 우려가 있다는 점 등을 들 수 있다. 도덕적 해이를 범한 금융기관의 경영자에 대한 제재로는 당해 경영자에 대한 퇴임이나 민·형사상의 책임추궁 등을 예로 들 수 있다.

2) 예금보험제도의 대안

이와 같은 예금보험제도가 갖고 있는 문제점으로 인해 최근에 들어 학계 등에서 이에 대한 다양한 대안들이 제시되고 있다. 대표적인 예로 예금은 은행에 대한 확정금액 청구권이라는 점 때문에 금융기관의 경영불안 시 예금인출 사태를 초래한다고 보고 예금을 요구불주식(demandable equity)이나 수익증권과 같이 은행의 일정자산군(basket)에 대한 지분청구권 형태로 전환하자는 주장, 후순위채권의 시장규율기능을 제고하자는 주장,[43] 동업자 상호보증에 의한 보증인규율(guarantor discipline)을 도입하자는 주장, 예금은행으로 하여금 안전자산만을 운용토록 함으로써 예금자를 은행의 파산위험으로부터 완전히 격리시키자는 내로우뱅킹(narrow banking) 제도를 도입하자는 주장, 은행의 건전성을 향상시키기 위해 예방적 규제를 강화하자는 주장, 규제 및 감독의 유인부합적(incentive compatible) 기능을 강화하자는 주장, 시장의 자율규율기능을 강화하는 대신 은행에 대한 일체의 규제 및 보험장치를 없애자는 주장 등이 그것이다.

예금을 수익증권 등과 같은 자산군에 대한 지분청구권 형태로 전환하자는 취지는 자산군에 대한 가치변동이 즉시 수익증권 가격에 반영되어 수익증권 소지자

43) 은행이 발행한 후순위채의 소지자의 경우 은행의 파산을 막고자 하는 인센티브가 예금보험제도의 인센티브와 일치한다. 또한 후순위채의 수익률은 은행의 리스크에 대한 시장의 평가를 반영하기 때문에 은행감독당국이 동 수익률에 상한을 설정할 경우 사실상 은행의 리스크에 대하여 상한을 설정하는 것과 동일한 효과를 가질 수 있다.

의 소유지분이 즉시에 확정되므로 자산가치가 하락하더라도 수익증권을 먼저 찾겠다고 서두를 필요가 없기 때문에 예금과 같이 인출쇄도 상태가 발생하지 않으리라는 것이다.

후순위채권의 시장규율기능을 제고하자는 주장은 후순위채권의 발행 또는 유통수익률은 후순위채권 발행기관의 건전성에 대한 시장의 평가를 반영하는 것이므로 동 수익률의 변화가 발행기관의 건전경영을 촉진하는 유인이 될 수 있다는 것이다.[44)]

동업자 상호보증제도(cross payment guarantee solution)는 동업자간 상호감시에 의해 금융기관의 도덕적 해이를 억제하고 보험낭비 요소를 최소화하자는 것이다. 특히 동 제도는 또한 감독당국이 부실금융기관 발생시 금융시장에 미치는 영향과 부실감독에 대한 책임추궁을 우려하여 금융기관이 지불불능에 도달하기 이전에 신속한 개입을 주저하는 이른바 규제상의 도덕적 해이(regulatory moral hazard)도 줄일 수 있다는 것이다.

내로우뱅킹은 시카고학파에 속하는 일부 경제학자들이 제기한 것으로 그 취지는 지급결제수단인 예금과 대출기능을 분리하여 안전성이 요구되는 예금은 내로우뱅크만이 취급하게 하는 동시에 수취한 예금은 국채 등 안전한 증권으로만 운용하게 하여 지급결제시스템을 외부의 충격으로부터 안전하게 격리시키자는 것이다. 한편 예금을 취급하지 않는 비예금수취 금융기관으로 하여금 단기 위험증권을 발행하여 시장에서 자금을 조달하여 대출로 운용하게 하되 정부는 이들에 대한 일체의 지원과 규제를 폐지하여 시장에 의한 감시와 규율제도로 대체함으로써 예금보험제도의 운영비용을 최소화하자는 것이다.[45)]

은행의 건전성을 향상시키기 위한 예방적 규제로는 자기자본 규제, 이자율상한 규제, 포트폴리오 규제 등이 제시되고 있다. 그러나 이자율 규제나 포트폴리오 규제는 비가격경쟁과 부외거래 등을 통해 은행이 이와 같은 규제를 회피할 수 있는 여지가 많아 자기자본 규제가 가장 효과적인 것으로 간주되고 있다.

---

44) D. Evanoff and L. Wall, "Subordinated Debt and Bank Capital Reform," working paper No. 7, Federal Reserve Bank of Chicago, 2000.

45) 그러나 내로우뱅킹은 예금과 대출을 분리시킴으로써 신용경색을 유발하여 시스템리스크를 촉발할 우려가 있다는 연구결과도 있다. 즉 예금수취 금융기관이 예금으로 조성된 재원을 국공채 등으로만 운용할 경우 민간신용을 구축(crowding effect)함으로써 경기의 위축과 기업의 도산을 확대시킬 우려가 있다는 것이다.

자기자본 규제의 주된 목적은 은행의 손실발생 시 자기자본을 예금보험에 앞서 충당시킴으로써 은행주주의 위험부담을 높여 이들의 감시 유인을 통한 은행의 위험추구 행위를 사전에 억제하자는 것이다. 이 때 자기자본의 충실화는 단순히 자산이나 부채의 재구성(recapitalization)에 의한 자기자본비율(capital cushion)의 증대만이 아닌 이들의 위험을 고려한 재무구조의 실질적인 건실성의 확보가 되어야 할 것인바,[46] 최근 BIS 등의 자기자본에 관한 규정이 바로 이런 취지에서 비롯된 것이라 할 수 있다.

규제 및 감독의 유인부합화(incentive compatible supervision)는 규제당국의 규제나 감독의 목적과 피규제자의 유인(incentive)이 양립되게 하는 것으로 피규제자들 스스로 감독목적에 부응하게 행동하는 것이 자신들에게 이득이 되고 감독목적에 반하는 행위는 손해를 보게 하자는 것이다. 가변요율제도, 문제금융기관에 대한 예금보호 종료조치 및 사전약속방식(pre-commitment approach) 등이 그 예이다.

사전약속방식 자기자본관리제도는 감독당국이 금융기관이 보유해야 하는 의무적 자기자본 보유한도를 제시하지 않는 대신 금융기관이 자율적으로 향후 위험을 예상하여 적정자기자본을 보유하되 사후적으로 발생한 손실이 자율적으로 정한 자기자본에 상당하는 손실규모를 초과하는 경우 감독당국이 벌칙을 부과하게 하는 것이다. 동 제도는 금융기관 스스로가 예상손실액을 정확하게 추정하여 적절한 자기자본 보유와 효율적인 위험관리를 하게 하는 유인을 제공할 수 있다는 것이다.[47]

은행에 대한 규제와 보험장치를 아예 없애자는 주장은 부실은행에 대한 시장감시기능의 확대와 경쟁에 의한 효율의 증대를 위해 시장의 자율조정기능(market discipline)을 살리자는 의미와 특정은행의 부실경영에 따른 손실을 전체 국민이 부담할 수는 없지 않느냐는 것이 그 논리이다.

III. 부실금융기관 정리

최근 각국의 예금보험제도는 부실금융기관의 정리(resolution)에 소요되는 비용

46) D. Kim and A. Santomero, "Risk in Banking and Capital Regulation," *Journal of Finance*, December 1988.

47) 이에 대해 금융시장 상당부분이 영향을 받는 시스템 붕괴의 경우 처벌 위협이 통하지 않는다는 반론도 있다.

을 최소화하기 위하여 자금의 투입단계에서부터 회수에 이르는 전과정에서 예금보험기구가 주도적 역할을 하는 추세가 증가하고 있다. 부실금융기관을 효율적으로 정리하고 사후 회수를 극대화함으로써 예금보험기금의 손실을 최소화하기 위해서다.

우리나라, 미국, 일본 등 대부분 국가들의 경우 부실금융기관의 처리, 부실금융기관에 대한 공적자금의 투입 및 자산매입, 채권의 회수 등 부실금융기관의 정리는 금융감독기구와의 유기적인 협조하에 예금보험운영기구가 담당하고 있다. 일반적으로 이용되고 있는 부실금융기관의 정리방식으로 다음과 같은 것을 들 수 있다.

1. 청산방식

청산(liquidation or deposit payoff)방식은 부실은행을 인가당국이 폐쇄한 후 예금보험기구가 파산관재인(receiver)이 되어 예금보험에 부보된 예금자에 대해서만 보험금의 범위 내에서 예금을 지급하고 다른 채권자에 대해서는 예금보험기구가 발행한 상환증서(receivership certificates)를 지급, 청산 후 보유채권의 비율에 따라 배당을 실시하는 방식이다.

동 방식은 출자자 및 경영자들에 의한 도덕적 해이를 최소한으로 줄일 수 있다는 장점은 있으나 부보대상예금자만 보호함으로써 비부보예금자나 채권자들은 상당한 손실을 입게 되어 은행제도에 대한 공중의 신뢰가 저하되고 은행으로부터 돈을 빌린 차입자들도 강제로 차입금을 상환해야 하는 등 금융시스템의 안정을 크게 훼손할 우려가 있다.

이 밖에도 동 방식은 부실은행의 영업권이 소멸함에 따라 예금대지급에 따른 손실을 모두 예금보험기구가 부담하게 되어 정리비용이 많이 든다는 약점이 있다. 예금보험기구는 청산 시 해당은행에 대해 예금대지급분에 대한 구상권을 행사하여 회수하지만 회수할 때까지의 이자와 청산과정에서의 제반 손실을 부담하게 된다. 따라서 동 방식은 부실은행을 즉각적으로 폐쇄할 필요가 있거나 영업양수가 거의 이루어지지 않는 등 부득이한 경우가 아닌 한 잘 이용되지 않는다.

2. 부보예금이전방식

부보예금이전(insured deposit transfer)방식은 부실은행의 부보예금과 보증 또는 우선채무만 인수은행에 이전하는 방식으로 부보예금은 인수은행에 부보자 명의의 예금계좌를 신설한 후 지급한다. 따라서 동 방식은 부보예금자는 보호하나 부보예금자 이외의 채권자 및 출자자는 지분에 따라 책임을 분담한다.

예금보험기구는 수탁관리인(receiver)으로서 인수은행에게 인수예금상당액을 현금으로 지급하는데 인수은행은 그만큼 수신고가 증대되고 고객이 증가하는 혜택이 있으므로 인수은행은 이에 대한 프리미엄을 지불하고 예금보험기구는 인수은행에 사무대행수수료를 지불한다. 동 방식은 부실은행의 폐쇄에도 불구하고 부실은행의 영업권(franchise value)의 가치가 어느 정도 보장되어 예금보험기구의 정리비용이 이만큼 청산방식보다 적게 든다.

3. 자산 · 부채인수방식

자산 · 부채인수(purchase and assumption)방식은 인수기관이 부실금융기관의 부채와 자산의 전부 또는 일부를 인수하는 방식이다. 동 방식은 인수기관이 인수를 희망하는 자산 · 부채의 영업권(franchise value)에 상당하는 프리미엄을 제시하고 예금보험기구는 인수기관이 인수한 부채로부터 인수한 자산과 동 프리미엄을 차감한 금액을 당해 인수기관에 현금으로 보전해 주고 인수되지 않는 자산은 예금보험기구 및 기타 채권자들에게 청산배당금으로 채권비율(pro rata)에 따라 분배된다.

동 방식은 인수기관이 인수하는 자산 · 부채의 범위에 따라 포괄인수(whole bank)방식과 선택인수(clean bank)방식이 있다. 전자는 인수기관이 파산은행의 자산과 부채를 포괄적으로 인수하는 방식으로 부실자산의 회수가능성이 비교적 클 때 이용된다. 후자는 인수기관이 파산은행의 건전한 자산과 부채만을 선택적으로 인수하고 인수하지 않은 자산과 부채는 예금보험기구가 인수하여 정리하는 방식이다.

양 방식 공히 고용은 승계하지 않으며 파산은행은 폐쇄되지만 영업의 계속에 따라 영업권 등에 대한 대가를 받을 수 있어 예금보험기구가 부담하는 정리비용을 절감하고 예금자나 채권자들도 어느 정도 보호받을 수 있는 장점이 있으나 잠재적 부실이 현실화될 경우 인수기관까지 부실화될 우려가 있다. 이러한 위험을 고려하여 인수기관과 예금보험기구가 미래 손실발생액의 일정 부분을 공유하는 처리방식(loss sharing model)을 채택하기도 한다.

이는 예금보험기구가 인수기관이 부담할지도 모를 미래 손실액에 대해 인수 · 보증 등 인센티브를 제공하는 구조로 부실자산, 특히 수차례의 유동화과정을 거치면서 권리관계가 복잡하여 가격결정이 쉽지 않은 구조화자산의 처리 등에 민간의 노하우를 활용할 수 있다는 점에서 많이 이용된다. 2008년 미국의 FDIC가 파산은행의 자산매각을 촉진하기 위해 부실자산의 매각 시 손실률이 일정 수준을 하회하는 경우 실현수익의 일정 부분을 환수하는 방식(clawback provision)이나 1997년 우리나라의 외환위기 시 일부 파산은행에 적용하였던 put back option방식 등이 그 예이다.

4. 가교은행방식

가교은행(bridge bank)방식은 예금보험공사 등 감독당국이 새로운 임시은행을 설립하여 동행으로 하여금 부실은행의 자산 및 부채를 승계하고 새로운 인수자가 나타날 때까지 운영하는 방식이다.

가교은행은 부보예금은 전액 인수해야 하나 비부보예금과 기타채권은 선택적으로 인수할 수 있는데 인수되지 않은 채권은 파산관재인으로부터 청산과정에서 채권비율에 따라 배당받게 된다.

가교은행방식은 최소한의 범위 내에서 당해 금융기관의 업무를 계속 수행하게 함으로써 금융시스템의 불안을 줄이고 영업이 지속되므로 부실은행의 영업권의 가치가 상당한 정도로 보전되며 이 밖에 기존경영자가 해고되고 주주들의 지분이 상실되며 기존의 고용관계가 파기되므로 인수자를 물색하기가 용이하다는 이점이 있다.

반면 인수자가 나타나지 않을 경우 가교은행의 운영 및 관리비용만 증가할 우려가 있다는 것이 단점으로 지적된다. 일반적으로 조만간 P&A방식에 의한 인수자가 나타날 것으로 기대될 경우에 이용된다. 우리나라는 이와 같은 조치의 하나로 퇴출금융기관의 신속하고 효과적인 청산 및 파산처리를 위해 1997년 「예금자보호법」을 개정, 예금보험공사 주도하의 동 제도를 도입한 바 있다.

5. 부실자산정리은행방식

부실자산정리은행(bad bank)방식은 부실자산정리회사가 부실채권(legacy loan) 등 금융회사가 보유한 부실자산(distressed assets)을 인수하고 인수한 자산을 유동화를 통한 매각 등을 통하여 정리하는 방식이다. 동 방식을 통해 부실자산을 보유한 금융회사는 대차대조표에서 부실자산을 제거함으로써 자산의 건전성과 자기자본비율을 제고하여 건전은행(clean bank)으로 탈바꿈할 수 있다.

부실자산정리은행은 우리나라의 자산관리공사와 같이 별도의 독립적인 회사를 설립하거나 독일과 같이 금융회사 내부에 별도의 구분계정을 통해 설정하는 방식이 있다. 후자의 경우 부실자산을 완전매각(outright sale)하지 않고 자기계정에 그대로 보유하게 되어 부실자산의 평가나 처리 등에 있어 공정성이나 투명성의 결여로 인해 부실자산, 특히 악성자산(toxic asset) 등의 편법적인 은닉(parking)의 우려가 있다.

부실자산정리은행이 부실자산을 인수하는 방식은 일정한 할인율을 적용하여 부실자산을 잠정적으로 인수하고 이를 정리한 후 발생한 손익을 사후적으로 정산하는 방식과 당초부터 최종가격으로 완전매각하는 방식이 있다. 전자는 우리나라의 자산관리공사가 주로 채택하는 방식이고, 후자는 은행들이 공동으로 출자하여 설립한 연합자산관리회사가 채택하고 있다. 사후정산방식은 사후정산이 이루어지기 전까지는 회계적으로 진정매각(true sale)이 아니므로 금융회사의 대차대조표상에는 부실자산이 그대로 남아 있게 되어 부실자산정리를 통한 금융회사의 건전성 제고라는 차원에서 보면 완전매각방식보다 실효성이 낮다.

6. 경영관리방식

경영관리(conservatorship)방식은 부실금융회사에 대해 보전관리인(conservator)을 선임하여 당해 회사의 경영을 맡게 하는 것을 말한다. 동 방식은 조직이나 개인[48]이 외부인에 의해 일시적인 법적 관리(legal control)의 대상이 되었을 경우에 사용되는 개념으로 조직의 경우 통상 규제당국의 결정에 의해 일시적인 경영관리를 받는 것을 의미한다. 대표적인 예로 우리나라의 경우 금융감독원의 검사결과 불법이나 부실대출의 보유 등으로 자력에 의해 정상화를 기대하기 어려운 저축은행 등에 대해 금융위원회가 관리인을 선임하여 관리인으로 하여금 경영을 맡아 업무를 집행하거나 재산을 관리 또는 처분하게 한다. 미국의 경우 2008년 9월 공적자금을 지원받은 양대 모기지업체인 Fannie Mae와 Freddie Mac이 정부관리체제로 편입된 바 있다.

---

48) 개인의 경우 통상 법원의 명령에 의해 성립되며 법적·의료적 혹은 재무적 의사결정을 내리기 어렵거나 정신적 이상이 있는 개인을 대신해서 재산관리인이나 후견인 등에 의한 관리의 의미로 사용된다.

7. 구제자금지원방식

구제자금지원(bail-out or financial assistance)[49] 방식은 정부나 중앙은행이 대출, 자금예치, 자산매입, 채무인수, 출자 등을 통해 부실은행에 자금을 지원하여 도산을 예방하는 방식이다. 동 방식은 부실은행의 영업권의 가치가 전부 유지되고 예금자 및 모든 채권자를 구제하여 금융시스템의 안정을 위해서는 가장 강력한 수단이기는 하나 부실은행의 채권자, 경영자 및 출자자들의 도덕적 해이와 부실은행의 경영승계, 일반채권자의 구제에 따른 비용이 증가한다는 약점이 있다. 일반적으로 이 방식은 자금지원으로 당해 은행의 회생가능성이 높거나 당해 은행의 폐쇄로 금융시스템 위기가 심화될 것으로 예상되는 경우에 이용된다.

각국의 금융위기의 발생과 부실금융기관의 정리사례를 보면 일부 은행의 부실이 금융시스템 전체의 위기로 확대될 가능성이 적은 미국 등의 경우 부실금융기관의 신속한 퇴출여건을 조성하는 데 주력한 반면, 금융시스템 위기 가능성이 높았던 개발도상국과 스칸디나비아 3국 등의 경우 금융시스템의 안정을 위해 부실은행의 구제에 초점을 맞추었다. 즉 심각한 금융위기가 예상될 경우에는 부득이 부실은행의 구제조치를 취하되 그렇지 않은 경우에는 부실금융기관의 퇴출이 시장기능에 의해 이루어졌다.

그리고 부실금융기관의 퇴출은 가급적 매수·합병 등을 통해 이루어질 수 있도록 하고 이것이 용이하지 않을 경우 앞에서 게기한 정리방식을 적절하게 이용하였다. 한편 이와 같은 정리조치로도 정상적인 경영이 어렵다고 판단되는 부실금융기관에 대해서는 가급적 조기에 파산처리하여 사회적 비용을 최소화하였다.

8. 채권자손실부담(bail-in)방식

대형금융회사(SIFI: Systematically Important Financial Institutions)의 부실은 결국 납세자의 부담으로 전가되는바 납세자가 아닌 채권자가 손실을 부담하는 방식(bail-in)이 대안으로 제시되고 국제적인 합의(FSB: Financial Stability Board)에 이르게 되었다. 이 방안은 대형금융회사의 부실에 대한 투자자의 모니터링 강화에 의한 정상화 방안

---

49) 일반적으로 bail-out은 회사의 파산을 막기 위해 외부에서의 자금지원, 특히 공적자금을 지원하는 것을 말하고 bail-in은 부실기업의 채권자들이 보유 채권을 주식으로 전환하거나 채권 일부를 상각하여 손실을 분담하는 것을 말한다.

을 통해 대마불사에 대한 도덕적 해이를 완화하자는 것으로 강제형과 계약형이 있다. 강제형은 법령에 의해 상각(write-down) 또는 주식으로 전환(conversion)하여 채권자가 손실을 부담하는 방식이다. 계약형은 자율적인 계약에 의해 손실을 부담하는 방식으로 조건부 자본증권(contingent convertible capital instruments)이 그 전형적인 예이다.

강제형의 경우 준수되어야 할 법적 원칙으로 크게 3가지 원칙을 들 수 있는데 채권자 우선순위(creditor hierarchy)원칙, 동일채권자 동일대우(pari passu)원칙 및 손실분담은 청산에 따른 부담 규모를 초과할 수 없다는 손실비례(no creditor worse off than in liquidation)원칙이 그것이다. 다만 예금채권에 대한 우선변제(depositor preference)를 강제하고 있으나 우리나라는 아직 이를 인정하지 않고 있다. 손실비례원칙에 있어 핵심원칙은 강제형 도입에 따른 채권자 손실부담이 청산절차에서의 부담보다 클 경우 정리당국이 재원을 마련하여 차액을 보상할 것을 요구하고 있다. 미국, EU 등은 예금보험기금과 별도로 정리기금(resolution fund)을 별도로 조성하고 있다.

부 록 4-1

주요국의 금융감독체제 개편

제 1 절 미 국

미국은 '30년대 이후 복잡 · 다기화된 감독체계가 그대로 유지되어 왔다. 현재 연방차원에서만 총 17개의 감독기관이 존재한다. 은행을 감독하는 연방기관은 중앙은행(FRB), 연방예금보험공사(FDIC), 통화감독청(OCC) 및 저축은행감독청(OTS)이 있다. FRB는 은행지주회사, OCC는 국법은행, FDIC는 예금보험에 가입한 일부 주법은행 그리고 OTS는 저축은행에 대해 각각 감독권을 행사한다. 주법은행에 대해서는 원칙적으로 주정부가 감독한다. 보험의 경우 연방차원의 감독기관이 없이 주정부가 관장하며 증권의 경우 증권관리위원회(SEC)와 상품선물거래위원회(CFTC)가 관장한다.

이와 같이 다수의 감독기관이 존재함에 따라 감독의 중복과 사각지대가 발생하는 폐단이 초래됨에 따라 이를 방지하기 위하여 1973년 연방은행감독당국회의(FFEIC)가 신설되고, 각 주정부들도 주정부은행감독협의회(CSBS)를 구성하여 감독업무의 일관성과 검사자료의 통일성을 기하도록 하고 있다. 그러나 감독기관간의 기관 이기주의 등으로 인해 원활한 협조가 잘 이루어지지 않는 등 감독의 효율성이 낮아 금융감독시스템은 미국에서 가장 낙후된 분야로 지적되기도 한다.

이와 같은 감독시스템으로는 금융위기시 적절한 대응이 어렵다는 지적에 따라 그간 감독기구의 통합 논의가 꾸준히 제기되어 왔다. 그러나 연방감독기구간 영역 다툼과 정치적 이유 등으로 감독기구 통합은 무산되고 2008년 금융위기를 계기로 금융시스템의 안정과 금융소비자 보호를 강화하기 위해 2010년 7월 「월가 개혁 및 소비자보호법」(Dodd-Frank Wall Street Reform and Consumer Protection Act of 2010)을 제정하여 시행하고 있는바, 주요 개편 내용은 다음과 같다.

Ⅰ. 금융소비자보호국 신설

FRB, OCC, FDIC 등에 산재되어 있던 금융소비자보호 기능을 통합하여 FRB 내에 금융소비자보호국(CFPB: Consumer Financial Protection Bureau)을 신설함으로써 금융회사의 건전성과 영업행위에 대해 감독을 분리하는 체제(two peaks supervision)를 도입하였다.

CFPB의 규제대상 금융회사는 소비자대출·당좌계정·신용카드업무 등을 제공하는 은행, 모기지대출·관리·중개·감정·결제회사, 초단기대출회사(payday lender), 수표할인회사(check cashing firm), 학자금대출회사, 신용상담회사(credit counselling company), 채권추심업자(debt collector), 신용조사기관(consumer reporting agency) 등이다. CFPB는 FRB 출연금을 기초로 독자적인 예산을 수립·집행하며 전 금융회사에 적용되는 금융소비자보호 관련 법규의 독자적 제·개정권을 보유한다. 증권·보험회사와 관련된 소비자보호기능은 현재와 마찬가지로 SEC와 주 보험감독청에서 담당한다. 금융소비자보호국장은 대통령이 지명하여 상원 인준을 거쳐 대통령이 임명하며 임기는 5년이다.

Ⅱ. 금융안정협의회 신설

대형·복합금융회사(SIFIs: Systemically Important Financial Institutions)의 시스템리스크를 인식·모니터링하고 적절히 대처하기 위한 금융안정협의회(FSOC: Financial Stability Oversight Council)를 신설하였다. 동 위원회는 재무부장관을 의장으로 FRB, OCC, FDIC, CFPB, SEC, CFTC, FHFA(Federal Housing Finance Agency), NCUA(National Credit Union Administration)의 장과 보험전문가 등 총 10인의 위원으로 구성된다.

FSOC의 사무를 보좌하기 위해 재무부 산하에 금융조사국(Office of Financial Reserch)을 신설한다. FSOC는 정회원 2/3 이상의 찬성으로 SIFI를 선정할 수 있으며 선정된 SIFI에 대해 금융회사의 규모나 거래행위가 금융시스템에 위험을 초래한다고 판단되는 경우 FRB에 자본 · 유동성 · 차입한도 · 위험관리에 관한 규제를 강화하도록 권고하고 필요시 FRB에게 회사분할과 청산계획(resolution plan) 제출 등의 조치를 취할 수 있도록 하고 있다. 특히 FRB의 비상대출(emergency loan) 자금은 특정회사의 구제를 위해서는 사용할 수 없게 하고 공적자금을 지원받은 금융회사가 파산할 경우 정부가 최우선 채권자가 되도록 하였다. FRB가 비상대출을 실시할 경우 사전에 재무부장관의 승인을 받아야 한다.

Ⅲ. 부실금융회사 정리시스템 구축

체계적인 부실금융회사 정리시스템을 구축하기 위해 SIFIs에 대한 부실정리계획 수립을 의무화하고 동 회사의 정리 권한을 FDIC에 부여하고 있다. SIFIs는 부실화에 대비한 비상계획(funeral plan)을 정기적으로 제출하고 FDIC는 이를 토대로 자본규제 강화, 영업행위나 자산증대 제한 그 밖에 분사 등을 권고할 수 있다. FDIC는 SIFIs의 도산 시 주주 · 무담보채권단의 손실 분담, 경영진 전면 교체 등 도산한 SIFIs를 체계적으로 청산 · 정리할 수 있는 권한을 부여받고 금융부실 정리 결과 발생한 손실에 대하여는 자산규모 500억 달러 이상인 대형 금융회사인 경우 사후 보전토록 하여 국민의 세금부담 없이 금융부실을 정리하여야 한다. 재무부는 부실금융회사 정리과정에서 발생하는 비용을 지원하되, 구체적인 상환계획을 징구한다.

Ⅳ. 감독체제 정비

저축은행감독청(OTS)을 폐지하여 연방면허 저축은행과 관련한 감독업무는 통화감독청(OCC)으로, 주면허 저축은행에 대한 감독업무는 FDIC로, 그리고 저축은행지주회사와 이의 자회사에 대한 감독업무는 FRB로 이관한다. FRB 이사 중에서 대통령이 지명하는 은행감독담당 부의장(Vice Chairman for Supervision)을 신설하고 FRB는 은행감독보고서를 반기별로 의회에 보고해야 한다. 보험산업에 대한 효율적인 감독을 위해 재무부 내에 연방보험국(Federal Insurance Office)을 설치하고 연방보험국장은 재무부장관이 임명한다.

Ⅴ. 그림자 금융에 대한 규제강화

파생상품·헤지펀드 등 장외파생상품에 대한 감독권한을 SEC 및 CFTC에 부여하고 중앙청산소(Central Clearing and Exchange Trading)를 설립하여 규격화된 파생상품의 경우 중앙청산소를 통해 청산·거래토록 한다. 자산규모 1.5억 달러 이상 헤지펀드 및 PEF는 SEC에 등록 및 보고를 해야 한다.

Ⅵ. 대마불사 행위 방지

금융회사의 과도한 대형화를 억제하기 위해 금융회사의 인수·합병 시 인수·합병 이후 부채규모가 전 금융권 부채규모의 10%를 초과할 경우 해당 금융회사의 인수·합병이나 지배지분(controlling interest) 인수를 금지하고 있다. 종래 법(Interstate Banking and Branching Efficiency Act of 1994)은 부보예금의 10% 이상을 점유하는 은행 및 은행지주회사에 한해 합병을 금지하나 동 법에 의하면 점유율 기준을 부보예금에서 부채로 확대함으로써 비은행금융회사를 포함한 모든 금융회사의 대형화를 억제하는 효과가 있다.

제 2 절 EU

EU는 기존의 금융감독시스템하에서는 각국의 금융감독정책간 부조화로 금융위기 발생 시 초기 대응이 미흡하였고 다국적 은행이나 헤지펀드 등에 대한 감독당국의 일관성 있는 감독이 곤란하다는 판단에 따라 기존의 산발적으로 분산된 감독기능을 재편하여 EU 전체를 통할하는 새로운 금융감독체계 정립에 대한 필요성이 대두되었다.

이에 EU의회 및 이사회는 거시건전성과 미시건전성을 구분하여 감독하는 통합금융감독체계 개편안을 승인하여 2011. 1. 1. 유럽금융감독기구 설립 등 새로운 금융감독체계를 출범시켰다.

개편안에 따르면 거시건전성 감독은 유럽시스템리스크위원회(ESRB: European Systemic Risk Board)가 담당하고 미시건전성 감독은 런던에 소재하는 유럽은행감독청(EBA: European Banking Authority), 프랑크푸르트에 소재하는 유럽보험연금감독청(EIOPA: European Insurance and Occupational Authority) 및 파리에 소재하는 유럽증권시장감독청(ESMA: European Securities and Markets Authority) 등 유럽금융감독기구와 회원국 개별 금융감독기구의 연결체인 유럽금융감독시스템(ESFS: European System of Financial Supervisors)이 담당한다. 한편 EU 회원국별 감독기관은 현재와 같이 자국 내 영업중인 개별 금융회사에 대한 일상적인 감독을 담당한다.

현재 금융회사에 대해 통합감독기구인 FSA(Financial Services Authority)를 설치하고 있는 영국의 경우, 2010년 집권한 보수당 정부는 현 FSA-중앙은행-재무부의 3자 체제(tripartite system)는 시스템 전반에 대한 리스크를 인식·감시하고 이에 대처할 포괄적이고 명확한 책임을 가진 기관이 없어 금융안정기능에 문제가 있다고 보고 이를 개선하기 위한 개혁안을 의회에 제출하였다.

동 개혁안의 골자를 요약하면 중앙은행에 거시건전성 감독에 대한 통제기능을 부여하는 한편, 산하에 건전성감독원(PRA: Prudential Regulatory Authority)을 신설하여 중앙은행에 미시건전성 감독에 대한 기능도 부여하고 있다. 종래 미시감독기능을 총괄하던 금융감독원(FSA: Financial Supervisory Authority)은 해체하여 건전성 감독을 담당하는 PRA와 영업행위 감독을 담당하는 금융행위감독원(FCA: Financial Conduct Authority)으로 이원화(two peaks model)하고 있다.

구체적으로 중앙은행 이사회 산하에 통화위원회(MPC: Monetary Policy Committee)와는 별도로 금융정책위원회(FPC: Financial Policy Committee)를 설치하여 거시건전성 정책을 총괄하게 하여 FPC에 구체적 거시건전성 수단에 대한 통제권을 부여하고 FPC가 활용할 수 있는 거시건전성 수단을 법제화할 수 있는 권한을 재무부에 부여한다. FPC는 6명의 중앙은행 이사와 FCA의 장, 재무부장관이 선임한 4명의 외부인사 등 11인으로 구성된다. FPC는 금융안정 관련 리스크를 인식하고 이에 대응하기 위해 PRA 또는 FCA에 거시건전성 정책 수행에 필요한 지시를 하고 FPC의 감독범위의 조정이나 거시건전성 감독수단 수정이 필요한 경우 재무부에 제안한다.

PRA는 중앙은행과 독립된 법적 실체와 이사회를 가지며 이사회 의장은 중앙은행 총재가, 원장은 건전성 규제담당 부총재가 맡는다. PRA는 금융회사에 대한 일상적 규제·감독과 관련하여 운영상 독립성을 보유하며 특히, 중앙은행이나 FPC는 특정 금융회사에 대한 의사결정이나 여타 운영상 문제에 대해 PRA에 공식적 지시권한을 갖지 않는다. PRA는 인허가, 규제 및 건전성 감독에 중요한 영향을 미치는 금융회사[50]에 대한 일상적 감독을 한다.

FCA는 통합감독기구인 FSA가 금융서비스 및 시장 참가자, 특히 소비자를 위한 감독이 부실했다는 지적에 따라 소비자 보호와 시장의 완전성(integrity)을 확보하기 위해 정부로부터 독립적이며 금융업계로부터 재원이 조달되는 비영리기구의 성격의 감독기구로 신설된다. FCA는 재무부가 선임하는 비상임이사(non-executives)를 다수로 구성된 위원회가 지배하며 영업행위 감독관련 규정 제정, 인허가 및 영업행위관련 규정에 근거한 집행·감독 등을 담당한다. 이 밖에 PRA의 감독대상이 아닌 금융회사에 대해서는 건전성 규제나 인허가관련 권한 등 포괄적인 감독권을 보유한다.

PRA는 영국 내 29,000여 개 금융회사 중 2,200여 개의 대규모 회사에 대한 건전성 감독만 관장하고 나머지는 FCA가 감독한다. 그러나 PRA의 감독을 받는 금융회사도 영업행위에 대한 감독은 FCA가 담당하게 되어 있어 양 기관간 업무의 혼선과 중복감독(regulatory overlap)에 따른 부작용 등이 우려되고 있다. 이를 방지하기 위해 양 기관간 감독정보 공유를 위한 gateway 신설, MOU 체결을 통한 협조체계 마련, 공통감독 관심 분야에 대한 공동감시단(supervisory college) 구성 및 공동집행, 감독범위에 관련한 FPC와 우선 협의 등의 장치를 마련하고 있다.

이와는 별도로 중앙은행은 부실은행정리임무와 기존의 지급시스템 감독에 더해 청산 및 결제시스템의 감독업무도 맡게 되었다. 동 개혁안은 2013년 1월 1일부터 시행되었다.

독일은 2002년 5월 종전의 연방은행감독원, 연방증권감독원, 연방보험감독원 등 3개 감독기관을 통합하여 통합금융감독원(BaFin: Bundesanstalt für Finanzdien-

50) 은행 및 타 예금취급기관(주택대부조합 및 신용조합 포함), 브로커·딜러, 투자은행, 보험업자 등 포함.

stleistungsaufsicht)을 설립하여 모든 금융회사 및 금융시장에 대한 감독 · 검사권을 부여하고 연방은행(Bundesbank)은 BaFin의 지휘 · 통솔하에 감독 · 검사업무를 수행하고 있다. 2009년 10월 출범한 보수연정은 유럽중앙은행(ECB)으로의 통화정책 권한 이양에 따른 중앙은행의 역할 약화를 우려하여 은행감독기능의 연방은행 이관 방안을 논의하였으나 통합감독체계를 유지하기로 하고 대신 연방은행에 대해 금융산업 및 시장의 시스템리스크 평가권한을 부여하였다.

프랑스는 2010년 1월 종래의 금융회사의 법적 형태가 아닌 영위업무의 실질에 따라 감독기관이 결정되는 기능별 감독체계에서 은행과 보험감독기구를 통합하여 은행 · 보험 및 증권 권역으로 이원화된 부분 통합감독체계로 전환하였다. 은행 및 보험회사에 대한 인허가, 건전성 및 영업행위 감독은 건전성감독원(ACP: Autorité de Contrôle Prudentiel)이 증권회사 및 증권시장에 대한 감독 · 검사와 불공정행위에 대한 조사 · 제재는 금융시장감독원(AMF: Autorité des Marchés Financiers)에서 담당한다. 다만 겸업주의 전통에 따라 투자서비스 및 투자회사 개념이 「은행법」에 편입되어 투자회사에 대한 인허가는 ACP가 담당한다. ACP는 기존의 은행위원회(CB: Commission Bancaire), 보험감독원(ACAM: Autorité de Contrôle des Assurances et des Mutuelles), 은행부문 인허가 담당기관(CECEI: Le Comité des Établissements de Crédit et des Entreprises d'Envestissement) 및 보험부문 인허가 담당기관(CEA: Comité des Entreprises d'Assurance) 등 4개 기구를 통합하여 신설된 중앙은행 산하 독립기관이다.

제 5 장

금융과 산업

FINANCIAL INSTITUTION

제 1 절 기업의 소유구조

기업의 소유구조(ownership structure)란 기업에 대한 이해관계자들의 지분 구성과 소유형태에 따른 기업의 지배관계와 기업의 가치 등을 의미한다. 기업의 소유구조는 거시적으로는 일국의 제도에 의해 큰 틀이 형성되며 구체적으로 소속된 사회에서의 가치관, 거래의 특성, 자산의 특이성, 경제적 분쟁의 해결방식, 금융시스템의 특징 등에 의해 영향을 받는다.1)

기업의 소유구조에 대한 주된 관심은 기업소유의 형태, 소유와 지배의 분리 여하, 소유의 집중도 등이 기업가치와 연관이 있는가에 두어진다. 일반적으로 기업의 소유구조는 소유의 광범한 분산이 이루어져 소유와 경영이 분리되어 있는 분산형 구조(dispersed ownership)와 가족 등 소수의 지배주주(controlling shareholder)에 의해 소유와 지배가 집중되어 있는 집중형 구조(ownership concentration)로 나눌 수 있다. 현재 미국과 영국의 공개기업들은 일반적으로 분산형 소유구조를 가지는 반면, 이밖에 대부분의 기업의 경우 지배주주가 있는 집중형 소유구조를 갖고 있다.

기업의 소유구조와 기업경영의 성과 및 기업가치 간의 관계에 대해서는 집중형 소유구조이론, 분산형 소유구조이론 및 소유구조와 기업가치는 무관하다는 이론이 존재한다.

집중형 구조를 주장하는 이론으로는 Jensen, Anderson 등이 대표적인 학자들

1) M. Jensen and W. Meckling, "Theory of the Firm: Managerial Behavior, Agency Costs and Ownership Structure," *Journal of Financial Economics*, vol. 3, 1976.

이다. Jensen은 대공황 이전 창업주가 경영하던 때보다 이후 소유와 경영의 분리로 지배지분(controlling interest)을 갖지 않은 전문경영자가 경영한 성과가 더 낳은 성과를 얻지 못했다고 결론 짓고 이의 원인을 경영자에 의한 대리문제에서 찾고 있다. 그는 경영자의 소유지분이 높을수록 이해수렴(convergence of interest) 효과로 인해 경영자의 대리문제를 감소시켜 경영성과가 높아지고, 따라서 기업의 가치도 증가한다고 주장한다. 그는 지난 1세기 동안 미국 경제발전의 원동력이 되었던 기업의 소유분산체제는 컴퓨터, 바이오텍 등 일부 고성장산업을 제외하고는 더 이상 경쟁에 이길 수 없는 체제라고 주장하고 있다.

Faccio와 Lang의 조사결과에 의하면 13개 서유럽 국가의 5,232기업 중 분산형 기업과 가족기업의 비중이 각각 37%와 44%이고 대체로 금융회사나 대기업의 경우 분산형 구조가 많았고 비금융회사나 소기업의 경우 가족기업이 많은 것으로 나타났다.[2)]

Anderson과 Reeb은 S&P 500대 기업 중 약 1/3에 해당하는 기업이 창업자가족이 소유하거나 경영하는 가족기업(family firm)이고, 이들 기업의 경영성과가 가족이 소유 또는 경영하지 않는 비가족기업(non-family firm)에 비하여 더 높은 것으로 나타났다는 실증결과를 발표한 바 있다.[3)] 이들은 가족경영기업의 경쟁력이 높은 이유로 가족의 가치가 기업에 긍정적으로 적용되고, 기업을 후손을 위한 자산으로 간주하여 장기적인 안목으로 사업전략을 수립하며, 강력한 리더십과 과감하고 신속한 의사결정을 통한 사업의 추진력 등을 든다.

Villalonga 교수는 2006~2009년 동안 미국과 유럽의 4,000여 개 가족기업(family controlled firm)과 비가족기업(non-family controlled firm)의 경영성과를 비교해 본 결과 가족기업이 비가족기업에 비해 매출신장률은 2%, 기업가치 측면에서는 6%가 높은 것으로 나타났다는 연구결과를 발표하였다. Villalonga 교수는 그 이유로 가족기업이 장기적인 안목과 전략적 방법을 보유하고 고객과 보다 긴밀한 관계를 유지하고 있기 때문으로 해석하고 있다.[4)]

---

2) Mara Faccio and Larry H. P. Lang, "The Ultimate Ownership of Western European Corporations," *Journal of Financial Economics* 65, 2002.

3) R. Anderson and D. Reeb, "Founding-Family Ownership and Firm Performance: Evidence from the S&P500," *Journal of Finance*, vol. 58, 2003.

4) B. Villalonga, "Does the Value of Family Control Change with Economic Conditions? Evidence from the 2007~2009 Crisis," *Paper presented at the Wharton Management*

가족경영에 대해서는 이와 상반된 연구결과도 있다. Gonzalez는 미국의 상장된 가족기업 중에서 경영권을 물려준 335개의 기업을 대상으로 조사한 결과 경영권을 가족 중 한 사람에게 물려준 기업의 경우 전문경영인에게 경영권을 물려준 경우에 비해 수익성이나 기업의 가치(market to book ratio) 면에서 뒤떨어진다는 연구결과를 발표하였다. 그는 학연 등 연고주의(nepotism) 또한 기업의 성과에 부정적인 결과를 초래한다는 것을 발견하고, 이는 인력시장의 경쟁을 제한하여 유능한 인재를 등용하지 못하는 것이 그 원인이라고 지적하고 있다.[5)]

Villanlonga와 Amit는 Fortune 508개 상장기업을 대상으로 1994~2000의 성과를 분석한 결과 가족기업은 창업자(founder)가 직접 CEO를 맡거나 이사회 의장을 맡고 있으면서 CEO를 고용하는 경우에는 가치를 창출하나 가족 중의 하나가 CEO(descendent-CEO)가 될 경우에는 기업의 가치가 파괴된다는 연구결과를 발표한 바 있다.[6)] 이들은 이에 대한 이유로 사업을 직접 창업하여 수많은 시련과 도전을 거쳐 성공적으로 이끈 창업주와는 달리 창업주로부터 사업을 승계한 CEO의 경우 대부분 이러한 과정을 거치지 않았기 때문인 것으로 보고 있다.

분산형 구조를 주장하는 이론으로는 Berle과 Stulz 등을 대표적인 학자로 들 수 있다. Berle 등은 소유가 광범하게 분산된 기업을 강력한 경영자와 약한 주주로 특징짓고 분산형 구조가 가장 바람직한 것으로 평가하고 있다. 경제발전과 기술진보의 가속화로 기업의 규모가 커지고 경영의 전문성이 요구되어 자본조달을 용이하게 하고 경영의 전문성을 확보하기 위해서는 분산형 구조가 불가피하다는 것이다.[7)]

Stulz는 안주(entrenchment)가설로 Jensen과 정반대의 논리를 펴고 있다. 즉 경영자의 지분이 높아지면 경영자가 경영권을 잃을 위험이 적어지기 때문에 기업의 가치를 극대화하기보다는 자신의 사적이익에 부합하는 결정에 안주하려는 유인이 커지며, 따라서 경영자의 지분이 높아질수록 경영권이 고착되고 경영권 행사에 따른 사적경영권혜택(private benefit of control)을 과도하게 추구함으로써 경영성과는 낮

Seminar, November 2010.

5) F. Perez-Gonzalez, "Inherited Control and Firm Performance," *American Economic Review*, vol. 96, 2006.

6) B. Villalonga and R. Amit, "How Do Family Ownership, Control and Management Affect Firm Value," *Journal of Financial Economics*, vol. 80, 2006.

7) A. Berle and G. Means, *The Modern Corporation and Private Property*, rev. ed. MacMillan, 1968.

아진다는 것이다.[8)]

Hokisson 등은 경영에 직접 참여하지 않더라도 외부 대주주가 존재할 경우 경영자의 무분별한 규모확대(empire building)유인을 억제하여 기업의 가치를 제고할 수 있다고 주장한다.[9)]

Lins도 이와 유사한 연구결과를 발표하였다. 그는 18개국 신흥시장의 1,400여 개 기업의 경영자 지분과 외부 대주주의 지분이 기업의 가치에 미치는 영향을 조사한 결과 대규모 외부 대주주의 존재가 기업 가치를 높이는 것으로 나타났는바, 이는 외부 대주주가 경영자에 대한 감시역할을 함으로써 경영자의 대리인문제를 감소시킨 때문으로 해석하고 있다.[10)]

기업의 소유구조와 기업의 가치는 아무런 관련이 없다는 무관련가설로 대표적인 학자로 Demsetz 등을 들 수 있다. Demsetz 등은 기업이 상이한 소유구조를 가지고 있는 이유는 주어진 조건하에서 그것이 최적의 소유구조이기 때문이라는 것이다. 즉 경영자는 기업의 성과에 따라 자신의 지분을 최적으로 바꾸기 때문에 경영자의 지분은 독립적인 변수로 볼 수 없고 내생변수로 보아야 한다고 주장한다.[11)]

Bebchuk와 Roe는 현재의 기업소유구조는 과거의 소유구조 형태에 의존한다는 경로의존성(path dependence)을 주장한다.[12)] 이들은 경로의존성이 어떻게 기업소유구조의 차이를 낳는지를 살펴보고 그 차이의 지속성에 대한 역할을 규명하는 데에 초점을 맞추고 있다. 이들은 향후의 기업소유구조형태가 이전의 소유구조형태에 의해 어떤 방식으로 영향을 받는지에 따라 법률적 경로의존성(rule-driven path dependence)과 구조적 경로의존성(structure-driven path dependence) 형태로 구분하고 있다.

법률적 경로의존성이란 기존의 소유구조형태가 기업관련 법규에 영향을 미쳐

8) R. M. Stulz, “On Takeover Resistance, Managerial Discretion and Shareholder Wealth,” *Journal of Financial Economics*, vol. 20, 1988.

9) R. Hokisson, R. Johnson and D. Moesel, “Corporate Divesture Intensity in Restructuring Firms: Effects of Governance, Strategy and Performance,” *Academy of Management Journal*, vol. 37, 1994.

10) K. Lins, “Equity Ownership and Firm Value in Emerging Markets,” *Journal of Financial and Quantitative Analysis*, vol. 38, 2003.

11) H. Demsetz and K. Lehn, “The Structure of Corporate Ownership: Causes and Consequences,” *Journal of Political Economy*, vol. 93, 1985.

12) L. Bebchuk and M. Roe, “A Theory of Path Dependence in Corporate Ownership and Governance,” *Stanford Law Review*, vol. 52, 1999.

서 차후의 소유구조형태에 영향을 미치는 간접적인 경로를 의미하며 그 이유로는 이익집단의 정치 행위(interest group politics)를 근거로 든다. 기존의 소유구조형태를 가진 이익집단(interest groups)이 회사 법규를 만드는 정책적 절차에 대해 영향을 미친다는 것이다.

구조적 경로의존성이란 기존의 소유구조형태가 차후의 소유구조형태에 직접적인 영향을 미치는 것을 말하며 그 원인으로는 효율성과 지대추구행위를 든다. 경로의존성 원인으로서 효율성이란 기업이 소유구조를 변경함에 따른 비용이나 가치의 변화 등을 고려할 때 기존의 체제를 유지하는 것이 보다 효율적이라는 것으로 이들은 효율성 요인으로 매몰적응비용(sunk adaptive cost), 네트워크 외부효과(network externalities), 소유효과(endowment effect), 다양성 최적화(multiple optima) 등을 든다.

매몰적응비용 요인이란 새로운 소유구조의 선택시 기존의 소유구조를 위해 투입된 비용인 매몰비용도 중요한 고려사항이 될 수 있다는 것이다. 네트워크 외부효과(network externalities) 요인이란 기업의 소유구조는 같은 국가 내에 있는 다른 기업들의 기업소유구조에 영향을 받을 수 있다는 것이다. 예컨대, 만약 다른 기업들이 지배주주를 가지고 있다면 지배주주가 있는 형태의 소유구조를 선택하는 것이 기업의 입장에서 효율적일 수 있다는 것이다.

소유효과(endowment effect) 요인이란 행동경제학에서 자신의 소유물을 과대평가하는 현상, 즉 어떤 물건, 권리 등에 대해서 자신이 일단 가지고 나면 이에 더 높은 가치를 부여하는 현상을 의미한다. 예컨대 기존의 구조하에서 지배력을 가진 자는 기존의 지배력의 가치를 새로운 형태에서 지배력을 얻기 위해 지불하고자 하는 가치보다 보다 높게 평가하기 때문에 기존의 지배구조를 고수하려는 경향이 있다는 것이다.

다양성 최적화 요인이란 집중소유구조와 분산소유구조는 어차피 서로 상충되는 장점과 단점을 가지고 있는바 한 구조가 결정적인 우위를 갖고 있지 않는 한, 한 구조에서 다른 형태의 소유구조로 옮겨갈 경우 거래비용(transaction cost)을 고려하면 현재의 형태를 그대로 유지하는 것이 효율적일 수 있다는 것이다.

경로의존성의 원인으로서 지대추구행위란 기업의 내부지대추구행위(internal rent-seeking)로 인해 기존의 소유구조가 그대로 유지되는 경향이 있다는 것이다. 예컨대 기존의 집중소유구조에서 지배권을 가지고 있는 지배주주들은 만약 기업의 소유구조가 분산소유구조로 변할 경우 기업의 효율성 증대로 기업의 가치를 높일 수 있다 하더라도 그들이 기존의 집중소유구조에서 받는 개인적 혜택에 비해 분산소유구조로의 변경에 따라 그들의 지배력 저하로 인해 개인적 혜택이 감소될 경우 이러한 변화를 억제 내지 지연시키고자 할 유인이 존재한다는 것이다.

지금까지의 논의를 종합해 보면 기업의 이상적인 유일 최선의 소유구조는 이론적으로나 현실적으로 존재하지 않는다는 것을 알 수 있다. 환언하면 기업의 소유구조 형태는 각국의 법제, 시장경쟁과 규율상태, 금융 및 산업시스템과 정부와의 관계 등 각국이 처한 특유한 환경의 소산으로 모든 국가에 적용될 수 있는 보편타당한 최상의 조직형태는 존재하지 않는다는 것이다.

Porta 교수 등이 27개 부유국의 기업을 대상으로 조사한 결과에 의하면 주주, 특히 소수주주의 보호를 위한 법적 장치가 비교적 잘 갖추어져 있는 미국 등 일부 국가의 대기업에서는 분산형구조가 일반적이나 이와 같은 장치가 잘 갖추어져 있지 않은 그 밖의 대부분의 국가와 소규모 기업의 경우에는 가족이나 국가 등 소수의 지배주주(controlling shareholders)에 의한 소유와 지배의 집중이 보편화되어 있는 것으로 나타났다.[13)]

이러한 측면에서 볼 때 기업의 바람직한 소유와 지배구조는 자본시장의 발달 정도, 기업의 규모, 경영에 대한 감시장치의 효율성 등이 고려되어야 할 것이다. 즉 자본시장이 잘 발달되어 있을수록, 기업의 규모가 클수록, 경영에 대한 감시장치와 주주보호를 위한 법적·제도적 장치가 잘 마련되어 있을수록 분산형 구조가 유리하고 그렇지 못할 경우, 특히 경영에 대한 투명성이 낮고 경영자의 대리문제가 클수록 집중형 구조가 유리하다는 것이다. Mayers와 Smith는 대리이론적 측면에서 경영자의 재량(managerial discretion)이 많은 환경일수록 주주와 경영자간의 갈등이 커질 수 있기 때문에 경영자를 보다 효율적으로 통제할 수 있는 조직구조인 주식회사가 여타 조직형태보다 상대적으로 선호된다고 주장한다.[14)]

지금까지 기업의 소유구조를 중심으로 살펴보았는데 기업의 지배구조는 소유구조와 반드시 일치하는 것은 아니다. 주식회사의 지배권은 주주의 의결권 행사에 의해 창출된다. 주주의 의결권은 주주평등원칙에 따라 지분에 상응하게 행사되는

---

13) R. La Porta, F. Lopez-de-Silanes and A. Shleifer, "Corporate Ownership Around the World," *Journal of Finance*, vol. 54, 1999.

14) D. Mayer and C. Smith, Jr., "Ownership Structure across Lines of Property-Casualty Insurance," *Journal of Law and Economics*, vol. 31, 1988.

것이 원칙이나 경제적·사회적 목적에 따라 제한되는 경우도 있으며 그 모습은 국가에 따라 다양하다.

우리 나라의 경우 경제력 집중 억제, 불공정거래 방지, 대주주의 경영전횡 방지 등의 목적으로 「상법」 및 각 특별 법령에 주주의 의결권 행사를 제한하는 규정을 두고 있다.

일반적으로 미국, 영국 등 영미법을 채택하는 국가들의 경우 주주평등의 원칙에 충실하여 대주주의 의결권 행사에 대한 특별한 제한은 없다. 그러나 독일 등과 같이 대륙법 체계를 따르고 있는 국가들의 경우 대주주의 과도한 지배력을 제한하기 위해 의결권을 제한하는 경우가 있다.

반면 적대적 매수로부터 기업의 지배권을 방어하기 위해 의결권이 제한되거나 차등화되는 주식이 발행되는 경우도 있다. 예컨대 스위스, 오스트리아, 네덜란드, 스웨덴 등 주로 유럽의 소국가들이 자국 소재기업들을 외국자본의 지배로부터 보호하기 위해 고안된 제도 등이 그것이다.[15)]

최근에는 기업의 창업을 촉진하고 적대적 기업인수의 위험으로부터 안정적인 경영을 보장하기 위해 차등의결권을 허용하는 나라가 늘어나고 있다. 미국을 위시한 다수의 OECD 국가들과 아시아에서도 중국, 홍콩, 싱가포르 등이 차등의결권을 허용하고 있다.

우리나라는 그간 대기업집단의 경제력 집중을 우려하여 동 제도를 도입하지 않고 있으나 2021.3월 Coupang의 뉴욕증권시장 상장을 계기로[16)] 그간 원칙적으로 1주 1의결권 원칙에 따라 차등의결권을 허용하지 않던 법률을 개정하자는 움직임이 대두되어 현재 법안 심의가 진행 중이다. 주요 내용은 비상장기업으로서 대규모 투자유치로 창업주의 보유지분이 30% 이하로 떨어질 경우 최대 10년까지 주당 10개의 의결권을 부여하는 차등의결권 발행을 인정하되 상장 이후 3년 뒤 보통주로 전환하는 것이다. 특히 편법승계를 방지하고 일반 주주를 보호하기 위해 창업주가 주식상속, 양도 및 사임 시 보통주로 전환하고 차등의결권을 발행하기 위해서는 발행주식의 3/4 이상의 동의가 필요하게 하고 있다.

---

15) 스위스의 경우 등기부주식과 비등기주식을 구분하여 등기부주식의 매매는 매우 까다롭게 되어 있고 스웨덴의 경우 지배주주 소유주식과 일반주주 소유주식의 의결권의 수가 차등화된 것이 일반화되어 있다. 네덜란드의 경우 발행주식의 대부분을 신탁회사에 맡기고 이를 근거로 수익증권을 발행하여 일반주주의 의결권행사가 봉쇄되어 있는 경우도 있다.

16) Coupang의 창업주에게 경영권을 보장해주기 위해 1주당 29개의 의결권을 주고 있다.

한편 경영에 관한 중요한 결정권한을 가진 주식도 있다. 이른바 황금주(golden share 또는 poison share)라 불리는 것이 그 예이다. 황금주란 평상시는 보통주와 같은 권한을 가지나 적대적 합병 시도 등 중요한 경영의사 결정시에는 주주총회의 결의사항에 대한 거부권을 갖는 등 강력한 권한을 갖는 주식을 말한다.[17] 이 밖에 경영권 보호를 위한 안전장치로 오스트리아, 이탈리아, 스페인 등은 상호출자를 통한 피라미드식 소유구조를 허용하고 있다.

제 2 절 금융회사의 소유구조

금융자본과 산업자본의 관계는 기업의 문화와 지배구조, 소유집중에 대한 규제, 금융제도 등 각국 고유의 역사적 문화적 배경에 따라 다양하다. 미국과 같이 개인주의가 강하고 주식시장을 통해 주주들의 감시기능이 강한 주주자본주의 체제(shareholder capitalism)를 유지하고 있는 국가의 경우 금융자본과 산업자본의 관계는 상호연관성이 약하고 독일과 일본과 같이 집단주의가 강하고 주주보다는 주주를 포함한 채권자, 종업원, 거래처 등 이해관계자의 이해조정과 기업의 성장을 중시하는 이해관계자 자본주의 체제(stakeholder capitalism)를 유지하는 국가의 경우 금융자본과 산업자본의 연관성은 상대적으로 강하다.[18]

미국은 전통적으로 산업자본과 금융자본 특히 산업자본과 은행의 분리체제를 유지하여 왔으며, 1999년 11월 「금융제도개혁법(Gramm-Leach-Bliley Act)」의 제정으로 분리체제를 더욱 강화하였다. 동 법은 은행을 보유한 금융지주회사가 일반기업을

17) 동 제도는 주로 외국인으로부터 국가기간산업 등 국가이익을 보호하기 위해 정부가 보유한 주식에 대해 영국, 프랑스, 이탈리아, 스페인 등에서 도입하고 있다. 이와 같이 유럽 제국들이 외국자본의 자국기업 인수를 방어하려는 움직임이 확산됨에 따라 최근 유럽위원회는 역내시장의 통합을 저해하는 회원국들의 보호주의 정책을 폐지하도록 각국에 압력을 가하여 대부분의 국가에서 폐지되었다.

18) R. Martin 교수는 대공황 이후 소유와 경영의 분리로 전문경영인에 의한 경영이 득세하였던 시기(1933~1976)를 경영자자본주의시대, 1977~2008년 금융위기까지 전문경영자의 대리문제를 줄여 주주가치의 극대화를 표방하던 시기를 주주자본주의시대 그리고 기업의 장기적 성장보다는 단기성과를 중시한 주주자본주의의 폐해를 시정하여 주주뿐만 아니라 이해관계자(stakeholder), 특히 고객과의 소통을 강화하는 것이 장기적으로 주주가치 증대를 가져온다는 것을 강조하는 시기를 고객자본주의시대라고 정의하였다.

자회사로 보유하는 것을 원칙적으로 금지하고 FRB가 금융활동에 보완적이고 예금기관 또는 금융시스템의 안정성과 건전성을 해치지 않는다고 판단하는 경우에 한해 금융지주회사의 비금융업영위를 허용하고 있다. 동시에 일반기업의 은행(은행지주회사 포함) 소유는 지배력을 기준으로 규제하고 있는바 지배력을 획득하려면 감독당국의 승인을 받아야 한다.19) 구체적으로 일반기업이 은행을 실질적으로 지배할 경우에는 동 기업을 금융지주회사로 간주하고 동 지주회사의 업무범위를 금융관련업무로 제한하고 있다.

또한 「은행법」상 일반기업이 은행의 지배주주가 될 경우 내부자(insider)로 간주되어 동지배주주는 일반인에 비해 신용공여한도가 크게 축소되고 교차여신 관련 규제 등으로 타 은행에서의 신용공여까지 영향을 받게 된다.

일본의 경우 「독점금지법」상 실질적으로 경쟁을 제한하지 않는 한 일반기업의 금융기관 주식취득을 금지하지는 않고 있다. 다만 은행의 주요주주로 되기 위해서는 미리 금융청장관의 인가를 얻어야 하며, 금융청장관은 주요주주가 부당한 영향력을 행사함으로써 은행 건전성이 침해되는 것을 방지하기 위해 그 적격성을 심사한다. 그러나 은행 또는 은행지주회사가 은행, 증권, 보험 등 금융관련회사가 아닌 일반기업을 자회사로 두는 것은 금지하고 있다.20)

영국, 독일, 프랑스 등 겸업제도를 도입하고 있는 EU제국의 경우 EC 제2차 은행지침(EC Second Banking Directive)에 의거 일반기업의 은행소유나 은행의 일반기업 소유를 모두 허용하고 있다. 다만 일반기업의 은행소유의 경우 국가별로 상이하게 설정된 소정의 보유지분별(예컨대 10%, 25%, 33% 등)로 주주에 대한 적격성 심사를 거치게 하고 은행의 일반기업에 대한 주식투자는 자산운용의 건전성 차원에서 단일기업의 경우 은행자본금의 15%, 전체 기업의 경우 은행자본금의 60% 이내로 제한하고 있다.

지금까지 살펴본 바와 같이 금융자본과 산업자본의 소유 및 지배관계 유형은 미국처럼 양자를 철저하게 분리하는 국가와 EU국가들과 같이 양자의 결합을 수용하는 국가, 그리고 양자의 중간정도를 취하는 국가 등으로 분류할 수 있다. 이와

---

19) 「은행지주회사법」상 지배기준은 다음과 같다.
① 지분의 25% 이상 보유
② 과반수 이상 이사의 선임에 영향력 행사
③ 은행이사회의 의사결정에 직·간접적으로 영향력을 미친다고 FRB가 판정한 경우.

20) 은행지주회사는 자회사 투자지분을 포함하여 일반기업 발행주식의 15% 이상을 보유할 수 없다.

같은 현상은 각국의 금융자본과 산업자본의 형성과정과 이들의 결합에 따른 득실에 대한 시각의 차이 등에서 그 원인을 찾을 수 있다.

제 3 절 금융자본과 산업자본

Ⅰ. 금산분리의 논리

금융자본과 산업자본의 분리와 결합 논의의 핵심은 양자의 결합이 경쟁적 거래를 제한하는가 아니면 효율성의 제고에 기여하는가로 요약된다. 즉 경제력 집중과 이해상충을 방지하기 위해 양자의 관계를 가능한 분리해야 할 것인가, 아니면 양자간의 유기적 연관을 통해 상호경쟁력의 강화를 도모해야 하는가이다.

금융자본, 특히 은행과 산업자본을 분리(separation of banking and commerce)해야 한다는 논리로 다음과 같은 점이 지적된다.

1) 경제력의 집중

산업자본과 금융자본이 결합할 경우 생산물시장과 생산요소시장까지 지배하게 되어 경제력 집중의 문제가 발생할 소지가 있다. 금융회사는 주로 타인의 자금을 받아 운용하는 레버리지가 매우 큰 기업이므로 금융회사의 대주주는 적은 자본으로 이보다 훨씬 많은 자금을 지배할 수 있다.

따라서 실물산업을 경영하는 산업자본이 금융회사를 지배할 경우 자신이 소유한 기업에 대한 유리한 자금지원 등은 물론 양자의 결합에 따른 규모 및 범위의 경제, 공동판매, 상품 및 지역다각화 등의 시너지효과로 인해 상호 경쟁력을 강화할 수 있다. 그러나 이와 같은 현상이 심해지면 양 산업 모두에 시장장벽을 유발하게 되고 이는 금융과 실물 양면에 걸쳐 독점력을 행사하는 소수기업으로의 경제력 집중현상을 초래하게 된다.

경제력의 과도한 집중은 불공정한 경쟁과 시장실패를 초래하여 자원의 효율적 배분을 저해한다. 예컨대, 산업자본의 계열금융기관을 이용한 자금동원 및 계열사 지원이 용이해짐으로써 경쟁력이 없는 계열기업의 퇴출을 억제하고 오히려 경쟁력이 있는 비계열기업들의 퇴출을 촉진함으로써 자원의 합리적 배분과 구조조정을 저해할 우려가 있다.

2) 금융업의 안정성

산업자본이 금융산업을 지배하면 금융업의 안정성이 저해될 가능성이 크다. 산업자본이 은행을 지배하게 되면 은행경영의 독립성이 저해되어 계열사에 대한 관계인 대출(connected lending) 또는 내부거래(covered transaction) 등이 늘어날 소지가 있다. 특히 계열기업에 대한 대출의 경우 담보의 건전성에 관한 평가와 대출의 타당성에 대한 심사를 소홀히 할 가능성이 커 동 대출이 부실화될 우려가 크다. 계열기업의 부실은 은행의 부실로 연결되고(hungry wolf hypothesis) 이는 다시 전체 금융시스템의 불안으로 연결될 수도 있다.

La Porta 등의 연구결과에 의하면 금융기관들이 자신과 특별한 관계를 가진 기업에 대출하는 경우 담보를 적게 받거나 낮은 대출이자율을 적용하고, 이러한 대출조건에도 불구하고 이들 기업들의 부도발생률은 금융기관과 특별한 관계를 갖지 않은 기업에 비해 더 높고 부도시 대출금회수율도 낮은 것으로 나타났다.[21)]

한편 산업자본이 은행을 지배할 경우 은행에 대한 중앙은행의 재할인이나 정부의 예금자보호를 위한 지원 등 이른바 공공안전망(public banking safety net)이 계열기업에 대한 보조로까지 확대되는 결과를 초래할 가능성도 있다.[22)] 은행이 계열기업에 대해 저리의 금융을 제공하는 등으로 부실화되거나 도산하여 중앙은행이나 예금보험제도가 자금을 지원하거나 보험금을 지급하는 경우 이는 중앙은행이나 예금보험제도가 기업에 대해 보조금을 주는 결과가 되기 때문이다.

계열기업은 이와 같은 안전망의 보호를 받는 계열은행의 명성에 힘입어 유리한 조건으로 자금을 조달할 수 있기 때문에 이를 이용하여 리스크가 높은 업무를 확장하는 등으로 계열은행의 안정성을 훼손시킬 수 있다.

3) 비경쟁적 거래

산업자본의 금융산업 지배는 불공정거래 등의 문제점이 발생할 위험이 있다. 예컨대 은행이 지배주주에 대해 신용공여 등에 있어 우선적 지위를 인정하고 지배

21) R. La Porta, F. Lopez-de-Silanes and G. Zamarripa, "Related Lendings," *Quarterly Journal of Economics*, vol. 118, 2003.

22) E. G. Corrigan, "A Framework for Reform of the Financial System," F.R.B. New York, *Quarterly Review*, Summer 1987.

주주와 경쟁관계에 있는 기업에게는 신용을 제한하거나 신용조건을 불리하게 하는 행위, 대출을 제공하면서 계열기업의 상품구입을 강요하는 끼워팔기(salesman's stake) 행위, 계열금융기관의 보유자산으로 계열사의 주식을 매집·보유하거나 계열사간의 상호출자(interlocking or cross ownership) 또는 순환출자(circular ownership) 등을 통해 형성된 지배권[23]을 바탕으로 계열사간 상호지원(propping)이나 부의 이전(tunneling)[24]을 통한 시장의 효율성·공정성·안정성을 저해하는 행위, 경쟁기업의 주식을 대량매집하여 경영권을 위협하거나 침탈하는 행위, 이 밖에 계열금융기관이 거래를 통해 획득한 경쟁기업의 정보를 계열기업에게 제공(information transfer)하는 행위 등이 그것이다.

이와 같은 비경쟁적 거래는 매우 다양한 형태를 띠고 있어 제도적으로 감독기관에 의한 감시와 적발이 용이하지 않다.

4) 이해상충

산업자본이 금융기관을 지배하게 되면 신탁책임 소홀 등의 문제를 야기할 수 있다. 예컨대, 산업자본이 계열금융기관에게 과도한 배당을 요구하거나 지나치게 유리한 조건으로 대출을 받는 행위, 계열금융기관의 신탁계정에 계열기업 보유증권을 고가로 편입(stuffing fiduciary account)하거나 계열기업이 보유한 부실채권을 계열금융기관이 인수(bankruptcy risk transfer)하는 행위 등으로 금융거래자의 이익을 부당하게 훼손시킬 우려 등이 그것이다.[25]

이 밖에도 소수의 지배주주가 금융기관이 보유하고 있는 사적정보를 이

---

23) 상호출자는 계열사간 상호출자가 이루어지는 것을 말하며, 우리나라의 「공정거래법」에서는 상호출자제한집단에 대해 이를 금지하고 있다. 순환출자란 지배회사가 특정계열사의 지분을 보유하고, 동 계열사는 다른 계열사의 지분을 보유하는 순환형 출자가 이루지는 형태를 말하며, 현재 우리나라의 기업집단의 상당수가 이러한 계열구조를 가지고 있다. 그간 순환출자는 지배주주의 지배력 유지 및 강화, 편법적 경영권 승계를 위한 방법으로 활용되는 등 경제력 집중에 따른 폐해를 유발하고 있다는 비판이 있어 2014. 1월 동 법을 개정하여 대기업집단 계열회사 간 신규순환출자를 금지하되 다만, 회사의 합병·분할, 부실기업 구조조정 과정에서 채권단 합의에 따른 계열사의 출자나 증자로 신규순환출자가 발생하는 경우 등을 순환출자 금지의 예외로 규정하고 일정기간 이내에 이를 해소하도록 하였다.

24) 굴을 뚫어 재산을 빼돌린다는 의미로 계열소속기업이 다른 계열기업에게 저리로 자금을 제공하거나 상품이나 서비스를 비싸게 구입하는 등의 지원으로 결과적으로 부당하게 당해기업의 부가 계열기업으로 이전되는 현상을 말한다.

25) A. Saunders, "Banking and Commerce: An Overview of the Public Policy Issues," *Journal of Banking and Finance*, vol. 18, 1994.

기적으로 유용할 가능성,[26] 이들이 금융기관에 관한 정보를 외부에 진실하게 전달하지 않을 가능성으로 인해 외부투자자가 공개되는 정보를 신뢰하지 않음에 따른 역선택 문제의 발생가능성,[27] 이와 같은 이유로 시장의 비효율성이 증대되어 시장이 축소균형이 될 가능성[28] 등의 문제가 존재한다.

Ⅱ. 금산결합의 논리

산업자본과 금융자본, 특히 산업자본과 은행간의 주식의 상호소유와 이를 통한 양자간의 자본 및 경영상의 결합을 주장하는 논리는 다음과 같다.

1) 규모와 범위의 경제

은행과 산업자본의 결합은 인력, 설비 등 투입요소의 공동이용을 가능하게 하여 생산비용을 절감하게 하고 상공업제품과 은행서비스를 연계한 판매전략을 통해 수입시너지효과를 창출할 수 있다. 또한 경기불황으로 인한 산업부문의 손실을 상대적으로 경기변동의 영향을 적게 받는 은행의 수익으로 보전함으로써 다각화에 의한 위험분산효과를 얻을 수 있다.

2) 경영권의 안정

산업자본의 은행소유가 허용되어 실물부문의 잉여가 은행부문으로 유입되는 경우 은행자본의 확충이 용이해져 은행경영의 안정성이 제고된다. 또한 계열기업간의 상호출자를 통한 경영권의 안정을 도모할 수 있고 계열기업간의 상호보조로 경영상의 어려움을 상대적으로 적은 비용으로 극복할 수 있는 등 상호보험적 관계를 유지할 수 있다.

3) 정보비대칭 완화

계열기업간의 정보의 공유나 교류를 쉽게 함으로써 정보의 비대칭에 따라 야기되는 다양한 문제들을 완화할 수 있다. 은행이 대출이나 출자관계 등을 통해 계열기업에 대한 많은 정보를 갖고 있기 때문에 이들에 대한 정보의 부족으로 인해

---

26) J. Hirschleifer, "The Private and Social Value of Information and the Reward to Inventive Activity," *American Economic Review*, vol. 61, 1971.

27) A. Spence, "Job Market Signalling," *Quarterly Journal of Economics*, vol. 87, 1973.

28) M. Rubinstein and M. Yaari, "Repeated Insurance Contracts and Moral Hazard," *Journal of Economic Theory*, vol. 30, 1983.

야기될 수 있는 신용할당이나 과소투자 가능성의 감소, 이들에 대한 감시비용의 절감, 이 밖에 경영자의 도덕적 해이와 대리인비용 저하 등이 그 예들이다.[29)]

이와 같은 산업자본과 금융자본의 결합 시 예상되는 이점을 이유로 1991년 미국의 재무부는 기업과 은행간의 자본결합에 따른 부작용을 양자간의 적절한 차단장치(fire walls)와 감독의 강화를 통해 막을 수 있다는 전제하에 은행산업의 건전성과 경쟁력을 제고하기 위해 산업자본이 재무구조가 취약한 은행지주회사를 매입, 금융기관을 소유하고 지배하는 것을 허용하자는 내용의 금융개혁안을 제시한 바 있으며,[30)] 1995년 상원의 D'Amato 은행위원장은 하나의 지주회사 아래 자회사의 형태로 은행, 증권, 보험 등 금융업은 물론 일반사업회사까지 영위하는 것을 허용하자는 법안을 의회에 제출한 바 있다. D'Amato는 특히 금융업의 상당부분이 정보처리업무라는 점에서 통신이나 정보처리업체들의 금융업 진입이 금융업의 발전을 촉진시킬 것이라고 주장한 바 있다.

Thurow는 미국의 「은행법」과 「독점금지법」을 개정하여 금융과 기업을 서로 분리시키지 말고 일본과 같이 양자가 상호주식을 보유하는 기업집단을 형성하여 서로 지배와 감시가 가능하도록 해야 한다고 주장한 바 있다. 그는 또 투자기업에 대한 은행의 감시기능을 높이기 위해 은행이 투자기업의 이사회에 참여하여 경영권 행사는 물론 심지어는 은행의 장기대출에 대해서도 주식과 마찬가지로 소정의 의결권을 부여할 것을 제안한 바 있다.[31)]

지금까지 주요국의 금융자본과 산업자본과의 관계를 살펴보았는데, 대체로 각국은 은행과 산업자본의 결합을 엄격하게 제한하는 반면, 산업자본과 비은행금융업의 관계에 대한 규제는 별로 없는 편이며 이에 따라 양자간에는 광범한 결합관계가 유지되고 있는 것을 알 수 있다.

이는 은행의 경우 통화창출, 지급결제, 여신심사 등 금융의 중추적 기능을 담당하고 있어 국가의 금융시스템의 안정을 확보하기 위해서는 은행이 산업자본과 독립된 위치에서 경영을 하는 것이 불가피한 반면, 비은행금융업의 경우 은행에 비해 금융과 산업자본의 결합에 따른 폐해가 상대적으로 적은 데다 양자는 적절한 협

29) 이에 대해 산업자본과 은행의 결합이 정보의 비대칭을 더욱 심화시켜 차단벽이 제대로 작동하는지에 대한 감독이 어려우며, 특히 산업자본이 경영위기에 처하는 등 급박한 상황이 발생할 경우 차단벽이 일시에 무력화될 가능성이 크다는 반론도 있다.

30) U.S. Department of Treasury, *Modernizing The Financial System*, 1991.

31) Lester C. Thurow, *Head to Head*, William Morrow and Company, Inc., 1991.

조와 견제관계를 유지함으로써 상호 경쟁력을 강화할 수 있다는 취지에서다.

제 4 절 시장중심제도와 은행중심제도

금융제도를 금융기관과 기업의 관계로 특정지울 때, 보통 시장중심형(stock market-based)제도와 은행중심형(bank-based)제도로 분류한다. 양자는 금융과 기업의 소유 및 지배관계, 정보의 생산과정 및 계약형태 등 금융중개방식, 기업에 대한 감시방식 등에서 차이가 있다.

시장중심형제도는 금융기관과 기업 간에 서로 소유 및 지배관계가 없는 독립적인 관계를 유지하는 것으로 주로 영미법체제를 채택하고 있는 국가들에 일반화되어 있다. 미국은 「은행법」과 「독점금지법」 등을 통하여 기업과 은행 간의 주식의 상호보유나 지배를 강력하게 규제하고 있고, 영국의 경우 법적인 제약은 없지만 양자간에 서로 지배하지 않는 것이 관행화되어 있다. 금융의 중개는 은행 등 간접금융기관뿐만 아니라 증권시장의 시장중개기관(market intermediaries)들에 의해서도 활발하게 이루어진다.

은행중심제도는 은행과 기업이 상호주식을 보유하거나 장기적인 거래관계를 통해 상호밀접한 관계를 형성하고 있는 제도로 독일과 일본 등 주로 대륙법체제를 채택하고 있는 국가들에 일반화되어 있다.

독일의 경우 은행의 기업주식 소유와 이를 토대로 한 지배는 일반화되어 있다. 그러나 기업의 은행주식 소유는 거의 없거나 있더라도 미미한 수준이다. 독일의 은행은 일방적으로 기업의 주식을 보유하고 기업의 이사회에 임원을 파견하는 등으로 은행이 기업의 경영활동을 감시하고 기업매수 등으로부터 경영권을 보호해 주고 있다.

일본의 경우 계열사간의 주식의 상호보유형태, 이른바 호선단(convoy system)체제를 통해 서로 대주주로서의 역할을 하고 있으나 특정기업이나 기업집단이 일방적으로 은행을 지배하는 형태는 아니다. 일반적으로 계열사 사장단 회의가 기업집단의 경영에 관한 최고의 의사결정권을 행사하고 서로 경영권의 안정을 보호하고 있다. 〈표 5-1〉에서 국가별로 기업주식 보유현황을 보면 일본과 독일의 경우 실질

표 5-1 주식보유 현황 (1990)(단위: %)

	미 국	영 국	독 일	일 본
개 인	30~35	22.4	4	20
기관투자가(수탁계정)	55~60	57.8	3	6
기관투자가(자기계정)	2 ⎤ 4~9	0.7 ⎤ 10.8	27 ⎤ 68	40 ⎤ 70
회 사	2 ⎦	10.1 ⎦	41 ⎦	30 ⎦
정 부	0	2.5	6	0.7
외 국	6	6.5	19	4

자료: M. E. Porter, “Capital Changes: Changing the Ways America Invests in Industry,” Washington, D.C.; Council on Competitiveness, Boston: Harvard Business School Press(1992).

적으로 기업에 대한 지배권을 행사할 수 있는 기관투자가의 자기계정과 관계회사가 보유한 지분이 70% 정도인 데 비해 미국과 영국의 경우 10% 이내인 것으로 나타났다.

금융중개방식에 있어 기본적으로 은행중심제도는 관계지향적(relation banking)인 데 비해, 시장중심제도는 거래지향적(transaction banking)이다. 자본시장이 잘 발달된 영국과 미국 등의 금융제도를 시장중심제도로, 자본시장보다는 상대적으로 은행중심의 금융시장이 발달된 독일과 일본의 금융제도를 은행중심제도로 분류하는 것이 그것이다.

시장중심제도와 은행중심제도는 특히 기업에 대한 감시방식에서 차이가 크다. 증권시장이 잘 발달된 미국과 영국 같은 시장중심형 체제의 경우 기업의 주식이 광범위하게 분산 소유되어 있기 때문에 기업의 경영을 감시하고 통제할 지배주주가 없다. 따라서 기업에 대한 감시는 주로 증권시장을 통한 시장규율과 외부통제제도가 이를 대신하고 있다.

반면 독일과 일본 같이 증권시장이 은행 등 간접금융시장에 비해 상대적으로 덜 발달되어 있어 기업에 대한 자금의 공급이 은행의 대출과 출자등에 많이 의존하는 은행중심형 체제의 경우 기업에 대한 감시기능은 주로 은행에 의해 이루어진다.

양 제도는 각각 상대적인 장단점을 가지고 있는바, 먼저 시장중심제도가 은행중심제도에 비해 상대적으로 우월한 점은 다음과 같다.

1) 시장의 감시기능

시장중심제도는 시장 인센티브의 작용으로 책임경영체제를 확립한다는 측면에서 우월하다. 시장중심제도 하에서는 주가와 강력한 공시제도를 통해 기업의 내용이 투명하게 주주를 비롯한 이해관계자들에게 전달되어 경영성과를 토대로 경영자에 대한 진퇴와 보상이 이루어지기 때문이다. 구체적으로 시장이 효율적일 경우 주가가 기업의 성과를 잘 반영하게 되고 투명한 공시를 통해 외부주주나 신용평가기관 등 시장감시자의 기능이 활성화되어 이들의 평가가 기업경영자에게 피드백된다. 이에 따라 효율적인 기업매수시장과 경영자 인력시장이 형성되고 경영자의 도덕적 해이 유인을 감소시킴으로써 경영자에 대한 직·간접적인 감시장치가 된다.

반면 은행중심제도는 은행이 거래기업 주주의 영향력을 감소시켜 은행이 기존 경영자의 입장을 강화시켜 줌으로써 경영자를 위시한 내부자들에 의한 대리인문제를 발생시킬 소지가 있고 이들의 담합에 의한 지배력을 남용할 가능성이 있다.

2) 경쟁적 시장

시장중심제도는 경쟁적 거래를 촉진한다는 점에서 우월하다. 시장중심제도는 고객과의 관계가 공식적이고 거래지향적인 데 비해 은행중심제도는 은행과 고객간에 암묵적·배타적 거래관계가 형성되어 있기 때문에 거래당사자간의 유인을 왜곡하는 문제를 갖고 있다.

예컨대 은행은 대출기업이 경영악화로 지원을 요청하는 경우 기왕에 지원된 대출의 손실을 방지하기 위해 이를 거부하지 못하는 유인을 보유하며 대출기업은 이를 악용하여 재협상을 통해 계약조건을 완화하거나 기존 차입금의 부실화를 방지하는 노력을 소홀히 하는 등 도덕적 해이를 초래할 유인을 갖는다.

3) 구조조정

시장중심제도는 산업구조조정의 신속성과 용이성이라는 측면에서 우월하다. 시장중심제도하의 잘 발달된 증권시장은 기업간의 경쟁촉진으로 효율성이 높은 기업의 성장을 촉진하고 효율성이 낮은 기업의 퇴출을 가속화시킨다. 특히 거래지향적인 시장중심제도 하에서는 공개된 정보 이외에 추가적인 정보생산을 위한 비용이 매우 낮기 때문에 거래관계의 형성이 쉽지만 단절도 용이하여 거래당사자는 대체적으로 소원한 관계(arm's length relationship)를 형성하게 된다.[32)]

반면 은행중심제도는 은행과 기업의 거래관계가 암묵적이고 배타적으로 연계되어 있어 기존거래관계의 단절이나 새로운 거래관계의 형성이 용이하지 않아 기

32) 김현정, "외환위기 이후 은행 기업과의 관계변화," 한국은행경제연구원, 2002. 8.

업의 시장에서의 퇴출이나 진입이 용이하지 않다. 최근 일본경제 버블의 형성과 붕괴의 원인을 일본식 기업지배구조로 설명하는 견해도 있다. 즉 시장중심제도 하에서는 당연히 퇴출되었어야 할 비효율적 기업(zombie)들이 은행이나 계열기업의 지원의 결과로 퇴출이 지연되어 오다가 1990년대에 들어 한꺼번에 도산하는 현상이 나타나고, 이에 따라 이들 기업에 대출을 한 은행들의 부실로 연결되었다는 것이다.[33]

다만 시장중심제도는 구조조정과정에서 이를 너무 빨리 진행시켜 조정비용이 클 우려가 있다는 문제점은 있다.

한편 은행중심제도가 시장중심제도에 비해 상대적으로 우월한 점은 다음과 같다.

1) 정보비대칭 완화

은행중심제도는 이해관계자간의 정보비대칭을 완화한다는 측면에서 우월하다. 거래은행이 기업에 대한 심사 및 감시활동을 통해 기업에 대해 많은 정보를 가지고 있기 때문에 경영자의 대리인문제를 감소시킬 수 있다.[34]

시장중심제도의 경우 이와 같은 기능을 주로 증권시장에서 기업이 발표하는 공시정보와 신용평가회사나 증권회사가 생산하는 정보에 의존한다.[35] 그러나 이와 같은 정보는 기업과 오랜 거래관계를 통해 축적된 은행의 정보에 비해 질적·양적으로 열위에 있다.

Stiglitz[36]는 기업에 대한 정보비대칭과 감시유인 문제를 해결하기 위해 은행이 대출기업의 주식을 보유할 것을 주장하고 있다. 은행이 기업에 대해 대출만을 가지고 있을 경우에는 기업의 부도가능성에만 관심이 있기 때문에 위험이 적은 안전한 투자만을 요구하고 다소의 위험이 있다 하더라도 수익성이 높은 투자는 기피하게 되어 과소투자 문제를 발생시킬 우려가 있다는 것이 그 이유이다.

특히 담보대출의 경우 부도비용이 감소함으로써 투자에 대한 심사나 기업의

33) 奧村 宏, "일본의 지주회사 문제," 한국상장회사협의회, 1996년 춘계호, 151~160면.

34) D. Diamond, "Financial Intermediation and Delegated Monitoring," *Review of Economic Studies*, vol. 51, 1984.

35) 정보가 축적되지 않은 신기술을 바탕으로 하는 기업이나 신설기업 등 고위험산업의 경우, 은행에 비해 상대적으로 이들 기업에 대한 정보가 원활하게 유통되는 증권시장이 이들 산업에 대한 자금제공을 보다 용이하게 할 수 있다.

36) J. Stiglitz, "Government, Financial Markets and Economic Development," NBER working paper No. 3669, 1991.

경영상태에 대한 평가 등 기업에 대한 감시유인이 더욱 낮아진다. 반면 은행이 기업의 주식을 보유하게 되면 주주로서 장기적 가치 관점에서 기업의 투자계획이나 경영의사 결정에 참여함으로써 사전적으로 심사 및 감시기능을 강화할 수 있다.

Porter도 이와 유사한 주장을 하고 있다. 즉 경영자는 현재가치를 미래가치보다 과대평가하여 투자결정에 있어 미래가치의 할인율인 자본비용을 지나치게 높게 책정함으로써 결과적으로 과소투자를 유발하게 된다는 것이다. Porter는 이와 같은 자본배분시스템으로 인해 미국의 자본비용이 일본이나 독일보다 높아 국가 전체적인 경쟁력이 낮아졌다고 지적한 바 있다.[37]

2) 안정적 경영

은행중심제도는 은행과 기업이 장기 안정적인 거래관계를 유지한다는 측면에서 우월하다. 대출은 은행이 수익을 얻을 수 있는 가장 근본적인 원천이다. 은행은 대출을 통해 관계지향적 고객관계가 형성되면 기업에 대하여 독점적 지위를 가지게 되므로 일종의 지대를 향유할 수 있게 된다. 특히 금융시장에서 경쟁이 격화되더라도 대출에 수반되는 정보의 특성 때문에 관계지향적 대출의 경우에는 수익기반이 크게 잠식되지 않는다. 이와 같이 은행중심제도의 경우 은행이 기업과의 장기적인 거래관계에서 획득한 비공개정보 및 배타적 정보를 이용하여 장기 안정적인 수익성 확보와 관리비용 절감 등을 기대할 수 있다.

또한 동 제도하에서는 은행과 기업의 거래관계가 보다 신축적이고 암묵적이기 때문에 장기 안정적인 거래관계를 유지할 수 있으며 은행이 기업에 대한 채권자인 동시에 안정적인 주주로서 경영권을 보호하여 준다. 이에 따라 기업의 경영자들은 주식시장의 주주나 M&A 등을 통한 지배권 탈취를 지나치게 의식할 필요가 적기 때문에 보다 특화된 자산에 투자하는 등 중장기적인 시야에서 경영을 할 수 있다. 이에 비해 시장중심제도의 경우 경쟁의 압력이 직접적으로 작용하므로 장기적으로 수익을 기대하기에는 어려운 점이 있다.

3) 위험분담

은행중심제도 하에서는 기업이 어려움에 처할 경우 은행이 구제금융을 제공하거나 기업의 구조재편성을 주도하는 등 은행이 기업의 위험을 분담하는 경우가 일반적이다. 이와 같이 은행중심제도는 기본적으로 위험분담계약(risk-sharing agreement)의 속성을 가진다. 이에 따라 은행은 관계지향적 대출을 통해 경제적 효율성

37) M. E. Porter, *op. cit.*

을 가지지만 불확실성이 높은 투자활동이 지속되게 하고 이에 따라 기업은 재무적 곤경에 처했을 때의 비용절감은 물론 일상의 재무활동에 있어서도 거래은행의 뒷받침으로 높은 신용을 유지하여 자본조달비용을 감소시킬 수 있다.

시장중심제도 하에서는 금융기관과 기업과의 거래는 매우 공식적이고 거래지향적이므로 대출을 받은 기업이 재정적으로 어려움에 처해 있을 경우 금융기관은 우선 대출을 회수하여 이에 따른 손실을 최소화하려 할 것이다. 따라서 시장중심제도 하에서는 은행중심제도에 비해 대출을 받은 기업의 유동성 제약이 클 뿐만 아니라 기업이 회사를 정리할 경우, 자산을 헐값으로 처분함에 따른 손실은 물론 기업의 도산에 따른 사회적 비용이 클 가능성이 높다.

반면에 은행중심제도 하에서는 은행은 관계지향적 대출을 통해 기업에 대해 상시적으로 기업을 감시할 수 있고 적기에 개입함으로써 기업의 실패 확률을 사전적으로 낮출 수 있으며, 기업실패의 경우에도 시장을 통한 구조조정에 비해 구조조정에 소요되는 비용이나 기업 청산가치 감소의 최소화 측면에서 훨씬 효율적인 면이 있다.[38)]

지금까지 시장중심제도와 은행중심제도의 장단점을 비교하였는바, 이는 어디까지나 양제도의 상대적 특성을 중심으로 대비한 것으로 양제도가 서로 대립적이라는 의미는 아니다. 오히려 양제도는 상호배타적이라기보다는 상호보완적인 측면도 많다. 일반적으로 자본시장이 발달된 국가일수록 은행을 통한 자금공급도 원활한 것으로 나타났는바,[39)] 이는 주로 다음과 같은 이유에 기인한다.

기업이 직접금융시장에서 자금을 조달하기 위해서는 시장의 상당한 신인도를 얻어야 하는바, 이 단계에 이르기 전에는 은행과 같은 간접금융기관을 이용할 수밖에 없다. 다시 말해 은행은 관계지향적 대출을 통해 기업이 궁극적으로 직접금융시장을 이용할 수 있도록 하는 데 도움을 준다. 이는 은행 대출이 갖는 정보의 특성이 직접금융시장에 대하여 긍정적 외부효과(positive externality)를 발휘하기 때문이다. 은행도 자본시장에서 형성된 기업에 대한 평판 등의 유익한 정보를 획득할 수 있을 뿐만 아니라 자본시장을 통한 대출의 유동화 등을 통해 자금의 조달과 위험의 분산효과를 기대할 수 있다.

---

38) D. Diamond, “Monitoring and Reputation: The Choice between Bank Loans and Directly Placed Debt,” *Journal of Political Economy*, vol. 99, 1991.

39) R. Levine and S. Zervos, “Stock Market, Banks and Economic Growth,” *American Economic Review*, vol. 88, 1998.

제 5 절 우리나라의 금융자본과 산업자본

우리나라는 은행을 제외하고는 산업자본의 금융회사에 대한 소유와 지배가 비교적 광범하게 허용되고 있다. 그러나 산업자본의 은행 소유와 지배는 엄격하게 제한되어 있다. 1961년 5·16 이후 '부정축재 환수조치'의 일환으로 재벌이 소유한 시중은행 지분을 일부 환수하고 은행 대주주의 의결권을 10%로 제한하기 이전까지는 은행에 대한 소유나 지배에 대한 특별한 제한은 없었다.

그러나 정부소유 은행의 민영화를 위해 1983년 1월 시행된 개정 「은행법」에서는 대주주에 의한 은행의 사금고화를 방지하기 위해 동일인이 은행주식의 8%를 초과하여 보유하거나 사실상 지배하는 것을 금지하고 8% 초과보유분에 대한 의결권을 제한하였다. 다만, 지방은행에 대해서는 지역경제 개발에 필요한 자금을 원활하게 조달할 수 있도록 지원하기 위하여 은행 발행주식 소유한도 적용을 배제하였다.

이후 10여 년간은 별다른 규제가 없다가 1992년 5월 산업자본의 은행지배를 막기 위해 종래 친인척 위주로 되어 있던 동일인의 포괄범위를 확대하여 주주 1인이 「공정거래법」에 의해 지정된 대규모기업집단을 지배하는 자인 경우 그가 지배하는 기업집단의 계열회사를 추가하였다. 그리고 그 동안 동일인 주식 소유한도 규제가 없었던 지방은행에 대해서도 동일인 주식 소유한도를 15%로 제한하였다.

그러나 산업자본의 은행지배를 배제한 결과 은행을 책임지고 경영할 수 있는 주체가 없어 대리문제(agency problem)가 심각하다는 여론이 비등해짐에 따라 1995년 1월 시행된 개정 「은행법」에서는 은행의 책임경영체제(accountability management)를 확립하기 위해 순수금융자본인 금융전업자본가에게는 은행의 주식보유한도를 12%로 확대하고 금융전업가가 아닌 동일인의 주식보유한도는 4%로 축소하는 금융전업가 제도를 도입하였다.

한편, 대외개방에 대비하여 은행 소유 제한을 완화할 필요성이 커짐에 따라 1997년 1월 금융전업가의 경우 12% 한도를 폐지하고 은행감독원장이 승인한 한도까지 은행주식 소유를 허용하고 합작은행의 경우도 4%를 초과하여 은행감독원장이 승인한 한도까지 소유할 수 있도록 허용하였다.

그러나 동 제도는 금융전업가의 자격을 30대 계열관계자가 아닌 개인으로 제한하고 주식매입자금을 자기자금으로 한정하는 등 금융전업가의 요건이 지나치게 엄격하여 금융전업가는 출현하지도 못하고 은행에 대한 소유규제만 강화되는 결과를 초래하여 1998년 1월 폐지되었다.[40)]

1997년 외환위기를 계기로 은행에 대한 소유규제가 완화되기 시작했다. 외자의 도입이 절실했던 당시 이를 촉진하기 위해 금융업을 영위하는 외국 금융기관이 4%를 초과하여 은행주식을 보유하는 경우 10%까지는 금융위원회 신고로, 그 이상 보유하고자 할 경우 10%(지방은행의 경우 15%), 25%, 33% 초과시마다 금융위원회의 승인을 얻어 보유할 수 있도록 하였다. 내국인의 경우 동일 외국인의 은행주식 보유지분율 범위 내에서 외국인과 동일한 신고·승인 절차를 거쳐 보유할 수 있게 하고 영위업종은 제한하지 않았다.

그러나 동 조항은 외국인에 비해 내국인의 역차별이라는 지적에 따라 2002년 7월부터 시행된 개정 「은행법」에서는 내국인의 은행주식 보유한도를 외국인의 보유지분율에 관계없이 10%(지방은행의 경우 15%)로 확대하고[41)] 금융위원회의 승인을 받은 경우에는 10%를 초과하여 보유할 수 있도록 하였다. 동일인이 보유한도를 초과하여 은행주식을 보유하는 경우 당해 주식의 의결권 행사의 범위는 동일인 주식보유한도로 제한되고 금융위원회는 6월 이내의 기간을 정하여 한도 초과분의 처분을 명령할 수 있다(2008년 2월 개정).

한편, 동일인[42)]의 은행주식 보유한도 확대에 따라 산업자본(이하 비금융주력자라 한다)의 은행 지배를 막기 위해 비금융주력자의 경우 은행(지주회사)주식 보유한도를 4%(지방은행의 경우 15%)로 제한하되 4% 초과분에 대한 의결권을 행사하지 않는다는 조건으로 재무건전성 등 요건을 충족하여 금융위원회의 승인을 얻은 경우에는 10%까지 보유할 수 있도록 하였다.

비금융주력자는 비금융부문(산업부문)의 자본비중이 25% 이상이거나 비금융부문의 자산총액이 2조원 이상인 자와 비금융주력자가 4%를 초과하여 투자한 투자

---

40) 한국은행, 우리나라의 금융제도, 2006.

41) 동일인이 4%를 초과보유하거나 당해 은행의 최대주주가 된 때 그리고 동일인의 주식보유비율이 은행발행주식 총수의 1% 이상 변동된 때는 금융위원회에 보고하여야 한다(2008년 2월 29일 개정).

42) 동일인의 범위는 본인 및 그와 「은행법」 시행령(제1조의 제4항)이 정하는 특수관계인(본인과 친인척 관계에 있는 자, 본인이 지배 또는 경영에 관계하고 있는 법인이나 그 법인의 임직원, 본인 또는 특수관계인이 「공정거래법」상 기업집단을 지배하는 자인 경우에 그가 지배하는 기업집단에 속하는 회사 및 그 회사의 임원 등)을 말한다(「은행법」 제2조 제1항 제8호).

회사(Mutual Fund), 비금융주력자가 투자전문회사(PEF: Private Equity Fund)의 무한책임사원(GP)인 경우 또는 유한책임사원(LP)으로서 10% 초과출자하거나 4% 이상 출자자로서 최다출자자인 경우 그리고 서로 다른 상호출자제한집단의 소속 각각의 계열회사의 PEF 출자합계액이 30%를 초과하는 PEF의 경우로 정의된다.

그러나 비금융주력자의 은행주식보유에 대한 규제가 너무 과도하고 경직된 것이라는 비판이 제기됨에 따라 현행 사전적·획일적 규제방식 대신에 중장기적으로 EU 등 다수 국가에서 시행중인 개별적 심사·감독방식으로 전환한다는 방향에서 2009년 4월 「은행법」을 개정하였는바, 주요 내용은 다음과 같다.

1) 비금융주력자의 은행주식 보유한도를 외국의 사례[43] 등을 감안하여 의결권 있는 발행주식 총수의 9%로 상향하고 동 한도까지는 의결권 행사를 허용하되 비금융주력자가 4%를 초과 보유하면서 은행의 최대주주가 되거나 은행경영에 관여하고자 하는 경우[44]에는 사전에 금융위원회의 승인을 얻어야 하며 승인시 지분율 이상의 지배적 영향력 행사를 제한할 수 있다(제15조의2).

2) 공적 연·기금에 대해서는 해당 공적 연·기금 및 그 관리주체 등과 은행의 예금자 및 다른 주주 등 사이에 발생할 수 있는 이해상충을 방지할 수 있는 체계를 갖추어 금융위원회의 사전승인을 얻는 경우[45] 해당 공적 연·기금이 법률상 비금융주력자 요건에 해당되더라도 비금융주력자에 대한 주식보유한도(9%) 규정의 적용을 배제한다. 이 경우 금융감독당국은 해당 연기금에 대하여 이해상충 방지를 위하여 필요한 최소한의 범위에서 감독 및 검사를 할 수 있다(제16조의2).

3) 금융위원회에 등록된 투자회사와 사모투자전문회사(PEF: Private Equity Fund)에 대해 비금융주력자 판단기준을 완화하였다. 그러나 이와 같은 규제완화는 산업자본에 의한 경제력 집중과 금산결합에 따른 위험전이로 인해 전체 금융그룹차원의 건전성이 악화되고 이해상충의 문제가 발생할 소지가 있다는 여론에 따라 2013

43) 감독당국의 사전승인 없이 취득할 수 있는 은행지분소유한도는 EU·영국·일본 등의 경우 10%(일본의 경우 원칙적으로 20%), 미국·이탈리아·호주의 경우 10~15% 이내이다.

44) 은행의 임원 등을 금융위원회가 정하는 수 이상으로 선임하거나 겸직하는 경우, 은행과 합의 등에 따라 주요 경영사항에 대하여 은행장 임원의 권한을 제한할 수 있는 경우(영 제1조의6).

45) 의결권의 행사기준, 이해상충을 방지할 수 있는 내부통제기준을 마련하도록 하는 등(영 제11조의3 신설).

년 7월 다시 소유규제를 강화하는 방향으로 「은행법」 및 「금융지주회사법」을 개정하였다.

주요 개정 내용은 비금융주력자의 은행(은행지주회사) 주식보유한도를 종래 4% 초과 9% 이하 또는 최대주주로서 경영에 관여 시 금융위원회의 승인을 받아야 하던 것을 4% 초과 10% 이하일 경우 예외 없이 금융위원회의 승인을 받도록 했다. 그리고 종래 9% 초과한 부분에 대해 의결권을 제한하던 것을 4% 초과한 부분으로 축소하고 투자회사·사모투자전문회사·투자목적회사를 비금융주력자로 판단하는 기준을 다음 (2)의 경우 10%, (3)의 경우 30%, (4)의 경우 4%로 낮추었다.

(1) 비금융주력자가 그 지분을 9% 초과하여 보유한 투자회사

(2) 비금융주력자가 PEF의 유한책임사원(LP: Limited Partner)인 경우로서 PEF 출자총액의 18% 이상 지분을 보유한 경우

(3) 「공정거래법」상 서로 다른 상호출자제한집단 소속 계열회사들이 각각 유한책임사원으로 PEF에 출자한 지분 합계액이 PEF출자총액의 36% 이상인 경우

(4) PEF가 투자목적회사(Special Purpose Company)의 주식 또는 지분의 9%를 초과하여 취득·보유하거나 임원의 임면 등 주요 경영사항에 대해 사실상의 영향력을 행사하는 경우의 해당 투자목적회사

(5) 비금융주력자가 PEF의 무한책임사원(GP: General Partner)인 경우[46]

비금융주력자 판단기준 완화대상인 PEF 등이 은행주식을 4% 초과 보유하면서 최대주주 등이 되고자 하는 경우 금융위원회의 사전승인을 얻어야 한다.

4) 은행 소유규제 완화에 따라 발생가능한 문제점을 방지하기 위해 대주주[47]에 대한 감독장치를 강화한다. 현재는 대주주에 대한 감독장치로서 은행의 대주주에 대한 신용공여 제한,[48] 은행의 대주주 발행주식 취득한도 제

46) 다만, 은행에 투자한 PEF와는 다른 PEF를 통하여 비금융회사(자산 2조원 이상)를 지배함으로써 비금융주력자에 해당하게 된 경우로서 양 PEF의 유한책임사원이 서로 다른 경우에는 동 무한책임사원과 PEF를 비금융주력자로 간주하지 않는다.

47) i) 은행주식 10% 초과 보유 주주, ii) 4%를 초과하여 보유하는 경우로서 최대주주이거나 대통령령이 정하는 바에 따라 임원의 임면 등의 방법으로 당해 금융기관의 주요 경영사항에 대하여 사실상 영향력을 행사하는 주주, iii) 4%를 초과하여 보유하는 비금융주력자로서 대통령령으로 정하는 바에 따라 임원의 임면 등의 방법으로 해당 금융기관의 경영에 관여하는 주주.

48) 대주주에 대한 신용공여 제한(법 제35조의2, 시행령 제20조의5)

- ◦ 개별 대주주 신용공여한도: (은행자기자본×25%)와 (은행자기자본×지분율) 중 적은 금액
- ◦ 전체 대주주 신용공여한도: 은행자기자본의 25%

한,[49] 대주주의 은행경영에 대한 부당한 영향력 행사 차단,[50] 은행 임직원의 대주주에 대한 정보제공 제한[51] 및 대주주와의 거래에 대한 절차적 규제[52] 등이 있다. 또한 대주주의 부실징후시 대주주에 대한 감독당국의 자료제출 요구권을 신설하였으며, 대주주의 불법행위 혐의 시 임점검사를 실시할 수 있도록 하고 규제의 실효성을 제고하기 위하여 대주주와 은행간 불법행위 시 벌칙 및 과징금 수준을 상향조정하였다.[53]

한편, 산업자본 판단기준을 외국인, 특히 외국은행에 그대로 적용하는 것은 무리라는 지적에 따라 외국은행이 국내가 아닌 해외에서 지배하고 있는 비금융회사의 자산이 2조원 이상인 경우에도 산업자본에 해당하는 규정을 개정하여 본국의 체계적인 금융감독을 받고 있으면서 국제적 신인도가 높은 외국은행(지주회사)으로서 산업자본 대주주의 지배를 받고 있지 않은 경우 동 은행(지주회사)이 해외에서 지배하고 있는 비금융회사의 자산·자본은 산업자본 여부 판단 시 제외하기로 하였다(제16조의2). 국내은행(지주회사)도 기업구조조정시 출자전환 등과 같이 금융업을 영위하는 과정에서 비금융회사를 지배하게 된 경우에는 은행 등의 산업자본 해당 여부 판단시 동 회사의 자산·자본규모를 포함하지 않는다.

우리나라는 산업자본의 은행 지배를 금지하는 것과 마찬가지로 원칙적으로 은행을 포함한 금융기관의 일반기업 지배를 금지 내지 제한하고 있다. 은행은 타

◦ 신용공여한도 회피를 위한 타은행 대주주와의 교차여신(cross-lending) 금지.

49) 대주주 발행주식 취득한도 제한(제35조의3, 시행령 제20조의6)
◦ 은행자기자본의 1%(비상장 주식의 경우 은행자기자본의 0.5%)
◦ 취득한도 내 보유주식에 대해서는 중립적 의결권 행사(shadow voting).

50) 대주주의 부당한 영향력 행사 차단(제35조의4)
◦ 은행이 보유한 미공개 정보 제공 요구, 다른 주주와의 담합을 통한 인사·경영 개입, 경쟁사 방해목적의 여신심사 개입 등 금지.

51) 은행 임직원의 대주주에 대한 정보제공 제한(법 제21조의2)
◦ 은행 임직원의 경쟁기업 등의 비공개정보 등을 대주주에게 누설 금지 및 위반시 형사처벌.

52) 대주주와의 거래에 대한 절차적 규제(제35조의2, 3)
◦ 대주주와 일정규모(은행자기자본의 0.1%와 50억원 중 적은 금액) 이상 거래(신용공여, 대주주 발행주식취득)시 이사회 사전의결(전원 찬성), 금융위원회 보고 및 시장공시 등 3단계 절차 요구
◦ 대주주의 타회사 출자자금 지원 및 은행에 현저하게 불리한 조건의 거래를 금지(제35조의2).

53) 「금융회사지배구조법」에서는 금융위원회는 금융회사 대주주에 대하여 일정한 요건을 갖추고 있는지 여부를 주기적으로 심사하고 요건을 충족하지 못하는 경우 요건충족명령, 주식처분명령 등을 발할 수 있으며 의결권이 제한되도록 규정하고 있다. 금융회사 대주주에 대해 주기적으로 적격성을 심사함으로써 부적격한 대주주의 경영권을 제한하기 위해서다.

주식회사의 의결권 있는 발행주식을 15% 이상 초과하여 매입하거나 항구적으로 소유할 수 없고 자회사에 대한 총출자한도도 은행 자기자본의 20% 범위 내에서 대통령령이 정하는 범위(은행 자기자본의 15%)로 제한된다(「은행법」 제37조).[54) 다만 금융업을 영위하는 금융자회사와 기업의 구조조정을 촉진하기 위해 필요한 것으로 금융위원회의 승인을 얻은 비금융자회사의 경우에는 예외가 인정된다.

보험회사도 원칙적으로 다른 회사의 의결권 있는 주식의 15%를 초과하여 소유할 수 없다(「보험업법」 제109조). 은행과 보험회사 이외의 금융회사도 개별법에 의해 일반기업 주식소유가 제한되고 있다. 특히 대규모기업집단이 계열금융기관을 이용하여 다른 기업을 지배하는 것을 막기 위해 「금융산업의 구조개선에 관한 법률」[55)]과 「독점규제 및 공정거래에 관한 법률」[56)] 등에서 타기업주식의

54) 은행신탁계정에 의한 타기업주식의 매입 또는 소유도 그 발행주식의 15% 이내로 제한되고 있다. 보험, 금융투자회사, 상호저축은행 등에도 대주주나 특수관계인 또는 계열기업의 주식보유에 대한 제한이 있다.

55) 동 법 제24조(다른 회사의 주식소유한도)

① 금융기관(중소기업은행은 제외) 및 그 금융기관과 같은 기업집단에 속하는 금융기관(동일계열 금융기관)은 다음 각 호의 어느 하나에 해당하는 행위를 하려면 대통령령으로 정하는 기준에 따라 미리 금융위원회의 승인을 받아야 한다. 다만, 그 금융기관의 설립근거가 되는 법률에 따라 인가·승인 등을 받은 경우에는 그러하지 아니하다.

1. 다른 회사의 의결권 있는 발행주식 총수의 100분의 20 이상을 소유하게 되는 경우

2. 다른 회사의 의결권 있는 발행주식 총수의 100분의 5 이상을 소유하고 동일계열 금융기관이나 동일계열 금융기관이 속하는 기업집단이 그 회사를 사실상 지배하는 것으로 인정되는 경우로서 대통령령으로 정하는 경우

⑥ 금융위원회는 제1항·제4항 및 제5항에 따라 동일계열 금융기관에 대하여 승인을 할 때 다음 각 호의 요건(초과소유요건)을 심사하여야 한다.

1. 해당 주식소유가 다음 각 목의 어느 하나에 해당하는 회사가 아닌 다른 회사를 사실상 지배하기 위한 것이 아닐 것

가. 금융업을 경영하는 회사

나. 「사회기반시설에 대한 민간투자법」(제8조의2)에 따라 주무관청이 지정한 민간투자대상사업을 경영하는 회사

다. 「신용정보의 이용 및 보호에 관한 법률」에 따른 신용정보업 등 그 금융기관의 업무와 직접적인 관련이 있거나 그 금융기관의 효율적인 업무수행을 위하여 필요한 사업을 경영하는 회사

2. 해당 주식소유가 관련 시장에서의 경쟁을 실질적으로 제한하지 아니할 것

56) 동 법 제11조: 상호출자제한 기업집단에 속하는 회사로서 금융업 또는 보험업을 영위하는 회사는 취득 또는 소유하고 있는 국내계열회사 주식에 대하여 의결권을 행사할 수 없다. 다만 다음 각 호의 1에 해당하는 경우에는 그러하지 아니하다.

1. 다른 금융업 또는 보험업을 영위하기 위하여 주식을 취득 또는 소유하는 경우

2. 보험자산의 효율적인 운용·관리를 위하여 「보험업법」 등에 의한 승인 등을 얻어 주식을 취

소유한도나 의결권을 제한하고 있다.

이와 같이 금융회사의 일반기업 주식보유를 제한하는 것은 금융자본의 산업지배를 억제하자는 목적도 있지만, 위험한 주식투자를 제한함으로써 금융회사의 자산운용의 건전성을 제고하자는 의미도 있다. 일반적으로 은행을 제외한 여타 금융자본과 산업자본간의 연계를 특별히 강하게 규제하는 나라는 많지 않다. 다만 은행의 경우에는 나라별로 정도의 차이가 있기는 하지만 산업자본과의 연계를 비교적 강하게 규제하고 있다.

그러나 은행의 기업주식 소유는 기업의 은행주식소유에 비해 상대적으로 규제가 가벼운 것이 일반적이다. 금융자본과 산업자본이 법에 의해 엄격하게 분리되어 있는 미국의 경우도 최근에 들어 대형은행들은 신탁부문을 통하여 기관투자가로서 기업주식을 대량으로 보유하고 이를 토대로 의결권의 행사와 중역의 파견 등을 통해 기업에 대한 영향력을 행사하는 경향이 증가하고 있다.

이와 같이 기업의 은행지배에 비해 은행의 기업지배에 대한 규제가 상대적으로 약한 것은 은행의 기업지배는 경제력 집중과 이해상충 등과 같은 폐해도 있지만 장점도 적지 않기 때문이다. 대주주로서 거래기업에 대한 은행의 감시기능이 제고되어 대리인 문제를 감소시킬 수 있다는 점이 대표적인 장점이다. 예컨대 은행이 거래기업의 신용상태와 투자계획에 대한 정보를 충분하게 갖고 있음에 따라 기업이 고수익 투자기회를 갖고 있음에도 불구하고 은행으로부터 자금지원을 받지 못해 투자를 포기할 수밖에 없는 과소투자문제(underinvestment problem)나 기업이 위험자산에 과도하게 투자하여 채권자인 은행에게 의도적으로 손해를 입히려는 자산대체(asset substitution) 문제 등을 감소시킬 수 있다.

득 또는 소유하는 경우.

3. 당해 국내계열회사(상장법인에 한한다)의 주주총회에서 다음 각목의 어느 하나에 해당하는 사항을 결의하는 경우. 이 경우 그 계열회사의 주식 중 의결권을 행사할 수 있는 주식의 수는 그 계열회사에 대하여 특수관계인이 행사할 수 있는 주식수를 합하여 그 계열회사 발행주식총수의 100분의 15를 초과할 수 없다.

가. 임원의 선임 또는 해임

나. 정관 변경

다. 그 계열회사의 다른 회사로의 합병, 영업의 전부 또는 주요 부분의 다른 회사로의 양도

제 6 절 금융자본과 산업자본의 바람직한 관계

지금까지 금융과 산업자본, 특히 은행과 기업관계에 대한 2대 유형에 대해 살펴보았다. 미국과 영국을 중심으로 한 시장중심형과 독일과 일본중심의 은행중심형이 그것이다. 양자의 주요 차이점은 기업의 효율적 경영을 담보하기 위한 감시 및 규제기능을 누가 담당하느냐는 것이다. 시장중심형의 경우에는 자본시장이 은행중심형의 경우에는 은행이 이 기능을 주로 담당하고 있다.

거래비용경제학, 즉 거래비용적 측면에서 보면 거래의 불확실성 정도가 낮을수록 계약조건이 단순하고 계약의 완비성(completeness)도 높아 감시·조정 등 사후적 조정문제가 적으므로 시장중심제도가 유리하다. 반면 거래환경이 복잡하고 불확실하여 그 구조가 불분명할수록 사전적인 계약조건의 설정이 어려워 사후적인 감시·조정의 필요성이 커지므로 이를 신축적으로 수행하기 위해서는 은행중심제도가 더 유리하다. 그러나 1980년대에 들어 금융의 범세계화와 이에 따른 각국의 금융제도 개혁으로 금융제도의 유사성이 증대되고 있어 이와 같은 이분법적인 평가가 점점 어렵게 되어 가고 있다. 환언하면 각국의 금융제도는 양제도의 장점을 살린 혼합적 형태로 상호협조, 견제와 감시 및 경쟁적 관계가 공존하는 체제로 수렴되어 간다는 것이다.

미국과 영국의 경우 기업과 은행의 관계가 종래의 매 거래마다 거래조건을 중시하는 거래지향적 관계에서 양자간의 장기적인 관계를 중시하는 관계지향적 관계가 증가하고 있다. 반면 독일이나 일본의 경우 종래의 관계지향적 관계가 약화되고 거래지향적 관계가 증가하고 있다. 독일의 경우 주거래은행(Haus Bank)과 기업의 관계가 많이 약화되는 추세인데 이는 급속한 산업구조 변화와 기술진보에 따라 기업이 고도의 기술적·금융적 전문성을 요구하고 있으나, 은행이 이를 제대로 지원하고 감시할 수 있는 능력이 부족한데다 금융의 국제화로 대기업들의 자본조달원이 다원화되어 기업들의 교섭력이 강화된 데 주로 기인한다.

일본의 경우도 독일과 같은 현상을 보이고 있다. 특히 최근 대기업들이 교섭능력 증대로 기존의 한 은행을 주거래은행으로 하는 대신 결제계좌를 갖는 수개의 은행(core bank)과 동등하게 거래하는 사례가 늘어나고 있으며 앞으로도 이러한 추세가 늘어날 전망이다.[57] 한편 은행측의 입장에서도 자기자본규제의 강

---

57) Horiuchi Toshihiro, "Loan Market Segmentation and the Main Bank Relationship

화, 대출채권의 유동화 등으로 종래와 같은 은행과 기업의 경직적인 관계를 보다 신축적인 관계로 전환하지 않을 수 없게 되었다.

우리나라의 경우 1960년대 이후 정부주도의 경제성장과정에서 기업경영에 대한 감시 및 규제기능 중 상당부분을 정부가 관장하였으며 은행은 정부의 대리인으로서 정부가 정한 기준과 방침에 따라 실무적인 뒷받침을 한 부분이 적지 않았다. 각종 정책금융과 여신관리제도 등이 그 예이다.

이렇게 된 배경은 경제개발 초기에 기업들의 자본축적이 미약하여 정부가 주도하여 투자자금의 대부분을 조달할 수밖에 없었고 이에 따라 자연히 정부가 자금의 배분과 그 사용에 대해 간여하게 된 데 있다. 그러나 경제규모가 확대되고 개방경제로 이행됨에 따라 정부의 감시 및 규제의 실효성이 한계에 봉착하여 시장기능에 의한 감시체제로의 대체가 불가피하게 되었다. 은행과 산업자본간의 관계에 대한 새로운 모형설정의 필요성도 이런 맥락에서 이해될 수 있다.

우리나라의 은행과 기업의 관계는 은행중심형과 시장중심형 중 어느 하나로 정확하게 분류하기는 어려우나 적어도 외형상으로는 은행중심형에 보다 가까운 편이라고 하겠다. 기업들의 외부자금의 주된 원천이 은행차입이고, 특히 대기업집단의 경우 주채권은행이 상당기간 동안 이들 집단의 계열기업에 대해 여신관리 등을 통해 이들을 감시·지도하여 왔기 때문이다.[58)]

그러나 이러한 표면적인 현상만을 놓고 독일과 일본식의 은행중심형이라고 보기는 어려운 점도 있다. 대다수의 기업들이 한 은행을 주채권은행으로 선정하여 이들과 장기적이고 안정적인 관계를 유지하기보다는 여러 은행들과 그때그때의 상황에 따라 거래를 하고 있으며, 특히 「은행법」의 개정으로 은행의 동일차주에 대한 신용공여한도가 낮아져 기업은 여러 은행으로 차입선을 다원화하게 되었으며, 이에 따라 주채권은행에 대한 대출의존도가 낮아져 기업과 주채권은행의 관계는 더욱 약화되었다.

1997년 외환위기 이후 부실은행 정리과정에서 우리나라 은행들은 정부가 대부분의 지분을 가진 정부은행, 정부와 민간이 공동으로 소유하는 은행 및 순수한 민간상업은행으로 다원화되었다. 한편 「은행법」의 개정을 통해 개인이나 외국인의

Comparison by Firm Size," Mimeo, 1993.

58) 종래 대기업집단과 주채권은행의 관계는 양자간에 자발적으로 형성된 협조관계가 아니라 주채권은행이 정부를 대신하여 경제력집중 억제, 산업구조조정 등 대기업집단을 대상으로 한 정부의 산업정책을 수행하기 위해 주로 규제기능을 담당하여 왔다.

은행지분 참여는 거의 제한 없이 허용하되 속칭 재벌이라고 불려지는 산업자본의 은행지분 보유는 엄격하게 제한하여 사실상 신규참여를 봉쇄하였다. 이는 은행과 산업자본이 분리되는 세계적인 추세에 부응하기 위한 취지이기도 하였지만 그간 산업자본의 은행지배에 대한 부정적인 시각이 매우 컸던 데도 기인한다.

이와 같은 시각의 근저에는 우리나라 기업경영의 폐쇄성이 강한데다 산업자본이 실물부문에서 상당한 독점력을 행사하고 있어 이들에 의한 은행소유 및 지배는 경제력 집중, 신용제도의 안정성 저하, 각종 불공정행위와 이해상충 등 기술한 우려들이 그대로 현실화될 가능성이 매우 크다는 것이다. 그간 계열회사간 부당한 내부거래나 편법적인 증여[59] 등을 통한 부의 이전이 가능하고 상호출자나 상호채무보증 등으로 기업집단이 마치 단일회사와 같은 지배구조를 형성하여 대다수 주주들의 견제를 받지 않고 기업총수 1인에 의한 배타적 경영[60]이 가능한 상황에서 은행이 특정기업집단의 계열기업이 될 경우 은행 또한 이러한 경영행태를 면하지 못할 것이며 경제력 집중이나 비경쟁적 시장의 조성 등의 폐해가 초래될 가능성도 적지 않았기 때문이다.

반면 산업자본과 비은행금융업과의 관계에 대한 규제는 상대적으로 약한 편이어서 산업자본의 비은행금융업에 대한 광범한 소유와 지배가 이뤄지고 있다.

그러나 최근에 들어 산업자본의 비은행금융업 지배도 경제력 집중, 계열사간 불공정한 거래, 일반기업 부실의 금융업으로의 전염 등 폐해가 적지 않다는 시각에서 양자간에도 어느 정도의 분리장치가 필요하다는 주장이 제기되고 있다. 이에 정부는 비은행금융회사에 대한 대주주의 부당한 영향력 행사의 금지, 비은행금융회사의 대주주에 대한 부당한 신용공여의 금지, 비은행금융회사가 소유한 계열회사 주식의 의결권 행사의 적정성 확보 등 그간 은행에 비해 상대적으로 약했던 비은행금융회사에 대한 규제를 강화하여 금융권역간 규제의 형평성을 제고하는 방향으로 관련 법률을 개정(2007년 7월)하였다.

---

59) 편법적인 상속·증여를 통한 부의 이전을 억제하기 위해 2003년 「상속세 및 증여세법」을 개정하여 완전포괄주의를 도입하였다. 완전포괄주의란 법률에 별도의 면세 규정을 두지 않는 한 사실상 재산의 무상이전으로 볼 수 있는 모든 거래에 대해 상속 또는 증여세를 과세하는 제도로 미국, 독일 등 선진국에서 도입하고 있다.

60) 공정거래위원회가 2010년 4월 지정한 53개 대기업집단의 소유 현황을 보면 총수가 있는 35개 집단의 총수 일가의 지분율은 4.4%에 불과하다. 그러나 이들은 순환출자 등으로 연결된 계열사 지분율 43.6%를 합한 50%에 가까운 지분율로 경영권을 행사하고 있어 소유권과 지분권과의 괴리율(disparity)이 매우 높다.

그러나 이와 같은 조치로도 산업자본의 금융회사 지배에 따른 폐해를 막는 데는 미흡하다고 보고, 일각에서는 보다 강화된 조치로 비은행금융업에 대한 소유제한이나 금융계열분리청구제도를 도입하자는 주장도 있다. 금융계열분리청구제도는 그룹계열소속 금융계열사가 다른 계열사를 부당하게 지원하는 경우 당해 금융계열사를 그룹으로부터 분리할 것을 명령하도록 정부가 법원에 제소하는 제도이다.

이에 대해 경제력 집중이나 계열사간의 불공정거래 등 산업자본의 금융업지배에 따른 폐해는 「공정거래법」 등 관계법령에 적절한 차단벽(fire wall)을 쌓거나 감독당국의 감독기능과 시장규율기능의 강화로 대처할 수 있다는 논리하에 주인있는 경영의 이점을 살리기 위해 산업자본의 지배를 허용하자는 주장이 맞서고 있다. 특히 1997년 외환위기 이후 기업집단에 대한 결합재무제표[61] 작성 및 외부감사의 의무화, 증권관련 집단소송제도의 도입 등으로 앞으로 기업집단의 경영의 투명성이 향상되고 지배구조의 폐쇄성이 개선될 것으로 예상되어 산업자본의 금융회사 지배에 따른 폐해가 크게 해소될 수 있다는 것이다.

그러나 감독과 시장규율을 통해 폐해를 방지하는 것만으로는 감독기술의 부족, 이해관계자의 자율적 견제기능의 미흡 등으로 충분한 효과를 기대하기는 어렵다는 주장도 적지 않다. 특히 최근 첨단금융기법을 동원하여 감독을 회피할 수 있는 다양한 방법이 존재하고 있어 효과적인 감독이 어렵고, 감독의 실효성(effectiveness)을 제고하기 위해 감독을 강화한다 하더라도 이에 소요되는 비용이 많이 들어 그 효율성(efficiency)이 낮다는 것이다.

지금까지 금융과 산업자본의 관계에서 무엇이 가장 바람직한 제도인가를 논의하기 위해 현대 자본주의의 2대 주류라고 할 수 있는 시장중심제도와 은행중심제도를 중심으로 살펴보았다. 그러나 어느 제도가 우수한가를 일률적으로 정의하기는 어렵다. 중요한 것은 시장중심과 은행중심으로 구분하는 특정 금융시스템 여부가 아니라 금융시장의 전반적인 발달 정도, 특히 이들이 제공하는 금융서비스의 양과 질이기 때문이다.

La Porta 등은 금융제도의 범세계적인 융합화 현상에 따라 은행중심제도와 시장중심제도로 구분하는 것은 이제 유용성이 없으며 제도 그 자체로는 가치중

61) 연결재무제표는 연결의 의무가 지분을 50% 이상을 보유하거나 30% 이상이면서 실질적으로 지배가 가능한 기업으로 한정되나 결합재무제표의 경우, 지분율과 관계없이 사실상 지배관계에 있는 계열기업은 모두 포함된다. 결합재무제표는 외환위기 당시 대기업집단의 구조조정을 촉진하기 위해 잠정적으로 도입된 제도로 이후 곧 폐지되었다.

립적(value free)임을 주장하고 있다.[62] 이들은 이와 같은 구분보다는 투자자(외부주주와 채권자 등) 권리보호를 위한 법적·제도적 장치가 얼마나 잘 갖추어져 있는가의 정도로 제도의 우월성을 평가해야 한다고 주장하고 미국, 영국과 같은 보통법(common law) 체제를 갖는 국가들이 프랑스와 독일 같이 시민법(civil law) 체제를 갖는 국가들보다 투자자보호장치가 잘 되어 있어 금융시장이 보다 발달되어 있다고 평가하고 있다.[63]

이상과 같은 논의에서 나름대로 금융자본과 산업자본의 바람직한 관계에 대한 최소한의 공통점을 발견할 수 있다. 즉 양자는 서로 독립적인 위치에서 견제와 감시체제를 유지하면서 상호이익을 최대화할 수 있는 공생관계를 유지해야 한다는 것이다. 금융산업, 특히 은행은 효율적인 여신심사기능을 통해 기업에 대한 견제와 감시기능을 수행하면서 기업의 금융수요에 최대한 부응할 수 있는 역량을 배양해야 하고 기업은 경영합리화와 투명경영을 통한 가치경영을 실현하여 은행의 수익성 있는 고객이 되어 줌으로써 양자는 공생의 동반자가 되어야 한다. 정부는 자원의 효율적 배분과 금융시스템의 안정이라는 차원에서 양자간에 적절한 차단벽을 구축하고 효율적인 감독을 수행하여야 한다.

---

62) R. La Porta, F. Lopez-de-Silanes, A. Shleifer and R. Vishny, "Investor Protection and Corporate Governance," *Journal of Financial Economics*, vol. 58, 2000.

63) 시민법은 본래 고대 로마에서 로마 시민에게만 적용되는 법을 의미했으나, 중세 이후에는 여러 가지 뜻으로 사용되었다. 근대적 의미의 시민법은 광의로는 형사법에 대하는 민사법을, 협의로는 민법과 같은 뜻으로 쓰이고 있다. 인격의 평등, 소유권의 절대성, 계약자유의 원칙, 과실책임의 원칙 등 개인주의의 원칙에 입각한 법체계를 시민법으로 지칭하기도 한다. 이와 같은 시민법의 전형은 1804년의 프랑스 민법전(나폴레옹 법전)과 1900년에 실시된 독일 민법전을 들 수 있다. 20세기의 사법은 시민법적 원리에서 사회법적 원리로 이행해 왔다고 할 수 있다. 시민법은 영미법의 보통법(common law) 체계에 대비하여 대륙법계의 법체계를 지칭하기도 한다. 보통법은 1250년 노르만의 정복자 William이 왕권을 장악한 후 이 때까지 각 영주별로 통치하며 적용법규가 달랐던 것을 중앙집권을 강화하기 위해 공통법규를 작성한 데서 기원한 것으로 의회가 정한 성문법(written law)이 아닌 관습이나 판례(case law)를 존중한다. 일반적으로 보통법 국가들의 경우 특수한 상황을 해결할 수 있는 법조문이 없는 경우에도 판례와 법원의 재량에 따라 법원이 비교적 신축적으로 분쟁을 해결하는 데 비해, 형식엄격주의의 속성을 가진 시민법 국가들의 경우 법원이 경직적인 법해석에만 치중하여 분쟁해결 기능이 약하기 때문에 은행이 상당부분 법원의 개입 없이 계약을 집행함으로써 분쟁을 해결하는 기능을 맡고 있다.

부 록 5-1

주요국의 금융자본과 산업자본의 관계

FINANCIAL INSTITUTION

Ⅰ. 미 국

미국은 강력한 「독점금지법」과 자본시장의 발달에 따른 주식의 광범위한 소유분산으로 금융자본과 산업자본 공히 서로를 지배하지 않는 금융과 산업자본의 분리가 일반화되어 있다.

1956년 「은행지주회사법」은 은행지주회사가 일반기업과 은행을 동시에 소유하는 것과 일반기업[64]이 은행주식의 5% 이상을 소유하면서 사실상 지배하는 것은 금지하고 있다.[65] 특히 「금융개혁법(Gramm-Leach-Bliley Act of 1999)」의 통과로 일반기업의 금융산업에의 진입장벽은 더욱 강화되었다. 일반기업의 저축대출조합(SLA) 설립·인수나 단일점포저축기관(unitary savings and loan holding company) 신설 및 타 일반기업에의 매각을 금지하고 있다.

현재 은행의 경우 은행지주회사가 특정은행의 의결권 있는 주식의 5%를 초과하여 직·간접적으로 소유 또는 사실상 지배하려고 할 경우에는 FRB의 사전승인을 받아야 한다. 또한 비은행기업이 예금보험기관(FDIC)에 가입한 은행 또는 은행지주회사의 주식을 지배가 아닌 단순한 투자(passive investment) 목적으로 25% 이상 취득할 경우에는 FRB에 신고하여 허가를 받아야 한다.

64) 비금융부문 수입이 총수입의 15% 이상인 기업.

65) 다만, FRB는 일반적으로 의결권 있는 주식의 10%(2008년 9월 금융위기 이후부터는 15%)까지는 지배적 영향력이 없는 것으로 판단하고 있어 사실상 일반기업이 동 한도까지는 소유가 가능하다. 지배주주로 간주되면 은행에 관한 규제를 준수해야 하며 중앙은행의 감독과 검사를 받아야 한다.

그리고 개인주주가 개별 은행의 의결권 있는 주식의 10% 이상을 소유함으로써 최대주주가 되는 경우에는 감독기관에 사전신고하고 인적사항, 재무자료, 주식취득조건, 주식매입재원 등의 자료를 제출해야 한다(「은행지배의 변동에 관한 법률」 및 「금융기관규제 및 이자제한법」). 한편, 개인 또는 그룹이 지배가 아닌 단순투자의 목적으로 부보은행이나 은행지주회사의 의결권 있는 주식의 25% 이상을 취득하고자 할 경우 FRB에 신고하여 승인을 받아야 한다.

FRB는 주식매수가 경쟁을 제한하거나 인수자의 능력, 경력, 성실성 등이 은행의 건전성이나 예금자의 이익에 반한다고 판단할 경우 주식매수를 거부할 수 있다. FRB는 승인신청서를 접수한 날로부터 60일 내에 승인 여부를 결정하여야 하며 동 기간 내에 불승인 처분이 없을 경우 승인하는 것으로 간주한다(「은행지주회사법」).

현재 지배적인 은행구조의 형태는 1개 이상의 은행을 지배하는 은행지주회사로 은행지주회사의 수는 5,400여개, 이들이 총은행자산에서 차지하는 비중은 94%를 상회하고 있다. 은행주식의 대부분은 은행지주회사가 그리고 은행지주회사의 주식의 대부분은 투자를 목적으로 하는 기관투자가가 보유하고 있다.

은행지주회사는 「은행지주회사법」(1970년 개정)에 의거 FRB에 등록하고 FRB의 감독을 받아야 한다. 여기서 지배라 함은 ① 의결권 있는 주식의 25% 이상을 직접 또는 간접적으로 소유하는 경우, ② 임원의 과반수를 선임할 수 있는 권한을 가지는 경우, ③ 은행경영이나 정책결정에 대해 직접 또는 간접적으로 영향력을 행사하고 있다고 FRB이사회가 판단하는 경우를 말한다. 그러나 2008년 9월 22일 FRB는 상당수 은행이 금융시장 불안 확대로 자본부족 등의 우려가 확산됨에 따라 사모펀드, 연기금 등의 은행자본 참여를 유도하기 위하여 ③에 따른 지배적 영향력 행사 여부 판단기준을 완화하였다(FRB Policy Statement). 구체적으로 은행 경영에 지배적 영향력을[66] 행사하지 않는 것으로 판단하는 주식보유한도를 종래의 의결권 있는 주식의 10%에서 15%(은행 총주식의 경우 최대 33%)까지로 확대하여 동 한도까지는 FRB의 사전승인 없이 자유롭게 보유할 수 있도록 하고 은행의 최대 주주 이외 주주의 은행지배 여부 결정기준도 완화하였다.[67]

---

66) 지배주주로 간주되면 은행에 관한 각종 규제를 준수해야 하며 FRB의 감독과 검사를 받아야 하는바, 그간 사모펀드 등은 투자자 및 투자전략 공개 등의 규제 때문에 은행 지배주주가 되는 것을 극도로 기피하였다.

67) 주주 관계인 이사 수 제한을 완화하여 의결권 있는 주식 15% 이내 주주 관계인 2명(종래 1명)까지 이사로 선임이 가능토록 하고, 종래 주식 10% 이상 소유 주주가 경영층과 경영에

「은행지주회사법」은 은행지주회사의 자회사가 취급할 수 있는 비은행업무의 범위를 은행업과 밀접하게 관련된 업무(so closely related banking as to be a proper incident thereto)[68]로 제한하고 있는바, 은행지주회사가 은행업과 관계 없는 사업을 영위하는 회사주식의 5%를 초과하여 보유하는 것을 금지하고 있다.

은행지주회사는 대체로 계열은행에 대해서는 독립성을 인정하여 경영에 대한 간여가 적은 데 비해 비은행계열회사에 대해서는 지주회사가 임원을 선임하고 대부분의 경우 모기업 또는 주력은행이 임원을 겸직하는 등 강력한 경영통제권을 행사하고 있다.

한편 은행의 일반회사 지배를 방지하기 위해 은행의 일반회사 주식취득은 물론 은행지주회사의 주식을 보유하고 있는 자의 은행업과 관계없는 회사주식의 보유도 금지하고 있다.

영향을 미칠 수 있는 협의(consultations)를 하는 것을 금지하는 조항을 폐지하였다.

68) 비은행금융업무로 은행지주회사의 자회사가 취급할 수 있는 업무와 취급이 불가능한 업무는 다음과 같다.

1. 취급가능업무
   - 저당대출, 신용카드, 소비자금융, 팩토링 등 여신업무
   - 산업금융(industrial bank)
   - 투자 및 금융상담
   - 자기자신에 의한 리스업무
   - 지역후생사업에 대한 투자
   - 회계 및 자료처리
   - 대출과 관련된 보험의 대리 및 중개업
   - 신용공여와 관련된 생명보험, 사고보험 및 건강보험의 인수
   - 비계열은행에 대한 경영상담
   - Money order, 여행자수표, 저축증권의 발행
   - 부동산에 대한 평가
2. 금지업무
   - 기업이 발행한 각종 증권의 인수
   - 뮤추얼펀드와 보험의 동시 판매
   - 대출과 직접 관련되지 않은 생명보험의 인수
   - 부동산중개
   - 기업경영상담
   - 재산관리업무
   - 모기지보증부보험의 인수
   - 저축대출조합의 인수 및 합병(단, 동 조합이 경영부실상태 또는 파산위기에 있어 건실한 경영이 불가능하다고 판단될 경우에는 예외적으로 허용)
   - 관광대행기관의 매입
   - 독립된 정보처리서비스기관의 매입.

이와 같이 산업자본과 은행간의 상호지배는 엄격하게 금지되는 반면, 보험사, 증권사, 연기금 등 비은행금융회사들이 주식보유를 통해 산업자본을 지배하는 것을 일부 제한하는 경우가 있긴 하지만, 그 정도는 은행에 비해서는 매우 약한 편이다. 이에 따라 산업자본과 보험회사 등에 의한 증권회사 등 비은행금융기관에 대한 지배는 비교적 활발하다.

Ⅱ. 영 국

영국은 산업혁명으로 일찍부터 산업자본이 축적되어 기업들의 은행의존도가 크지 않아 은행과 기업의 관계는 별로 긴밀하지 못하였다. 은행의 주식은 연기금, 보험회사 및 소액투자자들에게 광범하게 분산되어 있다. 따라서 특별히 산업자본을 지칭하여 기업의 은행주식 보유나 은행의 기업주식 보유를 제한하지는 않고 있다.

「금융업 및 금융시장에 관한 법률(Financial Services and Financial Markets Act of 2000)」은 비금융회사의 은행주식 보유에 대한 규제는 'EC 2nd Banking Directive'를 그대로 적용하여 10%, 20%, 33%, 50% 초과 취득 시마다 감독당국에 서면으로 신고하여 승인을 받도록 규정하고 있다.

은행주식에 대한 사전적인 소유규제보다는 지배주주에 대한 적격성 심사와 대주주에 대한 여신제한, 대주주 및 그 계열사에 대한 감독 및 검사 등을 통해 은행의 건전성을 강화하고 있는 것이다. 특히 대주주나 은행에 영향력을 행사할 수 있는 자에 대한 적격성 심사를 강화하여 신청인이 적격성이 없다고 판단될 경우 금융감독원은 은행주식 취득을 거부할 수 있고 승인 이후에도 적격성 요건에 미달할 경우 주식매각, 의결권 제한 등의 조치를 취할 수 있다. 또한 15% 이상의 의결권을 가진 지배주주 등에 대해서는 은행의 건전성에 대해 완전하고도 최종적인 책임을 지겠다는 각서(letter of comfort)를 징구한다.

은행의 비금융회사 주식 보유는 'EC 2nd Banking Directive'에 따라 은행자기자본의 15%를 초과하여 개별 기업에 대한 자본금 또는 의결권의 10% 이상을 직·간접적으로 취득하거나 경영상 지배력을 행사할 수 있는 지분(적격투자)을 취득할 수 없다. 그리고 비금융회사에 대한 총투자액은 은행자기자본의 60%를 초과할 수 없다. 은행이 출자한 자회사도 모은행과 동일한 기준으로 감독을 받는다.

III. 독 일

독일은 은행과 기업간의 상호주식 보유, 특히 은행의 기업주식 보유가 일반화되어 있다. 1993년 「은행법」의 개정 이전까지는 은행주식소유에 관한 제한이 없었으나 동 법의 개정 이후 'EC 2nd Banking Directive'에 따라 은행주식 또는 의결권의 10% 이상을 취득하거나 20%, 33%, 50%에 도달하거나 이를 초과보유할 경우 취득자는 연방금융감독청과 연방은행에 즉시 신고하고 취득자의 신용도를 판단할 수 있는 주요사항을 제출하여 승인을 얻게 되어 있다.

연방금융감독청은 법률상 대표자 및 무한책임사원에 대한 적격성 심사결과 부적절하다고 판단하거나 상당한 자본참여자의 신용도, 전문성 및 다른 기업과의 결합관계 등에 대한 검사를 강화하여 검사결과 자본참여자가 은행에 손해를 끼칠 우려가 있거나 은행의 건전하고 신중한 경영에 적합하지 않거나 은행에 대한 실질적 감독이 불가능하다고 판단될 경우 참여허가 거부 및 의결권 행사를 금지시킬 수 있다.

연방금융감독청이 의결권 행사를 금지시킨 경우 의결권 행사를 관리인에 위임할 수 있다. 이 경우 관리인은 은행, 자본참여자 또는 연방금융감독청의 신청에 의해 은행소재지의 법원이 선임한다. 은행의 비금융회사 지배는 특별한 제한이 없이 일반기업의 타 회사 지배와 같이 「경쟁제한방지법」의 적용을 받는다. 즉 기업이 다른 기업의 의결권 있는 주식을 25% 이상 취득하거나 콘체른을 형성하는 경우와 같이 기업결합을 하고자 하는 경우에는 연방카르텔청에 신고하도록 되어 있다. 따라서 은행의 산업지배가 광범하게 허용되고 있다.

독일은 19세기 초 후발자본주의 국가로서 영·미와 같이 산업자본이 축적되지 못하고 직접금융시장이 발달되지 못했던 상태에서 산업화가 추진되었다. 그리고 산업화에 소요되는 자금을 동원하기 위해 산업자본과 금융자본이 공동으로 출자하여 은행을 설립하였으며 이로 인해 은행과 기업간의 긴밀한 협조관계가 형성되게 되었다.

은행은 기업에 대한 자금공급 방법으로 대출 이외에 기업이 발행한 주식을 취득하였으며 이를 바탕으로 은행은 거래기업의 최고의사결정기구인 감독위원회에의 임원파견 등을 통해 대주주로서 강력한 지배력을 행사하고 있다. 특히 독일의 은행들은 자신이 소유한 주식은 물론 고객이 예탁한 주식의 의결권까지 대리행사

(proxy vote)하고 있다. 실제로 소유분산이 광범위하게 이루어진 100대 대기업의 경우 독일은행들은 이들 기업에 대한 주식보유비율은 그리 크지 않으나 「주식법」에 의거 개인이나 기관투자가들이 예탁한 주식의 대리투표권을 합하면 의결권의 거의 절반을 확보하고 있다.

독일의 은행과 기업의 관계는 주거래은행(Haus Bank)제도로 특징지을 수 있다. 주거래은행은 주로 일반은행(universal bank)들로 이들은 기업의 주식을 소유하고 있으며 이를 토대로 기업에 대한 지배력을 행사하고 기업의 부도위기 시 기업의 구제기능을 수행하고 있다. 3대 은행을 포함한 민영상업은행들은 주로 대기업과, 그리고 저축은행과 신용협동조합들은 지역적으로 유대관계가 깊은 기업이나 중소기업들과 주거래은행관계를 유지하고 있다. 은행과 중소기업간의 주거래은행 관계는 주식소유 관계가 아닌 대출관계에 의해 형성된다. 최근에 들어서는 종래의 주거래은행의 기능이 많이 약화되어 가는 추세이긴 하나 일부 특정은행군과 특정기업군이 자금거래, 주식보유, 중역파견 등을 통해 상호관계를 맺는 경향도 있다.

이와 같이 은행의 기업에 대한 지배나 감시를 위한 기업주식 보유에 대해서는 제한이 없는 반면, 은행의 안정성과 이해상충문제 등을 고려하여 은행의 부채부담한도와 주식투자상한 등에 대해서는 제한을 하고 있다. 1993년에 개정된 「은행법」은 특정인에 대한 대출이 은행책임자기자본(Haftendes Eigenkapital)의 15%를 초과할 경우 독일연방은행에 즉시 통보하여야 하며(다만 그 금액이 50,000DM를 초과하지 않을 경우에는 책임자기자본의 50% 초과시만 적용), 이와 같은 대출의 총액이 자기자본의 8배를 초과하지 못하도록 되어 있다.

또 은행의 특정비금융기관(Nicht Banken)에 대한 자본참여(자본금 또는 의결권의 10% 이상)는 은행자기자본의 15% 그리고 이와 같은 투자총액은 은행책임자기자본의 60%를 초과하지 못하도록 되어 있다.

Ⅳ. 일 본

일본은 제2차세계대전 종료 직후 연합군사령부에 의해 재벌이 해체된 후 한동안 은행의 계열기업주식 보유가 금지되었으나 샌프란시스코 강화조약 이후 새로운 기업집단이 형성되는 과정에서 은행과 기업간에 상호주식보유를 비롯한 거래관계가 심화되었다. 특히 1964년 OECD가입으로 자본자유화가 예정되어 있어, 외국자본의 국내기업 인수위협에 대비하기 위해 1960년대 초반에 지속된 증권시장 불황대책의 일환으로 일본공동증권주식회사와 일본증권보유조합이 구입·동결한 기업주식의 대부분을 주거래은행을 위시한 계열금융기관에 매각함으로써 은행과 기업의 상호주식 보유비율은 더욱 높아졌다. 현재 대다수은행들의 대주주는 생명보험회사와 기업집단 내의 계열회사들이다. 증권회사 등 은행 이외의 금융기관의 경우에도 「독점금지법」 외에 명시적인 소유제한 규정은 없으며 대체로 은행, 생명보험회사 등이 대주주이다.

주거래은행과 거래기업은 이와 같은 자본적인 결합을 바탕으로 임원의 겸임이나 파견, 거래관계 등을 통해 상호지배력을 행사하는 동시에 서로 경영권을 보호해 주고 있다. 현행 「독점금지법」에서는 은행을 포함한 금융기관의 산업지배를 방지하기 위해 금융기관은 특정기업주식의 5%(보험회사는 10%) 이내에서만 보유할 수 있고 그 이상 보유하고자 할 경우 공정거래위원회의 허가를 받아야 하게 되어 있다.

그러나 기업주식의 소유가 광범위하게 분산되어 있기 때문에 5% 정도의 지분보유로도 주거래은행은 거래기업의 5대 주주 안에 속하며 필요한 경우 관련금융기관이나 기업의 보유주식을 통해 거래기업의 경영권을 보호해 줄 수 있는 위치에 있다.[69]

기업집단에 속한 기업들은 주거래은행으로부터 지속적이고 안정적으로 자금공급을 받고 주거래은행은 이들에 대한 최대의 자금공급자 및 대주주로서 이들 기업의 경영과 투자계획에 대한 지도 및 감시기능, 차입기업이 경영상 어려움에 처해 있을 경우 경영재편(restructuring) 지원 등의 기능을 수행하고 있다.

그러나 최근에 들어 산업자본과 은행의 관계를 다시 설정하려는 움직임이 있다. 2002년 4월 산업자본의 금융지배를 막고 금융기관 주요주주에 대한 감독을 강화하는 방향으로 「은행법」 등을 개정하였는바, 그 주요내용을 보면 다음과 같다.

산업자본의 금융지배를 막기 위해 은행 또는 은행지주회사 발행주식의 5%를 초과하는 주식을 보유하는 자는 금융청장관에게 주식 대량보유에 관한 신고서를 제출하게 하였다. 은행의 주요주주 개념을 도입하여 주요주주 기준치[70]

---

69) Aoki Masahiko, Hugh Patrick and Paul Sheard: "The Japanese Main Bank System: An Introductory Overview," Mimeo, 1993.

를 초과하여 의결권 있는 주식을 보유하는 자는 사전에 금융청장관의 인가를 받게 하고 은행의 주요주주와 이사는 금융청장관의 적격성 심사를 받도록 하였다.

은행 주요주주에 대한 신용공여와 주요주주 및 그 계열사와의 불이익거래를 제한(arm's length rule)하고 주요주주 등에 대한 보고징수 및 검사, 주요주주의 법령위반시 인가취소, 은행경영 악화 시 주요주주(은행발행주식의 50% 초과 보유자)에 대한 경영건전성 확보를 위한 조치(경영개선계획 제출 등) 등 주요주주에 대한 감독을 강화하였다.

한편, 은행의 산업자본 지배를 막기 위해 은행의 경우 은행 및 그 자회사가 합하여 다른 회사 의결권의 5%를 초과하거나, 은행지주회사의 경우 은행지주회사와 그 자회사가 합하여 다른 회사 의결권의 15%를 초과 보유하는 것을 원칙적으로 금지하고 있다.

---

70) 주요주주 기준치

◦ 원칙적으로 은행 발행주식 총수의 20/100 이상

◦ 회사재산 및 영업방침에 중요한 영향을 미칠 것으로 추측되거나 기업회계원칙상 실질적인 영향력이 있는 것으로 인정되는 경우에는 발행주식 총수의 15/100 이상.

제 6 장

금융회사의 지배구조

FINANCIAL INSTITUTION

제 1 절 지배구조이론

기업지배구조(corporate governance)란 주주, 경영자, 채권자, 종업원, 소비자, 정부 등 기업에 이해관계를 갖는 이해집단간의 상호관계를 규정하고 이들간의 이해의 갈등을 조정 · 해소하기 위한 일련의 장치(mechanism)를 말한다.

지배구조[1]에 대한 이론은 주로 대리이론의 측면에서 다루어지고 있다. 신고전학파로 대변되는 전통적인 기업이론(theory of firm)은 기업을 통일된 선호체계와 생산함수를 갖는 단일의 경제주체라는 인식하에 생산에 투입하는 노력의 수준과 비용의 양은 모두 관찰 및 측정이 가능하다고 보고 투입 및 산출재의 가격변화에 따라 생산계획이 어떻게 변화하는가만을 다루고 생산계획 자체에 영향을 미치는 기업을 에워싸고 있는 많은 이해관계자들의 이해상충 문제에 대해서는 별로 관심을 두지 않았다.

대리이론(agency theory)은 기업을 이기적 속성을 갖고 있는 다양한 경제주체들간의 묵시적 계약관계의 집합체(nexus of contracts)로 보고 개별 경제주체들간의 갈등으로 인해 필연적으로 발생하는 이해상충 문제, 즉 대리문제와 대리문제로 인해 발생하는 거래비용(transaction cost)을 명시적으로 다루고 있다.

Oliver Hart는 거래비용으로 인해 대리문제를 당사자간의 계약을 통해 완벽하게 해결할 수 없을 경우에 이를 해소하기 위한 대안으로 지배구조가 필요하다고

1) Governance란 사회나 조직을 운영하는 행위규범으로 지배구조라는 용어로 번역하는 것은 적절하지 못하다는 견해가 많다. 본서도 같은 생각이나 지배구조라는 용어가 일반화되어 있어 그대로 쓴다.

주장한다. 대리인계약이 장래 어떤 상황에도 대응할 수 있는 완전하고 포괄적이라면 굳이 지배구조가 기업에 필요하지 않을 것이다. 지배구조는 미래의 어느 상황에 대한 주인과 대리인간의 행동방법이 계약에 명시되어 있지 않을 경우에 그 행동방법을 결정하는 데 필요한 것이기 때문이다. 그러나 대리인계약은 본질적으로 불완전할 뿐만 아니라 계약의 체결과 이행을 담보하기 위해서는 거래비용이 발생하게 된다.

Hart는 거래비용으로 계약작성비용, 협상비용 및 계약이행비용을 든다. 계약작성비용은 미래에 발생할 모든 상황을 다 고려하여 각 상황에 대응하는 방법을 담은 계약을 작성하는 데 소요되는 비용을, 협상비용은 계약당사자와 협상하는 데 소요되는 비용을 그리고 계약이행비용은 체결된 계약에도 불구하고 향후 계약당사자간에 쟁송이 발생했을 때 제3자가 해결해 줄 수 있도록 계약서를 작성하는 데 소요되는 비용을 말한다. 이러한 비용들이 과다할 경우 계약당사자들은 완전한 계약서를 작성하기보다는 다소 불완전한 계약서를 작성하더라도 그 대안으로 보다 비용효율적인 지배구조를 선택한다는 것이다.[2)]

대리이론은 K. Arrow에 의해 처음 학문적으로 이론화된 이후 3가지 지류로 발전되어 왔다.[3)] 주대리인모형(principal-agent model), 거래비용경제학모형(transaction cost economics model) 및 재무적 대리모형(financial model of agency)이 그것이다.

B. Holmström 등으로 대표되는 주대리인모형은 정보의 비대칭하에서 대리인(agent)은 위임자(principal)가 거래비용 없이는 접근할 수 없는 사적정보를 소유하고 있고 이 정보를 토대로 자신의 효용을 극대화하기 위한 이기적 행동 유인을 갖고 있으며 법원에 의해 집행되는 계약당사자간의 고용계약은 포괄적이고 완전(comprehensive and complete)하다는 가정하에 고용(보상)계약의 형태가 대리문제로 발생하는 대리인비용에 어떻게 영향을 미치는가에 초점을 둔다.[4)]

O. Williamson 등으로 대표되는 거래비용경제학모형은 인간행동의 제한적 합리성(bounded rationality)과 기회주의(opportunism)의 가정하에 거래의 특성으로 불확실

2) O. Hart, "Corporate Governance: Some Theory and Implications," *The Economic Journal*, vol. 105, 1995.
3) K. Arrow, "The Economics of Agency," *Institute For Mathematical Studies in the Social Sciences*, Stanford University, 1963.
4) B. Holmström, "Moral Hazard and Observability," *The Bell Journal of Economics*, vol. 10, 1979.

성 및 자산특유성(asset specificity) 등을 제시하고 거래의 특성에 따라 거래비용을 최소화할 수 있는 계약적 지배구조의 논리를 다룬다. 구체적으로 기업의 이해관계자와 기업 간의 관계는 계약이며 계약의 효율적 이행을 위해 거래 특성에 상응하는 거래비용 효율적인 지배구조의 선택에 초점을 둔다.[5] 여기서 거래비용이라 함은 사전적으로 계약을 준비함에 있어 발생하는 실제 계약비용과 비효율적 계약으로 인한 기업가치 손실인 기회비용을 포함한다.

예컨대 주주는 잔여청구권자(residual claimer)로서 그의 청구권이 특정 자산에 연계되지 않는 등 다른 이해관계자들보다 더 큰 위험을 부담하고 있으므로 단순한 계약에 의해 보호받기보다는 상황 대응이 용이한 이사회가 주주의 이익을 대변하는 것이 보다 효율적인 반면, 범용적인 기술과 지식을 가진 근로자의 경우 단체협상에 의한 단체계약에 의하는 것이, 그리고 원리금이 보장되는 채권자의 경우 특정 담보나 계약상의 보호조항 등 거래계약에 의해 보호를 받는 것이 거래비용면에서 더 효율적이라는 것이다. 일반적으로 거래비용경제학모형은 사전적인 거래비용의 최소화와 사후적으로는 불완전한 거래계약 때문에 생기는 기회주의적 행동을 제한하는 통제과정(governance procedure)을 중시한다.

Jensen-Meckling 등이 중심이 된 재무적 대리모형은 대리인의 이기적 행동과 대리인과 주인 간의 정보의 비대칭성과 계약의 불완전성으로 인해 주인이 부담하는 대리인비용의 존재를 가정하고 대리인비용의 극소화를 위한 계약적 지배구조를 다룬다. 재무적 대리모형은 특히 조직을 계약관계(contractual relationship)의 연속으로 정의하고 주어진 계약하에서 계약당사자들간에 발생하는 유인(inducement) 문제를 파악하여 고용 및 재무계약이 유인구조를 통해 대리인의 의사결정과 기업의 가치에 미치는 영향을 중시한다.[6]

일반적으로 재무적 대리모형에서는 대리인 비용을 최소화하기 위해 대리인의 이해를 주인의 이해와 수렴(convergence)시키기 위한 유인제도와 대리인의 행동을 감시하는 통제시스템의 개발을 중시한다.

지배구조는 내부지배구조와 외부지배구조로 구분된다. 전자는 주주총회, 이사회 등 「상법」상 회사의 기관과 내부통제시스템이나 각종 유인제도 등을 말하고 후

5) O. Williamson, "Transaction Cost Economics: The Governance of Contractual Relations," *Journal of Law and Economics*, vol. 22, 1979.

6) M. Jensen and W. Meckling, "Theory of the Firm: Managerial Behavior, Agency Costs and Ownership Structure," *Journal of Financial Economics*, vol. 3, 1976.

자는 자본시장을 통한 M&A, 외부감사제도, 채권자, 기관투자가 등 이해관계자들에 의한 시장감시와 소비자, 정부, 시민단체(NGO) 등에 의한 사회적 감시장치 등을 포함한다.

일반적으로 내부지배구조는 경영자의 행위를 사전적으로 통제하는 장치인 데 비해 외부지배구조는 경영자의 행위에 대한 사후적인 통제장치이다. 따라서 내부지배구조는 경영자의 행위를 원천적으로 통제한다는 측면에서 외부지배구조보다 효과가 더 직접적이고 강하다. 그러나 자본시장의 발전과 기업의 대형화로 분산형 소유구조가 증가함에 따라 지배주주나 경영진 등 경영권을 가지고 있는 내부자와 외부주주나 채권자 등 외부투자자간의 이해상충 문제를 해소하기 위한 외부지배구조의 중요성에 대한 인식이 점증하고 있다.

La Porta 교수 등은 외부지배구조의 중요성을 특히 강조하여 기업지배구조(corporate governance)를 외부투자자들(outsider investors)이 내부자들(insiders)의 편취(expropriation)로부터 자신들을 보호하기 위한 일련의 장치라고 정의하고 외부투자자들을 보호하기 위한 법적 장치가 제대로 되지 않은 국가들의 경우 기업지배구조와 금융시장이 제대로 기능을 발휘하지 못하고 있다는 연구결과를 발표한 바 있다.[7)]

일반적으로 외부지배구조가 약한 기업의 경우 내부지배구조는 지배주주의 영향력을 받을 가능성이 크기 때문에 기능이 제대로 작동되지 않는 경우가 많다.[8)] 특히 지배주주가 영향력을 행사하여 선임된 이사(constituent director)가 다수일 경우 이사회가 경영진을 감시하기보다는 이들과 동조하여 사적 이익을 추구할 가능성을 배제할 수 없다.

따라서 이사들의 사적 이익 추구를 배제하고 무능한 경영진에 대한 규율기능을 확보하기 위해서는 M&A 등 외부지배구조에 의해 내부지배구조의 한계를 보완하는 것이 필요하다. Warner 등은 내부지배구조를 기본으로 하되 외부지배구조를 병행하는 것이 지배구조의 효율이 높다는 연구결과를 발표하고 있다.[9)]

---

7) R. La Porta, F. Lopez-de-Silanes, A. Shleifer and R. Vishny. "Investor Protection and Corporate Governance," *Journal of Financial Economics*, vol. 58, Issue 1~2, 2000.

8) K. Martin and J. McConnell, "Corporate Performance, Corporate Takeovers, and Management Turnover," *Journal of Finance*, vol. 46, 1991.

9) J. Warner, R. Watts and K. Wruck, "Stock Prices and Top Management Changes," *Journal of Financial Economics*, vol. 20, 1988.

OECD의 1999년 보고서는 기업의 지배구조는 정태적이거나 완결되는 것이 아니라 변화의 과정이므로 모든 국가나 기업이 일률적으로 따라야 하는 보편타당한 모델은 없다고 하고, 다만 합리적인 기업지배구조가 갖추어야 할 몇 가지 보편적인 원칙을 제시하고 이를 바탕으로 각국 기업이 처한 환경과 조건에 맞는 기업지배구조를 발전시켜 나갈 것을 제시하고 있다. OECD는 기업지배구조에 대한 보편적인 원칙으로 주주의 권리 보호, 이해관계자의 참여 촉진, 신속·정확한 공시, 독립적인 이사회의 책임 등을 제시하고 있다.

미국의 뉴욕증권거래소(NYSE)는 상장기업으로 하여금 지배구조원칙(guideline)을 공시하도록 의무화하고 이사의 자격요건과 책임, 주요 위원회의 책임, 이사보수에 관한 내용을 반드시 포함하도록 하고 있다.[10] 영국의 경우 상장기업들이 기업지배구조원칙(UK Corporate Governance Code)을 어떻게 준수하고 있는지와 준수하지 않은 경우 그 사유를 공시하도록 하고 있다.[11] 우리나라의 경우 아직 지배구조규칙과 관련한 규정이 없어 일부 상장기업을 중심으로 자율적으로 기업지배구조헌장을 도입하고 있으나 그 실적은 매우 저조하다.

지금까지 우리나라 기업지배구조는 주로 내부지배구조를 중심으로 이루어져 왔고 실효성 있는 외부지배구조는 매우 미약했다. 이는 자본시장의 발달이 일천하여 시장에 의한 감시가 제대로 이루어지지 못한데다 소비자 보호 등 사회적 감시장치도 제대로 마련되지 못한데 기인한다. 그러나 1997년 외환위기를 계기로 기업경영의 투명성 제고 장치와 소수주주나 소비자 등 이해관계자를 보호하기 위한 감시제도가 속속 도입됨에 따라 외부지배구조가 계속 강화되고 있다. 회계제도 개혁, 적대적 M&A제도 도입, 기관투자가의 적극적인 의결권 행사, 소비자권익 보호 강화를 위한 단체(집단)소송제도 도입 등이 그 예이다.

---

10) 「NYSE Listed Company Manual」 Section 303A.

11) 「FSA Listing Rules」 9.8.6(5).

제 2 절 금융회사지배구조의 특징

1. 주주의 과도한 위험추구 유인

금융회사는 사업의 성격상 일반 기업들과는 몇 가지 다른 특수성을 가지고 있는데, 그 가운데 자본조달구조 측면에서의 차이점이 특히 부각된다. 예를 들면, 은행은 고유의 신용창출기능으로 인해 대부분의 자금이 예금이라는 부채 형태로 조달되어 부채비율이 매우 높다. 높은 부채비율을 갖는 기업의 경우 주주는 보다 위험한 사업안을 선택함으로써 채권자로부터 주주로의 부의 이전이 가능하며 이는 지배주주로 하여금 사회적으로 요구되는 수준보다 높은 위험을 선호하는 경영전략(go for high risk)을 선호할 유인을 갖게 하고, 이는 안정성을 추구해야 할 금융기관의 사업성격 및 공익과 배치될 수 있다. 즉, 높은 사업위험으로 인한 주식가치의 상승은 자신이 향유하고 사업이 부실화될 경우 그 비용은 채권자와 국민에게 전가하는(privatize the benefit and socialize the cost) 도덕적 해이의 가능성이 상대적으로 높다.

2. 금융회사의 경영규율기능의 약화

금융회사는 대부분 유동성 자산으로 구성되어 있기 때문에 설사 무능한 경영으로 손실이 발생하더라도 유동성 부족에 의해 퇴출 등의 시장규율에 직면할 가능성이 상대적으로 낮다. 예컨대 은행의 경우 자산의 대부분이 대출자산이나 유가증권 등에 운용되어 다소 부실한 경영을 한다 하더라도 주기적으로 돌아오는 예금이자와 원금 상환 지급여력에 있어 별 문제가 되지 않으나 일반기업은 대부분의 자산이 건물, 기계, 토지 등과 같은 고정자산에 운용되고 있어 일시적인 유동성 부족시 고정부채의 상환에 상당한 부담을 느끼고 퇴출의 위협에 노출된다.

금융회사의 경우 채권자인 예금자의 권리가 명시적인 예금보험제도나 암묵적 정부의 보호망에 의해 보호되기 때문에 채권자로서의 규율기능이 취약하다. 특히 예금보험제도하에서 대부분의 소액예금이 보장되기 때문에 예금자 입장에서는 우량한 은행을 선택할 유인이 별로 없다. 금융회사의 자본공급자가 갖는 감시유인의 결핍 문제에 대응하기 위해서 감독당국 등은 금융회사로 하여금 부채의 일정 부분은 후순위채(subordinated bond)의 발행에 의해 조달할 것을 권고하는 이유가 여기에 있다.

3. 채권자의 경영위험부담과 공공성

금융회사는 자본구조상의 특수성으로 인해 일반기업에서 주주에게 집중된 경영권과 경영감시권이 다수의 여타 이해관계자에게 분산되는 특징을 갖는다. 금융회사는 그 성격상 높은 부채비율을 갖고 있으며 이는 경영부실시 채권자의 권리를 보호해 줄 수 있는 자기자본의 완충장치가 별로 없다는 것을 의미한다. 은행의 경우 통상 자기자본은 자산의 5% 내외에 불과한데, 이는 대출이나 채권 투자 등으로 운용되고 있는 자산의 가치가 5%만 감소되어도 자기자본이 완전히 잠식됨을 의미한다. 따라서 채권자로서 예금고객은 이론적으로는 경영성과에 따른 자산가치의 변동에 직접적으로 노출되어 있으며 이는 은행의 예금자를 일반기업의 주주와 유사한 위험부담자(risk bearer)가 되게 한다.

하지만 현실적으로 은행의 예금채권이 위험하다고 판단되는 경우는 거의 없다. 그 이유는 금융시장의 안정성을 유지하기 위해 예금보험과 같은 명시적 제도나 정부의 암묵적 안전망(safety net)에 의해 은행의 예금을 보호하고 있기 때문이다. 즉, 은행 채권자의 위험을 정부나 예금보험기구가 대신 부담하고 있는 상황이며, 이는 바로 은행 등 금융기관이 왜 공공성이 클 수밖에 없는가와 이에 따라 정책당국이 경영에 개입하는 배경이 되고 있다.

4. 대리인 문제

금융회사의 지배주주와 여타 이해관계자간 이해상충을 유발하는 가장 주된 이유는 바로 금융회사의 자산이 대부분 유동성 자산의 형태로 운용되고 있다는 것이다. 유동성 자산은 그 성격상 쉽게 전용이 가능하다는 점에서 외부인에 의한 통제가 어렵다. 일반기업보다는 금융회사에서 내부자에 의한 자금관련 사고가 많은 것도 금융회사가 보유한 자산의 특성에 기인한다. 이러한 유동성 때문에 금융회사를 보유한 기업은 타 기업을 인수하거나 자신의 유동성 위기에 불법적으로 자금을 전용하는 등의 유인을 갖는바, 이러한 문제를 통제하기 위해 금융회사의 자산운용 등에 대한 제한을 가하는 것이다.

한편, 금융회사는 고객들로부터 조달된 자금의 상당부분을 기업의 주식이나 채권에 투자하게 된다. 이는 일반기업이 기계나 토지 등 실물자산에의 투자를 통해 수익을 실현하는 것과는 상당한 차이가 있다. 예컨대 주식투자는 투자대상 기업에 대한 자금공급기능과 함께 경영권을 제공해 주기 때문에 주식투자를 통해 발생한 경영권을 투자가치 극대화 측면보다는 지배주주의 지배권 강화 차원에서 활용할 유인을 제공할 수도 있다.

이하에서 기업지배구조에 관한 기본법이라 할 수 있는 「상법」과 특별법이라 할 수 있는 「은행법」, 「자본시장법」, 「금융회사의 지배구조에 관한 법률」(이하 「금융회사지배구조법」이라 함) 등에 의한 금융회사의 지배구조를 중심으로 설명한다.[12)]

제 3 절 내부지배구조

Ⅰ. 주주총회

우리나라 기업의 지배구조는 다른 법률에 따로 정하지 않는 한 「상법」의 관계규정을 적용한다. 「상법」상 주주총회는 주주로 구성된 주식회사의 최고의 의사결정기관으로 법률 및 정관으로 정한 사항을 결의하는 필요적 상설기관이다. 주주총회는 법률과 정관에 정해진 사항에 한해 결의를 하며 해당 사항은 주주총회의 결의로 타 기관에 위임할 수 없다.[13)]

12) 종래 금융회사에 대해서는 개별법에 따라 금융업종별로 지배구조에 대한 규정을 두고 있는바, 이와 같은 규제체계는 세부금융시장간 연계성의 심화와 금융의 그룹화 등을 제대로 고려하지 못하고 있는데다 금융업종간 규제의 형평성 결여로 인한 규제차익을 추구할 수 있는 등의 문제점이 지적되어 왔다. 이에 모든 금융업종에 대한 일관된 규제체계를 유지하고 지배구조 개선에 관한 국제적인 정합성을 제고하는 방향으로 「금융회사의 지배구조에 관한 법률」을 제정하였다(2015. 6). 동 법에서 "금융회사"란 다음 각 목의 어느 하나에 해당하는 회사를 말한다.
① 「은행법」에 따른 인가를 받아 설립된 은행
② 「자본시장과 금융투자업에 관한 법률」에 따른 금융투자업자 및 종합금융회사
③ 「보험업법」에 따른 보험회사
④ 「상호저축은행법」에 따른 상호저축은행
⑤ 「여신전문금융업법」에 따른 여신전문금융회사
⑥ 「금융지주회사법」에 따른 금융지주회사
⑦ 그 밖의 법률에 따라 금융업무를 하는 회사로서 대통령령으로 정하는 회사
외국은행 국내지점의 경우 임원의 자격요건 및 동 적합여부 보고, 내부통제와 위험관리, 처분 및 제재절차 등이 적용된다.

13) 「상법」상 대표이사의 선임과 공동대표의 결정, 신주발행 사항의 결정, 준비금의 자본 전입, 전환사채와 신주인수권부사채의 발행 등은 이사회의 권한 사항이지만 정관이 정함에 따라 주주총회의

이사 · 감사의 선임 · 해임, 재무제표의 승인 등[14]과 같은 출자자의 지위에서 당연히 행사하여야 할 사항, 이사의 보수결정 등 이사에 대한 감시사항 그리고 정관변경, 회사의 해산, 영업양도 등과 같은 회사의 기초에 변화를 가져오는 사항 등이 그것이다. 이는 주식회사의 소유와 경영의 분리의 정신을 지향하기 위한 것이다.

주주총회의 결의는 그 중요도에 따라 보통결의, 특별결의 및 특수결의로 구분된다. 보통결의는 출석주주 의결권의 과반수와 발행주식 총수의 1/4 이상의 동의를, 특별결의는 출석주주 의결권의 2/3 이상과 발행주식 총수의 1/3 이상의 동의를 그리고 특수결의는 총주주의 동의 내지 총주주의 일치를 결의의 요건으로 한다. 주주총회는 이사회가 소집을 결정하며 일시, 장소, 목적사항 등을 확정하여 주주에 통지 · 공고하여야 한다.

「금융회사지배구조법」은 대주주의 주기적 적격성 심사제도를 도입하여 일정한 기간마다 최대주주의 자격요건을 심사하여 최대주주가 자격요건을 갖추지 못한 경우에는 그 위반사항의 중대성 여부에 따라 시정조치, 의결권 제한 명령을 내릴 수 있도록 함으로써 부적격 대주주에 의한 금융회사의 운영 리스크 뿐만 아니라 이로 인한 금융산업 전체의 리스크를 방지하고자 하고 있다(제32조).

Ⅱ. 이 사 회

1. 이사의 권한과 책임

「상법」상 주식회사의 최고업무집행기관은 이사회이다. 이사회는 주주총회에서 선출된 이사로 구성된 합의체 업무집행기관으로 「상법」이나 회사의 정관상의

권한으로 유보가 가능하다.

14) 다만, 재무제표 승인의 경우 「상법」은 정관이 정하는 바에 따라 재무제표에 관한 외부감사인의 적정의견이 있고 감사(감사위원회 설치회사의 경우 감사위원) 전원의 동의를 받은 경우에 한해 재무제표를 이사회에서 결의로 승인하고 주주총회에 보고할 수 있도록 했다(제449조의2). 재무제표는 매우 전문적이고 기술적인 지식과 계산에 기초해 작성하므로 이를 주주총회에서 판단하기는 쉽지 않다는 이유에서다. 또 재무제표를 이사회의 결의로 승인한 회사는 이사회에서 배당을 결정하고 그 결정을 주주총회에 보고만 하면 되도록 했다(제462조 ②). 배당기준일인 사업연도 말일부터 주주총회까지는 배당액이 확정되지 아니하여 투자자들이 주식가치를 판단하기 어려운 것을 감안해서이다.

주주총회의 권한사항을 제외한 업무집행에 관한 모든 권한을 행사하고 대표이사 및 업무집행지시자의 업무집행에 대한 감독권한을 갖고 있다. 이사는 주주로부터 회사의 경영에 대한 포괄적인 권한을 위탁받아 적극적으로 경영에 참가하고, 그 결과에 대해 책임을 진다는 점에서 단순히 자산의 유지 및 관리를 목적으로 하는 일반적인 수탁자(trustee)나 다른 형태의 수임자와는 차이가 있다.

그러나 종래 우리나라 기업의 이사회의 구성원은 형식적으로는 주주총회에서 선임하나 실질적으로는 주주총회를 지배하고 있는 지배주주가 지명하는 자가 선임되어 이사회는 지배주주의 결정을 그대로 수행하는 형식적인 기구에 불과하였다. 특히 지배주주인 그룹총수는 계열사 인사나 업무에 관해 지시하는 등 사실상 회사경영에 관여하여 왔음에도 불구하고 법적인 이사(de jure director)로 취임하지 않음으로써 이사로서 아무런 법적 책임을 부담하지 않았다.

이에 「상법」을 개정(1998년 12월), 이사의 책임을 강화하여 이사는 회사의 수임인으로서 선관주의임무에 더하여 충실의무를 추가하는 동시에 법률적으로는 이사가 아니면서도 사실상 업무집행에 관여하는 자를 '사실상의 이사(de facto director)'로 간주하는 책임조항을 신설하였다.[15)]

「상법」상 이사의 선관주의의무는 이사는 회사의 수임인으로서 위임의 본지(「민법」 제681조)에 따라 선량한 관리자의 주의로써 사무를 처리할 의무를 진다는 것이다(동 법 제382조 제2항). 이사의 선관주의의무는 고도의 인적 신뢰를 기초로 하는 매우 높은 주의의무(duty of care)[16)]로, 이는 이사는 단순한 사용인과는 달리 회사경영의 주체의 지위에 있기 때문이다. 따라서 이사는 자신의 직무를 수행함에 있어

---

15) 「상법」 제401조의2: "회사에 대한 자신의 영향력을 이용하여 이사에게 업무집행을 지시한 자, 이사의 이름으로 직접 업무를 집행한 자 및 이사가 아니면서 명예회장, 회장, 부사장, 상무, 이사, 기타 회사의 업무를 집행할 권한이 있는 것으로 인정될 만한 명칭을 사용하여 업무를 집행한 자는 그 지시하거나 집행한 업무에 관하여 회사와 제3자의 책임 적용에 있어서 이를 이사로 본다." 그러나 이사로 등재되지 않으면 실질적인 권한을 행사하였다 하더라도 이를 입증하기가 어렵기 때문에 현실적으로 이들에 대해 책임을 묻기가 쉽지 않다. 미국, 영국, 독일, 일본 등은 그림자 이사(shadow director), 사실상의 이사(de facto director), 지배주주의 성실의무(fiduciary duty) 등의 개념을 법적 또는 해석론적으로 인정하여 이러한 지배주주들의 책임을 묻고 있다.

16) 미국 「표준상법」(Model Business Corporation Act)은 이사의 주의의무를 ① 성실하고(in good faith), ② 회사의 최상의 이익을 위한 것이라고 합리적으로 믿는 방법으로 의무를 수행하여야 하고, ③ 의사결정기능과 관련한 정보를 받거나 감시·감독기능에 주의를 기울이는 경우, 같은 지위에 있는 사람이 유사한 상황에서 적정하다고 합리적이라고 믿는 주의로 의무를 수행하여야 한다고 명시하고 있다.

법령을 준수해야 함은 물론이고 항상 회사에 최선의 이익이 되는 방향으로 권한을 행사할 의무가 있는바, 특히 경영판단의 의사결정을 할 때 필요한 정보를 성실하게 수집하여 이를 기초로 합리적으로 판단하여야 한다.

「상법」상 이사의 충실의무(duty of loyalty)는 이사는 법령과 정관의 규정에 따라 회사를 위하여 그 직무를 충실하게 수행하여야 한다고 규정되어 있는바(동 법 제382조의3), 이는 이사의 기능이 현저하게 확대되면서 주의의무만으로는 이사의 적정한 의무수행을 보장하기 어려워짐에 따라 영미법의 수임자의 의무(fiduciary duty)에 해당하는 폭넓은 의무를 부여한 것이다.

「상법」상 충실의무의 주된 내용은 이사의 이해상충(conflict of interest)거래를 방지하기 위한 경업금지규정(동 법 제397조) 및 사업기회유용금지규정(제397조)과 자기거래금지규정(제398조)이다. 경업금지규정은 이사회의 승인 없이는 자기 또는 제3자의 계산으로 회사의 영업부류에 속하는 거래를 하거나 동종 영업을 목적으로 다른 회사의 무한책임사원이 되는 것을 금지하는 규정이다. 회사의 사업기회유용금지규정은 이사회의 승인 없이는 이사가 직무를 수행하는 과정에서 알게 된 정보 또는 회사가 수행하고 있거나 수행할 사업과 밀접한 관계가 있는 사업기회를 자신 또는 제3자의 이익을 위해 이용하거나 이용하게 하는 것을 금지하는 규정이다.[17] 자기거래금지규정은 이사회의 승인 없이는 이사가 자기 또는 제3자의 계산으로 회사와 거래하는 것을 금지하는 규정이다.[18]

그 밖에 「상법」상 이사의 의무로 비밀유지의무, 보고의무, 감시의무 등이 있다. 비밀유지의무는 이사가 재임중뿐만 아니라, 퇴임 후에도 직무상 알게 된 회사의 영업상 비밀을 누설하여서는 아니 된다는 것으로(동 법 제382조의4) 동 조항은 이사가 특히 영업비밀에 접근할 기회가 많다는 점에서 규정한 것이다. 보고의무는 이사가 회사에 현저하게 손해를 미칠 염려가 있는 사실을 발견한 때에는 즉시 감사(또는 감사위원회)에게 이를 보고하여야 한다는 것이고(동 법 제412조의2, 제415조의2), 감

17) 이사회의 승인요건은 이사 3분의 2 이상 찬성을 받아야 하며 이를 위반하여 회사에 손해를 발생시킨 이사 및 승인한 이사는 연대하여 손해를 배상할 책임이 있으며 이로 인하여 이사 또는 제3자가 얻은 이익은 회사의 손해로 추정한다.

18) 자기거래금지 대상은 이사뿐만 아니라 주요주주, 이사·주요주주의 배우자, 직계존비속, 배우자의 직계존비속과 그들이 경영권(50% 이상의 지분)을 가진 회사 등이 회사와 거래(related party transaction)하는 경우를 포함하며 이사회 승인요건은 이해당사자를 제외한 이사 3분의 2 이상 찬성을 받아야 하는 형식적 요건 외에 거래의 내용이 공정하여야 한다는 실질적 요건까지 규정하고 있다. 다만, 회사이익과 충돌할 가능성이 없을 경우 이사회의 승인이 불필요하다(제398조).

시의무는 이사들이 상호 다른 이사의 업무집행을 감시할 권한과 의무가 있다는 것이다.

이사가 법령 또는 정관에 위반한 행위를 하거나 그 임무를 해태한 때에는 그 이사는 회사에 대하여 연대하여 손해를 배상할 책임이 있으며(동 법 제399조 ①), 이 경우 이사의 책임은 총주주의 동의로만 면제할 수 있다(동 법 제400조 ①).[19] 또한 이사가 악의 또는 중대한 과실로 인하여 그 임무를 해태한 때에는 그 이사는 제3자에 대하여 연대하여 손해를 배상할 책임이 있다(동 법 제401조).

특히 금융회사의 이사의 경우 「상법」상의 이사의 의무보다 더 광범하고 높은 기준이 요구된다. 「상법」상 이사의 의무는 주로 일반기업의 주주에 대한 의무이지만 부채가 많은 금융회사, 특히 은행의 경우 예금자, 감독기관 등 주요 이해관계자에 대한 의무도 주주에 대한 의무 못지 않게 중요하기 때문이다. 이러한 이유로 「은행법」 등에서는 이사회의 구성, 이사의 선임절차 및 이들의 책임에 대해 별도의 규정을 두고 있다.[20] 그러나 이사가 충분한 주의의무를 다하고 회사에 최선의 이익이 된다는 판단 하에 행한 결정은 비록 그것이 사후적으로 회사에 손해를 끼쳤다고 하더라도 이에 대한 책임을 물을 수 없다는 것이 통설인바, 이에 대한 판단은 전적으로 법원의 판단에 달려 있다.[21]

---

19) 최근 소수주주권의 강화, 대표소송 제기요건의 완화, 증권관련 집단소송제의 도입 등으로 상장법인의 이사 등에 대한 책임추궁이 용이해져 이사가 거액의 손해배상책임에 노출될 개연성이 크게 증가함으로 인해 이사의 의사결정이 너무 소극적으로 이루어지고 우수한 경영자들을 영입하는 데에도 제약요인으로 작용할 우려가 있다는 점이 지적되고 있다. 이에 개정 「상법」은 이사가 법령 또는 정관의 위반으로 회사에 손해를 끼친 경우 회사는 정관이 정하는 바에 따라 이사가 그 행위를 한 날 이전 최근 1년간 보수액의 6배(사외이사의 경우 3배)를 초과하는 금액에 대해 면제할 수 있게 하였다. 그러나 고의·중과실로 인한 행위나 회사기회 유용금지, 경업금지, 자기거래금지에 해당되는 경우에는 손해배상액은 경감할 수 없도록 하고 있다(동 법 제400조 ②).

20) 「은행법」은 은행은 이사회 운영 등에 관한 원칙과 절차인 지배구조 내부규범을 정하여야 하고 동법 시행령(제17조의4)에서는 지배구조 내부규범에 포함되어야 할 사항으로서 이사회 구성, 이사회의 평가에 관한 사항, 이사회 내 위원회와 그 위원회의 구성과 책임, 임원의 자격요건 등을 규정하도록 하고 있다.

21) 영미법상 이사가 회사에 대해 손해배상책임을 지는 요건 중의 하나인 이사의 임무해태에 따른 책임의 한계를 설정하기 위해 발전된 이론이 경영판단의 원칙(business judgement rule)이다. 이는 회사의 목적 범위 내이고 이사의 권한 내인 사항에 관해 이사가 내린 결정이 그와 같이 결정할 합리적인 근거가 있고, 회사의 이익을 위한 것이라는 믿음 하에 어떤 다른 고려에 의한 영향을 받지 않은 채 독립적인 판단을 통해 성실히 이루어진 결정이라면 법원은 이에 개입하여 그 판단에 따른 거래를 무효로 하거나 그로 인한 회사의 손해에 관해 이사의 책임을 묻지 아니한다는 원칙이다. 즉, 정직한 실수(honest mistake)는 사후적 안목에서 비난하지 않는다는 원칙이다. 우리

미국도 금융기관의 파산은 일반기업의 파산과는 달리 막대한 공적자금부담을 가져오고, 특히 1980년대 금융기관의 부실의 원인이 경제환경의 변화 때문만이 아니라 금융기관 임직원의 불법행위 및 도덕적 해이에 의한 것이라는 인식이 확대됨에 따라 1989년 「금융기관개혁·구제 및 규제강화법(Financial Institutions Reform, Recovery and Enforcement Act)」을 제정하여 금융기관의 감독 및 부실경영에 대한 처벌을 강화하였다.[22)]

2. 이사회의 구성

우리나라는 1997년 외환위기를 계기로 금융회사를 비롯한 기업의 지배구조를 선진국, 특히 미국식으로 바꾸었다. 사외이사(outside director) 중심의 이사회 구성, 감사위원회제도의 도입 등이 그것이다.

특히 이사회의 권한을 강화하여 이사회는 경영목표 및 평가, 정관의 제정 및 변경, 임직원의 보수를 포함한 예산 및 결산, 거액부실 및 사고처리, 해산, 영업양도, 합병 등 중요사항에 관한 심의의결을 통해 상시적인 경영감시기능을 수행하게 하였다.[23)]

이사회를 통한 내부통제 및 감시기능을 제고하기 위해서는 최고경영자(CEO: Chief Executive Officer)를 포함한 내부이사가 이사회를 지배하게 해서는 안 된다. 이들은 본질적으로 자신의 이익을 위해 대리문제를 유발할 유인을 가지고 있어 이를 위해 지속적으로 이사회를 지배하려 할 가능성이 크기 때문이다.[24)] 따라서 경영에

나라의 경우 경영판단의 원칙은 선량한 관리자로서의 주의의무의 해석으로 유추될 수 있다는 이론이 있다. 즉, 이사가 위임의 본지에 따라 기술한 경영판단의 원칙의 요건을 충족한다면 그로 인한 회사의 손실은 불가항력적인 것으로서 이사의 행위는 무과실 행위로 평가되어 「상법」이 규정하는 임무해태에 해당되지 않는다는 것이다.

22) 동 법에 의하면 감독기관이 책임을 물을 수 있는 대상은 부보금융기관의 임직원 및 주요 주주뿐 아니라 외부 법률가 등 부보예금기관의 모든 관련자로 확대되고 주요 처벌대상행위에 위법행위, 고의 또는 과실(reckless)에 의한 수임자의무 위반, 안전성과 건전성 저해행위 및 중대한 주의의무태만(gross negligence)이 포함된다. 특히 단순한 주의의무태만과 사기적 행위의 중간형태라 할 수 있는 중대한 주의의무태만에 따른 금전적 손실에 대한 손해배상책임을 규정함으로써 도덕적 해이에 대한 보다 구체적인 처벌기준을 마련하였다.

23) 「금융회사지배구조법」에서는 금융회사는 이사회의 구성과 운영, 이사회 내 위원회의 설치, 임원성과평가 및 경영승계에 관한 사항 등 지배구조에 관한 원칙과 절차인 지배구조 내부규범을 마련하여 인터넷 홈페이지 등에 공시하도록 규정하고 있다.

24) M. Harris and A. Raviv, "Corporate Control Contest and Capital Structure," *Journal of Financial Economics*, vol. 20, 1988.

대한 주된 감시자는 사외이사가 되어야 하며 이를 위해서는 사외이사의 독립성[25]과 전문성[26]이 강화되어야 한다.

일반적으로 사외이사의 대부분이 독립이사(independent or disinterested director)로 구성되며 이사의 독립성 판단기준으로 이사가 해당 회사의 전·현직 직원이 아니고 이사직 이외에는 해당 기업과 인적·경제적 관련성이 없을 것 등을 든다.[27] 특히 CEO가 이사후보지명권을 보유할 경우 이사들은 CEO로부터의 독립성이 약해질 수밖에 없으며 이사 지위에 수반되는 각종 혜택에 대한 대가로 고액의 임원보수를 보장하는 등 집행임원들과의 상호 협력적 유대관계를 유지할 유인이 크다.[28] 따라서 사외이사에 대한 부적절한 보상의 금지,[29] 당해 회사와 금전적인 거래관계 등 특수한 관계에 있는 자의 사외이사 선임 제한,[30] 사외이사 선임절차의 투명성 제고, 사외이사 후보자에 대한 정보공시 강화[31] 등이 필요하다.

---

25) 미국의 경우 일반적으로 이해관계가 걸린 사안에서 이해관계가 없는 독립이사들의 결정일 경우 '경영판단의 원칙'에 따른 보호를 받을 수 있다.

26) 「금융회사지배구조법」은 사외이사의 전문성 확보를 위한 적극적인 요건을 도입하여 '금융관련 전문지식이나 실무경험 또는 경영, 법률, 회계 등의 실무경험이 풍부한 자로서 대통령령이 정한 사람(제6조 ②)'으로 규정하고 있다.

27) 「상법」은 사외이사의 결격사유를 열거하고 있다(제382조 ③). 동 결격사유에는 중대한 법률을 위반하거나 회사나 대주주·경영진 등과 인적·물적 관계(affiliation)가 있어 사외이사의 독립성을 저해할 우려가 있는 사항을 나열하고 있다. 한편, 「금융회사지배구조법」에서는 금융회사 상근임직원이 사외이사로 임명될 수 있는 냉각기간을 3년으로 하고 금융지주회사 상근임직원 또는 비상임이사의 자회사 사외이사 겸직을 금지하는 등 금융회사 사외이사의 결격사유를 확대하고 있다. CEO를 포함한 사내이사, 비상임이사 및 업무집행자의 사외이사 후보추천위원회 참여를 금지하며 동 위원회의 사외이사 비중을 과반수로 하고 나머지를 외부인사로 충원하도록 하고 있다. 또한 주주제안권을 행사할 수 있는 소수주주가 추천하는 자를 사외이사후보에 포함하도록 하고 사외이사의 적극적 자격요건을 규정하고 있다.

28) 이와 같은 문제를 극복하기 위해 현재 사외이사를 두어야 하는 상장회사와 모든 금융회사는 이사회 내에 사외이사가 1/2 이상으로 구성되는 사외이사후보추천위원회를 설치하도록 관련 법률에서 규정하고 있다. 최근 미국에서는 이사선임제도의 개혁을 추진하고 있다. 주주의 이사후보지명권(proxy access for director nominations) 인정과 이사선거에서의 다수투표제(majority voting standards) 도입 등이 그 예이다.

29) ISS는 기관투자자의 주주총회 의결권 행사지침(US. Proxy Voting Guidelines, 2011)에서 사외이사에 대한 성과급이나 퇴직급여 기타 편의(perquisites) 등의 지급에 반대할 것을 권고하고 있고 우리나라 은행의 사외이사 모범규준에서도 사외이사의 보수를 경영성과와 연동하여 지급하는 것을 금지하고 있다.

30) 「은행법」은 대주주나 특수관계인의 사외이사 선임을 금지하고 있다.

31) 미국의 경우 사외이사 선임 전에 후보자들에게 질문지를 보내 자신에 관한 정보를 기술하도록 하고 있는바, 사외이사 업무수행에 필요한 독립성, 전문성 및 적격성을 판단할 수 있도록 상세한 내

사외이사의 역할은 경우에 따라서는 경영에 필요한 보완적 지식제공자(friendly board)로서 최고경영자에 대한 조언과 채권자, 공급업자, 종업원, 소비자, 지역사회 등 이해관계자와의 통로 역할 수행 등도 있으나 주된 역할은 주요 경영의사결정에 대한 인가, 최고경영자의 선임과 해임, 이들에 대한 감독 등 경영진에 대한 감시기능이라 할 수 있다.

CEO는 집행업무를 총괄하며 대외적으로 회사를 대표하므로 CEO의 무능이나 유고는 기업의 가치에 중대한 영향을 미친다. 따라서 이사회는 CEO의 업무집행에 대한 효과적인 감시와 함께 유능한 CEO의 선임과 원활한 승계를 위한 적절한 장치를 갖추어야 한다. 2009년 미국의 SEC는 CEO의 승계계획의 부재로 인한 리더십의 공백을 중요한 경영리스크의 하나로 간주하고 이사회가 CEO의 승계계획을 작성하고 그 절차를 공개하도록 의무화하였다.[32)]

CEO와 이사회 의장(chairman)의 겸임여부에 대해서는 양론이 있다. 양자를 분리해야 한다는 주장은 양자를 겸임시킬 경우 최고경영자에게 권한이 집중되어 이사회가 거수기(nodders and yes men)나 도장찍는 기구(rubber stamp)로 전락되어 그 기능을 유명무실하게 할 우려가 있다는 것이 주된 논리이다. 이에 반해 양자를 겸임시켜야 한다는 주장은 경영전략의 수립, 집행 및 평가에 일관성을 갖게 하고 최고경영자와 이사회 의장 간의 대립에 따른 리더십의 결여 소지를 막을 수 있다는 것이다.[33)]

일반적으로 유럽 국가들의 경우 법령 또는 모범규준을 통해 CEO와 이사회 의장이 분리되는 경우가 많다. 미국의 경우 CEO가 이사회 의장을 겸임하는 경우가 50% 정도이나 은행이나 통신 산업 등의 경우 양자가 분리되는 경우가 2/3 이상인 것으로 조사되고 있다.[34)] 독일의 경우 감독이사회와 집행이사회가 분리되어 있으므로 최고경영자와 이사회 의장이 자동적으로 분리되어 있는 셈이다. 「금융회사지배구조법」에서는 금융회사는 이사회 의장과 CEO를 분리하여 의사회 의장은 사외이사 중에서 선임하도록 하고 있다.

용을 담고 있다.

32) Staff Legal Bulletin 14E, “Proposals Focusing on Succession Planning for a Company CEO,” Division of Corporate Finance, Securites Exchange Commission, Rule 14a-8(i)(7), 2009.10.27.

33) E. Fama and M. Jensen, “Separation of Ownership and Control,” *Journal of Law and Economics*, vo. 26, 1983.

34) 미국의 경우 이사회 의장과 CEO를 분리하고 주주 과반의 동의 없이도 이사 선임이 가능한 상대다수투표제도(plurality vote)를 폐지하자는 움직임이 증가하고 있다.

최근 OECD는 보다 강화된 기업지배구조원칙에서 이사회 의장과 CEO의 역할과 직무를 원칙적으로 구분하되 양자를 겸임할 시는 그 사유와 이사회의 효율성과 독립성을 보장하기 위한 노력을 공시하도록 권고하고 있다(comply or explain). 미국의 경우 CEO가 이사회 의장을 겸임하는 경우 의장대행 사외이사(presiding director)나 선임사외이사(lead director)를 두는 경우가 많다. 의장대행 사외이사는 의장을 대신하여 이사회 진행을 주관하고 선임사외이사는 전체 사외이사를 대표하여 중요한 경영안건에 대해 의견을 조율하고 사외이사들만의 회의를 주재한다.

이사의 수가 너무 많으면 이사들의 책임의식이 약화되고 이사회가 최고경영자에 의해 지배될 가능성이 크다. 이사의 수는 회사의 규모나 주주구성형태 등에 따라 다소 차이가 있을 수 있으나 사외이사의 수는 최소한 이사회의 과반수 이상이 되어야 한다는 것이 정설이다.[35)] 「금융회사지배구조법」에서는 금융회사 이사회를 사외이사 과반수로 구성하도록 하고 주요사항에 대한 이사회의 심의·의결사항을 법률에 명확히 규정하며 동 심의·의결 사항을 정관에 기재토록 의무화하고 있다.[36)] 다만 금융지주회사의 완전자회사나 완전손자회사의 경우 사외이사와 감사위원회 제도는 강행규정이 아닌 자율적인 선택사항이다.[37)]

종업원대표의 이사회 참여문제에 대해서는 노사갈등의 완화, 경영자에 대한 상시적인 감시로 대리인 문제의 완화, 그리고 경제적 약자인 근로자의 이익을 보호한다는 차원에서 긍정적인 시각이 있는 반면, 기업경영의 효율성 차원에서 부정적인 시각이 병존한다. 독일, 프랑스 등 일부 유럽국가들의 경우 종업원대표의 이사회 참여가 제도화[38)] 되어 있는 반면, 미국이나 영국 등 대부분의 영·미계 국가

35) 미국 SEC 규칙은 공개회사(publicly held company)의 이사회는 과반수를 독립이사로 구성토록 하고 뉴욕증권거래소와 NASDAQ의 상장규칙에서도 이사회 이사의 과반수를 독립이사로 구성할 것을 상장요건으로 하고 있다.

36) 자산규모 2조원 이상인 상장회사의 경우 사외이사를 3인 이상으로서 이사회의 과반수(자산규모 2조원 미만인 상장회사의 경우 1/4 이상)가 되도록 하여야 한다(「상법」 제542조의8).

37) 미국의 경우 지주회사 산하의 자회사에 대해서는 독립적인 사외이사 및 감사위원회의 구성을 요구하지 않고 있고 일본 「상법」은 사외이사와 감사위원회에 대한 규정을 두고 있으나 강행규정이 아닌 자율적인 선택사항이다. 양국 공히 은행지주회사의 자회사인 은행의 경우에는 대부분의 이사회를 내부임원으로 구성하고 있다.

38) 독일의 경우 이사회는 감독이사회와 집행이사회의 중층체제로 주주총회에서 감독이사회를 구성하고, 감독이사회가 집행이사회를 구성한다. 감독이사회는 주주대표, 종업원대표 및 기타대표 20명 내외로 구성하며 주주대표와 근로자대표는 동수이다. 감독이사회의 의장은 집행이사회의 추천으로 주주총회에서 선임된다. 감독이사회는 집행이사(managing directors)에 대한 선·해임권을 가지며 집행이사회의 경영에 대한 주요결정은 감독이사회의 동의를 받아야 한다.

들의 경우 종업원대표의 이사회 참여가 배제되어 있다.

그러나 회사의 구조조정상의 어려움, 종업원대표들의 회사기밀 누설 등 독일식의 공동결정제도가 경영의 효율성을 저해하는 문제점들이 야기됨에 따라 최근에 들어 이들 국가의 기업들이 공동결정제도가 없는 국가에 기업을 설립하는 등 종업원대표의 이사회 참여에 따른 문제점이 제기되고 있다. 특히 파업 등 단체행동권을 갖고 있는 노동조합대표가 이사회에 참여할 경우 이들의 권한이 지나치게 비대해져 이들에 의한 대리문제를 야기할 소지도 적지 않다. 그러나 동 문제는 정치적, 문화적, 사회적 요인 등이 복합되어 단순히 법과 제도, 경제적 논리로만 볼 수 없는 측면이 있다.

기관투자자의 이사회 참여 또한 금융회사와 거래관계가 있거나 기관투자자가 산업자본의 계열기업인 경우 이해상충이나 경제력 집중 등의 문제가 있을 수 있다. 이런 의미에서 경영자와의 이해관계가 상대적으로 적고 순수하게 투자수익에만 관심이 큰 기관투자자 예컨대 연·기금이나 대학기금 등은 중립성과 전문성을 갖추고 있어 일차적으로 사외이사의 자격을 갖추고 있다 할 것이다.[39]

사외이사들에게 충분한 정보가 제공되어야 한다. 이를 위해 사외이사가 상시적으로 업무에 관련된 정보를 취득할 수 있는 절차와 경로가 확보되어야 하며 사외이사가 업무수행에 필요한 경우 회사의 부담으로 외부전문가의 조력을 구할 수 있게 해야 한다. 지배구조문제는 곧 대리문제이고 대리문제는 정보비대칭의 해소 없이는 근본적으로 해소될 수는 없기 때문이다. 물론 금융회사측으로서 공개가 바람직스럽지 못한 정보가 있을 것이며 사외이사에 대한 공개 역시 같은 취지로 해석할 수도 있을 것이다. 그러나 지득한 정보를 외부에 누설하지 말아야 하는 것은 이사의 기본적인 의무이다.

이사회는 중요한 의사결정과 경영진을 감독하는 핵심기관인 만큼 정기적으로 개최되고 이사회 내에 경영진을 감시하는 상설기구가 있어야 한다. 미국기업의 이사회 개최 횟수는 최소한 2달에 1번 이상은 되며 이사회 내에 수개의 소위원회가 있어 이들이 상시적으로 경영진의 주요업무에 대해 감시하고 있다. 감사위원회(audit committee), 보상위원회(compensation committee), 집행위원회(executive committee) 등이 그 대표적인 예로 이사들은 각자의 전문성 등을 고려하여 1개 이상의 위원회에 배

39) J. Brickely, R. Lease, and C. Smith, Jr., "Ownership Structure and Voting on Antitakeover Amendments," *Journal of Financial Economics*, vol. 20, 1988.

정된다.[40] 우리나라의 경우 현재 감사위원회를 제외하고는 아직 법적으로 강제되는 위원회는 없다.[41] 그러나 규모가 큰 금융회사의 경우 감독규정 또는 정관으로 위험관리위원회와 보상위원회 등의 소위원회를 운용하는 경우도 있다.

사외이사들의 감시유인을 증대시키기 위해서는 이들에 대한 적절한 보상이 필요하다. Jensen 등은 사외이사의 책임의식을 고취하기 위해 고정급보다는 주식이나 주식옵션을 제공하여 인센티브를 강화하는 것을 권장하고 있다.[42] ICGN은 사외이사들에 대한 보수는 현금과 주식을 혼합하여 지급하되 경영자와 한 부류가 되어 도덕적 위험을 추구할 우려가 있는 주식옵션이나 옵션적 성격의 형태로 지급하는 것은 지양할 것을 권고하고 있다. ICGN은 특히 사외이사들이 회사의 주식의 상당 지분을 상당 기간 동안 보유하게 하고 사외이사들에 대한 보수는 투명하게 공시할 것을 권고하고 있다.[43]

사외이사의 자기 평가제도가 있어야 한다. 우리나라는 현재 사외이사 평가를 강제하는 규정은 없으나 일부 금융권별 사외이사 모범규준에서 사외이사에 대한 평가를 권고하고 있다. 영국의 기업지배구조 규준은 일부 상장기업에 한해 원칙준수·예외설명원칙에 따라 매년 이사회 및 위원회, 이사 개개인에 대한 자기 평가를 실시하도록 규정하고 있고 미국의 경우 뉴욕거래소 상장규정을 통해 상장기업들은 매년 이사회 및 위원회가 자기 평가를 실시하도록 규정하고 있다.

이상과 같은 조건이 충족되지 못할 경우 사외이사를 중심으로 하는 이사회제도는 소기의 성과를 기대하기는 어려울 것이다. 1980년대 들어 팽배하였던 미국의 사외이사회제도에 대한 회의적인 시각이 그 예 중의 하나이다. 즉 사외이사의 선

40) 감사위원회는 사외이사들만으로 구성되고 외부감사인과 경영진으로부터 정보를 사전에 제출받아 이를 검토하여 이사회에 보고한다. 보상위원회는 사외이사가 주축이 되어 경영진에 대한 업적평가와 이에 대한 보상결정 및 최고경영자의 선임을 위한 추천권을 갖고 있다. 집행위원회는 최고경영자와 2~3명의 사외이사로 구성되며 기업의 주요한 의사결정을 검토하여 승인하는 기능을 갖고 있다. 이 밖에 기업에 따라서는 이사후보의 선정·추천, CEO의 선임·교체, 사내외를 망라한 잠재적 CEO의 발굴, 승계계획의 수립 등을 담당하는 추천위원회(nominating committee), 투자와 자본조달 및 배분을 담당하는 재무위원회(finance committee) 등도 있다.

41) 「금융회사지배구조법」에서는 금융회사는 위험관리기준을 마련하고 위험관리위원회와 위험관리책임자를 두도록 하며 보수위원회(감사위원회가 대체 가능)와 보수원칙의 근거를 마련토록 하고 있다.

42) M. Jensen, "The Modern Industrial Revolution, Exit, and the Failure of Internal Control Systems," *Journal of Applied Corporate Finance*, vol. 22, 2010.

43) International Corporate Governance Network, ICGN Non-Executive Director Remuneration Guidlines and Policies, 2010.

임에 최고경영자의 영향력이 지대하여 사외이사의 독립성이 약하고 사외이사의 대부분이 다른 회사의 최고경영자이거나 사외이사를 겸임(interlocking directorate)하고 있어 해당 기업의 비밀보호가 어려워 경영진이 이들에게 충분한 정보를 제공하지 않는 점, 이사회의 개최빈도가 적은 점 등으로 인해 사외이사에 의한 경영감시의 실효성이 낮다는 것이다.

3. 집행임원제도

종래 대규모 상장회사의 경우 정관이나 내규로 등기이사는 아니나 회사와 고용계약을 체결하고 포괄적인 업무집행권을 부여받은 업무집행임원(executive officer)을 두는 사례가 많았으나 이를 뒷받침할 법적 근거가 없어 많은 문제점이 있었다. 이에 개정 「상법」은 이사회의 감독하에 회사의 업무집행을 전담하는 기관인 업무집행임원에 대한 근거 규정을 마련하고, 동 제도의 도입 여부는 개별 회사가 자율적으로 선택할 수 있도록 하였다(제408조의2).[44] 집행임원제도는 이사회가 자기가 한 일을 자기가 감시하는 모순을 해소하기 위해 업무의 집행은 집행임원에게 맡기고 이사회는 집행임원에 위임한 일을 감시만 하기 위해 고안된 제도이다.

업무집행임원 설치회사와 업무집행임원의 관계는 「민법」 중 위임에 관한 규정을 준용한다. 업무집행임원 설치회사는 대표이사를 두지 못하며 이사회를 주관하기 위하여 이사회 의장을 두어야 한다. 이 경우 이사회 의장은 정관에 규정이 없으면 이사회 결의로 선임한다. 업무집행임원 설치회사의 이사회는 업무집행임원과 대표업무집행임원의 선·해임, 업무집행에 관한 의사결정의 위임, 업무집행임원의 업무집행 감독, 업무집행임원의 직무 분담과 지위·명령관계, 정관에 규정이 없거나 주주총회의 승인이 없는 경우 집행임원 보수 결정 등의 권한을 갖는다.

업무집행임원은 정관이나 이사회 결의에 의하여 위임받은 업무집행에 관한 의사결정을 한다. 업무집행임원은 고의 또는 과실로 법령이나 정관을 위배한 행위를 하거나 그 임무를 게을리한 경우에는 회사에 대하여 그리고 고의 또는 중대한 과실로 그 임무를 게을리한 경우에는 제3자에 대하여 손해를 배상할 책임이 있다.

---

44) 「금융회사지배구조법」에서는 이사가 아니면서 명예회장·회장·부회장·사장 등 업무를 집행할 권한이 있는 것으로 인정될 만한 명칭을 사용하여 실제로 금융회사의 업무를 집행하는 사람인 업무집행책임자를 임원의 범위에 포함하여 임원과 동일한 자격요건을 적용하고 특히 전략기획·재무관리 등 주요업무를 집행하는 주요업무집행책임자는 이사회의 의결을 거쳐 임면하도록 함으로써 주요업무집행책임자의 임면에 관한 이사회의 감독·통제를 강화하고 있다.

업무집행임원이 회사 또는 제3자에게 손해를 배상할 책임이 있는 경우에 다른 업무집행임원, 이사 또는 감사도 그 책임이 있으면 이들이 연대하여 배상할 책임이 있다. 업무집행임원도 대표소송의 대상이 되고 이해관계자 자기거래 금지의 이해관계자에 해당된다.

III. 감사 및 감사위원회제도

감사위원회제도는 주로 영·미계 국가에서 채택된 제도로[45] 이사의 직무집행을 감독하기 위한 이사회내의 전문위원회이다. 우리나라는 감사제도가 대주주의 영향력으로부터 독립성[46]이 결여되어 경영감시기능이 미흡하다는 평가에 따라 외환위기를 계기로 「상법」을 개정(1998년 12월 31일)하여 기존의 감사제도와 병행하여 감사위원회제도를 도입하고 그 기능을 강화하였다.

「상법」상 감사는 주식회사의 필요기관으로 주주총회에서 선임한다.[47] 감사제도는 주주총회는 명목상 최고의결기관이기는 하나 적기에 개최가 곤란하고 구성원의 전문성이 결여되어 실질적인 최고의사결정기관은 이사회라는 전제하에 경영진은 업무집행기능을, 감사는 경영진에 대한 감시기능을 위해 도입된 제도이다.

「상법」상 감사의 권한으로는 업무 및 회계감사권, 이사에 대한 보고 요구 및 조사권, 주주총회 결의 취소 등 각종 소권, 이사회 출석 및 의견진술권, 이사에 대

45) 미국의 경우 자발적인 감사위원회제도가 1870년 이후 존재한 것으로 보고되고 있으나, 대기업들이 중심이 되어 본격적으로 동 제도가 도입된 것은 1970년대 들어 법적으로 강제되면서부터라고 할 수 있다. 일본도 「상법」을 개정하여 2002년부터 미국식 감사위원회제도를 도입하였으며, 독일도 「회사법」을 개정하여 감독위원회 산하에 감사위원회를 설치하고 있다.

46) 「상법」상 대주주는 감사(위원) 선임시 보유지분에 불구하고 의결권 없는 주식을 제외한 발행주식 총수의 100분의 3을 초과하는 주식에 대하여는 의결권이 제한된다(동 법 제542조의12). 「자본시장법」은 이를 보다 강화하여 감사의 선·해임시 대주주는 자신과 특수관계인 및 계열회사 지분을 포함하여 3% 이상의 의결권 행사를 제한하고 있다.

47) 다만 자본금 총액이 10억원 미만인 회사를 설립하는 경우에는 창업에 필요한 시간과 비용을 절감하기 위해 감사 선임 여부를 회사의 임의적 선택사항으로 한다. 감사를 선임하지 아니할 경우에는 주주총회가 이사의 업무 및 재산상태에 관하여 직접 감독·감시하도록 하고 이사와 회사 사이의 소송에서 회사, 이사 또는 이해관계인이 법원에 회사를 대표할 자를 선임하여 줄 것을 신청할 수 있다(동 법 제409조). 현재 자산 규모 1천억원 이상 2조원 미만의 상장회사는 상근감사를 두어야 한다.

한 위법행위 유지청구권, 이사와 회사의 소에 있어 회사대표권, 주주총회소집청구권, 감사의 해임에 관한 주주총회에서의 의견진술권, 자회사에 대한 조사권 등이 있다. 감사의 회계감사권에 대해서는 이론이 없으나 업무감사권에 대해서는 양론이 있다. 감사의 업무감사권은 적법성 감사에 한정된다는 견해와 타당성 감사를 포함한다는 견해가 그것이다.

감사의 업무감사권은 원칙적으로 적법성 감사에 한정되고 「상법」에 명문의 규정이 있는 경우에 한해 타당성 감사도 할 수 있다는 것이 통설이나, 구체적인 권한의 범위를 규정하는 것은 실무적으로 쉽지 않다.

「상법」상 감사의 의무는 선관주위의무,[48] 감사보고서 작성의무, 주주총회 제출 서류의 조사보고의무, 이사회에 대한 보고의무, 감사록 작성의무 등이 있다. 감사가 그 의무를 해태한 때에는 회사에 대하여 연대하여 손해를 배상할 책임이 있으며 동 책임의 면제는 총주주의 동의가 필요하다. 특히 감사가 악의 또는 중대한 과실로 인하여 그 임무를 해태한 때에는 제3자에 대하여 연대하여 손해를 배상할 책임을 지며 이 경우 이사도 책임이 있는 때에는 감사와 이사는 연대하여 손해를 배상할 책임이 있다.

「상법」상 감사위원회의 권한, 의무 및 책임은 기본적으로 감사에 준한다. 「상법」상 감사위원회는 3인 이상의 이사로 구성되며, 감사위원회의 독립성을 제고하기 위해 감사위원 중 2/3 이상은 특수관계자[49]가 아닌 사외이사 자격을 갖춘 자로 구성하도록 규정하고 있다(동 법 제415조 ②). 또한 이사회 내 다른 위원회와는 달리 감사위원회의 결의사항은 이사회에서 번복할 수 없도록 규정하고 있다(동 법 제393조의2 ④). 「상법」상 감사위원의 선임은 종래에는 주주총회에서 선임된 이사 중에서 선출하였으나 개정(2020) 상법에서는 감사위원의 이사회로부터 독립성을 강화하기 위해 주주총회에서 감사위원을 이사의 선임과 분리하여 선임토록 하였다. 또한 감사위원 선임 시 최대주주와 특수관계인의 지분을 3%(사외이사를 겸할 때는 각 3%, 겸하지 않을 때는 합쳐서 3%)로 제한하였다.

---

48) 감사와 회사의 관계는 위임에 관한 규정이 준용되므로, 감사는 회사의 수임인으로서 선량한 관리자의 주의로 감사를 할 의무가 있다. 다만 감사는 업무집행에 관여하지 않으므로 이사와는 달리 경업금지의무와 자기거래의 제한의무 등은 부담하지 않는다.

49) 지배주주, 회사의 이사 및 피용자 또는 선임된 날로부터 2년 이내에 업무를 담당하였던 이사 및 피용자를 말한다. 그러나 상근감사와 사외이사가 아닌 감사위원회의 위원은 동 규정의 적용을 받지 아니한다.

현재 모든 은행, 금융지주회사(자산규모 1천억원 이상), 자산규모 2조원 이상인 금융투자회사, 보험회사, 카드회사 및 자산규모 3천억원 이상인 저축은행의 경우 감사위원회를 설치하여야 하며 감사위원 선임에 관한 규정은 상장법인의 감사위원 선임규정을 준용한다.[50] 다만 금융지주회사의 완전자회사나 완전손자회사의 경우 이들이 사실상 경제적 동일체임을 감안하여 경영의 투명성 등 금융위원회가 정하는 요건에 해당하는 경우 자·손자회사의 사외이사와 감사위원회를 설치하지 않을 수 있다. 감사위원회를 설치하지 않을 시 상근감사를 선임하여야 하며 이 경우 「상법」의 규정을 준용한다(「금융지주회사법」 제41조의4).[51]

일반적으로 감사위원은 사외이사보다 더 엄격한 자격요건이 요구된다. 미국의 경우 감사위원이 갖추어야 할 독립성 기준으로 감사위원은 회사로부터 컨설팅, 자문 또는 기타 보상수수료를 받거나 당해 회사 또는 자회사와 특별한 관계가 있으면 안 된다.[52]

감사위원회는 「주식회사의 외부감사에 관한 법률」에 의거 외부감사인의 선임권을 갖고 있다. 외부감사인은 감사보고서를 감사(위원회)에 제출하고, 부정행위 또는 정관에 위반되는 중대한 사실을 발견할 때는 이를 감사(위원회)에 통보하고 주주총회에 보고하여야 한다(동 법 제10조). 한편 전문성과 독립성을 갖춘 외부감사인[53]

---

50) 「금융회사지배구조법」에서는 사외이사가 아닌 감사위원에게 사외이사 자격요건을 준용하며 감사위원 선임시 다른 이사와 분리선출하고 이 때 주주(최대주주의 경우 특수관계인 포함)의 의결권을 3%로 제한하고 있다. 또한 감사위원의 후보는 사외이사후보추천위원회가 추천하며 감사위원을 지원할 지원부서를 설치하고 감사위원회의 주기적 감사활동보고서를 금융위원회에 제출하도록 의무화하고 있다.

51) 미국의 경우 감사위원회는 전원 독립이사로 구성되며, 이 중 1인은 반드시 재무전문가일 것이 요구된다. 감사위원회의 역할은 사실상 회계감사에 한정하고 외부감사인의 선·해임, 보수, 감독에 관한 책임을 진다. 상시적인 업무감시는 이사회 내에 설치되는 상근감사인(internal auditor)이나 준법감시인(compliance officer)이 수행한다. 영국의 경우 감사위원회는 최소한 3인 이상의 비집행이사를 포함하여 구성하여야 하며 주로 기업내부 회계처리·외부감사, 내부통제 및 리스크관리에 대한 감독업무를 수행한다. 독일의 감사회(Aufsichtsrat)는 이사의 업무집행을 감독하는 기관으로 업무감사권의 범위는 업무집행의 적법성뿐만 아니라 합목적성 및 경제적 타당성까지 포함하는 것으로 해석된다. 일본의 감사위원회는 이사 중에서 이사회의 의결로 위원을 선임하며 이사, 집행임원 등의 직무집행을 감사하는 권한을 보유하고 있다. 감사위원회를 설치하지 않은 일정 규모 이상의 상장회사는 3인 이상의 감사로 구성되는 감사회를 설치하여야 하며 감사회는 1/2 이상의 사외감사와 1인 이상의 상근감사를 두어야 한다.

52) Sarbanes-Oxley Act of 2002(Section 301).

53) 외부감사인의 독립성을 확보하기 위해 외부감사인은 업무의 성격상 감사업무와 상충할 수 있는 회계기록과 재무제표의 작성, 내부감사업무의 대행, 재무정보체제의 구축 또는 운영, 회사의 재산

을 선임하기 위해 감사위원회의 설치가 의무화되지 않은 회사라 하더라도 감사인선임위원회의 설치를 의무화하고 있다(동 법 제4조).

Ⅳ. 컴플라이언스제도

컴플라이언스(compliance)는 준법감시업무 등으로 지칭되며 금융회사의 임직원이 직무를 수행함에 있어 법규를 준수하고 리스크관리 등 내부통제기능을 제고하기 위해 상시적으로 이루어지는 통제활동을 말한다. 동 제도는 종래 공적 규제를 중심으로 한 외부적 규제로 제공되던 규제의 상당 부분을 금융회사의 내부적 규제로 전환하고 내부통제제도[54]의 효율성을 제고하기 위해 외환위기 이후 금융관련법을 통해 도입된 제도이다.

현재 금융회사는 이러한 목적을 달성하기 위해 이사회가 정한 임직원이 직무를 수행함에 있어 준수해야 할 기준 및 절차인 내부통제기준의 준수 여부를 점검하고 이를 위반하는 경우 감사위원회에 보고하는 책임자인 준법감시인(compliance officer) 제도를 도입하고 있다. 준법감시인은 1명 이상을 두어야 하며 준법감시인의 임면은 대표이사의 추천을 받아 이사회의 결의를 거쳐야 한다.[55] 미국의 컴플라이언스 프로그램에 대한 SEC의 규정에 따르면 이사회는 준법감시를 목적으로 하는 문서화된 정책과 절차를 채택하고 이를 집행할 책임이 있는 최고준법감시인(CCO: Chief Compliance Officer)을 임명토록 하고 있다.[56]

「상법」상 감사(위원회)의 권한은 회계감사 이외에 업무의 적법성과 내부통제 전반에 관한 감사 권한을 가지고 있어 내부통제기능을 수행하는 준법감시인의 업

등을 매도하기 위한 실사 등의 비감사업무(non-audit service)에 대한 용역을 수행할 수 없도록 규정하고 있다(「공인회계사법」 제21조 ②).

54) 미국의 COSO(Committee of Sponsoring Organization of the Treadway Commission)보고서는 내부통제를 재무보고의 신뢰성, 사업운영의 실효성과 효율성 및 법규 준수 등 3가지 목적을 달성하기 위한 프로세스로 정의되며 재무보고에 대한 내부통제는 CFO, 법규 준수에 관한 내부통제는 Compliance Officer를 통해 수행된다.

55) 「금융회사지배구조법」에서는 준법감시인의 임기를 3년으로 하고 사내이사·업무집행책임자 중에서 선임되도록 하고 있다. 다만 소규모금융회사 또는 외국금융회사 국내지점은 직원으로 선임이 가능하다.

56) SEC Rule 38a-1.

무와 중복되는 문제가 있다. 이는 우리 「상법」이 기본적으로 독자적인 감사제도를 가지고 있는 대륙법 체계를 채택하고 있으면서도 외환위기 이후 영미법 체계의 감사위원회제도를 도입한 결과로 현재 감사위원회와 준법감사인의 업무 조정을 담은 「금융회사지배구조법」을 제정하였다.

감사위원회와 준법감시인 제도를 병용할 경우 감사위원회는 회계감사를 주로 하되 업무감사는 내부통제제도의 적절성에 관한 판단과 주주나 이해관계자의 관점에서 경영진의 업무수행에 관한 적법성을 확인하는 역할로 한정하고, 리스크 관리를 포함한 상시적인 내부통제나 감시업무는 집행임원으로서 준법감시인이 수행하게 하자는 안이 다수이다. 예컨대 임 · 직원의 위법행위에 대한 감사업무도 감사위원회의 감사내용에 속할 수도 있지만 그것은 어디까지나 주주의 입장에서 회사재산의 멸실 우려 등 회사재산의 보호라는 감사 자체의 목적과 연관되어 있는 경우로 범위를 한정하고 여타 법규와 관련된 업무는 경영진의 집행기능의 하나로 준법감시인이 관장해야 한다는 주장이 그것이다.

준법감시인의 준법감시 활동은 단순히 위법행위자를 사후적으로 적출하는 활동보다는 위법행위가 처음부터 일어나지 않도록 예방하는 활동에 더 비중을 두고 있다. 따라서 직원에 대한 법규교육, 업무통제절차의 설계와 집행, 임 · 직원이 지켜야 할 규범의 제정 및 법규준수 여부에 대한 감시활동 등이 주요 내용이 된다. 사후조사나 처벌도 위법행위가 재발하지 않도록 하기 위한 예방감독차원에서 이루어진다.

한편, 「자본시장법」, 「은행법」 등 금융관련법에 따라 금융회사에는 준법감시인이 설치되어 있으나, 대규모 기업에도 준법경영을 위한 제도가 필요하다는 지적이 있었다. 이에 개정 「상법」은 자산 규모 등을 고려하여 대통령령으로 정하는 상장회사는 임직원이 그 직무를 수행할 때 따라야 할 준법통제에 관한 기준[57] 및 절차를 마련하도록 하고, 이 기준의 준수에 관한 업무를 담당하는 준법지원인을 1인 이상 두도록 규정하고 있다(제542조의13). 이로써 회사의 컴플라이언스는 금융회사의 준법감시인, 「상법」의 준법지원인 및 「주식회사외부감사의 법률」의 내부회계관리제도가 동시에 존재하는 형태가 되고 있다.[58]

57) 준법통제기준은 법률위험관리에 한정되어 법률위험을 포함한 위험관리와 내부통제에 대한 감시를 포괄하는 금융회사의 내부통제기준보다 협의의 개념이다. 동 법 시행령은 자산규모 5,000억원 이상의 상장법인을 대상으로 하고 준법감시인제도를 시행하고 있는 금융회사에 대해서는 동 제도의 도입을 면제하고 있다.

한편, 최근 해킹기술의 발전과 IT와 융합된 새로운 금융방식의 등장으로 금융회사의 정보보완 문제가 매우 큰 이슈로 등장하고 있다. 정보보완의 취약성으로 인한 금융회사의 리스크는 금융회사 자체의 운영리스크, 평판리스크 및 각종 법적 리스크 등은 물론 국가적으로도 각종 보완리스크를 야기할 수 있다. 이에 각국은 정보보완위험을 적절하게 인식하고 이에 대한 방어체제 구축의 책임을 지는 정보보호관리인 제도를 운영하고 있다. 우리나라도 「금융지주회사법」, 「신용정보법」, 「전자금융거래법」 등에서 금융회사들로 하여금 타 업무와의 겸직이 금지되는 신용정보보호인과 정보보호최고책임자(CISO)를 두도록 요구하고 있다.

V. 보상제도

1. 보상정책

이사회, 감사위원회 등의 내부지배구조가 조직적 차원의 감시와 견제를 통한 조직구성원의 행동 유인을 변경시키려는 소극적인 유인제도라 한다면 보상제도는 조직구성원에 대한 보상을 통해 동기유발을 기대하는 적극적인 유인(inducement) 제도라 할 수 있다. 주요국의 회사의 보상제도를 보면 통상 임원보수는 이사회에서 결정된다. 이는 전문성이 부족한 주주가 임원보수 결정에 관여하는 것이 적절하지 못하다는 판단에서다. 이에 따라 이사회가 기본적인 보상정책을 정하고 동 정책에 따른 구체적인 보상체계의 설계 등은 이사회 내에 독립성과 전문성을 갖춘 보상위원회를 설치하여 운영하는 것이 일반화되어 있다.

2009년 9월 금융안정위원회(FSB: Financial Stability Board)는 '금융회사에 대한 건전한 보상원칙(Principles for Sound Compensation Practices) 및 이행준칙(Implementation Standards)'을 발표하였다. 이에 의하면 주요 금융회사는 건전한 보상관행을 따라야 하며 리스크 익스포저에 중요한 영향을 미치는 상위 경영진 및 임직원의 보수가 리스크에 의해 조정되어야 한다고 명시하고 있다. 또한 이와 같은 원칙을 공정하게 이행하기 위해 주요 금융회사(significant financial institutions)는 보상위원회를 반드

58) 「주식회사외부감사의 법률」이 적용되는 회사는 회계정보의 작성과 공시를 위하여 회계정보의 검증 방법, 회계관련 임·직원의 업무분장 등을 정한 내부회계관리제도를 갖추어야 하고 감사인은 회사에 대한 감사업무를 수행하는 경우 내부회계관리제도의 운영실태 등을 검토하여 종합의견을 감사보고서에 표명하여야 한다(제2조).

시 설치하여야 하고 동 위원회는 적절하고 독립적인 판단을 내릴 수 있도록 구성되어야 할 것을 제시하고 있다.

FSB는 나아가 2010년 3월 국가간 보수공시요건의 차이로 인한 비교가능성 및 공시의 효율성 저하를 우려하여 BCBS(Basel Committee on Banking Supervision)로 하여금 Basel Ⅱ의 Pillar 3에 보수공시요건을 포함시키도록 하였으며 이에 따라 BCBS는 보수산정에 대한 정성적 정보와 함께 변동·고정보상액, 이연보상액, 현금·주식·주식연계상품 등 보상지급형태, 보상액 조정 등 정량적 정보를 구분하여 공시하도록 하는 보수공시요건을 발표하고 은행들로 하여금 2012년 1월부터 준수하도록 하였다. 한편 FSA를 위시한 국제기구[59]나 대부분 국가들은 임원보상에 대한 시장규율을 강화하기 위해 주요 임원에 대한 보상 및 보상정책의 공시를 권고하거나 의무화하고 있다.

임원보수를 공시하는 형태는 크게 실제 보수액과 보상철학 혹은 보상프로그램에 관한 설명 공시로 나눌 수 있다. 미국의 SEC는 상장기업의 CEO, CFO 그리고 연봉이 10만 달러를 초과하는 상위 3인의 임원에 대하여는 기본급, 상여금, 주식, 옵션, 그 밖의 인센티브 등 최근 3년간의 보수를 공시하도록 의무화하고 있고[60] 「금융개혁법」은 이에 더하여 CEO와 직원들의 평균임금과의 비율과 연간 경영진 보상과 기업의 성과와의 관계까지 공시하게 하고 있다.[61]

영국은 「회사법」과 「상장규정」에 상장회사들의 사업보고서에 임원보수를 공시하도록 하는 외에 보상철학, 보상프로그램 및 계획, 보수결정에 영향을 준 비교집단 등에 관한 정보까지 공시하도록 하고 있고[62] 독일의 경우 「상법」과 모범규준에서 개별임원의 보수를 공시하도록 규정하고 있다.[63]

일본도 2010년 내각부령 개정을 통해 이사, 감사, 사외이사 등 임원 종류별로 보수종류를 구분하여 기재하도록 하고, 특히 1억 엔 이상의 보수를 받는 임원의 경우 개별적으로 이름과 금액의 공시를 의무화하였다.

우리 「상법」은 이사의 보수에 대해 정관에 따로 정함이 없을 경우 보수총액

---

59) 「OECD Principles of Corporate Governance」(V. Disclosure and Transparency).
「EU Commission Recommendation」, 2004(5.Disclosure of the Remuneration of Individual Directors).

60) 「Regulation S-K」 Section 229, pp. 402~404.

61) 「Dodd-Frank Wall Street Reform and Consumer Protection Act」 Section 952.

62) 「UK Companies Act」 Section 420, 「UK Listing Rules」 12.43A(c).

63) 「German Commercial Code」 Section 314, 「German Corporate Governance Code」 4.2.4.

에 대해 주주총회가 정하고 개별 이사에 대한 보수는 이사회가 정한다. 그러나 이사 개인별 보상금액을 명시하지 않아도 되게 되어 있어 사실상 동 제도의 실효성이 없었다. 이에 개정(2013.5) 「자본시장법」은 사업보고서 제출대상법인의 경우 사업보고서에 시행령으로 정한 금액(현재 5억원) 이상의 보수를 받는 임원의 개인별 보수와 그 산정방법 및 기준을 정하도록 하고 있다. 이는 리스크 감수에 지대한 영향을 미치는 주요 임원에 대한 개인별 보수를 공개함으로써 임원 보수에 대한 주주의 통제를 강화하여 임원의 보수와 직무의 상관성을 높이고 지배주주가 임원보수의 명목으로 우회배당을 하거나 회사재산을 처분하는 등의 사익추구를 억제하기 위해서다.

그러나 아직도 회장, 부회장 등 사실상 회사 경영에 중대한 영향력을 행사하는 자를 비등기자로 하여 동 공개 규정의 회피가 가능하게 되고 보수의 산정방법 및 기준도 법상으로는 정해져 있으나 회사의 자율에 맡기는 등 동 제도의 실효성이 매우 저조하다. 이에 비등기자라 하더라도 상위 몇 % 또는 일정금액 이상의 보수를 받는 자의 공개를 의무화하고 보수의 산정방법과 기준을 명확하게 공개하며 이를 위해 대형 상장법인만이라도 보상위원회 설치를 의무화할 필요성이 제기되고 있다.

현재, 금융업권별 모범규준(best practice) 등을 통하여 이사회 내에 성과보상체계의 설계와 운영을 감시하는 통합조직으로 보상위원회를 설치하도록 권고하고 있다. 일차적으로 은행권은 2010년 10월, 금융안정위원회(FSB)와 바젤은행감독위원회(BCBS) 등이 정하는 국제적 권고사항 등에 부합하도록 설계된 '은행권 성과보상체계 모범규준'을 자율규제로 제정 · 운용하고 있다. 동 규준에 의하면 은행은 이사회 내에 보상위원회를 반드시 설치하여야 하며 보상위원회는 과반수 이상의 사외이사로 구성하되 보상정책이 리스크관리 측면을 적절히 반영하기 위해 1인 이상의 리스크관리위원이 보상위원회에 참여하도록 하고 있다.

미국은 「Dodd-Frank Bill of 2010」의 제정시 업무성과와는 무관하게 보수계약 체결 당시 약정되어진 대로 임원의 보수가 집행되는 등 임원에 대한 과다한 보수와 보수의 업무연관성 결여(compensation without performance) 등을 시정하기 위한 장치를 「증권거래법」(Securities and Exchange Act of 1934)에 추가하였는바, 주요 내용을 요약하면 다음과 같다.

① 상장법인은 독립적인 보상위원회를 설치하고 보상위원회는 전원 독립이사

로 구성하여야 하며, 이를 만족하지 못하는 회사의 경우 주요 증권거래소에 상장을 하지 못한다. 독립이사는 상무에 종사하지 않는 비집행이사(non-executive director) 중에서 관련 규정이 정의하는 독립성 요건을 만족하는 이사이어야 한다.

② 보상위원회는 독립성 요건을 만족하는 보상컨설턴트(compensation consultants), 독립적인 법무팀 및 기타 고문의 자문을 구할 수 있으며 이와 관련된 임명 · 보상 · 업무감독에 관한 권한을 가진다.

③ 상장법인은 재무정보에 근거한 인센티브 보상정책을 공시해야 하며 만약 잘못된 자료로 인해 회계수정이나 공시된 보상정책에 위배하여 전 · 현직 경영진에게 지급된 보상은 3년 이내에 환수(compensation clawback)할 수 있다.

④ 이사나 임직원의 보유주식에 대해 위험을 헤지할 수 있는 파생상품이나 구조 등 헤지 상품 구입시 회사로 하여금 동 상품의 구입 허용 여부에 대해 공시하도록 하고 연방감독기구는 금융회사에 적용되는 보상규정에 대한 합동 규정을 발표하고 집행하도록 한다.

⑤ 주주총회에서 연간 임원보수를 주가, 배당 등 회사의 실적과 직원 평균보수와 비교하여 공시하여야 한다(이상 「증권거래법」 제951~956조).

EU의 경우 비집행이사 또는 감사기능이 있는 이사로 보상위원회를 구성하되 이 중 과반수 이상은 독립성을 갖는 이사이어야 하고 보상에 관한 지식과 경험을 가진 전문가 1인 이상이 반드시 포함되도록 하고 있다.

그러나 최근 이사들의 친경영진 성향 등으로 보수정책에 대한 이사회의 견제기능이 미흡하다는 평가에 따라 일부 영미법 국가를 중심으로 임원보수에 대한 주주감시제도가 도입되고 있다. 영국은 1990년대 민영화된 공기업의 과도한 임원보상에 대한 부정적인 여론에 힘입어 1999년 당시 집권당인 노동당 정부는 임원보수에 관한 주주권고안(advisory votes) 조항을 기업이 자발적으로 도입하도록 유도하였다. 그러나 강제사항이 아닌 권고사항이다 보니 대부분의 기업이 이에 소극적으로 대응하여 기업에 대한 자발적 유도에 실패하자, 영국 정부는 「회사법」(The Company Act of 2006)에 '주주의 임원의 보수에 관하여 말할 수 있는 권리', 즉 'say on pay'제도를 도입하여 모든 상장회사(외국회사 제외)에 강제하였다.

동 제도에 의한 주주의 승인 또는 불승인은 회사나 이사회를 법적으로 구속하지 않는(non-binding) 의견을 표시할 수 있는 권한에 불과하나 이사회 및 이사 개인들의 명성에 타격이 될 수 있음으로 인해 경영진 및 이사회는 이를 방지하기 위해 회사운영의 다양한 이슈에 관한 의사소통 기회를 늘리고 결과적으로 임원보수의 상승세 억제와 보수 지급방법 개선 및 기관투자가의 감시역할 제고를 가져온 것으로 평가되고 있다.[64)]

미국도 「Dodd-Frank Bill of 2010」의 제정시 동 제도를 도입하였다. 구체적으로 주주에게 임원보수 및 황금낙하산 조항에 대한 주주승인(Shareholder Vote on Executive Compensation)제도를 도입하고 상장법인은 최소한 3년에 한 번은 임원보수에 대한 주주투표를 시행하고 투표와 관련된 내용을 공시사항으로 포함시키도록 하였다. 주주들은 보상위원회보고서, 보상에 대한 논의·분석 및 보상구성표 등 SEC규정에 의해 공시가 요구되는 주요 내역들에 대해 투표를 하게 된다.

2. 보상체계

보상체계의 설계에 있어 가장 중요한 것은 보상체계가 유인부합적(incentive compatible)이어야 하며 이를 위해서는 보상이 성과와 적절하게 연계되어야 한다는 것이다. 환언하면 보상은 반드시 성과와 연관(pay for performance)되고 가능한 성과에 비례하는 보상이 이루어져야 하며 실패에 대한 보상(pay for failure)이나 회사의 가치 증가와 무관한 단기적 업적을 위해 과다하게 위험을 추구하는 것을 방지하는 것이 되어야 한다는 것이다.

최근 글로벌 금융위기가 금융회사의 잘못된 보상체계에도 일인이 있다는 공감대가 형성됨에 따라 각국은 FSB의 준칙 등을 반영하여 금융회사의 보상체계의 개선을 추진하고 이를 모범규준 또는 법규로 제도화하고 있다. 우리나라도 「금융회사지배구조법」에서 보수의 결정 및 지급방식 등을 심의·의결하는 보수위원회를 설치하고, 보수의 일정비율 이상을 성과와 연동시키되, 성과보수를 일정기간 이연하여 지급하도록 하고 있다(제22조). 한편, 은행권은 FSB와 바젤은행감독위원회(BCBS) 등의 권고사항에 부합하도록 「은행권 성과보상체계 모범규준」을 제정하여 2010년 10월부터 적용하고 있다. 앞으로 동 규준과 각 금융권역별 특성을 반영하여 일정한 규모 이상의 금융회사 임직원을 대상으로 모범규준을 제정하여 시행할 예정이다.[65)]

---

64) Stephen, Davis, 'Does Say on Pay Work?, Lessons on Making CEO Compensation Accountable', Policy Briefing No. 1, Millstein Center 2007.

65) 모범규준이 적용되는 주요 금융회사는 국내은행, 자산 5조원 이상의 금융투자회사, 자산 10조원 이상의 보험회사 및 모범규준의 적용을 받는 자회사를 지배하는 금융지주회사로 하고 보상원칙의

「은행권 성과보상체계 모범규준」의 주요 내용을 요약하면 다음과 같다.

① 보상위원회는 보상체계가 리스크와 연계될 수 있도록 설계·운영하여야 하며 연차보상평가를 경영진으로부터 독립적으로 실시하고 이를 주주총회와 감독당국에 제출하여야 한다.

② 경영진 및 특정 직원에 대한 보상체계는 높은 보상을 위해 과도한 리스크를 감수하는 것을 제어하는 방향으로 설계되어야 한다.

③ 변동보수의 상당 부분은 수 년간 이연지급되어야 하며 그 비율은 근무연수, 직위의 책임 등에 따라 비례적으로 증가되어야 한다. 특히 최고경영진과 고액연봉 특정 직원의 경우 이연지급(deferred payment)되는 변동보상의 비율은 상당 수준(예컨대 60%) 이상이어야 한다.

④ 경영진 및 특정 직원에 변동보상 중 상당 부분(예컨대 50%)은 장기성과와 연동시키기 위해 주식 또는 주식연계상품[66]으로 지급해야 하며 이 경우 최소 보유기간을 설정하는 등 적절한 유보정책(retention policy)이 적용되어야 한다.

⑤ 조직 또는 개인의 성과가 목표에 미달하거나 손실이 발생한 경우 성과별 책임범위에 상응하여 경영진과 특정 직원의 성과급 중 단기 현금보상액과 과거발생분에 대한 미래이연지급액을 축소하거나 기지급된 보수를 환수(clawback)하는 등을 통하여 변동보상 규모를 조정하여야 한다.

⑥ 성과보상원칙에 부합되지 않는 보장된 상여금(guaranteed bonus)은 보상방식으로 사용되어서는 아니 되며 보상체계의 리스크 연계를 훼손시킬 수 있는 임직원들의 개인적 위험회피 전략 또는 보상관련 보험의 활용은 금지되어야 한다.

⑦ 보상위원회의 구성, 보상체계, 보상에 관한 총계정보 등이 포함된 보상에 관한 연차보고서는 매년 3월 말까지 공시되어야 한다.

2010년 7월 EU의 집행기구인 유럽위원회(European Commission)는 위험투자를 억제하고 중장기 성과를 중시하도록 유도하기 위해 은행과 투자회사 경영진의 상여금 지급규제 법안을 마련하고 2010년 연말 성과에 대한 상여금의 규모나 지급방식 등이 다음과 같은 기준을 충족할 것을 요구하고 있다.

① 총 상여금의 40~60%는 3~5년간의 지급유예기간(deferred compensation)을 두

적용을 받는 임직원의 범위는 경영진과 주요 리스크를 감수 또는 관리하는 자 및 투자금융, 외환딜링, 증권 운용, 파생상품 설계·판매 등의 업무를 담당하는 특정 직원 등을 포함할 예정이다.

66) 주식옵션(stock option), 양도제한조건부 주식(restricted stock), 성과연동형 주식(performance share) 등.

고 지급하고 동 기간 중 상여금 수령인의 투자실적이 특정 수준을 하회할 경우 상여금이 환수(clawback provision)될 수 있도록 할 것

② 총 급여의 50% 이상을 주식 또는 조건부 자본(contingent capital) 등 주식상당증권(stock equivalent instrument)의 형태로 지급하여 금융회사의 경영위기시 지급이 불가능하도록 할 것

③ 상여금의 현금지급 한도는 최대 30%(대규모 상여금 지급의 경우 20%)까지로 할 것

3. 주식관련 보상제도

성과와 연계하여 보상하는 제도로 가장 일반적인 형태의 하나가 주식관련 보상제도이며 이에는 주식옵션제도, 주식상여제도, 이윤분배제도 등 다양한 형태가 존재한다.

우리나라의 현행 스톡옵션(stock option)제도는 법인의 설립과 경영, 기술혁신 등에 기여하였거나 기여할 능력을 갖춘 당해법인의 임·직원에게 자기회사 주식을 취득할 권리 또는 주식평가차액을 얻을 수 있는 권리(stock appreciation rights)를 부여하는 제도로서, 스톡옵션을 임·직원에게 부여할 수 있는 법인은 상장법인과 벤처기업이다. 스톡옵션은 원칙적으로 주주총회의 특별결의에 의해 부여되나 일정한 범위 내에서는 이사회결의만으로도 부여가 가능하다.

스톡옵션의 부여방법은 행사가격으로 새로이 주식을 발행하여 교부하거나 자기주식을 교부하는 방법과 스톡옵션의 행사가격과 시가와의 차액을 현금 또는 자기주식으로 교부하는 방법이 있다. 스톡옵션의 부여한도는 발행주식총수의 20% 이내이며, 행사가격은 시가와 액면가 중 높은 금액 이상이다. 행사기간은 당해 법인의 정관에서 정하는 기간이나 원칙적으로 부여일로부터 2년 이상 재임·재직한 경우에만 행사가 가능하다. 현재 대부분의 국내기업들은 일정기간 경과 후 자동적으로 옵션의 효력이 발생하고 일시에 그 행사가 가능한 스톡옵션을 설계·운용하고 있으나 점차 경영성과와 연동된 인센티브스톡옵션형으로 바뀌어가고 있다.

미국은 1990년대 초 스톡옵션을 포함하여 경영진에 대한 보수의 책정근거, 성과평가방법 및 스톡옵션에 따른 비용 등 보상정책에 대한 공시를 의무화하였다. 특히 스톡옵션은 성과와 연동되도록 「세법」 등으로 간접 유도하는 한편 많은 기업들이 스톡옵션 행사에 일정한 제한을 두는 스톡옵션모형을 이용하고 있다.[67]

---

67) 미국의 스톡옵션제도는 인센티브스톡옵션(ISO: Incentive Stock Option)과 비적격스톡옵션(NSO:

스톡옵션의 행사가격을 주가지수 등과 연동하여 조정함으로써 경영진의 성과와 무관한 부분을 제거하는 지수스톡옵션(index stock option), ROE, EVA(Economic Value Added), 이익 등 경영성과를 측정하는 재무적 척도에 연동하여 스톡옵션의 행사가격, 시기, 수량 등 스톡옵션의 행사조건을 조정하는 실적스톡옵션(performance stock option), 목표주가를 몇 개로 나누어 놓고 이를 기준으로 스톡옵션의 부여수량을 할당하는 할증스톡옵션(premium-priced stock option), 주식옵션의 수익이 일정 시점의 주가가 아닌 계약기간 전체의 평균적인 주가에 의해 결정되게 하는 경로종속옵션(path-dependent stock option) 등이 그 예이다.

주식상여제도(stock bonus)는 회사가 상여금의 성격으로 자사주(full-value shares)를 임직원에게 무상으로 증여하는 제도이고, 이윤분배제도(profit sharing plan)는 회사의 이익의 일부를 자사주의 형태로 지급하는 제도이다. 그러나 주가에 연동된 보상제도는 다음과 같은 문제점이 있을 수도 있다.

첫째, 경영진의 성공에 따른 보상은 매우 큰 반면 실패에 따른 불이익은 제한되어 있어 경영진이 과도하게 위험을 추구하는 대리문제(agency problem)를 내포하고 있다. 이렇게 되면 동 제도는 유인부합적(incentive compatible)인 제도가 아니라 오히려 유인왜곡적(misalignment of incentives)인 제도가 될 수도 있다.

둘째, 경영자의 성과와 관계없이 주가가 변동할 수도 있고 성과가 단기간의 주가에 연동되어 있을 경우 경영자는 회계조작 등을 통해 주가를 상승시키려는 유인을 가질 수도 있다.

이와 같은 문제점으로 인해 최근 경영자에 대한 유인제도로서 스톡옵션의 효용성을 부정하는 주장들도 다수 제기되고 있다.[68] 따라서 스톡옵션을 포함한 재무적 보상제도가 유인부합적이 되기 위해서는 경영자가 단기업적에 급급하여 과도하

Nonqualified Stock Option)으로 구분된다. ISO는 스톡옵션행사자가 세제상의 혜택을 받기 위해서는 일정한 요건을 충족해야만 한다. NSO는 ISO의 요건을 갖지 못하여 스톡옵션행사자에게 아무런 세제상의 혜택이 없는 옵션을 말하며 비법정스톡옵션(nonstatutory stock option)이라고도 한다. NSO는 세제상의 혜택이 없기 때문에 부여법인이 원하는 바에 따라 자유롭게 스톡옵션을 설계할 수 있다. 일반적으로 스톡옵션을 부여받은 임·직원들은 세제혜택이 있는 ISO를 선호하는 반면 스톡옵션을 부여하는 기업은 NSO를 선호하는 경향이 있다. ISO의 경우 옵션의 행사이익에 대해 법인의 손비로 인정을 받지 못하나 NSO의 경우 임·직원에 대한 상여금의 일부로 간주되어 법인의 손비처리가 가능하기 때문이다.

68) B. Holmström and S. Kaplan, "The State of U.S. Corporate Governance: What's Right and What's Wrong?," *Journal of Applied Corporate Finance*, vol. 8, 2003.

게 위험을 추구하는 것을 방지하고 경영실적에 따라 적절하게 보상을 받는 체제로 설계되어야 한다.

제 4 절 외부지배구조

Ⅰ. 증권시장

경영자에 대한 증권시장을 통한 통제는 주로 시장에 의한 평가·감시 기능과 M&A시장에 의한 규율을 들 수 있다. 증권시장의 주요한 기능 중의 하나는 기업의 가치평가이고 기업의 가치는 주가로 나타난다. 따라서 주가의 하락은 경영자에 대한 불신임의 신호라고 할 수 있다.

시장에 의한 평가·감시기능이 제대로 작동하기 위해서는 무엇보다도 기업에 대한 신뢰할 수 있는 정보가 충분하고 신속하게 시장에 전달될 수 있도록 회계와 공시제도가 잘 갖추어져야 한다. 외환위기 이후 정부는 시장의 투명성을 획기적으로 제고하기 위해 기업의 회계자료를 작성하는 단계에서부터 투명성을 확보하도록 하기 위한 내부회계제도와 주요 공시자료에 대한 기업의 CEO와 CFO의 인증제도(certification) 도입을 의무화하였다.

M&A 또한 경영자에 대한 적극적인 통제수단이 될 수 있다. 기업에 대한 인수합병 제의, 특히 적대적인 M&A는 경영진 퇴진을 위한 구체적인 압력이기 때문이다. 따라서 M&A는 경영진의 안주(entrenchment)를 방지하고 대리인비용을 감소시키며 기업의 구조조정을 촉진하는 효과가 있다.

그러나 동 제도는 단기업적주의(shortermism)와 소액투자자의 무임승차문제, 그리고 적대적 매수에 소요되는 비용의 과다로 인한 자원의 낭비 등의 문제가 있다. 단기업적주의란 경영자가 적대적 매수를 지나치게 의식하여 주가상승을 위한 단기업적에 집착한 나머지 R&D, 인적자원 개발 등 기업의 장기적 역량(competency)을 증대시키는 투자를 소홀히 하는 등 너무 근시안적 행태(myopia)를 보일 경우, 오히려 장기적인 기업가치를 떨어뜨려 결과적으로 주주나 이해관계자의 이익에 반할 가능성을 말한다.

소액투자자의 무임승차 문제는 소액투자자는 투자기업에 대한 정보가 부족하기 때문에 적대적 매수에 참여하기보다는 적대적 매수의 진행으로 주가가 상승하는 경우, 쉽게 주식을 처분하여 이익을 실현하려는 유인을 갖는 현상을 말한다. 따라서 소액투자자가 많은 기업일수록 이들의 무임승차행태로 인해 기업에 대한 감시유인이 낮고 적대적 M&A를 어렵게 한다.

Ⅱ. 경영자인력시장

경영자인력시장이 효율적이어서 경영자의 인적자원의 가치가 동 시장을 통하여 적절하게 평가될 수 있다면 경영자의 특권적 소비(perquisites)나 게으르고자 하는 유인(incentive to be idle) 등 대리문제는 크게 감소될 수 있다. 환언하면 경영자에 대한 시장규율이 작동하여 경영자가 기업을 통해 이룩한 성과에 따라 진퇴나 보상의 조절이 가능하게 되면 경영자로 하여금 주주의 부를 극대화하는 최적의 의사결정을 하도록 유도할 수 있다는 것이다.

그러나 경영자인력시장은 여타 노동시장이 갖는 본질적인 특성, 즉 노동의 질에 대한 정보의 비대칭과 수급구조의 불균형이 심하기 때문에 시장의 불완전성이 매우 심하다는 점이 문제점으로 지적된다.

금융업의 경우 어느 나라를 막론하고 정부로부터 지대(rent)를 받는 면허사업이라는 점에서 최고경영자의 선임에 대해 어느 정도 정부의 영향력을 받지 않을 수는 없지만[69] 우리나라의 경우 이와 같은 현상이 특히 심했었다. 특히 은행의 경우 은행장 선임에 있어 정부의 강한 입김은 은행외부에서의 경영자시장의 자생력 형성을 저해한데다 은행장의 권한이 너무 커 조직의 내부에서 경영자가 양성될 수 있는 방법까지 제한하였다. 다행히 외환위기 이후 이와 같은 현상이 크게 개선되어 경영자인력시장이 활성화되고 있다. 특히 은행장을 비롯한 경영진의 공급 원천이 은행내외로 다원화되고, 경영진의 진퇴가 그들이 이룩한 성과에 따라 좌우되는 풍토가 조성되고 있다.

경영자인력시장은 경영자의 입지가 불리하게 될 경우 도덕적 해이를 증대시

69) P. Dimaggio and W. Powell, "The Iron Cage Revisited: Institutional Isomorphism and Collective Rationality in Organizational Fields," *American Sociological Review*, vol. 48, 1983.

킬 우려도 있다. 특히 종래 은행장에 대한 관행적인 연임제한제도는 이러한 소지가 컸다. 은행장의 연임이 제한되어 있음으로 인해 첫 임기중에는 연임을 위해 단기업적에 집착한 나머지 근시안적인 행동을 하여 결과적으로 비최적적 의사결정을 초래하고 마지막 임기중에는 최대한의 특권적 소비나 부정을 저지르는 등 도덕적 해이를 범하려는 유인이 커지기 때문이다. 이와 같은 폐해로 인해 최근에 들어 은행장 연임제한제도가 폐지되었으며 이에 따라 앞으로 은행장들은 성과가 좋으면 계속 연임이 가능하고 성과가 나쁘면 임기중에라도 퇴진할 수도 있게 되었다.

III. 이해관계자

1. 기관투자자

기관투자자에 의한 경영통제는 양면적인 성격을 갖고 있다. 이해상충문제[70]와 수탁의무 이행문제가 그것이다. 이해상충문제는 기관투자자와 투자대상기업 간에 소유·지배나 사업상 거래관계가 있을 경우 이들에 의한 경영감시는 이해상충의 가능성이 크다는 것이다.[71]

수탁의무이행 문제는 자금예탁자들의 수탁관리인(trustee)으로서 기관투자자는 이들의 이익을 위해 투자기업의 경영, 특히 주주권행사에 적극적으로 참여하여야 한다는 것이다. Coffee는 경영에 대한 최적 감시자로서의 기관투자자의 조건으로 이해상충의 문제가 없을 것, 경영감시비용을 수용할 수 있을 만큼 주식의 보유비중이 클 것, 경영감시의 결과로 얻어지는 이익을 향유할 수 있을 만큼 충분한 장기투자 성향을 가질 것 등을 제시하고 있다.[72] 이런 의미에서 경영에 대한 감시자인 기관투자자로서 연기금이 최적의 자격을 갖추고 있다고 할 수 있다.[73]

---

70) 이와 같은 문제를 완화하기 위해 일반적으로 많이 이용되는 수단으로 기관투자자의 동일기업 발행 주식에 대한 소유나 의결권 행사 제한, 동일기업이 발행한 주식의 일정비율 이상을 보유하는 경우 법인세나 배당소득세 부과 등이 있다.

71) J. Pound, "Proxy Contest and the Efficiency of Shareholder Oversight," *Journal of Financial Economics*, vol. 20, 1988.

72) J. Coffee, "Liquidity versus Control: The Institutional Investor as Corporate Monitor," *Columbia Law Review*, vol. 91, 1991.

73) 연기금의 적극적인 영향력 행사에 대해 연금사회주의(pension socialism)라는 비판도 있다. 동 용

주요국의 기관투자자들의 투자기업에 대한 경영참가 사례를 보면, 먼저 미국의 경우 법적으로 기관투자자의 의결권 행사에 대한 직접적인 제한 규정은 없으나 종래 대부분의 기관투자자들은 이른바 Wall Street Rule[74]에 의거 투자기업에 대한 영향력 행사를 자제하고 소극적인 영향력(negative constraining power)만을 행사하여 왔었다.

그러나 최근 기업의 가치를 평가함에 있어 경제적 요인만이 아니라 사회적·환경적 요인도 고려한 기업의 사회적 책임(corporate social responsibility)을 잘 이행하고 있는지가 중요한 판단기준이 됨에 따라 기관투자자도 단순히 기업에 대한 투자이익만을 고려할 것이 아니라 기업에 대한 감시자(gatekeeper)이자 동반자(partner)로서 기업의 경영에 적극적으로 참여해야 한다는 주장이 증가하고 실제로 그러한 조류가 형성되고 있다.[75]

최근에 들어 연기금들은 주주권행사, 예컨대 의결권행사, 주주제안, 주주소송

어는 Peter Drucker 교수가 1976년 저술한 *The Unseen Revolution: How Pension Fund Socialism Came to America*에서 처음 사용하였다. 그는 미국의 기업연금이 주식에 대거 투자되는 현실에 주목하여 기업연금의 주인은 연금가입자인 근로자들이므로 연금이 투자한 기업 또한 결국 근로자들의 소유라고 주장하였다. 그러나 현실적으로 이 문제가 부각된 것은 1970년 이후 영국의 노동당 정부가 공공부문 노동자들의 직역연금을 진보적 산업정책의 재원으로 활용하고서부터이다.

74) 기관투자자는 투자기업 경영진의 묵시적 지원자(silent partner)로서 투자기업의 경영진이 제시하는 의안을 지지하든가, 지지하지 않으면 동 사의 주식을 매각, 주주의 지위에서 떠남으로써 투자기업에 대해 적극적인 경영통제력을 행사하지 않는 관행적인 행동원칙을 말한다. 동 원칙은 1940년대 미국은행협회가 은행들의 신탁기금보유주식의 의결권 행사에 대한 원칙으로 제안되어 금융기관들의 관행으로 정착되었다.

그러나 최근에 들어 기관투자자들의 소극적인 행태가 자금예탁자들의 이익보다는 적대적 기업인수위험 등으로부터 경영자만을 보호해 주는 결과를 초래하고 있다는 비판이 증가함에 따라 의결권을 적극적으로 행사하는 경향이 늘어나고 있다.

75) 2009년 5월 미국 SEC는 금융위기를 계기로 기업 경영활동에 대한 주주의 감시활동 강화의 필요성이 증대됨에 따라 일정한 요건을 갖춘 주주에게 이사지명권을 부여하는 방안을 의결하고 60일간의 의견수렴과정을 거쳐 최종안을 마련할 계획이다. 연방 주주대리권규정(federal proxy rule) 개정안에 의하면 회사 규모에 따라 소정의 지분 이상을 일정기간 이상 소유한 주주들에게 이사후보자를 지명할 수 있는 권리(소액주주들이 연합하여 이사지명권 정족지분을 구성하는 것도 가능)를 부여하고 이사회 총 구성인원 중 최대 25%를 주주들이 지명한 인사로 구성할 수 있도록 규정하고 있다. 지금까지 대부분의 경우 회사측이 이사후보자를 지명하여 주주총회에 통보하면 주주들은 이에 대한 찬반투표를 하는 것이 관행으로 일반 주주들의 의사가 반영되기는 매우 어려운 것이 현실이다. 만약 동 개정안이 시행된다면 이사회 구성원 중 연기금 등 기관투자자들이 지명한 이사의 비중이 높아져 이들의 경영권 참여가 보다 확대될 가능성이 크다.

참여, 경영자 정례협의, 투자자 연대 등을 통해 투자기업의 경영에 적극적으로 참여하는 주주행동주의(shareholder activism)가 투자에 수반되는 필연적 행위로 인식하고 있다. 특히 소액주주(minority shareholder)의 무임승차 문제와 과도한 비용 등의 이유로 M&A시장의 경영자 견제기능이 점차 약화되는 추세인 데 비해 경영권 분쟁 없이 일정 수준 이상의 지분만을 가지고 기업경영에 적극적으로 개입함으로써 경영자 견제가 가능하다는 점에서 최근에 들어 주주행동주의에 대한 관심이 높아지고 미국의 대부분의 연기금들이 이를 채택하고 있다.[76)]

특히 1988년 신의성실원칙과 신중투자원칙(prudent men rule)의 확대 적용을 통해 기관투자가의 적극적인 의결권 행사를 장려하는 「근로자퇴직소득법(ERISA: Employment Retirement Income Security Act)」과 2003년 뮤츄얼펀드의 의결권 행사관련 정책과 행사내용의 공시를 강제하고 해당 문서(proxy statement)를 SEC에 제출하도록 의무화한 「투자회사법(Investment Company Act)」의 개정 등에 힘입어 연·기금 등 투자기업과 이해관계가 상대적으로 적은 기관투자자의 경우 기금수탁자를 통한 의결권의 대리행사 등을 통해 투자기업에 대해 적극적인 영향력을 행사하고 있다. 이를 위해 「ERISA법」은 연기금의 투자운용자가 의결권을 행사하는 경우 의결권행사에 대한 정확한 기록을 유지하게 하고 지명수탁자가 이를 감독하도록 정하고 있으며, 대부분의 연기금들은 의결권 행사에 대한 내부기준[77)]을 제정·운용하고 있다.

영국의 경우 기관투자자의 주식보유비율이 매우 높음에도 불구하고 관행적으로 주주총회에서의 의결권 행사 등을 통한 투자기업의 경영에 관여하지 않았으나 최근에 들어 투자기업의 지배구조개선을 위해 기관투자자가 보다 적극적인 역할을 할 것을 요구하는 관련 법제[78)]와 기관투자자의 행동지침(stewardship code)[79)]의 제정

---

76) S. Gillan and L. Starks, "The Evolution of Shareholder Activism in the United States," *Journal of Applied Corporate Finance*, vol. 19, 2007.

77) TIAA-CREF(Teachers Insurance and Annuity Association-College Retirement Equities Fund)의 내부지침은 다음과 같다.
- 책임 있는 장기투자가로서 기업의 장기적인 발전을 기대
- 좋은 기업지배구조란 주주의 단기적인 압력에서 벗어나 기업의 방향을 결정할 수 있도록 경영진과 이사회 사이에 균형을 유지
- 단기수익 추구를 탈피하고 경영진의 판단을 존중
- 기업과 대화를 모색하고 경영진의 능력에 맞는 보수수준을 유지
- 경영진과 대화를 통해 문제를 해결하고 공적인 대결은 회피
- 주주제안권을 행사하되 주총에서의 대결이 아닌 사전협의로 해결.

78) 「The Combined Code on Corporate Governance, 2003」, 「Code on the Responsibilities of

등으로 기관투자자들이 경영에 적극적으로 참여하는 경향이 증가하고 있다.

독일의 경우 은행 등 기관투자자들은 적극적인 의결권을 행사하고 있고 일본의 경우 은행, 보험, 증권회사 등의 기관투자자들은 안정주주로서 의결권을 행사하여 기업의 경영에 적극적으로 참여하고 있다.

우리나라의 경우 그간 대부분의 기관투자자들이 법적 제한 또는 관행상의 이유로 의결권 행사에 소극적이었다. 특히 은행이나 자산운용회사의 신탁계정의 경우 합병이나 영업양수도와 같이 신탁재산에 손실을 초래할 것이 명백한 경우가 아닌 한 의결권의 중립적 행사(shadow voting)[80]를 강제하여 왔었다. 그러나 1997년 외환위기 이후 기업경영의 투명성을 제고하기 위한 기관투자자의 적극적 역할의 필요성과 아무런 제한 없이 의결권을 행사할 수 있는 외국 기관투자자들과의 형평성 문제 등이 제기됨에 따라 기관투자자들이 적극적으로 의결권을 행사하여 경영에 대한 감시자의 역할을 할 수 있도록 하고 이를 위해 의결권공시대상법인에 대해 의결권 행사내용과 의결권을 행사하지 않을 시 그 사유 등을 공시하도록 하고 있다.[81]

Institutional Investors, 2009」 등.

79) 2010년 FRC(Financial Reporting Council)이 영국 상장기업의 의결권을 보유하고 있는 기관투자자들을 대상으로 '원칙준수 · 예외설명(comply or explain)'에 의거 제시한 다음과 같은 7가지 원칙과 세부지침을 말한다.

- ◦ 투자대상기업에 대한 적극적인 대화와 관여(engagement)
- ◦ 이해상충 문제의 관리와 공시
- ◦ 투자대상기업에 대한 지속적인 모니터링
- ◦ 적극적인 개입(intervention)의 조건과 방법에 대한 가이드라인 수립
- ◦ 필요시 다른 기관투자자들과의 연대 행동
- ◦ 명확한 의결권 행사 지침 수립과 행사 내역의 공시
- ◦ 의결권을 포함한 적극적 대화와 관여 내역의 주기적 공시

80) 다른 주주들의 찬반의사에 비례하여 의결권을 분리하여 행사하는 것으로 주주총회의 의사결정에 영향을 미치지 않고 단순히 의결정족수만을 채워 주는 투표방식을 말한다.

81) 국민연금의 관리주체는 기금이 보유하는 주식의 의결권을 기금의 이익을 위해 신의에 따라 성실하게 행사하고 그 행사내용을 공시하여야 하며(「국가재정법」 제64조), 의결권 행사 기준 및 절차 관련 지침을 마련하여 국회에 제출하여야 한다(동 법 제79조).

투자신탁재산 또는 투자익명조합에 속하는 지분증권(지분증권과 관련된 증권예탁증권 포함)의 의결권 행사는 투자신탁 또는 투자익명조합의 집합투자업자가 수행하여야 하며 투자회사의 집합투자재산에 속하는 지분증권의 의결권 행사는 투자회사가 수행하여야 한다. 다만, 투자회사는 투자회사의 집합투자업자에게 집합투자재산에 속하는 지분증권의 의결권 행사를 위탁할 수 있다(「자본시장법」 제184조 ①). 집합투자업자는 각 집합투자재산에서 의결권공시대상법인(집합투자기구 자산총액의 5% 또는 100억원 이상 소유주식을 발행한 법인)에 대한 의결권 행사여부 및 그 내용(의결권을 행사하지 아니한 경우에는 그 사유)을 자산운용보고서 및 영업보고서에 기재하여야 한다(「자본시장법」 제87조 ⑦).

특히 「자본시장법」 개정안(2013)으로 집합투자업자는 충실의무(fiduciary duty)에 의거 투자자의 이익에 부합하게 펀드재산의 의결권을 행사하도록 규정하고 있는바 이렇게 되면 집합투자업자는 충실의무를 다하기 위해 특별한 사유가 없는 한 의결권을 적극적으로 행사하게 될 것이다.

다만 집합투자회사 등이 의결권 행사 대상 법인과 계열관계 등 특수한 관계에 있는 경우에는 합병, 영업양도, 임원임면 및 정관변경시 신탁재산의 손실이 예상되지 않는 한 원칙적으로 중립적 의결권을 행사하여야 한다.

한편 기관투자자의 의결권 행사에 따른 부작용은 기관투자자의 의결권 행사지침 마련, 의결권 행사 관련자료의 기록유지, 투자자 요구시 의결권 행사자료 제공, 신탁재산운용보고서에 중요한 의결권 행사내용 기재, 신탁재산운용에 대한 기관투자자의 신의성실의무 강화, 기관투자자간의 의결권 연계 행사 금지, 기업집단에 속하는 기관투자자의 보유지분을 공동목적보유자 또는 내부거래자로 간주하는 등 기관투자자에 대한 감독 강화 등을 통해 해소하고 있다.

일반적으로 기관투자자는 경영감독구조를 통하지 않고서도 투자기업이 발행하는 증권의 인수나 보유주식의 변동 등을 통해 영향력의 행사가 가능하다. 이른바 관계투자(relation investing)를 통해 개인투자자가 갖지 못한 기회나 영향력을 행사하는 것이 그것이다.[82] 관계투자란 기관투자자와 투자대상기업 간의 합리적 투자

신탁재산으로 취득한 주식에 대한 권리는 신탁업자가 행사한다. 신탁업자가 신탁재산에 속하는 주식을 발행한 법인과 계열관계에 있거나 동 법인을 계열회사로 편입하기 위한 경우와 「공정거래법」에 따른 상호출자제한집단에 속하는 신탁업자가 신탁재산으로 그와 계열회사의 관계에 있는 상장법인이 발행한 주식을 소유하고 있는 경우의 의결권의 행사는 집합투자업자의 경우와 같다(「자본시장법」 제112조 ①).

집합투자업자는 집합투자재산에 속하는 상장주식의 의결권 행사내용 등 다음 각 호의 구분에 따라 공시하여야 한다(「자본시장법」 제87조 ⑧).

i. 합병, 영업의 양도·양수, 임원의 임면, 정관의 변경 등 경영권 변경과 관련된 사항에 대해 의결권을 행사하는 경우: 의결권의 구체적인 행사 내용

ii. 의결권공시대상법인에 대하여 의결권을 행사하는 경우: 의결권의 구체적인 행사 내용

iii. 의결권공시대상법인에 대하여 의결권을 행사하지 아니한 경우: 의결권을 행사하지 아니한 구체적인 사유

집합투자업자가 의결권 행사여부에 관한 사항 등을 공시하는 경우에는 투자자가 의결권 행사여부의 적정성 등을 파악하는 데 필요한 자료(의결권 행사와 관련 내부지침, 집합투자기구별 소유주식 및 증권예탁증권 수 등)를 함께 공시하여야 한다(「자본시장법」 제87조 ⑨). 신탁업자는 합병, 영업의 양도·양수, 임원의 선임 등 경영권의 변경과 관련된 사항에 대하여 의결권을 행사하는 경우에는 인터넷 홈페이지 등을 이용하여 공시하여야 한다(「자본시장법」 제112조 ⑦).

82) I. Ayres and P. Crampton, "An Agency Perspective on Relational Investing," *Relational*

(rational investing)관계의 형성을 통해 영향력(institutional voice)을 행사하는 투자행태를 말한다. 기관투자자는 투자자에 대한 수탁자로서의 책무를 수행하는 것 이외에 기업의 지배구조문제에 있어서도 상당한 보유지분을 바탕으로 기업에 대해 정보를 요구하거나 최고경영진에게 경영전략의 변경 등을 요구할 수 있다.

기관투자자는 때로는 사회적 책임투자(socially responsible investing)를 통하여 주주행동주의를 실현함으로써 사회적 책임을 수행하기도 한다. 이와 같은 기관투자자의 영향력 때문에 기업은 기관투자자와 우호적 관계를 유지하려고 하며, 기관투자자도 기업과 우호적인 관계를 유지함으로써 정보비대칭을 완화하여 기업을 간접적으로 감시하는 한편 보유주식의 대량매매를 자제함으로써 기업의 안정주주로서의 역할을 수행하기도 한다.

2. 소액주주

경영에 참가하지 못하는 소액주주의 경영감시제도로서 중요한 것을 들면 소수주주권제도, 위임장권유제도, 주주제안제도, 누적투표제도, 집중투표제도, 대표소송제도 및 각종 소송제도 등을 들 수 있다.

1) 소수주주권제도

소수주주권(minority interest)이란 1주만 보유해도 권리의 행사가 가능한 단독주주권과는 달리 일정 수준 이상의 지분(minimum ownership)을 보유하여야만 권리의 행사가 가능한 주주권을 말한다. 「상법」상 소수주주권에 해당하는 것은 주주총회소집청구권, 대표소송(derivative suits)제기권, 회계장부열람권, 이사·감사·청산인의 해임청구권, 이사의 위법행위에 대한 유지청구권(injunction), 회사의 해산청구권 등과 같은 공익권이다.

우리나라 종래 「상법」에서는 대부분 5% 이상을 소유한 주주에게만 극히 제한적으로 소수주주권을 허용하여 소수주주의 보호에 실질적으로 기여하지 못하였었으나 외환위기를 전후로 「증권거래법」(1996)과 「상법」(1998)의 개정을 통해 소수주주권의 행사요건을 권리내용의 중요도에 따라 차등적으로 완화하였으며, 2009년 2월 기존의 「증권거래법」을 폐지하고 소수주주권 조항을 「상법」으로 이관함으로써 현재의 규정 체제를 갖추었다.

Investing Conference, Columbia University School of Law, 1993.

표 6-1 소수주주권 지분요건

항 목	상 법		금융기관[2]
	일반회사	상장법인[1](§542의6)	
주주총회소집청구권	3%(§366)	1.5%	1.5(0.75)%
업무검사권	3%(§467)	1.5%	1.5(0.75)%
주주제안권	3%(§363의2)	1(0.5)%	0.5(0.25)%
이사등해임청구권	3%(§385)	0.5(0.25)%	0.25(0.125)%
회계장부열람권	3%(§466)	0.1(0.05)%	0.05(0.025)%
유지청구권	1%(§402)	0.05(0.025)%	0.025(0.0125)%
대표소송제기권	1%(§403)	0.01%	0.005%

주: 1) 괄호 안의 지분율은 최근 사업연도 말 자본금이 1천억원 이상인 상장법인.
2) 은행, 상호저축은행(자산 3천억원 이상), 보험회사(자산 2조원 이상), 금융투자업자에 해당. 다만 괄호 안은 자산 2조원 이상인 은행, 자본금 5천억원 이상인 상호저축은행, 자본금 1천억원 이상인 보험회사와 금융투자업자에 해당.

개정 「상법」은 소수주주가 청구한 주주총회의 의장은 법원이 선임하게 하였다. 이는 종래 소수주주가 청구한 주주총회라도 통상 대표이사가 주주총회의 의장이 되어 정상적인 의사진행이 어려운 점을 고려한 것이다. 그리고 주주총회소집·결의 방법에 대한 소송 감소를 유도하여 불필요한 시간과 비용을 줄이기 위해 소수주주가 총회 전에 주총 소집·결의 방법을 조사할 법원 검사인의 청구가 가능하도록 하였다(제366조, 제367조). 다만 소송의 남용을 방지하기 위하여 상장법인의 경우 6개월 전부터 계속하여 주식을 보유한 자에 한해서만 요건이 완화된 소수주주권을 행사할 수 있도록 하고 있다.

이 밖에 소송의 남용을 방지하기 위한 장치로 원고의 패소시 비용부담을 위한 공탁금제도와 원고에게 청구사유 입증책임을 부과하는 제도 등이 있다. 이는 소수주주권의 과다한 완화는 소송의 남용 등으로 인한 기업경영권의 안정을 저해하고, 특히 경쟁기업이 소수주주로 참여하여 기업의 기밀을 빼 내가는 등의 부작용을 방지하여야 한다는 것이 그 이유이다.

그러나 미국, 일본 등에 비해 아직도 우리나라의 소수주주권 행사요건이 까다로운 편이다.[83] 따라서 불법행위를 한 이사·감사 등에 대한 대표소송제기권, 유지

83) 미국의 경우 소수주주권을 단독주주권으로, 일본의 경우 대표소송권은 단독주주권으로 기타의 경우는 지분요건을 3%로 규정하고 있다.

청구권 및 해임청구권 등의 경우 소송의 목적이 소송을 제기한 개인이 아닌 회사의 이익이라는 점에서 소송의 요건을 더욱 완화하고 대신 소송의 남용으로 인한 기업경영의 불안정성을 막기 위해 소송청구권자에게 성실성과 적절성을 엄격하게 요구하는 등의 제도적 장치를 마련해야 한다는 주장이 많다.[84]

2) 의결권대리행사 권유제도

의결권대리행사(proxy vote) 권유제도는 주로 소액투자가들인 실질주주(beneficial shareholder)[85]들의 의결권을 위임받아 대리행사하기 위해 위임장에 의해 의결권의 위임을 권유하는 제도를 말한다. 의결권대리행사의 권유란 자기 또는 제3자에게 의결권의 행사를 대리시키도록 권유하는 행위, 의결권의 행사 또는 불행사를 요구하거나 의결권 위임의 철회를 요구하는 행위, 의결권의 확보 또는 그 취소 등을 목적으로 주주에게 위임장 용지를 송부하거나, 그 밖의 방법으로 의견을 제시하는 행위를 포함한다. 동 제도는 소수주주들의 의결권의 결집을 용이하게 하여 이들의 회사경영에 대한 영향력을 확대시킬 수 있다.

「자본시장법」은 의결권대리행사를 권유(solicitation)하는 의결권권유자를 제한하고 있지 않다. 따라서 주주, 채권자 및 회사의 경영진 등이 권유자가 될 수 있다. 대체결제제도에 따라 실질주주와 명의주주가 다른 경우에는 의결권은 실질주주가 행사하게 되어 있으므로 위임장권유도 실질주주를 상대로 하여야 한다.

의결권권유자는 상대방인 의결권피권유자에게 위임장용지와 참고서류(proxy statement)를 교부하여야 한다(제152조). 교부의 방법은 직접교부, 우편전송방법 등 시행령(제160조)으로 정하고 있다. 위임장용지의 기재사항으로는 의결권을 대리행사하도록 위임한다는 내용, 의결권권유자 등 의결권을 위임받은 자, 의결권을 위임할

---

84) 미국의 경우 소송의 남용을 방지하기 위한 장치의 하나로 사전제소청구제도(pre-suit demand)를 도입하고 있다. 주주가 대표소송에 앞서 회사에 소를 제기할 것을 청구해야 하는 제도이다(Model Business Corporate Act §7.42).

85) 주주명부상에 등재되어 있지는 않지만 주식에 대해 실질적인 소유권을 가진 주주를 말한다. 명의차용주주나 주식을 양수하고도 명의개서를 하지 않은 양수인 등도 실질주주라 할 수 있으나 「자본시장법」상 실질주주라 함은 예탁결제원에 주식을 예탁하여 예탁결제원 명의로 개서된 주권의 예탁자를 말한다. 미국의 「Dodd-Frank Bill of 2010」은 증권 중개인(broker)은 이사의 선임, 임원보상, 기타 「증권거래법」이 규정한 중대한 사항에 대해 실질주주로부터 의결권 행사지침을 받지 않은 이상, 재량적으로 의결권을 행사할 수 없도록 규정하고 있다(Restrictions on Broker Discretionary Voting).

주식수, 주주총회의 각 목적사항과 목적사항별 찬반여부 등이다. 참고서류의 기재사항은 반드시 기재해야 하는 일반적 기재사항으로 의결권권유자의 성명, 권유자가 소유하고 있는 주식의 종류와 수 등이고 특별기재사항으로는 주주총회의 목적사항과 의결권대리행사를 권유하는 취지 등이다(시행령 제163조).

의결권권유자는 위임장용지와 참고서류를 피권유자에게 제공하는 날 2일 이전까지 금융위원회와 거래소에 제출하고 일반인이 열람할 수 있는 장소에 비치하여야 하며 금융위원회와 거래소는 이를 3년간 비치하고 인터넷 홈페이지 등을 통하여 공시하여야 한다(제153조). 금융위원회는 투자자 보호를 위해 필요한 경우 권유자 그 밖의 관계인에 대하여 참고가 될 보고 또는 자료의 제출을 명하거나 금융감독원장에게 그 장부 등을 조사하게 할 수 있다.

참고서류의 미교부, 허위기재, 기재누락 등이 있는 경우 금융위원회는 정정명령, 권유의 금지 등의 조치를 취할 수 있다. 금융투자업자가 법(제152조)을 위반하여 위임장 권유를 하거나 정당한 위임장용지를 사용하지 않을 경우에는 업무정지 등의 조치를 취할 수 있고 금융투자업자의 임직원이 이러한 행위를 한 경우에는 해임 요구, 면직 등의 조치를 취할 수 있다. 위임장 권유규정을 위반한 위임장 권유에 의해 손해를 입은 자는 「민법」상의 불법행위책임규정(제750조)에 의해 손해배상을 청구할 수 있다. 위임장 권유시 위임장용지와 참고서류를 주주나 금융위원회에 제공 또는 제출하지 않거나 부실한 기재를 한 자는 형사처벌의 대상이 된다.

그러나 회사의 경영자가 아닌 권유자가 위임장 권유를 하는 데는 현실적인 어려움이 있다. 경영자가 아닌 자가 주주총회의 안건별로 참고서류를 작성한다는 것은 자료 취득의 어려움이나 이에 소요되는 비용과 시간 등 경영자에 비해 매우 불리하기 때문이다. 특히 경영자가 위임장 권유를 할 경우 회사에서 비용을 부담하나 경영자가 아닌 자가 권유할 경우에는 본인이 부담하여 한다. 위임장권유제도는 회사의 지배구조를 개선하기 위한 중요한 제도 중의 하나인바, 동 제도가 현실적으로 유효한 수단이 되기 위해서는 이와 같은 문제를 해결하여야 한다. 따라서 이 문제를 해결하기 위한 다양한 방안들이 제시되고 있는바, 주요한 것들을 소개하면 다음과 같다.

① 소수주주의 위임장권유 취지를 경영자의 위임장권유시 동시 송부하거나 위임장권유시 소요된 비용의 적절한 분담 등을 통하여 위임장권유에 있어 소수주주와 현 경영진 간의 실질적인 평등을 보장할 수 있는 방향으로 관계규정이 재정

비되어야 한다.[86] 예컨대 권유자가 권유비용을 부담하는 것을 원칙으로 하되 권유자가 권유한 목적사항이 주주총회에서 가결된 경우에는 회사가 권유비용을 부담하는 등이 하나의 대안이 될 수 있다.

② 우리 「상법」은 주식에서 의결권을 분리하여 의결권만을 제3자에게 이전시킬 수 있는 것은 의결권의 대리행사가 유일한 방식인데 의결권의 대리행사가 아닌 일정기간 동안 주식으로부터 의결권을 분리하여 제3자에게 양도하는 방식의 도입을 고려해 볼 필요가 있다. 독일의 자격양도나 미국의 의결권신탁(trusting vote) 등이 그 예이다.[87]

③ 소수주주들의 의결권행사를 증대시키기 위한 다양한 방안을 고려할 필요가 있다. 특히 성격상 의결권의 위임행사가 인정될 수 없는 중요안건을 제외하고는 가능한 한 위임장에 의한 의결권의 위임행사를 유도해야 할 것이다. 이를 위해 미국의 실질주주들의 의결권행사를 지원하는 업무를 수행하는 전문기관(proxy firm)[88] 등을 참고할 필요가 있다.

---

86) 「자본시장법」은 의결권 권유자가 주주명부 열람이나 위임장 용지 발송(비용은 권유자가 부담) 요구시 회사는 반드시 응하도록 규정하고 있다.

87) 현재 국민연금은 투자일임계약을 통해 연금의 일부를 자산운용사 등에 위탁하여 운용하고 있는바, 투자일임계약의 성격상 의결권 행사는 위임하지 않고 국민연금이 직접 의결권 등 주주권을 행사하고 있다. 일본의 정부연금(Government Pension Investment Fund)은 위탁운용사에 의결권의 행사를 전적으로 위임하고 있다.

88) 위임장관계회사로 위임장권유회사(proxy solicitation firm), 위임장대리인(proxy agent) 및 의결권자문서비스회사(proxy advisory service firm) 등이 있다. 위임장권유회사는 발행회사와의 계약에 따라 주주총회에 대한 위임장관련 업무 일체를 위임받아 전문적으로 영위하는 용역회사로 발행회사를 위해 위임장활동 권유계획의 수립, 집행, 보고에 이르기까지의 일련의 업무를 수행하며 이 밖에 공개매수나 위임장쟁탈전 등에 관해 자문도 한다.

위임장대리인은 실질주주를 관리하는 예탁자를 대신하여 이들과의 위임계약에 따라 실질주주에 대한 주총관련업무 일체를 처리하는 용역회사로 발행회사에 대해 실질주주명세의 제공 요청, 위임장 등 주주총회 관련자료의 청구 수령 및 이의 실질주주에게의 송부업무 및 의결권의 대리행사(proxy execution) 업무 등을 수행한다. 의결권자문서비스회사는 주주총회안건분석(proxy research) 등 의결권행사와 관련된 정보를 제공하거나 자문서비스를 제공하는 회사를 말한다. 미국의 SEC는 2003년 기관투자자들로 하여금 고객의 최대 이익을 위해 의결권행사 정책을 도입하고 의결권을 행사하여 수탁자의 충실의무(fiduciary duty)를 다 하도록 규정하였다(Rule 206(4)-6). 이에 기관투자자들은 의결권자문서비스를 이용하는 것으로 충실의무를 다하는 것으로 간주하였고 이를 계기로 의결권자문서비스 시장이 활성화하게 되었다. 현재 미국의 ISS(Institutional Shareholders Service), Glass Lewis & Co. 등과 영국의 PIRC(Pensions Investment Research Consultancy) 등이 국제적인 네트워크를 갖고 의결권행사에 관한 업무(proxy service)를 영위하고 있다.

④ 소수주주들의 주총 참석을 활성화하기 위해 주총 소집통지기간을 늘리고 주총개최시기를 분산해야 한다. 현행 「상법」은 주총소집 통지기간을 주총 2주 전으로 규정하고 있어 주주가 주총안건을 분석할 시간이 부족한데다 주총시기가 3월의 특정일로 집중되어 있어 소수주주들이 다수의 주주총회에 참석하기가 물리적으로 어렵다. 또한 주총관련 자료의 준비 및 발송에 드는 시간과 비용이 많이 들어 원활한 주총의 장애요인이 되고 있는바 주주에게 통지하는 주총관련 자료의 경중에 따라 주총소집 통지기간을 신축적으로 조정할 필요가 있다.

미국의 SEC는 2007년 새로운 주총소집 방식인 Notice & Access Rule을 도입하여 상장기업이 동 방식을 도입할 경우 proxy full package(주주총회공지, 사업보고서, 위임장설명서, 투표용지 등)를 발송하는 대신 주총 40일 전까지 홈페이지에 간략한 공지(one page notice)로 대체할 수 있도록 허용하고 있다.[89]

3) 주주제안제도

주주제안(stockholder proposal)제도란 일정 지분 이상을 소유한 주주가 주주총회의 상정안건을 직접 제안할 수 있도록 하는 제도로 소수주주가 주주총회에 참석한다 하더라도 의안을 제출할 수 있는 길이 열려 있지 않으면 소수주주의 보호나 이들에 의한 감시기능의 실효성이 없다는 현실을 고려하여 고안된 제도이다. 주주제안은 주주총회 의안에 대해 단순히 찬·반 의사를 표시하는 정도의 소극적 의결권 행사 차원을 넘어 경영자와의 대화와 협의(engagement) 등과 함께 적극적으로 주주권 옹호(shareholder advocacy)를 실현하는 수단의 하나이다.

주주제안제도는 주주 스스로 주주가치를 보존하고자 하는 적극적인 의지의 표현일 뿐만 아니라 비록 성공하지 못하더라도 신호효과만으로도 이사회를 감시하는 효과적인 수단이 될 수 있다. 「상법」은 의결권 없는 주식을 제외한 발행주식총수의 3% 이상에 해당하는 주식을 가진 주주는 이사에게 주주총회일의 6주 전에 서면 또는 전자문서로 일정한 사항을 목적사항으로 할 것을 제안할 수 있게 하고 있다(제363조의2).

제안의 내용은 '주식배당을 실시하자는 안' 등과 같이 일정 사항을 총회의 목적사항으로 정할 것을 청구할 수 있는 의제제안권과 '특정인을 이사로 선임하자는 안' 등과 같이 의제에 관한 의안의 요령, 즉 구체적인 결의안을 제출하는 것으로 구분할 수 있다. 이사회는 제안내용이 법령 또는 정관에 위배되는 사항 등 제한사

89) 「모법회사법(Model Business Corporation ACT §7.05」.

항[90])이 아닌 경우에는 모두 주주총회의 목적사항으로 상정하고 주주제안자의 요청이 있을 경우에는 주주총회에서 당해 의안을 설명할 수 있는 기회를 주도록 규정하고 있다.

미국의 경우[91]) 주주제안제도는 1% 혹은 시가 2000달러 이상의 의결권 있는 주식을 최소한 1년 이상 보유한 주주에게 부여되며[92]) 위임장권유제도의 형태로 운영하고 있다. 즉 주주는 사전에 의안을 제출할 수 있고 회사는 의안의 내용이 위법이거나 부적절한 것이 아닌 한 주총에 상정하여야 하는바, 그 절차는 주주의 비용으로 위임장권유를 발송하여 주든지 주주가 직접 발송할 수 있도록 주주명부를 교부하는 방법과 주주의 의견을 경영진의 위임장권유 참고서류에 포함하여 이를 주주에게 우송하는 방법이 있다. 일본의 경우 6개월 이상 1% 또는 300주 이상 보유주주에게 주주제안권이 부여되고 있다.

4) 집중투표제도

집중투표(cumulative voting)제도는 한 주식에 선출하는 이사수에 상당하는 만큼 주어지는 복수의 의결권을 주주가 자신이 선호하는 특정이사의 선임을 위해 집중적으로 행사할 수도 있고 분산하여 행사할 수 있게 함으로써 소수주주의 지분을 유효지분(effective interest)화하는 제도이다.[93]) 우리나라의 경우 종래 「상법」은 이사 1인에 대해 1회씩의 선임결의를 하도록 되어 있어 지배주주가 이사 전원을 독점할 수 있게 되어 있었으나 1998년 12월 동 법의 개정으로 집중투표제도가 가능하게 되었다.[94])

90) 주주제안시 제한내용으로 법령 또는 정관에 위배되는 사항, 주주개인의 고충에 관한 사항, 회사가 실현할 수 없는 사항, 3년 이내의 건의사항으로서 주총부결사항 등을 예시하고 있다.

91) 미국의 주주제안제도는 주주총회에서 대다수 주주들의 지지를 받은 안건이라 할지라도 경영진은 해당 주주제안을 거부할 수 있기 때문에 법적 구속력이 없다(반면, 경영진이 제안한 안건은 법적 구속력이 있다). 그럼에도 불구하고 주주제안이 성립되었다는 자체가 회사의 평판에 지대한 영향을 미쳐 시장규율 효과가 크다.

92) Exchange Act Rule 14a-8.

93) 미국은 1870년대에 최초로 도입해 1945년까지는 22개 주가 이를 의무적으로 도입하도록 했다. 그러나 1980년대까지 의무조항을 임의조항으로 바꾼 주들이 늘어나 최근에는 6개 주만 의무적으로 집중투표제를 적용하도록 하고 있다. 일본도 1950년 「상법」 개정으로 집중투표제를 도입했지만 지난 1974년 「상법」 개정을 통해 집중투표제 배제를 인정했다.

94) 2인 이상의 이사의 선임을 목적으로 하는 총회의 소집이 있는 때에는 의결권 없는 주식을 제외한 발행주식총수의 3%(자산 2조원 이상 상장회사의 경우 1%) 이상에 해당하는 주식을 가진 주주는 정관에서 달리 정하는 경우를 제외하고는 회사에 대하여 집중투표의 방법으로 이사를 선임할 것을 청구할 수 있다(제382조의2). 그러나 회사의 정관으로 집중투표제를 배제할 수 있게 되어 있

집중투표제에 의하면 주주는 그가 소유하는 1주마다 선임예정의 이사수와 동수의 의결권을 갖게 되고, 주주는 그것을 후보 1인 또는 수인에게 집중하여 투표할 수 있게 된다(「상법」 제382조의2 ③). 이 경우에 수인의 이사의 선임은 반드시 동시에 하나의 결의로 행하여져야 하며, 투표결과 최다수를 얻은 자로부터 순차적으로 선임 예정수에 달하는 수의 후보가 이사에 선임된다(동 조 ④). 집중투표제도는 이사 전원이 지배주주에 의해 독점되는 것을 방지하고 소수주주들이 선임한 이사를 통해 그들의 이익을 대변하고 지배주주의 전횡을 억제할 수 있다는 장점이 있다.

그러나 동 제도를 도입하더라도 자신의 이익을 대변하는 이사를 선임되게 하기 위한 투자자, 특히 기관투자가들이 과다한 경쟁을 하거나 일부주주가 자신이 보유하고 있는 주식을 고가로 매입하여 주도록 악용할 우려 등이 단점으로 지적된다. 한편 현 경영진도 집중투표제도의 효과를 사실상 무력화시키기 위해 이사들의 임기를 상이하게 하는 시차임기방식(staggering term)[95]을 채택하는 등 그 실효성을 감소시킬 수 있는 소지는 있다.

5) 서면 및 전자투표제도

「상법」은 주주의 의결권 행사의 편의를 도모하고 다량의 사표를 방지함으로써 주주총회의 성립을 용이하게 하기 위해 주주가 주주총회에 출석하지 아니하고도 서면이나 전자적 방법으로 의결권을 행사할 수 있도록 서면투표(postal ballot)와 전자투표제도[96]를 도입하고 있다(제368조).

전자투표를 위해서는 전자문서를 이용한 주식의 전자등록과 일반주주명부를 전자문서로 대체한 전자주주명부가 필요하다. 전자투표제도의 도입으로 소액주주

어(opt-out) 많은 회사들이 동 제도의 도입에 소극적이다. 그래서 법무부가 입법예고한 「상법」 개정안은 일정 규모 이상의 상장회사는 소수주주권으로 집중투표를 청구할 경우 정관에서 집중투표제를 배제하는지 여부와 관계없이 이를 채택하도록 의무화하고 있다(제542조의7).

95) 이를 방지하기 위해 미국의 대부분의 상장회사들은 이사 전원 연례선임 방식(Annual Director Election)을 채택하고 있다.

96) 전자투표는 이사회 결의에 의하도록 하고 전자투표를 하고자 하는 자는 「전자서명법」에서 정하는 공인전자서명을 통해 주주 확인을 받아야 한다. 회사는 전자투표의 효율성 및 공정성 확보를 위해 전자투표를 관리하는 기관을 지정하여 의결권 행사 절차의 운영을 위탁할 수 있다. 현재 한국예탁결제원이 전자투표시스템을 운영하고 있다. 동 시스템을 이용하려는 회사는 이사회 결의로 전자투표제도를 채택하고 예탁결제원과 전자투표관리 업무계약을 체결하여야 한다. 전자투표를 원하는 주주는 주총 10일 전부터 주총 하루 전날까지 공인인증을 거쳐 인터넷에 접속한 뒤 투표를 하면 된다.

들의 의결권행사와 회사정보에 대한 접근성 제고 및 주총 개최비용 등을 절감할 수 있는 등의 장점이 있다. 반면 안건의 설명 및 토론절차가 형식화되어 주주총회 당일 수정의안의 처리에 대처하기 곤란하며 인터넷 공간에서 왜곡된 정보로 의결권행사에 영향을 주는 등 특정주주에 의해 악용될 우려가 있다는 문제점도 있다.

따라서 동 제도가 활성화되기 위해서는 신원확인 방식, 시스템의 안정성 유지, 해킹 방지, 자료의 안전한 보관 등 기술적 보완장치가 선행되어야 할 것이다. 그간 예탁결제원을 통한 그림자투표(shadow voting) 제도는 전자투표의 활성화를 위해 2015년부터 폐지된다. 동 제도는 주주총회의 성립을 돕기 위해 도입되었으나 그간 경영진 등에 의한 남용으로 오히려 주주총회 활성화의 장애요인으로 작용하고 있다는 지적이 많았다.

6) 대표소송제도

대표소송제도(derivative suits)는 회사가 이사에 대한 책임 추궁을 게을리한 경우 주주가 회사를 위하여 이사의 책임을 추궁하기 위해 제기하는 소를 말한다(「상법」 제403조). 판결의 효과는 회사에 직접 귀속되고 다른 주주들도 대표소송을 제기한 것과 같은 효과를 갖는다.

현행 「상법」은 주주가 대표소송 승소 시 회사에 대하여 소송비용 및 기타소송으로 인하여 지출한 금액 중 상당한 금액의 지급을 청구할 수 있도록 하고, 소송비용을 지급한 회사는 이사에게 구상토록 하고 있다. 특히 소수주주가 대표소송을 제기하여 패소한 경우 당해 소수주주의 과실이 있었다 하더라도 악의가 없었다면 회사에 대한 손해배상책임을 지지 않도록 규정하고 있다.

미국의 경우 자회사나 손자회사 이사 등의 위법행위에 대해 모회사 주주의 이중 내지 다중대표소송제도가 판례로 인정되고 있고 일본은 2012년 「회사법」 개정으로 완전모자관계에 있는 지주회사에 한해 이중대표소송을 허용하고 있으며 양국 공히 다중대표소송의 제기요건을 단독주주권으로 하고 있다. 동 제도의 논리는 자회사의 이사 등의 행위로 인해 자회사에 끼친 손해는 궁극적으로 모회사 주주의 손해로 연결된다는 것이다.

우리나라의 경우 현재 종속회사를 실질적으로 지배하고 있는 지배회사의 주주가 종속회사를 위해 종속회사의 이사와 감사를 대상으로 소송을 제기하는 이중대표소송(double derivative suits)은 허용되지 않고 있다. 이는 법인격에 대한 해석과[97]

97) 현행 「상법」은 법인부인설을 인정하지 않고 있어 지배회사의 주주가 자회사의 이사나 감사를 대

모·자회사 주주 간에 이해상충이 발생할 수도 있으며 소송의 남용이 우려된다는 산업계의 반대로 입법이 되지 않고 있는바 우리나라 기업집단의 경우 순환출자 등으로 모회사가 자회사의 이사에 대한 지배권을 갖고 있고 특히 일부 기업집단의 경우 모회사의 임원이 자회사의 이사를 겸임하고 있는 현실에서 모회사를 통한 자회사의 이사에 대한 책임 추궁이 어려운 점 등을 고려할 때 다중대표소송의 도입이 시급하다는 주장이 제기되고 있다.98)

3. 채 권 자

기업의 부채는 경영진의 대리문제를 자제시키는 효과가 있다. 채무를 상환하지 못할 경우 경영진은 지위 자체를 상실할 수 있기 때문이다.

O. Hart는 부채가 경영진에 대한 효과적인 통제수단이 되기 위해서는 채무상환이 실패했을 때 진행되는 파산절차가 적절해야 한다고 주장한다. 채무상환에 실패한 경영진이 충분히 징벌(penalty)을 받을 수 있는 절차가 존재해야 한다는 것이다. 만일 파산절차가 기업경영진에 너무 관대하다면 이는 경영진으로 하여금 채무불이행을 회피하기 위한 노력을 게을리할 유인을 주게 된다는 것이다.99)

일반적으로 채권자는 채무약정(loan covenants) 혹은 채권의 수탁계약(debenture indenture provisions)에 재무제한 특약, 차입자금의 용도제한 등을 설정하여 이의 이행 여부를 점검하여 금리를 조정하거나 원금을 회수하는 등의 기능으로 채무자에 대한 경영감시를 한다.100) 특히 후순위채권자의 감시유인이 크다. 후순위채권(subordinate debt)은 주주를 제외한 모든 청구권에 대해 열위에 있는 채권으로 후순위채권자는 채무자의 파산시 원리금 모두를 잃을 위험을 부담하고 있는 데 반해 기대수익은 계약시의 금액으로 한정되어 있기 때문에 채권계약서에 주주나 경영자

상으로 2중 대표소송을 제기할 수 없다는 견해도 있다. 법인부인설이란 법인의 본질을 개인 또는 다수가 일정한 목적을 위해 맡긴 재산을 단순히 관리하는 자에 불과하다고 보는 견해로 법인을 자연인과 동일하게 권리능력을 갖는 실체라고 보는 법인실재설과 법률에 의해 법인이 권리능력을 갖는 자연인으로 의제된다는 법인의제설과 대립되는 개념이다.

98) 법무부가 입법예고한 「상법」 개정안은 모회사가 지분 50% 이상을 소유하는 자회사 및 모자회사가 합산하여 지분 50% 이상을 소유한 손자회사도 자회사로 보고 모회사에서 소수주주권, 즉 발행주식의 1% 이상의 지분을 보유한 주주에게 다중대표소송을 허용하고 있다.

99) O. Hart, "Corporate Governance: Some Theory and Implications," *The Economic Journal*, vol. 105, 1995.

100) 사채권을 통한 효율적인 경영감시기능을 위해 미국, 일본 등에서는 표준수탁계약서제도(model debenture indenture provisions) 혹은 전문수탁회사제도 등을 운영하고 있다.

의 위험선호행위를 제한하는 조항을 담는 등으로 대리인문제를 감소시키는 데 기여할 수 있다.

후순위채권자는 또한 채무자의 파산위험에 대한 자신의 평가를 채권의 시장가격이나 거래행태에 즉각 반영하는 등으로 시장감시를 수행하는바, 특히 채권의 시장가격이 일정수준을 하회할 경우 발행기관에 매도할 수 있는 권리를 부여한 매도권부 후순위채(puttable subordinated debt)의 경우 시장규율의 효과가 더욱 크다. 그러나 후순위채권의 경우 후순위인 관계로 상대적으로 높은 금리를 지급해야 하는 약점이 있다. 전환사채나 신주인수권부사채 등 복합금융(mezzanine financing)의 투자자들도 주주와의 이해수렴(interest alignment)을 통해 기업경영에 대한 감시유인을 갖는다.

4. 소 비 자

1) 소비자 권리

소비자는 알 권리, 선택할 권리, 피해보상을 받을 권리, 의견을 반영할 권리, 안전할 권리, 교육을 받을 권리 및 단체의 조직 및 활동 권리 등을 갖고 있고 금융회사는 이를 신의성실원칙에 의거 충분히 배려(due care)하고 노력해야 할 의무(due diligence)가 있다. 종래 소비자에 관한 제도는 정보의 비대칭 등으로 인해 소비자는 약자라는 소극적 관점에서 소비자 보호(consumer protection)에 중점을 두었으나 최근에는 소비자 권리 강화라는 적극적 차원에서 각종 법률 제정, 금융소비자 보호를 위한 별도의 감독기구 설립, 금융소비자의 역량 제고 등과 함께 소비자 문제에 있어 시장기능을 활용하자는 인식이 증가하고 있다.

금융상품이나 그 판매채널의 경우 난해성과 복잡성 등으로 인해 정보의 비대칭이 특히 커 각국은 특별법 제정 등을 통해 금융소비자 권리를 보호하고 있다. 우리나라의 경우 개별법 등에서 소비자 보호를 위한 조항들이 산재해 있으나 법 운용 및 집행과정에서 일관성과 균형성 등이 결여되어 있어 금융소비자를 체계적으로 보호하지 못하고 있다. 이에 정부는 금융소비자 보호관련 개별 법령의 규제내용의 차이, 상충 및 공백 문제 등을 해결하고 필요시마다 관련 법령들을 일관되게 개정·운용하기 어려운 현실적 한계를 해소하기 위해 금융소비자 보호에 관한 공통적이고 기본적인 내용을 규정한 「금융소비자보호법」의 제정을 추진하고 있다.[101)]

---

101) 동 법은 금융소비자 보호의 일반원칙, 금융상품 판매업자의 영업행위 규제, 판매업자의 인·허가,

최근 금융위기를 계기로 금융소비자 보호에 대한 인식이 증대됨에 따라 건전성감독기구와 별도로 금융소비자보호감독기구를 설치하는 움직임이 있다. 동 기구는 미국과 같이 통합감독기구 내에 설치하되 건전성감독부서와 독립성을 유지하는 방식과 오스트레일리아와 같이 건전성감독기구와 소비자보호감독기구를 별도의 조직으로 하는 방식이 있는바, 우리나라는 전자의 방식을 지향하고 있다. 금융소비자의 역량을 제고하기 위해서는 금융소비자 교육과 이들에 대한 금융상품관련 정보제공을 강화하는 것이 일반적인 추세이다.

2) 소송 · 중재제도

소송 · 중재제도는 소비자 문제에 있어 시장기능을 활용하자는 것으로 소비자 문제를 가능한 한 정부의 직접적인 개입 없이 시장 안에서 소비자와 사업자간 상호교섭을 통해 해결하도록 유도하자는 것이다. 소액의 피해를 입은 다수의 소비자가 기업을 상대로 맞서 피해를 효과적으로 구제받을 수 있도록 하기 위한 다수당사자 소송제도가 그것이다.

우리나라는 현재 다수당사자들이 피해를 구제받을 수 있는 「민사소송법」상의 다수당사자제도로는 2인 이상의 당사자가 원고 또는 피고측에 공동으로 소송에 관여하는 공동소송(동 법 제65조), 기존의 소송에 제3자가 가입하는 소송참가(동 법 제71조) 및 공동의 이해관계가 있는 다수자가 1인 또는 수인을 대표로 선정하여 소송을 위임하는 선정당사자제도(동 법 제53조 ①)[102] 등이 있다.

그러나 당사자주의(adversarial legal system)[103]를 전제로 하고 있는 현 민사소송제도에 의할 경우 소송절차의 번거로움 등으로 인해 효율적인 피해구제가 어려운바, 이에 피해를 입은 다수소비자(투자자)들의 결집된 힘을 바탕으로 보다 쉽게 소를 제기하여 구제를 받을 수 있는 소송제도가 도입되고 있다. 증권관련집단소송제도, 소비자단체소송제도, 집단분쟁조정제도 등이 그것이다.[104] 동 소송제도의 도입

사후적 권리구제 수단으로서 분쟁조정 제도, 금융소비자 보호 조직 및 지원, 판매업자에 대한 일반적인 검사 · 감독 · 제재 등이 담길 예정이다.

102) 선정당사자소송은 동일한 사안에 관하여 다수의 청구권자(선정자)들이 서면에 의한 개별적 수권을 통해 1인 또는 수인을 당사자(선정당사자)로 선정하고 이들에게 각자의 소송수행권을 위임하여 소송을 수행하는 제도로 소송진행의 번잡을 피하고 소송경제를 달성하기 위한 다수당사자소송을 단순화한 제도이다.

103) 당사자주의란 소송의 주도권을 당사자인 원고와 피고가 가지고 서로 공방을 하는 소송방식으로 소송의 주도권을 법원이 갖는 직권주의에 대립되는 개념이다.

104) 「민사소송법」상 다수당사자소송은 근본적으로 절차법에 불과하므로 실체법상의 청구원인을 한정하지 않는 중립적인 규정인 데 비해 「증권관련집단소송법」이나 「소비자기본법」은 특정사항을 청

목적은 다수 피해자들의 피해를 효과적으로 구제하는 동시에 기업경영의 투명성과 책임성을 확보하는 유효한 장치가 되게 하기 위함이다. 기업의 경영자로 하여금 투자자나 소비자들이 소송을 제기하는 것을 두려워하여 보다 투명하고 책임 있는 경영을 하도록 한다는 것이다. 그러나 동 제도는 소송의 남용(abusive litigation)으로 인한 사회적 비용이 증대할 우려가 있고, 경영자가 소송을 두려워하여 장기적인 안목보다는 단기적 업적에만 집착하는 근시안적인 경영을 할 우려가 있다는 것이 문제점으로 지적되고 있다.

최근에 도입된 주요한 소송제도를 들면 다음과 같다.

(1) 증권관련 집단소송제도

집단소송제도(class action litigation)[105]란 원인이나 쟁점을 공동으로 하는 다수인들의 집단(class) 가운데에서 대표자가 나와 집단에 속하는 구성원 전체를 대표하여 위법행위의 금지나 손해배상 등을 청구하는 소송형태로 「민사소송법」의 특례를 규정한 절차법에 속한다.

집단소송제도는 다수당사자가 소송신탁의 법리에 의하여 집단적 구제를 실현하기 위하여 다수당사자 중 그 일부가 대표당사자가 되어 소송을 수행하고 판결효과를 전원에게 미치게 함으로써 일괄해결을 구한다는 점에서 선정당사자 제도와 유사하지만, 그 실현 방법과 범위 등 능률과 효과면에서 차이가 있다.

먼저, 소송수행권의 수권방식을 보면, 선정당사자소송의 경우는 선정자가 적극적으로 자기의사에 의하여 선정행위를 함으로써 수권이 되는 데 반하여, 집단소송의 경우에는 피해집단 구성원의 적극적인 수권행위 없이도 수권이 된 것으로 보는 점에서 근본적인 차이가 있다. 즉 집단소송은 일정한 위법행위로 인한 다수 피해자 집단을 대표하여 나서는 1인 또는 수인이 그 집단구성원으로부터 개별적인 소송위임이나 소송수행권을 신탁받는 일이 없이 바로 소송의 당사자가 되고, 법원

구원인으로 한정하고 있다는 점에서 차이가 있다.

105) 집단소송제도는 17세기 영국의 「평화법」(Bill of Peace)을 모태로 1938년 미국에서 최초로 도입된 제도로 현재 미국, 영국, 캐나다 등 영미법 체제의 나라들이 채택하고 있다. 동 제도는 도입 초기에는 대량으로 생산·소비되는 상품의 흠결, 환경의 파괴, 공해 등으로 인한 다수 소비자들의 피해를 효율적으로 구제하기 위함이었으나 이후 증권관련 집단소송으로 확대되었다. 대륙법체계를 채택하고 있는 독일과 프랑스는 집단소송을 부분적으로 인정하되 소송의 주체를 법률이 정한 단체로 제한하고 공익성 소송으로 범위를 한정하고 있다. 일본은 1990년과 1999년 두 차례에 걸쳐 동 제도의 도입을 검토하였으나 '소송당사자주의'에 어긋나며 피해자와 피해액의 확정이 어렵다는 이유로 도입이 유보되고 있다.

이 스스로 나서는 대표자가 집단 전체의 이익을 적절히 대표할 수 있다고 그 소송수행을 허가한 이상 집단구성원이 제외신청(opting-out)을 하지 않으면 구성원의 적극적인 수권행위 없이도 당연히 수권한 것으로 인정된다는 점에서 선정당사자소송과 다르다.[106)]

우리나라는 2005년 1월부터 분식회계를 포함한 허위공시, 미공개정보 이용과 시세조종 등을 통한 주가조작 및 외부감사인의 부실감사를 적용범위로 하는 증권관련 집단소송제도를 도입하였다. 이에 대해 자세한 것은 본장 부록을 참고하기 바란다.

(2) 소비자단체소송제도

소비자단체소송제도는 2008년 1월 「소비자기본법」의 시행에 따라 도입된 제도로 사업자가 동 법이 정하는 소비자의 권익관련 기준[107)]을 위반하여 소비자의 생명, 신체 또는 재산에 대한 권익을 직접적으로 침해하고 그 침해가 계속되는 경우 동 법이 정하는 소비자단체[108)]가 법원에 소비자권익 침해행위의 금지·중지를 청구하는 소송제도이다(동 법 제70조).

소비자단체소송제도는 소비자권익 침해행위의 중지·금지만을 청구할 수 있고 소비자 피해구제를 위한 손해배상을 청구할 수는 없다. 법원은 소를 제기한 단체가 적격요건을 갖추고 물품 등의 사용으로 인하여 소비자의 생명·신체 또는 재산상의 피해가 발생할 우려가 있는 등 다수 소비자의 권익보호 및 피해예방을 위한 공익상의 필요가 있을 경우 소송을 허가한다. 법원이 원고의 청구를 기각하는 판결이 확정된 경우에는 이와 동일한 사안에 관하여 다른 단체는 소비자단체소송을 제기할 수 없다.

동 제도는 구성원의 단체가 소송의 당사자가 되고 그 단체의 대표가 소를 제기한다는 점에서 독일의 단체소송(Verbandsklage)과 유사하나 독일의 단체소송은 예방적 권리구제 절차로서 부정경쟁행위 금지 등 금지청구를 주로 하되 예외적이긴 하나 손해배상청구를 인정한다는 점에서 차이가 있다.

---

106) 집단의 구성원으로 분류된다 하더라도 집단소송에 의한 판결의 효력이 미치지 않기를 바라는 자는 제외신청(opt-out)을 할 수 있다.

107) 위해 방지, 거래, 표시, 광고, 개인정보 보호기준 등(동 법 제20조).

108) 공정거래위원회에 등록된 소비자단체, 대한상공회의소, 중소기업협동조합중앙회, 법률상 비영리민간단체 등.

(3) 집단분쟁조정제도

집단분쟁조정제도란 소비자와 사업자 사이에 발생한 분쟁에 관하여 합의가 이루어지지 않은 경우 당사자나 소비자단체 등이 정부에 조정을 신청하는 제도를 말한다(동 법 제68조).

물품이나 서비스 등으로 인해 동일 또는 유사한 유형으로 피해를 입었다고 50명 이상의 소비자가 신고하면 소비자단체나 지방자치단체 등이 이를 취합하여 한국소비자원의 분쟁조정위원회에 조정을 신청할 수 있다. 분쟁조정의 결과 당사자 일방이라도 불복하면 조정은 불성립하나 수락시는 분재조정의 결과는 재판상 화해와 같은 효력을 지니며 강제집행도 가능하다.

정부는 소비자 중에서 대표를 선임하여 사업자와 분쟁을 조정하며, 합의가 되면 합의내용에 따라 보상절차가 진행된다. 정부는 조정이 종료되면 사업자로 하여금 조정에 참가하지 않은 다른 소비자들에게도 보상을 하도록 권고하게 되어 있다.

한편, 예금자 및 이해관계인 등 금융소비자가 금융관련기관의 금융업무 등과 관련하여 금융관련기관을 상대로 제기하는 분쟁에 대하여는 금융감독원이 조정신청을 받아 당사자의 주장과 사실관계를 조사·확인하고, 이에 대한 합리적인 분쟁해결 방안이나 조정의견을 제시하는 금융분쟁조정제도가 있다. 동 제도는 당사자간의 합의를 유도함으로써 소송을 통하지 않고 분쟁을 원만하게 해결하는 자주적 분쟁해결방식[109]의 하나이다. 금융감독원에 분쟁조정신청을 하여 처리 중에 있거나 또는 처리된 사항에 대하여는 한국소비자원의 피해구제 처리대상에서 제외된다.

그러나 이와 같은 분쟁조정절차는 당사자들이 수용하는 경우에만 구속력을 갖게 되고 분쟁조정절차 진행중에도 당사자 일방이 제소하면 조정절차는 중단된다. 이와 같이 재판 외 분쟁해결절차의 실효성이 의문시됨에 따라 최근에 분쟁조정절차에 법적 구속력을 갖게 하자는 움직임도 있다.[110]

109) 자주적인 분쟁해결방식에는 당사자가 서로 양보하여 타협하는 평화적 분쟁해결방식으로 화해(compromise), 조정(conciliation or civil mediation), 중재(arbitration) 등이 있다. 화해는 별도의 절차 없이 당사자가 합의하는 행위를, 조정은 법관 내지 조정자가 분쟁당사자에게 권고하여 화해가 성립되도록 원조·협력하는 행위를, 중재는 당사자가 제3자인 중재자에게 분쟁에 대한 해결을 맡겨 중재자의 판정에 복종할 것을 사전에 약정하는 방식이다.

110) 분쟁해결절차의 법적 구속력 확보 방안으로 특히 영국, 이탈리아, 독일(5천 유로 이하 금액) 등 다수의 유럽 국가들이 도입하고 있는 편면적 구속력 제도를 도입하자는 방안이 제기되고 있다.

5. 정 부

정부는 기업의 건전한 경영을 위한 규칙의 제정·집행자인 동시에 기업의 부실경영에 대한 책임이 있는 자에 대해 법적 책임을 묻는다. 특히 금융회사는 일반기업과는 달리 공공성과 외부성이 큰 회사이므로 회사는 물론 당해 회사의 부실경영에 책임이 있는 경영진에 대해 일반 「형법」이나 「상법」 외에 특별히 금융관련 개별법에 제재장치를 규정하고 있다.

「형법」은 회사의 경영진이 기업의 재산을 횡령(embezzlement)하였을 때에는 횡령죄, 회사의 경영과 관련하여 고의·과실로 이득을 취득하거나 제3자에게 이익을 제공하여 회사를 부실화시켰을 때에는 배임죄를 구성(제355조)하며, 이 경우에 민사상의 손해배상책임도 함께 부담하게 하고 있다.

「상법」은 이사, 청산인 및 감사가 법령 및 정관을 위반한 행위를 하거나 그 임무를 소홀히 한 때에는 회사에 대하여(제399조), 악의 또는 중과실(gross negligence)로 그 임무를 소홀히 한 때에는 제3자에 대하여(제401조) 손해배상책임을 부담하게 하고 있다. 특히 회사의 경영진이 그 임무에 위반한 행위로서 재산상의 이득을 취득하거나 제3자로 하여금 이를 취득하게 하여 회사에 손해를 가한 때에는 「형법」상의 배임죄(malfeasance in office)보다 가중처벌하는 특별배임죄(제622조)를 적용하는 등 회사를 경영함에 있어 고의 또는 과실로 부정행위를 하거나 그 임무를 소홀히 한 때에는 각종 형벌 또는 행정벌의 부과대상이 된다.

이와 같이 현행 「상법」은 회사의 권한을 이사회 및 대표이사에 집중하고 있으나 법적분쟁이 발생할 경우 임직원의 법적리스크(legal risk)가 과도하게 커지는 경향이 있어 최근에 들어 「상법」과는 별개로 금융관련법 등에 이들의 손해배상을 회사가 대신 지급해 주는 보상(indemnification)제도가 도입되고 있다.[111] 임원의 배상

편면적 구속력이란 금융회사는 금융분쟁조정기구의 결정을 따라야 할 의무가 있으나 금융소비자는 이의 수용 여부를 선택할 수 있는 권한을 가진 것을 말한다. 이 밖에 금융분쟁의 가장 성공적인 운영사례로 꼽히는 영국의 금융옴부즈만(Financial Ombudsman Service)과 같은 분쟁해결절차의 강제관할권 인정, 분쟁해결절차 중 다른 절차로의 이행금지, 분쟁해결절차의 해결방안에 대한 수락의무 부과, 분쟁해결절차의 공시 등의 방법이 제시되고 있다.

111) 미국의 「회사법」에서는 이사는 주의의무(duty of care), 충실의무(duty of loyalty) 등을 준수하여야 하며 이러한 의무위반을 이유로 소송을 제기당한 이사는 손해배상책임을 부담하는바, 이러한 책임으로부터 이사를 보호하기 위해 이사가 회사의 업무수행과 관련하여 소송비용이나 손해배상금을 부담하는 경우 회사가 이를 보상해 주는 제도가 있다. 대부분의 판례는 ① 이사가 성실하게 행위하였고, ② 회사에 최선의 이익이라고 합리적으로 믿은 목적을 위하여 행위하였고, ③ 행위

책임보험제도가 그 예이다.

임원배상책임보험(directors and officers liability insurance)은 회사의 이사나 감사가 회사의 수임인으로서 선량한 관리자로서의 주의의무나 충실의무를 위반하여 회사 또는 제3자에 대해 손해를 끼친 경우 주주나 이해관계자들이 이들을 대상으로 손해배상소송을 제기할 수 있는바, 이에 따른 소송비용과 손해배상금을 담보해 주는 보험이다.112) 동 제도를 도입한 취지는 유능한 경영진을 확보하고 이들이 과도한 법적 책임부담에서 벗어나게 함으로써 안정적이고 소신 있게 경영활동에 전념할 수 있게 하기 위함이다.

그러나 동 제도는 경영진들로 하여금 인센티브 취득을 위해 과도한 위험경영을 추구하게 하는 등 도덕적 해이를 조장할 위험이 있다는 주장도 있고 이와 반대로 동 보험이 보험회사의 보험의 인수, 갱신과정 등을 통해 보험가입 기업의 경영활동을 간접적으로 감시함으로써 경영의 투명성과 공정성을 제고한다는 주장도 있다. 후자의 경우 보험회사는 보험의 인수나 적정 보험료의 책정 등을 위해 보험가입 기업의 재무상태나 지배구조 등을 사전에 점검하고 보험계약기간 동안 피보험자인 임원 및 회사에 위험 변동사항이 있을 경우 보험회사에 고지하는 의무를 부과함으로써 사후적으로 감시할 수 있기 때문이라는 것이다.113)

이 밖에 금융기관에 대한 특칙으로 「은행법」 등 금융관련 법률에서는 금융기관 임원이 금융기관의 건전경영을 해치는 행위를 하였을 경우 금융위원회는 당해 임원의 업무집행정지나 주주총회에 당해 임원의 해임을 권고할 수 있도록 규정하고 있다.

한편, 금융위원회로부터 해임 또는 징계면직의 조치를 받기 전에 퇴임 또는 퇴직함으로써 임원 결격요건의 적용을 회피하는 행위를 방지하기 위하여 재임 또는 재직중이었다면 해임요구 또는 면직요구의 조치를 받았을 것으로 통보된 임원 또는 퇴직직원은 그 통보가 있는 날로부터 5년이 경과하지 않으면 임원이 될 수 없고 이를 통보받은 금융기관의 장은 해당 임직원에게 이를 알리고 조치 내용을 기록·유지하여야 한다.

가 위법이라고 믿을 만한 이유가 없을 경우 이사의 과실 또는 중과실에도 불구하고 금전적 불이익에 대한 보상을 인정하고 있다.

112) 미국, 일본 등의 경우 상장기업 임원의 90% 이상이 동 보험에 가입하고 있다. 우리나라의 금융회사의 경우 50% 이상이 가입하고 있으나 여타 기업의 경우 약 20% 정도만 가입하고 있다. 현재 금융회사 임원배상책임보험의 가입을 의무화하는 법안이 추진되고 있다.

113) N. O'Sulivan, "Insuring the Agent: The Role of 'Directors and Officers' Insurance in Corporate Governance," *Journal of Risk and Insurance*, vol. 64, 1997.

Ⅳ. 금융회사의 사회적 책임

최근 기업의 사회적 영향력이 커짐에 따라 영향력에 걸맞는 기업의 사회적 책임(CSR: Corporate Social Responsibility) 또는 사회책임투자(SRI: Social Responsibility Investment)에 대한 인식이 높아지고 있다. 사회적 책임이란 기업의 경제적 기능을 넘어 기업 스스로 사회적·윤리적 가치를 그들의 경영활동에 반영함으로써 기업가치의 극대화를 도모하는 것을 말하며 사회책임투자는 기업의 경제적 성과뿐 아니라 환경, 사회, 지배구조 문제(ESG) 등 기업의 지속가능성(Sustainability)에 영향을 미치는 요소를 동시에 고려한 이른바 착한 기업에 장기적인 관점에서 투자하는 것을 말하는 것으로 이와 관련하여 다양한 국제협약과 민간단체의 활동이 이루어지고 있다.

ISO(International Organization for Standardization)의 ISO26000은 사회를 구성하는 모든 조직에 대해 사회적 책임과 관련한 지침이나 원칙들을 통합해 간결하고 실효성 있게 정리한 첫 국제표준으로 조직지배구조, 인권, 노동, 환경, 공정 운영, 소비자, 지역사회 등 7개 과제에 대한 실행지침으로 구성되어 있다. 동 표준은 무역장벽에 이용하는 것을 금지하고 인증을 의무화하지는 않는 등 그 자체로 구속력은 없으나 국제사회에서 기업의 사회적 책임을 이행하는 중요한 척도로서 평가된다.

UN Global Compact는 인권·노동기준·환경·반부패 등의 핵심적 가치를 제시하고 기업들로 하여금 이를 지키도록 하기 위한 원칙을 제시하고 있다. GRI(Global Reporting Initiative)는 전 세계적으로 적용 가능한 지속가능보고 지침을 제공하고 있다. UN책임투자원칙(PRI: Principles for Responsible Investment)은 기관투자가는 책임투자를 위해 환경, 사회 및 기업지배구조(ESG: Environmental, Social, Corporate Governance) 등을 고려하여 투자하도록 요구하는 동시에 기업에게 ESG 관련 정보를 GRI 지침에 의해 표준화된 방식으로 보고하고 UN Global Compact 준수 상황 등에 관한 정보를 요구하도록 규정하고 있다.[114)]

미국의 금융정보회사 다우존스는 전 세계에서 활발하게 거래되는 주식 시가총액 상위 2,500개 기업을 대상으로 사회공헌, 인권, 환경, 지배구조 등을 평가하여 평가점수를 산출한 후 동 점수 상위 10% 기업들의 주가로 만든 지속가능경영

114) 우리나라의 경우 정부 차원에서 ISO에 가입하고 있고 UN PRI에는 국민연금이 서명자(signatory)로 그리고 자산운용사와 한국지배구조원 등 11개 기관이 참여하고 있다. Global Compact에는 한국지배구조원, 한국전력(주) 등 160여 개 기업들이 가입하고 있다.

지수(DJSI: Dow Jones Sustainability Index)를 발표하고 있다. 이 밖에 금융회사들로 하여금 자발적으로 환경 및 사회문제를 야기할 수 있는 프로젝트에 자금을 제공하지 못하도록 하는 적도원칙(Equator Principle) 등이 있으며 일부 국가의 경우 이를 법제화한 경우도 있다. 미국의 CERCLA법(일명 Super Fund Act)은 환경문제를 야기한 기업에 대출 등을 통해 영향력을 행사한 은행에 대해 연대책임(joint and several liability), 소급책임(retrospective liability) 등 책임을 부담하도록 규정하고 있다.

종래에는 기업의 사회적 책임활동(CSR)이 기업의 사회적 기여, 다시 말해 기업경영의 본래 범주를 넘어서는 경영외적 활동으로 인식되었으나 최근에는 ESG 관련 위험관리와 시장신뢰 획득(trust signal)의 중요한 도구로 활용되고 있다. 기업들이 직면하고 있는 ESG 관련 주요 요소로는 소비자, 근로자, 경쟁사, 협력사, 지역사회, 시민단체 등 이해관계자와의 적절한 관계유지와 환경보호를 위한 책임 있는 활동 등을 들 수 있다. CSR은 기업의 위험을 증가시키는 요인이 될 수도 있지만, 기업의 적극적인 대응 노력에 따라서는 가치창출의 새로운 기회가 될 수도 있다.[115] CSR 분야는 최근에 급속히 성장하여 현재 *Fortune* 1,000대 기업의 절반 이상이 CSR보고서를 발간하고 있으며 우리나라도 50여 개 회사가 발간하고 있다.

CSR을 단순히 기업윤리 차원의 문제로 보아야 하는지 법률로 강제해야 하는지도 논의의 쟁점이 되고 있다. 시장경제체제하에서 사회적 책임을 법률로 강제하는 것이 무리라는 견해가 있기는 하지만 근로자나 「소비자보호법」, 「공정거래법」 등 특별법의 형태로 기업의 사회적 책임을 묻고 있는 것이 세계적인 추세이다.

우리나라도 최근 기업의 사회적 책임 정보 공시의 법제화가 논의되고 있는바, 이는 공시의 강화를 통해 사회적 투명성을 제고함으로써 기업의 사회적 책임을 보다 강화하자는 것이다. 현재 상장기업의 사업보고서에 노사관계, 환경, 반부패, 인권 등 사회적 책임과 관련된 정보를 공개하도록 하는 내용의 「자본시장법」 개정안이 국회에 발의되어 있다. 영국, 독일, 프랑스, 스웨덴, 호주 등은 「연금법」상 사회·윤리적 측면을 고려하여 투자하고 있는지를 공개하도록 규정하고 있다.

115) Michael Porter는 CSR 대신 공유가치경영(CSV: Creating Shared Value)이란 용어를 쓸 것을 제안하고 있다. 기업의 사회 공헌이나 협력업체에 대한 지원을 단순히 이익 창출과 무관한 시혜적 활동으로, 비용으로 보지 말고 기업의 장기적인 발전과 경쟁력 향상을 위한 투자로 간주하고 자원의 고갈, 공해, 근로조건 등 사회적 이슈 등을 장기적으로 기업의 비용을 상승시키는 요소로 보고 이를 적극적으로 줄이는 노력을 하자는 것이다.

부 록 6-1

증권관련 집단소송제도

FINANCIAL INSTITUTION

Ⅰ. 우리나라의 증권관련 집단소송제도

우리나라는 2005년 1월부터 적용대상을 자산규모 2조원 이상의 상장법인(2조원 미만 상장법인은 2007년 1월부터 시행하되 주가조작의 경우에는 규모와 관계 없이 2005년부터 적용)으로 하는 증권관련 집단소송제도를 도입하였다. 동 제도는 다수피해자, 특히 소액투자자의 민사구제절차를 보다 용이하게 하기 위하여 인지액이나 소송비용 등에 있어 「민사소송법」 원칙에 크게 벗어나지 않은 범위 내에서 특칙[116]을 두어 소제기가 지나치게 제약받지 않도록 하고 있다.

우리나라 「증권관련 집단소송법」의 주요한 내용을 요약하면 다음과 같다.

1. 소의 제기

1) 대표당사자의 선정

법원은 구성원 중 총원의 이익을 대표하기에 가장 적합한 자를 대표당사자로 선임한다. 소 제기자가 대표당사자가 되는 민사소송과는 달리 법원은 대표당사자가 되기를 원하는 구성원으로부터 신청서를 제출받아 소 제기자를 포함한 신청자 중에서 총원의 이익을 가장 잘 대표할 수 있는 자를 대표당사자로 선임한다(동 법 제10, 11조). 통상 대표당사자는 기관투자가 등 동 소송으로 인해 경제적 이익이 가

116) 소장에 붙이는 인지액은 민사소송 등 「인지법」의 규정에 의해 산출된 금액의 1/2을 적용한 금액으로 그 상한은 5천만원이다.

장 큰 자가 선임된다. 법원은 대표당사자가 총원의 이익을 적절하게 대표하지 못하거나 그 밖에 중대한 사유가 있을 때에는 직권 또는 다른 대표당사자의 신청에 의해 대표당사자의 소송수행을 금지할 수 있다.

그리고 총원의 이익을 공정하고 적절하게 대리하기 위해 최근 3년간 3건 이상의 증권관련 집단소송에 대표당사자 또는 대표당사자의 소송대리인으로 관여하였던 자는 동 소송의 대표당사자 또는 원고측 소송대리인이 될 수 없다.

2) 소송대리인의 요건

증권관련 집단소송은 그 전문성과 복잡성으로 인해 변호사 강제주의를 채택하여 동 소송의 피고와 원고는 각각 변호사를 소송대리인으로 선임하여야 한다(동 법 제11조). 소송대리인은 총원의 이익을 공정하게 대리하여야 하기 때문에 총원의 이익과 이해상충이 있어서는 안 되며, 문제가 되는 증권을 소유하거나 금전적인 이해관계를 갖는 등 피고측과 지속적인 거래관계 등이 없어야 한다. 그리고 변호사가 성공보수를 얻을 목적으로 집단소송의 제기를 부추기는 행위를 방지하기 위해 법원은 적정성 여부를 판단하여 변호사 보수를 인가한다.

2. 소송의 허가

1) 소송의 허가요건

법원으로부터 소송허가를 얻기 위해서는 구성원이 50인 이상이고, 청구의 원인이 된 행위 당시를 기준으로 이 구성원의 보유 증권의 합계가 피고회사가 발행한 증권 총수의 1만분의 1 이상이고, 법률상 사실상의 주요 쟁점이 총원에 공통되며, 동 소송이 총원의 권리실현이나 이익보호에 적절하고 효율적인 수단이어야 한다(동 법 제12조).

2) 소송의 허가결정

법원은 허가신청이 「증권관련 집단소송법」의 적용대상 손해배상청구이며, 대표당사자 및 소송대리인의 요건을 충족하고 소송허가요건에 적합한 경우에 한하여 소송을 허가한다(동 법 제15조). 법원은 소송허가시 손해배상청구의 원인이 되는 행위를 감독·검사하는 감독기관(금융감독원)으로부터 그 원인행위에 대한 기초조사자료를 제출받는 등 직권으로 필요한 조사를 할 수 있다. 법원이 소송허가 결정을 할 때에는 대표당사자에게 고지·공고·감정 등에 필요한 비용의 예납을 명하여야 한다.

3. 소송절차

증권관련 집단소송제도는 다수인의 집단적 이해관계를 다루는 공익성이 강한 소송이란 점에서 법원의 직권주의를 강화하여 증거조사나 증거보전 등에 있어 직권심리적 요소를 강화하고 소취하·화해·청구의 포기를 함에도 법원의 허가를 받도록 하고 있다.

1) 증거조사

「민사소송법」상 법원의 직권증거조사는 당사자가 신청한 증거에 의하여 심증을 얻을 수 없거나 그 밖에 필요하다고 인정하는 때에 보충적으로 할 수 있는 것이나 「증권관련 집단소송법」에서는 법원이 필요하다고 인정하는 때에는 언제든지 직권으로 증거조사를 할 수 있다(동 법 제30조).

2) 증거보전

「민사소송법」상 증거보전은 미리 증거조사를 하지 아니하면 그 증거를 사용하기 곤란한 사정이 있다고 인정할 때에만 허용되는 것이나, 「증권관련 집단소송법」에서는 이러한 사정에 있지 않은 경우에도 법원은 필요하다고 인정하는 경우에는 언제든지 당사자의 신청에 의하여 증거보전을 위한 증거조사를 할 수 있다(동 법 제33조).

3) 손해배상액의 산정

손해배상액의 산정에 관해 「자본시장법」과 그 밖에 다른 법률의 규정이 있는 경우에는 그에 따른다. 그러나 법원은 이 법률의 규정 또는 증거조사에 의하여도 정확한 손해액의 산정이 곤란한 경우에는 제반 사정을 참작하여 표본적·평균적·통계적 방법, 그 밖의 합리적 방법으로 이를 정할 수 있다.

4) 소취하, 화해 또는 청구포기의 제한

소의 취하, 소송상의 화해 또는 청구의 포기는 법원의 허가를 받지 않으면 효력이 없다. 그리고 법원이 이를 허가할 시에는 미리 구성원에게 이를 고지하여 의견을 진술할 기회를 부여하여야 한다(동 법 제18조).

4. 분배절차

법원은 직권 또는 대표당사자의 신청에 의해 분배관리인을 선임하여야 한다. 분배관리인은 법원의 감독하에 권리실행으로 취득한 금전 등의 분배업무를 담당한다(제39조). 분배관리인은 법원이 정한 기간 내에 분배계획안을 작성하여 법원에 제출하여야 하며, 법원은 분배계획안이 공평하다고 인정하면 이를 인가하고 구성원에게 이를 고지한다.

분배관리인은 분배절차가 종료한 때에는 지체 없이 법원에 분배종료보고서를 제출하고(동 법 제54조), 동 보고서를 제출할 당시의 잔여금은 피고에게 반환한다(동 법 제55조).

5. 위법행위에 대한 제재

증권관련 집단소송제소자, 대표당사자, 원고측 소송대리인 또는 분배관리인이 직무관련 부정한 청탁으로 금품이나 재산상의 이익수수 요구 또는 약속 시 최저 7년 이하 징역, 1억원 이하 벌금에서 최고 무기 또는 10년 이상의 유기징역까지 처할 수 있다. 증권관련 집단소송에 관하여 특별한 규정이 없는 경우에는 「민사소송법」이 준용된다.

집단소송제도는 기업의 불법행위로 인해 피해를 입은 다수의 소액피해자들이 손해배상청구의 소를 제기하기 어려울 뿐만 아니라 다수의 중복소송으로 인한 소송의 불경제라는 문제점을 갖고 있는 현행 소송제도를 보완하여 이들의 피해를 효율적으로 구제할 수 있는 수단이 된다. 그러나 동 제도는 다음과 같은 부작용을 초래할 수도 있다.

① 집단소송은 기업에게 과도한 부담을 준다. 입증책임이 소송을 제기한 원고측에 있는 민사소송의 일반원칙과는 달리 우리나라의 증권관련 집단소송은 「자본시장법」에 따라 피고인인 기업이 과실이 없음을 입증하여야 한다(동 법 제125조). 특히 집단소송에서 기업이 승소하더라도 패소한 원고가 명백한 악의에 의하여 제소한 경우를 제외하고는 원고에게 손해배상책임이 인정되는 경우가 거의 없어 기업이 피해를 보상받을 수 있는 방법이 매우 제한적이다.

이와 같은 소송에 대한 부담으로 기업들이 공개를 기피하거나 특히 예측정보의 경우 자발적·적극적인 정보의 공시를 꺼리는 이른바 냉각효과(chilling effect)를 가져와 오히려 투명경영에 역효과를 낳을 수도 있다.

② 집단소송제도가 피해구제금액에 초점이 맞추어질 경우 피해자가 승소한다 하더라도 현실적으로 보상받는 금액은 매우 적다. 미국의 경우 배상액의 30% 이상이 변호사 비용으로 지출된다고 한다. 특히 집단소송이 제기될 경우 동 사실만

으로 당해 회사의 주가가 폭락할 개연성이 있는바, 이렇게 되면 소송 제기자의 손실이 커져 소송의 실익이 없어질 수도 있다.

③ 증권거래의 특성상 기업의 불법행위와 투자자의 손해액간의 인과관계의 규명이 어려워 집단소송이 화해나 합의로 종결될 개연성이 높다. 미국의 경우 집단소송의 90% 이상이 화해 또는 합의로 종결된다고 하는바, 이와 같은 점을 노린 전문브로커나 변호사들에 의해 집단소송이 남용될 개연성이 크다.

④ 집단소송에 대처하기 위해 소모하는 금전적 · 시간적 낭비, 패소할 경우 경영자가 부담하는 손실 등을 두려워하여 경영자가 장기적인 안목에서 적극적으로 경영하기보다는 단기실적에만 집착할 소지도 있다.

Ⅱ. 미국의 집단소송제도

미국에서 집단소송제도를 성문화하게 된 계기는 인구의 증가와 기술의 발전에 따른 필수적 부작용의 하나로 다수의 피해자가 발생하자 이를 효율적으로 구제할 필요성이 제기되었기 때문으로 현재는 증권뿐만 아니라 환경, 반독점행위, 제조물책임 등 다양한 분야에 걸쳐 적용되고 있다.

미국은 증가하고 있는 집단적 피해를 효율적으로 구제하기 위한 장치로서 1938년 연방민사소송규칙(FRCP: Federal Rules of Civil Procedure §23)을 제정하여 집단소송에 대한 근거를 마련하였다. 동 규칙은 집단소송의 제소요건, 법원의 인가(certification), 집단구성원에 대한 통지, 사실심리전 증거개시절차(pretrial discovery), 법원의 소송지휘, 손해의 산정, 소의 취하 및 화해의 허가, 구속력, 배상금의 분배절차 등과 같은 일반적인 절차에 대한 규정을 담고 있다. 이후 증권관련집단소송을 위해 「증권법」(The Securities Act of 1933)과 「증권거래법」(The Securities Exchange Act of 1934)을 개정하여 증권집단소송의 법적 근거를 마련하였다.

집단소송제도는 피해의 효율적 구제에 크게 기여한 반면, 소송의 남용(abusive litigation)으로 인한 사회적 비용부담 또한 컸다. 이에 집단소송의 남용을 막기 위해 미국은 「증권민사소송개혁법」(Private Securities Litigation Reform Act of 1995), 「증권소송통일기준법」(Securities Litigation Uniform Standards Act of 1998) 및 「집단소송공정법」(Class Action Fairness Act of 2005) 등 소송개혁(tort reform)법규를 제정하였다.

이하에서 「증권민사소송개혁법」(1995)과 「집단소송공정법」(2005)을 중심으로 주요 개정내용을 소개한다.

1) 미래예측정보에 대한 면책조항(safe harbor rule)

미래예측정보(forward looking statement or projections)란 기업의 매출, 수익, 향후 기업운영 및 투자전략 등으로 이에 대한 면책조항이 있기 전까지는 기업이 집단소송을 두려워하여 이러한 정보를 밝히는 데 지극히 소극적이었다. 미래예측정보에 대한 면책을 받기 위해서는 실적과 예측이 다를 수 있음을 사전에 주의를 환기시켜야 하는바, 이 때 주의는 단순히 판에 박힌 주의문(boilerplate warning) 정도가 아니라 실제상의 결과와 향후전망의 결과가 현저히 다르게 나타날 수 있는 중요한 요인을 특정하는 의미 있는 주의표시(meaningful cautionary statements)이어야 한다. 향후 전망표시가 중요하지 않은(immaterial) 경우와 피고가 예측적 기재 진술이 허위이거나 오해를 불러일으키는 것임을 사실상 인정하고 작성하였다는 것을 원고가 입증할 수 없는 경우에는 면책이 허용된다.

2) 화해사항의 개선

집단소송제기 후 법원의 판결에 의하지 아니하고 대표원고(lead plaintiff)와 기업 간에 모종의 타협에 의해 소제기자에게만 실질이득이 귀속되는 불합리한 화해(settlement)를 방지하기 위해 화해내용의 공개, 화해액에 대한 합리적인 비율을 초과하는 변호사 보수 등에 대해 법원이 개선명령을 할 수 있게 하였다.

또한 「집단소송공정법」(2005)에서는 과다한 변호사 비용 지출로 인한 구성원의 피해를 방지하기 위해 비현금보상 합의해결(coupon settlement)의 경우 변호사 수임료를 제한하고 있다. 즉 비현금해결의 경우 변호사의 수임료는 원칙적으로 원고에게 보상되는 쿠폰의 가치에 근거하여 책정하도록 하고, 만약 변호사의 수임료가 원고들이 받을 쿠폰에 근거하여 책정하지 않은 경우 변호사가 소송수행중 합리적으로 투입한 시간에 근거하여 수임료를 책정하되 수임료는 법원의 승인을 받도록 하는 한편, 쿠폰해결에 대한 법원의 실질적인 심사 및 이를 위한 청문을 실시토록 하였다.

3) 비례책임제도 도입

피고회사 외에 배상능력이 있다고 판단되는 인수증권사, 법률법인, 회계법인 등이 증권집단소송의 표적이 될 경우, 일반법리에 따라 공동피고 간 연대책임(joint and several liability)이 인정되면 이들 변제능력이 높은 잠재적 피고집단은 화해압력이 높아져 집단소송이 남용될 가능성이 크다. 비례책임제도(apportionment of liability)는 이와 같은 문제점을 해소하기 위해 피고들간에 위법행위에 대한 기여비율만큼만 책임지도록 하는 제도로 「집단소송공정법」(2005)에서는 몇 가지 예외적인 경우를 제외하고는 연대책임을 배제하고, 각 피고는 각자의 책임비율(percentage of responsibility)에 따라 손해배상책임을 지도록 하고 있다. 그러나 공동피고인들의 위법행위가 고의(with actual knowledge)에 의한 경우에는 연대책임제도가 그대로 적용된다.

4) 상습적 원고규제

순전히 집단소송을 제기할 목적으로 주식을 매수하는 전문소송브로커(professional plaintiff)를 규제하기 위해 과거 3년 동안 5회 이상의 집단소송을 제기한 경험이 있는 자는 대표원고가 될 수 없도록 하였다.

5) 손해배상액의 제한

손해배상액은 원고의 증권구입·매각가격과 부실표시 또는 미공시를 정정하는 정보가 시장에 유포된 날로부터 90일간 해당 증권평균거래가격과의 차액을 한도로 하였다. 이는 주가하락이 반드시 허위공시 등의 위법행위에만 기인하는 것으로 볼 수 없고, 설사 허위공시 등이 집단소송의 원인이었다고 할지라도 상당기간 후의 지나친 주가하락에 대해 배상의 책임을 물을 수 없기 때문이다.

6) 원고의 거증책임

원고는 피고의 고의 또는 과실에 대한 소명을 하여야 하며, 이에 대해 법원이 사전에 심사하도록 되어 있다. 그리고 이 단계를 통과하지 못하면 원고는 증거를 수집하는 행위가 허가되지 않고, 따라서 소송은 종료된다.

7) 연방법원의 배타적 우선권

연방법원의 소제기 요건이 「증권민사소송개혁법」(1995)에 의해 강화되자 이를 회피하기 위해 소송진행이 유리한 주를 선택하여 소송을 제기하는 이른바 판결쇼핑(judge or venue shopping)현상이 만연하였던바, 이를 막기 위해 「증권소송통일기준법」(1998)을 개정하여 일정한 증권(SEC에 등록된 전국거래소에 상장된 증권)의 매매에 관련된 증권집단소송에 대해서는 연방법원이 우선적 관할권을 갖도록 하고, 연방법원이 필요하다고 인정할 때에는 주법원에서 행해지고 있는 집단소송의 증거개시절차(discovery procedure)를 정지시킬 수 있도록 하였다.

한편 「집단소송공정법」(2005)에서는 소송금액이 일정액(500만 달러) 이상이거나 원고가 100명 이상인 경우 또는 피고와 원고가 각각 다른 주에 주소를 둔 경우에는 연방법원이 관할하게 하고, 주법원에 집단소송을 제기하는 경우 원고는 100명 미만으로 이 중 2/3 이상이 동일주에 거주해야 하는 거주요건을 신설하였다.

8) 소송비용

피고의 소송공탁금 명령요구권을 인정하고 남소(frivolous suit)에 대한 제재(sanctions for abusive litigation)를 강화하여 법원은 피고의 별도 청구가 없더라도 소장 등에 남소의 요소가 있다고 판단될 경우, 원고에게 변호사비용 등을 부과할 수 있게 하였다.

제 2 편 금융기관

제 7 장

우리나라의 금융기관

FINANCIAL INSTITUTION

제 1 절 금융기관의 현황

Ⅰ. 금융기관의 분류와 규모

자금공급자(저축)와 자금수요자(투자)를 연결시키는 역할을 하는 금융기관은 상호가 다른 독립적인 회사 수는 5천여개가 넘고 대부업자를 별개 금융기관들로 포함하면 만 오천 개가 넘는 금융기관이 있다. 이런 금융기관들의 분류는 기준에 따라 다양할 수 있는데, 우리나라 각 금융기관의 근거법률을 중심으로 주된 업무의 성격이 유사한 금융기관을 그룹별로 구분한 한국은행의 분류를 따르면[1] 은행, 비은행예금취급기관, 보험회사, 금융투자회사, 기타금융기관, 그리고 공적금융기관으로 구분할 수 있다.

이들에 덧붙여 중앙은행인 한국은행은 자금수요자와 자금공급자를 연결시킨다는 의미에서의 금융기관과는 거리가 있지만 통화정책수행자로서 금융시장 전체에 절대적인 영향력을 가지고 있기 때문에 제2절에서 상세히 살펴보고자 한다.

은행은 좀 더 상세히 구분하면 일반은행과 특수은행이 있다. 일반은행은 은행법에[2] 의해 설립된 조직으로 지점의 제한이 없는 시중은행, 지점제한이 있는

1) 통화 창출기능(통화성부채의 보유) 여부에 따라 구분하는 IMF의 구분방법과는 차이가 있다.

2) 은행법 2조에 의하면 "은행업"이라 함은 예금의 수입, 유가증권 기타 채무증서의 발행에 의하여 불특정다수인으로부터 채무를 부담함으로써 조달한 자금을 대출하는 것을 업으로 행하는 것으로 정의되어 있어, 예금수취와 대출을 동시에 하는 조직이라고 할 수 있고 이러한 은행의 정의는 다른 국가들도 동일하다.

지방은행, 그리고 외국은행 국내지점(2022년 말 41개)이 있다. 1997년 외환위기 후 구조조정과 통합을 거치면서 시중은행과 지방은행의 숫자는 26개에서 14개(신규 시중은행으로 인가된 3개 인터넷전문은행 포함)로 축소되었다. 특수은행은 은행법이 아닌 개별적인 법에 의해 은행업을 핵심업무로 하면서 특정목적을 위해 설립된 금융기관이며 한국산업은행, 한국수출입은행,[3] 중소기업은행, 농협은행, 수협은행 등이 포함된다.

비은행예금취급기관은 예금이 주된 자금조달수단이며 은행과 유사한 업무를 수행하지만 은행에 비해 제한된 목적으로 설립되어 자금의 조달 및 운용에서 은행에 비해 좀 더 엄격한 규제를 받는 금융기관이다. 지급결제기능의 제공여부와 정도, 영업지역에 대한 제한, 대출가능 여부, 개별금융기관 특성에 따른 제한 등에서 차이가 날 수 있고 영업대상에서 사전적으로 제한되기도 한다. 종합금융회사, 우체국예금, 상호저축은행, 신용협동기구 등이 이에 속한다. 대부분 소규모 금융기관으로서 1997년 금융위기 이전의 6,438개에서 구조조정을 거쳐 1,315개로 축소되었다.

보험회사는 각종 사고를 대비하는 보험을 인수·운영하는 것을 업으로 하는 회사[4]이다. 보험회사는 업무특성과 기관의 특성을 고려하여 생명보험회사, 손해보험회사, 우체국보험, 공제기관 등으로 구분된다. 공제는[5] 일반인을 대상으로 보험서비스를 판매하고 있는 수산업협동조합공제, 신용협동조합공제, 새마을금고공제 등이 포함된다. 1997년 외환위기 이후 생명보험사는 31개에서 22개로 줄었고, 손해보험사는 14개에서 32개로 증가했다. 현재 32개 손해보험사는 일반적인 손해보험사 19개, 재보험사 10개 그리고 보증보험사 3개로 구성되어 있다.

---

3) 수출입은행은 예금을 수취하지 않고 정부, 해외차입, 채권발행 등으로 조달하고 있으나 특정목적으로 설립되어 금융중개를 하고 있다는 점에서 특수은행으로 분류되었다.

4) 보험업법 제2조에 의하면 "보험업"은 사람의 생사에 관하여 약정한 급여의 제공을 약속하거나 우연한 사고로 인하여 발생하는 손해의 보상을 약속하고 금전을 수수하는 것 등을 업으로 행하는 것으로 정의되고 있다.

5) 공제는 특정 직종 또는 특정 조직에 소속된 구성원들 사이에서 상호부조를 목적으로 운영되는 간이보험서비스이며, 교원공제, 건설공제, 택시공제 등이 예가 될 수 있지만 여기서는 일반인들을 대상으로 하는 공제를 의미한다.

표 7-1 우리나라 금융기관 종류와 수

			1997년 말	2022년 말
은행	일반은행	시중은행	16	9[1]
		지방은행	10	6[2]
	특수은행		7	5[3]
			33	20
비은행 예금취급기관	종합금융회사		30	1
	우체국예금		1	1
	상호저축은행		231	79
	신용협동기구	신용협동조합	1,666	898
		농협/수협/산림조합(신용부분)	1,768	1,358
		새마을금고	2,743	1,295
			6,438	3,632
보험회사	생명보험		31	22
	손해보험		14	32[4]
	우체국보험		1	1
	공제			3[5]
			45	58
금융투자회사	투자매매 · 중개업	증권회사	36	60
		선물회사	5	3
	집합투자업		30	457
	투자일임자문업			381
	부동산신탁업			14[6]
			76	915
기타금융기관	여신전문금융사	리스/카드/할부금융/신기술금융	68	126[7]
		합계	6,660	4,751
	벤처캐피탈사	중소기업창업투자회사		240
	증권금융회사		1	1
	(등록)대부업자			11,180
금융지주회사				10[8]
공적금융기관	한국무역보험공사, 한국주택금융공사, 한국자산관리공사, 한국투자공사, 서민금융진흥원			

주: 1) 인터넷전문은행 3개 포함/외국은행 지점은 41개
2) 경남, 부산, 전북, 광주, 대구, 제주은행
3) 산업은행, 수출입은행, 중소기업은행, 농협은행, 수협은행
4) 손보사 19, 재보험사 10, 보증보험사 3
5) 수산업협동조합공제, 신용협동조합공제, 새마을금고공제
6) 전체 신탁업은 은행(19), 증권(20), 보험(6), 부동산신탁(14)
7) 신용카드사(8개), 리스사(26개), 할부금융사(25개), 신기술금융사(105개)
8) 은행지주8개(국민, 신한, 하나, 우리, 농협, DGB, JB, BNK)와 비은행지주 2개(한국투자, 메리츠)

자료: 금융감독원 금융통계정보시스템, 대부업협회, 한국은행 한국의 금융제도(2018).

상기한 은행, 비은행예금취급기관 그리고 보험회사들은 간접금융시장의 금융회사들인 반면, 직접금융시장에서 유가증권의 거래와 관련업무를 주된 업무로[6] 하는 금융기관그룹이 금융투자회사이다. 여기에는 투자매매 중개업자(증권 · 선물회사), 집합투자업자(펀드사), 투자자문업자, 투자일임업자, 신탁업자 등 6가지 업종이 포함된다. 외환위기 전에 비해 다른 금융회사들의 수는 대부분 축소되었지만, 업종의 세분화와 자본시장 활성화에 목표를 둔 2009년의 자본시장통합법 이후 금융투자업자의 수는 증가하여 1997년의 76개사에서 915개사로 증가하였다.

기타금융기관은 앞서의 금융기관 분류기준으로 분류하기 곤란한 금융업무를 주된 업무로 취급하는 기관들을 의미한다. 수신없이 대출업무를 하는 여신전문금융회사(리스회사, 신용카드회사, 할부금융회사, 신기술사업금융회사), 벤처캐피탈회사, 증권금융회사 및 보증보험회사가 있다.

공적금융기관은 수익목적으로 민간시장에 직접 참여하기보다는 각자의 정책적목적을 달성하기 위해 정부에 의해 설립된 기관으로 한국무역보험공사, 한국주택금융공사, 한국자산관리공사, 한국투자공사, 서민금융진흥공사 등이 이에 속한다.

금융거래가 효율적으로 이루어지도록 금융거래에 직접 참여하는 이들 금융기관들에 더하여 금융거래가 원활히 이루어지도록 지원 · 감시하는 법률체계 또는 기관을 의미하는 금융하부구조[7]도 금융의 역할수행에 중요한 역할을 한다, 이에는 중앙은행인 한국은행의 역할, 지급결제제도, 금융위원회와 금융감독원으로 구성된 금융감독제도, 금융기관의 금융부실에 대비하는 예금보험제도, 유가증권 유통시장 활성화의 축인 거래소제도, 신용정보와 신용보증제도 등이 이에 속한다.

우리나라 주요 금융기관들의 개략적인 자산규모를 살펴보면 1997년부터 2022년까지의 25년 동안의 명목GDP가 530.3조에서 2,150.6조로 4.06배 증가하는 동안 1,214.9조에서 6.103.4조로 5.02배의 증가를 보임으로써 경제성장에 따라 금융의 역할 또한 획기적으로 증대하고 있음을 보여준다.

2022년 말의 금융기관 총자산 6,103.4조 중 은행이 44.5%를 차지해 1997년 대비 자산규모비중이 49.9%에서 줄어들었고, 자산규모는 대략 GDP

6) 자본시장과 금융투자업에 관한 법률 제6조에 따르면 "금융투자업"이란 이익을 얻을 목적으로 계속적이거나 반복적인 방법으로 행하는 행위로서 다음 각 호의 어느 하나에 해당하는 업(業)을 말한다. 1. 투자매매업. 2. 투자중개업. 3. 집합투자업. 4. 투자자문업. 5. 투자일임업. 6. 신탁업

7) 한국은행, 한국의 금융제도(2018) 참조.

표 7-2 우리나라 주요 금융기관의 총자산 규모(조원, %)

		1997년	구성비	2022년	구성비	25년간 총성장률(배)
명목국내총생산(조원)		530.3		2,150.6		4.06
은 행		606.6	49.9	2,715.8	44.5	4.5
비은행	종합금융회사	77.9	6.4	5.6	0.09	-13.9
	상호저축은행	36.1	2.9	118.3	1.9	3.3
	신용협동조합	19.3	1.6	143.4	2.4	7.4
	농협 · 수협 · 산림	87.4	7.1	525.5	8.6	6.0
	새마을금고	29.7	2.4	86.7	1.4	2.9
	우체국예금	8.8	0.7	92.8	1.5	10.5
		259.2	21.3	972.3	15.9	3.75
보험회사	생명보험	92.4	7.6	938.2	15.4	10.2
	손해보험	19.5	1.6	371.8	6.1	19.1
	우체국보험	6	0.5	61.1	1.0	10.2
		117.9	9.7	1,371.1	22.5	11.63
금융투자회사	증권 · 선물사	27.4	2.2	613.9	10.0	22.4
	집합투자업	135.5[1)]	11.1	18.5	0.3	-
		162.9	13.4	632.4	10.4	3.9
여신전문업	리스/카드/할부금융/신기술금융	68.3	5.6	411.8	6.7	6.0
합 계		1,214.9	100	6,103.4	100.0	5.02

주: 1) 투자신탁(위탁자산규모로 표시)

자료: 금융감독원, 금융통계정보시스템, 금융통계월보. 우정금융경영공시, 새마을금고연합회.

성장과 유사하게 증가했다. 비은행예금취급기관의 자산비중은 21.3%에서 4.5%로 축소되어 그 동안 상대적 역할이 감소한 것으로 보인다.

보험사자산 비중이 22.5%로 1997년 대비 자산증가율이 모든 권역에서 가장 높게 나타나고 있고, 자산증가율은 1997년 대비 GDP성장율의 3배에 가까운 11.63배로 증가해 보험산업의 그동안 성장을 보여주고 있다.

금융투자회사는 2022년에 10.4%를 차지해서 1997년의 13.4% 대비 줄어든 것으로 나타났지만, 이는 1997년 당시 투자신탁은 위탁자산까지 자산으로 계상되어 현재와 다른 기준이라 액면대로 비교할 수가 없다. 증권선물사의 비중만 보면 2.2%에서 10.0%로 증가했고 자산규모는 1997년 대비 22.4배나 증가하여 직접금융시장의 성장을 보여주고 있다. 또한 금융투자회사들은 자금의 중개를 통한 수수료 수입이 주된 업무이기 때문에 자산의 규모에 근거해 자금중개실적을 평가하는 데는 문제가 있다는 한계점은 있다. 여신전문금융기관은 6.7%를 차지하고 GDP성장을 상회하는 꾸준한 성장을 보여주고 있다.

지난 25년간 GDP가 4.06배 성장하는 동안 각 업권의 성장률만 보면 은행이 4.5배, 비은행금융사는 3.75배, 보험회사는 11.63배, 금융투자회사(증권선물사)가 22.4배 성장하고 있다. 이는 경제성장에 따라 일반인과 기업들의 (보험)위험에 대해 대비하고자 하는 수요가 높은 것을 반영하는 동시에 간접금융시장에 비해 직접금융시장이 상대적으로 더 큰 성장을 보인 결과일 것이다.

Ⅱ. 금융기관의 업무영역

우리나라의 금융제도는 최근에 들어 「자본시장법」의 제정 등으로 일부 겸업주의의 성격이 커진 것은 사실이나 아직까지는 기본적으로 전업주의체제를 유지하여 오고 있다. 관련법도 금융기관과 금융서비스 중심의 개별법 체제로 운영되고 있고, 대부분의 겸영업무도 경쟁기반이 약해진 금융기관에게 경쟁력의 일부를 보전해 주거나 부실금융기관을 다른 금융기관에 인수시키는 과정에서 허용된 것으로 전업주의의 기본골격을 변경한 것은 아니기 때문이다.

현행 금융제도는 은행, 금융투자회사 및 보험회사를 3개의 기본 축으로 하여 각각 고유업무를 갖고 주변업무에 대해서는 업무에 따라 서로 겸영하는 부분적인 겸영방식을 유지하고 있다. 이외의 금융기관들은 이들 3대 영역의 틈새에서 각각 비교우위에 의한 고유분야를 갖고 시장영역(market niche)을 유지하고 있다. 그러나 앞으로 세계적인 추세에 따라 금융기관들의 타 업무 영역에의 진출 확대로 겸업화가 가속적으로 진행될 것이다.

지금까지 우리나라의 금융기관들은 법령 등에 의거 고유업무, 부수업무 및 겸영업무를 영위하되 기본적으로 전업주의 기조를 유지하여 정책적 필요에 따라 부수업무 위주로 업무범위를 확대하고 부수업무 이외 업무의 겸영은 매우 제한적으로 허용하여 왔다. 특히 타 금융업종의 고유업무의 직접 겸영은 엄격히 금지되고 자회사를 통해서만 겸영이 가능하게 하였다.

그러나 앞으로는 은행, 금융투자, 보험을 3개의 기본 축으로 하되 각 업종별로 인가받은 핵심업무(core business)를 제외한 비핵심업무는 단계적으로 겸영을 확대해 나갈 것이다. 그리고 동일한 업종에 속하는 금융기관이라 할지라도 개별금융기관의 건전성이나 업무수행 능력에 따라 취급업무가 차등화될 것이다.

겸업의 단계적 확대과정은 1차적으로 비핵심업무 중심으로 이종 업종간 업무제휴가 확대될 것이다. 업무제휴는 이종 업종간 자본출자 여부와는 관계없이 당사자간 계약을 통해 자신이 수행하는 업무의 일부를 위탁(outsourcing) 또는 대행시키거나 영업장소의 공동 이용이나 영업관련 기기의 설치를 허용하는 것 등을 말한다.

현재 금융기관간 업무제휴는 은행을 제외한 제2금융권의 금융기관들이 주로 은행의 지급결제기능을 활용하는 방향으로 이루어지고 있으나 앞으로는 금융시스템의 안전성이 저해되거나 감독의 사각지대 발생 등이 크게 우려되지 않는 핵심업무를 제외한 모든 업무의 위탁이 허용될 것이다.

업무제휴 확대의 결과 겸영에 따른 폐해가 크지 않고 금융시장의 경쟁상태가 어느 정도 안정적인 수준으로 판단되는 시점에 이르면 동일 금융기관 내에서 이종 업종 비핵심업무의 겸영이 허용될 것이다. 핵심업무의 겸영방식은 직접경영(in-house)보다는 자회사 및 지주회사방식 등이 선택적으로 이용될 것이다.

한편 이종 금융기관간 합병전환의 경우 겸영에 따른 이해상충이 현저하게 크지 않는 한 합병으로 소멸되는 금융기관의 핵심업무 겸영도 허용될 것이다. 이와 같이 금융권의 겸업과 합병 등이 확대되어 간다면 우리나라의 금융산업은 다음과 같이 재편될 것으로 예상된다.

먼저 은행의 경우 지급수단의 발행·교환 및 결제업무, 예대업무, 외환업무 등 전통적인 상업은행업무 이외에 금융투자회사의 핵심업무인 증권의 위탁매매 관련 업무를 제외한 투자은행업무의 대부분과 보험상품의 판매업무 등이 확대 허용될 것이다. 한편 은행만이 겸영이 허용되었던 신탁업무는 비은행금융회사에도 겸영이 허용되었다.

그러나 모든 은행들이 동일하게 업무를 영위하는 것이 아니라 개별은행의 건전성과 업무능력에 따라 선도은행(leading bank), 일반은행 및 지역은행으로 유형화될 것이다. 선도은행은 전통적인 상업은행의 모든 업무 이외에 국내 우량기업이나 외국의 유수기업을 대상으로 주식연계증권, 외화표시채권·CP 등의 발행주선·인

수, 프로젝트파이낸싱, 파생금융상품 등 투자은행업무를, 일반은행은 주로 대기업과 중견기업을 대상으로 대출, 어음할인, 주식 · 회사채의 발행주선업무 등을, 지역은행은 주로 중소기업을 대상으로 일반대출 및 어음할인, 리스, 팩토링, 할부금융, 경영컨설팅업무 등을 취급하게 될 것이다.

금융투자회사는 규모나 업무수행 능력에 따라 투자매매업, 투자중개업, 집합투자업, 투자자문업, 투자일임업, 신탁업 등의 업무를 종합적으로 수행하는 투자은행(investment bank)과 이와 같은 업무 중 자신이 경쟁우위를 갖는 특정부문에 역량을 집중하고 이를 토대로 가치사슬을 확대해 가는 전문화된 금융투자회사로 유형화될 것이다. 투자은행은 기업금융(investment banking), 자산관리(wealth management), 증권서비스(securities service), 자기계산투자(principal investment) 등 다양한 금융투자서비스를 제공하되 이를 성공적으로 수행하기 위해서는 시장의 신뢰와 평판, 전문역량, 판매네트워크 및 자본력 등을 충분하게 갖추어야 할 것이다. 기타 전문화된 금융투자회사들은 각자의 역량에 따라 적합한 시장, 고객, 상품에 특화 내지 전문화하는 구조개편이 이루어질 것이다.

보험회사의 경우 현행과 같이 생명보험회사는 생명보험상품에, 손해보험회사는 손해보험상품에 전문화할 것이나 이미 상해, 질병, 장기간병보험 등 제3보험은 양 기관이 공동으로 취급하고 있는 등 양 업종간의 겸영업무는 더욱 확대될 것이다. 그러나 보험회사의 특성상 대출과 신탁을 제외한 은행업무와 증권업무의 직접취급은 어려울 것이며, 은행, 증권 등의 비핵심업무의 영위는 자회사 또는 지주회사방식을 통해서 허용될 것이다.

리스, 카드, 할부금융, 벤처캐피털 등 단종 금융기관들은 여신전문금융회사(non-bank bank) 또는 겸영여신업자 등으로 정비되어 개별기관의 특성이나 비교우위에 따라 리스와 벤처캐피털 등의 도매금융이나 카드와 할부금융과 같은 소매금융에 선택적으로 특화하게 될 것이다. 상호저축은행은 일부는 합병이나 증자 등을 통해 지역은행으로 전환하고 나머지는 현재와 같은 형태로 이원화될 것이다.

정부계 금융기관은 산업정책이나 소득정책을 수행하기 위해 시장기능에만 맡겨둘 수 없는 불가피한 부문에 대한 재정자금이나 금융자금의 지원을 담당하게 될 것이다.

제 2 절 중앙은행

Ⅰ. 중앙은행론

1. 중앙은행의 목적과 통화정책

중앙은행의 목적은 일본처럼 물가안정과 지급결제 및 신용질서유지로 하는 국가, 독일처럼 포괄적인 의미에서 통화가치의 안정으로 정한 국가, 그리고 미국처럼 물가안정, 성장, 고용 등 거시경제의 안정으로 정한 국가 등 다양하다. 우리나라는 1997년 12월 「한국은행법」의 개정으로 중앙은행의 목표를 통화정책의 수립·집행을 통한 물가안정을 도모하는 것으로 규정하였으나 2011년 8월 「한국은행법」의 개정시 통화신용정책 수행시 금융안정에 유의하여야 한다고 규정함으로써 한국은행의 설립목적에 금융안정기능을 추가하였다.

1920년대 이전 금본위제도 하에서는 화폐의 양이 금의 보유량에 따라 자동으로 결정되어졌고 경제정책도 국내경제에 대하여는 자동으로 작동되는 '보이지 않는 손'에 맡기고 주로 대외가치의 안정, 즉 환율의 안정에 초점을 두었기 때문에 오늘날과 같이 통화가치의 안정을 목표로 하는 중앙은행의 존립 필요성도 크지 않았다. 그러나 금본위제도가 무너지고 관리통화제도가 대두되면서 국민의 재산과 직접적인 관계가 있는 물가 또는 통화가치의 안정은 매우 중요한 과제로 등장하였으며, 이 기능을 누가 담당하여야 할 것인가가 문제되기 시작하였다.

원래 중앙은행은 정부가 민간상업은행에게 은행권 발행의 독점권을 주어 정부의 보호와 특혜하에 생성된 것이기 때문에 중앙은행의 독립성이라는 개념은 존재할 수가 없었다. 특히 17~19세기를 지배하였던 자유은행론자들(free banking school)은 일반상업은행들로 하여금 자유롭게 은행권을 발행할 수 있도록 하자고 주장, 중앙은행의 존재이유 자체를 부정하였다.

그러나 자유은행제도 하에서 은행권의 남발과 이에 따라 금융질서의 문란이 초래되었고 20세기에 들어 관리통화제도가 도입됨에 따라 각국에서는 거의 대부분 중앙은행을 설립하여 통화관리에 대한 독점적 기능을 부여, 중앙은행은 공공성을 띤 국가기관의 성격을 갖게 되었다. 이에 국가기관으로서의 중앙은행과 정부간의 관계를 어떻게 설정할 것인가, 즉 통화정책에 관한 권한과 책임을 누가 갖도록 할 것인가가 문제되기에 이르렀다.

우선 통화정책의 권한과 책임을 정부에 두어야 한다는 입장을 살펴보자. 이들의 논거는 국민경제에 중대한 영향을 미치는 경제정책에 관한 책임과 권한은 궁극적으로 국민으로부터의 수임기관인 정부가 맡는 것이 당연하다는 것이다. 특히 경제정책의 최종목표, 즉 경제의 성장과 발전, 완전고용, 물가안정 및 국제수지의 균형 등은 경제정책의 어느 한 가지만으로는 달성하기 어렵기 때문에 유독 경제정책의 하나인 통화정책에 관한 권한만을 중앙은행에 일임할 경우 중앙은행 특유의 보수적인 성향으로 인하여 정책간의 부조화를 초래할 가능성이 크다는 점을 지적하고 있다. 따라서 정부는 중앙은행의 운영에 개입하여 시장실패(market failure)를 방지하여야 한다는 것이다.

자본주의의 발전으로 시장구조가 복잡 다원화됨에 따라 시장의 경쟁적 운영이 가능하지 않은 시장실패현상이 발생할 경우 정부는 조정자로서의 임무를 수행하여야 하며, 이러한 기능을 효과적으로 수행하기 위해서는 정부는 정부로부터 그 관리업무를 위임받은 중앙은행에 대해 적절히 감독을 할 필요가 있기 때문이다. 일반적으로 정치적으로 정부가 경제정책의 최종책임을 지게 되는 중앙집권적 국가 또는 경제성장을 우선적인 정책목표로 삼고 있는 개발도상국가 등의 경우에는 이와 같은 정부우위 입장을 따르는 경향을 보이고 있다.

통화정책의 권한과 책임을 중앙은행에 두어야 한다고 보는 견해는 화폐의 소비자인 정부나 의회는 선거 또는 인기유지 등과 관련하여 많은 이해집단으로부터 압력을 받기 때문에 일반적으로 팽창주의적 성향을 가진다. 이에 따라 조세확대 등 국민에게 직접적으로 부담을 주는 통화중립적 정책보다는 중앙은행의 발권력을 이용하거나 대중앙은행 차입 등에 의존하는 경우가 많아 인플레이션을 유발할 가능성이 높으며 이를 막기 위해 중앙은행이 긴축을 하게 되면 통화정책은 긴축과 확장(stop and go)을 반복하게 되어 통화가치의 안정을 기하기가 어렵다는 것이다.

특히 전시나 고율의 성장정책 추구시에는 통화증발을 통한 높은 수준의 인플레이션을 초래할 가능성이 있으므로 이해집단으로부터의 압력이나 집권기간 등과 관계가 없고 금융관련 전문지식이 축적되어 있는 중앙은행이 경제안정을 위해 통화정책을 보다 장기적인 관점에서 독립적으로 수립, 집행할 수 있도록 제도적인 장치를 마련하는 것이 바람직하다는 것이다.

따라서 과거 전쟁인플레이션을 경험하였거나 권력집중을 피하기 위하여 지방분권적 정치구조를 가진 나라 등에 있어서는 이러한 견해에 따라 중앙은행이 정부와 동등한 관계를 유지하도록 하고 있다. 이러한 나라들 중에는 독일과 같이 혹독한 전시인플레이션을 경험하여 정부가 어떠한 경우에도 중앙은행에 간섭하지 못하도록 정부로부터 완전한 독립(independent from the government)제도를 택하고 있는 나라도 있고 중앙은행의 기능을 광의의 정부기능으로 보는 견지에서 정부와 협력하는 선에서 정부 내에서의 여타 행정부서로부터의 독립(independent within the government)관계를 유지토록 하는 나라도 있다.

중앙은행과 정부의 관계를 나라별로 비교하기 위한 기준은 관점에 따라 차이가 있을 수 있겠으나 일반적으로 중앙은행의 독립성의 정도를 파악하는 척도로서 Sylla는 중앙은행이 정부, 의회, 기타 이익집단으로부터 사전적 승인절차 없이 이들의 이익에 반할 수도 있는 정책목표를 제시하고 이를 실행할 수 있는 권한을 가지고 있는가 등을 제시하고 있다.8)

그러나 이러한 기준은 너무 관념적인 것인바, 보다 조작적 정의(operational definition)로 중앙은행 정책결정기구(우리나라의 금융통화위원회) 또는 동 정책결정자에 대한 임명권의 귀속과 임명절차, 정책결정과정에서의 정부의 영향력 행사권한 및 중앙은행에 대한 정부의 예산 및 감사제도, 이 밖에 제도 외적인 사항으로서 운영상의 관행 등을 드는 게 보편적이다.

이러한 기준을 종합하여 볼 때 유럽중앙은행(European Central Bank)은 EU 가맹국 정부는 물론 EU 당국으로부터 독립된 지위에서 단일통화정책을 수립 · 집행하고 가맹국 중앙은행들은 유럽중앙은행의 지시에 따라 자국의 금융시장을 상대로 통화정책을 집행하고 있어 중앙은행의 독립성에 관한 한 세계에서 가장 강력한 형태를 취하고 있다.

유럽중앙은행의 정책이사회(Governing Council)는 금리결정 등 통화정책 관련사항 및 고용, 예산, 업무집행 가이드라인 등 유럽중앙은행 운영 관련 중요사항을 결정한다. 정책이사회는 총재, 부총재, 이사 4명, 회원국 중앙은행 총재 6명 등 총 22명의 상임위원으로 구성되며 유럽각료이사회(Council of EU)가 유럽의회(European Parliament)와의 협의를 거쳐 회원국 정부간 공동합의에 의해 임명한다. 유럽중앙은행 총재, 부총재 및 이사의 임기는 8년이고 회원국 중앙은행 총재의 임기는 최소

8) K. Sylla, *The Autonomy of Monetary Authorities: The Case of the U.S. Federal Reserve System*; 정운찬, 금융개혁론, 151면.

한 8년이다.

미국은 헌법상 통화정책에 관한 최종 권한을 갖고 있는 의회가 「연방준비법」에 의해 연방준비제도(Federal Reserve System)의 최고의사결정기구인 연방준비제도이사회(FRB: Federal Reserve Board)에 그 권한을 위임하고 FRB는 정책결과에 대해 의회에 책임을 지는 독립행정위원회이다.9)

FRB는 지급준비율 결정, 지역연방준비은행의 재할인율 승인, 지역연방준비은행 및 금융시스템 전반에 대한 관리·감독권을 갖고 있다. FRB이사회는 7명의 상임이사로 구성되며 대통령이 12개 지역연방준비은행 관할구역(Federal Distict) 내에서 1명 이내로 선정하여 상원의 인준을 받아 매 홀수 년에 1명씩 임명한다. 이사의 임기는 14년이고 의장 및 부의장직의 임기는 4년이다. 지역연방준비은행 총재는 지역연방준비은행 이사회가 선임하여 FRB 이사회의 승인을 받으며 임기는 5년이다.

통화정책의 주요한 수단인 Federal Fund 목표금리 결정, 공개시장조작에 관한 지시 및 규정제정 등은 연방공개시장위원회(Federal Open Market Committee)가 관장한

표 7-3 주요국의 통화정책 및 은행감독기관

	미 국	영 국	독 일	프랑스	일 본
통화정책	○	○	○	○	○
환율정책	△	△	△	△	△
은행감독	○/△ 1)	○/△ 2)	△ 3)	○ 4)	△ 5)

○: 중앙은행 △: 정부 또는 독립기관.

주: 1) OCC(Office of the Comptroller of the Currency: 정부행정조직): 국법은행
FRB(전문공적기구): 연준가맹주법은행과 은행지주회사
FDIC(전문공적기구): 연준제도 비가맹주법은행
주정부: 기타 주법은행
2) 중앙은행과 Financial Conduct Authority(비정부기구)
3) Bundesanstalt für Finanzdienstleistungsaufsicht(전문공적기구)
4) Commission Bancaire(전문공적기구)
5) 금융청(정부행정조직).

9) 2010년 제정된 「Dodd-Frank법」은 금융위기 과정에서 FRB의 긴급유동성 공급(「연방준비법」 제13조 ③)시 재무부장관 승인을 의무화하는 한편, 동 권한에 대한 감사원(GAO)의 감사 실시(one-time audit) 근거 조항을 신설하였다. FRB는 공개시장 운용, 재할인대출 등에 대한 세부내역을 공개하여야 한다.

다. 동 위원회는 FRB 이사 7명과 뉴욕연방준비은행 총재를 포함한 지역연방준비은행 총재 5명 등 12명의 상임위원으로 구성된다. 뉴욕연방준비은행 총재를 제외한 나머지 4명의 지역연방은행 총재는 4개 그룹으로 구분된 11개 연방준비은행에서 그룹별로 1명씩 교대로 봉직한다.

일본은 1997년 6월「일본은행법」이 개정되기 전까지는 통화정책의 최종 결정권한이 재무성 대신에 귀속되어 있고 일본은행의 최고정책기구라 할 수 있는 정책위원회(Policy Board)의 위원을 비롯한 총재 및 부총재를 모두 내각이 임명하고 재무성 대신이 일본은행에 대해 업무명령권, 감독권 등을 갖는 등 중앙은행의 독립성이 가장 약한 국가의 하나였으나 1997년 금융개혁의 일환으로「일본은행법」을 개정, 중앙은행의 독립성이 크게 강화되었다.

통화정책의 최고결정기관이 일본은행의 정책위원회에 귀속되고 정부의 권한은 의안 제출과 의결연기청구권에 한정하였다. 정책위원회는 통화 및 금융의 조절에 관한 사항, 일시대출, 지급결제, 외국환거래, 기타 일본은행 내부운영에 관한 사항을 결정한다. 정책위원회는 일본은행 총재, 2명의 부총재, 6명의 심의위원 등 9명의 상임위원으로 구성되며 위원은 국회 양원의 동의를 얻어 내각이 임명하며 임기는 5년이다.

영국은 2010년 보수당 정부가 들어서면서 종래 단일 감독기구인 FSA를 해체하고 중앙은행 산하에 건전성감독원(PRA: Prudential Regulatory Authority)을 신설하여 건전성 감독에 대한 통제권을 부여하였다. 구체적으로 중앙은행이사회 산하에 통화위원회(MPC: Monetary Policy Committee)와는 별도로 금융정책위원회(FPC: Financial Policy Committee)를 설치하고 FPC가 거시건전성 정책을 총괄하게 하였다. MPC는 통화정책 결정과 중앙은행 내부 운영사항에 대한 결정을 한다.

PRA는 중앙은행과 독립된 법적 실체와 이사회를 가지며 이사회 의장은 중앙은행 총재가, 원장은 건전성 규제담당 부총재가 맡는다. 총재와 부총재는 수상이 추천하여 국왕이 임명하며 임기는 5년이다. 종래 미시감독기능을 총괄하던 FSA의 영업행위에 대한 감독은 신설된 금융행위감독원(FCA: Financial Conduct Authority)으로 이관되었다. FPC는 PRA와 FCA에 거시건전성 정책수행에 필요한 지시를 하고 FPC의 감독범위의 조정이나 거시건전성 감독수단의 수정이 필요한 경우 재무부에 제안한다.[10]

10) 이와는 별도로 중앙은행은 부실은행정리업무, 지급시스템, 청산 및 결제시스템의 감독업무도 수행한다.

지금까지 외국의 중앙은행제도 등을 살펴보면서 각국의 중앙은행과 정부간의 관계에 관하여는 다음과 같은 공통점을 발견할 수 있다.

첫째, 자유민주주의하에서의 국가의 권력구조란 어떠한 과정을 거쳤든 그 나라의 역사적 경험과 정치적 상황 등을 고려한 국민의 권력구조에 대한 선택의 결과이며, 중앙은행제도 역시 이와 같은 국민의 집합의지가 발현된 결과로서의 모습이라는 점이다. 다시 말해서 중앙은행제도는 다소간의 정책상의 부조화가 있더라도 국민이 권력의 견제와 경제안정을 바라느냐 아니면 권력의 집중과 이에 따른 어느 정도의 권력남용 소지가 있더라도 정책조화와 경제의 확장을 바라느냐에 따라 중앙은행의 정부로부터의 독립성의 정도가 결정된다는 점이다.

둘째, 중앙은행의 독립성은 법적인 제도 못지않게 시장과 국민의 신임에 의해 보장된다는 것이다. 중앙은행의 독립성이 강한 국가일수록 중앙은행의 정책에 대한 시장과 국민의 신뢰가 크다. 대체로 물가가 안정된 국가일수록 중앙은행의 독립성이 강하다.

우리나라의 중앙은행인 한국은행은 설립 당시에는 미국연방준비제도를 모형으로 독립성이 매우 강한 중앙은행으로서 출발하였다. 금융통화위원회는 금융기관에 대해 거의 모든 부문에 걸쳐 사전적 및 사후적 감독권을 행사하였으며 외환정책도 관장하였었다. 그러나 5 · 16 이후 정부주도의 경제개발을 금융면에서 뒷받침하기 위하여 제도와 운용 양면에서 중앙은행의 권한과 독립성이 크게 약화되었다. 구체적으로 1962년 「한국은행법」이 개정되면서 외환정책에 대한 권한이 재무부(현 기획재정부)에 이관되고 특수은행과 비은행금융기관에 대한 감독권은 재무부장관에 귀속되어 금융통화운영위원회는 일반은행에 대한 감독권만 보유하게 되었다.

1962년의 「한국은행법」의 주요 개정내용을 보면 우선 금융통화위원회의 명칭을 금융통화운영위원회로 바꾸고 금융통화운영위원회의 결의사항에 대해 재무부장관에게 재의요구권을 부여하고 재의가 부결될 경우 대통령이 최종결정권을 가지도록 함으로써 통화정책에 관한 정부의 실질적인 관여를 강화했으며, 외환정책을 재무부에 이관하고 총재임명에 있어서 재무부장관이 제청권을 행사토록 하고 재무부장관이 감사의 임명권을 가지며 한국은행 예산과 업무에 대하여 재무부가 감독권을 보유하는 등 중앙은행의 독립성을 크게 약화시키는 것들이었다.

이에 따라 통화정책에 대한 최종적인 책임과 권한이 재무부장관에 귀속되고 금융통화운영위원회는 통화정책의 운영관리에 관한 사항만을 담당하도록 하였으며 동시에 재무부장관이 한국은행에 대해 실질적인 감독권을 보유토록 하였다.

그러나 1997년 12월 및 2003년 8월 「한국은행법」의 개정으로 통화정책의 집행·수립기능이 재정경제부(재무부와 경제기획원의 통합으로 명칭 변경)에서 한국은행으로 이관되고 금융통화운영위원회의 명칭을 다시 금융통화위원회로 환원하는 등 한국은행의 자주성이 크게 강화되었다. 재정경제부장관이 한국은행의 정책결정에 관여할 수 있는 권한은 금융통화위원회의 의결이 정부의 경제정책과 상충된다고 판단되는 경우에 한해 재의요구를 할 수 있고 한국은행의 업무운영에 대해서는 한국은행의 급여성 경비예산에 대한 사전승인권과 한국은행 감사의 제청권(대통령 임명)으로 한정되었다.

종래 한국은행에 대한 재정경제부장관의 업무검사는 폐지되어 감사원 검사로 일원화되고 한국은행의 정관변경도 금융통화위원회가 심의·의결토록 하여 한국은행과 재정경제부의 관계는 종래의 수직적 관계에서 수평적 관계로 바뀌었다.

2. 중앙은행의 금융감독기능

금융회사에 대한 감독권한을 중앙은행이 가져야 하는가, 아니면 정부 또는 정부로부터 권한을 위임받은 별도의 감독기관이 가져야 하는가는 오랫동안 논란이 되어 왔다. 중앙은행이 금융회사에 대한 감독기능을 가져야 한다는 논리는 다음과 같은 점이 제시된다.

① 중앙은행이 통화정책을 효율적으로 수립·집행하고 이의 이행을 확인하고 담보하기 위해서는 통화정책의 전달경로인 금융회사에 대한 감독이 불가피하다. 특히 감독활동을 통해 얻어지는 정보는 통화정책의 수립에 매우 유용한 정보가 되는 등 통화정책기능과 감독기능 간에는 높은 보완효과가 있다. 따라서 이와 같은 정보를 획득하기 위해서는 중앙은행이 금융회사에 근접하여 관찰하는 감독기능이 필요하다.

② 지급결제제도의 안정성을 확보하기 위해서다. 지급결제제도 참여자들은 구조적으로 결제과정에서 일시적으로 유동성 부족상태에 빠질 수 있으며, 이런 경우 중앙은행이 부족자금을 지원한다는 신뢰하에 그 안정성이 보장된다. 따라서 중앙은행이 이와 같은 유동성위험에 대처하기 위해서는 지급결제제도 참여자들의 신용위험 등 적격성을 심사하고 참여를 통제할 필요가 있다.

③ 중앙은행이 최종대출자 기능을 통해 금융시스템의 안정을 도모하기 위해

서는 금융회사에 대한 건전성 규제가 필요하다. 중앙은행이 긴급신용을 제공하기 위해서는 지원대상기관의 경영상태에 대한 파악을 위한 검사와 건전경영을 유도하기 위한 지도기능이 필요하기 때문이다.

반면 정부 또는 정부로부터 권한을 위임받은 기관이 금융회사에 대한 감독권한을 가져야 한다는 논리로는 다음과 같은 점이 제시된다.

① 물가안정을 목적으로 하는 중앙은행이 금융제도의 건전성 유지를 주요목적으로 하는 감독업무를 관장하는 경우 이들 목적간의 상충문제가 발생할 소지가 있다. 중앙은행이 금융감독과 통화정책에 대한 이중책임이 있는 경우 금융회사의 도산이나 신뢰도의 하락을 방지하기 위해 너무 느슨하게 통화정책을 수행할 우려가 있다. 특히 대마불사의 논리에 빠져 통화정책이 미시적 수단으로 전락할 우려가 있다.

② 중앙은행이 통화정책에 관한 강력한 권한을 보유하면서 금융회사에 대한 감독권을 가질 경우 지나친 권한의 집중에 따른 폐해가 우려된다. 특히 중앙은행의 역할범위가 너무 넓으면 중앙은행의 권한에 대한 견제와 정치적 간여를 유발할 가능성이 커 이로 인해 중앙은행의 독립성이 저해될 우려가 있다.

③ 중앙은행이 시장의 참가자의 하나로서 시장원리에 입각하여 규제의 효과를 기대하기보다는 감독권이라는 손쉬운 수단에 의존할 가능성이 크다. 특히 중앙은행의 최종대출자기능은 금융회사들이 과도하게 중앙은행에 의존하려는 타성을 갖게 하므로 가급적 공개시장조작 등으로 대체되어야 한다.

④ 중앙은행이 금융감독기능 수행으로 물가안정보다 금융시스템의 안정을 더 중시할 경우 통화정책의 신뢰가 저하될 우려가 있다.

어느 주장이 더 합리적인지에 대해서는 아직까지 정립된 이론은 없다. 주요국의 금융감독제도를 보면 은행감독권을 아일랜드, 네덜란드 등과 같이 중앙은행이 관장하는 경우, 오스트리아, 스칸디나비아제국 등과 같이 정부가 직접 관장하는 경우, 미국, 영국 등과 같이 정부와 중앙은행 및 기타기관들이 분장하는 경우, 독일, 일본, 중국, 캐나다, 호주, 스위스 등과 같이 정부산하의 별도의 감독기관이 관장하는 경우 등 매우 다양하다. 특히 감독의 내용이나 방식 등에 있어서도 감독기관이 인·허가, 규제, 검사 및 제재를 포함하는 포괄적 감독권을 갖고 있는 경우도 있고 일부 검사나 규제권만 갖고 있는 등 감독권 자체에 대한 통일된 개념도 정립되어 있지 않다.

그러나 대부분의 국가에 공통적인 것은 법적으로 중앙은행이 직접적인 금융감독기관이 아니라 하더라도 대부분의 중앙은행들은 금융감독기관의 감독위원회나 경영위원회 등에 참석하거나 금융감독기관과 자원을 공유하는 등의 형태로 감독업무에 어느 정도 참여하고 있다는 것이다. 이는 제도적으로 금융회사에 대한 최종감독권이 어디에 귀속되느냐보다는 감독업무 수행의 효율성과 중립성, 감독업무와 통화정책과의 유기적인 조화 등이 보다 중요하다는 의미이다.

따라서 감독권의 귀속문제보다는 감독업무와 통화정책과의 유기성, 감독업무의 전문성과 효율성을 제고하기 위한 감독기관간의 정보교환 및 협조, 감독기준의 일관성과 형평성, 감독비용의 경제성, 그리고 국제적 기준과의 정합성 유지 등이 더욱 중요하다 할 것이다.

Ⅱ. 한국은행

1. 한국은행의 조직과 권한

우리나라에서 처음으로 중앙은행(central bank)의 기능을 수행한 은행은 대한제국시대인 1909년에 창립된 구 한국은행이었다. 이 은행은 일제시대인 1911년 조선은행으로 개칭되어 해방되기까지 존속하였고, 해방 후에도 1950년 새로운 중앙은행이 탄생하기까지 중앙은행의 역할을 담당하였다. 그런데 조선은행은 발권은행이기는 하였으나 여타 은행과 똑같이 대민간 예금·대출업무를 담당하였으므로 순수한 의미의 중앙은행은 아니었다.

1950년 6월 12일 한국전쟁이 발발하기 2주 전에 중앙은행으로서 한국은행(BOK: The Bank of Korea)이 ① 국민경제발전을 위한 통화가치의 안정, ② 건전한 은행제도와 그 기능향상을 통한 경제발전과 국가자원의 효율적인 이용의 도모, ③ 정상적인 국제무역거래를 위한 외환준비금의 관리를 목적으로 창립되었다.

창립 당시 한국은행은 외환정책과 외환업무를 관장하였으나 1962년 「한국은행법」의 개정으로 외환정책에 관한 권한은 재무부에 귀속되고 외환업무는 1968년 창립된 한국외환은행에 인계하였다.

1997년 12월 「한국은행법」의 개정으로 한국은행의 통화정책의 중립성이 크게 제고되었으나 은행에 대한 감독기능의 대부분을 금융감독위원회(현 금융위원회)에 이관함에 따라 은행에 대한 통제력은 크게 약화되었다. 개정된 「한국은행법」에 의하면 한국은행의 목적은 종래의 통화가치의 안정과 은행 신용제도의 건전화에서 효율적인 통화정책의 수립·집행을 통한 물가안정 도모로 변경되었다가 2011년「한국은행법」의 개정으로 금융안정 기능이 추가되었다. 그리고 한국은행의 운영원칙으로 통화정책의 중립적 수립 및 자율적 집행, 한국은행의 자주성 존중, 통화정책 수행에 있어 정부 경제정책과의 조화 도모 및 시장기능 중시, 업무수행 및 기관운영에 있어서의 공공성과 투명성 확보 등을 선언적으로 규정하고 있다.

한국은행의 조직구조를 보면 한국은행의 내부최고의결기구로 금융통화위원회를 두고 동 위원회는 한국은행총재와 부총재를 당연직 위원으로 하고 임명직 5인의 위원을 포함한 7인으로 구성된다. 임명직 위원은 기획재정부장관, 한국은행총재, 금융위원회위원장, 상공회의소회장, 은행연합회회장이 각 1인씩 추천하여 대통령이 임명하게 되어 있다. 한국은행총재는 금융통화위원회 의장을 겸임하고 국무회의의 심의를 거쳐 대통령이 임명하며 임기는 4년으로 1차에 한해 연임이 가능하다. 임명직 위원의 임기는 4년으로 연임이 가능하고 전원 상근하며 재직중 겸직 및 영리목적의 사업영위가 금지된다.

한국은행은 매년 정부와 협의하여 물가안정목표를 정하고 이를 포함하는 통화정책운영계획을 수립·공표하여야 한다. 그리고 한국은행은 연 1회 이상 통화정책의 수행상황보고서를 국회에 제출하여야 한다. 정부는 한국은행총재에게 국무회의에 출석을 요구할 수 있고 국회 또는 그 위원회도 한국은행총재의 출석 답변을 요구할 수 있다.

한국은행은 무자본 특수법인으로서 순이익은 적립금으로 적립된다. 한국은행의 수익은 정부 및 예금은행에 대한 대출이자가 주요한 원천이고 이 밖에도 외화예금과 외화채권형태로 보유하고 있는 외환보유액으로부터 발생하는 이자수익 등이 있다.

2. 한국은행의 기능

한국은행의 주요기능은 통화정책의 수립 및 집행기능이다.

「한국은행법」 제1조 제1항은 "한국은행을 설립하고 효율적인 통화신용정책의 수립과 집행을 통하여 물가안정을 도모함으로써 국민경제의 건전한 발전에 이바지함"을 동 법의 목적으로 규정하고 있으며, 이와 관련하여「한국은행법」 제1조 제2항은 "한국은행은 통화신용정책을 수행할 때에는 금융안정에 유의하여야 한다."고 규정하고 있다. 이에 따라 한국은행의 주된 설립목적은 통화신용정책 수행을 통해 물가안정을 도모하는 가운데 금융안정을 위한 정책적 노력을 하는 것이다.

한국은행이 채택하고 있는 통화정책 운영체제는 통화량 등의 중간목표를 두지 않고 정책의 최종 목표인 "물가상승률" 자체를 목표로 설정하고 중기적 시계에서 이를 달성하려 하는 통화정책 운영방식이다. 한국은행은 「한국은행법」 제6조 제1항에 의거 정부와 협의하여 물가안정목표를 설정하고 있다. 2019년 이후 물가안정목표는 소비자물가 상승률(전년동기대비) 기준 2%이다. 한국은행은 중기적 시계에서 소비자물가 상승률이 물가안정목표에 근접하도록 통화신용정책을 운영하며, 소비자물가 상승률이 목표수준을 지속적으로 상회하거나 하회할 위험을 균형있게 고려한다.

이를 목적으로 한국은행 금융통화위원회는 물가 동향, 국내외 경제 상황, 금융시장 여건 등을 종합적으로 고려하여 연 8회 기준금리를 결정하고 있다. 한국은행 기준금리(base rate)는 한국은행이 금융기관과 환매조건부증권(RP) 매매, 자금조정 예금 및 대출 등의 거래를 할 때 기준이 되는 정책금리로서 기준금리는 7일물 RP 매각시 고정입찰금리로, 7일물 RP매입 시 최저입찰금리(minimum bid rate)로 사용한다. 자금조정예금 금리는 기준금리에서 50bp를 차감한 이율(최저이율은 0%)로, 자금조정대출 금리는 기준금리에서 50bp를 더한 이율(기준금리가 1% 미만일 경우 기준금리의 2배)로 운용한다.

이 밖에 한국은행은 다음과 같은 기능을 수행한다.

1) 발 권

한국은행은 법화(legal tender)의 발권(note issuing)을 독점하고 있는 유일한 발권은행이다. 한국은행이 발행한 현금의 일부는 대중의 수중에서 유통되며 일부는 예금은행에 예치되어 예치된 금액의 몇 배에 해당하는 예금통화의 발행기초(base)가 된다.

2) 지급결제제도

한국은행은 통화정책과 직결되는 지급결제제도의 안정성과 효율성을 도모하기 위한 중추적인 역할을 담당한다. 한국은행은 지급결제제도를 운영하는 금융업자를 감시하고 국가의 중추적인 금융결제망인 BOK-wire를 직접 운영한다(「한국은행법」 제81조의1).[11]

---

11) ① 한국은행은 지급결제제도의 안정성과 효율성을 도모하기 위하여 한국은행이 운영하는 지급결제제도에 관하여 필요한 사항을 정할 수 있다.

금융기관[12] 법정지급준비금과 초과지급준비금을 중앙은행에 지급준비예금으로 예치하고 있는데, 중앙은행은 이 예치금계정을 통하여 각 은행간 수표와 어음의 교환잔액을 결제시켜 주는 중앙집중결제(central clearing)기능을 수행함으로써 지급결제제도가 원활하게 작동하게 한다.

일국의 지급결제제도는 신용경제를 유지하는 초석으로 중앙은행은 안전·신속하고 효율적인 지급결제제도를 운영·관리할 책임이 있다. 특히 최근 은행간의 대차관계가 청산되기 전에 대고객지급이 먼저 이루어지는 전자금융거래의 급속한 발전으로 어느 한 기관의 결제불이행이 전체 지급결제시스템에 영향을 미치는 결제리스크가 증대되고 있다. 이에 따라 주요국의 중앙은행들은 이와 같은 사태를 예방하기 위한 새로운 결제시스템을 지속적으로 개발하고 있다. 실시간총액결제(RTGS: Real Time Gross Settlement)시스템이 그 예의 하나이다.

종래의 이연차액결제시스템(DNS: Deferred Net Settlement)은 중앙은행이 영업마감시점에서 참가금융기관간에 총수취금액과 총지급금액을 상계한 후 그 차액만을 최종 결제하는 방식이기 때문에 결제불이행 위험에 노출되어 있었다.[13] 실시간총액결제시스템은 거래발생 시마다 건별로 즉시 결제가 이루어지고 건별 결제가 완료되면 취소가 불가능하기 때문에 결제위험을 원천적으로 제거할 수 있다. 그러나 동 시스템은 매 건별로 총액결제를 함에 따라 참가금융기관의 결제자금 부담이 크다는 문제점이 있는바, 이와 같은 문제점을 완화하기 위해 중앙은행이 일중대출(intraday credit) 등을 통해 결제자금이 부족한 금융기관에 유동성을 지원하는 등의 장치를 강구하고 있다.

한국은행도 이와 같은 일중대출[14] 이외에 일부 금융기관의 결제불이행 발생

---

② 한국은행은 한국은행 외의 자가 운영하는 지급결제제도에 대하여 필요한 경우 당해 운영기관 또는 감독기관에 운영기준 개선 등을 요구할 수 있다.

③ 한국은행은 지급결제제도의 원활한 운영을 위하여 제2항의 규정에 의한 지급결제제도의 운영기관에 대하여 지급결제관련 자료를 요구할 수 있다. 이 경우 요구를 받은 기관은 이에 응하여야 한다.

④ 한국은행은 제1항의 규정에 의한 지급결제제도의 참가기관에 대하여 필요한 자료의 제출을 요구할 수 있다.

12) 금융기관이라 함은 「은행법」 제2조의 규정에 의한 금융기관과 「금융지주회사법」에 의한 은행지주회사를 말한다(「한국은행법」 제11조).

13) 현재 이연차액결제시스템은 주로 금융결제원을 통한 소액결제시스템에 이용되고 있다.

14) 한국은행은 금융통화위원회가 정하는 바에 따라 한국은행이 직접 운영하는 지급결제제도의 참가기관에 대하여 일중의 일시적인 결제부족자금을 지원할 수 있다(「한국은행법」 제81조의2).

시 차액결제가 적기에 종료될 수 있도록 순채무한도제도,[15] 사전담보제도,[16] 결제부족자금 공동분담제도[17] 등과 같은 결제의 완결성(settlement finality)을 제고하기 위한 안전장치를 도입하고 있다.

3) 최종대출

중앙은행은 금융기관이 필요한 자금을 재할인을 통하여 대여해 줄 수가 있다. 이러한 중앙은행의 기능을 자금공급의 **최종대부자**(lender of last resort)기능이라고 하는데, 최종대부자라고 부르는 이유는 금융기관이 예상 밖의 예금인출 사태에 봉착할 경우 우선적으로 여유자금이 있는 타금융기관에서 긴급차입하여 예금인출에 충당할 수가 있으나 그 규모가 클 경우에는 최후로 중앙은행으로부터의 차입으로 충당할 수밖에 없기 때문이다.

한국은행은 금융기관에 대해 긴급여신을 할 수 있다(「한국은행법」 제65조).[18] 중앙은행이 은행의 은행으로서 비상시에 자금공급의 최종대출자 기능을 수행하기 때문에 금융기관은 비상시 예금인출에 대비한 거액의 지급준비금을 보유할 필요가 없게 되어 자금을 보다 효율적으로 이용할 수가 있으며 경제여건의 급격한 변화, 즉 급격한 자금수요에 신축적으로 대처할 수 있다.

중앙은행이 자금공급의 최종대출자로서 기능을 수행하는 대상에 관해서는 양

---

15) 채무불이행 가능성 및 그 규모를 최소화하기 위해 결제시스템에 참가하고 있는 기관들로 하여금 여타 기관과의 거래에서 발생하는 순채무액에 대해 그 상한(결제한도)을 설정하도록 하는 제도.

16) 결제시스템에 참가하고 있는 기관으로부터 사전에 담보증권을 받았다가 결제불이행사태가 발생한 경우 이를 처분하거나 한국은행 대출의 담보로 사용할 수 있게 하는 제도.

17) 결제불이행기관이 제공한 담보증권만으로 부족한 결제자금을 조달할 수 없는 경우 이를 여타 참가기관들이 공동으로 분담하여 결제를 종료토록 하는 제도.

18) ① 한국은행은 다음 각호의 경우에는 위원 4인 이상의 찬성으로 금융기관에 대한 긴급여신을 할 수 있다. 이 경우 제64조 제1항에 따른 담보 이외에 임시로 적격성을 부여한 자산을 담보로 할 수 있다.

1. 자금조달 및 운용의 불균형 등으로 유동성이 악화된 금융기관에 대해 긴급히 여신을 하는 경우
2. 전산정보처리의 장애 기타 우발적 사고 등으로 금융기관의 지급자금의 일시적 부족이 발생함으로써 업무수행에 현저한 지장이 초래될 것으로 인정되어 일시적으로 여신을 하는 경우

② 제1항 제1호에 따라 여신을 받은 금융기관에 대하여는 이를 상환할 때까지 금융통화위원회가 대출과 투자를 제한할 수 있다.

③ 한국은행은 제1항의 규정에 의한 여신과 관련하여 필요하다고 인정하는 경우에는 당해 금융기관의 업무와 재산상황을 조사·확인할 수 있다.

④ 금융통화위원회는 제1항에 따른 긴급여신을 의결하고자 하는 경우 정부의 의견을 들어야 한다.

론이 있다. 부실은행은 제외하고 지불능력은 있으나 유동성이 부족한 은행에 한정해야 한다는 주장과 지불능력이 없는 은행에 대해서도 지원해야 한다는 주장이 그것이다. 전자는 부실은행의 도덕적 해이(moral hazard)를 방지하고 은행제도의 건전성을 유지하기 위해서는 건전한 은행들만이 지원대상이 되어야 한다는 것이고, 후자는 유동성이 부족한 은행과 지불능력이 없는 은행을 구분하기는 현실적으로 어려울 뿐 아니라 개별 은행의 파산이 금융시스템 전체에 미치는 파급효과를 방지하기 위해서는 지불능력이 없는 은행도 중앙은행의 지원대상이 되어야 한다는 것이다.[19] 미국 등에서의 경험은 대체로 부실은행에 대해서도 지원하는 경우가 많았다.

4) 정부재정 대행

정부는 중앙은행에 정부예금계정을 설치하여 모든 세입을 정부예금계좌에 입금하며 모든 세출 역시 정부예금계좌로부터 인출하도록 하고 있다. 즉 중앙은행은 정부의 재정대행기관(fiscal agent)으로서 모든 국고금의 출납업무를 대행하고 있다. 국고금의 출납업무는 정부가 직접 출납업무를 담당할 수도 있고 중앙은행에 국고금을 예치하여 그 출납업무를 대행토록 하기도 하는데 우리나라는 후자의 방식을 택하고 있다.

이 밖에도 1962년 「한국은행법」의 개정으로 한국은행의 정부에 대한 대출, 국채의 인수 및 정부보증증권의 인수가 추가되어 정부의 은행으로서의 기능이 확대되었다.

5) 민간에 대한 업무

한국은행은 「한국은행법」이 정하는 경우를 제외하고는 정부·정부대행기관 또는 금융기관 외의 법인이나 개인과 예금 또는 대출의 거래를 하거나 정부·정부대행기관 또는 금융기관 외의 법인이나 개인의 채무를 표시하는 증권을 매입할 수 없다(제79조). 다만 금융기관의 신용공여가 크게 위축되는 등 금융기관으로부터의 자금조달에 중대한 애로가 발생하거나 발생 가능성이 높은 경우 한국은행은 기술한 민간과의 거래제한 규정에 불구하고 위원 4인 이상의 찬성으로 금융기관이 아닌 자로서 금융업을 영위하는 자 등 영리기업에 대하여 여신을 할 수 있고 동 여신과 관련하여 필요하다고 인정하는 경우 당해 기업의 업무와 재산상황을 조사·확인할 수 있다(제80조).

19) 정운찬, 「금융개혁론」, 법문사, 1991, 147~150면.

6) 금융기관 감독

종래에는 한국은행(금융통화위원회)이 일반은행에 대해 포괄적인 감독권을 보유하였으나 1997년 12월 관계법의 개정에 따라 1998년 4월 설치된 금융위원회(금융감독원)에 감독권의 대부분을 이양하고 현재는 금융기관 등에 대한 자료제출요구권(제87조)[20]과 금융감독원에 대한 검사 및 공동검사 등에 관한 권한(제88조)[21]을 갖고 있다.

7) 외환시장 운영 및 대외지급준비 보유

한국은행은 외국환거래에 대한 조사·검사 등 사후관리, 외환거래정보의 집중 및 관리, 대외지급 및 자본거래관련 신고·접수·수리·허가 등 외환시장의 운영업무를 관장하고 있다. 이 밖에 한국은행은 정부의 환율정책, 금융기관의 외화여수신 및 외국환 매입·매도초과액의 한도설정 등에 관한 정책에 대해 협의기능을 수행하며 우리나라 대외지급준비자산의 공적보유기관으로 외화자금 및 외환의 보유와 운영을 담당한다.

중앙은행이 국제거래의 지급준비금인 결제수단으로서의 외환을 보유하게 된 것은 중앙은행의 역사적인 발전과정에서 부수적으로 얻어진 결과이다.

금본위제도 하에서는 중앙은행이 발권기능을 독점하여 준비금으로 금 또는 금을 절약하기 위하여 금태환이 보장된 외국의 금화, 즉 금환(외환)을 보유하게 되었으며 그 후 발권제도가 관리통화제도로 바뀐 이후에도 중앙은행이 전통적으로 보유해 왔던 금준비 또는 외환준비가 국제거래의 결제수단 역할을 수행하기 시작하였던 것이다.

---

20) 한국은행은 금융통화위원회가 통화신용정책 수행을 위하여 필요하다고 인정하는 경우 다음 각호의 자에 대하여 자료제출을 요구할 수 있다. 이 경우 요구하는 자료는 자료제출을 요구받는 자의 업무 부담을 충분히 고려하여 필요한 최소한의 범위로 한정하여야 한다.
1. 제11조에 의한 금융기관
2. 금융기관이 아닌 자로서 금융업을 영위하는 자 중 한국은행과 당좌거래약정을 체결한 자
3. 제1호 및 제2호에 속하지 아니하는 자로서 「금융산업의 구조개선에 관한 법률」 제2조에 따른 금융기관 중 자산규모 등을 고려하여 대통령령이 정하는 자

21) ① 한국은행은 금융통화위원회가 통화신용정책 수행을 위하여 필요하다고 인정하는 경우 금융감독원에 대해 구체적인 범위를 정하여 금융기관에 대한 검사를 요구할 수 있으며 필요시 한국은행 직원이 금융감독원의 금융기관 검사에 공동으로 참여할 수 있도록 요구할 수 있다. 이 경우 금융감독원은 대통령령이 정하는 바에 따라 지체없이 응하여야 한다.
② 한국은행은 금융감독원에 대하여 제1항의 규정에 의한 검사결과의 송부를 요청하거나 검사결과에 대하여 금융기관에 대한 필요한 시정조치를 요구할 수 있다. 이 경우 금융감독원은 이에 응하여야 한다.

우리나라의 경우 종래에는 정부가 대외거래 결제수단인 외환을 효율적으로 관리하기 위하여 외환집중제도를 채택하여 국내에 유입되는 모든 외환은 자동적으로 중앙은행이 보유하게 하였으나, 대외거래자유화의 진전과 더불어 동 제도를 폐지하였다.

III. 외국환평형기금의 위탁관리

외국환평형기금(Foreign Exchange Stabilization Fund)[22]은 개방경제체제 하에서 외환의 과다한 유출입으로 환율변동성이 지나치게 커 외환시장의 거래가 위축되거나 투기적 거래가 성행할 경우 정부가 외환시장에 참여하여 환율을 안정시킴으로써 거시경제의 안정을 기하고자 설립된 정부기금이다.

이와 같이 통화관리의 주체인 한국은행의 발권력에 의하지 않고 정부의 기금으로 외환시장에 개입하는 것은 통화관리 측면에서도 대외적 불균형에 따른 통화증발 압력을 재정에서 중화하여 궁극적으로 물가안정을 기할 수 있게 하기 위함이다. 외국환평형기금의 운용 및 관리주체는 기획재정부장관이며 운용에 관한 구체적 사무처리는 한국은행총재에게 위탁되어 있다. 기획재정부장관은 매 회계연도마다 외국환평형기금 운용계획을 수립하는데 기금운용계획서는 국무회의 심의를 거쳐 대통령 승인을 받은 후 회계연도 개시 80일 전까지 국회에 제출되어 승인을 받는다.

한국은행총재는 기획재정부장관으로부터 위탁을 받은 범위 내에서 구체적인 기금운용 및 조달에 따른 사무를 처리하고 있다. 외국환평형기금은 현재 기금의 조성재원의 대부분을 한국은행에 정기예치하고, 한국은행은 이 자금을 재원으로 외환시장에서 외화매매거래를 통한 수요와 공급을 조정하는 간접방식으로 외환시장의 안정을 기하고 있다.

외국환평형기금의 자금조달은 대부분 국내에서 원화표시채권발행에 의존하여 왔으나 1997년 외환위기 이후 외환보유액 확충을 위해 국내 및 해외에서 외화표시 외국환평형기금채권을 발행하였으며 이외에도 정부출연금에 의해서도 일부 조달

---

22) 외국환평형기금은 외국환거래의 원활화를 통한 외환시장의 안정을 위해 「예산회계법」과 「외국환거래법」에 의거 한일청산계정잔액 승계분과 재무부장관명의의 별단예금을 최초 재원으로 조성하여 1967년 3월 설치되었다.

하였다. 외국환평형기금채권 발행을 통해 조성된 원화자금은 주로 한국은행으로부터 외국환을 매입하여 한국은행에 정기예치하고 있다.

제 3 절 금융지주회사

Ⅰ. 금융지주회사의 형태

우리나라는 그간 경제력 집중과 불공정경쟁을 억제하기 위해 지주회사의 설립을 금지하여 왔으나 1999년 2월 「공정거래법」의 개정으로 지주회사를 설립할 수 있게 되었다. 그러나 금융지주회사의 경우 관리·감독, 투자자 보호 등 일반지주회사와는 다른 특수성이 있어 별도의 금융지주회사에 대한 통일된 법률체계의 수립이 필요하였다.

이에 정부는 2000년 10월 「상법」, 「은행법」 등의 특례를 규정하여 「금융지주회사법」을 제정하였다. 동 법은 모든 지주회사에 대하여 적용되는 「공정거래법」의 특별법적 성격을 지니게 된다. 금융지주회사는 「공정거래법」도 일부 적용되나, 금융규제로서의 특성을 반영하여 「금융지주회사법」이 우선적으로 적용된다. 종래의 「금융지주회사법」은 금산분리, 자회사출자한도[23] 등 과도한 규제로 지주회사가 지향하는 장점을 제대로 살릴 수 없다는 지적에 따라 2009년 7월 이를 완화하는 방향으로 개정이 이루어졌다.[24]

---

23) 종래 획일적으로 규정된 지주회사의 자회사에 대한 출자한도(자기자본의 100%)는 2009년 7월 동법의 개정으로 폐지되었다.

24) 금산분리 완화를 위해 현재 「공정거래법」 개정안도 국회에 제출되어 있는바, 주요 개정 내용은 지주회사의 은행을 제외한 금융자회사 지배 허용(지주회사의 비금융자회사가 금융회사를 손자회사로 소유하는 것은 금지), 지주회사 부채비율 200% 이내 유지 조항 삭제, 지주회사의 비계열사 주식 5% 이상 보유 금지조항 삭제 등이다. 지주회사가 직접 출자·지배하는 자회사가 아닌 비계열회사의 주식 소유를 제한하는 것은 지주회사-자회사-손자회사-증손회사로 이어지는 수직적 계열화만 허용하고 계열회사간 수평적 계열화나 순환출자를 금지함으로써 소유·지배구조의 단순·투명성을 유지하기 위해서다. 한편, 일반지주회사가 금융자회사를 소유하는 경우 보험자회사를 포함하여 3개 이상의 금융자회사를 두거나, 금융자회사 총자산 규모가 20조원 이상일 때는 중간지주회사의 설치를 의무화하고 있다. 중간지주회사를 통해 금융과 비금융회사간의 출자관계를 단절하여 동일 집단 내에 금산분리를 강화하기 위해서다. 중간지주회사 체제를 도입할 경우 지주회사

이하에서 현행 「금융지주회사법」상 금융지주회사 제도의 주요 내용을 요약한다.

금융지주회사는 금융회사의 주식(지분)의 소유를 통하여 금융회사를 지배하는 것을 주된 사업으로 하는 회사로 정의되며 '지배기준'과 '주된 사업기준'을 동시에 충족하여야 한다. 여기서 '지배기준'이라 함은 지주회사가 최대주주로서 사업내용을 지배하는 경우를 말하며,[25] 주된 사업기준이라 함은 당해 회사 자산총액 중 자회사에 대한 투자 주식가액이 50% 이상인 경우를 말한다. 금융지주회사는 자회사 주식의 50%(상장법인과 비상장법인 공동출자의 경우 30%) 이상을 소유해야 한다.[26] 이는 과도한 레버리지를 통한 자회사의 확대와 이로 인한 지주회사의 건전성이 저해되는 것을 막기 위해서다.

금융지주회사는 순수지주회사 형태를 취한다.[27] 이는 금융지주회사가 자신이 금융업을 영위하는 사업지주회사 형태를 취할 경우 지주회사가 자신의 경영관리에 전념하여 자회사의 건전경영을 도모하기 어려울 뿐만 아니라 사업지주회사의 경우 모회사 이익을 우선하게 됨에 따른 위험의 전이, 이해상충 등 모·자회사 방식의 문제점을 그대로 갖기 때문이다.

금융지주회사는 은행을 자회사로 갖는 은행지주회사와 은행을 자회사로 갖지 않고 보험회사를 자회사로 갖는 보험지주회사 그리고 은행과 보험회사를 자회사로 갖지 않고 금융투자회사를 자회사로 거느리는 금융투자지주회사로 구분한다. 금융지주회사를 이렇게 구분하는 것은 이들 회사에 대한 규제의 강도가 차이가 있기 때문이다. 은행의 경우 지급결제시스템의 중심인데다 단기로 자금을 조달하여 장기로 운용하는 특성상 자산·부채의 만기불일치(mismatch)로 인한 유동성리스크가

체제 안에 있는 모든 회사를 합산한 자기자본비율 규제, 대주주 신용공여한도 설정, 지주회사 차원의 경영실태평가 등 「금융지주회사법」에 의한 통합감독(consolidated supervision)을 받게 된다.

25) 특수관계인의 지분을 합산하되 지주회사 지분율이 특수관계인의 지분율보다 적은 경우에는 지주회사가 자회사를 지배하는 것으로 보지 않는다.

26) 「공정거래법」상 순수지주회사의 경우 자산총액이 1천억원 이상인 회사로서 자산총액 중 자회사에 대한 투자 주식가액이 50% 이상인 경우 지주회사로 간주되며 지주회사가 되면 자회사 주식의 40%(상장회사의 경우 20%) 이상을 소유해야 한다(제8조 ②). 이 밖에 부채비율 제한(자기자본의 200%), 자회사 외의 지배 목적 소유행위 금지, 금융회사 주식 소유 금지, 지주회사와 자회사간, 지주회사와 국내계열사간 및 자회사 상호간 채무보증 금지 등의 행위규제가 적용된다.

27) 일반지주회사의 경우 사업지주회사도 허용된다. 사업지주회사는 「상법」 및 「공정거래법」 등의 상호출자 제한, 계열사간 부당지원행위 금지, 계열사 채무보증 제한 등의 규제를 받는다.

크고 예금인출사태(bank run) 등 여타 산업에 비해 시스템리스크가 크기 때문에 따른 어떤 산업보다도 규제가 강하다.

위험을 인수하는 보험업도 고객의 자금을 예탁받아 운용한다는 측면에서 은행과 유사하나 위험의 성격상 은행보다는 크지 않아 상대적으로 규제가 약하다. 순수보장성보험의 경우 보험기간이 종료하면 보험금 지급의무가 소멸하며 저축성보험의 경우 보험료로 조성한 장기자금으로 장단기 자산으로 운용하여 자산·부채의 만기불일치로 인한 유동성리스크가 크지 않고 결제기능도 매우 제한적이어서 시스템리스크도 은행에 비해 크지 않기 때문이다.

위험을 인수하는 은행과 보험업과 달리 위험의 중개가 주된 업무인 금융투자업의 경우 이들 산업에 비해 규제가 약하다. 특히 은행이나 보험회사의 경우 예금자나 보험계약자의 자산을 수탁받아 운용하는 데 비해 금융투자회사의 경우 주로 자기자본투자(principal investment)가 자산운용의 대부분을 차지하고 있어 예금자나 보험계약자 보호와 같은 수탁자의 책임이 상대적으로 작다. 이에 따라 은행지주회사의 경우 은행에 준하는 인허가, 소유제한, 이해상충 방지, 건전성 규제 등이 적용되며 특히 산업자본의 은행 지배를 막기 위한 다양한 규제가 적용된다.

산업자본(비금융주력자)의 은행지주회사주식 보유한도를 의결권 있는 발행주식총수의 4%로 제한하고 동 한도까지는 의결권 행사를 허용하되 비금융주력자가 4%를 초과 보유하면서 은행지주회사의 최대주주가 되거나 경영에 관여하고자 하는 경우에는 사전에 금융위원회의 적격성 심사를 받아 승인을 얻어야 하며 승인시 지분율 이상의 지배력 행사를 제한할 수 있다.

은행을 자회사로 지배하지 않는 비은행지주회사의 경우도 금융회사가 아닌 비금융회사의 지배가 금지된다(2014. 7. 개정).

금융지주회사의 설립이나 자(손자)회사의 편입시 금융위원회의 사전 인가를 받아야 한다.[28] 경영능력, 규모, 건전성 등의 요건을 갖춘 외국금융회사의 경우 국내 금융지주회사 설립도 허용된다. 국내금융회사의 해외진출을 활성화하기 위해 해외진출시 지주회사 소속 자회사 등 사이의 공동출자와 손자회사가 외국에서 설립된 금융기관 또는 금융업의 영위와 밀접한 관련이 있는 금융유관회사를 지배하는 것을 허용한다. 특히 자회사가 금융투자업자인 경우에는 그 증손회사 이하 수직적으

28) 일반지주회사의 경우 설립·전환시 공정거래위원회에 사후신고하고 자회사 등의 편입시 기업결합 신고 이외에 별도의 규제가 없다.

로 외국 금융투자업자를 지배하는 것도 허용한다. 이는 공동출자와 계열회사 등을 통해 축적된 전문성을 적극 활용하기 위해서다.

금융지주회사제도의 시너지 효과를 제고하기 위해 지주회사와 자회사 또는 자회사간 고객정보[29]를 공유할 수 있고 자회사간 임직원의 겸직이 폭넓게 허용된다. 금융지주회사와 자회사 등 사이의 임직원 겸직을 전면 허용하고 동일한 업종을 영위하는 서로 다른 자회사 등 사이의 임직원 겸직도 허용하고 있다.[30]

금융지주회사의 자회사 등 사이의 업무위탁의 범위도 확대된다. 업무위탁은 원칙적으로 금융위원회의 사전승인 등을 통하여 인가·등록과 관련된 본질적 업무 중 자회사 등 사이의 위험의 전이, 고객과의 이해상충, 건전한 거래질서를 저해할 우려가 있는 사항 이외의 경우에는 인가·등록을 받은 금융자회사 등 사이에 그리고 후선업무 등 비본질적 업무의 경우에는 인가·등록을 받지 않은 자회사 등 사이에도 허용된다.

한편, 순환출자 등으로 복잡하게 연결된 대기업집단의 소유지배구조를 단순·투명화된 지주회사 체제로의 전환을 촉진하기 위해 비은행 지주회사로 전환시 「금융지주회사법」상 적용되는 자회사 최저지분보유의무, 보험회사의 비금융회사 지배금지 등 각종 행위제한 규정의 적용을 5년(2년 연장 가능)간 유예한다.

2023년 말 기준으로 우리나라에서는 10개의 금융지주회사가 있으며 신한,

---

29) 고객정보는 금융기관과 금융자산을 거래하는 금융거래(「금융실명법」 제4조), 금융거래 등 상거래에 있어서 거래상대방인 개인의 신용도와 신용거래능력 등을 판단하기 위해 필요한 개인신용정보(「신용정보법 시행령」 제2조 ①) 등을 포괄한다(동 법 제48조의2). 특히, 「신용정보법」의 경우 개인신용정보를 제3자에게 제공하거나 상거래 목적으로 활용하기 위해서는 정보주체의 동의를 얻어야 하나(동 법 제32조, 제33조), 「금융지주회사법」에서는 계열사 간에는 정보주체의 동의 없이도 동 정보를 제공·활용할 수 있는 특례를 인정하고 있다. 제공할 수 있는 정보는 내부 신용위험관리, 고객분석, 성과관리, 상품개발 등 경영관리 이용목적에 한하며 계열사 간 고객정보의 이용범위, 이용기간, 암호화 등에 관한 사항을 시행령 등에서 규정할 수 있도록 위임근거를 마련하고 계열사 간 정보제공내역은 고객에게 주기적으로 통지하도록 하였다(2014. 5. 개정).

30) 금융위원회의 사전승인을 받는 경우에는 집합투자, 신탁업 등을 제외한 금융업을 영위하는 자회사 등 사이의 임직원 겸직을 허용한다. 금융위원회는 겸직으로 인한 이해상충 또는 금융기관의 건전성을 저해할 우려의 정도에 따라 겸직금지, 사전승인, 사전보고, 사후보고의 4단계로 규정하고 겸직 업무의 세부사항, 겸직 승인기준에 포함될 사항 및 사후보고 대상 등에 대하여 규정으로 정한다. 겸직에 따른 부작용은 금융지주회사 자체의 내부통제장치 강화, 금융감독당국의 사전승인시 내부통제장치의 적절성 심사, 사법절차상 금융소비자의 금융지주회사 등에 대한 손해배상청구시 입증책임의 완화 등을 통해 방지하고 있다. 앞으로 금융지주회사의 자회사에 대한 전반적인 통할 기능과 미국, 일본 등 외국의 입법례 등을 감안할 때 이종 업종을 영위하는 금융자회사 등 사이의 임직원 겸직도 허용할 가능성이 크다.

KB, 하나, NH농협, 우리, BNK, DGB, JB(이상 은행지주), 한국투자, 메리츠(증권지주) 등이 이에 포함된다.

Ⅱ. 금융지주회사의 감독

금융지주회사의 건전성 감독을 위하여 금융지주회사와 자회사를 연결한 자본적정성 비율과 경영실태평가결과를 기준으로 적기시정조치를 적용하는 등 금융지주회사와 자회사를 포괄하는 경영건전성 감독체제를 갖추고 있다. 비은행지주회사에 대한 적기시정조치는 필요자본에 대한 자기자본비율[31]과 경영실태평가에 의한 등급을 기준으로 실시한다. 필요자본은 개별금융기관이 관계법령에 규정된 자본적정성 기준을 충족하기 위하여 보유해야 하는 자기자본을 의미한다. 다만, 은행지주회사에 대한 자본적정성 규제기준은 은행과 마찬가지로 자회사를 포함하는 연결기준 위험가중자산 대비 자기자본비율(BIS비율)로 한다.

경영실태평가는 리스크관리(risk management), 재무상태(financial condition), 잠재적 충격(impact) 등을 주요 평가요소로 하며 그룹 전체의 리스크관리 강화에 초점이 주어진다.

은행지주회사의 경우 편중여신으로 인한 그룹리스크 방지를 위하여 은행지주회사와 자회사 등의 동일차주 및 동일한 개인·법인에 대한 신용공여한도를 설정하는 동시에 대주주의 사금고화 등을 방지하기 위하여 대주주[32]에 대한 신용공여한도 설정,[33] 은행지주회사의 대주주 주식 취득제한 등 대주주와의 거래에 대한 규제를 하고 있다.

한편, 산업자본이 은행지주회사 주식의 4%를 초과 보유하여 최대주주가 되고자 하는 경우 사전에 적격성 심사를 통해 승인여부를 결정하고 불법 내부거래가

---

31) 필요자본에 대한 자기자본비율 = (금융기간별 자기자본 − 자회사 등에 대한 출자액)/금융기관별 필요자본의 합계액.

32) 은행의 대주주와 동일.

33) 금융지주회사와 자회사를 연결한 자기자본 순합계액의 25%와 대주주의 금융지주회사에 대한 출자비율에 자기자본을 곱한 금액 중 적은 금액을 초과하는 신용공여를 금지하는 대주주 신용공여한도와 전체 대주주 총신용공여한도(은행지주회사 등 자기자본 순합계액의 25% 이내)가 설정되어 있다.

의심되는 경우 대주주에 대하여 필요한 최소한의 범위에서 금융감독당국 등의 검사를 실시할 수 있도록 하였다. 이 밖에 은행지주회사의 대주주가 해당 은행지주회사에 부당한 영향력을 행사하여 한도를 위반하는 신용공여를 받는 행위 금지, LP[34)]가 은행지주회사의 주식을 보유하고 있는 PEF의 의결권 행사에 영향을 미치는 등 위법행위가 발생할 경우 PEF에 대해 동 주식의 매각명령, 주요출자자 등의 위법행위시 적용되는 과징금 및 벌칙 강화 등의 장치를 마련하고 있다.

은행지주회사에 비해 상대적으로 이해상충이나 시스템리스크가 적은 비은행지주회사에 대하여는 은행지주회사와 동일한 규제를 실시하는 것은 과도한 규제(over-regulation)라는 지적에 따라 비은행지주회사에 대해서는 은행지주회사에 적용되는 규제 중 상당 부분을 완화 적용한다. 예컨대 비은행지주회사의 경우 대주주 및 동일차주 등에 대한 신용공여한도를 은행지주회사에 비해 완화 적용하고 지주회사 설립 및 자회사 등의 편입시 사전 인가·승인기준도 완화할 수 있도록 그 근거를 마련하고 있다.

또한 자회사의 손자회사 지배를 업무관련성이 있는 경우에만 허용하는 은행지주회사와는 달리 비은행지주회사의 경우 업무관련성을 요건으로 하지 아니한다.

한편 금융지주회사의 설립을 촉진하기 위해 앞으로 해결해야 할 과제로 연결납세제도[35)]와 양도차익 과세이연 범위 확대 등「세법」관련 사항과 자회사 합병

34) 사모펀드(PEF: Private Equity Fund)의 유한책임사원(Limited Partner)을 말한다.

35) 연결납세제도(consolidated tax return)는 주식의 보유 등 경제적으로 결합된 모·자회사를 하나의 과세대상으로 하여 각 법인의 소득과 결손금을 합산하여 법인세를 부과하는 제도이다. 현재 미국, 영국, 독일, 프랑스, 일본 등 OECD 회원국의 대부분이 동 제도를 시행하고 있으나 도입 형태는 조금씩 다르다.

미국의 경우 지주회사는 자신과 자회사의 소득 및 결손을 합하여 연결과세소득을 계산·보고하고 동 소득을 기초로 결정된 연결납세액을 세무당국에 납부하며, 각 자회사는 일정한 방법으로 부과된 금액을 각자 부담한다. 영국의 경우는 지주회사와 자회사간 소득이나 결손을 연결하는 것이 아니라 그룹 내 적자회사의 결손을 흑자회사에 일부 또는 전부를 이전하여 흑자회사의 소득에서 공제하는 방식(group relief)을 인정한다. 독일의 경우는 영국과 기본적으로 같으나 결손을 전액 이전하는 방식(organschaft)만을 인정하고 있다.

연결납세제도가 적용되기 위한 자회사 주식 최저 보유비율은 나라마다 다르다(미국 80%, 영국 75%, 독일 50%, 일본 100% 등). 우리나라는 그간 법률적으로 독립된 법인만을 과세단위로 하는 개별납세제도(separate tax system)만을 채택하여 연결납세제도를 도입하지 않았으나, 2010년부터 100% 지배관계가 형성된 모자회사에 대해 연결납세제도가 도입되었다. 다만 우리사주조합과 주식매수선택권 행사에 따른 취득주식은 5% 범위 내에서 100% 보유의 예외가 인정된다.

등을 지주회사가 결정할 경우 지주회사 경영진과 노동조합간의 단체교섭 등 「노동법」 관련 사항 등이 있다.

이 밖에 지주회사를 통한 겸업화의 시너지를 제고하기 위해 각 그룹사의 고객정보의 그룹사간 공유제한의 완화, 지주회사 그룹 내 회사간 공동의 마케팅이나 거래에 대한 「공정거래법」상의 부당행위 적용과 그룹 내 회사에 대한 개별법상의 전업주의 체계의 적용 등에 대한 완화의 필요성이 제기되고 있다.

부 록 7-1

통화 및 통화정책

FINANCIAL INSTITUTION

Ⅰ. 통　　화

1. 통화의 개념

교환경제에 있어 화폐는 지불수단(means of payment), 가치저장수단(store of value), 계산단위(unit of account), 이연지불수단(medium of deferred payment) 등 다양한 기능을 가지고 있다. 화폐가 이와 같은 기능을 갖기 위해서는 그 실질가치, 즉 구매력이 안정되어 일반으로부터 높은 수용성(general acceptability)을 가져야 함은 물론이다. 통화(money)에 대한 대표적인 정의로는 이와 같은 화폐의 기능을 중심으로 한 고전적인 정의와 통화를 유동성으로 보는 정의, 그리고 통화의 현실적 유용성을 근거로 한 실증적 정의 등을 들 수 있다.

통화를 유동성(liquidity)으로 정의한 학자로는 J. Gurley[36] 등을 들 수 있는데, 여기서 유동성은 어떤 자산이 사전에 확정된 금액으로 전환될 수 있는 가능성으로 유동성의 크기는 전환되는 데 소요되는 시간과 비용이 적은 정도로 측정된다.

통화를 현실적 유용성으로 본 실증적 정의는 M. Friedman[37] 등이 주창한 이론으로 통화를 그 기능이나 특징에 따라 정의할 것이 아니라 통화가 경제현상을 파악하고 예측하는 데 유용성을 갖도록 정의되어야 한다는 것이다. 여기서 통화의

36) J. Gurley and E. Shaw, *Money in a Theory of Finance*, The Brookings Institution, 1960.
37) M. Friedman and A. Schwartz, "Monetary Statistics of United States," *National Bureau of Economic Research*, 1970.

유용성이란 통화로 분류되는 금융자산과 인플레이션, 경기, 실업 등 거시경제지표와 상관성의 크기를 의미한다.

지금까지 통화는 각국의 금융제도의 발전단계와 여건에 따라 다양하게 정의되어 왔는데, 대체로 통화에 포함되는 금융자산의 유동성과 유용성을 함께 고려하여 정의하여 온 것이 일반적인 추세이다.

통화지표(monetary aggregates)는 시중에 유통되는 통화, 즉 돈의 총량 혹은 유동성 규모를 측정하는 척도이다. 그러나 현실적으로 이를 정확하게 측정하는 것은 쉽지 않다. 금융혁신과 정보통신기술이 급속하게 진전되면서 지급결제수단으로 사용되는 동시에 가치저장의 수단도 되는 "돈과 흡사한 금융상품"이 너무도 많이 등장하였기 때문이다.

〈표 7-4〉는 각국의 통화지표에 포함되는 금융상품의 포괄범위를 나타낸 것이다. 동 지표는 금융상품의 발행자(money issuers)에 따라 다르다. 미국의 경우 통화의 발행자는 연방준비은행, 상업은행, 미국은행 국내지점, 기타금융기관(신용협동조합, 저축기관 등)이고 유로지역과 영국의 경우 예금취급기관, 일본의 경우 일본은행, 국내은행(우체국은행 제외), 외국은행 국내지점, 신용금고, 신금융중앙금고, 농림중앙금고, 상공은행중앙금고 등이다.

우리나라는 1955년 8월 IMF에 정식 가입하게 된 것을 계기로 IMF의 통화금융기관을 중심으로 한 통화금융통계 편제기준을 받아들인 이후 2002년까지 대체로 은행중심으로 통화(M_1), 총통화(M_2), 총유동성(M_3), MCT 등[38]의 통화지표를 작성해 왔다. 그러나 금융기관의 형태, 특히 은행중심의 편제기준을 따르는 기존의 통화지표는 유동성이 높은 비은행예금취급기관의 금융자산(부채)은 제외되는 등 금융환경이 급변하면서 '통화의 정의'와 일치하지 않는다는 문제를 노정하여 왔다. 이에 따라 기존의 통화지표와 실물경제 변수와의 관계도 상당히 불안정한 모습을 보였었다.

이에 한국은행은 2002년 3월부터 IMF의 새로운 국제기준에 따라 금융기관 구분 없이 금융자산의 유동성을 기준으로 새로운 통화지표를 작성 발표하고 있다. 이하에서 새로 개편된 통화지표를 중심으로 그 의의 및 포괄범위 등을 설명한다.

---

38) M_1 = 현금 + 은행요구불예금

M_2 = M_1 + 은행저축성예금

M_3 = M_2 + CD + RP + 금융채 + 제2금융권예수금

MCT = M_2 + CD + 은행금전신탁.

1) 협의의 통화(M_1)

협의의 통화(narrow mㅋoney)는 통화를 직접적인 지급결제수단이라는 관점에서 정의한 개념으로 중앙은행의 현금통화와 예금취급기관의 결제성 예금으로 구성된다. 현금통화는 중앙은행의 창구를 통해 시중에 유출된 화폐발행액 중 은행이 보유하고 있는 시재금(vault cash)을 제외한 금액을 말한다. 이는 즉각적인 구매력을 지닌 불환화폐(fiat money)로서 지급 또는 결제수단으로 가장 직접적으로 이용된다.

표 7-4 통화 및 유동성 지표별 구성내역(2017년 12월 말**(2022년 9월 말)**)(단위: 조원)

<table>
<tr><td rowspan="6"></td><td rowspan="4"></td><td></td><td>L(광의유동성)
3,350.5 (6,521)</td></tr>
<tr><td rowspan="3">Lf(금융기관유동성)
2,615.1 (5,133)</td><td>회사채, CP
229.9 (339)</td></tr>
<tr><td>국채, 지방채
276.9 (512)</td></tr>
<tr><td>기타금융기관상품
458.1 (589)</td></tr>
<tr><td rowspan="2">M_2(광의통화)
2,530.4 (3,758)</td><td>생명보험계약준비금 및 증권금융예수금
688.8 (720)</td><td rowspan="2">(좌 동)</td></tr>
<tr><td>2년 이상 장기금융상품 등
346.8 (655)</td></tr>
<tr><td rowspan="4">M_1(협의통화)
849.9 (1,322)</td><td>기타 예금 및 금융채
189.1 (252)</td><td rowspan="4">(좌 동)</td><td rowspan="4">(좌 동)</td></tr>
<tr><td>실적배당형금융상품[2]
484.9 (628)</td></tr>
<tr><td>시장형금융상품[1]
30.5 (47)</td></tr>
<tr><td>정기예적금
975.9 (1,452)</td></tr>
<tr><td>수시입출식예금
525.2 (753)</td><td rowspan="3">(좌 동)</td><td rowspan="3">(좌 동)</td><td rowspan="3">(좌 동)</td></tr>
<tr><td>요구불예금
227.8 (402)</td></tr>
<tr><td>현금통화
96.8 (167)</td></tr>
</table>

주: 1) CD, RP, 매출어음

2) 만기 2년 미만 금전신탁, 수익증권, MMF, CMA

자료: 한국은행, 경제통계시스템.

예금취급기관의 결제성예금은 예금취급기관이 일반으로부터 예수한 요구불예금과 수시입출식예금을 말한다. 이 중에서도 특히 주로 거래적 동기로 보유하고 있는 은행의 요구불예금은 현금 또는 수표발행에 의해 지급결제수단으로 직접 사용할 수 있어 통화성(moneyness)이 매우 크다. 수시입출식예금에는 은행의 저축예금과 *MMDA* 등이 포함된다. 수시입출식예금도 입출금이 자유로워 각종 자동이체서비스 및 결제기능을 갖고 있어 유동성이 매우 높은 결제성 단기금융상품으로 구성되어 있어 통화시장의 유동성 사정을 파악하는 데 적절한 지표이다.

2) 광의의 통화(M_2)

광의의 통화(broad money)는 통화가 지급결제수단으로서의 기능뿐만 아니라 가치의 일시적 저장수단으로서의 기능도 가지고 있다는 점, 통화와 물가상승률, 경제성장률 등 거시경제변수와의 관계 및 통화에 대한 중앙은행의 통제가능성 등을 고려하여 정의된 개념으로 협의의 통화에다 협의의 통화보다 유동성은 다소 떨어지나 협의의 통화와 대체성이 높은 예금취급기관의 금융상품을 더해서 작성한다. 구체적으로 협의의 통화에 기간물 정기예적금, *MMF*, *CD*, *RP*, *CMA*, 표지어음 등의 시장형상품, 실적배당형상품, 금융채, 기타 증권회사의 증권저축 및 종합금융회사의 발행어음 등을 더하여 작성하되, 다만 유동성이 낮은 만기 2년 이상의 장기금융상품은 제외한다.

광의의 통화는 단기저축성상품, 시장성상품, 실적금융상품 등 약간의 이자소득만 포기하면 즉시 결제성자산으로 전환할 수 있어 전체 금융시장의 유동성사정을 파악하는 데 적절한 지표이다.

3) 금융기관유동성(*Lf*)

금융기관유동성(*Lf*)은 종래의 M_3로 예금취급기관의 통화성상품(결제성상품 및 단기금융상품 등)을 통화지표(monetary aggregates)로 정의하는 IMF의 새로운 통화금융통계 매뉴얼의 기준에 따라 그 명칭을 통화(money)의 의미가 내포된 M_3에서 *Lf*(liquidity aggregates of financial institutions)로 개칭한 것이다. *Lf*는 M_2에다 만기 2년 이상 정기예·적금 및 금융채, 증권금융의 예수금, 생명보험회사의 보험계약준비금 및 *RP* 그리고 농협 국민생명공제의 예수금 등을 포함한다.

4) 광의유동성지표(*L*)

광의유동성지표(liquidity aggregates)는 일국의 경제가 보유하고 있는 전체 유동성의 크기를 측정하기 위한 최광의의 지표로 금융기관유동성(*Lf*)에다 정부 및 기업

표 7-5 주요국의 통화지표에 포함되는 금융상품

미 국 (M_2)	Euro Area (M_3)
M_1=현금통화+상업은행 및 외국은행 미국지점의 요구불예금+NOW 및 ATS 등 예금금융기관 기타 당좌예금+저축기관 요구불예금+신용협동조합의 SDA+비은행기관 발행 여행자수표 • NOW(negotiable order of withdrawal) • ATS(automatic transfer service) • SDA(share draft accounts) M_2=M_1+상업은행 및 외국은행 미국지점의 저축예금(MMDA포함)+소액(10만불 미만)정기예금(개인 RP포함)+개인보유MMMF •MMMF(money market mutual fund)	M_1=현금통화+익일물예금 M_2=M_1+만기 2년 미만 예금+3개월 통지예금 M_3=M_2+RP+MMF 및 money market paper*+만기 2년 미만 채무증서 * CD, 시장성채권, 변동채무증서, 중앙은행 증서 등
영 국 (M_4)	**일 본 (M_3)**
Retail M_4(M_2)=현금통화+소매예금 M_4=현금통화+파운드화표시 예금통화(CD포함)+영국 예금취급기관 발행 CP, 사채, 변동금리채권 등 기타상품(만기 5년 이하)+RP채권+은행어음+MFI의 은행간 순부채 오차의 95%	M_1=현금통화+예금취급기관의 예금통화 M_2=현금통화+국내은행 등에 예입된 예금 M_3=M_1+준통화(정기예금, 저축예금, 정기적금, 외화예금)+CD L=M_3+금전신탁+투자신탁+금융채+은행발행보통사채+금융기관발행CP+국채 · FB+외채

자료: 한국은행.

등이 발행한 유동성 금융상품(국채, 지방채, 기업어음, 회사채 등)을 더하여 편제한다. *L*은 구체적으로 *Lf*에다 증권회사 *RP*, 여신전문기관의 채권, 예금보험공사채, 자산관리공사채, 자산유동화전문회사의 자산유동화증권, 국채, 지방채, 기업어음, 회사채 등을 포함한다.

광의유동성지표는 원칙적으로 국내 비금융부문이 보유한 유동성을 대상으로 하나 다만, 금융기관 중에서도 금융중개기능이 약한 손해보험회사 및 연기금, 금융중개기능이 없는 금융보조기관 등은 광의유동성상품 보유주체에 포함한다. IMF매

뉴얼에서는 유동성지표에 대해 "광의의 통화성 부채는 물론 유동성을 가지기는 하나 국가별로 정의한 '광의통화'에 포함될 정도로 유동성이 충분하지는 않은 기타 부채를 포함한다"라고 정의하고 있다.

<표 7-4>는 분류에 따른 통화 구성내역을 보여주고 있다. 우리나라 국내총생산(GDP)은 2017년에 1,835.6조, 2022년에 2,161.7조임을 감안하면 경제규모대비 각 통화의 규모가 어느 정도인지를 짐작할 수 있다.

Ⅱ. 통화공급경로

1. 중앙은행의 본원적 통화공급

일국의 통화공급은 1차적으로 중앙은행의 창구를 통한 화폐발행에서 비롯된다. 중앙은행의 화폐발행은 금융시장에서의 화폐수급요인에 의하여 결정되며 구체적인 공급경로를 보면,

① 금융기관에 대한 대출 또는 채권매입,

② 정부에 대한 대출 또는 채권인수,

③ 정부대행기관에 대한 대출,

④ 외환매입

등을 들 수 있다.

이렇게 중앙은행 창구를 통하여 공급된 화폐는 민간의 현금보유성향에 따라 일부는 민간이 보유하게 되고, 나머지는 금융기관으로 다시 유입되게 된다. 그런데 금융기관은 유입된 화폐의 일부를 예금지급준비금으로 중앙은행에 다시 예치하고 나머지는 자신의 금고에 보유하게 되는데, 이 때 민간이 보유한 화폐와 금융기관 보유분만을 합한 금액을 화폐발행액이라 한다.

본원통화(reserve base)는 중앙은행이 공급한 화폐발행액과 금융기관의 중앙은행에 대한 예금지급준비금의 합계액으로 정의되는데, 중앙은행의 본원적 통화공급 증가는 모든 통화공급의 기초가 되므로 이를 고출력통화(high-powered money)라고도 부른다.

예금지급준비금은 다시 중앙은행의 창구(discount window)를 통해 금융기관에 제공된 신용인 차입지급준비금(borrowed reserves)과 총지급준비금에서 차입지급준비

표 7-6 본원통화의 부문별 공급

자 산	부 채
정부부문	본원통화
대정부신용	화폐발행액
대정부부채(-)	민간화폐보유액
정부대행기관	예금은행 화폐보유액
공적기관	금융기관 지준예치액
금융기관	예금은행 지준예치금
예금은행	비은행금융기관 등의 예금
대예금은행신용	
대예금은행부채(-)	
비통화금융기관	
대비통화금융기관신용	
대비통화금융기관부채(-)	
해외부문	
해외자산	
해외부채(-)	
기타부문	
기타자산	
기타부채 · 자본(-)	

자료: 한국은행.

금을 차감한 비차입지급준비금(non-borrowed reserves)으로 구분되기도 하는데, 중앙은행은 비차입지급준비금과 실제 금융기관의 지급준비금보유 예상액을 비교하여 그 차액을 조정하기 위해 공개시장조작을 행하는 것이 보통이다.

한편 IMF는 다시 본원통화를 대외순지급자산(NIR: Net International Reserves)과 대내순자산(NDA: Net Domestic Assets)으로 구분하고, 각각의 하한과 상한을 설정하는 통화관리방식을 권고하고 있다. 대외순지급자산의 하한을 통제함으로써 대외지급능력을 확보하고, 대내순자산의 상한을 통제함으로써 대내적인 신용팽창을 조절하고자 하는 취지이다.

대외순지급자산은 한국은행보유 해외자산에서 해외부채 및 국내은행 해외점포 예탁분을 제외한 실질 대외준비자산을 말한다.

〈표 7-6〉은 각 부문별 본원통화 공급내용을 나타낸 것이다.

동 표는 통화당국(한국은행 및 외국환평형기금)의 대차대조표를 자산은 부문별로, 부채는 통화성 부채인 본원통화와 비통화성 부채로 구분하여 정리한 것으로 통화당국과 여타부문과의 거래를 나타낸다. 먼저 자산은 공식적으로 거래대상의 성격에 따라 대정부신용, 대정부대행기관신용, 대공적기관신용, 대금융기관신용, 해외부문 및 기타부문으로 분류된다.

대정부신용 항목에서는 통화당국이 정부에 대하여 공여한 일시 또는 장기정부대출금 등이 그리고 대정부부채는 주로 정부예금 및 정부재정차입금이 계상된다. 대정부대행기관신용에서는 정부대행기관인 농협중앙회 비료사업에 대한 한국은행의 비료자금대출이 계상되고 대공적기관신용은 한국은행이 보유하고 있는 공적기관발행 증권(상수도공채, 전신전화채권 등)이 계상된다.

대금융기관신용은 한국은행의 금융기관에 대한 원화대출, 외화예탁 및 이들 기관이 발행한 증권 보유 등이 계상되며 대예금은행신용과 대비통화금융기관신용으로 구분된다.

해외자산은 한국은행이 보유한 외화증권, 지금은, 외국환 및 SDR, 한국은행의 해외금융기관에 대한 외화예치금과 IMF 등 국제기구에 대한 출자 등이 계상된다. 기타자산은 한국은행의 유·무형고정자산, 가지급금, 당기순손실 및 적립금 등이 계상된다.

통화당국의 비통화성부채는 거래대상의 성격에 따라 대금융기관부채, 해외부채, 기타부채 및 자본으로 구분된다. 대금융기관부채에 계상되는 항목은 금융기관으로부터의 외화예수금, 통화안정증권 발행, 통화안정계정, 외국환평형기금채권 발행, 환매채 매도 등이 계상된다. 해외부채에는 국제금융기구가 한국은행에 설치한 비거주자 원화예금, IMF으로부터 받은 SDR 배분금 등이 계상된다. 기타부채에는 한국은행의 퇴직급여충당금, 미지급비용 등이 그리고 자본에는 법정 및 임의적립금, 당기순이익 등이 계상된다.

2. 예금은행의 신용창조와 파생적 통화의 공급

중앙은행이 공급한 본원통화를 기초로 하여 예금은행조직이 창출하는 통화를 파생적 통화(derived money)라고 한다.

예금지급준비율을 r, 본원통화공급액을 RB라고 정의할 때 가장 단순한 은행조직 전체의 파생적 통화량 또는 신용팽창액 M은

$$M = \frac{1}{r} RB$$

가 되며, 동 산식에서 금융기관 예금지급준비율의 역수, $\frac{1}{r}$을 통화승수(multiplier)라고 한다.

그러나 동 산식은 다음과 같은 가정을 전제로 한 것이다.

① 은행을 제외한 모든 경제주체들은 은행조직으로부터 받은 현금을 모두 은행조직에 재예치한다.

② 은행예치금 이외에 여타 금융자산은 존재하지 않으며, 화폐민간보유율은 0으로서 현금누출(leakage)이 전혀 없다.

③ 은행은 예금채무에 대하여 법정지급준비율에 해당하는 금액만 중앙은행에 예치하고, 나머지 자금은 모두 즉시 대출 또는 투자한다.

그러나 위의 가정은 설명의 편의를 위하여 현실을 극단적으로 단순화한 것으로서 실제로 비은행부문은 통화를 요구불예금의 형태로만 보유하는 것이 아니라 그 중 일부를 현금 등으로도 보유함으로써 은행조직의 신용창조과정에서 상당한 누출이 일어나게 된다. 뿐만 아니라 은행도 예상치 못한 예금의 인출이나 대출수요에 대비하기 위해 잉여자금을 전부 운용하지 않고 현금이나 여타 유동성이 높은 자산으로 보유하게 되므로 은행조직의 파생적 통화창출능력은 앞에서 설명한 것보다 훨씬 줄어들게 된다.

예를 들어 위의 예에서 가정하고 있는 전제를 일부 완화하여 비은행 부문이 통화 중 일부를 현금으로 보유한다고 가정하면 통화승수는 다음과 같이 정의된다.[39]

$M = m \cdot RB$ (M: 통화량, m: 통화승수, RB: 본원적 통화)

$M = M_C + D$ (M_C: 화폐민간보유액, D: 예금통화)

$RB = M_C + R$ (R: 금융기관 지급준비금 = 지준예치금 + 시재금)

$M_C = c \cdot M$ (c: 현금통화비율)

$R = r \cdot D = r(1-c)M$ (r: 법정지급준비율)

39) 여기에서 통화는 협의의 통화인 M_1을 가정하고 있으며, 만약 통화개념을 광의의 통화인 M_2로 하면 $M = M_C + D + T$(T: 준결제성예금)가 되며, 이 경우 c는 M_C/M_2이다.

$$m = \frac{M}{RB}$$
$$= \frac{M}{M_C + R}$$
$$= \frac{M}{c \cdot M + r(1-c)M}$$
$$= \frac{1}{c + r(1-c)}$$

여기에서 c와 r는 모두 1보다는 작고 0보다는 크므로 $\frac{1}{c+r(1-c)}$은 앞에서의 $\frac{1}{r}$보다는 작아지게 된다.[40)]

이상의 설명에서 보는 바와 같이 통화량은 중앙은행의 본원적 통화공급량과 예금지급준비율 그리고 예금은행이 결정하는 초과지급준비율(excess reserve)과 비은행부문이 결정하는 현금통화비율 등에 의하여 결정되어 중앙은행과 예금은행 그리고 비은행부문의 세 주체가 모두 통화량 결정에 참여하게 된다.

한편 중앙은행의 본원통화 공급 역시 정부부문과 국제수지 그리고 시중자금 수급 사정에 의하여 결정되므로, 통화의 공급에는 결국 국내외 전체 경제의 움직임과 금융시장의 동향 그리고 정책당국의 의사결정이 총체적으로 영향을 미치게 되는 것이다.

III. 통화금융통계

1. 개관표

개관표(survey)란 금융기관의 대차대조표를 자산은 거래주체별로 부채는 유동성과 채권·채무관계를 나타내는 법적 특성의 두 가지 기준에 따라 정리한 표를 말한다. 동표는 중앙은행, 기타예금취급기관, 기타금융기관 등 유형별 금융기관들의 대차대조표 항목을 합산하고, 이들 기관간에 이루어진 상호거래를 제거한 연결대차대조표로부터 작성한다. 이 표는 금융기관을 통하여 조달된 자금이 어떤

40) 통화승수산출시 가정을 더욱 완화했을 때의 통화승수산출방식은 손정식, 신화폐금융론, 법문사, 1987, 74~108면을 참고할 것.

표 7-7 광의의 통화(M_2) 개관표 편제

(a) 예금취급기관 대차대조표			(b) 예금취급기관 개관표	
중앙정부신용	M_2(광의통화)		중앙정부신용(순)	M_2(광의통화)
지방정부신용			지방정부신용	
사회보장기구신용	M_1(협의통화)		사회보장기구신용	M_1(협의통화)
기업부문신용	정기예적금		기업부문신용	정기예적금
기타금융기관신용	실적배당형		기타금융기관신용	실적배당형
가계부문신용	시장형상품		가계부문신용	시장형상품
(상호거래)	금 융 채	⇒	국외신용(순)	금 융 채
	기 타			기 타
국외자산	M_2 제외 금융상품			M_2 제외 금융상품
기타자산	(상호거래[1)])			기타(순)
	대정부부채			(통합조정〈순〉)
	국외부채			
	기타부채			

주: 1) 예금취급기관이 보유하는 현금 및 타점권과 예금취급기관에 대한 예치금 등.
자료: 한국은행.

경로를 통하여 국민경제의 어떤 부문으로 공급되었는가를 나타내 주는바, 연결금융기관의 포괄범위에 따라 예금취급기관개관표(broad money survey)와 전금융기관개관표(financial corporations survey)로 구분할 수 있다.

예금취급기관개관표는 예금취급기관의 연결대차대조표로부터, 그리고 전금융기관개관표는 예금취급기관과 기타금융기관을 포함하는 전금융기관의 연결대차대조표로부터 작성된다.

현재 한국은행은 예금취급기관개관표를 작성하여 매월 발표하고 있다. 동 표는 연결대차대조표의 부채항목을 유동성을 기준으로 통화성부채와 비통화성부채로 구분하고, 통화성부채는 다시 각종 통화지표의 포괄범위에 따라 분류함으로써 이로부터 M_1과 M_2를 작성한다. 그리고 예금취급기관과 기타금융기관 중 생명보험회사와 증권금융회사의 연결대차대조표로부터 작성한 금융개관표(financial survey)에서 M_3를 작성한다. 새 통화금융통계는 자금순환 등 다른 국민계정통계와의 정합성을 높일 수 있도록 1993년 UN이 정한 새로운 국민계정체계(SNA: System of National Account)[41)]의

41) 국민소득통계, 산업연관표, 자금순환표, 국제수지표와 국민대차대조표 등 5대 국민경제통계는 이론과 작성방법면에서 각각 독자적으로 발전되어 왔고, 작성기준과 체계도 서로 상이하기 때문에

주체별 분류방식을 따르고 있다. 이에 따라 경제주체별 분류는 금융, 정부, 민간 및 국외로 분류되고, 이를 다시 경제활동별 특성에 따라 재분류하고 있다.

종래 통화금융통계는 잔액(stock) 기준으로만 작성되었으나, 개편매뉴얼에서는 개관표작성시 기초잔액, 거래액(transactions), 가격과 환율에 의한 평가변동 및 기말잔액으로 구분하여 작성토록 권고하고 있다.

그리고 모든 금융자산 및 부채의 잔액은 대차대조표 작성시점에서 시장가격으로 평가하고, 외화표시 금융자산 및 부채의 잔액과 거래액은 대차대조표 작성시점의 환율 또는 거래시점의 환율을 적용하게 되어 있다.

2. 국제수지표

국제수지표(BOP: Balance of Payments)란 일정기간 동안 일국의 거주자(residents)와 비거주자(non-residents)42) 간에 일어난 경제적 거래43)를 체계적으로 기록한 표로 외환통계44) 등을 기초로 작성된다. 국제수지표는 일국의 모든 경제거래의 결과로서 나타나는 대외채권과 대외채무의 변동을 복식부기원리에 따라 유량(flow)개념으로

국민경제를 종합적이고 체계적으로 파악하기 위해서는 이들 통계를 일정한 기준에 의하여 서로 연결시킬 필요성이 있다.

이에 따라 5대 통계를 체계적으로 연결하여 국민경제 전체의 재화와 서비스의 거래 및 자금의 흐름을 일정한 계정형식에 따라 기록한 것이 SNA이다. 우리나라에서는 1968년에 UN이 마련하여 각국에 편제를 권고한 "국민계정체계"에 따라 한국은행이 국민대차대조표를 제외한 국민소득통계와 산업연관표, 자금순환표 그리고 국제수지표를 통합하여 편제하고 있다.

한편 UN은 1993년에 개정 SNA를 발표하고, 이 지침에 의한 국민계정의 편제를 각국에 권하고 있는데, 우리나라는 국민소득통계의 1995년 기준년 개편시 이행가능한 사항은 일부 이행하였으며 2004년 3월에는 OECD 등 주요 국제기구들이 권고한 중요한 이행조건을 이행하였다.

42) 여기서 거주자 · 비거주자의 구분은 경제주체의 국적보유 여부가 아닌 주활동지역(center of interest)에 따른 구분이다. 예컨대 외국인이라 할지라도 1년 이상 우리나라에 거주하면서 생산활동 등에 참여할 때는 주활동지역을 우리나라로 보아 거주자로 보고, 해외동포는 우리나라 국적을 가졌더라도 비거주자가 된다. 기업은 영업활동지역에 따라 주조세의무가 속하는 국가에 따라 거주성을 규정하고, 정부기관은 소재지역에 관계 없이 자국의 거주자로 간주한다.

43) 여기서 경제적 거래라 함은 한 나라의 국민경제와 외국 간에 발생한 다음과 같은 거래를 말한다.
- ◦ 상품과 서비스 및 소득거래
- ◦ 경제적 대가 없이 일방적으로 수수되는 이전거래
- ◦ 다양한 경제적 거래의 결과로서 나타나는 대외채권채무의 소유권 변동.

44) 외환통계는 일국의 대외거래를 외환의 수입과 지출이 이루어지는 시점에서 그 내용을 체계적으로 정리한 것이다. 외환통계는 외국환은행을 통한 외환수급을 수반하는 거래만을 포함하기 때문에 물물교환, 현물증여 및 환결제가 따르지 않는 무환수출입 등은 제외되어 외환수급이 수반되지 않더라도 소유권의 이전이 수반되는 거래를 포함하는 국제수지표보다 계상범위가 좁다.

기록한다는 점에서 일정시점 현재 일국의 대외채권채무 보유를 저량(stock)개념으로 파악하는 국제투자대조표(International Investment Position)와 구분된다.

국제수지표는 개별 교환거래의 경우 차변과 대변에 동일금액을 동시에 기록하여 항상 대차균형이 되어야 한다. 따라서 거래의 성질상 거래의 교환이 아닌 이전거래나 조정거래와 같은 일방적 거래의 경우에는 대차평균을 위해 별도 항목을 설정해야 한다.

우리나라의 국제수지표는 1998년 1월부터 국제통화기금(IMF)의 '국제수지 매뉴얼 제5판'의 작성방법을 기준으로 새로운 편제방법에 의하여 작성되고 있는데, 다음과 같은 항목으로 구성되어 발표되고 있다.

1) 경상수지

경상수지(current balance)는 ① 상품(goods) 수출입과 운수, 여행, 통신서비스, 보험서비스, 특허권, 사용료 등 용역(services)거래의 결과를 기록한 상품 및 서비스수지(balance on goods and services)와 ② 노동자가 벌어들인 급료와 대외금융 자산 또는 부채로부터 발생한 배당이자 등 투자소득의 수지차를 나타내는 소득수지(balance on income) 및 ③ 정부간 원조, 민간의 송금 등 거주자와 비거주자간에 무상으로 이루어진 거래의 결과로 나타나는 경상이전수지(current transfers)로 구성된다.

경상수지는 일국의 대외실물거래를 총괄적으로 나타내기 때문에 흔히 일국의 국제수지를 논의할 때에는 경상수지를 지칭하는 것이 보통이다.

2) 자본수지

자본수지(capital and financial balance)는 ① 대외금융자산 또는 부채의 소유권 변동과 관련된 민간기업, 금융기관, 정부의 직접투자 및 증권투자거래를 기록한 투자수지(financial balance)와, ② 특허권과 같이 재생산되지 않는 비금융자산의 매매 및 자본이전을 계상하는 기타자본수지(capital balance)로 구성된다. 통화당국의 외환시장 개입이 전혀 없다면, 자본수지는 경상수지 적자를 보전하기 위한 자본조달이나 경상수지 흑자로 인한 대외금융자산의 증가를 나타낸다.

3) 준비자산 증감

준비자산(reserve assets)증감은 통화당국이 국제수지 불균형을 직접 보전하거나 또는 외환시장 개입을 통해 국제수지 불균형을 간접적으로 조정하기 위해 사용할 수 있는 화폐용 금, SDR(Special Drawing Right),[45] IMF리저브포지션, 외화자산(현금, 예

45) SDR은 1969년 IMF 회의에서 인위적으로 창출된 통화(synthetic currency)로 그 가치는 달러

금, 증권) 등 대외자산의 증감을 기록한다.

경상수지와 자본수지의 합은 이론적으로 오차와 누락이 없다면, 준비자산과 금액은 일치하고 부호는 반대이어야 한다. 환언하면 경상수지와 자본수지의 합이 (+)이면 준비자산은 증가(−)로, 경상수지와 자본수지의 합이 (−)이면 준비자산은 감소(+)로 나타난다. 이는 경상 및 자본거래의 결과로 나타난 일국의 대외자산 과부족이 통화당국의 준비자산 증감을 초래하기 때문이다.

그러나 현실적으로 다음과 같은 요인에 의해 오차 및 누락이 발생하게 된다.

(1) 기초통계간의 불일치

통관통계, 외환수급통계 등 각기 고유의 목적을 위해 작성되는 자료들을 국제수지 편제의 기초자료로 이용함에 따라 포괄범위의 상이 또는 이중계리의 가능성이 내재되어 있으며, 미달러화 이외의 통화로 이루어진 거래를 달러로 환산할 때 각 거래별로 적용하는 환율의 기준이 다름에 따라 평가상의 차이가 발생한다.

(2) 통계계상시점의 차이

수출입 통관과 인도, 수출입거래와 대금결제간에 시차가 발생할 경우 이를 경상계정과 자본계정에 계리하는 시점에 차이가 발생하기 쉬우며, 선박 등과 같이 거래관행상 통관과 인도 간의 시차가 길고 거래건수가 적은 경우에는 조정이 가능하나 여타 상품의 경우 건별 대사가 불가능하다.

(3) 통계작성시의 보고 오류 및 누락

각종 기초 통계보고의 잘못이나 착오, 누락 등에 의해 오차가 발생할 수 있다.

이러한 국제수지표상의 오차 및 누락을 제거하기 위해 각기 고유한 목적을 가진 기초통계간의 기준을 하나로 일치시킨다거나 수출입에 있어 모든 상품에 대해 통관과 결제 간의 시차를 조정하는 것은 현실적으로 불가능하다고 할 수 있다. 또한 국제수지 편제 과정에서 오차 및 누락의 (+)요인과 (−)요인이 서로 상쇄될 수 있기 때문에 한 기간중의 오차 및 누락규모가 작다고 하여 국제수지통계가 보다 정확하다고는 할 수 없다.

(44%), 유로(34%), 엔(11%), 파운드(11%) 등 4개의 기축통화바스켓 형태로 산정된다. 2016년 10월 위안화가 편입되면 동 비율은 달러화(41.73%), 유로화(30.93%), 위안화(10.92%), 엔화(8.33%), 파운드화(8.09%)로 변경된다. 동 바스켓 구성통화는 국제거래 지급결제수단으로 자유롭게 이용될 수 있고 외환시장에서 널리 거래되는 통화이어야 한다. 당초 SDR은 국제준비통화로 활용할 목적으로 도입되었으나 거래영역이 회원국간의 공적거래에 국한되고 일반적인 지급수단으로 기능을 하지 못함으로 인해 아직까지는 국제유동성 공급부족시 부분적으로 기여하는 데 그치고 있다.

일반적으로 준비자산 증감은 통화당국인 한국은행의 대차대조표를 근거로 산출하여 통계의 정확성이 높으므로 먼저 준비자산 증감을 확정하고 난 후 오차 및 누락은 {준비자산 증감의 부호반대－(경상수지＋자본수지)}로 계산하는 것이 보통이다.

이상 설명한 국제수지표의 표준발표형식 항목을 좀더 자세히 계정과목으로 나누어 체계적으로 살펴보면 〈표 7-8〉과 같다.

표 7-8 국제수지표의 편제

차변(지급)	대변(수입)
상품 및 서비스의 수입 소득 및 이전지급 (이자, 외국에 대한 증여 지급) 자본유출 (외국에 대한 차관공여 및 외국자산매입, 외채원금상환)	상품 및 서비스의 수출 소득 및 이전수입 (이자, 외국으로부터의 증여수입) 자본유입 (외국에서의 차관도입, 외국자산매각 및 원금회수)
총 지급액	총 수입액

자료: 한국은행.

국제수지표는 복식부기의 원리에 따라 대변(수입)에는 상품 및 서비스의 수출, 소득 및 이전수입과 대외자산의 감소 및 대외부채의 증가를 계상한다. 반대로 차변(지급)에는 상품 및 서비스의 수입, 소득 및 이전 지급과 대외자산의 증가 및 대외부채의 감소 등이 계상된다. 준비자산의 경우에도 대변에는 감소를, 차변에는 증가를 기록한다.

예를 들어 상품수출의 경우 동일한 금액이 경상계정의 대변과 자본계정의 차변에 계상된다. 은행의 현금차관의 경우에는 실물거래를 수반하지 않는 거래이므로 경상계정에는 나타나지 않고 자본계정에서만 동일한 금액이 대차양변에 계상된다. 국제수지표에서 상품 및 서비스의 수출, 소득 및 이전수입, 대외자산의 감소 및 대외부채의 증가는 양(+)의 부호로 표시되며, 상품 및 서비스의 수입 및 소득 및 이전수지, 대외자산의 증가 및 대외부채의 감소는 음(−)의 부호를 갖는다.

〈표 7-9〉는 2001년도 국제수지 요약표로서 한 해 동안의 우리나라 대외거래를 다음과 같이 정리할 수 있다. 〈표 7-9〉에서 수출이 수입을 초과한 상품수지는 381.6

억 달러 흑자를 보였으며 운수, 여행, 특허권사용료 등 서비스수입에서 지급액을 차감한 서비스수지는 87.7억 달러 적자를 보여 상품 및 서비스수지는 모두 293.9억 달러 흑자를 나타냈다.

표 7-9 국제수지표(단위: 백만 달러)

(1) 경상수지	[①+②+③]		27,612.8
① 상품 및 서비스수지			29,391.9
상품수지			38,160.7
수 출		257,745.0	
수 입		219,584.3	
서비스수지			−8,768.8
수 입		41,429.0	
지 급		50,197.8	
② 소득수지			724.9
③ 경상이전수지			−2,504.0
(2) 자본수지	[①+②]		8,319.1
① 투자수지			10,091.7
직접투자수지			3,396.6
증권투자수지			9,268.8
기타투자수지			−2,573.7
② 기타자본수지			−1,772.6
(3) 준비자산증(−)감			−38,710.5
(4) 오차 및 누락			2,778.6

자료: 한국은행.

한편 소득수지는 대외이자 및 배당금수입이 늘어나 7.2억 달러 흑자를 보였으나, 경상이전수지는 민간송금 지급이 꾸준히 늘어 25.0억 달러 적자를 나타내었다. 이에 따라 상품 및 서비스수지, 소득수지, 경상이전수지를 합한 경상수지는 276.1억 달러 흑자를 보였다.

투자수지는 기타투자수지가 25.7억 달러 유출초를 보였으나 직접투자수지와 증권투자수지가 외국인의 투자자금 유입증가로 각각 34.0억 달러와 92.7억 달러 유입초를 나타내어 도합 100.9억 달러 유입초를 기록하였다. 기타자본수지는 해외이주비 등 자본이전 증가로 17.7억 달러 유출초를 나타내었다. 이에 따라 투자수지와 기타자본수지의 합인 자본수지는 83.2억 달러 유입초를 나타내었다.

한편 이론적으로 한국은행의 준비자산은 경상수지 흑자와 자본수지 흑자를 합한 359.3억 달러(276.1억 달러+83.2억 달러) 증가로 나타나야 하나, 오차와 누락이 27.8억 달러에 달해 387.1억 달러가 증가한 것으로 나타났다.

3. 자금순환표

자금(fund)이란 재화나 서비스를 구입하거나 채권·채무의 결제 등 경제행위를 가능케 하는 구매력을 말한다. 자금은 그 구매력을 행사하는 수단으로 일반적으로 화폐 또는 이에 준하는 화폐성자산이 이용된다는 점에서 이들과 동의어로 사용되기도 하는데, 이들과는 개념상의 차이가 있다. 즉 자금은 유량(flow)개념이고 화폐는 저량(stock)개념으로 국민경제적 측면에서 볼 때 자금은 일정기간에 대해 측정되는 데 비해, 화폐 또는 통화는 일정한 시점에서 측정될 수 있다.

자금의 유통은 크게 산업적 유통과 금융적 유통으로 구분할 수 있다. 양자는 서로 긴밀하게 연계되어 있으며, 따라서 경제활동을 보다 효과적으로 분석하기 위해서는 양 거래를 종합적으로 파악할 필요가 있다.

자금순환표(flow of funds table)는 이러한 목적을 위해서 만들어진 것으로 1952년 미국의 코플랜드(Morris A. Copeland) 교수에 의해 개발되었다. 우리나라에서도 1965년부터 한국은행이 정기적으로 자금순환표를 작성 발표하고 있다.

자금순환표는 경제의 각 부문별로 자금이 어떻게 조달되었으며, 어떻게 운용되었는가를 보여 준다. 우리나라에서는 경제를 5개 부문, 즉 ① 금융, ② 정부, ③ 법인기업, ④ 개인(가계와 개인기업) 및 ⑤ 해외부문으로 나눈다. 자금순환표는 경제 각 부문의 자금조달(sources)과 운용(uses)계정으로 구성되어 있다. 그리고 자금의 조달과 운용계정은 경제 각 부문의 대차대조표로부터 도출된다.

〈표 7-10〉은 설명의 편의를 위해 자금순환표의 예를 든 것이다. 동표를 세로로 보면 개인, 기업, 금융, 정부, 해외 등 자금순환표상 다섯 경제주체의 자금조달 및 운용상황 파악이 가능하다. 먼저 개인부문을 보면 개인부문은 소득에서 지출을 제하고 남은 700억원을 저축하였고, 주택 등에 180억원을 투자하였다. 그리고 투자하고 남은 520억원과 금융기관으로부터 차입한 300억원을 합한 820억원을 자금원으로 하여 현금과 요구불예금으로 200억원, 저축성예금으로 370억원, 주식 등 유가증권으로 250억원을 운용하였다.

표 7-10 자금순환표(단위: 억원)

	총액		금융		정부		기업		개인		해외	
	운용	원천	운용	원천	운용	원천	운용	원천	운용	원천	운용	원천
비금융거래합계	1,470	1,470	20	20	190	190	160	160	700	700	400	400
저축	–	1,470	–	20	–	190	–	160	–	700	–	400
투자	1,470	–	10	–	290	–	990	–	180	–	–	–
자금과부족(저축－투자)	–	–	10	–	–100	–	–830	–	520	–	400	–
금융거래합계	2,790	2,790	970	970	80	80	520	520	820	820	400	400
통화및통화성예금	350	350	–	350	10	–	140	–	200	–	–	–
저축성예금	610	610	–	610	20	–	220	–	370	–	–	–
유가증권	530	530	70	–	50	130	160	400	250	–	–	–
대출금	900	900	900	–	–	–	–	600	–	300	–	–
대외채권채무	400	400	–	–	–	50	–	350	–	–	400	–
자금과부족(운용－원천)	–	–	–	10	–	–100	–	–830	–	520	–	400

자료: 한국은행.

기업부문은 이익과 감가상각충당금 등을 합한 160억원의 저축이 있었는데, 990억원의 설비투자를 함으로써 830억원의 자금이 부족하게 되었다. 이 부족분을 주식과 회사채 등의 유가증권을 발행하여 400억원, 금융기관차입으로 600억원, 해외로부터의 차입으로 350억원을 조달하여 투자에 충당하고 남는 돈 520억원은 현금과 예금, 유가증권 등 금융자산 형태로 보유하였다.

금융부문은 고객들로부터 예금으로 조달한 960억원을 기업 등 여타 부문에 대한 대출에 900억원을 사용하였고, 정부 및 기업들이 발행한 유가증권을 70억원 만큼 구입해 줌으로써 타부문에 자금을 공급하는 중개역할을 하였음을 알 수 있다. 정부부문은 투자를 위해 저축으로 충당하고도 모자라는 금액을 국공채(유가증권)의 발행과 해외로부터의 차입을 통해 조달하였다.

한편 해외부문은 우리나라와 외국간의 대외거래를 외국의 입장에서 기록하게 된다. 따라서 해외부문의 대외채권은 국내부문(금융, 정부, 기업, 개인)의 대외채무가 되며, 반대로 국내부문의 대외채권은 해외부문의 대외부채로 나타난다. 그리고 우리나라의 경상수지가 흑자를 보이면 해외부문은 저축이 (－)가 되고 적자를 보이면 (＋)가 되는데, 〈표 7-10〉에서 해외부문이 400억원의 저축을 나타낸 것은 우리나라의 경상수지가 그만큼 적자를 보여 투자재원의 일부를 해외로부터 조달하였음을 의미한다.

한편 〈표 7-10〉을 가로로 보면 비금융거래(실물거래) 및 금융거래 형태별로 경제부문간 자금수급관계를 볼 수 있다. 동 표에서 비금융거래부문의 총투자액은 1,470억원인데 투자에 필요한 재원(저축) 중 1,070억원이 금융, 정부, 기업, 개인 등 국내부문에서 조달되었고, 모자라는 400억원은 해외로부터 조달되어서 총저축은 1,470억원으로 투자와 일치하고 있다.

금융거래에서도 비금융거래와 마찬가지로 각 금융거래의 운용과 원천총액은 일치하게 된다. 금융자산이란 금융청구권을 의미하는데, 자금의 차용자가 자금을 차입할 때에는 반드시 채무를 표시하는 청구권을 발행하여 대여자에게 주게 된다. 이것은 대여자의 입장에서 보면 금융자산이고, 차입자의 입장에서 보면 금융부채가 된다. 따라서 금융자산과 금융부채는 동전의 앞뒤와 같은 관계에 있다.

예컨대 〈표 7-10〉에서 예금항목의 운용과 원천총액은 모두 610억원으로 나타나고 있는데, 총예금액 610억원을 예금주별로 살펴보면 정부가 20억원, 기업이 220억원, 개인이 370억원의 예금을 하였으며 금융기관이 이 금액을 예금으로 받아들임으로써 금융기관의 원천란에 610억원이 계상되고 있다.

한편 국민경제 전체로 보면 저축과 투자가 일치하게 되지만, 각 부문별로 보면 저축과 투자는 일치하지 않는다. 여기서 저축이 투자보다 많은 흑자주체는 자금잉여부문이 되고, 저축이 투자보다 적은 적자주체는 자금부족부문이 된다.

각 부문의 저축과 투자차액을 자금과부족이라 부르며, 자금이 부족한 부문은 금융부채의 증가를 통하여 자금을 조달하게 되고, 자금이 잉여를 보이는 부문은 이를 금융자산의 형태로 운용하게 된다. 따라서 각 부문의 비금융계정에서의 저축과 투자차액은 금융계정에서 운용과 원천의 차액으로 나타나게 된다. 즉 금융계정과 비금융계정의 자금과부족은 일치하게 된다.

이러한 자금과부족은 실물거래와 금융거래를 연결해 주는 연결체로서 부문간 자금의 수급특징을 보여 주는 중요한 개념이 된다. 일반적으로 자금순환표상 개인부문은 투자보다 저축이 많은 자금잉여주체이며, 기업부문은 투자가 저축보다 많은 자금부족주체이다. 국민경제가 기업부문과 개인부문만으로만 구성되어 있다고 가정하면 기업부문은 투자에 필요한 재원을 금융부채를 증가시킴으로써 조달하게 되고, 이 때 부족한 자금은 자금잉여부문인 개인부문이 공급해 주게 된다.

Ⅳ. 통화정책과 그 목표

통화정책은 일반경제정책의 일부로서 가지는 보편적인 목표와 함께 통화정책만이 가지는 독자적인 목표가 있다.

먼저 일반경제정책의 일부로서 통화정책이 가지는 목표를 살펴보기로 하자. 통화정책도 국가경제정책의 하나이므로 통화정책의 목표는 어디까지나 국가 전체 경제정책의 목표와 불가분의 관계를 가지게 된다. 경제정책의 목표는 경제발전의 단계에 따라 그 중점이 달라지게 될 뿐만 아니라 정책담당자의 주관적인 철학에도 커다란 영향을 받는다. 예컨대 우리나라의 경제발전 초기단계이던 1960~1970년대에는 경제성장에 가장 큰 비중을 두어 온 반면, 1980년대 이후에는 물가안정이나 경제 각 부문의 균형발전이 중요한 비중을 차지하게 되었다.

경제정책의 일반적인 목표로는 경제발전, 안정적이며 높은 고용수준의 유지, 물가의 안정, 국제경쟁력의 유지, 국제수지 및 환율의 안정 등 대내외균형의 달성과 국민복지의 향상, 기회와 소득의 공정한 분배, 그리고 경제 및 사회정의의 실현 등이 꼽히고 있으며, 통화정책도 이상의 목표달성을 위하여 상황에 따라 적절히 선택되어 집행되게 된다.

그러나 이러한 제 목표가 한꺼번에 달성될 수 있는 것은 아니고, 경우에 따라서는 목표간에 상충(trade-off)을 일으킬 수도 있다. 예컨대 고용수준의 증대와 물가안정 간에는 상충관계가 존재할 수 있다고 하는 이른바 필립스곡선(Phillips Curve) 현상, 이 밖에 단기적으로 성장, 물가, 국제수지간에 존재하는 상충관계 등이 그것이다.

따라서 통화정책도 경제정책의 하나로서 전체 경제정책목표라는 틀 안에서 수행되기는 하지만, 통화정책이 가지는 고유한 특성[46] 때문에 그 중에서도 주로 대내안정, 즉 물가안정에 보다 큰 비중을 두는 것이 일반적이다. 가령 전체 경제정책의 목표가 경제성장 또는 고용이나 국제수지 안정 등에 중점을 두는 경우에도 통화정책은 물가안정에 가장 큰 비중을 두고 수행되는 것이 바람직한 것으로 여겨지고 있다. 이는 경제성장 등의 정책목표와 물가안정이 단기적으로는 상충관계에

46) 예컨대 재정정책이 경기부양을 위한 수요확장적 정책으로 보다 유효하다면, 통화정책은 안정을 도모하기 위한 수요긴축적 정책으로 보다 유효하다 하겠다.

있을 수도 있지만, 장기적으로 물가안정이 뒷받침될 때에만 이와 같은 목표의 지속적인 달성이 가능하다는 사고에서이다.

환언하면 경제성장을 위한 제반 정책과 물가안정을 위한 통화정책은 보완관계에 있으며, 물가안정이 경제정책의 목표라기보다는 성장 등 경제정책의 목표를 달성하기 위한 선결조건으로 인식하려는 사고와도 맥을 같이 한다 하겠다. 이하에서 통화정책이 추구하는 구체적인 내용을 설명하기로 한다.

1. 적정통화량의 공급

중앙은행의 통화정책 중 가장 커다란 비중을 차지하는 것은 역시 적정통화량의 공급이라고 할 수 있다. 적정통화량을 설정하는 가장 일반화된 방식은 1972년 EC 각료이사회가 권고한 EC방식이다. 동 방식은 연간통화증가율을 다음과 같은 케임브리지학파의 통화잔액설을 기본으로 하여 책정하는 것이다.

$MV=PY$

M: 통화공급량

V: 통화의 소득유통속도

P: 물가수준

Y: 실질국민총생산

한편 $MV=PY$에 자연대수를 취하여 전미분하면 다음과 같이 증가율 개념으로 나타낼 수 있게 된다.

$$\frac{dM}{M}=\frac{dY}{Y}+\frac{dP}{P}-\frac{dV}{V}$$

케임브리지학파는 가격이 신축적인 세계에서는 국민소득수준이 완전고용수준에서 결정되고, 완전고용수준하에서는 생산요소 등의 변동이 없으므로 단기적으로는 소득의 유통속도 V는 일정하다고 가정하였다.

따라서 소득유통속도의 변동 $(\frac{dV}{V})$을 중립적으로 보게 되면 연간통화증가율은 달성목표인 실질경제성장률과 억제목표인 물가상승률의 합계가 되는데, 이것이 오늘날 대부분의 국가에 있어 통화공급목표의 설정시 준칙(rule)으로 되고 있다.

한편 윗식에서 $V=\frac{1}{k}$이라 하면 $M=kPY$에서 k는 경제주체들이 소득(명목 GNP) 중에서 통화로 자산을 보유하고자 하는 비율, 즉 경제주체들의 통화보유행태를 의미하며 통칭 Marshalian k라 부른다. k는 통화보유의 기회비용, 금융저축성향 및 생산의 우회도 등에 따라 결정되는데, 물가상승률이 높을수록 통화보유의 기회비용이 크므로 통화수요가 낮아져 k는 하락(소득유통속도는 상승)하고, 생산의 우회도가 클수록 생산단계마다 결제에 필요한 통화수요가 증가하여 k는 상승한다. 경험적으로 산업화에 따른 생산의 우회도 증가와 금융저축성향의 증가 등에 기인하여 k는 상승(소득유통속도는 감소)하는 것이 일반적이다.

그런데 이상과 같은 통화공급량의 결정방식은 그 때 그 때 명목국민소득의 변동 등 실물경제의 동향과 금융시장의 자금수급사정에 따라 통화증가율을 신축적으로 조절하는 재량적 통화정책(discretionary monetary policy)과 통화당국이 사전에 공표한 대로 통화증가율을 일정수준으로 유지해야 한다는 준칙주의가 대립되어 이른바 통화정책에 있어 준칙(rule)과 재량(discretion)에 관한 논쟁이 아직까지 진행되고 있다.

재량적 통화정책을 주장하는 측은 통화량은 경제정책의 최종목표의 움직임에 대한 정보를 제공하는 정보변수이므로 통화당국이 통화량의 움직임을 통해 최종목표의 변화를 감지하여 필요한 정책수단을 조정해야 한다는 것이다. 재량적 통화정책은 이용가능한 정보를 활용하여 통화관리를 신축적으로 할 수 있다는 장점은 있으나, 통화정책이 정치적 고려에 의해 왜곡될 가능성이 있어 국민이 통화정책에 대한 감시장치가 충분하지 못할 경우 통화관리가 방만하게 될 우려도 있다.

통화증가율을 일정하게 하여야 한다는 소위 '통화공급의 황금률'(golden rule of money supply)을 주장하는 측은 Friedman 등 통화론자(monetarist)들이다. Friedman[47]은 재량적 통화정책이 성공하기 위해서는 정책담당자들의 충분한 지식과 정보가 필요한데, 지식 및 정보의 부족으로 이들이 통화정책의 목표를 제대로 반영하거나 그 효과를 정확히 예측하기 어렵다고 주장한다.

통화론자들은 특히 통화정책의 시차효과(time-lags)를 주목하는데, 이들의 논리에 의하면 단기적으로 총수요의 변화 등 명목국민소득을 움직이는 결정적인 요인

47) M. Friedman, "The Role of Monetary Theory," *The American Economic Review*, vol. LXIII, no. 1, March 1968, p. 5.

은 통화의 공급수준인데 실물경제가 보내는 신호에 따라 통화증가율을 조정하게 되면 그 동안 실물경제가 계속 변동함에 따라 실제로는 정책의 변경이나 실시가 필요하지 않은 시점에서 정책의 효과를 발생시켜 경기의 진폭을 크게 하는 등 실물경제에 불필요한 혼란을 주게 된다는 것이다.

이와 같은 시차효과를 보다 자세히 설명해 보면, 실물경제의 변동과 이에 따른 통화정책 변경효과의 발생 사이에는 ① 실물경제의 변동이 발생하는 시점과 이에 따라 통화정책의 변경 필요성을 인식하기까지의 시차(recognition lag), ② 이를 인지한 후 실제로 필요한 만큼 통화정책을 변경하기까지의 시차(implementation lag), ③ 통화정책의 변경실시가 실물경제에 파급되고, 그 효과가 나타나기까지의 시차(operation lag)가 존재한다는 것이다.

따라서 이들은 실물경제에 불필요한 혼란과 불확실성을 주지 않기 위해서는 통화증가율을 항상 일정하게 유지하여야 한다는 이른바 *k*% 준칙을 주장하였다.

이와 같은 주장은 통화증가율은 곧 예상인플레이션에 그대로 반영되므로 인플레이션에 따른 경제의 불확실성을 최소화하기 위해서는 통화공급을 일정수준으로 유지해야 한다고 주장하는 합리적 기대론자와 정책당국과 민간경제주체 간의 게임상황 하에서는 정책당국이 사전에 약속한 통화정책 의지를 고수하는 일관성을 유지하여야만 민간으로부터 정책의 신뢰를 얻어 경제안정을 실현할 수 있다고 주장하는 Kydland-Prescott[48] 등의 강력한 지지를 받고 있다.

이들은 통화정책이 효율적으로 수행되도록 하기 위해서는 정책의 일관성이 필수적이며, 이를 달성하기 위한 가장 확실한 방법으로 통화정책의 준칙화를 제시하고, 그렇게 되면 각 경제주체는 동증가율을 기준으로 향후의 실물경제 변동을 합리적으로 예측할 수 있게 되고, 이에 따라 각자의 경제활동 규모를 적절하게 결정하고 관리할 수 있게 되어 경제가 안정된 모습을 유지할 수 있게 된다는 것이다.

이와 같은 통화론자들의 주장은 실물경제에 대한 통화의 외생변수(exo-genous variable)적 측면만을 중시하는 나머지 실물경제의 변동이 통화증가에 미치는 영향을 무시하고 있다는 점과, 특히 1980년대에 들어 금융혁신의 진전, 규제의 완화, 직접금융시장의 발달 등으로 통화의 정의에 따라 유통속도가 불안정해지고 그 예

---

48) Finn E. Kydland, and Edward C. Prescott, “Rules Rather than Discretion: The Inconsistency of Optimal Plans,” *The Journal of Political Economy*, vol. 85, No. 3, Junuary 1977, pp. 473~492.

측도 어려워져 현실에 대한 설명력이 크게 약화되었다.

따라서 통화론자들의 이론은 오늘날 대부분의 국가에서 중앙은행의 실제적인 통화공급방식으로는 채택되고 있지 않으나 통화당국의 자유재량범위를 제약함으로써 통화운용이 방만하게 운용될 가능성과 정치적 고려에 의해 통화공급량이 영향을 받을 가능성을 최소화함으로써 인플레이션율을 낮추고 통화정책의 정치로부터의 중립성을 확보하는 데 기여할 수 있다는 점에서 정책담당자의 입안과정에서 상당히 광범위하게 암묵적인 영향을 미치고 있는 것은 사실이다.

2. 통화공급의 생산성 제고

통화정책에 있어서 통화량 규모의 적정수준 유지에 못지 않게 중요한 과제는 통화공급경로의 건전성 제고, 즉 통화의 국민경제에 대한 생산성을 높이는 것이라고 할 수 있다. 예컨대 제조업 등 생산적인 부문에 대하여 우선적으로 통화공급이 이루어지는 것과 유흥업 등 소비부문에 통화공급이 집중되는 것은 장기적인 경제발전에 미치는 영향이 크게 다르다.

국민경제 내 어느 부문에 중점적으로 통화를 공급할 것인가는 개별 국가의 산업구조나 국민경제 내 생산성이 높은 부문에 대한 정책당국의 가치판단과 밀접한 관련이 있다. 우리나라의 경우 1970년대까지는 수출산업이나 해외건설업 등 외화획득부문과 중화학공업 등 성장전략부문에 대하여 무역금융이나 특별시설자금 등 정책금융을 우선적으로 지원하였으나, 1980년대에 들어서면서 정부의 금융개입과 정책금융제도의 효과가 비판을 받게 됨에 따라 시장가격의 기능과 금융기관의 자율적인 심사기능을 이용한 금융자금의 생산성 제고가 보다 중요한 과제로 등장하게 되었다.

3. 금리와 환율의 안정

금리와 환율 등 통화의 대내외가격을 안정시키는 것도 중앙은행의 통화정책에서 중요한 비중을 차지한다. 물론 이들의 안정은 통화량의 적정공급과도 밀접한 관련이 있으나 통화량 이외에 중앙은행의 재할인 및 대출금리의 조정 등의 정책수단을 통해서도 이와 같은 목적을 어느 정도 달성할 수 있게 되므로 반드시 금리와 환율의 안정이 통화량의 증감과 궤를 같이한다고 볼 수는 없다.

따라서 금리와 환율의 자유화에 따라 통화정책의 중간목표를 통화량으로 하는 경우에도 이들 가격지표들은 여전히 중요한 경제정책의 변수로서 정책에 영향을 주게 된다. 이는 현실적으로 환율이나 금리가 기업의 국내외 투자활동이나 물가 그리고 수출입 등 국제수지에 커다란 변동요인이 되기 때문이다.

V. 통화정책의 운용체계

1. 물가안정목표제

통화정책의 운용체계는 통화정책의 최종목표를 달성하기 위한 방법과 정책수단을 의미하는바, 최종목표를 무엇으로 하느냐에 따라 운용체계도 다소 차이가 있다. 종래에는 통화정책도 재정정책 등 여타 경제정책과 마찬가지로 실물경제면에서 물가안정, 완전고용, 경제성장, 국제수지균형 등을 최종목표로 하는 국가가 많았으나, 1990년대에 들어 통화정책의 최우선목표를 물가안정(price stability)으로 하는 물가안정목표제(inflation targeting)를 채택하는 나라가 증가하고 있다.[49)]

우리나라는 종래에는 중간목표제를 운영하여 오다가 1998년 「한국은행법」의 개정으로 통화정책의 목표가 물가안정으로 단일화함에 따라 물가안정목표제로 바꾸었다. 일반적으로 물가안정이라 함은 낮은 수준의 완만한 인플레이션으로 이해된다. 환원하면 물가안정이 지향하는 목표는 높은 인플레이션이나 디플레이션[50)]으로부터 발생하는 상대가격의 왜곡과 이로 인한 강제적인 부의 재분배와 같은 경제적 비용을 최소화하자는 것이다.

물가안정목표제는 인플레이션 목표를 설정하고,[51)] 각종 정보변수(information

49) 영국, 캐나다, 오스트레일리아, 스웨덴 등이 채택하고 있다.

50) 디플레이션은 다음과 같은 경제적 비대칭성(economic asymmetries) 때문에 높은 인플레이션보다 폐해가 더 클 수 있다.

① 명목임금이 하방경직적인 경우 디플레이션이 진행되는 동안에도 명목임금이 하락하지 않아 실질임금이 상승함으로써 실업률이 상승하고, 소득이 감소하게 되며, 이는 결국 경기를 위축시킨다.

② 부채의 실질 상환부담을 가중시키는 부채디플레이션(debt deflation)은 수요를 위축시키며, 파산의 증가와 금융기관 자산건전성의 저하를 유발한다.

③ 디플레이션이 악화될 것으로 예상되면, 실질이자율이 상승하기 때문에 명목금리가 영(zero)에 가까운 상황에서의 디플레이션은 경기진작을 위한 통화정책을 무력화시킬 수 있다.

51) 영국의 경우 재무장관이 매년 그리고 오스트레일리아의 경우 재무장관과 중앙은행 총재의 교체시 공동성명을 통해 물가목표를 제시한다.

variables)를 활용하여 장래의 인플레이션을 예측한 후 이를 바탕으로 중앙은행이 직접 활용할 수 있는 정책수단(policy instruments)을 이용하여 인플레이션 목표를 달성하려는 방식이다. 이 때 정보변수로는 통화량, 금리, 환율, 기대인플레이션, 자산가격, 상품가격 등이 이용된다. 그리고 목표를 달성하기 위한 구체적인 정책수단으로는 예금지급준비율 조작, 공개시장조작, 재할인 및 대출정책, 도의적 설득 등이 활용된다.

물가안정목표제 도입 초기에는 물가안정의 대상지표를 소비자물가상승률로 하였으나, 2004년부터 소비자물가에서 곡물을 제외한 변동성이 심한 농산물 및 석유류 품목을 제외하여 산출한 근원인플레이션(underlying or core inflation)으로 변경하였다.[52] 그리고 물가안정목표제의 시계(time horizon)는 물가안정목표제의 도입 당시에는 매년 물가목표를 설정하고 이의 달성 여부를 평가하는 당해 연도 물가안정목표제를 채택하였으나, 2004년부터 3년 내외에서 물가목표를 설정하고 기간중 평균개념으로 달성 여부를 평가하는 중기 물가안정목표제로 바꾸었다. 이는 예기치 않은 인플레이션(surprise inflation)으로 인한 사회적 비용을 줄이는 한편, 물가목표 이탈 시 점진적인 목표복귀를 도모하자는 데 주된 목적이 있다.

물가안정목표가 설정되면 한국은행은 콜금리를 운용목표(operating target)로 삼고 매월 그 목표수준을 결정하는데, 이 때 장래의 인플레이션 가능성뿐만 아니라 경제성장, 금융시장 안정 등도 함께 고려한다. 콜금리목표가 정해지면 한국은행은

52) 미국의 연준은 물가안정 대상지표로 근원 CPI보다 PCE(personal consumption expenditure) 지수를 더 선호한다. CPI는 장바구니 품목을 2년마다 바꾸어 대체효과를 제대로 측정하지 못하는데 비해 PCE는 매달 바꾸어 대체효과를 최소화하는 장점이 있기 때문이다. 최근 소비자물가상승률(CPI)에 집값이 반영되지 않아 경제주체들이 체감하는 물가를 제대로 반영하고 있지 못하다는 지적에 따라 CPI에 자가주거비(owner-occupied housing services cost)를 포함시켜야 한다는 주장이 제기되고 있다. 자가주거비란 거주의 목적으로 집을 직접 소유하는데 드는 비용을 말한다. 비용에는 원칙적으로 관리비 등과 같은 명시적 비용과 자가 주택에 살면서 다른 사람에게 임대할 때 얻을 수 있는 예상수익 등 기회비용이 포함된다. 자가가 아닌 경우에는 임차 주택에 거주한 월세나 전세 등 임차료만 포함하면 되지만 자가 소유의 경우 그 비용을 측정하기가 쉽지 않다. 비용 측정의 경우 편차가 심하고 주택시장 상황에 따라 과도한 변동성을 가질 수 있기 때문이다. 이러한 이유로 국제적으로 표준화된 측정방법은 아직 없는 실정이다. 현재 미국, 일본 등 대부분의 선진국에서는 자가 보유를 위해 차입한 자금의 이자, 감가상각비, 세금, 기타 관리비용 등 현실적으로 추정 가능한 비용만으로 자가주거비를 추정하여 CPI에 반영하고 있다. 이에 반해 한국은행은 임차주택의 임차료(전·월세)만을 측정하여 CPI에 반영하고 있다. 그간 자가주거비를 물가에 반영하지 않았던 유럽중앙은행(ECB)도 2026년부터 도입하겠다는 방침을 밝혔다. 한국은행도 자가주거비를 CPI에 포함시키는 방안을 검토하고 있다.

공개시장조작 등의 정책수단을 활용하여 콜금리를 목표수준으로 유도하는바, 이와 같은 정책은 다양한 경로를 통해 총수요와 물가에 대한 파급효과로 나타난다.

2. 중간목표제

중간목표제(intermediate target)는 통화정책의 최종목표를 달성하기 위하여 중앙은행이 영향을 미칠 수 있는 경제변수를 중간목표로 선정하고, 이의 조절을 통해 최종목표를 달성하고자 하는 방식으로 이 때 경제변수로는 통화량, 금리, 환율 등이 대상이 된다.

중앙은행은 공개시장조작 등 정책수단의 운용을 실물경제면에서의 최종목표에 직접적으로 연결할 수는 없다. 예컨대 물가안정이라는 통화정책의 최종목표를 달성하고자 하는 경우 중앙은행은 물가안정 그 자체를 직접적으로 조절할 수는 없기 때문에 물가안정에 영향을 미치는 통화량이나 금리 등을 중간목표로 선정하고, 이의 조절을 통해 의도하는 물가수준을 달성하고자 하는 2단계 접근방식(two-stage approach)을 채택하게 된다. 구체적으로 통화정책의 최종목표와 중앙은행의 정책수단 사이에 중간목표를 설정하고, 이를 일정 범위 내로 유지토록 통화정책을 운용하는 것이다. 이러기 위해서는 선정된 중간목표가 중앙은행의 정책수단에 의해 직접 또는 간접적인 조절이 가능하고, 최종목표와 긴밀하고 안정적인 관계를 유지하

표 7-11 물가안정목표제와 중간목표관리제의 운용체계

운용방식	운 용 체 계						
물가안정 목 표 제	정책수단 (policy instruments) [공개시장조작, 재할인정책 등]	→	운용목표 (operating targets) [콜금리]	→ ↑	정보변수 (information variables) [통화량, 환율, 금리, 자산가격 등]		최종목표 (policy goals or objectives) [물가안정]
중간목표 관 리 제	정책수단 (policy instruments) [공개시장조작, 재할인정책 등]	→	운용목표 (operating targets) [단기금리, 본원통화]	→	중간목표 (intermediate targets) [통화량, 금리, 환율]	→	최종목표 (policy goals or objectives) [물가안정, 경제성 장, 완전고용, 국제수지균형]

자료: 한국은행.

여야 한다.

통화정책의 중간목표로서 무엇을 선택할 것인가는 실물 및 금융경제여건에 대한 중앙은행의 정책적 판단에 따르게 되는데, 우리나라의 경우 외환위기 이전까지만 해도 통화량을 중간목표로 채택하여 왔다.

통화정책의 중간목표로서 양적 지표인 통화총량과 가격지표인 금리와의 관계를 살펴보면, 두 금융변수가 상품의 양이 많으면 많을수록 가격이 떨어지는 것과 같이 통화량의 증가가 금리하락을 가져오는 관계가 항상 성립한다면 중앙은행으로서는 통화정책의 1차적인 효과를 통화량으로 보거나 금리로 보거나 동일한 결론에 도달하게 될 것이다.

그러나 현실적으로는 그렇지 못하기 때문에 둘 중 어느 하나에 보다 큰 비중을 두게 된다. 즉 양 지표는 동일한 금융정세의 변화에 대하여 서로 다른 신호를 보내는 경우도 많은데, 그 주요한 이유로 다음과 같은 것을 들 수 있다.

첫째, 금융기관의 금리에 대하여 정부가 통제를 하는 경우 각종 금리지표는 금융시장의 정세 등을 제대로 반영하지 못하게 되며, 따라서 통화량과 금리 사이에는 일정한 관계가 존재하지 않을 수도 있다.

둘째, 통화량의 증가는 일시적으로 단기금리의 인하를 초래할 수는 있으나 경제주체들의 인플레이션 기대심리를 부추기고, 장래 물가상승률의 예상치를 높이게 됨으로써 오히려 중장기적으로 금리를 높이게 될 수 있다.

이에 따라 통화정책의 중간목표로서 통화량과 금리 중 어느 것이 보다 우월한가에 대해서는 지금까지 많은 논란이 있었다. 통화정책의 파급경로에 있어 통화량과 금리 등 비통화적 요인 중 어느 것이 경제주체의 지출행태에 보다 직접적인 영향을 미치는가에 대해 통화량이라고 보는 통화론자와 금리 등 비통화적 요인을 드는 Keynesian의 논쟁이 그 대표적인 예다.

그러나 이에 대한 확고한 정설을 확립하기가 어려울 뿐만 아니라 각국의 금융시장구조와 금융시장에 대한 정부개입의 정도 등에 따라 그 유효성이 상이하기 때문에 각국은 통화정책 수행 경험을 바탕으로 통화량 또는 금리를 중간목표로 설정하게 된다.

주요선진국의 통화정책의 경향을 보면 제2차세계대전 후부터 1970년대 초반까지는 금리를 중간목표로 삼아 오다가 1970년대 석유파동을 계기로 통화량을 보다 중요한 중간목표로서 채택하였으며, 이후 금융혁신으로 다시 금리를 보다 중시하고 있다.

중간목표로서 금리보다 통화를 보다 중시하였던 배경은 주로 1960년대 통화정책을 운용해 본 경험에서 비롯되었다. 즉 인플레이션이 진행되는 기간중에 명목금리를 적정한 수준에서 억제하려고 하는 노력은 오히려 일반의 금융자금 차입수요를 증대시키고, 이는 다시 통화량 증가를 초래함으로써 물가상승이 가속화되는 결과를 가져오는 현상이 많았다는 것이다. 환언하면 금리안정을 위한 통화량 증가는 단기적으로는 유동성효과(liquidity effect)를 통하여 금리를 하락시키게 되나 장기적으로는 물가예상효과(price expectation effect)를 통하여 금리를 상승시키게 되는 경우가 많았다는 것이다.

이에 따라 금리지표의 중요성은 상대적으로 저하되었고, 오히려 금리는 금융시장의 자금수급사정에 따라 자유롭게 결정되어야 한다는 시각이 우세하게 되었다. 이에 영향을 받아 미국, 영국 등 주요선진국들은 1960년대 중반 이후 점진적으로 추진해 오던 금리자유화를 가속화하게 되었다.[53)]

한편 보다 기술적인 요인으로서 실물경제에 영향을 미치는 금리는 명목금리가 아니라 명목금리에서 장래의 예상되는 물가상승률을 차감한 실질기대금리인데, 실제로 중앙은행이 통제할 수 있는 금리는 실질기대금리가 아닌 명목금리이기 때문에 중앙은행이 사전에 실질금리와 예상물가상승률에 대한 추정을 토대로 명목금리를 예상하기가 어렵다는 점도 금리를 중간목표로 삼는 데 애로요인의 하나가 되고 있다.

설혹 중앙은행이 예상물가상승률을 측정할 수 있다고 하더라도 동수치가 일반적으로 용인되는 범위를 넘어설 경우, 국민의 인플레이션 기대심리를 부추기게 되어 중앙은행의 물가안정 노력이 더욱 어려워지게 됨으로써 결국 중앙은행이 추정하는 예상물가상승률은 경제실상을 정확하게 반영하기보다는 중앙은행이 목표로 하는 물가수준을 나타내는 경우가 많다는 점도 금리를 중간목표로 삼는 데 현실적인 난점이 되고 있다.

이 밖에도 정부의 금리규제 등으로 금융시장이 불완전경쟁 상태에 있는 경우

53) 그러나 통화정책상 금리자유화의 타당성 여부는 각국의 경제발달과 금융시장의 성숙도에 따라 다르다. 대부분의 개발도상국 또는 저개발국의 경우 기업의 투자촉진을 통한 경제성장을 위해 공금리를 시장실세금리수준 이하로 규제하는 것이 일반적인 현상이다. 다만 이와 같이 금리가 규제되는 경우에 있어서는 금리수준이 자금수급사정이나 일반적인 경제사정을 객관적으로 나타낼 수가 없게 되므로 통화량이 통화정책의 중간목표가 되는 것이 일반적이다.

금융자산의 다양화에 따른 다기화된 금리체계의 부분적인 왜곡이 불가피하며, 금융정세의 변화에 따른 각종 금리의 반응시차도 일정하지 못한 점도 통화정책의 중간목표로서 금리를 활용하는 데 장애가 되고 있다.

그러나 최근 금융혁신의 진전과 더불어 통화와 유사한 상품(near money)의 등장 등 신금융상품의 개발, 지급결제제도의 발달, 금융자산간 대체성의 증대, 이자부 통화자산의 비중증대, 금융산업의 구조변화에 따른 통화정책의 파급경로(transmission mechanism)의 변화 등에 따라 통화수요의 불확실성이 증대되고, 통화와 실물경제관계의 긴밀도가 약해짐에 따라 중간목표로서의 통화량의 중요성이 상대적으로 저하되고 있다.

이에 반해 금리는 실물경제변수에 비해 새로운 정보나 기대에 보다 신속하게 반응하기 때문에 경기선행지표로서의 기능을 갖고 있는 등 금리가 제공하는 정보의 유용성이 높이 평가되어 상대적으로 금리의 중요성이 증대되고 있다.[54)]

흔히 금리정책은 경기조절정책으로서의 기능이, 그리고 통화정책은 물가안정정책으로서의 기능이 강조되기도 한다. 그러나 현실적으로 통화량의 변동효과는 단기적으로는 금리변동효과를 통해 나타나기 때문에 금리정책과 통화정책을 엄격히 구분하기는 매우 어렵다.

일반적으로 경제적 불안정이 금융혁신에 따른 화폐수요의 변동 등 주로 금융부문에서 발생하는 경우 금리를, 경제적 불안정이 교역조건의 변화, 재화 및 용역에 대한 수요변화 등 실물부문에서 발생하는 경우에는 통화량을 중간목표로 선택하는 경향이 있다. 그러나 불확실성이 큰 경제하에서는 이와 같은 운영방식도 경제적 안정을 보장하지는 못한다.

따라서 보다 중요한 것은 금리와 통화량 간의 선택의 문제가 아니라 양자간의 적정한 수준에서의 조화라고 할 수 있다. 특히 최근에 들어 금융의 국제화가 심화됨과 함께 금리, 환율 및 주가 등 이른바 3대 금융가격변수(money triangle)가 연계되어 국제간의 자본이동과 이에 따른 통화량의 변동 등 경제전반에 지대한 영향을 미치게 됨에 따라 금리와 통화량의 상호 일관성 있는 관리가 통화정책의 주류를 이루고 있다.

---

54) 중간목표로서 금리를 이용하는 경우 거시경제모형이나 단기경제예측모형에서 계산된 금리나 금리준칙에서 도출된 금리를 이용하기도 한다. 금리준칙으로는 실질 GDP와 잠정 GDP갭과 실제 인플레이션간의 괴리 등을 감안하여 조정하는 Dueker & Fisher 준칙 등이 있다.

예컨대 금리의 급격한 변동이 경제활동에 미치는 부작용을 줄이기 위해 단기적으로는 어느 정도의 통화량의 변동을 허용하면서 금리의 안정을 도모하고, 중장기적으로는 통화량의 안정적 공급을 지향하는 것이 그것이다.

우리나라는 종래에는 금융의 국제화 정도가 낮고 인플레이션 압력이 상존하여 금리보다는 통화량을 중간목표로 삼아 통화정책을 수행하여 왔는데, 구체적인 통화량지표는 그 때 그 때 실물부문과 금융시장의 연관관계 등을 감안하여 대상을 달리하여 왔다. 즉 1957년부터 1969년 상반기까지는 통화(구 M_1)를, 1969년 하반기에는 본원통화(reserve money)를, 1970년부터 1977년까지는 국내신용(domestic credit)을 정책지표로 채택하였다. 그 후 1978년에는 다시 일시적으로 통화(구 M_1)를 중심지표로 채택하였다가 1979년부터 총통화(구 M_2)를 통화관리의 중심지표로 채택하였다.

1980년대 후반에 들어서는 중심지표인 총통화(구 M_2) 이외에 M_2A, M_2B 등을 보조지표로 개발·활용하여 왔으며, 1997년부터는 MCT(총통화+CD+금전신탁)를 총통화(구 M_2)와 함께 중심지표로 활용하였다. 1997년 12월 외환위기 이후에는 IMF와의 협의에 의해 M_3가 중심통화지표로 활용되었다. M_3는 2001년부터 2002년까지 1998년 도입한 물가안정목표제 하에서 감시범위(monitoring range)를 따로 설정·공표함에 따라 감시지표로 활용되기도 하였다.

대부분의 국가에서 통화정책의 중간목표로 통화량지표, 금리, 환율 이외에 실물경제지표 등을 보조지표로 활용하거나 이들을 종합적으로 감안한 정책정보지표(policy guide)를 개발하여 운용하고 있다.

중간목표로서 활용되는 통화지표의 경우 많은 나라에서 금융자유화 및 금융혁신으로 통화지표의 인플레이션 예고능력과 금리조정을 통한 통화관리능력이 저하됨에 따라 중간지표를 변경하거나 목표증가율의 범위를 넓게 잡는 경향을 보이고 있다.

미국은 1975년부터 M_1, M_2, M_3 모두를 대상으로 공급목표치를 설정하였다. 그러나 실제 운용목표로는 연방기금(Federal Fund) 금리를 중시하여 중간목표로서의 통화량의 중요성은 그렇게 높지 않았으며, 통화증가율 목표치도 비교적 넓은 범위(M_1의 경우 3~6%)로 정하였다. 한편 1980년대 이후 금융혁신의 진전으로 통화가 매우 불규칙한 움직임을 보이고 통화와 물가와의 관계도 불안정해짐에 따라 1987년에 중심통화지표를 M_1에서 M_2로 변경하였으나, 실제로는 통화량의 움직임을 크게 고려하지 않고 금리중심의 통화정책을 실시하여 오다가 1993년 공식적으로 통화목표(money targeting)를 폐지하였다.

독일은 1975년 협의의 통화인 중앙은행통화(현금+필요지급준비금)를 대상으로 통화목표를 설정하였으나 이후 1988년 중심통화지표를 중앙은행통화에서 M_3로 변경하였으며, 통화정책이 유럽중앙은행(European Central Bank)으로 이관되기 전인 1998년까지 통화목표 체제를 유지하였다. 한편 독일연방은행은 매년 통화목표를 설정 · 발표하면서 수년간에 걸쳐 달성해야 할 물가수준을 아울러 제시하였는데, 이러한 통화관리방식은 유럽중앙은행에 그대로 계승되어 유럽중앙은행은 소비자물가 목표를 제시하면서 아울러 M_3를 참고지표로 함께 공표하고 있다.

국제금융부문의 비중이 높은 영국은 광의의 통화지표를 관리하는 것이 극히 어려울 뿐만 아니라 소기의 효과를 기대할 수 없다고 판단하고, 1984년부터 화폐발행액과 은행의 자금결제용 영란은행 예치금의 합인 협의의 M_0도 중심지표에 포함시켜 관리하였다. 그러나 M_0와 다른 통화지표 간의 괴리현상이 심하게 나타나자 1980년대 말부터 통화지표의 움직임에 큰 의미를 부여하지 않다가 1992년부터 목표인플레이션율(inflation targeting)로 전환하였다. 캐나다, 스웨덴, 핀란드 등의 경우 중간목표로 목표 인플레이션율을 설정하여 통화정책을 운용하고 있다. 일본은 1992년 6월 그 동안 보조지표로 사용해 온 광의의 유동성을 M_2+CD와 함께 중간목표로 사용하고 최광의의 신용집계량을 보조지표로 활용하고 있다.

통화지표 중에서 어떤 것을 중시하느냐는 각국의 사정에 따라 다르나 일반적으로 통화지표의 선정기준으로 실물경제지표와의 상관성이 클 것, 신속하게 작성할 수 있을 것, 가급적 금리탄력성이 낮을 것, 통화당국이 쉽게 통제가 가능할 것 등이 제시되고 있다.

VI. 통화정책 수단과 그 한계

1. 통화조절수단의 의의와 선택

통화정책의 수행을 위한 통화당국의 구체적인 정책수단은 크게 통화총량을 규제하는 양적 조절수단과 통화공급경로를 규제하는 질적 또는 선별적 조절수단으로 구분할 수 있다. 양적 조절은 통화신용의 공급을 무차별적으로 조절함으로써 총수요 수준에 영향을 미치는 전체효과(total effect)를 목적으로 하는 데 비하여, 선별적 신용통제는 특정부문에 대한 자원배분의 지도효과(directional effect)를 목적으로 한다.

양적 조절수단의 대표적인 것으로는 통화당국의 재할인 및 대출정책, 지급준비율조작, 그리고 공개시장조작 등의 간접적인 방법과 대출한도제와 같은 직접적인 규제방식이 있다. 선별적 조절수단에는 금융기관에 대한 창구지도와 같이 통화당국의 예금은행의 자금운용에 대한 직접적인 규제방식과 통화당국의 재할인 및 대출대상을 제한하거나 차별적으로 지원하는 등 간접적으로 금융기관의 신용배분의 경로를 조정하는 방식 등을 들 수 있다. 통상적으로 양적인 조절을 위하여는 간접규제방식을, 선별적인 조절을 위하여는 직접규제방식에 보다 의존하게 된다.

그런데 통화당국이 통화정책을 수행함에 있어 간접규제방식과 직접규제방식 중 어느 것에 보다 의존하느냐는 실물경제 및 금융시장의 발달 정도에 따라 양상을 달리한다. 일반적으로 실물경제와 금융시장이 발달할수록 간접규제방식을 기본수단(basic tools)으로 하며, 직접규제방식은 간접규제방식을 보완하는 보조적 수단(supplementary tools)으로 사용하게 된다.

한편 통화당국이 간접규제방식에 의존할수록 통화정책은 예금은행의 신용총량에 영향을 미치는 양적 조절수단을 중시하게 되며, 예금은행의 신용배분이나 금리 등은 시장기능에 의하여 자율적으로 결정되도록 하는 것이 보통이다.

2. 양적 조절수단

1) 간접규제

통화량을 조절하기 위한 간접적인 규제라 함은 통화당국이 본원통화와 통화승수를 조절함으로써 통화(M_1)나 총통화(M_2) 등 통화정책의 중간목표변수를 관리하는 것을 말한다. 이를 위한 대표적 수단으로는 중앙은행의 본원통화를 조절하는 재할인 및 대출정책, 공개시장조작 및 통화승수를 움직이는 예금지급준비율 조작 등이 있다.

1-1) 재할인 및 대출정책

재할인 및 대출정책은 중앙은행의 가장 전통적인 통화조절수단으로서 금융기관에 대한 자금공급의 주요한 경로 중 하나이다. 중앙은행은 재할인 및 대출을 통해 본원통화 공급을 조절함으로써 금융기관의 신용가용량을 규제한다. 뿐만 아니라 중앙은행은 재할인 및 대출금리의 조정을 통하여 금융기관의 금리와 시중금리의 변동을 유도하여 통화수요를 조절할 수 있다.

양적 조절수단으로서의 중앙은행의 재할인 및 대출정책의 특징을 살펴보면 다음과 같다.

첫째, 통상적으로 중앙은행의 금융기관에 대한 재할인 및 대출은 단순히 자금유통을 위하여 발행된 것이 아닌 실물거래와 관련된 진성어음 또는 증서만을 재할인 및 대출의 대상으로서 적격성(eligibility)을 인정해 주고 있다(real bills only doctrine). 이는 중앙은행의 본원통화가 실물경제의 생산이나 유통과 연결되어 공급되도록 함으로써 통화공급의 인플레요인을 제거하는 데 가장 큰 목적이 있다. 우리나라도 통화와 은행업의 안정이 직접적으로 위협되는 긴급시를 제외하고는 한국은행의 재할인 및 대출대상이 되는 금융기관보유 어음이나 증권의 종류는 실물거래와 관련하여 취득한 것으로 제한하고 있다.

둘째, 중앙은행은 동정책을 이용하여 금융기관의 신용가용량을 조절함으로써 실물경제의 투자활동을 규제한다. 중앙은행은 재할인율(discount ratio)의 변경을 통하여 금융기관의 신용가용량을 움직이게 되는데, 특히 금융기관의 중앙은행에 대한 자금의존도가 높을수록 정책의 실효성이 크다.

셋째, 중앙은행은 재할인금리의 조정을 통하여 실물경제 및 금융시장의 정세에 대한 중앙은행의 판단 또는 시각을 금융기관에 전달하게 된다. 즉 재할인금리의 인상은 앞으로 금융긴축의 필요성을 예고하는 것이며, 재할인금리의 인하는 금융완화의 신호를 나타낸다. 따라서 재할인금리의 변동은 자금의 대여자인 은행의 융자태도뿐만 아니라 자금의 차입자인 기업의 경기전망이나 자금수요에 광범위한 영향을 미치게 되는데, 이러한 효과를 공시효과(announcement effect) 또는 심리효과(psychological effect)라고 한다.

지금까지 한국은행의 재할인 및 대출제도는 중소기업이나 무역금융 등 정책지원부문에 대한 저금리로 자동대출해 주는 방식으로 운용되어 재할인 및 대출제도 본연의 기능과는 거리가 멀었다. 이에 은행별 재할인총액한도제도로 바꾸었으나 아직도 재할인규모나 금리에 완전한 신축성을 부여하지는 못하고 있다.

앞으로 정책금융 성격의 재할인규모는 폐지되고, 재할인제도는 경제규모확대에 따른 통화수요와 계절적 자금수요 충족을 위한 수단으로 활용되는 등 전통적인 유동성 조절수단으로 활용될 것이다. 또한 한은의 재할인 및 대출금리는 시장금리와의 격차를 축소하여 금융기관의 자금조달금리로서의 성격이 증대되어 금융시장의 기준금리로서의 기능이 강화되는 한편 공시효과와 심리효과의 기능도 갖게 될 것이다.

1-2) 금융기관 지급준비율 변경

원래 금융기관의 지급준비제도는 금융기관이 수입하는 예금액 중 일정액을 대출하지 않고 보관함으로써 예금인출 요구에 언제든지 응하기 위한 것으로서 금융기관의 유동성(liquidity)을 확보하고 예금자를 보호하기 위한 취지로 도입되었다. 그러나 종전의 금본위제도에서 관리통화제도로 이행된 1930년대 이후 지급준비율이 통화승수에 영향을 미쳐 통화량을 조절하는 강력한 정책수단으로 인식됨에 따라 동준비율의 조작이 중앙은행의 통화정책에서 중요한 비중을 차지하게 된 것이다.55)

지급준비율(이하 지준율로 약칭한다) 변경정책의 특징을 살펴보면 다음과 같다.

첫째, 지준율의 변경은 대상금융기관 전체에 대하여 무차별적으로 적용된다.

둘째, 지준율의 변경은 단기적인 자금조절보다는 기조적이며 중장기적인 시중유동성의 조절을 위하여 사용되며, 따라서 여타 양적 조절수단보다는 조작의 횟수가 훨씬 적은 것이 보통이다.

셋째, 지준율의 결정에 있어 저축성예금보다는 요구불예금에 대한 지준율이 높은 것이 통상적인데, 이는 요구불예금의 회전율이 저축성예금의 회전율보다 높기 때문이다. 예금의 회전율이 높을수록 금융기관이 보유해야 하는 지급준비금의 비율은 그만큼 높아진다.

넷째, 지준율의 변경은 재할인 및 대출정책에서의 금리변경과 마찬가지로 자금공급자나 수요자 모두에게 공시효과를 가진다. 지준율의 인상은 중앙은행의 금융긴축 의지를 나타내며, 지준율의 인하는 금융완화 신호로서 받아들여지게 된다.

다섯째, 지준율의 조작은 은행의 수지에 커다란 영향을 미치게 된다. 금융기관의 입장에서 보면 중앙은행에 대한 지급준비금의 예치는 무수익자산이 되므로 지준율의 인상은 그만큼 무수익자산의 비중이 높아지는 직접적인 요인이 되는 것이다.

한편 통화량의 급격한 증가시에 중앙은행은 금융기관에 대하여 한계지급준비

---

55) 가장 간단한 통화승수산식 $\frac{1}{c+r(1-c)}$(c: 현금통화비율, r: 지급준비율)에서 보는 바와 같이 현금통화비율 c는 항상 정(+)의 값을 가지게 되므로 지급준비율(r)을 인상하면 통화승수가 낮아지게 되어 통화량을 줄이게 되고, 지급준비율을 인하하게 되면 통화승수가 높아지게 되어 통화량은 늘어난다.

금(marginal reserve)을 예치하도록 할 수 있다. 이것은 지금까지 설명한 금융기관 예금잔액에 대한 지준율조작과는 별도로 일정기간중 예금증가액의 일정비율을 추가로 중앙은행에 현금예치하도록 하는 제도로서 강력한 통화긴축 필요시 예외적으로 사용된다.

지금까지 지급준비자산은 현금에 한정하여 논의하였으나 일부에서는 현금 이외에 일정비율의 제2선지급준비금(secondary reserve)도 지급준비자산으로 인정해야 한다는 주장도 제기되어 왔다. 제2선지급준비금이라 함은 현금 대신 유동성이 매우 높은 수익자산인 국공채, 우량어음이나 콜론 등을 의미한다. 그러나 지급준비금 중 제2선지급준비금의 비중이 크면 클수록 지준율조작을 통한 통화량조절 효과는 그만큼 떨어지게 되므로 동 제도를 도입하는 경우에도 기존의 현금지급제도를 보완하는 정도로 운용하는 것이 보통이다.

우리나라의 지급준비제도는 크게 은행을 대상으로 한 지급준비제도와 제2금융권을 대상으로 한 지급준비제도로 구분된다. 은행은 예금채무와 기타 대통령령이 정하는 채무(지급준비금 적립대상 채무)의 일정비율 해당액(필요지급준비금)을 한국은행 예금 또는 현금(필요지급준비금의 25%까지 허용)으로 보유할 수 있도록 허용하고 있다.

한편 제2금융권의 지급준비제도는 지급준비대상채무, 지급준비율 및 지급준비금의 보유형태, 예치기관 등에 따라 다양하다. 제2금융권의 지급준비자산으로는 은행의 경우와 달리 금융기관예금, 은행계정앞 대출, 통화안정증권, 국공채 등 수익성 자산으로 보유할 수 있도록 허용하고 있다.

최근 들어 제2금융권이 급성장하여 이들의 시장규모가 은행을 크게 상회하게 되어 은행만을 대상으로 하는 유동성관리로서는 국민경제 전체의 유동성을 효율적으로 관리하기가 어렵게 됨에 따라 제2금융권에 대해서도 지급준비금을 은행과 마찬가지로 중앙은행예치금으로 보유해야 한다는 논의가 제기되고 있는데, 동 논의의 초점은 제2금융권이 신용창조기능을 갖고 있느냐에 있다.

제2금융권의 신용창조기능 보유 여부에 대한 논의는 1950년대 들어 미국을 중심으로 대두되었는데, Gurley와 Shaw[56] 등은 제2금융권도 은행예금과 대체성이 높은 간접증권의 발행을 통해 가계로부터 자금을 조달하여 기업 등에 자금을 공급하는 기능을 수행하므로 은행과 같이 신용창조기능을 수행한다는 신통화이론(new

56) J. G. Gurley and E.S. Shaw, "Financial Intermediaries and the Saving-Investment Process," *Journal of Finance*, vol. 11, May 1956, pp. 257~266.

view)을 제시하였으며, Tobin[57]도 상업은행과 제2금융권간의 전통적 구분이 모호해지고 있기 때문에 신용창조면에서 상업은행의 고유성을 강조할 필요는 없다고 지적하였다. 반면 Guttentag[58] 등은 제2금융권에서 공급되는 자금이 다시 제2금융권으로 환류될 가능성이 적기 때문에 상업은행만이 신용창조기능을 보유한다고 주장하면서 전통적인 통화이론을 옹호하였다.

각국의 지급준비제도를 보면 동 제도 도입 당시에는 상업은행만이 신용창조기능을 수행하는 것으로 보고, 대체로 상업은행의 예금채무만을 지급준비대상으로 하였다. 그러나 1970년대 이후 금융혁신 및 금융자유화가 진전되면서 종래의 은행예금만을 대상으로 하는 예금지준제도(deposits-based reserve requirement) 대신에 은행을 포함한 모든 금융기관이 보유하는 자산의 유형별로 소정의 지급준비금을 부과하는 자산지준제도(asset-based reserve requirement)를 도입하자는 주장이 증가하고 있다. 은행예금이 *RP*, *MMF* 등 시장성상품(managed liability)과 같이 지급준비금 규제를 받지 않는 상품으로 이동하고, 전자지급결제수단의 등장으로 현금과 은행예금에 대한 수요가 줄어들어 은행예금만을 대상으로 하는 지급준비금 규제의 실효성이 크게 저하되었기 때문이다.[59]

이에 따라 각국에서는 중앙은행의 유동성 조절능력을 강화하고, 금융기관간 공정경쟁여건을 조성하기 위해 지급준비의무를 은행예금과 유사한 제 2금융권의 예수금에까지 확대적용하는 추세를 보이고 있다.

미국은 1980년 「예금금융기관 규제철폐 및 통화관리법」이 제정되어 중앙은행의 지급준비대상 기관을 종전의 중앙은행가맹 상업은행에서 모든 상업은행과 상호저축은행, 저축대출조합, 신용조합 등 저축기관에까지 확대하였다. 일본은 1959년 지급준비제도 도입 당시 은행에만 한정하였던 지급준비대상을 1963년 이후 계속 확대해 오고 있고, 독일은 1948년 지급준비제도 도입시 그 대상기관에 상업은행뿐 아니라 저축은행 및 신용협동조합 등을 포함시켰으며 1983년에는 그 대상기관을 건축대출조합 및 저당은행에까지 확대하였다. 영국은 1981년 현금지급준비제도의

57) J. Tobin, "Commercial Banks as Creators of Money," in Deane Carson, *Banking and Monetary Studies*, Homewood, Richard D. Irwin, Inc., 1963, pp. 408~419.

58) J. M. Guttentag and R. Lindsay, "The Uniqueness of Commercial Banks," *Journal of Political Economy*, vol. 76, September/October 1968, pp. 991~1014.

59) 그러나 동 제도에 대해서는 금융기관이 보유하는 자산의 위험유형에 따라 자기자본부담액(capital charge)을 산정하는 현행 BIS규제와 중복된다는 비판도 있다.

대상기관을 런던어음교환소 가맹은행에서 모든 은행과 예금취급금융기관(licensed deposit-takers) 및 국립지로은행 등으로 확대하였다.

우리나라의 경우 제2금융권의 신용창조기능 보유여부 측면에서 보면 현실적으로 대부분의 제2금융권은 고유업무 이외에도 은행예금과 유사한 형태의 예수금을 수입하여 기업 등에 대해 대출하는 업무를 조직적 · 체계적으로 수행하며, 또 거래관행이나 제2금융권의 고수익금융상품에 대한 일반의 선호경향 증대 등으로 제2금융권으로부터 대출된 자금의 일부가 다시 제2금융권으로 환류되기 때문에 이들 금융기관에서도 신용창조기능을 수행한다고 보아야 할 것이다.

1-3) 공개시장조작

공개시장조작(open market operation)은 중앙은행이 금융기관에 대하여 국공채 등 적격유가증권(eligible securities)의 매매 또는 대차를 통하여 시중유동성을 조절하는 정책수단이다. 중앙은행이 금융기관 보유증권을 매입하게 되면 화폐발행이 증가하여 통화공급이 이루어지며, 매출시에는 그 반대로 화폐발행이 감소하여 통화환수가 이루어지게 된다.

중앙은행은 시중자금사정과 금리동향을 점검하여 시중자금의 수급이 균형을 이루고, 시장이자율이 급격하게 변동하지 않도록 증권의 매매규모와 매매금리를 결정하여 시장에 개입한다. 당초 영국이나 미국의 공개시장조작은 정부의 재정적자 보전을 위하여 중앙은행이 재정증권 등 국채를 정부의 위탁을 받아 금융기관 등에 발행 매각한 데서 비롯되었다. 그 후 국공채 공급물량의 확대 및 통화시장의 발달 등과 더불어 중앙은행이 통화조절수단으로서 유통중인 국공채의 매매조작을 적극적으로 실시하게 되었다.

공개시장 조작은 거의 매일 매일 발생하는 전통적인 유동성조절 수단으로서 기조적이며 장기적인 통화조절수단으로 사용되는 지준율조작정책과 대조를 이룬다. 공개시장조작은 또한 금융기관이 대출을 통하여 취득한 어음이나 증서 등을 매입 또는 담보로 하여 중앙은행이 결정하는 금리에 의하여 자금을 공급하는 재할인 및 대출과는 달리 금융기관이 투자자산으로 보유하고 있는 국공채 등 유가증권을 대상으로 시중금리를 충분히 반영한 실세금리에 의하여 자금을 거래한다는 점에서도 차이가 있다. 공개시장조작에 의한 유동성조절의 비중이 커지면 커질수록 재할인 및 대출정책의 비중은 낮아지게 된다.

이와 같은 공개시장조작의 특성 때문에 동정책을 채택하기 위해서는 국공채나 우량회사채 등 신용이 우수한 채권의 물량이 풍부하여야 하며, 이들 채권이 유통시장에서 실세금리로 자유로이 거래되는 등 채권시장 및 통화시장이 충분히 발달해 있어야 한다. 또한 중앙은행으로서도 공개시장조작시 시장실세금리를 충분히 반영한 금리로 채권을 매매하여야 하므로 정책수행면에서 금리자유화의 전제조건이 형성되어 있는 경우에만 실시가 가능하다는 제약이 있다.

따라서 공개시장조작은 금리가 자유화되어 있고 금융시장이 충분히 발달되어 있는 미국이나 영국 등 주요 선진국에서 실질적으로 활발하게 실시되고 있으며, 그 밖의 대부분 나라에서는 아직도 본격적인 채택을 미루고 있거나 실시하더라도 일시적 · 변형적 모습을 나타내고 있는 실정이다.

우리나라의 경우 1986년 이후 국제수지 흑자로 해외부문의 통화증발 현상이 심화되자 한국은행은 통화안정증권을 은행, 투신, 증권, 단자, 보험회사 등 금융기관에 매각한 바 있으나, 이는 대상증권이 정부나 공공기관 또는 우량기업이 발행한 것이 아니라 통화발행주체인 중앙은행이 발행한 채권이며 대상금융기관의 매입의사와는 관계없이 금융기관별 인수배정방식을 채택한 점, 그리고 발행이율이 시중 실세금리를 제대로 반영하지 못한 점 등을 감안할 때 정상적인 공개시장 조작으로 보기는 어려웠다.

그러나 1997년 이래 금리자유화로 재정증권, 통화안정증권, 외환평형기금채권 등 통화채의 발행금리도 실세금리수준으로 자유화되어 한국은행은 이들 채권을 대상으로 공개시장 조작을 실시하고 있다. 한국은행은 자금시장의 자율경쟁 여건을 조성하기 위해 공개시장조작을 가급적 정례화하고 빈도도 축소하여 단기유동성 조절수단으로 7일물 RP매매를 정례적(매주 목요일)으로 실시하되, 지준마감일이나 콜금리가 크게 불안정할 때는 예외적으로 단기RP도 실시하고 있다. 다만 기조적인 유동성 흡수수단인 통안증권은 현행과 같이 매주 화요일 입찰을 실시한다. 한편, 금융통화위원회가 매월 정하는 기준금리는 7일물 RP매각 시는 고정입찰금리로, 7일물 RP매입시는 최저입찰금리(minimum bid rate)를 활용하고 있다.

한편, 그 동안 한국은행은 통화안정증권 발행과 RP매매를 일상적 유동성 조절수단으로 활용하는 가운데 유동성 조절 필요규모의 대부분을 통화안정증권 발행을 통해 흡수하였다. 그러나 외국인의 국내증권 투자 확대 등으로 유동성 조절 필요규모가 커질 경우 통화안정증권 발행을 더욱 확대해야 하고 동 발행규모가 커져 이를 소화하기 위해 발행금리를 높일 경우 시장금리 상승과 한국은행의 수지 악화 등을 초래하였다. 이에 한국은행은 2010년 10월부터 새로운 유동성 조절 수단으로서 기간부예치금(term deposit)[60] 인 통화안정계정을 도입하였다.

통화안정계정 예치금은 RP매매 대상기관인 은행을 대상으로 경쟁입찰 방식으로 발행된다. RP매매 대상기관이 아닌 은행은 대상기관을 통해 경쟁입찰에 참가할 수 있으며 한국은행은 필요한 경우 금융기관별 응찰가능 규모를 제한할 수 있다. 동 예치금의 만기는 최장 91일로 하되 단기 유동성 흡수를 위해 14일 및 28일 위주로 운용한다. 금리는 내정금리 이내에서 정해진 최고 낙찰금리로 하며 이를 모든 낙찰자에게 동일하게 적용하는 단일금리방식(uniform price Dutch auction)을 채택한다. 이자는 만기일에 원금과 함께 일시 지급하며 예치금의 중도해지는 원칙적으로 불가능하나 금융시장에서 자금수급 불균형이 심화되는 등 부득이하다고 인정되는 경우에 한해 허용된다.

1–4) 외환시장 개입

외환시장 개입이란 환율의 격심한 변동 등 외환시장이 불안정할 경우, 통화당국이 외환시세에 영향을 미칠 목적으로 외환시장에서 외환을 매매하는 것을 말한다. 우리나라는 이와 같은 목적을 위해 외환평형기금을 설치하고 있으며, 한국은행이 정부(기획재정부)를 대신하여 외환시장 개입 실무업무를 맡고 있다.

통화당국이 외환시장에 개입하는 방법은 불태화개입방식과 태화개입방식이 있다. 불태화개입(sterilized intervention)은 외환시장 개입에 따라 통화량이 비례적으로 변동하는 것을 막기 위한 통화당국의 외환시장 개입정책을 말하며, 구체적으로 공개시장조작, 지급준비율 변경, 중앙은행의 대출 및 재할인정책 등이 그것이다. 예컨대 통화당국이 외환의 매입으로 늘어난 통화량을 수축하기 위해 국채나 유동성이 큰 증권을 공개시장에서 매각하거나 지준율의 인상, 재할인금리의 인상 등의 긴축정책을 실시하는 것 등이 그것이다. 태화개입(nonsterilized intervention)은 외환시장 개입에 따른 외환수급의 변화가 국내통화량 증감에 그대로 반영되게 놓아 두는 것을 말한다.

중앙은행의 외환시장 개입이 환율에 미치는 효과는 외환시장효과, 통화효과 및 기대효과로 나누어 볼 수 있다. 외환시장효과는 외환시장 개입에 따른 외환 자체의 수급변동이 환율변동에 미치는 효과를, 통화효과는 외환시장 개입의 결과 통

60) 미 연준도 초과지준을 원활히 흡수하기 위해 2009년 12월 기간부예금제도(term deposit facility)를 도입하고 2010년 6월 최초로 입찰을 실시하였다.

화량의 변동이 금리변동을 가져오고, 금리변동이 환율변동을 초래하는 효과를 그리고 기대효과는 중앙은행의 외환시장 개입이 시장참가자들의 예상에 영향을 미쳐 환율의 변동을 가져오는 효과를 말한다.

외환시장의 개입효과는 불태화개입과 태화개입의 형태에 따라 그 효과가 다르다. 태화개입의 경우 외환의 수급변화가 국내통화량의 증감에 그대로 반영되기 때문에 외환시장효과와 통화효과가 나타나며, 개입이 지속적일 경우 기대효과도 나타난다. 따라서 태화개입의 경우 외환시장에서는 상대적으로 지속적인 효과를 거둘 수 있으나 국내통화관리에 교란요인이 될 수도 있다.

불태화개입의 경우 외환시장효과는 태화개입과 같으나 국내통화량의 변화가 없기 때문에 단기적으로는 통화효과와 인플레이션 기대심리에 따른 기대효과는 나타나지 않는다. 그러나 환율정책과 통화정책을 독립적으로 수행함으로써 환율과 금리 간의 균형(국내금리 = 해외금리 + 기대환율변화율)이 단절되어 개입의 효과가 단기로 끝날 우려가 있으며, 특히 자본의 이동성이 높을수록 그 실효성은 더욱 낮아진다. 해외부문의 통화팽창을 막기 위한 유동성규제로 국내금리 변동을 초래하여 국내외금리차를 확대시킴으로써 이것이 다시 자본유입의 원인이 될 수도 있기 때문이다.[61)]

이 밖에도 불태화개입은 민간이 보유하고 있는 외화표시채권과 원화표시채권이 서로 불안전한 대체관계에 있을 경우, 이들 자산간의 포트폴리오 구성을 변동시켜 환율과 금리를 변동시키는 포트폴리오 변동효과와 중앙은행의 외환시장 개입은 향후 통화정책에 대한 내부정보를 시장참가자들에게 신호함으로써 환율에 영향을 미칠 수도 있다는 신호효과 등을 상정할 수도 있다.

한편 재정정책도 외자유입에 대한 효과적인 대책으로 이용된다. 긴축재정을 통해 총수요를 억제함으로써 자본유입으로 인한 물가상승 압력을 줄일 수 있다. 예컨대 국공채발행 축소로 금리를 하락시켜 자본유입이 감소되고 원화절상압력이 완화될 수 있다. 이러한 이유로 자본유입관리에 관한 한 재정정책이 불태화정책보다 효과적인 정책으로 인정되고 있다. 이 밖에 투기성 단기자본의 유입을 억제하는 방안으로 외환거래에 대한 세금(Tobin's tax) 부과, 유입자본의 일정률을 중앙은행

---

61) 이러한 이유로 자본의 자유로운 이동성, 환율(고정환율)안정 및 통화정책의 독립성 가운데 어느 두 가지는 동시에 달성될 수 있으나, 세 가지 모두가 동시에 달성될 수 없다는 이른바 "impossible trinity"라는 용어가 등장하고 있다.

에 예치케 하는 가변지준예치제도 등이 있다.

그러나 자본의 급격한 유출입을 억제하기 위해서는 적정수준의 경제성장, 물가안정, 경상수지 균형 등 경제안정기조를 유지하는 것이 무엇보다 중요하다. 경제의 안정기반이 정착되지 않은 상황에서는 외부충격 발생시 이를 흡수할 만한 기초능력이 약하여 자본의 급격한 유출입이 발생할 가능성이 상대적으로 높을 수밖에 없기 때문이다. 특히 환율은 기본적으로 외환시장에서의 수급상황을 반영하여 결정되도록 함으로써 일방적인 환율절하 또는 절상기대심리가 장기간 지속되는 것을 방지할 필요가 있다. 환율수준이 기초경제여건으로부터 크게 괴리될 경우 어느 한 쪽 방향으로의 환율변동 기대심리가 형성되어 환차익을 얻거나 환차손을 줄일 목적으로 자본유출입이 확대될 가능성이 높기 때문이다.

한편 자본유출입 조절정책으로서 자본거래 자체를 규제하는 직접통제방법에 의존할 경우, 금융거래기법이 고도로 발달한 상황에서는 규제를 회피할 수 있는 수단이 신속히 개발되어 그 실효성이 단기에 그칠 가능성이 크다. 따라서 직접통제방식은 국내 외환 및 금융시장의 급격한 혼란 우려시 등에 한하여 한시적으로 활용하고 가변예치의무제도 등 가격조정방법은 직접통제보다는 시장친화적(market-friendly)인 방법을 활용하는 것이 바람직하다. 그러나 이러한 방법도 실효성 있는 자본유출입 조절수단이 되기 위해서는 거시경제정책의 조정과 병행실시될 필요가 있다.

2) 직접규제

이상에서 설명한 재할인 및 대출정책, 지급준비율 변경, 공개시장조작 등이 간접규제에 의한 통화량 조절수단인 데 반하여, 직접규제란 통화당국이 금융기관의 자금운용에 선택적 차별적으로 개입하여 통화량과 금리 등에 영향을 미치는 것을 말한다. 직접규제의 대표적인 예로 중앙은행이 금융기관에 대하여 통화량 조절을 위하여 행하는 도의적 설득(moral suasion)을 들 수 있다. 도의적 설득이라 함은 중앙은행과 금융기관 사이에 유지하고 있는 관계를 근거로 금융기관의 행동을 중앙은행이 원하는 방향으로 유도하는 것을 말한다.

직접규제는 금융시장의 발달과정상, 특히 초기단계에 통화정책의 유효한 수단이다. 즉 금융자산의 축적 정도가 낮은 수준에 머물고, 금리가 규제되는 상황하에서는 통화의 양적인 조절을 위한 간접규제수단이 제대로 기능을 발휘할 수가 없게 된다. 따라서 자연히 통화정책은 직접규제수단에 크게 의존하게 되는 것이다.

우리나라는 1960년대 초 경제개발계획 실시 이후 상당기간에 걸쳐 만성적인 인플레이션과 저금리정책의 견지로 금융자금에 대한 초과수요가 상존함에 따라 금리기능 등을 통한 간접적인 통화조절이 어려웠으며, 이에 따라 한국은행의 금융기관에 대한 여신한도 규제 등 직접적인 통화조절수단이 크게 활용되어 왔다.

한편 직접규제는 규제에 소요되는 비용이 적고 그 효과의 확실성 등으로 가장 강력한 통화조절수단이기는 하나 금융기관의 자율성을 저해하고 금리, 통화량 등 금융변수와 실물경제 간에 존재하는 연관성을 단절하여 이들이 갖는 경기조절기능을 약화시키는 동시에 경제주체들에게 불확실성을 증대시켜 이들이 안정적인 경제행위를 제약하는 등의 부작용이 있어 장기적으로는 금융시장의 발달에 장애요인이 된다. 따라서 직접규제는 간접적인 정책수단만을 가지고는 충분한 통화조절효과를 거둘 수 없는 경우나 금융긴축기에 보완적인 수단으로 사용되는 것이 통상적이다.

3. 질적 조절수단

1) 질적 조절수단의 의의와 선택

금융의 질적 조절 또는 선별적 통제라 함은 통화량을 직접적으로 조절하는 것이 아니라 기왕에 주어진 통화량을 국민경제의 건전한 발전을 도모하는 데 효율적으로 활용하기 위하여 통화당국이 금융기관에 대하여 가하는 규제를 말한다.

금융의 질적 통제는 선진국보다는 특히 개발도상국에서 정부가 제한된 자원을 효율적으로 배분하고 산업구조를 개편하기 위한 수단으로서 양적 통제 못지 않게 중요시되고 있다. 우리나라 역시 경제개발계획 실시 이후 제한된 자금의 효율적인 배분은 금융정책의 대단히 중요한 과제가 되어 왔다. 특히 우리나라의 초기 경제발전전략이 정부주도하의 불균형성장모형을 채택함에 따라 수출산업이나 수입대체산업 등 성장주도부문에 대한 금융자금의 집중적인 지원이 불가피하였으며, 이에 따라 금융의 질적 규제 또는 선별적 통제는 그 중요성이 더욱 클 수밖에 없었다.

그러나 통화당국에 의한 금융자금의 선별기능 제고노력은 직접규제에 의한 양적 신용통제의 경우와 마찬가지로 성장주도부문의 정책적 결정 등 자원의 인위적인 배분에 따른 비효율성이 클 우려가 있을 뿐만 아니라 금융기관의 공공성이 지나치게 강조되어 자금운용시 상업성이 배제됨으로써 금융부문의 위축을 초래하는 부작용도 가지고 있다.

우리나라의 경우 이러한 문제점은 1980년대 이후 민간주도형 경제로 이행되면서 더욱 부각되었는데, 이에 따라 금융의 선별기능 제고를 위한 중앙은행의 금융기관에 대한 각종 통제가 많이 완화되어 왔다. 그러나 금융자금에 대한 초과수요가 지속되는 한 금융의 선별기능 제고는 여전히 중요한 과제로 남아 있다.

한편 통화당국의 선별규제수단을 보면 양적 규제수단과 마찬가지로 재할인 및 대출정책을 통하여 금융기관의 자금배분을 특정부문으로 유도하는 간접적인 방식과 금융기관의 자금운용에 개입하거나 지도하는 직접적인 방식이 있다. 직접적인 방식에는 규정 등을 제정하여 특정부문에 대한 자금배분을 제도금융화하는 방식과 그 때 그 때 특별자금을 지원토록 하는 등 도의적 설득을 하는 비제도적 방식이 있다.

2) 재할인 및 대출정책

질적 통제수단으로서의 재할인 및 대출정책은 특히 국내저축기반이 취약하고 만성적인 초과자금수요로 금융기관의 자금부족시 국민경제 내의 특정부문에 대한 금융기관의 자금지원을 유도하는 데 대단히 유효한 수단이 된다. 즉 중앙은행은 재할인 등의 대상이 되는 금융기관의 어음 또는 증서를 국민경제면에서 바람직하다고 판단하는 부문으로 국한함으로써 중앙은행이 원하는 부문에 금융자금이 공급할 수 있도록 유도할 수 있게 된다.

현재 금융통화위원회는 한국은행의 재할인 및 대출대상이 되는 금융기관자금에 대하여 자금종류별로 각종의 제도금융규정을 제정, 해당 부문에 대한 금융기관의 자금지원방법 등을 규정함으로써 선별금융의 효율성이 높아지도록 도모하고 있다.

4. 통화정책의 한계

통화량의 조절이 실물경제에 효과를 미치느냐, 아니면 실물경제에는 영향이 없고 오직 물가에만 영향을 미치느냐에 대한 논쟁은 시대에 따라 변해 왔다. 1970년대 이전에는 케인즈학파(Keynesians)와 통화주의학파(monetarists) 간에 통화정책에 대한 치열한 논쟁이 이루어졌다.

전통적인 케인즈학파는 통화정책이 실물경제에 효과가 있으며, 통화량의 조절은 통화당국이 재량(discretionary policy)을 가지고 경기상황에 맞게 조절해야 한다고 주장한다. 이에 대하여 Friedman으로 대표되는 통화주의학파는 단기적으로 통화정책은 실물경제에 효과가 있으나, 장기적으로는 물가만 상승시킨다는 통화의 장기적 중립성(long-run neutrality of money)[62]을 주장한다.

통화론자들 특히 재량적 통화정책은 경제주체들에게 불확실성을 주어 불필요한 혼란만을 초래할 뿐이라고 주장하고, 은행공황, 즉 예금뇌취현상의 발생으로 금융시스템의 안전이 심각하게 우려되지 않는 한 중앙은행이 개입해서는 안 된다고 주장한다. 중앙은행이 개입을 하면 마땅히 파산해야 할 기업이 구제금융(rescue financing)을 받거나 통화의 과다공급으로 인플레이션을 자극함으로써 경제의 효율성을 오히려 저해한다는 것이 그 논리이다.[63]

특히 Friedman 등은 중앙은행의 재할인조작을 없앨 것을 주장하였는데 이들의 논리인즉 재할인조작을 통한 자금의 선별지원의 무용함과 중앙은행이 재할인정책을 수행하는 데 수반되는 규제나 감독비용이 너무 크다는 것이다.

이와 같은 논리에서 Goodfriend 등은 중앙은행은 공개시장조작만을 대상으로 한 통화정책만을 수행하고 은행이나 여타 금융기관 등을 대상으로 통상적인 여신업무나 긴급시 금융지원 등을 행하는 은행정책은 하지 말아야 한다고 주장하고 있다.[64]

1970년대에 들어 통화정책의 유효성에 의문을 제기하는 새로운 흐름이 신고전학파(new classical school)라고 불리는 일단의 경제학자들을 중심으로 형성되었다. 여기에는 두 분류의 학자들이 있는데, 첫번째 그룹은 Robert Lucas, Thomas Sargent로 대표되는 합리적 기대론자들이다. 이들은 모든 경제주체들이 경제의 전반적인 정보를 이용하여 가장 합리적으로 기대를 한다는 합리적 기대가설(rational expectation hypothesis)을 주장함과 아울러 가격과 임금이 완전 신축적이므로 시장의 불균형은 신속히 해소된다는 고전학파의 신속한 시장청산(rapid market clearing) 가정을 지지하였다.

이와 같은 전제하에서 예상된 통화정책은 사람들이 통화당국의 의지를 간파하여 의사결정을 신속히 변경함에 따라 장기는 물론 단기에도 실물경제에 아무 영향이 없다는 정책무력성(policy ineffectiveness) 명제가 도출되었다. 합리적 기대론자들

62) 통화의 중립성이란 통화량의 변화는 예상했든 예상하지 못했든 간에 모두 물가에 영향을 미치지만, 예상치 못했던 통화량의 변동만이 실물경제에 영향을 준다는 것이다.

63) A. Schwartz, "Real and Pseudo-Financial Crisis," *Financial Crisis and the World Banking System*, MacMillan.

64) M. Goodfriend and R. King, "Financial Deregulation, Monetary Policy and Central Banking," *Federal Reserve Bank of Richmond Review* 74, 1988.

은 오직 예상되지 못한 통화정책(monetary surprise shock)만이 생산이나 고용 등에 일시적으로 효과가 있을 뿐이라고 주장한다.

두 번째의 그룹으로는 Kydland-Prescott 등에 의해 주창된 실물적 경기변동이론(real business cycle theory)으로, 이들은 통화주의자들의 주장대로 통화량의 변동이 장기적으로 실물경제에 영향이 없다면 실질변수는 일시적으로만 변할 뿐 영구적으로는 변화가 없어야 하나 현실적으로 실질생산량 등은 영구적으로 변한다는 문제의식에서 출발하였다. 실물적 경기변동론자들은 현실세계의 경기변동은 기술진보나 사람들의 선호변화 등 실물적 요인만을 고려한 모형에 의해 더 잘 설명될 수 있으며, 통화량은 경기변동의 주된 요인이 아니라고 주장함으로써 통화정책의 중립성을 지지하였다.

Barro[65]는 신고전학파 이론에 입각하여 케인즈가 주장하는 재정정책에 의한 유효수요의 창출논리를 부정하고 재정수지의 규모가 변화하더라도 실물경제에 하등의 영향을 주지 않는다는 재정정책의 무력성을 주장하고 있다. Barro는 정부차입의 증대는 조세의 유예조치에 불과하므로 합리적인 사고를 하는 경제주체들은 곧 증세조치가 있을 것으로 판단하여 저축을 늘린다는 것이다. 이렇게 되면 정부차입 증가분만큼 민간저축이 늘어나 국민경제 전체로 본 국민저축에는 변동이 없게 되어 소비지출의 증대로 연결되지 않음으로써 경제활동은 균형경제하의 그것과 차이가 없다는 것이다.

이와 같은 신고전학파의 주장에 대해서는 이후 다시 반론이 제기되었는데, 특히 신속한 시장청산 가정에 대하여 현실세계에서는 가격이나 임금 조정이 신축적이지 않다는 점이 부각되었다. Stanley Fisher, John Taylor 그리고 Julio Rotemberg 등에 의해 정치화된 이러한 흐름은 New Keynesian학파를 구성하게 되었는데, 이들에 의하면 가격조정에 비용(menu cost)이 수반되거나 모든 기업이 가격을 동시에 조정하지 않거나 하게 되면 물가나 임금에 현저한 경직성(price stickiness or wage rigidity)이 존재하게 되고, 이 경우 통화정책은 단기적으로 실물변수에 영향을 미칠 수 있다고 주장함으로써 통화정책의 비중립성(money non-neutrality)을 다시 뒷받침하고 있다.

이들은 물가나 임금의 경직성이 존재하는 불균형경제하에서는 적정고용수준을 유지하기 위한 정부개입의 불가피성을 강조하고 있다. 이들은 또한 은행공황으

65) R. Barro, "Are Government Bonds Net Wealth?" *Journal of Political Economy*, vol. 82, 1974.

로 인한 통화의 수축현상이 발생하지 않는 한 정부가 개입해서는 안 된다는 통화주의자들의 주장에 대해서도 주식시장의 급격한 하락, 외환시장의 붕괴, 실물경제의 극심한 침체에 따른 디플레이션의 발생 등 경제 전체에 심대한 영향을 초래할 경우에는 정부의 개입이 불가피하다고 주장한다.

이와 같이 통화 및 경제정책에 있어 정부의 개입 여부를 두고 개입을 해서는 안 된다는 신고전학파로 대변되는 자유주의자(liberalist wing)와 정부개입의 불가피성을 주장하는 케인지안으로 대변되는 개입주의자(intervention wing)들이 현대경제학의 두 패러다임(paradigm)을 구성하고 있으며, 그 논란은 현재까지 이어지고 있다.

제 8 장

예금취급기관

FINANCIAL INSTITUTION

제 1 절 은 행

Ⅰ. 일반은행

오늘날 은행이라는 명칭은 중앙은행, 상업은행, 투자은행 등 다양한 형태의 금융기관에 공통적으로 쓰이고 있으나, 전통적인 의미에서 은행이란 예금을 받아 대출이나 어음할인 등 단기적 상업자금을 공급하는 좁은 의미의 상업은행을 지칭한다.

우리나라의 은행은 설립근거법에 따라 일반은행(commercial bank)과 특수은행(specialized bank)으로 구분되는데 일반은행은 「은행법」[1]에 의해 설립되어 동법의 규제를 받고, 특수은행은 각 설립법에 의해 규제되고 있다.

일반은행은 다시 영업구역의 제한 여부에 따라 전국을 영업구역으로 하는 시중은행(nationwide commercial bank)과 영업구역이 특정지역으로 제한된 지방은행(local bank) 그리고 외국은행 국내지점으로 구분된다.

종래 우리나라는 은행과 증권업무의 분리, 장기금융과 단기금융의 분리원칙에 따라 원칙적으로 일반은행은 1년 이내의 단기예금 및 대출업무, 환업무, 지급보증업무 등 전통적인 단기상업금융업무를 주된 업무영역으로 하였었다. 그러나 장·

1) 「은행법」은 「한국은행법」과 함께 은행업무에 대한 기본법이다. 「은행법」은 행정법적 성격(은행의 영업행위 규제가 주된 내용으로 위반시 과징금, 이행강제금, 과태료 부과 등)과 형사법적 성격(금지되는 행위의 유형 및 위반행위에 대한 징역형, 벌금형 부과 등)을 동시에 갖고 있다.

단기금융의 구분이 철폐되는 세계적인 추세에 따라 대출금의 기한연장 등을 통해 사실상 장기금융을 취급하여 왔으며, 1996년 「은행법」의 개정으로 일반은행의 대출기간 제한이 폐지되어 공식적으로 장기금융 취급이 가능하게 되었다.

한편 1970년대 초반까지만 하더라도 직접금융시장이 발달되지 못하고 은행 이외에 기타의 금융기관은 보잘 것이 없었기 때문에 은행은 고유업무뿐만 아니라 그때그때 필요에 따라 주변업무를 직접 또는 자회사를 통하여 취급하여 왔다.

고유업무는 「은행법」상 은행의 업무로 정의되는바 예·적금의 수입 또는 유가증권, 그 밖에 채무증서의 발행, 자금의 대출 또는 어음의 할인 및 내·외국환 등이다. 은행의 부수업무는 은행업무의 수행에 부수하는 업무로 금융위원회에 사전신고에 의하여 포괄적으로 운영할 수 있도록 하되[2] 은행 건전성과 금융시장의 안정성 등을 해치는 경우에는 이를 제한하거나 시정할 수 있다(동 법 제27조의2).

은행의 겸영업무는 은행업무가 아닌 업무로서 타 법령에서 인·허가 또는 등록 등을 받았거나 은행이 운영할 수 있도록 허용된 업무로서 은행이 겸영업무를 운영하고자 할 경우에는 금융위원회에 사전신고에 의해 운영할 수 있도록 하되 은행의 경영건전성 및 금융시장의 안정성 등을 해치는 경우에 그 운영을 제한하거나 시정할 것을 명할 수 있다(동 법 제28조). 그리고 겸영에 따른 은행과 은행이용자 간 및 특정 이용자와 다른 이용자 간의 이해상충을 방지하기 위하여 은행에 이를 공정하게 관리할 의무를 부과하고 이행상충을 관리하는 방법과 절차 등을 대통령령으로 정하는 내부통제기준에 반영하도록 하고 있다(동 법 제28조의2).

현재 은행의 겸영업무로는 신탁업무, 카드업무, 자산운용회사 및 판매회사 업무, 증권업무 중 국공채의 간사 및 판매업무, 사모채 인수업무, 인수단 및 청약사무단에 참가할 경우의 주식인수업무, 환매조건부매도업무, 기관투자가로서 자기계산에 의한 유가증권의 보유 및 운용업무, 금융 및 일반상품의 파생거래업무, 보험대리점 업무, 각종 수수료업무 등은 직접 겸영하고 기타 증권업무와 리스업무 등 일부 종합금융업무는 자회사를 통해 취급하고 있다.

앞으로 금융의 증권화 추세에 부응하여 은행의 증권업무 취급이 확대될 것이

2) 다만 채무의 보증 또는 어음의 인수, 상호부금, 팩토링, 보호예수, 수납 및 지급대행, 지방자치단체의 금고대행, 전자상거래와 관련한 지급대행, 은행업과 관련한 전산시스템 및 소프트웨어 판매·대여, 금융관련 연수, 도서 및 간행물 출판, 금융관련 조사 및 연구, 그 밖에 은행의 업무에 부수하는 업무로서 대통령령에서 정한 업무 등의 경우 신고를 하지 않고도 운영할 수 있다(동 법 제27조의2).

며 금리, 환율, 주식, 일반상품 등과 연계된 선물 및 옵션상품의 취급이 확대될 것이다. 또한 세계적인 은행, 증권, 보험의 겸영 내지 연계추세에 부응하여 은행, 증권 및 보험회사 간의 전략적 제휴와 복합상품 개발이 일부 허용되고 있으며 앞으로 소비자를 위한 금융회사간의 경쟁이 더욱 촉진될 것이다.[3)]

1. 시중은행

시중은행은 전국을 영업구역으로 하고 서울에 본점을 둔 전형적인 상업은행 및 특수한 목적을 수행하기 위해 특수은행으로 설립되었다가 일반은행으로 전환된 국민은행[4)] 등 6개 은행(금융지주사에 소속된 국민, 신한, 우리, 하나, 그리고 독립은행인 한국스탠다드차트, 한국씨티)이 있다.

종래 외국은행의 국내진출 형태는 지점 및 합작형태만이 허용되고 그 설치도 국내금융시장 사정에 따라 인가 여부를 결정하였으나, 금융국제화의 진전에 따라 현지법인 등 국내진출 형태가 다양화되었다. 특히 WTO의 우리측 양허조건 중의 하나로 외국은행과 투자신탁회사의 국내지점 및 사무소 설치에 대한 경제적 필요성 심사(ENT: Economic Need Test)가 폐지되어 요건이 충족되는 외국은행의 국내진출은 자동적으로 허용되고 있다.

2. 지방은행

지방은행은 금융의 지역적 분산과 지역경제의 균형적 발전을 위해 1967년 부산시와 각 도단위로 한 개씩 총 10개 은행이 설립되었으나 1998년 6월 경기·충청은행이 퇴출되고 1999년 중 강원, 충북은행이 조흥은행에 합병됨에 따라 지금은 6개 지방은행(지주사 소속의 대구, 부산, 경남, 전북, 광주 그리고 제주)이 존속하고 있다. 종래

---

3) 2015년 10월부터 은행간 계좌이동서비스가 실시되고 있다. 은행들은 Payinfo를 통하여 개인 수시입출금식 예금계좌에서 출금되는 이동통신, 보험, 카드 3개 업종 자동납부를 대상으로 출금계좌 변경서비스를 실시하고 있다. 앞으로 동 서비스의 수준을 더욱 높이고 현재 은행권에만 실시하고 있는 동 서비스의 참여금융회사 범위를 단계적으로 확대할 예정이다.

4) 현재의 국민은행은 구 국민은행과 한국주택은행이 2001년 11월 합병하여 새로 신설된 은행이다.
구 국민은행은 서민과 소규모기업에 대한 금융편의를 제공하기 위해 1962년 「국민은행법」에 의해 설립되어 운영되어 오다가 신용협동조합, 상호신용금고 등 서민금융기관의 비중이 증대함에 따라 그 존재의의가 감소하여 1995년 동 법의 폐지로 일반은행으로 되었다.
구 한국주택은행은 서민주택금융자금의 조성을 뒷받침하고 주택자금공급과 관리의 효율화를 위해 1967년 「한국주택은행법」에 의해 종래 한국산업은행이 취급하던 주택금융업무를 인수하여 설립되었다가 1997년 7월 동 법의 폐지로 일반은행으로 되었다.

에는 지역에서 조성된 자금을 가능한 한 그 지역으로 환원하기 위해 관할행정구역 밖의 점포진출을 제한하여 지점설치는 서울 및 5개 광역시에만 제한적으로 허용하고 서울소재 지점의 대출한도를 규제하여 왔으나 1998년 11월 이러한 규제가 완전히 폐지되었으며 이에 따라 시중은행과 지방은행의 구분도 사실상 없어졌다.

종래 지방은행은 시중은행에 비해 점포망의 열세 등을 규제금리의 차별로서 보완하여 왔으나 금리자유화로 이러한 혜택이 소멸되어 지방은행의 경쟁력 열위를 보완하기 위해서는 합병이나 업무제휴 등 대폭적인 구조조정이 있어야 할 것으로 예상된다.

3. 인터넷전문은행

인터넷전문은행(internet only bank)[5]은 별도의 점포 없이 온라인이나 모바일 환경에서 예·적금, 대출, 지급결제 등 금융거래를 하는 은행이다. 인터넷전문은행은 점포가 없기 때문에 임대료나 인건비 등이 적게 드는 만큼 고객에게 높은 예금금리와 낮은 대출금리 및 수수료를 제공하는 것이 가능하다. 특히 정책적으로 중점을 둔 것은 혁신적 아이디어가 적용된 금융서비스 제공이지만 중금리대출의 제공도 중요한 목적이었다. 이들은 온라인 영업의 특성상 영업지역제한이 없기 때문에 시중은행으로 분류되기도 한다.

정부는 ICT와 금융의 혁신적 결합을 통한 금융서비스를 제공하고자 2015년 11월 비대면으로 고객의 실명을 확인할 수 있도록 관련 규정을 바꾸고 ICT업체가 주도하는 2개의 인터넷전문은행(카카오, K)을 인가하여 2017년 영업을 개시했고, 추가로 한 개 은행(토스)을 인가하여 현재 3개의 인터넷전문은행이 운영 중이다.

인터넷전문은행이 성공하기 위해서는 빅데이터를 활용하여 보다 정교한 신용평가모형을 구축하는 것이 필수적이다. 이와 함께 보다 간편한 인증절차와 인터페이스를 구축하여 보다 유연한 체제를 갖추고 해킹 등으로부터 철저한 보안과 안전장치의 확보가 중요하다.

또한 인터넷전문은행의 주축이 되는 ICT기업이 실질적인 경영권을 소유하고 혁신적인 사업을 주도할 수 있게 하기 위해 은산분리원칙에 예외를 두어 산업자본의 인터넷전문은행 소유한도를 10%~34%까지 허용한다. 인터넷전문은행은 비대면 방식으로 일반은행 업무의 대부분을 취급할 수 있도록 하되 신용카드업무와 원칙

5) 기존 은행이 온라인 업무를 강화한 개념인 인터넷뱅킹과는 구별된다.

적으로 법인에 대한 신용불가 등의 제한이 있다.

표 8-1 인터넷전문은행과 일반은행 비교

	인터넷전문은행	일반은행
소유구조	은산분리 규제 완화 -「인터넷전문은행 특례법」에 의해 기업체 주주가 산업자본일 경우 최대 10%까지 지분 보유 가능 -최근 5년간 금융관련 법령·공정거래법 위반 등으로 벌금형 이상 처벌 이력이 없어야 한다는 조건 충족 시 산업자본 기업체가 34%의 지분 보유 가능	은산분리 원칙 적용 -비금융주력자 타사 의결권 있는 주식은 4%까지 허용 -비금융주력자 타사 의결권 없는 주식은 10%까지만 소유하도록 제한
최소 자본금	250억 원 이상	1천억 원 이상(지방은행은 250억 원 이상)
업무범위	일반은행과 동일한 업무범위 적용하나, 일부 제한 - 비대면 은행업무로 제한 - 법인에 대한 신용공여 불가능 (다만 「중소기업기본법」 제2조제1항에 따른 중소기업에 대한 신용공여는 허용) -신용카드업 겸영 불가	고유업무 -예적금 수입, 유가증권 기타 채무증서 발행 -자금 대출·어음 할인 -내·외국환 업무 부수업무 -고유업무에 부수되는 업무(채무보증, 어음인수, 팩토링 업무, 상호부금업무 등) 겸영업무 -신탁업무, 신용카드업무, 자산운용회사의 업무 및 판매 업무, 기타 은행업무 관련 업무 등

4. 일반은행의 재무제표

은행의 주요업무와 손익구조의 개략적인 이해를 위해서는 재무상태표(대차대조표)와 손익계산서를 살펴보는 것이 도움이 된다. 여기서는 은행자금중개의 대부분을 차지하는 일반은행[6]의 신탁계정을 제외한 은행계정의 2017년과 2022년의 말잔 기준의 요약재무제표를 보기로 하자.

---

6) 신한, 우리, 한국SC, 한국씨티, KEB하나, 국민은행 등 6개 시중은행과, 인터넷전문은행인 케이와 카카오뱅크, 대구, 제주, 부산, 전북, 광주, 경남은행 등 6개 지방은행 포함 총 14개 은행.

표 8-2 일반은행의 요약 재무상태표(2017와 2022년 은행계정 말잔)(단위: 조원, %)

	2017		2022			2017		2022	
계정과목	금액	%	금액	%	계정과목	금액	%	금액	%
현금과 예치금	71.7	4.7	134.2	5.8	예수금	1,125.6	74.4	1,721.0	74.8
유가증권	229.2	15.1	417.1	18.1	원화 예수금	1,030.1	68.1	1,528.8	66.4
대출채권	1,111.4	73.6	1,617.6	70.3	양도성예금증서	21.6	1.4	47.8	2.1
원화대출금	1,010.0	66.7	1,439.9	62.6	외화예수금	73.3	4.8	143.9	6.2
외화대출금	24.4	1.6	78.3	3.4	차입부채	166.4	11.0	254.2	11.0
콜론	9.4	0.6	16.0	0.7	사채	96.8	6.4	126.7	5.5
유형자산	12.0	0.8	16.0	0.7	기타	104.3	6.9	172.9	7.5
기타	83.7	5.5	116.6	5.1	파생상품부채	23.8	1.6	54.0	2.3
파생상품자산	23.0	1.5	52.3	2.3	**부채총계**	**1,396.3**	**92.3**	**2,148.2**	**93.3**
					자본금	25.6	1.7	30.5	1.3
					잉여금 등	86.8	5.7	119.3	5.2
					자본총계	**117.0**	**7.7**	**153.4**	**6.7**
자산총계	1,513.3	100.0	2,301.6	100.0	**부채와 자본총계**	1,513.3	100.0	2,301.6	100.0

자료: 금융감독원, 은행경영통계.

이들의 누적 자금조달규모(자산규모)는 2022년에 2,301조를 넘고 있으며, 기본적인 업무행태는 주로 예수금으로 (2022년 조달금 말잔의 74.8%) 조달하여 대출증권(2022년 자산운용의 70.3%)으로 운용하고 있음을 보여준다.

원화예수금, 외화예수금 및 양도성예금증서(CD)로 구성된 예수금 중에서 원화예수금이 66.4%를 차지하여 다른 예수금구성요소인 외화예수금, 양도성예금증서의 중요도에 비해 월등히 높다. 차입부채는 원화·외화차입금, RP매도, 매출어음, 콜머니, 사채 등 다양한 수단이 있고 이 중 가장 큰 비중을 차지하는 것은 채권(금융채 또는 은행채) 발행으로 조달하는 것이며 2022년 전체 누적자금 조달의 5.5%를 차지했다. 기타 부채는 각종 충담금(지급보증, 퇴직급여, 미사용약정 충당금 등), 미지급부채, 파생상품부채 등이 포함된다. 자본은 전체 자금조달의 2017년에는 7.7%, 2022년에는 6.7%를 차지하고 있는데 납입자본금과 축적된 자본 및 이익잉여금과 신종자본증권으로 구성되어 있다. 사채 발행 중에 신종자본증권은 채권의 형태이지만 특정사건(부실가능사건)이 발생하면 자기자본으로 자동으로 전환하는 등의 조건이 붙어있어 은행의 자기자본비율 준수 기준을 제시하는 BIS에서 BIS자기자본비율을 산정할 때 보완자본으로 인정함으로써 자기자본의 일부로 취급된다. 최근 은행을 비롯한 금융기관들이 신종자본증권발행을 통해 BIS 자기자본 충실성을 높이고자 하는 경우가 자주 나타난다. 2017년과 2022년 사이에 자기자본 비율이 축소되었는데도 불구하고 BIS비율은 제고된 것의 일부는 이에 기인한다.

자산운영의 가장 중요한 형태는 대출(2017년 73.6%, 2022년 70.3%)이다. 2022년에 이중 62.6%가 원화대출로 구성되고, 그 다음에 유가증권 투자가 18.1%를 차지하고 있다. 현금과 예치금은 한국은행의 지불준비금요구를 맞추기 위한 면도 있지만 기본적으로 유동성을 유지하기 위한 것이며, 수익성제고를 위해 유동성을 해치지 않는 범위 내에서 가능하면 현금형태의 자산보유를 줄이는 것이 바람직할 것이다. 유가증권은 수익성을 제고하기 위한 운영방안이지만 동시에 필요시 유통시장에서 현금화가 대출자산보다는 용이하기 때문에 제2의 유동성을 확보하는 방안으로도 활용된다.

은행법에서 예수금과 대출상품을 한 지붕 아래서 취급할 때 은행이라 정의하듯이 실제 자금조달의 제일 중요한 수단으로 예수금을 이용하고 자산운용의 가장 큰 비중이 대출상품에 주어져 있다.

은행의 개략적인 수익 구조는 다음의 일반은행의 요약 손익계산서에서 추정할 수 있다. 손익계산서에 나타난 수익과 비용의 상대적 비중은 이미 재산상태표의 자금조달과 자산운용 구조에서 짐작이 가능하다. 은행의 손익은 이자손익과 비이자손익으로 나눌 수 있고, 비이자손익은 유가증권관련 손익, 서비스 수수료 손익, 외환과 파생상품 손익 등으로 구성되어 있다. 2017년과 2022년 일반은행의 수익항목으로 가장 큰 항목은 이자수익으로 각 년도별로 39.3조와 64.9조로 2017년은 총수익[7] 48.8조의 80.4%, 2022년은 68.4조의 94.9%를 차지하고 있다. 2022년 경우 이자수익은 대출채권 이자로 83.5%, 보유유가증권 이자로 10.1%가 구성되어 있어 대출과 유가증권 투자가 주된 자금운용방법임을 보여주고 있다.

2017년(2022년) 일반은행의 이자비용은 14.3조(26.4조)로 총수익의 29.3%(38.6%)를 차지하며, 이중 예수금이자는 22.2%(30.1%), 사채이자는 4.4%(4.7%), 차입금이자는 2.0%(2.6%)로 구성되어 있다. 이는 주된 자금조달원으로 예수금, 사채(은행채), 차입금의 비중이 각각 72.9%, 6.4%, 4.7%로 구성된 결과이다. 이자수익과 이자비용의 차이가 이자손익이 된다.[8]

---

7) 모든 수익을 합친 것으로 이자수익 + 비이자손익 + 영업외손익으로 산정.

수입이자와 지급이자 이외의 주요 손익항목은 수수료수입을 포함하는 비이자손익과 인건비를 포함하는 판매비와 일반관리비이다. 2017년 경우 비이자손익은 4.7조로 총수익대비 9.6%에 그치고 있어 수익원으로서의 역할이 크지 않다. 2017년의 경우 판매비와 일반관리비는 16.4조로 이자비용보다도 더 큰 비용항목이다.

표 8-3 일반은행의 요약 손익계산서(2017년과 2022년 은행계정)(단위: 조원, %)

계정과목	2017		2022	
	금액	총수익[1] 대비 %	금액	총수익[2] 대비 %
I. 이자수익	39.3	80.4	64.9	94.9
대출채권이자	35.1	71.9	57.1	83.5
유가증권이자	3.6	7.4	6.9	10.1
II. 이자비용	14.3	29.3	26.4	38.6
예수금이자	10.9	22.2	20.6	30.1
차입금이자	1.0	2.0	1.8	2.6
사채이자	2.2,	4.4	3.2	4.7
III. 이자손익(I–II)	24.9	51.1	38.5	56.3
IV. 비이자손익	4.7	9.6	3.9	5.7
수수료순이익	3.3	6.7	3.3	4.8
신탁관련손익	0.9	2.0	0.8	1.2
유가증권손익	0.9	1.9	-0.8	-1.2
외환파생관련손익	2.2	4.5	1.5	2.2
기타손익	−2.7	−5.6	−0.9	−1.3
V. 총이익(III+V)	29.6	60.7	42.4	61.9
VI. 판매비와 일반관리비	16.4	33.6	18.9	27.6
인건비	8.5	17.4	11.0	16.1

8) 은행 이자수익업무의 수익성을 보여주는 순이자마진(NIM: Net Interest Margin)은 이자부자산 1원당 이자순이익을 보여주는 지표로서, 이자손익을 이자수익자산평잔으로 나누어 산출한다.

물건비	4.8	9.9	7.9	11.5
VII. 충당금전입(순)	2.5	5.1	3.1	4.5
VIII.영업손익 (V−VI−VII)	10.7	21.9	18.3	26.7
IV. 영업외손익	−0.2	−0.4	−0.4	−0.5
X. 세전이익(VIII+IV)	10.5	21.5	17.9	26.2
XI. 법인세비용	2.1	4.4	4.6	6.7
XII. 당기순이익	8.4	17.2	13.2	19.3
XIII. 대손준비금	0.4	0.8	-0.5	-0.7
XIV. 대손준비금 반영 후 당기순이익 (XII−XIII)	7.9	16.3	13.8	20.1

주: 1) 2017년 일반은행 은행계정의 총수익(이자수익+비이자손익+영업외수익)= 48.8조원 대비 비중.
2) 2022년 일반은행 은행계정의 총수익= 68.4조
자료: 전국은행연합회.

<표 8-4>는 일반은행의 수익구조를 미국의 FDIC가입 은행들의 수익구조를 지난 4년간 비교하고 있다. 미국 은행에 비해 이자마진의 비중이 확연하게 더 큼을 보여주고 있어 수익원 다변화가 필요함을 보여주고 있다.

표 8-4 한미의 수익구조 비교: 이자이익 비중[1](%)

	2019	2020	2021	2022
일반은행	86.5	85.6	90.1	94.2
미국 FDIC가입은행[2]	67.4	65.3	63.7	68.5

1) 이자이익/(이자이익+비이자이익)
2) FDIC에 보험을 든 상업은행 4,127개와 저축대부조합(S&L) 579개
자료: 전국은행연합회, FDIC.

미국은행의 규모가 커질수록 비이자수익의 비중이 커지는 현상이 뚜렷한 것을 감안하면 다변화의 필요성이 더욱 강조된다.

<표 8-5>는 우리나라 15개 일반은행의 평균수익성을 미국의 13개 대형은행 평균수익성 지표와 비교한다. 제시된 기간 동안 한국 일반은행의 총자산수익률(ROA)은 미국 은행의 반 정도에 그치고 자기자본 수익률(ROE)은 미국은행의 70%

수준을 보여주고 있다. 은행 수익성의 원천이 되는 순이자마진(NIM: net interest margin)에서 큰 차이를 보이고 있다.

표 8-5 한-미 은행의 수익성 지표비교

		2019	2020	2012	2022
ROA	미국 13개 대형은행[1)]	1.11	0.94	0.95	1.11
	한국 15개 일반은행	0.58	0.47	0.49	0.58
ROE	미국 13개 대형은행	10.36	9.71	9.97	12.16
	한국 15개 일반은행	7.92	6.55	7.05	8.94
NIM	미국 13개 대형은행	2.92	2.17	2.07	3.06
	한국 15개 일반은행	1.62	1.47	1.52	1.72

1) FDIC분류에 따른 미국의 자산 $250 billion(약 325조) 이상의 은행

자료: 전국은행 연합회, 미국 FDIC.

2022년 말 기준, 4,700여개의 은행들이 영업하고 있는 미국이 20개의 은행이 있는 한국보다 더 경쟁적인 시장임에도 불구하고 우리 은행들의 수익성이 더 낮게 나타나고 있는 것은 다양한 이유가 있을 것이다.

Ⅱ. 특수은행

특수은행은 일반은행이 수익성이나 전문성 또는 재원조달상의 제약 등으로 필요한 자금을 충분하게 공급하지 못하는 국민경제의 특수분야에 대한 금융지원을 위해 설립되었으며, 현재 한국산업은행, 한국수출입은행, 중소기업은행, 농협은행, 수산업협동조합의 신용사업부문 등이 있다.

특수은행은 그 설립 취지가 자금운용면에 있어서는 일반 상업금융의 취약점을 보완하고 특정부문에 대한 전문성을 살리고 자금조달면에서는 민간으로부터의 예금에 주로 의존하는 일반은행과는 달리 예금 이외에 정부 및 해외로부터의 차입금, 채권발행 등에 많이 의존토록 되어 있었다. 그러나 그간의 금융환경의 변화로 특수은행들의 자금조성이 일반은행과 같이 민간으로부터의 예금에 대부분 의존하

고 취급업무도 일반은행에서 취급하는 대부분의 업무를 취급하고 있어 일반은행과 특수은행의 구분이 사실상 없어졌다.

앞으로 성격상 일반은행과 크게 차이가 없는 특수은행은 일반은행으로 전환하고 존립이 꼭 필요한 특수은행은 본래의 설립목적에 충실하여 일반은행과의 경쟁관계를 줄이고 정책금융을 전담하는 기관으로 기능이 재편될 것이다. 한편 장기적으로 재정과 금융의 기능이 분리됨에 따라 특수은행도 산업정책적 금융만을 전담하고 소득보조적 정책금융은 재정과 금융의 중간적 성격을 갖는 재정투융자로 이관될 것이다.

이하에서 현재의 특수은행별로 주요 기능을 기술한다.

1. 한국산업은행

한국산업은행은 1918년 설립된 조선식산은행(해방 이후 한국식산은행으로 개칭)의 후신이다. 한국산업은행은 한국전쟁 이후 전쟁피해 복구와 물자생산의 증대의 필요에 따라 산업부흥과 국민경제의 발전을 촉진하기 위한 중요 산업자금을 공급, 관리함을 목적으로 제정된 「한국산업은행법」에 의거 1954년 4월 전액 정부출자와 기존 한국식산은행의 자산과 부채를 승계하여 설립되었다. 설립 당시는 자본시장이 발달하지 못하여 장기설비금융의 조달이 극히 어려웠으므로 원조자금과 재정자금이 이 은행의 주요재원이었으나 현재는 정부와 한국은행으로부터의 차입 이외에 국내외 금융시장을 통한 산업금융채권의 발행, 외국차관 등이 그 주요 재원이 되고 있다.

동행은 대출을 통한 직접적인 지원 이외에도 지급보증, 출자 등을 통하여서도 중요산업을 지원한다. 이를 위해 1997년 요구불예금의 수입확대, 단기수신상품인 CD 및 표지어음 발행업무, 유가증권의 인수업무 등 유가증권업무의 확충 등이 이루어져 일반은행과 투자은행의 업무가 대폭적으로 확충되었다.

이에 따라 동행의 설립목적인 개발금융의 의미가 많이 퇴색되어 그 정체성에 관한 오랜 논의를 거친 끝에 「한국산업은행법」의 개정과 「한국정책금융공사법」의 제정을 통해 2009년 10월 상업금융을 담당하는 산은금융지주회사와 정책금융을 담당하는 한국정책금융공사로 분할되었었으나 2012년 7월 다시 관련 법률을 개정, 양사를 산은금융지주회사로 통합하고 수출입은행으로 이관되는 대외금융기능을 제외한 종래 정책금융회사가 취급하던 모든 업무를 승계하도록 하였다. 산은금융지주회사는 산하에 한국산업은행과 금융투자회사, 여신전문금융회사 등을 자회사로 거느리고 한국산업은행은 정책금융공사와 분리되었을 때 소매금융을 확대하여 상업은행과 투자은행의 업무를 포괄하는 상업투자은행(Commercial Investment Bank)으로 기능전환을 추구했으나 2012년 정책금융공사 업무가 다시 통합된 후로는 신규 예수금 수취를 중단하는 등 소매금융업무를 중지하고 있다.

2. 한국수출입은행

한국수출입은행은 중장기 외상수출 및 해외투자와 해외자원 개발을 지원하기 위하여 1969년 7월에 제정된 「한국수출입은행법」에 의거 1971년에 설립되었다. 수출입은행의 주요 업무는 국내업자에 대한 중장기 수출자금(6개월 이상), 해외기술 제공자금, 주요 원자재 수입자금, 주요 자원개발수입 지원자금, 수출환어음 재할인과 우리나라 상품 수입업자에 대한 자금공여, 수출입은행의 지원 대상이 되는 자금이 채권 발행을 통하여 조달되는 경우 해당 채권의 응모·인수·투자·보증 및 해외투자·해외자원개발을 위한 집합투자기구에의 출자 등이다. 한국수출입은행의 자본금은 정부, 한국은행 및 한국산업은행이 공동출자하고 있으며 자금조달을 위하여 출자기관으로부터의 차입과 수출입금융채권의 발행도 가능하다.

한국수출입은행은 1987년 6월부터는 개발도상국에 대한 공적개발원조자금의 지원을 위해 설치된 대외경제협력기금의 관리업무를 대행하고 있으며 2003년 8월 남북경협합의서의 발효에 따라 남북간의 청산·결제은행으로 지정되었다. 종래 한국수출입은행이 취급하였던 수출보험대행업무는 1992년 7월 설립된 한국무역보험공사에 이관하였다.

3. 중소기업은행

중소기업은행은 중소기업자에 대한 효율적인 신용제도를 확립함으로써 중소기업자의 자주적인 경제활동을 원활히 하고 이들의 경제적 지위의 향상을 도모할 목적으로 1961년에 농업은행으로부터 분리되어 설립되었다.

그러나 중소기업은행은 자금조달면에서 상당부분 일반은행과 동질화되었으며, 자금운용면에서도 지방은행, 지방저축기관 등의 설립으로 중소기업금융 전담기관으로서의 비중이 많이 저하되었다.

4. 농업협동조합

농업협동조합은 기존의 농업은행을 1961년 8월 중소기업은행과 농업협동조합 중앙회로 분리하여 창립되었다.9)

그간 농업협동조합중앙회는 수익사업과 비수익사업이 혼재되어 있고 자본과 회계가 사업부문별로 엄격히 분리되어 있지 않아 경영의 전문성과 책임성을 확보하기 어렵다는 지적이 많았다. 이에 2012년 3월 「농업협동조합법」을 일부 개정하여 농협중앙회를 중앙회와 농협경제지주회사 및 농협금융지주회사의 2지주회사 체제로 전환되었다.

중앙회는 경제지주회사 및 금융지주회사의 지분을 소유하고 회원이 낸 경비, 출자법인으로부터 받은 배당금, '농업협동조합' 명칭을 사용하는 법인으로부터 받는 명칭사용료(영업수익 또는 매출액의 2.5% 내외) 등을 재원으로 하여 지역 조합의 구조개선 및 농업인 교육·지도, 상호금융 등의 사업을 수행하고 경제 및 금융사업은 시장경쟁이 가능하도록 기업경영 체제로 전환되었다.

농협경제지주회사는 중앙회의 기존 자회사가 수행하던 판매·유통·가공 등 경제사업을 묶어 설립되고 중앙회는 경제지주회사를 포함한 자회사를 지도·감독하고 필요한 조치를 취할 수 있다.

농협금융지주회사는 중앙회의 신용사업을 분리하여 설립한 농협은행과 기존 공제사업을 전환한 NH생명보험과, NH손해보험, NH투자증권 등을 자회사로 편입하였다. 농협은행은 「농업협동조합법」상 특수한 지위를 유지하여 농업금융기관으로서의 역할을 수행하는바, 구체적으로 일반은행업무 이외에 농업인 및 조합에 대한 자금 대출, 조합 및 중앙회의 사업자금 대출 등과 농축산물 생산·유통·판매자금 및 농협의 경제사업 활성화 자금을 우선 지원하거나 우대조치를 할 수 있다. 농협은행은 또한 회원조합의 상호금융에 대한 지원 및 자금관리업무를 담당하고, 특히 법정상환예치금을 지급준비금으로 받아 관리하고 일시적으로 유동성이 부족한 조합에 대한 대출 등 회원조합의 중앙은행 역할을 한다.

회원조합은 「농업협동조합법」에 의한 조합금융기관으로 주로 조합원들로부터

9) 농업은행은 1956년 3월 기존의 금융조합 및 동 연합회를 모체로 발족하였다. 1981년 8월 축산업협동조합이 농업협동조합으로부터 분리하여 설립되었다가 1999년 9월 「농업협동조합법」의 개정으로 농업협동조합중앙회, 축산업협동조합중앙회 및 인삼협동조합중앙회의 통합으로 다시 농업협동조합중앙회로 통합되었다.

예수금을 받아 이를 조합원들에게 대출하는 상호금융 업무를 취급하며 이 밖에 조합원에 대한 복지서비스 등 각종 부대서비스를 제공한다. 중앙회는 「농업협동조합의 구조개선에 관한 법률」에 의거 '상호금융예금자보호기금'을 설치·운영한다. 동 기금은 신용사업을 하는 조합이 파산 등의 사유로 예금 등 채권을 지급할 수 없는 상황이 발생할 경우 이의 환급을 보장하기 위한 보험제도이다(동 법 제11조).

기존에 조합과 중앙회가 판매하던 공제상품은 「보험업법」상 이에 상응하는 보험종목으로 허가 받은 것으로 간주되고 농협은행과 조합은 금융기관보험대리점으로 등록 의제된다.

5. 수산업협동조합

수산업협동조합은 1963년 「수산업협동조합법」의 발효와 함께 설립되었다. 수산업협동조합의 조직은 중앙회, 회원조합 및 어촌계로 구성되어 있다. 중앙회는 교육·지원사업, 경제사업, 신용사업 등을 영위한다. 중앙회의 교육·지원사업으로는 안전조업 지도, 정책지원, 자원조성, 회원지원, 어업인지원 등을, 경제사업으로는 유통사업, 자재사업 등을 수행하고 있다.

신용사업부문은 「은행법」에 의한 은행으로서 은행업무 전반과 회원을 위한 공제(보험)업무를 취급하고 있다. 은행업무로는 개인 및 기업고객 대상으로 하는 금융업무 이외에 수산금융, 해양투자금융, 외환, 신탁 및 카드사업 등을 수행한다. 공제업무로는 공제보험, 어선원 및 어선보험 등을 취급한다. 수산업협동조합은 「수산업협동조합의 구조개선에 관한 법률」(제20조)에 의거 회원조합에 납입한 예금 및 적금에 대한 환급을 보장하기 위해 중앙회에 상호금융예금자보호기금을 설치·운영한다.

회원조합에는 지구별 조합, 업종별 조합 및 수산물가공 조합이 있으며 각 조합은 교육·지원사업, 경제사업, 공제사업 등을 영위한다. 지구별 회원조합은 이들 사업 이외에 조합금융기관으로 조합원을 대상으로 여·수신관리, 상호금융 등 신용사업을 영위한다. 지구별 조합의 조합원은 행정구역·경제권 등을 중심으로 어촌계를 조직할 수 있으며 그 구역은 어촌계의 정관으로 정한다.

제 2 절 은행에 대한 규제와 감독

Ⅰ. 진입 및 퇴출규제

우리나라도 대부분의 국가들과 마찬가지로 은행의 진입허용 기준으로 자본금 규모 등의 물적 기준의 충족 여부와 대주주와 경영자의 인격과 능력, 업무계획의 합리성과 공익성 등에 대한 적합성 심사(fit and proper test)를 통해 진입허용 여부를 결정한다. 일반적으로 백화점식 영업을 하는 종합은행과 특정지역이나 특정업무, 특정고객을 대상으로 하는 전문은행의 진입에 차별을 두어 전자보다는 후자의 진입기준이 덜 엄격하다.

은행의 설립, 합병, 해산, 은행업의 폐지, 영업의 전부 또는 일부의 양도·양수 등 진입 및 퇴출은 금융위원회의 인·허가를 받아야 한다. 통상 진입에 관한 인·허가는 예비 인·허가와 본 인·허가로 구분된다. 예비 인·허가는 인·허가 사항에 대한 사전심사 및 인·허가 사항의 확실한 실행을 위하여 인·허가 이전에 예비적으로 행하여지는 실무적인 절차로 법적인 효력을 갖는 것은 아니다. 본 인·허가는 법적인 효력을 갖는 인·허가로 예비 인·허가시 부여된 요건이 실제로 실행되었는지를 심사하여 동 요건이 충족되었다고 판단되면 이루어진다.

인·허가 심사사항은 자기자본의 충실성, 사업계획의 타당성, 대주주[10] 및 경영진의 적격성 등이며 특히 대주주 및 경영진에 대한 적격성 심사(fit & proper test)가 강조된다. 사업계획 타당성의 경우 수익전망, 인적·물적 조직체계의 구비 여부 등이 심사대상이 된다. 외국인이 인·허가를 신청하는 경우 원칙적으로 동일업종을 해당국에서 영위하고 있는 금융기관에 한해 허용된다. 대주주에 대한 심사는 대주주의 출자능력, 건전한 재무상태, 사회적 신용 및 건전한 경영능력 등이 그리고 경영진에 대한 심사는 은행업의 경영을 위해 필요한 전문성과 도덕성 등이 심사대상이 된다.

주요국의 은행업에 대한 적격성 심사를 보면 영국의 경우 주요 주주 및 주요 기능담당자에 대한 지속적인 사전·사후적 적격성 심사(dynamic fit and proper test)를

10) 대주주의 범위는 의결권 있는 주식의 10% 초과보유 주주, 4% 초과보유 주주로서 최대주주 및 실질적으로 경영에 중요한 영향을 행사하는 주주로 정의된다.

실시하고 있다. 은행의 지배주주나 경영자는 금융감독원의 적격성 심사를 거쳐 사전 승인을 받아야 하며, 승인 이후에도 지속적인 사후적 적격성 심사를 통해 적격성 요건을 갖추지 못할 경우 금융감독원은 지배주주에 대해서는 주식의 매각이나 의결권의 취소 조치를, 그리고 경영진에 대해서는 승인을 취소할 수 있다.

산업자본의 은행지배가 철저하게 배제되고 있는 미국의 경우 은행 대주주의 요건을 엄격하게 규정하고 있고, 경영진에 대한 적격성 심사는 물론 국법은행 이사의 경우 국적 및 거주지 제한 규정[11]까지 두고 있다.

그간 우리나라의 은행산업에 대한 적격성 심사는 주로 한도초과 보유 주주에 대한 심사로, 그리고 경영진에 대한 심사는 과거의 위법행위 및 징계사실 여부 확인 등 결격 확인 심사에 그쳤다. 이는 외환위기 이후 은행의 자본확충을 위한 외자도입을 촉진하는 과정에서 동 심사를 철저하게 할 수 없었던 여건에 연유하는바, 앞으로 적격성 심사는 선진국과 같이 강화될 것이다.[12]

Ⅱ. 건전성 규제

1. 적기시정조치제도

유동성의 급격한 악화로 예금지급이 불가능하거나 파산위험이 현저한 경우 등 긴급사태 발생시 금융위원회는 예금의 수입 · 지급 및 여신의 제한, 채무행위의 동결 등 긴급조치를 취할 수 있다.

적기시정조치(PCA: Prompt Corrective Action)는 이와 같은 긴급사태가 발생하기 전에 금융기관에 대한 상시적인 감시를 통해 부실징후가 있는 금융기관에 대해 적기에 시정조치를 내림으로써 금융기관의 부실과 이에 따른 금융시스템의 불안을 예방하기 위한 제도이다. 동 제도는 위험발생 징후가 표출되면 위험발생을 제도 내에서 자동적으로 억제하는 자동제어장치(built-in controller)의 하나로서 소정의 징후

11) 「은행법」에 국법은행 이사의 자격을 미국시민권자로 제한하고 이사의 과반수는 감독당국의 면제허가가 없는 한 은행이 소재한 주나 은행 소재지로부터 100마일 이내에 거주하여야 한다.

12) 「금융회사지배구조법」은 주식 취득으로 인한 대주주 변경시 금융위원회의 승인을 받도록 하고(제30조), 금융위원회는 대주주에 대하여 일정기간마다 대주주 적격성 유지요건 부합여부를 심사하고 이를 충족하지 못하는 경우 요건충족명령, 주식처분명령 및 의결권을 제한하도록 규정하고 있다(제31조).

가 발견되면 자동적으로 발동(triggering)되게 되어 있다.

현재 동 제도는 자기자본비율, 경영실태평가 결과 및 부실금융기관 여부를 기준으로 3단계로 나누어 단계별 발동요건을 정하고 있다. 적기시정조치를 받은 금융기관이 제출한 경영개선계획이 불승인될 경우에는 상위단계에 해당하는 조치를 취할 수 있게 되어 있다.

그러나 적기시정조치는 시장의 과민반응(overkill) 현상, 부실예측의 후행성, 유인부합성의 부족 등의 문제점을 갖고 있다. 시장의 과민반응 현상이란 일단 적기시정조치가 발동된 금융기관은 시장에서 부실금융기관으로 인식되어 고객이 거래를 중단하는 등으로 인해 부실이 가속화되는 것을 말한다.[13)]

부실예측의 후행성이란 적기시정조치는 부실이 발생된 후에 사후적 시정 내지 제재중심으로 되어 있어 사전예방적인 기능이 미흡하다는 것이다. 적기시정제도의 유인부합성 부족이란 동 조치방식이 일방적·강제적 지시위주로 되어 있는 등 경영진의 자발적인 개선노력을 유도하기 곤란하다는 문제점이 있다는 것이다. 따라서 현존하는 경영상의 문제점 내지 취약점이 경영부실로 이어져 향후 적기시정조치 등의 대상이 될 우려가 있는 경우에 대한 예방적 장치를 강구할 필요성이 있다.

이에 따라 적기시정조치 대상에 해당되지는 않으나 경영건전성 확보를 위하여 필요하다고 판단되는 경우 문제부분의 개선·보완을 위해 약정서(commitment letter)요구 또는 경영개선협약(memorandum of understanding)체결 등의 자율적 경영개선조치를 부과할 수 있게 하였다.[14)]

---

13) 이 경우 PCA는 Prompt Correction Action이 아닌 Prompt Corruptive Action이 될 수도 있다는 우려도 있다. 한편 바로 이런 부작용이 사전적으로 이에 해당하지 않으려는 금융기관들의 노력을 끌어낼 수 있다는 주장도 있다.

14) 미국은행의 경우 다음과 같은 제재수단이 단계적으로 적용된다.

◦ 이사회 의결(Board Resolution) 촉구: 문제은행 이사회가 감독당국의 지도에 협조적이고 문제 정도가 심각하지 않을 경우 부과되며 해당은행 이사회에서 문제해결을 위한 방침 및 절차 등을 의결하나 동의결은 이행의무를 갖는 것은 아니다.

◦ 확약서(Commitment Letter) 징구: 이사회 의결과 성격이 유사하나 이사회 의결보다 공식적인 형태를 취하며 은행 이사회에서 문제해결을 위한 방침 및 절차 등을 문서로 작성하여 감독당국에 제출하고 이를 충실히 이행할 것을 약속한다.

◦ 양해각서(Memorandum of Understanding) 징구: 확약서와 유사하나 확약서보다 공식적인 형태를 취하며 이사회는 감독당국과 은행 이사회간에 이루어진 상호 양해사항에 따라 감독당국이 요구한 절차 및 정책을 시행할 것을 약속한다.

◦ 합의서(Formal Agreement) 징구: 양해각서 수준이나 법적 구속력이 있어 이를 위반할 경우 감독당국의 벌금 부과, 해당기관 및 임·직원의 처벌(censure)이 가능하다.

2. 상시감시제도

금융기관에 대한 통제의 실효성을 높이기 위해서는 일반적으로 상시감시(off-site surveillance)[15]와 임점검사(on-site examination)가 효과적으로 연계되어 운영된다. 상시감시제도는 금융기관의 경영상태 및 업무 전반에 관한 보고서와 자료 등을 정기 또는 수시로 제출받고 이에 외부에서 수집된 자료와 함께 검토·분석하여 금융기관의 경영상의 문제점을 조기에 발견하여 시의적절한 조치를 취하기 위한 제도이다. 상시감시 결과 문제가 있는 금융기관에 대해서는 추가로 자료를 요구하거나 임점검사 등을 통해 사실을 확인한 후 시정조치가 행해진다.

일반적으로는 상시감시 또는 실지검사를 토대로 경영상태가 우량한 금융기관에 대해서는 검사의 빈도를 줄이거나 검사의 강도를 낮추어 주는 등으로 유인을 제공하고 불량한 금융기관에 대해서는 제재를 강화하는 등 이른바 당근과 채찍(carrot and stick)을 적절하게 구사한다. 한편 상시감시 결과 생산된 지표를 점검하여 금융위기 발생가능성을 조기에 포착하는 조기경보시스템(early warning system)을 구축하여 운용하고 있다.

3. 자산건전성 분류제도

자산건전성 분류제도는 금융기관이 보유한 자산에 대해 건전성 분석을 실시

◦ 합의명령(Consent Order) 부과: 문제은행 이사회가 문제해결에 필요한 조치를 취할 것을 감독당국에 약속하는 공식문서로서 동 명령위반 시의 벌금 부과 등에서는 합의서 징구시와 동일하나 감독당국이 이에 대하여 법적으로 이행을 강제할 수 있다는 점에서 차이가 있다.

◦ 경영개선명령(Order to Cease and Desist): 이행의 법적 강제 및 동 명령위반시의 벌금 부과, 처벌 등에서는 합의명령과 같으나 감독당국이 경영진과 상의 없이 일방적으로 명령을 부과할 수 있다.

이 밖에 제재조치로는 임·직원해임(Removal from Banking), 업무집행정지(Suspension from Banking), 일시적인 경영개선 명령(Temporary Order to Cease and Desist), 적정자본 확충명령(Capital Directive), 벌과금 부과(Civil Money Penalties), 관리인 선정(Conservatorship), 적기시정조치명령(Prompt Corrective Action Directive) 등이 있다.

15) 미국은행의 경우 상시감시는 통상 경영실적보고서(UBPR: Uniform Bank Performance Report)에 의거 문제금융기관을 조기 식별하여 검사시기 및 범위를 조정하거나 필요한 조치를 강구한다. 동 보고서는 분기별 영업보고서(call report)를 시계열분석 및 유사한 금융기관간에 비교분석이 가능하도록 전산·가공한 것으로 분기별 UBPR 분석업무의 효율적 수행을 위하여 전산검색(computer screening)화된 조기경보시스템(early warning system)을 보조수단으로 활용하기도 한다. 이 밖에 정기 또는 수시로 금융기관 임·직원과의 면담(prudential interview) 등을 통해 경영상의 문제점이나 감독상의 관심 상황을 논의하는 제도 등이 보완수단으로 활용된다.

하여 불건전 자산의 발생을 예방하고 이의 조기 정상화를 촉진함으로써 자산운용의 건전화를 도모하기 위한 제도이다. 자산건전성 분류결과는 부실자산 또는 부실징후자산으로 분류된 자산에 대하여 조기 상각을 유도함으로써 자산의 과대계상을 방지하고 적정자기자본규모 산출 등을 위한 수단으로 활용된다.

일반은행은 금융감독원의 「자산건전성 분류기준」에 따라 보유자산의 건전성 상태를 정기적(분기 1회)으로 점검하여 〈표 8-6〉과 같이 정상(pass), 요주의(specially mentioned), 고정(sub-standard), 회수의문(doubtful) 및 추정손실(loss) 등 5단계로 분류하여야 한다. 통상 부실여신이라 함은 고정 이하로 분류된 여신(classified loans)을 지칭한다.[16]

표 8-6 자산건전성 분류단계별 정의(예시)

구분	채무상환능력기준	연체기간	부도 여부 등
정상	경영내용, 재무상태 및 미래 현금흐름 등을 감안할 때 채무상환능력이 양호하여 채권회수에 문제가 없는 것으로 판단되는 거래처(정상거래)에 대한 자산	–	–
요주의	경영내용, 재무상태 및 미래 현금흐름 등을 감안할 때 채권회수에 즉각적인 위험이 발생하지는 않았으나 향후 채무상환능력의 저하를 초래할 수 있는 잠재적인 요인이 존재하는 것으로 판단되는 거래처(요주의 거래처)에 대한 자산	1월 이상 3월 미만 연체대출금을 보유하고 있는 거래처에 대한 자산	–
고정	• 경영내용, 재무상태 및 미래 현금흐름	3월 이상 연체대출금을 보	최종부도발생, 파산·청산

16) 새로운 평가기준의 도입에 따라 종래 무수익여신(NPL: Non-Performing Loans)과 고정 이하 분류여신을 동일한 개념으로 운영하던 것을 구분하여 무수익여신은 "3월 이상 연체여신"과 "이자미계상여신"(non-accrual asset)으로 정의하고 있다. 이자미계상여신은 거래처의 신용상태 악화 등으로 원리금의 상환이 어려울 것으로 판단되는 여신으로 "부도업체 등에 대한 여신," "채무상환능력 악화업체에 대한 여신" 및 "채권재조정여신"을 포함한 개념이다.

무수익여신 개념에 의하면 "고정"으로 분류된 여신의 경우에도 실제 이자수취가 이루어지면 무수익여신에 포함되지 않는 반면, "정상" 또는 "요주의"로 분류되더라도 이자가 수취되지 않는 여신은 무수익여신에 포함된다. 또한 실질적으로는 여신성 자산임에도 불구하고 종전 무수익여신 산정 시 제외되었던 사모사채, CP 등 여신성 유가증권도 무수익여신 산정대상에 포함된다.

	등을 감안할 때 향후 채무상환능력의 저하를 초래할 수 있는 요인이 현재화되어 채권회수에 상당한 위험이 발생한 것으로 판단되는 거래처(고정거래처)에 대한 자산 •"회수의문거래처" 및 "추정손실거래처"에 대한 자산 중 회수예상가액 해당부분	유하고 있는 거래처에 대한 자산 중 회수예상가액 해당부분	절차진행 또는 폐업 등의 사유로 채권회수에 심각한 위험이 존재하는 것으로 판단되는 거래처에 대한 자산 중 회수예상가액 해당부분
회수 의문	경영내용, 재무상태 및 미래 현금흐름 등을 감안할 때 채무상환능력이 현저히 악화되어 채권회수에 심각한 위험이 발생한 것으로 판단되는 거래처(회수의문거래처)에 대한 자산 중 회수예상가액 초과부분	3월 이상 12월 미만 연체대출금을 보유하고 있는 거래처에 대한 자산 중 회수예상가액 초과부분	-
추정 손실	경영내용, 재무상태 및 현금흐름 등을 감안할 때 채무상환능력의 심각한 악화로 회수불능이 확실하여 손실처리가 불가피한 것으로 판단되는 거래처(추정손실거래처)에 대한 자산 중 회수예상가액 초과부분	12월 이상 연체대출금을 보유하고 있는 거래처에 대한 자산 중 회수예상가액 초과부분	최종부도발생, 파산·청산 절차진행 또는 폐업 등의 사유로 채권회수에 심각한 위험이 존재하는 것으로 판단되는 거래처에 대한 자산 중 회수예상가액 초과부분

그러나 동 기준은 환경변화에 따른 요인을 반영하기 어려울 뿐만 아니라 과거 상환실적기준에 따른 분류로 미래의 상환능력을 반영하지 못한다는 문제점을 갖고 있었다. 이에 〈표 8-6〉은 참고적 기준으로만 사용하고 1999년부터는 국제기준에 맞추어 미래의 상환능력을 종합적으로 평가하는 방식(FLC: Forward Looking Criteria)으로 바뀌었다. 종전에는 금융기관이 자산건전성 분류시 차주의 사업전망 및 미래채무상환능력 등에 대한 종합적인 평가 없이 연체기간, 부도 여부 등 차주의 과거 금융거래 실적에 주로 의존하여 건전성을 분류하였다. 그 결과 금융기관은 보유자산의 부실화를 조기에 발견하지 못하고 사후적으로 부실채권을 인식함으로써 부실채권발생의 사전예방기능이 미흡하였다.

그러나 FLC 기준은 실제로 은행에서만 적용될 뿐 상환능력분석이나 신용평가능력이 부족한 비은행예금수취기관은 여전히 〈표 8-6〉의 예시기준에 의해 자산건전성 분류를 하고 있다. 현재 〈표 8-6〉의 세 가지 기준으로 평가한 결과 가장 보수적인 결과를 기준으로 자산건전성을 분류하고 있다.

4. 대손충당금적립 및 대손상각제도

동 제도는 금융기관으로 하여금 여신관련 손실예상액을 대손충당금으로 적립토록 의무화하여 자기자본의 충실화를 유도하고 정상화가 어려운 부실자산에 대하여 대손충당금을 재원으로 조기에 상각토록 유도함으로써 부실자산감축을 통한 자산건전성을 확보하기 위한 제도이다. BIS의 자기자본규제가 예상외 손실(unexpected loss)에 대비하기 위한 장치라고 한다면 대손충당금제도는 예상손실(expected loss)에 대비하기 위한 장치라고 할 수 있다.

은행은 당해 회계연도 결산 또는 가결산기준일 현재 대손충당금설정 대상채권에 대해 자산건전성 분류결과에 따라 대손충당금을 적립해야 한다.[17] 종래에는 대손충당금을 적립함에 있어 과거 경험손실률만을 고려하였으나 1991년 이후부터는 대손충당금 적립의 국제기준에 맞추어 원칙적으로 예상손실률에 근거하여 산출하도록 하였다.

경험손실률은 금융기관이 보유하고 있던 자산으로부터 발생한 과거 신용손실을 측정하여 산출하는 데 비해 예상손실률은 경험손실 자료를 토대로 앞으로 발생할 것으로 예상되는 손실률을 산출하는 데, 일반적으로 예상손실은 여신규모, 부도율, 부도시 손실률의 변화를 예측하여 산출한다. 다만 거액여신에 대한 충당금은 개별금융기관별로 적정 모형을 이용하여 개별 여신에 대한 예상손실률을 산출한 후 자체 FLC(Forward Looking Criterion) 평가, 신용평가회사나 회계법인 평가 등을 감안하여 대손충당금 적립규모를 산출한다.

2011년부터 도입된 한국회계기준(K-IFRS)은 최저적립률이나 추정예상손실에 근거한 대손충당금 적립을 허용하지 않고 연체 등 객관적인 손실 사유가 발생한 경우에 한해 충당금 설정을 허용하는 발생손실모형을 채택하고 있다. 그러나 은행이 동 모형에 의해 충당금을 설정할 경우 현행 방식보다 충당금을 적게 적립할 우려가 있어 감독당국은 「은행감독규정」을 통해 양 방식의 차액을 대손준비금으로 추가로 적립하게 하고 있다.

---

17) 현재 은행의 대손충당금 적립비율은 대출채권의 종류에 따라 달리 적용되고 있다. 정상분류 채권의 0.7~1.5% 이상, 요주의분류 채권의 7~15% 이상, 고정분류 채권의 20% 이상, 회수의문 분류채권의 50~60% 이상, 추정손실 분류채권의 100% 상당액이다. 한편 추정손실로 분류된 자산 및 금융감독원장이 정하는 대손상각 사유가 발생한 채권에 대하여는 6개월 이내에 상각토록 의무화하고 있다.

현재 대부분의 은행들은 감독규정상 최저적립률에 의한 금액과 자체 추정 예상손실률 등에 의해 산출한 금액 중 큰 금액을 대손충당금으로 적립하고 있다.

최근 경기상황에 따라 대손충당금의 적립비율을 탄력적으로 조정하는 동태적 대손충당금제도(dynamic or statistical provisioning)의 도입 필요성이 제기되고 있다. 동 제도는 2000년 스페인 중앙은행이 도입한 제도로 일반대손충당금(general provision)과 특별충당금(specific provision)과는 별도로 통계적 추정에 근거한 잠재적 부실(potential default)에 대한 충당금을 따로 적립하는 것이다. 구체적으로 경기호황기에는 불황기에 대비하여 정상수준을 초과하는 별도의 대손충당금(reserve for default)을 적립하고 불황기에는 동 충당금의 수준을 낮추거나 동 충당금의 일부를 특별충당금으로 이체함으로써 경기변동에 따른 은행 수익의 변동성을 줄여 은행경영의 안정성을 제고하자는 것이다.

일반적으로 경기침체 시에는 기업의 신용도와 담보가치의 하락으로 금융기관이 적립해야 할 대손충당금이 증가하고 이에 따라 금융기관의 신용위축 현상이 심화되고 경기호황 시에는 반대로 기업의 신용도와 담보가치의 상승으로 금융기관의 신용이 과다하게 팽창되는 이른바 경기순응현상(pro-cyclicality)이 발생한다.

이와 같은 현상은 경기의 진폭을 더욱 확대시킴으로써 금융시스템의 불안정을 가속화시키는바, 동 제도의 주된 목적은 경기호황기에는 과도한 대출을 억제하고 경기침체기에는 특별대손충당금을 활용하여 과도한 신용경색을 완화시키자는 일종의 경기대응적(counter-cyclical) 감독방안의 하나라고 할 수 있다.[18)]

그러나 동 제도는 신빙성 있는 통계자료를 바탕으로 금융기관의 경기상황과 부도 및 대손율 등에 대한 정확한 예측능력을 전제로 하는 것인바, 이에 대한 대중의 신뢰도가 높지 않은 상황에서 동 제도를 도입하면 오히려 금융기관이 발표하는 이익이나 기타 회계자료에 대한 불신을 초래할 수 있는데다, 건전성 감독의 완화로 받아들여질 우려가 있고 대손충당금제도의 본연의 목적이 경기대책이 아니라 은행들의 리스크에 상응하는 자본건전성을 유지하는 것이라는 이유에서 동 제도의

18) 최근 FSB(Financial Stability Board)와 BCBS(Basel Committee on Banking Supervision) 등 국제금융감독협의체는 현행 바젤Ⅱ가 내포하는 자기자본 규제의 경기순응성을 완화하기 위한 개선방안을 논의하고 있다. 경기대응적 완충자본제도(counter-cyclical capital buffer), 과도한 레버리지의 상승을 방지하기 위한 레버리지 상한제도 및 비관적 VaR(stress VaR)제도의 도입 등이 그것이다. 경기대응적 완충자본제도는 규제당국이 요구하는 최저자본 외에 금융회사들이 호황기에 추가로 자본을 적립하였다가 불경기에 이를 소진하는 방식이다.

도입에 부정적인 시각도 적지 않다.

5. 경영실태평가제도

경영실태평가제도(management status evaluation)는 개별 금융기관의 경영부실위험을 적기에 파악·대처하기 위하여 금융기관의 경영상태를 체계적이고 객관적으로 평가하는 제도이다. 평가방식은 금융기관 본점 및 해외현지법인은 CAMEL-R방식으로, 외은지점 및 국내금융기관 국외지점은 ROCA방식으로 평가한다.[19)]

CAMEL-R방식은 자본적정성(capital adequacy), 자산건전성(asset quality), 경영관리능력(management competence), 수익성(earnings), 유동성(liquidity), 위험관리(risk management) 등 6개 부문을, 그리고 ROCA방식은 리스크관리(risk management), 경영관리 및 내부통제(operational controls), 법규준수(compliance), 자산건전성(asset quality) 등 4개 부문을 금융감독원이 선정한 다수의 계량 및 비계량 항목으로 평가한다.

평가결과는 1등급(우수: strong), 2등급(양호: satisfactory), 3등급(보통: fair), 4등급(취약: marginal), 5등급(위험: unsatisfactory)으로 구분되어 종합평가등급이 3등급 이상으로서 자산건전성 또는 자본적정성 부문의 평가등급이 4등급(취약: marginal)으로 판정된 금융기관에 대하여는 경영개선권고를 받게 되고 종합평가등급이 4등급 이하인 금융기관은 경영개선요구를 그리고 자산건전성 또는 자본적정성 부문의 평가등급이 5등급으로 판정된 금융기관에 대해서는 부실금융기관 결정을 위한 자산과 부채의 평가 및 산정을 실시하게 된다.[20)]

적기시정조치의 판정기준인 BIS자기자본비율은 양적지표로 금융기관 재무상태에 대한 후행지표의 성격이 강해 문제금융기관의 조기적출 기능이 약하다는 약점이 있는 데 비해, 경영평가제도는 질적정보를 포함한 다양한 정보를 이용하여 경영실태를 평가할 수 있다는 점에서 문제 금융기관의 식별에 보다 정확하고 신속하다는 이점이 있어 적기시정조치와 연계하여 운영되고 있다.

---

19) 감독당국은 은행 건전성 및 경영실태에 대한 평가의 변별력과 부실예측력을 제고하기 위해 시장리스크민감도(S)를 종합리스크관리(R)로 대체한 CAMEL-R방식으로 개편할 예정이다. 동 방식은 현행 시장리스크민감도(S)와 경영관리(M) 내 리스크평가 항목을 통합하고 후술하는 리스크관리실태평가의 리스크평가 항목을 추가하여 편제한 것이다.

20) 감독당국은 평가등급 간 변별력을 제고하기 위해 등급체계를 현행 5단계에서 매 등급마다 3단계(+, 0, −)로 세분화하여 15단계로 개편할 예정이다.

6. 리스크관리실태평가제도

리스크관리실태평가(Risk Assessment and Dynamic Analysis Rating System) 제도는 상시적으로 은행의 리스크 유발 요인을 인지하고, 이에 대한 사전예방적 조치를 취하고자 하는 리스크중심 감독제도의 하나이다.

동 제도는 과거 경영실태분석에 중점을 두는 경영실태평가제도만으로는 금융불안정 요인을 조기에 인식하고, 이에 대처하는 데에는 한계가 있어 이를 보완하기 위해 2006년부터 도입·시행되고 있다. 리스크중심 감독제도는 리스크 평가, 감독·검사 수행, 사후 평가의 3단계로 이루어지는데, 이 중 첫 단계인 리스크 평가를 위한 도구가 리스크관리실태평가제도이다.

동 평가제도는 은행의 리스크를 영업활동별로 세분화하여 분기별로 평가하는 리스크중심 상시평가체제로서, 동 평가결과를 검사계획수립과 자본적정성 평가 등에 활용된다.

동 제도의 도입으로 은행은 감독당국이 정한 규정에 의해 피동적으로 리스크를 관리하는 체제에서 탈피하여 능동적으로 리스크를 관리하는 능력이 향상될 것으로 기대된다. 또한 감독기관도 선택 및 집중의 원리에 따라 고위험부문에 대해 감독·검사 역량을 집중함으로써 감독·검사의 효율성이 제고되고, 은행의 규모와 업무특성을 감안한 리스크 수준에 따라 차별적 감독이 가능해질 것이다.

7. 신용공여한도제도

신용공여한도제도는 은행별로 특정 차주에 대한 신용공여 규모를 일정비율 이내로 제한함으로써 차주의 부실화로 인한 채무불이행액이 거액화되는 것을 미연에 방지하여 은행의 자산건전성을 확보하고 여신 포트폴리오의 분산과 금융자금의 공정한 배분을 도모하기 위한 제도이다. 여기서 신용공여라 함은 종전의 여신, 즉 대출과 지급보증 이외에 자금지원적 성격의 증권 매입과 기타 신용위험을 초래하는 직·간접거래의 개념으로 확대된 것으로 관리대상이 여신총량 기준에서 은행이 실질적으로 부담하는 리스크의 규모기준으로 변경된 것이다.

따라서 리스크가 경미한 자산, 예컨대 은행의 위험가중자산을 산출할 때 거래상대방의 신용도, 담보 및 보증 유무 등을 기준으로 위험도에 따라 부여되는 위험가중치가 낮은(20% 이하) 자산, 원본 또는 이익보전 약정이 있는 자산 등은 신용공여 산출대상에서 제외된다.

금융기관의 대출과 지급보증 등 여신이 특정소수에게 편중될 경우 금융기관 경영의 건전성은 크게 위협을 받게 된다. 즉 특정 소수인에 대하여 취급된 거액여신(large loans)이 연체 또는 회수불능이 되거나 거액의 지급보증 대지급금이 발생하는 경우 금융기관은 이들의 흥망에 의하여 그 존폐가 좌우될 우려마저 있게 된다.

한편 금융기관의 중요한 기능 중의 하나가 자금의 합리적 배분에 있다고 볼 때 소수에 대한 자금공급의 편중은 자금의 효율적 배분이 이루어지지 못하게 하고 이는 곧 국민경제의 균형 있는 발전을 어렵게 한다. 이와 같이 금융기관의 편중여신(credit concentration)을 규제하는 목적은 편중여신에 따른 위험을 예방하여 금융기관 경영의 건전성을 확립하고 금융자금의 균점배분을 도모하는 데 있다.

현재 「은행법」에 의한 신용공여한도(credit-exposure limits)제도로는 동일인 및 동일차주 신용공여한도,[21] 거액신용공여 총액한도 및 대주주 신용공여한도가 있다. 신용공여한도는 은행의 BIS자기자본(기본자본+보완자본−공제항목)을 기준으로 산정된다. 동일차주 신용공여한도는 자기자본의 25%, 동일인 신용공여한도는 동일한 개인이나 법인 각각에 대하여 자기자본의 20%, 거액신용공여[22](large exposure) 총액한도는 자기자본의 5배 이내이다.

8. 유동성관리제도

은행은 본질적으로 단기예금으로 자금을 조달하여 장기대출로 운용하기 때문에 자산·부채의 만기불일치(mismatch)로 인한 유동성리스크에 노출되어 있다. 따라서 전통적으로 은행은 자산부채관리(ALM: Asset & Liability Management) 등을 통해 유동성리스크를 관리해 왔다. 그러나 자본시장의 발달로 은행의 시장성 수신이 늘어나고 전자금융의 활성화, 국제간 자금이동의 증가, 파생상품 등 복잡한 구조화상품의 증가 등에 따라 은행이 직면한 유동성리스크 자체가 진화되고 그 측정 또한 쉽지 않아 전통적인 방식만으로는 그 관리가 어려워지게 되었다. 특히 최근 세계적인 신용경색으로 인한 금융시스템의 유동성리스크가 커짐에 따라 보다 정교하고 정치화된 유동성리스크관리에 대한 관심이 고조되고 있다.

---

21) 동일인이라 함은 동일한 개인·법인을 말하고 동일차주란 동일인 및 그와 신용위험을 공유하는 자를 말한다(「은행법」 제35조). 신용위험을 공유하는 자란 「공정거래법」(제2조 제2호)상의 기업집단에 속하는 회사를 말한다.

22) 동일인 또는 동일차주 각각에 대하여 자기자본의 10%를 초과하는 여신을 말한다.

현재 국내은행에 대한 유동성감독 수단으로는 유동성비율, 만기불일치비율, 장단기외화차입차환율,[23] 중장기 재원조달비율 등을 일정 수준 이상 또는 이하로 유지하도록 하고 있다. 특히, 은행의 외화유동성은 원화유동성에 비해 보다 세심한 관리가 요구된다. 외화자산 및 부채는 국제적 거래를 수반하므로 리스크관리가 원화보다 어렵고 이를 잘못 관리할 경우 국민경제적 파급효과가 매우 크기 때문이다.

현재 외국환은행에 대한 주요 유동성리스크 관리제도로는 외국환매매결과 매입 또는 매각초과액(open position)을 일정 수준 이하로 제한하는 외국환포지션 한도관리제도, 잔존만기 3개월 이내 외화유동성부채 대비 외화유동성자산비율을 소정 수준(85%) 이상으로 유지하도록 하는 외화유동성비율 관리제도, 외화자산·부채를 잔존만기에 따라 수개(7개)의 기간으로 구분하여 관리하되 외화총자산에 대한 잔존만기별 외화자산·부채 차액(gap)의 비율을 소정 수준 이상[24]이 되도록 규제하는 만기불일치비율 관리제도 등이 있다.

한편, 2009년 글로벌 금융위기를 계기로 외화유동성관리를 보다 강화하여 외화자산의 회수가능성을 반영하여 자산유형별 유동화 가중치[25]를 정하여 이를 기준으로 외화유동성비율을 산정하고 외화자금의 급격한 유출로 인한 외화유동성 부족 사태에도 자체적으로 대응할 수 있도록 외화안전자산 보유 최저한도제도를 도입하였다. 외화안전자산은 A등급 이상 국공채와 회사채 및 A등급 이상 국가의 중앙은행 예치금 등으로 구성된다. 또한 과도한 환 헤지로 인한 환리스크 노출을 방지하기 위해 실물거래 대비 일정비율 이상의 선물환거래를 억제하고 있다.

이 밖에 외화유동성관리를 위한 내부규정 문서화, 스트레스 테스트(stress test) 실시, 비상사태시 자금조달계획(contingency plan) 마련 등을 경영실태평가에 반영하고 있다.

9. 자회사관리제도

자회사관리제도는 은행이 수익기반 확충 등을 위해 출자한 자회사의 부실에 따른 모은행의 경영건전성 악화와 은행의 타산업지배에 따른 공정한 시장질서 저

23) 신규차입액/만기도래액.

24) 7일 gap비율≥△3%, 1개월 gap비율≥△10%.

25) 외국통화 및 예치금, 외화콜론, 매입외환: 100%, 외화대출금: 80~100%, 외화증권: 35~100%, 선물자산: 85% 등.

해를 방지하기 위한 제도로 현재 주요한 장치로는 다음과 같은 것들이 있다.

1) 출자한도 규제

은행은 자회사에 대한 총 출자금액을 제한받고 있다. 자회사의 영위업종은 금융업과 신용정보업 등 은행업무와 밀접한 관련이 있는 사업에 한정된다. 자회사 총출자한도는 경영상태에 따라 차별화하여 경영상태가 양호한 은행의 경우 자기자본의 30%, 불량한 은행의 경우 15% 이내로 제한하고 있다. 현재 은행이 15% 이상 출자한 기업은 실질지배 여부에 관계없이 자회사로 간주하고 있으나 앞으로 자회사의 정의를 단순한 출자비율만이 아닌, 지배·종속관계인 실질지배력 개념으로 바꿀 예정이다.

2) 신용공여한도 규제

은행의 신용공여한도는 개별 자회사의 경우 자기자본의 10%, 자회사 전체의 경우 자기자본의 20%를 초과하지 못하도록 되어 있다.

3) 타은행 주식 취득·소유

지금까지 은행간 부실전염위험(contagion risk) 등 시스템리스크를 예방하기 위해 은행의 타은행 주식 취득·소유는 원칙적으로 금지되어 왔으나, 2002년 4월 「은행법」의 개정으로 은행이 다양한 방식으로 대형화, 겸업화할 수 있도록 하기 위해 은행의 타은행 주식 취득을 허용하였다.[26)]

10. 자산운용규제제도

「은행법」에서는 은행이 취급할 수 없는 업무를 일일이 나열하고 있는데, 주요한 내용을 보면 다음과 같다.

1) 부동산의 취득제한

은행의 부동산 취득 증대는 자금의 고정화를 초래하고 경영효율을 떨어뜨리게 하므로 그 취득을 제한하고, 특히 비업무용 부동산의 취득을 금지하고 있다. 은행은 보유자금을 가급적 여신으로 운용하는 것이 바람직하므로 설사 비업무용 부

26) 주요국 은행의 타은행 주식소유에 대한 규제 현황을 보면 미국과 일본은 은행의 타은행 지배를 원칙적으로 금지하고 있고 유니버설뱅킹체제인 독일, 프랑스 등과 은행 자회사방식을 채택하고 있는 영국, 캐나다 등은 은행의 타은행 지배를 허용하고 있다. 미국은 지주회사방식을 채택하고 있어 지주회사를 통한 병렬적 결합만 가능하고 일본은 투자목적에 의한 보유(발행주식의 5% 이내)만 가능하다. 독일, 영국 등과 같이 은행의 타은행 지배를 허용하는 경우에도 은행시스템의 안정성 유지를 위하여 모은행이 자은행의 부실에 대해 법적 또는 사실상의 책임을 부담토록 하고 있다.

동산이 저당권의 실행 등 정당한 업무의 결과로 획득한 것이라 하더라도 취득 즉시 처분하도록 하고 있다.

또한 업무용 부동산의 취득도 자기자본 범위 내에서 대통령령이 정하는 비율 해당 금액 이내(현재 은행자기자본의 60% 이내)로 제한하고 있다. 업무용이라도 막대한 자금동원능력을 가진 은행이 부동산 취득을 늘려 나갈 경우 국민경제에 미치는 폐해가 크기 때문이다.

2) 여신의 제한

상품 또는 증권의 투기는 자금운용의 안전성뿐만 아니라 매점매석 등으로 비정상적인 가격을 형성하여 이익을 추구하게 될 경우 국민경제질서를 해칠 우려가 크다. 「은행법」은 자행 주식을 담보로 하거나 그 취득을 위한 대출 등을 제한하고 있다.

은행이 자행 주식을 담보로 대출하는 것을 금지하는 것은 담보가치의 하락으로 인한 손실을 예방하기 위해서다. 담보의 성격이 대출회수가 불가능한 경우를 대비하기 위한 채권보전장치이므로 차입자가 도산할 경우 자행 주식을 담보로 대출한 은행은 담보 자행 주식의 유질(foreclosure)[27] 취득에 따른 자기자본 감소와 함께 자행 주식의 가격하락으로 인해 이중의 손실을 부담할 우려가 있기 때문이다.

은행이 직접적으로는 물론 간접적으로도 자행 주식의 매입을 목적으로 하는 자에게 대출할 수 없게 하는 취지는 대출자금으로 자행 주식을 매입하였을 경우 대출금 회수불능시 결국 자행 주식을 환수하는 결과가 되어 간접적인 방법에 의한 자행 주식 취득과 동일하게 되므로 자행 주식을 담보로 하는 대출을 금지한 것과 동일한 취지에서 금지시키고 있다. 또한 동 조항은 은행이 자행 주식 가격을 조작할 가능성을 방지하는 제도적 장치가 될 수도 있다.

이 밖에 은행은 자행 임·직원에 대해서는 소액대출을 제외한 대출의 취급이 금지되고 있다. 이는 은행 임·직원이 재임중 직권을 이용하여 은행자금을 자의로 대출받아 운용하는 것을 방지하기 위함이다.

3) 주식의 매입 또는 소유제한

은행은 자행 또는 다른 기업의 주식취득이 제한된다(자기자본의 15% 이내). 은행의 자행 주식 취득은 자본의 감소결과를 초래할 뿐만 아니라 자행 주식 가격을 조작할 우려가 있기 때문이다. 다만 상장은행의 경우에는 경영권 안정 등을 위하여 「자본시장법」 및 동 시행령에서 정하는 자기주식의 취득한도 내에서 금융감독원

---

27) 저당권의 실행으로 담보로 제공한 저당물을 찾을 권리를 상실한 것을 말한다.

장의 승인을 얻어 자기주식을 취득할 수 있다.

은행의 다른 기업주식 취득을 제한하는 이유는 은행이 다른 기업을 지배하게 되면 이해의 상충이 발생할 가능성과 위험이 큰 주식을 과다하게 보유하게 되면 당해 기업의 부실이 은행에게로 전가될 우려가 있어 금융제도의 안정성을 저해할 우려가 있기 때문이다.28)

4) 배당제한

과도한 배당억제 및 적정 자본 유지를 위해 당해연도 이익규모의 10%를 내부 유보해야 한다.

11. 공시 및 회계제도

경영의 투명성을 통한 시장규율을 강화하기 위해 은행을 포함한 모든 금융기관들은 금융업종별 회계처리준칙에 따라 회계처리를 하고 금융업 통일공시기준에 따라 공시하여야 한다.29) 회계처리는 금융상품의 투자기간, 투자목적, 시장성 여부 등에 따라 공정가액법, 지분법, 원가법 중에서 하나를 선택할 수 있도록 하고 경영내용은 정기공시와 수시공시로 나누어 공시해야 한다.

정기공시에는 조직, 인력, 재무, 경영지표, 경영방침, 리스크관리 등 주요 기본사항 이외에 주요 부외거래와 자회사간의 거래 그리고 신용평가회사로부터 받은 신용등급 등이 포함되고, 수시공시에는 일정규모 이상의 무수익여신이나 금융사고의 발생, 감독당국으로부터의 적기시정조치를 받은 경우 그 내용 등이 포함되어 있다.

바젤은행감독위원회(BCBS) 등 국제금융감독기구에서는 금융회사의 투명성과 시장규율 확보를 위해 금융회사의 공시강화를 지속적으로 권고하고 있는바, 기본적으로 ① 재무성과, ② 자기자본, 지급능력 및 유동성을 포함한 재무상태, ③ 리스크관리전략 및 실행, ④ 신용, 시장, 유동성, 운영 및 기타 리스크 익스포저(exposure),

---

28) 회생관리나 워크아웃 진행중인 기업, 산업합리화 지정기업 및 은행 공동으로 정상화를 추진중인 기업에 대한 대출금을 출자로 전환한 경우 증권 투자한도의 관리대상에서 제외된다.

29) 2007년 10월부터 은행을 포함한 모든 상장법인은 재무정보의 국제표준보고방식인 XBRL(extensible Business Reporting Language)에 의해 재무제표를 작성하여 공시하여야 한다. XBRL은 전자인식기호를 이용하여 계정과목의 대차관계, 계산방식, 표시순서 등을 정의하는 전산언어로서 동 방식에 의해 작성된 재무제표는 재무수치를 자동 인식할 수 있는 전자인식기호가 붙어 있다. 동 방식에 의해 작성된 재무제표는 작성단계에서 금액을 자동적으로 검증하기 때문에 재무제표의 정확성이 제고될 뿐만 아니라, DB 구축시간의 대폭적인 단축이 가능하다.

⑤ 회계정책 및 실무지침, ⑥ 주 업무, 경영층 및 지배구조에 관한 정보를 공시하도록 권고하고 있다.

바젤위원회 등 국제금융감독기구는 특히 금융회사의 전통적인 회계처리방식에 근거한 재무회계정보보다는 리스크와 관련된 정보의 공시를 보다 중요시하고 있는바 우리나라도 이와 같은 기준에 따른 공시를 강화하고 있다.

2003년 12월 국제회계기준위원회(IASB: International Accounting Standards Board)는 국제회계기준(International Accounting Standards 39)을 개정하여 회계주체들에게 금융상품을 공정가치(fair value)로 회계처리를 할 것인지를 선택할 수 있는 권한(fair value option)을 부여한 데 이어 2005년 6월 공정가치선택권 적용대상을 충족하는 조건을 제시하였다. 이와 관련하여 2006년 6월 바젤은행감독위원회는 은행의 금융상품 공정가치 선택권 행사와 관련한 감독지침을 발표하였다. 이에 따라 우리나라도 동 제도를 포함한 국제회계기준(International Financial Reporting Standards)을 2011년부터 도입하였다.[30]

공정가치란 거래의사가 있고 합리적인 판단력을 갖춘 독립된 회계주체들 간에 거래될 수 있는 교환가격으로 통상 시장가격을 의미한다. 2009년 5월 발표된 IASB의 '공정가치 측정' 공개초안에 의하면 미국의 FASB의 정의를 그대로 인용하

30) 2011년부터 한국채택 국제회계기준(IFRS: International Financial Reporting Standards)이 모든 상장회사(비상장회사는 선택 적용 가능)와 금융회사에 의무적으로 적용된다. IFRS는 원칙중심 회계기준으로 종래의 규정중심 회계기준과는 달리 기업의 회계담당자가 경제적 상황과 실질을 판단하여 적용 가능한 회계처리기준 중에서 처리방법을 자율적으로 선택할 수 있도록 재량권이 부여되어 있는 것이 특징이다. 한국채택 IFRS와 종래 회계기준과의 주요 차이점을 요약하면 다음과 같다.

① 공시체계에 있어 종래 회계기준의 경우 개별재무제표를 기본으로 하나 IFRS는 연결재무제표를 기본으로 한다.

② 자산, 부채의 평가범위에 있어 종래 회계기준은 객관적으로 평가가 어려운 항목들의 경우 취득원가평가가 허용되나 IFRS의 경우 원칙적으로 공정가치평가만 허용된다.

③ 법률·정책적 목적에 따라 종래 회계기준의 경우 일부 항목에 대해 특정회계처리가 요구되는 데(rule base) 비해 IFRS는 거래의 실질에 맞는 회계처리를 요구한다(principle base). 예컨대 종래에는 대출채권의 대손충당금은 회사의 경험률에 기초하되, 감독규정에서 정한 최저 적립률 이상을 적립하도록 되어 있으나 IFRS는 회사의 과거 손실사건으로 인해 대출채권에 내재된 손실금액에 대한 경험률에 기초한 발생손실모형(경험부도율×경험손실인지기간×부도채권경험회수율)을 적용하여 평가한 충당금만을 인정한다.

④ 현재 투자자산에서 발생하는 리스크 관련 정보에 대한 공시의무가 없으나 IFRS는 투자자산에서 발생하는 리스크의 관리방법 및 리스크 평가 결과에 대해 내부 경영보고 수준의 내용을 공시토록 요구하고 있다.

여 공정가치를 유출가치(exit price), 즉 측정일 현재 시장참가자 사이의 정상적인 거래를 통해 자산 처분시 받을 수 있는 금액 혹은 부채 이전시 지급해야 할 금액으로 정의하고 있다.[31] 공정가치 회계처리시에는 금융상품의 가치가 현재가치로 평가되기 때문에 재무정보의 유용성과 비교가능성이 높아지는 장점이 있으나 주관적 평가, 경기 및 시장상황 변화에 따른 금융상품의 가격변동과 이에 따른 금융회사의 수익성 변동 확대 등의 문제점도 있다.

한편, 2009년 7월 국제회계기준위원회는 은행과 보험회사의 시가평가대상 금융자산 구분 및 회계처리에 대한 기준초안을 제시하였다. 동 초안은 금융자산 회계처리기준을 크게 금융자산 분류기준과 가치책정 및 자산별 손실회계처리(impairment methodology)와 위험관리회계(hedge accounting)로 구분하고 있다. 먼저 금융자산 분류기준과 가치책정기준에 따르면 금융회사가 보유하고 있는 모든 금융자산을 미래현금흐름 예측이 가능한 자산과 현금흐름을 예측할 수 없는 자산으로 구분하고 전자의 경우에는 할인취득가액(amortised cost accounting)으로 후자의 경우에는 공정가액(marked to market accounting)으로 책정하도록 하고 있다.

자산별 손실회계 처리기준으로는 회계처리시점에서 부실대출을 계상하는 현행 발생주의 회계기준(incurred loss model)을 대출의 발생시점부터 상환시점까지 예상손실을 추정하여 매년 회계보고서에 수정 · 계상하는 방식으로 전환할 것을 제시하고 있다. 대출관련 예상손실준비금을 사전에 적립함으로써 경제위기시 일시에 막대한 손실준비금을 적립함에 따른 충격을 완화하기 위해서다.

31) 공정가치는 다음과 같은 3가지 정보형태별로 구분하여 측정한다.

① Level 1(동종의 상품이 거래되는 활성화된 시장이 존재하는 경우 동 시장에서의 공표가격): 시가평가(mark to market).

② Level 2(활성화된 시장에서의 유사상품 및 비활성화된 시장에서의 동종 상품의 공표가격 또는 수익률곡선, 실증적 상관계수 등 시장가격 이외의 시장정보로서 직 · 간접으로 관찰이 가능한 정보): 조정시가평가(adjusted mark to market).

③ Level 3(시장가격 이외의 시장정보로서 관찰이 불가능하여 리스크 등에 대한 가정을 이용하는 경우): 모형평가(mark to model).

III. 경제정책 수행에 따른 규제

정부가 경제정책을 수행하는 과정에서 나타나는 은행에 대한 규제는 정부의 경제 및 사회정책을 뒷받침하기 위해 은행의 자금지원 대상이나 용도에 대해 정부가 지시 또는 통제하는 여신으로 정책금융과 대기업에 대한 주채무계열제도 등이 대표적인 규제이다.

1. 정책금융

정책금융이란 정부가 선정한 특정부문에 금리, 융자기간 등 자금의 융자조건이나 자금의 가용성(availability)면에서 우대하는 여신을 말한다.

정책금융은 크게 산업정책 지원을 위한 정책금융과 소득보조를 위한 정책금융으로 분류된다. 전자는 외부경제가 크거나 공공재적 성격을 갖는 부문, 동태적 비교우위가 있는 전략산업 등 민간금융기관이 취급하기 어려운 부문에 대한 금융을 보완하기 위한 금융이다. 후자는 정보의 비대칭 또는 교섭력의 차이로 시장실패가 일어나기 쉬운 부문에 대해 사회경제적 형평성 증진 및 국민경제의 균형발전이라는 차원에서 지원되는 금융을 말한다.

그간 정책금융이 국민경제에 기여한 공도 컸으나 부작용도 이에 못지 않게 컸다. 정책금융이 시장을 보완하는 정도를 넘어 시장을 대체함으로써 시장을 구축(crowding out)하거나 시장과 마찰하여 불필요한 사회적 비용을 지불하는 사례가 적지 않았기 때문이다. 대표적인 부작용의 예로 정책금융의 과다에 따른 통화정책의 신축성 결여, 정책사업의 타당성 결여로 인한 부실채권 발생 증가, 기업의 정부의존 타성으로 인한 경쟁체질 약화, 일반은행의 정책금융 부담 과중으로 인한 경영의 자율성 저해와 금융의 재정화 심화, 저금리의 정책금융을 지원받는 부문과 정책금융 지원을 받지 못하고 고금리의 사금융을 이용한 부문간의 불균형 성장과 이에 따른 금융시장의 이중구조 형성 등이 그것이다.

종래 우리 경제는 전략적 성장정책을 추구해 오는 과정에서 정부가 일반은행의 자금운용에 많은 규제와 간여를 해 왔으며, 이 중에서도 특히 산업정책 수행에 따른 정책금융이 많았으나 외환위기 이후 일반은행의 정책금융은 거의 없어졌다. 앞으로 특수은행의 정책금융도 시장실패나 조정실패(coordination failure)의 위험이 큰 경우 등, 부득이한 경우를 제외하고는 점진적으로 폐지되거나 축소될 것이며, 그 재원은 가능한 한 재정에서 부담하게 될 것이다.

그리고 산업정책적 정책금융은 종래의 산업별 지원방식에서 기술개발, 산업구조 조정 등 기능별 지원방식으로 전환하는 동시에 농·수·축산자금 등 소득보조적 금융과 함께 단계적으로 재정에 이관될 것이다.

한편 모든 정책금융의 지원조건도 금리보다는 자금의 가용성을 우대하는 방향으로 전환될 것이다.

2. 주채무계열제도

주채무계열제도는 대규모 기업집단(interlinked business group)[32]에 대한 금융기관의 과도한 신용공여에 따른 위험을 관리하기 위해 신용공여액이 많은 순서로 기업그룹을 지정, 관리하는 제도를 말한다.

현재 은행, 보험, 종합금융, 여신전문금융기관 등을 포함한 금융기관의 신용공여 총액이 많은 기업집단을 주채무계열로 지정, 주채권은행[33]이 담당 주채무계열 또는 소속 기업체에 대한 여신상황을 포함한 기업정보를 종합관리하고 재무구조가 취약한 계열에 대해서는 재무구조 개선약정을 체결하여 재무구조 개선을 지도하고 있다.

동 제도는 대규모 기업집단들에 대한 편중여신을 시정하고 이들의 재무구조 개선을 유도하기 위해 1974년에 도입된 여신관리 제도가 기업의 자금조달과 운용 및 금융기관의 자율적 경영을 지나치게 제약한다는 비판에 따라 폐지되고 이를 대폭 완화하여 도입된 제도로 경제력 집중을 억제하기 위한 「공정거래법」의 상호출자 금지,[34] 채무보증 제한[35] 등과 함께 대규모 기업집단에 대한 대표적인 규제수

32) 기업집단은 소속기업간 거래의 내부화(internalize)로 거래비용을 감소시키고 자본시장보다 효율적으로 투자재원을 조달·배분하는 내부금융시장의 역할을 한다는 긍정적인 측면과 경영권의 사적이익(private benefit of control) 추구에 이용될 수 있고 소속기업의 부실시 연쇄도산을 초래할 수 있다는 부정적인 측면이 병존한다.

33) 주채권은행은 매년 전체 금융회사 신용공여 0.1% 이상 계열 대기업그룹을 대상으로 부채비율, 수익성, 채무상환능력 등 재무적 요인과 해당 산업의 특성 등 비재무적 요인을 고려하여 재무상태를 평가한다. 그리고 자신과 신용공여 규모 상위 3개 금융회사 등으로 구성된 재무구조평가위원회의 심의를 거쳐 재무구조개선약정 체결 대상 여부를 결정하고 해당 그룹과 협의하여 동 약정을 체결한다.

34) 상호출자금지제도(법 제9조): 상호출자제한집단(자산규모 2조원 이상의 대규모 기업집단)에 속하는 회사는 자기의 주식을 취득 또는 소유하고 있는 계열회사 주식의 취득 또는 소유가 금지된다. 이 경우 직접상호출자만이 금지되고, 간접상호출자(지주형 출자, 행렬형 출자 및 순환형 출자)는 해당되지 않는다.

단으로 운영되고 있다.

앞으로 주채무계열제도는 금융기관과 기업간의 자율적 관계로 발전되어 갈 것이나 아직까지 공동여신(co-financing)관리에 대한 금융기관간의 상호협조와 자율규제 능력이 부족한 현실과 기업의 자구노력 점검, 신규투자를 위한 지도·조정 역할의 필요성 등에서 당분간 현행 제도의 존속이 불가피할 전망이다. 그러나 대규모 기업집단이 핵심기업 중심으로 독립적이고 투명한 경영이 이루어진다면 이와 같은 규제제도는 폐지될 것이다. 한편 경제력집중 완화, 부동산투기 억제 등 종래 여신관리제도가 담당했던 산업정책적 목적은 「공정거래법」, 「공업발전법」, 「토지공개념 관련 법률」, 「상속·증여세법」 등과 과표 현실화, 조세행정 강화 등 조세제도 등으로 관리하고 있다.

제 3 절 자기자본규제제도[36]

Ⅰ. Basel 협약

자기자본은 은행이 부담하는 각종 리스크로부터 발생하는 손실을 흡수할 수 있는 최후의 보루이다. 자기자본규제제도는 감독당국이 이와 같은 손실을 흡수할 수 있기 위해 은행이 보유해야 할 최저자본 규모를 설정하여 규제하는 제도로 BIS 비율 규제제도라는 명칭으로 일반화되어 있다.

「상법」에서도 자회사의 모회사 주식 취득을 금지하고 모자관계에 이르지 않는 한 회사간의 상호주 보유에 대해서는 의결권을 제한하고 있는바, 이는 자본충실을 도모함으로써 채권자를 보호하는 것이 주된 목적이다. 그러나 금융업과 보험업의 경우 동일계열집단에 속한다고 하더라도 이를 적용하지 않는바, 이는 동 산업의 경우 해당 분야에서 강력한 건전성 규제가 적용되고 있어 상호출자에 따른 문제가 발생할 소지가 크지 않기 때문이다. 다만, 상호출자제한집단 소속 금융·보험회사의 경우 계열회사 주식에 대한 의결권이 제한된다(법 제11조). 한편, 2009년 3월 「공정거래법」의 개정으로 종래의 출자총액제한제도를 폐지하는 대신 상호출자제한 기업집단에 속하는 회사 중 자산총액 등이 대통령령으로 정하는 기준에 해당하는 회사는 그 기업집단의 일반현황, 주식소유현황, 특수관계인과의 거래현황 등에 관한 사항으로서 대통령령으로 정하는 사항을 공시하도록 함으로써 동 집단에 대한 시장감시기능을 강화하였다(동 법 제11의4).

35) 채무보증제한제도(법 제10조의2): 채무보증제한집단(자산총액 2조원 이상)에 속한 회사(금융업 또는 보험업을 영위하는 회사는 제외)는 국내 계열회사에 대한 채무보증이 금지된다.

36) 금융감독원, 금융감독개론(2022) 참조.

표 8-7 BIS자기자본 규제의 변천: Basel I, II, III

Basel I	
1988.7월 합의 (우리나라: '92.7월 시행)	신용리스크 기준 위험가중자기자본 보유제도(>8%) 국제업무영위 은행은 자기자본비율을 8% 이상으로 유지 * 획일적 위험가중치 체계 적용 - 국가: 0%(OECD국) 또는 100% - 은행: 20%(OECD국) 또는 100% - 민간기업 등: 100%
1996.1월 ('02.1월)	시장리스크를 추가: (우리나라: 2002.1월 시행) 국제업무영위 은행은 트레이딩계정에 대해 시장리스크*를 반영하여 소요 자기자본을 산출(최저 비율 8%) * 시장리스크 = 일반시장리스크 + 개별리스크
Basel II	
2004.6월 ('08.1월)	운영위험 추가 기업신용등급별 RW차등(20~150%) 은행의 내부모형 허용 Pillar1(자본비율규제)에 Pillar2(감독기능강화)[37]와 Pillar3[38](공시 강화를 통한 자율규제강화) 추가
Basel III	
2010.12월 ('13.12월 단계적)	·자본인정요건강화 ·위험가중자산 산출 강화 ·단순자본비율 도입 ·유동성규제(NCR, NSFR) ·경기대응완충자본 도입 ·SIFI에 추가자본 요구
2017.12와 2019.1 ('23.1월 단계적)	신용·시장·운영위험가중자산의 산출방법 및 위험 가중자산 하한(Output floor)의 산출방식을 개편하고, 레버리지비율(단순기본자본비율)의 부외자산 및 파생상품 익스포져 산출방식을 변경 ① 신용리스크 표준방법: 위험가중치 세분화, 외부신용등급의존도 축소 등 ② 신용리스크 내부등급법: 주식 익스포져 내부등급법 적용금지, 대기업 및 은행·금융기관 고급내부등급법 사용금지, 리스크요소 하한 강화 및 신설 등 ③ 운영리스크: 기존의 세 가지 측정방법(기초지표법, 운영표준방법, 고급측정법)을 폐지하고 新표준방법으로 단일화 ④ 레버리지비율: G-SIB에 추가 레버리지비율 부과, 총익스포져 산출방식 변경 ⑤ 시장리스크: 은행계정 및 트레이딩계정 경계 재설정, 내부모형 승인 과정 개선, VaR에서 Expected Shortfall로 측정방식 개편, 표준방법의 리스크 민감도제고

자료: 금융감독원, 금융감독개론(2022).

BIS비율 규제제도는 BIS(Bank for International Settlement)[39] 내의 바젤위원회(BCBS: Basel Committee on Banking Supervision)가 은행의 자본적정성(capital adequacy) 확보와 국제영업을 영위하는 은행 간의 공정한 경쟁을 위해 1988년부터 도입한 제도이다. 도입 당시에는 신용리스크만을 감안하여 위험가중자산의 8% 이상의 자지자본을 보유하도록 의무화하였으나 1997년부터는 시장리스크를 추가로 반영한 수정자기자본규제제도로 운영되었고, 이를 Basel Ⅰ이라고 한다. 우리나라는 1992년 7월부터 경영지도기준의 하나로 신용리스크만을 감안한 BIS비율 규제제도를 운영하여 오다가 2002년 1월부터 시장리스크까지 포함하는 BIS비율 제도로 운영하여 왔다.

그러나 금융기법의 고도화와 그간의 국제금융 위기 등 금융환경의 변화로 동 제도의 실효성이 저하됨에 따라 바젤위원회는 2006년 말부터는 신용리스크 측정방식(100%로 동일하였던 기업신용등급별 위험가중치를 20~150%로 차별화)을 바꾸고 운영리스크를 추가하여 자기자본 규모를 산정하는 신BIS비율 규제제도(pillar 1) 만이 아니라 감독기능강화 (Pillar 2)과 공시강화를 통한 시장규율 기능의 강화(Pillar 3)를 추가하는 것을 주요 내용으로 하는 Basel Ⅱ협약을 도입하였다. 우리나라에서는 2008년에 시행하였다

그러나 2007년 미국발 금융위기로 인해 기존의 Basel II의 최소자본금보유제가 양적 및 질적으로 충분하지 못하여 시스템리스크의 확산과 금융위기 재발을 막는데 한계가 있다는 비판이 제기되었다. 이에 바젤위원회는 2010년 개선된 규제체제인 Basel III 기준서를 확정하였다. 2013년부터 적용되고 있는 바젤 III 자본규제

---

37) Pillar 2는 은행 경영진과 감독당국 간 리스크 규모 및 자본에 대한 의견교환 수단으로 마련된 것으로 리스크 측정 절차에 대한 감독당국의 검증뿐 아니라, 은행이 리스크를 측정하는 내부 절차를 보유토록 요구하고 있다. Pillar 1에서 파악하지 못한 신용 및 운영리스크와 관련된 잠재 손실 및 비정상적 자본필요에 중점을 두며 개별 은행의 고유 리스크 특성, 사업전략 및 경기 주기와 이에 따른 자본 요구량 등에 대한 내용을 검토한다.

38) Pillar 3는 공시 확충을 통하여 시장규율을 강화하는 것으로 은행의 건전성에 대한 양적, 질적 정보를 공시토록 함으로써 은행간 비교를 증진하여 이해 당사자로 하여금 자기자본 비율에 관한 투명한 해석이 가능하도록 한 것이다.

39) BIS는 1930년 1차대전 패전국인 독일의 전쟁배상문제 처리를 위해 미국, 영국, 프랑스, 이탈리아, 벨기에 및 독일이 설립한 주식회사이었으나 동 업무의 종결과 함께 그 성격이 바뀌어 현재는 41개국 중앙은행의 협의체로 발전하여 중앙은행을 위시한 은행감독기관 간의 협력증진과 금융거래, 국제금융거래를 위한 편의제공 및 국제결제업무와 관련한 수탁자나 대리인으로서의 역할을 수행하고 있다. 우리나라는 1975년 이래 BIS의 옵저버 자격으로 BIS의 연차총회에만 참석할 수 있었으나 1996년 9월 34번째 정회원국으로 가입함에 따라 앞으로는 본회의는 물론 산하위원회 및 특별회의에 참여할 수 있게 되었다.

체계는 개별은행 차원에서는 은행의 복원력을 제고하기 위한 미시적 규제수단을 마련함과 동시에 은행산업차원에서는 경기순응성 완화와 시스템 리스크 억제를 통한 거시건전성 유지를 목표로 하고 있다.

미시적 수단으로 자본규제강화(자본인정요건 강화와 유동화증권, 파생상품 등 고위험고수익자산에 대한 위험가중자산 산출방법 강화), 위험가중자산에 기반한 규제의 단점을 보완하기 위해 단순자기자본비율(레버리지비율) 도입, 단기 유동성 규제로 단기 유동성 관리를 위해서는 유동성커버리지 비율(LCR)과 중장기 유동성관리를 위해 순안정자금조달비율(NSFR)을 도입했고, 거시건전성 유지를 위해서는 비판이 되어온 바젤 II의 경기순응성[40]을 완화하기 위해 경기대응완충자본제도를 도입, 대마불사(too-big-to-fail)에 따른 대형금융회사의 과도한 위험추구를 방지하기 위해 시스템적으로 중요한 은행(G-SIB: Global-systematically important bank)에[41] 대해 추가자본을 부과하는 내용이 추가되었다.

BIS자기자본규제의 이루는 BIS비율은 Basel I, II, II를 통해 각 항목의 구성은 변해왔지만 기본적인 틀은 유지되고 있다.

$$BIS\text{비율} = \frac{\text{자기자본}}{\text{신용위험가중자산} + \text{시장위험가중자산} + \text{운영위험가중자산}} \times 100 \geq 8\%$$

---

40) 바젤Ⅱ의 위험가중자본규제 방식이 호황기에 신용을 늘리고 불황기에 신용을 줄이려는 유인을 금융회사에 제공함으로써 경기 진폭을 확대시킨다는 비판이 있었다.

41) 글로벌 금융위기 대응 과정에서 대형 금융회사의 파산이 경제 전반에 미치는 부정적 파급효과 등을 경험하게 되면서 대형 금융회사에 대한 감독 강화 필요성에 대한 국제적 공감대도 확산되었다. 이에 따라 2009.9월 피츠버그 G20 정상회의에서 시스템적으로 중요한 금융회사(Systemically Important Financial Institution, SIFI)에 대한 추가자본 규제 및 강화된 건전성 기준 등 감독 강화 방안을 마련하는 데 합의하였으며, 이에 따라 금융안정위원회(FSB)는 2010.11월 G20 서울 정상회의의 승인을 거쳐 ① 손실흡수능력 확충, ② 정리제도정비, ③ SIFI에 대한 감독 강화, ④ 핵심 금융인프라의 강화 등을 주요 내용으로 하는 SIFI 규제체계를 발표하였다.

이를 기초로 BCBS는 시스템적 중요 은행에 대한 감독 강화 방안을 마련하였다. 우선 시스템적으로 중요한 글로벌 은행(Global-Systemically Important Banks, G-SIB)에 대한 추가자본 규제방안을 담은 기준서를 발표하고 2013.7월 한 차례 개정을 거쳐 확정하였다. BCBS는 ① 글로벌 영업활동, ② 규모, ③ 상호연계성, ④ 대체가능성/금융회사 인프라, ⑤ 복잡성 등 5개 부문별로 동일 가중치(20%)를 적용하여 G-SIB의 시스템적 중요도를 평가하며, FSB는 BCBS가 수행한 시스템적 중요도 평가 결과에 매년 G-SIB 명단을 발표하고 있다. G-SIB로 선정된 은행은 시스템적 중요도 점수 구간에 따라 1.0~2.5%의 추가자본을 보통주로 적립하여야 하며 2016년부터 2019년 기간 중 매년 1/4씩 단계적으로 적립하도록 했다. 우리나라에는 아직 적용된 예가 없다.

Ⅱ. Basel Ⅲ의 주요 내용42)

1. 자기자본의 범위: 손실부담증력 강화

BIS 비율 산정 시 분자에 해당되는 자기자본의 인정요건을 이전보다 좀 더 강화하고 있다. 바젤위원회는 은행의 자기자본의 범위를 크게 기본자본(core capital)과 보완자본(supplementary capital)으로 구분하는데, Basel III를 통해 자본의 손실흡수능력을 높이고 규제의 투명성을 제고하기 위해 바젤Ⅱ 기준 6단계로 구성된 자본분류체계를 손실흡수력43), 이익분배재량권, 대금납입여부, 주주총회공식승인에 의해 발행 등의 기준에 따라 세 가지로 분류하여 보통주자본, 기타기본자본(Additional Tier1), 보완자본(Tier2)의 3단계로 단순화하였다. <표 8-8>에 Basel III의 각 분류별 구성요소가 표시되어 있다.

자기자본=보통주자본(Tier1)+기타기본자본(additional Tier1)+보완자본(Tier2)-공제항목

동시에 단계별 자본인정 기준을 새롭게 제시하고 보통주자본비율 4.5%, 기본자본(보통주자본+기타자기자본)비율 6%, 총자본비율 8%의 최소규제자본비율을 마련하였다.

아울러 영업권 등의 12개 공제항목44)을 명확히 규정하고 보통주자본에서 직접 차감토록 하는 한편, 규제자본의 주요 내용을 연차보고서에 공시하고 홈페이지에 자본구성 요소의 계약조건 등을 충분히 공시하도록 하였다.

---

42) 금융감독원, 금융감독개론(2022).

43) 손실흡수력은 분류의 가장 중요한 기준이며 이에 따른 보통주자본 조건은 청산 시 가장 후순위이며 청산 시 잔여재산 비례 분배 청구, 원본은 영구적이며 상환 불가능, 상환에 대한 기대가능성 없을 것, 1차적 손실흡수재원이며 균등하게 손실 부담 등이며. 기타기본자본 조건은 예금자, 일반채권자, 후순위 채권자보다 후순위, 만기가 없으며, 상환 유인 없을 것, call option은 최소 5년 경과 후 가능, 원금상환 시 감독기관 사전 승인 필요하며 원금상환의 기대 없을 것, 발동요건(부실금융기관 지정) 발생 시 전액 영구적으로 상각 혹은 보통주로 전환될 것 등이며, 보완자본 조건은 예금자나 일반채권보다 후순위, 원만기가 5년 이상이고 상환유인 없을 것, call option은 최소 5년 경과 후 가능, 투자자는 원리금 상환기일을 단축할 권리가 없을 것, 발동요건(부실금융기관 지정) 발생 시 전액 영구적으로 상각혹은 보통주로 전환될 것 등이다.

44) 영업권 및 기타 무형자산, 미래수익에 기초한 이연법인세자산, 비연결 금융사 투자지분, 자기주식, 충당금 부족액, 유동화 거래 관련 매도이익, 확정급여형 퇴직연금자산·부채 등.

표 8-8 Basel III 기준 자기자본의 범위

<table>
<tr><th colspan="2"></th><th>주요 내용</th><th>비 고</th></tr>
<tr><td rowspan="2">기본자본
(Tier1)</td><td>보통주자본
(Common Equity Tier1)</td><td>• 보통주 발행과 관련하여 발생한 자본금, 자본잉여금 및 자본조정
• 이익잉여금
• 기타포괄손익누계액
• 연결자회사의 외부주주지분 (보통주자본 해당분)*</td><td>[최저규제자본비율]
- 보통주자본비율 4.5% 이상
- 기본자본비율 6.0% 이상
- 총자본비율 8.0% 이상</td></tr>
<tr><td>기타 기본자본
(Additional Tier1)</td><td colspan="2">• 기타기본자본(신종자본증권, 우선주 등) 및 해당자본발행관련 자본잉여금
• 연결자회사의 외부주주지분(기타기본자본 해당분)*</td></tr>
<tr><td colspan="2">보완자본
(Tier2)</td><td colspan="2">• 보완자본(후순위채) 및 해당자본 발행관련 자본잉여금
• 연결자회사의 외부주주지분 (보완자본 해당분)*
• 대손충당금
- 정상·요주의 대손충당금
(표준방법에 의해 산출한 신용리스크 위험가중자산의 1.25% 한도 또는 내부등급법에 의한 적격충당금총액이 예상손실금액을 초과한 금액만큼 신용리스크 위험가중 자산의 0.6% 한도)</td></tr>
<tr><td colspan="2" rowspan="2">공제항목</td><td colspan="2">[보통주자본 공제항목]
• 영업권, 무형자산, 현금배당예정액, 확정급여형 연금자산
• 이연법인세자산, 자기주식
• 부실금융회사 발행 후순위채권
• 자기자본비율 제고 목적으로 은행간에 상호보유한 타은행발행 자본조달수단(주식, 후순위채권 등 항목)
• PD/LGD내부등급법 주식외 자산의 적격충당금총액이 예상손실총액에 미달하는 경우 그 미달액</td></tr>
<tr><td colspan="2">[대응공제법 적용 공제항목]**
• 비연결대상 금융회사에 대한 중대한 투자
• 비연결대상 금융회사에 대한 중대하지 않은 투자</td></tr>
</table>

자료: 금융감독원, 금융감독개론(2022).

2. 리스크 포괄범위의 확대

장외파생상품 거래 및 유동화거래 확대 등은 금융위기를 초래한 원인 중 하나였으나 바젤Ⅱ 기준에서는 파생상품 등 관련 리스크를 충분히 인식하지 못한다는 비판이 제기되었다. 이에 따라 바젤위원회는 파생상품 거래, 환매조건부채권매매(Repo), (재)유동화 거래로부터 발생하는 거래상대방위험에 대하여 추가 자본을 부과하기로 하였다. 특히 장외파생상품거래의 경우 양자간 계약 시에는 높은 거래상대방 신용리스크를 부과토록 하는 반면, 적격중앙청산소(CCP, central counterparty)를 통할 경우 2%의 위험가중치를 부과함으로써 중앙청산소로 파생상품 거래이전을 유도하는 유인체계를 마련하였다.

3. 단순기본자본비율(레버리지비율) 규제의 도입

기존의 바젤Ⅱ 기준에 의한 자기자본규제는 은행이 고위험·고수익에도 불구 신용등급만 우량한 자산을 과도하게 확대하는 것을 제어하지 못하여 결과적으로 글로벌 금융위기의 충격을 증폭시켰다. 이에 바젤위원회는 자기자본비율에 대한 보완지표로서 리스크를 기반으로 하지 않은(non-risk based) 레버리지비율 규제를 도입키로 하였다. 바젤Ⅲ 레버리지비율은 회계상 자산 및 부외항목을 기반으로 한 익스포저 대비 기본자본(Tier1)으로 정의하며, 2018년부터 최저규제수준을 3%로 적용중이다. 익스포저는 BIS비율 산출기준과 동일한 연결재무제표를 기준으로 재무상태표상 익스포저, 파생상품 익스포저, 증권금융거래 익스포저, 부외항목 익스포저의 합계로 산출된다. 재무상태표상 익스포저는 대차대조표의 난내자산에서 고정이하 충당금을 조정하여 산출하며 신용경감기법은 적용되지 않는다. 파생상품 익스포저는 바젤Ⅱ 커런트 익스포저방식(Current Exposure Method)을 사용하여 대체비용과 잠재익스포저로 구성된다. 증권금융거래 익스포저는 RP매수 등 대차대조표상 자산항목과 주로 RP매도 등 담보부 차입거래에서 발생하는 거래상대방신용리스크(CCR)의 합계로 산출한다. 부외항목 익스포저는 미사용한도, 지급보증 등 부외항목에서 발생하며 바젤 II 기준 신용환산율을 적용하되, 사전통지없이 무조건 취소가능한 약정은 10%의 신용환산율을 적용토록 하고 있다.

4. 경기순응성 완화를 위한 완충자본 적립

바젤위원회는 위기상황에서도 최저 자본비율을 유지하고 자기자본규제의 경기순응성을 완화하기 위해 자본보전 완충자본(conservation buffer) 및 경기대응 완충자본(countercyclical buffer)을 새롭게 도입하였다. 자본보전완충자본은 모든 은행에 대해 상시적으로 보통주자본기준 2.5%를 추가 보유토록 의무화하는 것이고, 경기대응완충자본은 신용확장기에 최대 2.5%까지 자본을 추가로 부과하는 것이다. 완충자본을 포함한 자본비율을 충족하지 못 할 경우 은행의 배당 등 이익배분을 제한함으로써 실질적 자본규제 효과를 발휘토록 하였다.

5. 시스템적 중요 은행 추가자본 적립

바젤위원회와 금융안정위원회(FSB)는 글로벌 금융위기 이후 대형 금융회사의 파산이 금융시스템 및 경제에 미치는 충격을 최소화하기 위해 대형은행에 대한 감독을 강화하기 위해 글로벌 시스템적 중요 은행(G-SIB: Globally Systemically Important Banks)에 대한 규제방안을 마련하였다. 이에 바젤위원회는 국가별로 자국내 시스템적 중요 은행(D-SIB: Domestic Systemically Important Banks)을 선정하고 추가자본 부과 등을 통해 감독을 강화하도록 권고하였다. 국내 은행권(은행, 은행지주회사)을 대상으로 매년 시스템적 중요도를 측정하고 이를 근거로 시스템적 중요 은행을 선정하여 2016년부터 추가자본을 부과하였다. 시스템적 중요도는 은행별로 규모, 상호연계성, 대체가능성, 복잡성, 국내 특수요인을 평가하여 측정하였다.

6. 조건부자본(contingent capital) 등 활용을 통한 손실분담 확대

바젤위원회는 신종자본증권, 후순위채권 등이 규제자본으로 인정됨에도 금융위기시 은행의 손실을 분담하지 못한 문제점을 보완하기 위하여 위기상황에서 신종자본증권, 후순위채권을 보통주로 전환하거나 상각토록 하는 조건부자본제도를 도입하였다. 이를 위해 바젤Ⅲ 기타기본자본 및 보완자본 인정요건에 회생불가능 시점(point of non-viability) 또는 자본비율이 일정 수준(보통주 자본비율 5.125%, 회계상 부채로 분류되는 신종자본증권에 한함) 미만으로 하락하는 경우 보통주로 전환하거나 상각할 수 있어야 한다는 요건을 포함하였다.

이 모두를 감안한 BIS권고 자기자본비율 규제 수준은 <표 8-9>에 요약되어 있다.

표 8-9 자기자본비율 규제수준

	최저비율	자본보전완충 자본 포함 시	경기대응 완충자본 포함시	
			non D-SIB	D-SIB
보통주자본비율	4.5%	7%	7%~9.5%	8%~10.5%
기본자본비율	6%	8.5%	8.5%~11%	9.5%~12%
총자본비율	8%	10.5%	10.5%~13%	11.5%~14%

자본보전완충자본=2.5%, 경기대응완충자본=0~2.5%

우리나라에서는 2023년 미래불확실성에 대비해 기존의 대손충당금제도에 더해 특별대손준비금(총 2%)을 도입하고, 아직 적용하지 않았던 이익이 날 때 미리자본을 확충하는 경기대응완충자본(1%)과 은행별 위험관리 수준에 따라 부과하는 스트레스완충자본(2%)의 도입을 예고하고 있다.

7. 유동성비율제도 도입

은행의 단기유동성 위기에 대한 대응력 강화 및 장기 구조적 만기불일치 해소를 위해 단기유동성비율과 순안정자금조달비율제도를 도입한다.

단기유동성비율(LCR: Liquidity Coverage Ratio)은 긴급한 유동성 위기가 발생하여 자금인출 등이 발생하더라도 30일 기간 동안 자체적으로 견딜 수 있는 고유동성 자산(highly liquid assets)을 보유토록 하는 제도로 고유동성 자산/30일간 순현금 유출로 산출하며 동 비율은 100% 이상이어야 한다.

고유동성 자산은 위기상황에서도 매매 처분에 별다른 제약 없이 현금화할 수 있고 국제기준에 맞는 양질의 자산을 말하고 30일간 순현금 유출은 위기상황에서 30일간 예상되는 누적 현금유출액과 누적 현금유입액의 차이, 구체적으로 예상되는 부채의 이탈 규모 및 자산의 현금유입 규모의 차액으로 계상[45]한다.

45) 고유동성자산은 유동성 위기상황에서도 큰 가치하락 없이 현금화가 용이한 처분제한이 없는 자산으로 현금, 중앙은행 지급준비금, 국가·중앙은행·공공기관 발행채권 및 일정 등급 이상의 회사채 등으로 구성되며, 현금화 정도에 따라 가중치를 차등 적용하여 산출한다. 순현금유출액은 유동성 위기상황에서 향후 30일간 예상되는 총현금유출액에서 현금유입액을 차감한 값을 말한다. 총현금유출액은 예금, 차입금, 미사용약정 등 부채 및 난외항목 유형별로 예상 현금이탈률을 곱한 값의 합계액으로 산출되며, 소매예금이 법인예금 등 도매자금조달보다 안정적이라고 가정한다. 현금유입액은 잔존만기 30일 이내 정상 대출, 예치금 등으로부터의 계약상 현금유입액을 유형별로 현금유입비율을 곱한 값의 합계액으로 산출한다.

순안정자금조달비율(NSFR: Net Stable Funding Ratio)은 일반적 위기상황에서 1년 이상 현금화되지 않는 자산 규모 이상으로 안정적 자금을 보유토록 하는 제도로서 그 산식은 인정되는 안정자금(부채 및 자본)/필요 안정자금(자산)으로 산출하며 그 비율은 100% 이상이어야 한다.

안정자금은 자본, 우선주(1년 이상), 채무(1년 이상), 만기 없는 예금 또는 스트레스 상황에서도 안정적일 것으로 예상되는 예금 등으로 안정성 정도에 따라 가중치가 차등화된다(자본 100%, 안정적 예금 85% 등). 필요 안정자금은 자산 유동성 수준에 따라 자산의 가중치가 차등화된다(현금 0%, 국채 5%, AAA회사채 20%, 1년 이내 기업대출채권 50%, 대출채권 100% 등). 순안정자금조달비율은 2018년부터[46] 시행했다.

III. BIS의 은행리스크 평가방법

Baesl III의 BIS비율 산정 시 분모에 해당되는 위험가중자산(위험량)의 평가는 다음과 같다.[47]

1. 신용리스크

신용리스크는 대출을 제공받은 거래상대방이 대출계약에 명시된 조건대로 이자 및 원금의 상환의무를 이행하지 못함으로 인한 경제적 손실을 의미한다. 여기에는 지급보증의 경우처럼 특정 당사자의 의무가 이행되지 않을 때 금융회사가 대신 부담하게 될 손실의 가능성까지도 포함된다.

전통적으로 신용리스크는 대출이나 지급보증 등과 같은 직접적인 신용의 제공만을 대상으로 고려되었으나, 금융회사의 업무가 다양해지면서 최근에는 파생금

---

46) 코로나19 상황에서 은행의 실물경제 지원여력 확충을 위해 2022년 3월말까지 유동성커버리지비율(LCR)은 한시적으로 완화(100% → 85%)되기도 했다

47) 위험량 산출기준(BIS비율의 분모를 의미, 2010.12월에 발표된 바젤Ⅲ 기준서는 대부분 BIS비율의 분자에 대한 내용을 다룸)의 개선 필요성에 대한 지적이 계속되어 왔다. 특히 표준방법의 리스크 차별성이 충분치 않고, 내부모형 사용 은행간 위험량이 상당한 차이를 보이는 등 그 신뢰성 및 비교가능성에 대한 의문이 지속적으로 제기되었다. 이러한 문제점을 해소하기 위하여 바젤위원회는 「BaselⅢ : Finalising postcrisis reforms (2017.12월)」과 「Minimum capital requirements for market risk(2016.1월초안, 2019.1월 개정)」을 발표했는데 이 규제체계는 신용리스크, 시장리스크, 운영리스크 등의 산출방법을 개편하는 내용 등을 담고 있으며, 2023.1월부터 시행된다.

융상품 거래와 같이 직접 신용을 제공하지 않지만 거래상대방의 계약이행 능력에 대한 불확실성을 나타내는 거래상대방리스크(counterparty risk)도 포함하는 개념으로 사용되고 있다

신용리스크의 측정방법은 표준방법(standardized approach)과 내부등급법(IRB: Internal Ratings-Based Approach) 중에서 은행이 자신의 리스크관리 능력을 고려하여 선택할 수 있다. 표준방법은 내부등급법 적용이 어려운 중소형 은행이 손쉽게 사용할 수 있도록 감독당국이 적격성을 인정한 신용평가기관48)의 신용등급을 활용하여 BIS자기자본비율을 산출하는 방식을 말한다.

표 8-10 표준방법의 주요 익스포저별 · 신용등급별 위험가중치 적용기준

	AAA~ AA−	A+~ A−	BBB+~ BBB−	BB+~ BB−	B+~ B−	B−미만	무등급
정부 및 중앙은행[1]	0%	20%	50%	100%	150%	150%	100%
은행, 증권회사[2]	20%	30%	50%	100%	150%	150%	-
기 업	20%	50%	75%[4]	100%	150%	150%	100%

주: 1) 적격외부신용평가기관이 부여한 신용등급에 따른 위험가중치
2) 적격외부신용평가기관이 부여한 신용등급에 따른 위험가중치, 무등급인 경우는 자체실사등급에 의해 적용
자료: 금융감독원, 금융감독개론(2022).

표준방법에 따르면 은행 대차대조표 난내자산에 대한 신용위험가중자산은 거래금액에 거래상대방의 신용등급 또는 익스포져 유형별로 정해진 위험가중치(표 <8-10> 참조)를 곱하여 산출하고, 부외자산에 대한 신용위험가중자산은 거래금액에 부외항목별 신용환산율과 거래상대방의 신용등급 또는 익스포져 유형별로 정해진 위험가중치를 곱하여 산출한다.

파생상품 거래에 대한 규제자본은 거래상대방 신용위험(장내·외 파생상품 대상, Counterpart Credit Risk)과 거래상대방 신용도 하락위험(장외 파생상품 대상, Credit Valuation

48) 현재 바젤위원회에서 제시한 지정기준을 충족한 신용평가사(External Credit Assessment Institution)로는 S&P, Moody's, Fitch, A. M. Best, DBRS(캐나다) 등이 있다. 국내에서는 한국기업평가, 한국신용정보, 한국신용평가, 한국기업데이터가 지정되어 있다.

Adjustment risk)의 합으로 계산한다. 표준방법 하에서 익스포저는 거래상대방 또는 거래 특성에 따라 정부, 은행, 기업, 주거용 주택담보, 상업용 부동산담보, 소매, 주식 등으로 구분된다. 이 중 정부, 은행, 기업 익스포져는 신용등급에 따라 규정하는 위험가중치를 적용한다

내부등급법의 경우 내·외부자료와 신용평가시스템을 이용하여 은행 자체적으로 BIS자기자본비율을 산출하는 것을 허용하는 방식으로 금융감독원장의 사전 적합성 검증을 받아야 한다.49)

동 방법은 먼저 부도율(PD: Probability of Default)모형, 부도시 손실률(LGD: Loss Given Default)모형, 부도시 익스포저(EAD: Exposure at Default)모형, 손실인지기간(M: Loss Identification Period)모형 등 차주별 위험요소를 측정하는 모형을 개발하는 것으로부터 시작한다. 동 모형에서 추정된 PD, LGD, EAD, M은 바젤위원회가 제시한 위험가중치함수에 적용하여 위험가중자산이 계산된다.

내부등급법은 다시 은행이 자체 추정하는 리스크 측정요소의 범위에 따라 기본내부등급법(foundation IRB)과 고급내부등급법(advanced IRB)으로 구분한다. 기본내부등급법은 리스크요소 중 부도율만 은행이 자체적으로 측정하고, 나머지는 바젤위원회가 제시한 측정치를 사용하여 위험가중자산을 계산한다. 고급내부등급법은 부도율뿐만 아니라 부도시 손실률, 부도시 익스포저 및 손실인지기간 등의 리스크요소도 은행의 자체 측정치를 활용한다.

또한 동 위원회는 최근 은행의 영업 중 그 비중이 높아지고 있으나 대차대조표에 계상되지 않는 장부외거래항목(off-balance sheet items)에 대하여도 각각의 거래형태와 만기에 따른 위험도를 감안하여 계약금액에 신용환산율(credit conversion factor)을 곱하여 대상금액을 산정하여 이를 대차대조표 계정 자산으로 환산하도록 하고 있는데 그 내용을 살펴보면 〈표 8-11〉과 같다.

한편 파생금융상품의 대종을 차지하고 있는 외환 및 금리관련 거래는 거래상

---

49) 내부등급법의 적합성에 관한 검증기준은 양적기준과 질적기준으로 구분된다. 전자는 모형의 정확성에 관한 것으로 모형의 변별력(discriminatory power), 등급체계의 계량화(calibration) 및 안정성(stability)에 관한 것이고, 후자는 신용위험의 지배 및 통제구조, 모형의 설계, 자료점검, 모형의 일관성 원칙의 준수 및 내부활용(use test)에 관한 것이다. 현재 8개 은행(신용리스크 기준)이 금융감독원의 승인을 얻어 자체 내부등급법을 활용하여 BIS비율의 위험가중자산을 산출하고 있다. 금융감독원은 매분기 은행간 신용등급 비교(rating consistency)를 통해 내부모형에 의한 BIS비율 산정시 위험가중자산 산출의 객관성 확보를 위한 점검 및 모니터링을 실시하고 있다.

대방의 계약 불이행에 따른 잠재적 손실을 금액으로 환산하고, 이를 커버할 수 있는 자기자본을 보유토록 하고 있다. 외환 및 금리관련 파생상품거래에 따른 거래상대방 위험은 당해 금융기관이 그 거래를 통해 이익을 얻을 수 있는 상황에서 그 거래상대방이 계약을 불이행하는 경우 그 이익을 실현하지 못할 가능성을 의미한다.

표 8-11 B/S비계상 항목의 신용환산율

거래의 내용	환산율(%)
1. 일반 채무보증(대출과 유가증권에 대한 보증신용장 포함) 및 인수(인수성격의 배서 포함) 등 직접적인 신용대체수단	100
2. 원본 또는 이익보전계약이 있는 신탁상품 관련자산	100
3. 특정거래와 관련된 우발채무(입찰보증, 계약이행보증, 특정거래 관련 보증신용장 등)	50
4. 채권발행약정(NIF), 회전인수약정(RUF)	50
5. 원만기 1년 초과 기타 약정(할인어음 및 외국환 관련 약정 포함)	50
6. 단기(원만기 1년 이내)의 자동결제성 무역관련 우발채무(상업신용장 등)	20
7. 원만기 1년 이내 약정(할인어음 및 외국환 관련 약정 포함)	20
8. 특정거래관련 미확정 보증신용장	20
9. 은행이 사전통지 없이 항시 취소가능한 약정 또는 거래상대방의 신용악화 시 자동적으로 취소되는 약정	0
10. 금리, 외환 및 금, 주식, 귀금속 등 관련 거래	0~15 (세부내용 생략)

파생상품거래는 계약대상금액을 기준으로 신용환산액을 구한 후 이에 거래상대방별 위험가중치를 곱하여 자기자본 소요액을 산출한다. 파생상품거래의 거래상대방위험 산정방식은 original exposure 방식과 current exposure 방식이 있다. original exposure 방식은 계약기간의 경과에 관계없이 당초 계약기간을 기준으로 신용환산액을 다음과 같이 계산한다.

신용환산액 = 계약금액 × 신용환산율

표 8-12 외국환 및 금리관련거래의 신용환산율

	기 간	외환거래	금리거래
current exposure 방식	1년 이하	1.0%	0%
	1년 초과~5년	5.0%	0.5%
	5년 초과	7.5%	1.5%
original exposure 방식	1년 이하	2.0%	0.5%
	1년 초과~2년	5.0%	1.0%
	1년 추가시마다	3.0%	1.0%

current exposure 방식은 잔여계약기간을 기준으로 신용환산액을 산정하되 계약불이행시 현재까지의 평가익을 상실하는 리스크[50)]를 감안하여 신용환산액에 이를 추가하는 방식으로 다음과 같이 계산한다.

신용환산액 = 관련계약의 평가익 + (계약금액 × 신용환산율)

〈표 8-12〉의 예시를 이용하여 양 방식에 의한 신용리스크를 계산하면 다음과 같다.

current exposure 방식에 의한 신용환산액

= 관련계약의 평가이익 + (계약금액 × 신용환산율)

= 7,500,000 + ($1,000,000 × 1,257.5원/$ × 1%)

= 7,500,000 + 12,575,000 = 20,075,000원

original exposure 방식에 의한 신용환산액

= 계약금액 × 신용환산율

= $1,000,000 × 1,257.5원 × 2% = 25,150,000원

50) 해당 금융기관과 외환 및 금리관련 거래계약을 체결한 거래상대방의 계약불이행 상태 발생 시 당해 금융기관은 현재까지의 관련계약의 평가익을 상실하는 리스크를 부담하게 되는바, 이 경우 당해 금융기관은 거래상대방을 교체하여야 하는 대체비용(replacement cost)을 부담하게 된다.

original exposure 방식은 계산이 간편한 반면 신용리스크를 보수적으로 산정하므로 은행의 소요자기자본 부담이 커질 수 있는 반면, current exposure 방식은 계산은 복잡하나 자기자본 부담 경감이 가능하다. 신 BIS협약에서는 신용위험 산출시 current exposure 방식만 인정하고 있으며, 우리나라도 거래상대방위험 산정시 동 방식을 의무화하고 있다.

Basel Ⅱ 협약부터 신용위험 완화를 인정하는 담보 및 보증의 제공 주체를 국가, 은행 등에서 일반기업까지 확대하고, 그 수단도 담보의 경우 종래의 예금, 채권 등에서 주식, 금 등을 포함하는 것으로 범위를 확대하는 한편, 보증의 경우 신용파생상품에 의한 보증도 신용위험 완화효과를 인정하고 있다. 상계(netting) 및 헤징(hedging) 등이 있을 경우에도 위험가중치를 완화함으로써 자기자본 보유부담을 경감한다.

특히 일정한 요건을 충족하는 경우 동일인에 대한 자산과 부채를 상계한 후의 금액에 대해 위험가중자산을 산출할 수 있도록 하고, 원채무자와 담보제공자가 동시에 지급불능될 가능성이 낮은 점을 감안하여 신용보장된 부분에 대해서는 채무자보다 신용도가 높은 신용보장 제공자의 위험가중치를 적용할 수 있게 한다.

최근 들어 선진국의 일부 대형은행들은 경제적 실질에 관계없이 신용리스크에 대한 자본부담(capital charge)이 큰 거래를 회피하거나 부내 신용위험계정을 증권화나 금융공학(financial reengineering)적 거래를 통해 자기자본필요액이 상대적으로 적은 장부외 계정으로 전환하는 등 이른바 자본재정(capital arbitrage)거래를 실시함으로써 신용리스크의 투명성을 저하시키는 사례가 증가하고 있다.[51] 특히 2007년 글로벌 금융위기 전에는 은행들은 유동화(securitization) · 구조화증권(structured security) 및 신용파생상품 등을 상대적으로 자본규제가 적은 트레이딩계정에 계상함으로써 자본규제를 회피하여 왔다. 이 밖에 위험자산의 증가를 억제함으로써 은행의 규모와 신용창조 기능을 제약하고 국제적인 자금수급불균형을 유발하는 등의 문제점이 앞으로 개선되어야 할 과제로 지적되고 있다.

51) 이러한 폐단을 시정하기 위해 미국의 금융표준회계위원회(Financial Accounting Standards Board)는 금융회사들이 보유하고 있는 모든 난외자산을 재무제표에 표시하도록 하는 금융회사의 난외계정 통합기준(Off-the-Book Vehicles)을 마련하고 이를 2008년 7월부터 시행하고 있다.

표 8-13 통화선도거래 1계약 매입(예시)

- 계약(명목)금액: $1,000,000
- 계 약 일: 2008. 12. 21.
- 만 기 일: 2009. 12. 21.
- 약정환율: 1,250원/$
- 2008. 12. 31. 환율: 1,257.5원/$
- 2008. 12. 31. 기준 평가손익: 7,500,000원[(1,257.5 − 1,250) × 1,000,000]

2. 시장리스크[52)]

1988년 이후 시행되어 온 1차 자기자본 규제는 신용리스크만을 대상으로 하여 금융상품의 가격변동과 파생상품거래에 따른 리스크를 적절하게 평가할 수 없다는 지적에 따라 1993년 4월 바젤위원회는 기존의 신용리스크 이외에 시장리스크(market risks)에 대해서도 일정 수준 이상의 자기자본을 보유토록 하는 Basel Ⅱ 기준을 1997년 12월부터 회원국을 대상으로 적용했다.[53)]

Basel III에서는 시장리스크 측정면에서 Basel II에 비해 은행계정 및 트레이딩계정 경계 재설정, 내부모형 승인 과정 개선, VaR에서 Expected Shortfall로 측정방식 개편, 표준방법의 리스크 민감도제고 등이 개선사항이다.

은행의 보유자산·부채를 보유 목적에 따라 트레이딩 목적 자산·부채(trading book)와 은행업무계정(banking book)으로 구분하고, 시장리스크는 시장가격 변동으로 인한 손실 가능성으로 (1) 트레이딩계정 상품의 부도, 금리, 신용스프레드, 주식, 외환, 일반상품리스크와 (2) 은행계정 상품의 외환, 일반상품리스크를 시장리스크 범주로 구분한다. 이 범주에 해당되는 자산·부채에 대하여 시장리스크를 커버할 수 있는 적정 수준의 자기자본을 보유토록 의무화한 것이다.

시장리스크는 일반시장리스크(general market risk)와 개별리스크(specific risk)로 구분한다. 일반시장리스크는 금리, 주가, 환율 등 시장전체에 영향을 미치는 사건과

52) 바젤Ⅲ 최종안 기준「시장리스크 규제체계」기준서(2020.12)

53) 바젤위원회는 Basel II에서 제기된 문제점을 보완하기 위해 2016.1월 ① 트레이딩계정 및 은행계정의 구분 강화, ② 표준방법개선: 델타, 베가 및 커버쳐 등의 민감도에 기반하여 상품별 특성 반영, ③ 내부모형 개선: 리스크척도를 VaR에서 ES(expected shortfall)로 변경하여 극단적 손실 인식, ④ 표준방법과 내부모형의 상호연계성 강화, ⑤ 리스크 유형별 유동성 시계(liquidity horizon) 차별화 등을 주요 내용으로 한「Minimum Capital Requirements for Market Risk」를 발표했다.

연관되어 발생하는 손실을 말하며, 개별리스크는 채권 및 주식 등 유가 증권 발행자의 개별적인 사건과 연관되어 발생하는 손실을 말한다.

Basel II에서는 트레이딩 목적 자산·부채는 관련된 리스크의 유형(risk factors)별로 주식과 주식관련 파생상품은 주식포지션, 채권과 채권 또는 금리에 관련된 포지션은 금리포지션, 외환과 외환에 관련된 파생상품 포지션은 외환포지션으로 구분하여 시장리스크를 VaR(Value at Risk)[54]로 측정[55]하고 시장리스크를 측정하지 않는 포지션은 현행 기준에 따라 신용리스크만을 측정한다. 시장리스크는 리스크 유형별로 각각 일반시장리스크와 개별리스크를 산출하고 이들을 합산하는 방법으로 은행의 시장리스크 총액을 산출한다.

Basel III는 종전과 마찬가지로 시장리스크에 대한 소요자기자본은 금융회사의 선택에 따라 표준방법 또는 내부모형에 의해 산출하나, 내부모형은 질적·양적 기준을 충족하고 금융감독원장의 승인을 받은 경우에 한해 사용이 가능하다. 모든

54) VaR는 정상적인 시장 하에서 주어진 신뢰수준(통상 99% 단측신뢰구간)으로 일정 보유기간 동안에 발생할 수 있는 최대손실금액(maximum loss)으로 정의된다. VaR는 특히 금리, 환율, 주가 등 금융자산의 가격간에 통계적으로 상관성이 존재할 경우 이를 감안하여 리스크를 계산할 수도 있으며, 이들 자산간의 상관계수가 낮을수록 리스크저감효과가 커진다. 탈레브(Nassim Nicholas Taleb)는 그의 저서 *The Black Swan*에서 VaR가 가정하는 정규분포의 극단값의 발생확률이 너무 낮게 책정되어 있다고 주장한다. Black Swan이란 기대치 밖에 위치해 예상하기 어려운 극단값을 말한다. 그는 최근의 글로벌 경제위기의 원인의 하나로 과거 수년간의 저금리 현상을 들고 저금리의 지속으로 은행들이 유동성 위기를 겪은 사례가 극히 적어 이로 인해 유동성리스크가 신용리스크나 운영리스크에 비해 과소평가되는 경향이 있다고 지적한다.

그림 8-1 VaR의 측정

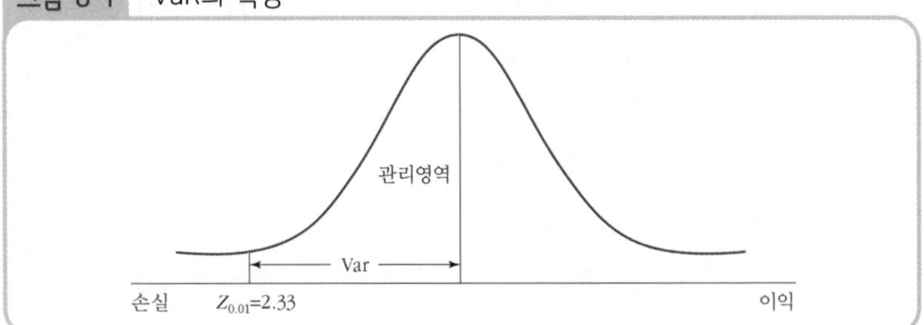

55) VaR를 측정하는 방법은 모수적 접근법으로 시장리스크 요소가 정규분포를 따르고 이에 따라 포트폴리오의 손익이정규분포를 가진다고 가정하는 분산-공분산법에 의한 VaR 측정, 과거 시장데이터의 수익률 변화에 따라 시나리오를 생성하고 포트폴리오 시뮬레이션 결과에서 백분위수를 추출하여 VaR를 측정하는 Historical 시뮬레이션법에 의한 측정 방법, 과거의 데이터로부터 분산-공분산 행렬을 구성하고 이로부터 무작위로 시나리오를 생성하여, 시나리오 결과에서 백분위수를 추출하여 측정하는 Monte Carlo 시뮬레이션법 등이 있다.

은행은 표준방법 규제자본을 보고하여야 하나 내부모형 사용 은행은 내부모형 사용 여부와 무관하게 모든 트레이딩데스크의 모든 상품에 대해 산출한 표준방법 규제자본과 내부모형 적격 트레이딩데스크에 대해 개별적(standalone basis)으로(데스크간 상쇄효과 미고려) 산출한 표준방법 규제자본 또한 보고하여야 한다.

표준방법은 바젤위원회가 제시하는 세부적인 가이드라인에 따라 금리, 주식, 외환 및 옵션리스크를 구조적으로 측정하는 방식으로, 각 포지션별로 측정된 개별리스크와 일반 시장리스크를 단순히 더해서 소요자기자본을 산출하는 구성요소접근법(Building-block approach)을 취하고 있다. 표준방법 규제자본은 민감도기반 규제자본[56], 부도리스크 규제자본(DRC: default risk capital)[57], 잔여리스크 규제자본(RRAO: residual risk add-on)을 단순 합산하여 산출한 후, 여기에 12.5를 곱하여 표준방법 위험가중자산을 산출한다.

내부모형법은 금융회사가 자체 개발한 리스크 측정시스템으로 통계적인 기법을 이용해 해당계정 포지션의 최대 손실예상액인 예상손실액(ES: expected shortfall) 값을 산출하여 시장리스크에 대한 소요자기 자본을 계산하는 방식이다. 예상손실액(ES)은 주어진 신뢰수준하에서 VaR를 초과하여 발생할 수 있는 잠재적 손실의 기댓값으로 정의된다.

구체적인 내용은 그 과정이 복잡하지만 개략적으로 보면 은행은 내부모형 규제자본 산출에 사용하는 ES 모형의 구체적인 속성을 다음의 요건이 충족되면 유연하게 설계할 수 있다. 시장리스크 규제자본 산출을 위하여 사전에 선정된 모든 위험요소에 대해 트레이딩데스크 단위뿐만 아니라 전사적 단위의 ES를 일 단위로 산출하여야 하며, ES는 단측 신뢰수준 97.5%를 사용하여 산출하며, ES는 보유기간 10일의 ES를 주어진 유동성시계(liquidity horizon)를 반영하여 산출되어야 한다는 것이다. 물론 이 모든 과정에 감독당국의 동의가 있어야 인정된다.

ES 모형의 구체적인 유형은 규정하지 않지만 모형은 은행이 보유한 모든 주요 리스크를 포착하여야 하며, 손익요인분석, 사후검증, 기타 요건을 충족한다는

56) 델타, 베가, 커버쳐리스크(델타리스크가 포착하지 못하는 옵션성 상품의 추가적인 리스크로, 리스크요소의 상·하방 충격에 대한 스트레스 시나리오를 사용하여 산출) 규제자본을 합산하여 산출. 표준방법은 리스크요소 민감도에 적용하는 위험가중치를 명시하고 있고, 규제자본은 위험가중민감도를 합산하여 산출하여야 하는데, 여기서 리스크요소간 분산효과를 인식하기 위하여 상관관계를 적용한다.

57) 부도리스크 노출 상품의 불연속부도리스크를 포착하는 규제자본.

것을 보임으로써 적정모형임을 입증할 수 있다. 규제목적 리스크요소 유형(금리, 주식, 외환, 일반상품, 신용, 관련 변동성 등) 내 실증적인 상관관계는 은행 재량에 따라 결정할 수 있으며 리스크요소 유형간 실증상관관계는 규제자본 합산과정에서 정한 방법에 따라 진행된다. 적용 가능한 적정모형임이 입증되면 감독당국은 역사적 시뮬레이션, 몬테카를로시뮬레이션, 기타 방법론 등 모형의 유형과 무관하게 은행의 내부모형을 승인할 수 있다.

은행의 리스크요인은 모형화 가능한 리스크요소와 모형화가 가능하지 않은 리스크 요소가 있을 수 있다. 은행은 내부모형 사용을 승인받은 트레이딩데스크의 모든 모형화 가능 리스크는 전사적 ES 모형에 포함하여야 하며, 해당 모형을 사용하여 전사적 내부모형 규제자본 IMCC(internally modelled capital charge)를 산출하는 과정에서 리스크군 간 상관관계를 적용하는 방법에는 제한을 두지 않는다. 모형화 불가능 리스크요소의 규제자본을 산정할 때는 은행은 스트레스 기간을 사용하여 하여야 하며, 해당 스트레스 시나리오는 적어도 모형화 가능 리스크요소의 ES(스트레스 기간 동안의 신뢰수준 97.5%에 대한 손실)의 칼리브레이션(calibration) 시 사용한 것과 유사한 수준이어야 함을 요구하고 있다.

또한 은행은 별도의 내부모형을 사용하여 트레이딩계정 포지션의 부도리스크 규제자본을 산출하여야 한다. 이를 위해서는 은행은 보유기간 1년, 단측 신뢰수준 99.9%을 사용하여 주 단위로 VaR 모형을 사용하여 부도리스크 규제자본을 산출하여야 한다.

또한 내부모형 사용 승인영역외 또는 비적격 트레이딩데스크의 규제자본은 관련리스크를 모두 합산하여 표준방법으로 산출하도록 하고 있다.

시장리스크 합산 규제자본은 내부모형 사용을 승인받은 적격 트레이딩데크의 합산 규제자본과 승인영역외 또는 비적격 데스크의 표준방법 합산 규제자본의 합으로 결정된다. 이렇게 산출된 규제자본에 12.5[58]를 곱하여 내부모형 시장위험가중자산이 된다.

이와 비교하여 Basel II의 시장위험가중자산 측정 방법을 보면, 표준방법과 내부모형법의 혼용은 가능하나 같은 리스크 범주(금리, 주식, 외환) 내에서의 혼용은 원칙적으로 금지된다. 내부모형법에서 질적기준이라 함은 ① 독립된 위험관리부서를 설치하고, ② 위험관리시스템에 대한 정기적 내부감사와, ③ 최악의 상황을 가정

58) 필요 자기자본대가 8%이므로 그 역수가 위험가중자산이 된다.

한 스트레스 테스트(stress test)[59]를 실시하는 것을 말하고, 양적기준이라 함은 VaR 금액을 산출기준으로 ① 자료관측기간이 1년 이상으로, ② 대상자산은 최소 10일 이상 보유하는 것으로서, ③ 이를 통해 얻어진 결과가 99% 이상의 신뢰도를 갖추어야 한다는 것이다.[60]

이 때 VaR는 99% 단측신뢰구간으로 10영업일 동안에 발생할 수 있는 최대손실금액으로 정의된다.[61] 이는 통계적으로 미래에 발생하는 손실 중 99%는 VaR의 영역 안에서 관리되고 1%만이 초과될 것으로 예상된다는 것으로 1년에 250영업일을 대상으로 한다면 2~3회의 손실이 VaR측정치를 초과할 수 있다는 의미이다. 1영업일의 VaR값을 10영업일의 VaR값으로 전환하기 위해서는 1영업일의 VaR값에 $\sqrt{10}$을 곱하여 산출할 수 있다.[62]

이와 같은 조건이 충족될 경우 내부모형에 의한 시장리스크 소요자기자본의 산출은 산출 (1) 직전일의 VaR값과 (2) (직전 60영업일 동안의 평균 VaR값)×(3+α)(단, α는 질적·양적기준 충족수준과 사후검증 결과에 따라 결정됨)[63]금액 중

59) 스트레스 테스트는 특정사건이나 가격변동이 경영에 미치는 영향을 평가하는 리스크관리기법의 하나로 시나리오 테스트(scenario test), 민감도 테스트(sensitivity test), 최대손실접근법, 극단치이론법 등이 있다. 시나리오 테스트는 특정한 사건의 발생으로 인한 금리와 환율 등의 가격변화가 보유자산의 가격변화로 이어지는 경로를 분석하는 기법으로 이는 다시 과거에 실제 발생한 사건이나 위험요인의 변동을 그대로 재현하여 분석하는 역사적 테스트(historical scenario test)와 발생 가능한 장래의 사건을 가정하는 가상테스트(hypothetical scenario test)로 구분된다.

민감도 테스트는 특정 리스크 요인을 다양한 수준으로 변화시키면서 이에 따른 포트폴리오의 가치 변화를 분석하는 방법이다. 최대손실접근법은 가장 큰 손실을 발생시킬 수 있는 리스크 요인들의 조합을 찾아내어 이 상황하에서의 포트폴리오의 손실규모를 추정하는 방법이고 극단치이론법은 일어날 가능성이 극히 낮은 확률분포의 꼬리부분에 해당하는 상황에 대해 통계이론을 이용하여 포트폴리오의 가치 변화를 분석하는 방법이다.

60) 최근 주요 감독당국들은 은행의 위험측정을 위한 Var 모델을 개선할 것으로 적극 고려하고 있다. 특히, 1년 단위 Var 모델의 경우 기본데이터가 1년으로 국한한 것은 이례적인 상황을 반영하지 못하고 지나치게 낙관적 전망을 하게 되는 오류의 가능성이 있다.

61) 바젤위원회나 금융감독원은 시장리스크 기준 자기자본량 산출을 위한 내부모형 이용시 VaR는 1년 이상의 시장데이터(금리, 주가, 환율 등) 관측기간을 사용, 10일 보유기간 및 99%의 단측 신뢰구간을 적용하여 산출하도록 규정하고 있다.

62) 예컨대 채권보유액 20억 달러, 채권가격의 연간 변동성 5%, 보유기간 10일(연간영업일은 250일로 간주), 신뢰구간 99%의 민감도를 나타내는 평균기간(duration)이 1이라고 가정하고 VaR를 구하면 다음과 같다.

20억 달러×5%×2.33(신뢰구간 99%에 해당하는 표준편차)× $\sqrt{\frac{10}{250}}$ ×1(duration)

= 4,660만 달러.

63) 리스크 관리의 목적은 가상의 손실보다는 실제거래에서 발생하는 손익을 일정 한도내로 관리하기

큰 금액에 해당하는 것으로 한다.[64] Basel III에서는 이러한 VaR위주의 위험측정이 금융위기와 같은 극단적 상황에 대한 적절한 대비가 되지 못한다는 비판에 대응된 내용이다,

내부모형은 표준방법보다 금융기관의 리스크량을 보다 정확하게 측정할 수 있을 뿐 아니라 내부모형을 사용하는 금융기관은 내부모형의 질적·양적 기준을 준수함으로써 리스크관리 수준을 보다 향상시킬 수 있다. 이미 미국, 영국, 일본 등 선진국들이 전면 또는 부분적으로 내부모형 사용을 인정하고 있으며, 특히 파생상품의 경우 내부모형의 사용이 일반화되어 있다.

그러나 내부모형도 개발에 상당한 시간과 비용이 소요될 뿐 아니라 금융기관의 입장에서 정확한 위험 측정보다는 총위험 산정액이나 요구자본액이 적게 유도되는 모형을 이용하려 할 우려가 있고 감독당국도 제대로 이를 평가할 능력이 부족하다는 문제점을 갖고 있다. 따라서 이러한 내부모형의 문제점을 보완하기 위해 사전적 위험공시모형(pre-commitment approach)을 도입할 필요가 있다는 주장이 제기되고 있다.

사전적 위험공시모형이란 기존의 타율적이고 일률적인 자본규제의 틀에서 벗어나 금융기관 스스로가 내부정보를 바탕으로 자신의 위험노출도를 공시하고 이에 상응하는 자본을 보유하는 유인부합적(incentive compatible) 재무건전성 규제방식이다. 금융기관이 사후적으로 발생한 손실이 자율적으로 정한 자기자본에 상응하는 손실규모를 초과하는 경우 감독당국이 벌칙을 부과하게 된다.

따라서 동 모형의 핵심은 규제당국이 얼마나 효율적인 제재 메커니즘(penalty mechanism)을 설계하여 금융기관으로 하여금 솔직히 자신의 유형(type)을 밝힐 수 있도록 유도하느냐에 달려 있다.

위한 것이므로 실제손익을 이용하여 사후검증 하는 방법도 상당한 의미를 가진다. 사후검증(back testing)에서 VaR 초과사항이 발생하게 되면 금융회사 내부에서는 모형의 적합성 검증 및 초과사항에 대한 원인분석을 하게 된다. 원인 분석 후 VaR 측정 결과가 부적절하게 판단되는 경우 감독기관은 금융회사에게 단계별로 추가적인 자기자본을 부과하거나 내부모형 사용을 금지시킬 수도 있다.

64) 내부모형에 의한 시장리스크 소요자기자본액 = $\text{Max}[\text{VaR}_{t-1},\ (1/60\sum_{t=1}^{60}\text{VaR}_{t-1})\times(3+\alpha)]$.

3. 은행계정 금리리스크

금리리스크는 금리가 금융회사의 재무상태에 불리하게 변동할 때의 손실가능성을 의미한다. 이러한 금리리스크는 금융회사의 투자대상 자산이 단기매매 목적의 트레이딩 계정(trading book) 자산인가 아니면 대출이나 예금 같은 은행계정(banking book)의 자산·부채인가에 따라서 그 의미와 규제방법이 다르게 제시되고 있다. 트레이딩 계정으로 분류되는 단기매매채권이나 금리부 파생상품 등의 금리리스크는 앞에서 보듯이 시장리스크로 분류하여 BIS 자기자본산출시 감안토록 규정하고 있다. 대출이나 예금 등 은행계정의 금리리스크는 최소자기자본규제(Pillar 1) 대상은 아니지만, 감독기관은 감독기능강화(Pillar 2) 원칙에 따라 은행의 자본적정성 평가 시 최소자기자본규제(Pillar 1) 대상인 신용·시장·운영리스크뿐 아니라 금리리스크도 감안하여야 한다. 즉 금리리스크 수준에 비해 자본이 적정한 수준이 아니라고 판단될 경우, 해당 은행에 대하여 리스크 축소 또는 추가자본 보유 등을 요구할 수 있다.

금리리스크의 측정대상에는 부내외 금리민감 자산·부채 및 파생상품을 모두 포함한다

은행계정의 금리리스크는 갭 리스크(gap risk), 베이시스 리스크(basis risk), 옵션 리스크(optionality risk)로 구성된다.[65)]

금리리스크의 측정은 일반적으로 이익적 관점(Earnings Perspective)과 경제가치적 관점(Economic Value Perspective)에서 측정된다. 이익적 관점은 시장금리의 불리한 변동으로 인해 향후 일정기간 동안 순이자이익의 최대손실예상액을 측정하는 방법으로 단기간(주로 1년)의 이자이익 변동성에 중점을 두고 있다.

경제가치적 관점은 시장금리의 불리한 변동에 따른 은행의 자산, 부채 및 부외거래의 내재가치 변동으로 인한 자기자본(순자산가치)의 최대 손실 예상액을 측정하는 것이다. 동 방법은 이익적 관점에 비해 금리변동의 장기효과를 포괄적으로 조망할 수 있는 장점이 있다.

---

65) 갭 리스크(gap risk)는 자산/부채의 만기 또는 금리개정일이 다를 경우에 시장의 금리수준이 변동함에 따라 발생하는 리스크를, 베이시스 리스크(Basis Risk)는자금 조달금리 및 운용금리가 불완전한 상관관계(correlation)를 가지고 서로 다르게 변동함에 따라 발생하는 리스크를, 옵션 리스크(Optionality Risk) 미래 현금흐름의 수준이나 시기를 변경할 수 있는 옵션 계약이나 금융회사의 자산/부채 및 부외거래 포지션에 내재된(embedded) 옵션으로 인하여 발생하는 리스크를 말한다.

은행은 2007년부터 바젤위원회의「금리리스크 관리 및 감독원칙」에 따라 금리VaR(Value at Risk, 경제적 가치 변동) 지표와 금리EaR(Earning at Risk, 이익 변동)지표를 이용하여 금리리스크를 산출했으나 현재는 위원회의 권고에 따라 유사한 ⊿EVE(Economic Value of Equity, 경제적 가치 변동) 지표와 ⊿NII(Net Interest Income, 이익 변동) 지표를 이용하여 금리리스크를 측정하고 관리한다. 또한 은행의 금리리스크가 과도하다고 판단되는 주의은행(outlire bank) 선정기준을 '자기자본의 20%'(금리VaR/자기자본)에서 '기본자본의 15%'(금리VaR/기본자본)로 강화되었다.

4. 운영리스크

BaselⅡ에 따르면 운영리스크는 "부적절하거나 잘못된 내부 절차, 직원 및 시스템 혹은 외부 요인에 의해 발생하는 손실 위험"으로 정의되고, 법적리스크(legal risk)는 포함되나 전략 및 평판리스크(strategic and reputational risk)는 포함되지 않는다. 이러한 정의는 운영리스크와 기타 리스크(특히 신용리스크)의 구분을 명확히 하고 운영리스크 중 계량화가 가능한 부분을 식별할 수 있도록 한 것이다. 이들 양 리스크는 감독기능 강화(pillar 2) 차원에서 관리된다.

BaselⅡ에서 운영리스크에 대한 자기자본 규제를 도입한 것은 괄목할 만한 발전이었으나, 고급측정법의 경우 국가간·은행간 규제자본량의 일관성이 떨어지고, 기초지표법 및 운영 표준방법은 총이익 기반의 규제자본 산출로 인해 리스크민감도가 떨어진다는 지적이 계속되어 왔다. 이에 2017.12월 바젤위원회는 기존의 세 가지 산출방법(기초지표법, 운영표준방법, 고급측정법)[66]을 모두 폐지하고, 영업이익 및 내부손실 데이터에 기반하는 新표준방법(SMA)으로 단일화하는 개편안(「BaselⅢ: Finalising post-crisis reforms」)을 마련하였다

새로운 표준방법(SMA)은 은행 영업손익 규모와 내부 손실사건 발생 정도를 종합적으로 감안하여 운영리스크 규제자본을 산출하는 방식이다. 운영리스크 손실은 은행의 영업손익 규모와 비례한다고 가정하여 영업지수요소(BIC, Business Indicator Component)로 반영하였고, 과거 운영리스크 손실을 경험한 은행일수록 미래에도 손익 발생 확률이 높다고 가정하여, 과거 손실발생 통계를 내부손실승수(ILB, Internal

66) 기초지표법(Basic Indicator Approach)은 총수익의 일정 비율 부과, 운영표준방법(Standardized Approach)은 영업영역별로 운영리스크를 산정하고 이를 단순합산, 고급측정법(Advanced Measurement Approach)은 영업영역과 부문별 손실자료, 부문간 상관관계등을 감안하여 운영리스크를 측정한다.

Loss Multiplier)로 반영하였다.[67] 손실사건은 과거 10년간 양질의 내부손실데이터를 축적 · 사용토록 하고, 이를 위해 모든 은행에 손실데이터 관리 의무를 부과하였다.

67) ORC(운영리스크) = BIC(영업지수요소) × ILM(내부손실승수)

○ BIC = BI(영업지수, Business Indicator) × *ai*(계수)

- BI = ILDC(이자요소) + SC(서비스요소) + FC(금융거래요소)
  - * *ILDC* = *Max*[|이자수익-이자비용|, 이자수익자산×2.25%] + 배당수익
  - * *SC* = *Max*[기타영업수익, 기타영업비용] + *Max*[수수료수익, 수수료비용]
  - * *FC* = |트레이딩계정손익| + |은행계정손익|
- *ai* : 은행의 영업지수 구간에 따라 설정된 계수

○ $ILM = ln[\exp(1) - 1 + (\frac{LC}{BIC})^{0.8}]$

- LC = 과거 10년 연평균 운영리스크 손실금액 × 15%

제 9 장

비은행예금취급기관

FINANCIAL INSTITUTION

제 1 절 비은행예금취급기관

비은행예금취급기관은 은행이 아니면서 은행과 같이 예금으로 자금을 조달하는 금융기관을 의미한다. 자금의 대부분을 특정지역의 서민이나 영세상공인으로부터 저축성예금형태로 조달하여 이를 특정 목적과 연관된 대출로 운영하는 저축예금기관(savings institution)들이다. 현재 비은행예금취급기관으로는 상호저축은행과 신용협동기구 등이 있으며 전자는 주식회사 형태를 그리고 후자는 주로 조합형태를 취하고 있다. 정부가 주관하는 우체국 예금도 이에 속한다.

신용협동기구는 신용협동조합, 새마을금고 및 농 · 수 · 산림조합의 지역(단위)조합에서 운영하는 상호금융을 말한다. 신용협동기구의 일차적인 목적은 구성원간의 유대 및 상호부조에 있으며 금융업무는 이와 같은 목적을 달성하기 위한 보조수단이라 할 수 있다. 신용협동기구는 주로 조합원을 대상으로 상호금융업무를 수행하나 이 밖에 제한적으로 은행 등을 이용하지 못한 서민이나 영세상공인을 대상으로도 금융업무를 수행하고 있다.

신용협동조합기구들은 개별법에 따라 예금보호기금을 운영하고 있다. 동 기금은 주로 단위조합의 보험료, 정부출연금 및 타회계차입금 등으로 조성되며 퇴출조합의 예금대지급과 부실조합에 대한 경영개선자금 등으로 사용된다. 이들은 각 설립근거법에 따라 해당 정부부처(농 · 수협의 경우 농축산식품부, 신협의 경우 금융위원회, 새마을금고의 경우 행정자치부, 산림조합의 경우 산림청)의 지도 · 감독을 받는다. 다만 새마을금고를 제외한 신용협동조합기구들의 신용사업(공제산업 제외)에 대해서는 「신용협동조합법」을 준용, 금융위원회의 검사를 받는다.

상호저축은행과 신용협동기구는 중앙회(연합회)가 주축이 되어 통합금융정보시스템을 구축하고 전국에 소재한 회원기관들을 온라인으로 연결하여 회원사간 자금이체서비스를 제공하고 소속회원의 결제자금 부족 시 유동성을 제공한다. 이들은 또한 금융결제원의 은행공동망에 특별회원으로 참가하여 은행의 창구나 CD/ATM 등을 이용하여 자금입출금, 은행으로의 자금이체, 공과금의 자동납부 등 소액결제서비스를 제공하고 있다.

다만 결제리스크를 방지하기 위해 은행공동망의 차액결제와 국고금의 결제는 결제대행은행을 통해 수행하는바, 이를 위해 중앙회(연합회)는 결제대행은행과 계약을 맺고 당좌계좌를 개설하여 해당 기관의 차액결제자금 및 국고금 수납자금을 입금한다. 중앙회(연합회)는 또한 거액결제를 위해 한국은행에 당좌계좌를 개설하고 한은금융망에 가입하고 있다.

한편 서민금융기관의 경쟁력과 금융거래 이용자의 편의를 높이기 위해 2007년 1월부터 상호저축은행과 신용협동조합 및 이들의 중앙회도 직불카드 및 선불카드의 발행 및 결제업무를 영위할 수 있도록 하였다.

종래 상호저축은행과 신용협동기구 등 서민금융기관은 재무건전성과 내·외부 통제기능이 상대적으로 취약하여 자기앞수표의 발행이 허용되지 않았다. 자기앞수표의 남발로 인한 부도위험 등 금융시스템의 안정을 저해하는 사태가 발생하는 것을 두려워하였기 때문이다.

그러나 자기앞수표 발행이 허용된 농·수협의 지역조합이나 우체국과의 형평성과 거래를 위한 결제자금을 은행의 저수익성예금에 예치함에 따른 수익성 악화 등의 문제가 제기됨에 따라 2008년 2월 「수표법시행령」을 개정하여 이들 서민금융기관들의 중앙회(연합회)에 자기앞수표 발행이 허용되었다. 다만, 지급결제시스템의 안정을 위한 장치들이 도입되었는바, 자기앞수표 발행이 허용되더라도 최종적인 차액결제는 대행은행을 통해 이루어지고 중앙회(연합회)가 회원사에게 공급하는 수표에 상응하는 금액에 대해 담보를 확보하거나 회원사별 순채무한도를 설정하는 것 등이 그것이다.

이 밖에도 현재 개별 회원사에만 적용하는 예금보호기능을 중앙회(연합회)의 파산시에도 적용토록 하고, 현재 행정자치부가 감독권을 행사하고 있는 새마을금고연합회의 경우 자기앞수표 발행과 관련된 업무에 대해서는 금융위원회의 감독권을 강화하였다.

Ⅰ. 상호저축은행

상호저축은행은 사금융을 제도금융으로 흡수, 발전시키고자 1972년 8월에 공포된 「상호신용금고법」에 의하여 설립된 서민금융기관으로 2001년 3월 「상호저축은행법」으로 개칭되면서 그 명칭도 상호신용금고에서 상호저축은행으로 바뀌었다.

상호저축은행의 취급업무는 먼저 수신업무에 있어서는 당초에는 일정기간을 정하고 부금을 납입하여 기간의 중도 또는 만료 시 부금자에게 일정금액을 지급할 것을 약정하는 신용부금업무와 일정계좌수별로 기간과 금액을 정하고 정기적으로 계금을 납입토록 하여 계좌마다 추첨, 입찰 등의 방법에 의해 계원에게 금전의 지급을 약정하는 상호신용계업무 및 일반예금과 유사한 부금예수금 등이 주된 업무이었다. 그러나 금융환경의 변화로 상호신용금고의 상호금융적 성격이 퇴색되고 일반은행화됨에 따라 1994년과 1997년 두 차례에 걸친 「상호신용금고법」의 개정으로 업무범위가 종합적인 예금 및 저축업무로 확대되었다.

한편 여신업무로는 당초에는 계원 또는 부금가입자를 대상으로 하는 어음할인과 할부상환 방식의 소액신용대출로 제한되었으나 1994년 및 1997년 「상호신용금고법」의 개정으로 이와 같은 제한이 해제되어 일반적인 대출업무로 범위가 확대되었다. 이와 동시에 부대업무로 공과금 대리수납, 보관업무, 내국환, 표지어음 매출업무 등이 허용되었으며 1998년 1월부터 외국환업무, 2015년부터 할부금융업무 취급도 허용되었다.

상호저축은행에 대한 지급준비금 관리와 예금보험 기능은 종래에는 신용관리기금이 관장하였으나 1998년 4월부터 신용관리기금이 금융감독원으로 통합되면서 지급준비금 관리기능 등 중앙금고 기능은 상호저축은행중앙회(구 상호신용금고연합회)로 그리고 예금보험 기능은 예금보험공사로 이관되었다.

상호저축은행중앙회는 1999년 4월부터 내국환 업무 및 국가·공공단체 또는 금융기관의 대리업무(국고수납 등)취급이 허용되었고 2006년 4월부터 금융위원회로부터 권한을 위탁받아 상호저축은행에 대한 리스크관리 이행 점검, 업무조사방법 준수 여부 등에 대한 조사와 조사결과 시정 요구 등 일부 감독 및 검사업무를 수행하고 있다.

1984년 이래 상호저축은행은 지점설치가 불허되어 왔으나 1999년부터 일부 우량금고나 타 지역금고를 인수한 경우에 지점설치가 허용된 데 이어 2002년부터는 이러한 제한도 없어졌다.

Ⅱ. 신용협동조합

신용협동조합(credit union)은 공동유대를 바탕으로 하는 조합을 통하여 구성원의 경제적·사회적 지위를 향상시키기 위한 인적·민주적 조직이다. 신용협동조합(이하 "조합"이라 한다)의 조합원은 조합의 공동유대에 소속된 자로서 제1회 출자금을 납입한 자로 한다.[1] 조합원은 1좌 이상 출자하여야 하며 조합원의 출자좌수는 총 출자좌수의 10%를 초과할 수 없다. 조합원은 출자좌수에 관계없이 평등한 의결권과 선거권을 가지며 조합원의 책임은 그 출자액을 한도로 한다. 조합은 지역조합, 직장조합 및 단체조합으로 구분되고 각 조합별로 공동유대의 범위와 조합원의 자격 등을 정한다.

조합은 신용사업과 기타사업을 수행한다. 조합의 신용사업으로는 조합원으로부터의 예탁금·적금의 수납, 조합원에 대한 대출, 내국환, 국가·공공단체·신용협동조합중앙회 및 금융기관의 업무 대리, 조합원을 위한 유가증권·귀금속 및 중요물품의 보관 등 보호예수업무, 어음할인, 직불 및 선불전자지급수단의 발행·관리 및 대금의 결제 등이다.

조합이 영위하는 기타사업으로는 복지사업, 조합원을 위한 공제사업, 조합원 교육, 중앙회 또는 국가 또는 공공단체가 위탁하거나 다른 법령이 조합의 사업으로 정하는 사업 및 동 사업들에 부대하는 사업이다. 조합은 조합원의 이용에 지장이 없는 범위 안에서 조합원이 아닌 자에게 조합의 신용사업을 이용하게 할 수 있다. 조합은 신용사업을 수행하기 위하여 자금을 차입하는 경우에는 조합의 자산총액의 100분의 5 또는 자기자본 중 큰 금액의 범위 안에서 자금을 차입할 수 있다.[2]

조합은 조합을 회원으로 하는 중앙회를 구성하며 중앙회의 자본금은 조합의 납입출자금으로 한다. 조합은 1좌 이상 출자하여야 하며 조합의 책임은 그 납입출

1) 공동유대에 속하지 않은 자 중 대통령령(제13조 ②)이 정하는 자(조합원의 가족, 조합의 직원 및 그 가족 등)를 포함한다.

2) 금융위원회가 정하는 기준에 따라 중앙회장의 승인을 얻은 경우에는 자산총액의 100분의 5 또는 자기자본 중 큰 금액의 범위를 초과하여 자금을 차입할 수 있다.

자액을 한도로 한다. 조합의 중앙회에 대한 출자지분은 중앙회장의 승인을 얻어 다른 조합에 양도할 수 있다. 이 경우 양수한 조합은 양도한 조합의 권리와 의무를 승계한다.

중앙회는 조합의 사업에 관한 지도·조정·조사연구 및 홍보, 조합원 및 조합의 임·직원을 위한 교육사업, 조합에 대한 검사·감독, 조합의 사업에 대한 지원 및 신용사업을 영위한다. 중앙회의 신용사업은 조합으로부터의 예·적금 및 상환준비금 등의 수납·운용, 조합에 대한 자금의 대출, 조합 및 조합원을 위한 내국환 및 외국환업무, 국가·공공단체 또는 금융기관의 업무대리, 조합에 대한 지급보증 및 조합에 대한 어음할인, 국채증권 및 지방채증권의 인수·매출, 직불 및 선불전자지급수단의 발행·관리 및 대금의 결제, 조합 및 조합원을 위한 공제사업, 국가 또는 공공단체가 위탁하거나 보조하는 사업, 이들 사업에 부대하는 사업 및 기타 목적달성에 필요한 사업 등이다. 중앙회는 조합으로부터 수납한 예금·적금 및 상환준비금 등의 자금을 조합에의 대출, 국채·공채·회사채 그 밖의 유가증권의 매입, 금융기관에의 예치, 그 밖에 대통령령이 정하는 방법으로 운용한다. 중앙회의 신용사업 부문 중 조합 및 조합원을 위한 내국환 업무와 국가·공공단체 또는 금융기관의 업무대리는 「은행법」(제2조) 및 「한국은행법」(제11조)의 규정에 의한 은행으로 본다.

중앙회는 조합의 조합원 등(비조합원 포함)이 납입한 예탁금 및 적금과 중앙회의 자기앞수표를 결제하기 위한 별단예금 등 대통령령이 정하는 금액의 환급을 보장하기 위하여 중앙회에 신용협동조합예금자보호기금을 설치·운영한다. 동 기금은 조합이 납입하는 출연금, 중앙회 타 회계로부터의 출연금·전입금 및 차입금, 대통령령이 정하는 차입금, 기금의 운용에 의하여 발생하는 수익금 및 그 밖의 수입금으로 조성한다.

III. 새마을금고

새마을금고(new community finance association)는 도시의 동과 농촌의 리 단위 및 직장단위로 조직된 신용조합으로 주로 회원으로부터 예탁금, 적금 등으로 조달된 자금을 회원에 대한 대출로 운용하는 신용사업을 수행하고 있다. 이 밖에 국가, 공공단체 및 금융기관의 업무대리, 보호예수, 회원을 위한 공제사업과 교육사업, 문화복지후생 및 지역개발사업 등을 수행한다.

새마을금고는 예·적금잔액의 10% 이상을 상환준비금으로 보유하고 상환준비금의 50% 이상을 새마을금고연합회에 예치하여야 한다.

새마을금고는 전 금고로 새마을금고 연합회를 구성하고 동 연합회는 금고에 대한 지도 감독, 검사, 금고를 대상으로 예탁금의 수입과 대출, 내국환, 보호예수, 공제사업 등을 수행한다. 연합회는 연합회 내에 예·적금에 대한 보호장치로서 안전기금을 설치 운영하고 있다. 동 기금은 회원 금고로부터의 출연과 연합회의 타 계정으로부터의 차입 등으로 조성되며 퇴출금고의 예금 대지급과 부실금고에 대한 구조조정지원자금 등으로 지원된다.

새마을금고의 신용사업에 대한 감독은 행정자치부장관이 금융위원회와 협의하여 행하도록 되어 있으며 행정자치부장관은 다시 시·군 및 구청장 등 지방자치단체장에게 감독권한을 위임하고 있다.

Ⅳ. 농·수·산림조합

농·수·산림협동조합은 각각 농어민 등에 대한 상호부조를 목적으로 설립되어 농업, 수산업 및 산림업에 대한 조합원 지도 및 공동이익 도모사업과 조합원 상호간의 금융을 취급하고 있다. 이러한 조합들도 신용협동기구로서 주로 회원으로부터 예탁금, 적금 등으로 조달된 자금이나 국가에서 지원하는 정책자금을 회원에 대한 대출로 운용하는 신용사업을 영위하고 있다. 또한 각 조합의 특성에 따라 농수산물 판매·유통, 산림사업 등 경제사업을 수행하고 있다.

이 밖에도 농촌지역에서는 엽연초조합 등에서 신용사업을 하고 있고 농업진흥공사와 농수산물유통공사 등이 유사금융업무를 취급하고 있다.

Ⅴ. 우 체 국

우체국에서 취급하는 우체국 금융(postal savings)은 경제개발 초기에 국가정책사업에 소요되는 자금을 조달하고 농어촌 등 민간금융 취약지역 주민들의 편의를 위해 도입, 1970년대 후반에 폐지되었다가 1983년에 다시 부활되었다.

현재 우체국은 이 밖에도 보험(postal life insurance), 개인연금, 우편대체(postal giro), 환매채 및 우편환 업무 등을 취급하고 있으며 최근에는 온라인 전산망을 금융전산망에 연결하여 지역주민의 이용상의 편리성을 제고하는 등 업무를 더욱 확대하고 있다. 우체국 금융이 조성한 자금은 일상적인 영업자금을 제외하고는 전액을 재정투융자특별회계 등에 예탁하여 공공성 부문에 운용하고 있다.

제 2 절 비은행예금취급기관에 대한 규제와 감독

Ⅰ. 진입 및 퇴출규제

상호저축은행 및 신용협동조합의 설립 및 퇴출(합병, 해산, 영업 전부의 양도·양수·폐지 포함)은 금융위원회의 인가 또는 인가취소 등을 요한다. 해당 업을 영위하려는 자에 대해서는 각각 설립근거법령에서 최저자본금 요건, 인력·물적 시설의 적합성, 사업계획의 타당성, 주요 출자자의 출자능력·재무상태의 건전성·사회적 신용 등을 구비토록 함으로써 해당 업을 수행하기에 부적절한 자가 해당 업에 진출하는 것을 사전적으로 차단하고 있다.

상호저축은행의 경우 대주주 적격성 심사를 설립 또는 대주주 변경시뿐만 아니라 승인 이후에도 정기적으로 또는 필요시 대주주의 자격 유지 여부를 심사하는 제도를 도입하고 자격 미달시 의결권 제한, 시정명령 부과, 미이행시 주식 처분명령 및 이행강제금을 부과할 수 있게 하였다. 최저자본금 요건은 금융기관별, 영업지역 등에 따라 다르다.

Ⅱ. 경영건전성 규제

1. 적기시정조치제도

적기시정조치는 크게 자본충실도 지표(상호저축은행: BIS기준 자기자본비율, 신용협동조

합: 순자본비율)와 경영실태평가 결과에 따라 발동된다. 적기시정조치단계는 은행과 마찬가지로 경영개선 권고, 경영개선 요구, 경영개선 명령의 3단계로 구분하여 운영되고 있다. 적기시정조치 단계별 조치내용은 경영개선 권고 대상인 금융기관에 대하여 조직·인력 운용의 개선, 자본금의 증액 또는 감액 및 신규업무 진출 제한 등을 권고할 수 있으며, 경영개선요구 대상인 금융기관에 대하여 조직의 축소, 점포 폐쇄 및 신설 제한, 임원진 교체 요구, 영업의 일부 정지 등의 조치를 취할 수 있다. 그리고 경영개선 명령 대상인 금융기관에 대하여는 주식 소각, 영업 정지 및 양도, 외부 관리인 선임, 계약이전 및 합병 등의 조치를 취할 수 있다.

적기시정조치가 발동되면 해당 금융기관은 시정조치에 대한 이행계획을 포함한 내용의 경영개선계획을 제출하여 승인을 얻어야 하며, 일정 기간 내에 동 계획을 이행하여야 한다. 상호저축은행의 적기시정조치권자는 금융위원회이고 신용협동조합의 경우는 신용협동조합중앙회장이다. 신용협동조합중앙회장은 금융위원회의 위임에 의거 부실 조합으로부터 재무상태 개선 계획을 제출받아 정상화 계획의 타당성을 점검하여 동 결과에 따라 재무상태 개선 권고나 재무상태 개선 요구를 할 수 있고 경영정상화가 곤란하다고 인정되는 경우 금융감독원장에게 경영관리를 건의할 수 있다.

2. 경영실태평가제도

경영실태평가는 각 금융기관의 경영실적, 경영의 건전성, 경영진의 경영능력, 법규준수 상황 등 다양한 평가부문을 종합적이고 통일적인 방식에 따라 일정한 등급으로 평가하여 금융기관의 경영상태를 체계적이고 객관적으로 확인하는 방법의 하나이다. 평가부문과 항목은 금융기관 그룹별 특성에 따라 달리 적용하고 있으나 평가절차나 방법 등은 거의 유사하다.

2000년부터 상호저축은행, 신용협동조합에 대하여도 경영실태평가제도가 도입·운영되고 있으며, 평가는 CAMEL방식으로 평가하는데 자본의 적정성(capital adequacy), 자산의 건전성(asset quality), 경영관리능력(management), 수익성(earnings), 유동성(liquidity) 등 5개 부문으로 구성된다. 경영실태평가 결과는 금융기관에 대한 경영개선지도 및 적기시정조치 등의 기준으로 연계시켜 상시감독을 실시하고 있다.

3. 재무건전성 규제

재무건전성 규제로는 자기자본 규제, 내부유보 규제, 여신한도 규제, 지급준비자산의 보유, 업무용부동산 보유에 대한 규제, 경영지도비율 등이 있다.

1) 자기자본 규제

비은행예금취급기관의 자기자본 규제제도의 기본적인 틀은 은행에 적용하는 BIS기준 자기자본규제 제도를 원용하면서 일부 업종의 경우 권역의 특성을 반영한 특수한 개념의 자기자본 규제제도를 활용하고 있다.

상호저축은행의 경우 BIS기준 자기자본비율과 경영실태평가를 적기시정조치 기준으로 활용하는 등 기본적으로 은행과 동일한 자기자본 규제의 틀을 가지고 있다. 상호저축은행의 BIS기준 자기자본은 기본자본(자본금 · 내부유보금 등 실질순자산으로서 영구적 성격을 지닌 것)과 보완자본(후순위채권 등 영업활동에서 발생하는 손실을 보전하기 위한 것)의 합계액에서 자기주식 등 자본충실에 기여하지 않는 항목 및 저축은행의 건전성과 위험관리를 위하여 필요하다고 인정하는 항목을 공제하여 산출한다. 다만, 은행의 경우 BIS기준 자기자본비율을 8% 이상 유지토록 하고 있으나, 상호저축은행의 경우 국제업무를 영위하고 있지 않는 점 등을 감안하여 5%(2010년부터 7%) 이상 유지토록 하고 있다.

신용협동조합의 경우 조합의 순수 내부유보금 수준을 나타내는 순자본비율(2% 이상 유지)을 자기자본비율로 사용하고 있다.

2) 내부유보

영업활동 결과 발생한 이익을 각종 적립금 및 충당금 형태로 내부에 적립시킴으로써 자본 충실화를 기하기 위해 대손충당금적립 규제와 법정 적립금 규제가 있다. 전자는 대손충당금필요적립액의 100% 이상을 적립해야 하는 제도이고 후자는 납입출자금의 100%에 달할 때까지 매사업연도 이익금의 10% 이상을 적립해야 하는 제도이다.

3) 여신한도

상호저축은행의 경우 동일인 여신한도, 동일차주 여신한도, 거액신용공여한도 및 특정지역거래처에 대한 총 여신한도 규제 등이 있다. 한도 산정 기준은 종래에는 장부상 자기자본이었으나 2010년 「상호저축은행법」의 개정으로 BIS기준에 따른 기본자본과 보완자본의 합계로 변경되었다. 한편 상호저축은행이 대주주의 사금고화되어 동반 부실이 되는 것을 방지하기 위해 대주주 또는 대주주가 되려는 자에게 해당 저축은행 주식 매입을 위한 신용공여 및 해당 저축은행 주식을 담보로 하는 신용공여가 금지된다.

신용협동조합의 경우 동일인 여신한도 규제가 있다.

4) 증권투자한도

상호저축은행의 경우 원칙적으로 자기자본의 100%를 초과하여 증권(국채 및 한국은행의 통화안정증권 등 제외)에 투자하는 행위가 금지되며 증권의 종류에 따라 개별적 투자한도 규제가 있다.

신용협동조합의 경우 투자가능 증권과 투자한도에 대한 규제가 있다.

5) 지급준비자산 보유

상호저축은행은 부금·적금액의 10% 이상, 그 외 예금은 그 수입총액에서 자기자본을 차감한 금액의 5% 이상을 지급준비자산으로 상호저축은행중앙회에 예탁하거나 국·공채 등의 형태로 보유해야 한다.

신용협동조합의 경우 예탁금 및 적금 잔액의 10% 이상을 지급준비자산으로 보유하여야 하며 해당 지급준비자산의 50% 상당액을 신용협동조합중앙회에 예치하고 나머지는 현금 또는 금융기관 예치로 보유하여야 한다.

6) 업무용 부동산 보유한도

과도한 업무용 부동산 소유에 따른 자금의 고정화를 방지하기 위하여 업무용 부동산 보유한도를 정하고 있는바, 동 한도는 업무상 필요한 범위 이내이다.

7) 자산건전성 분류

대출채권 등에 대해 연체기간 및 부도 여부 등을 기준으로 정상, 요주의, 고정, 회수의문, 추정손실의 5단계로 분류하고 있다. 자산건전성 분류에 기초하여 규정에서 정한 적립기준 이상을 대손충당금으로 적립하여야 하며, 금융업종별로 대손충당금 최저 적립기준은 상이하나 통상적으로 정상은 0.5%, 요주의는 1~2%, 고정은 20%, 회수의문은 75%, 추정손실은 100%이다.

은행의 경우 미래상환능력 기준 자산건전성 분류기준(FLC: Forward Looking Criteria)를 적용하고 있으나 비은행예금취급기관의 경우 신용도가 상대적으로 낮은 고객이 많은 서민금융기관의 특성상 은행과 같은 FLC를 운용할 여건이 미흡하여 은행에 비해 완화된 건전성 분류기준이 적용되고 있다. 그러나 최근에 들어 상호저축은행의 규모가 커지고, 프로젝트파이낸싱 등 도매금융의 취급비중이 높아지는 등 이에 따른 건전성 강화의 필요성이 증대되고 있다.

이에 감독당국은 상호저축은행의 자산건전성 분류기준을 강화하기 위해 각 자산별 최종회수율, 경험손실률, 연체전이율(roll rate) 등 실증자료 분석을 통해 상호저축은행의 경영실태를 정확히 반영할 수 있는 분류기준을 새롭게 마련하고, 은행과 마찬가지로 대손충당금은 개정된 자산건전성 기준에 의한 최소적립률과 당해 저축은행의 실제 경험손실률 중 보수적인 기준에 따라 적립하도록 유도하고 있다. 특히 일정규모 이상이거나 2개 이상이 계열관계인 상호저축은행에 대해서는 은행기준으로 자산건전성을 분류하도록 지도하여 향후 건전성기준 강화에 대비하도록 하고 있다.

8) 경영지도비율

자기자본을 충실히 하고 적정한 유동성을 확보하는 등 경영의 건전성을 확보할 수 있도록 자본적정성, 자산건전성, 유동성, 기타 건전성 확보에 필요한 사항에 관하여 금융위원회가 정하는 BIS 자기자본비율, 원화유동성비율, 대손충당금비율, 퇴직급여충당금비율, 외화유동성비율 등 금융기관별로 소정의 경영지도 기준을 준수하여야 한다.

9) 부실 금융기관에 대한 경영지도·관리조치

금융감독원의 검사 결과 부실 상호저축은행에 대해서는 경영지도 또는 경영관리 조치가 부과된다. 경영지도는 불법 또는 부실대출을 보유한 상호저축은행에 대해 금융감독원의 직원 등이 당해 금융기관에 상주하여 불법·부실대출의 회수 및 채권 확보 등 경영 정상화를 위한 각종 지도업무를 수행하는 것을 말하고 경영관리는 불법·부실대출의 보유로 자본잠식이 우려되는 등 자력에 의한 정상화 조치를 기대하기 어려운 상호저축은행의 경우 금융위원회가 관리인을 선임하여 당해 기관의 경영을 맡아 업무를 집행하거나 재산을 관리·처분하는 것을 말한다.

부실 신용협동조합에 대한 경영관리 조치는 부실 상호저축은행에 대한 경영관리 조치와 대동소이하며 경영관리 개시 후 채무지급 정지 및 재산 실사를 거쳐 경영 정상화 가능성 여부를 판단하고, 회생가능성이 없다고 판단될 경우 파산절차에 들어가게 된다.

제 10 장

금융투자회사

FINANCIAL INSTITUTION

제 1 절 금융투자업

Ⅰ. 금융투자업의 정의

금융투자업이란 「자본시장법」(이하 법이라 한다)[1] 제3조에 따른 금융투자상품을 매개로 하여 이익을 얻을 목적으로 계속적이거나 반복적인 방법으로 투자매매업, 투자중개업, 집합투자업, 투자자문업, 투자일임업, 신탁업 중 하나 이상을 행하는 것을 말한다.

동 법은 금융상품을 투자성을 기준으로 금융투자상품과 비투자금융상품으로 분류한다. 투자성이란 이익의 획득이나 손실의 회피 또는 위험관리를 위하여 원본손실 [회수(가능)금액 − 지급(예정)금액 < 0] 또는 원본을 초과하는 손실의 가능성으로 정의된다. 여기서 원본손실 위험이란 주로 가격, 이자율, 환율변동 등 시장위험에 따라 손실이 발생할 가능성을 의미하는 것으로 상품발행인의 신용위험에 따른 손실발생 가능성은 제외된다.[2] 원본손실 가능성이 있는 금융상품을 금융투자상품,

1) 정식명칭은 「자본시장과 금융투자업에 관한 법률」이며, 2009년에 시행되었다. 동 법의 제정으로 「증권거래법」, 「선물거래법」, 「간접투자자산운용업법」, 「신탁업법」, 「종합금융회사에 관한 법률」, 「증권선물거래소법」 등 자본시장을 규율하는 15개 법률 중 6개 법률이 통합되고 「부동산투자회사법」 등 나머지 9개 법률은 관련 규정이 일괄 정비되었다. 또한 「상법」상 익명조합, 「민법」상 조합, 유한회사 등 현행 간접투자관련 법률에서 허용되지 않는 비정형 간접투자와 파생금융상품 등 현재 규율법제가 없는 영역도 이 법의 규율 대상이 된다.

2) 투자 결과에 포함되지만 실제 투자자에게 귀속되지 않는 금전(해지수수료와 제세금 등)과 발행인·거래상대방의 파산 등에 따른 손실은 회수금액에 포함되고 투자자가 금융투자업자

그림 10-1 금융상품의 경제적 실질에 따른 분류

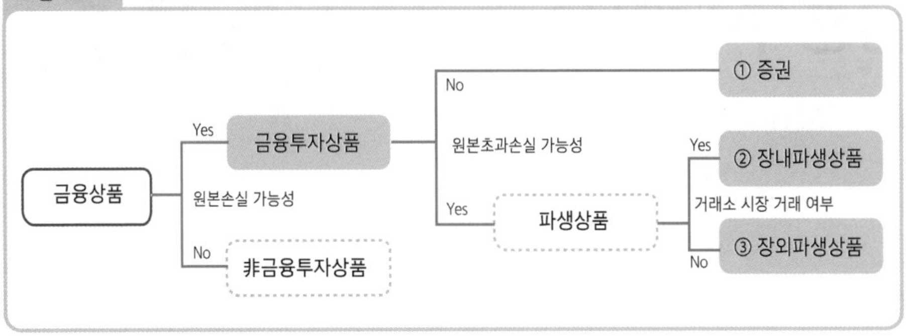

원본손실 가능성이 없는 비금융투자상품이라 한다. 은행과 보험계약에 의한 상품은 비금융투자상품으로 분류 된다.

또한 금융투자상품은 원본 이상의 손실가능성이 없는 상품을 증권이라 정의하고, 원본 이상의 손실가능성이 있는 자산은 파생상품으로 정의하고 있다. 파생상품은 거래소 상장 여부에 따라 장내 및 장외 파생상품으로 구분된다. 자본시장법에서의 이러한 금융상품의 구분은 금융권 전체에 적용되고 있다.

금융투자상품은 투자성을 가지면서 현재 또는 장래의 특정 시점에 금전 등의 이전을 약정함으로써 갖게 되는 권리를 갖는 모든 금융상품을 말한다(법 제3조). 동 법은 금융투자업을 '이익을 얻을 목적으로 계속적이거나 반복적인 방법으로 행하는 행위'로 정의하여 영업성의 요건으로 영리성, 계속성 및 반복성을 요구하고 있다. 예컨대 금융투자업자가 자신의 고유재산을 운용하는 행위나 일반회사가 단순히 헤지 목적으로 파생상품을 거래하는 행위는 영업성이 결여되어 금융투자업으로 간주되지 않는다.

동 법이 시행(2009년 2월 4일)되기 전까지는 증권회사, 자산운용회사, 선물회사, 신탁회사 등 금융회사별로 별도의 법률이 존재하고 이들 회사들이 영위하는 업무 간의 겸영이 엄격히 금지되었었다. 이에 따라 동일한 금융기능을 수행하더라도 개별 법률마다 적용되는 규제가 상이하여 규제차익(regulatory

에게 지급하였으나 실제 투자에 활용되지 않은 서비스 제공의 대가(판매수수료 등 수수료, 보험계약상 사업비·위험보험료 등) 등은 지급금액에서 제외된다. 그리고 투자자가 기초자산에 대한 매매를 성립시킬 수 있는 권리를 행사하게 됨으로써 부담하게 되는 지급의무는 추가지급 의무에서 제외된다. 이는 현물인도에 의한 결제가 이루어지는 경우 이를 위한 대금의 지급을 추가지급으로 볼 가능성을 없애기 위한 것이다.

arbitrage)이 발생하고 투자자 보호의 공백이 발생하는 등 문제가 많았다.

또한 이들 금융회사가 취급할 수 있는 금융상품의 종류가 법령에 제한적으로 열거되어 있어 창의적인 금융상품을 개발하거나 취급하는 데 제약요인으로 작용하여 기업금융(investment banking), 자산관리(wealth management), 증권서비스(securities service), 자기계정투자(principal investment)3) 등 다양한 금융투자 서비스를 제공하는 데 한계가 있었다. 이에 2007년 7월 동 법을 제정하여 자본시장에 관한 새로운 규율체계를 확립하였다.

동 법은 금융회사가 취급할 수 있는 상품을 열거하는 대신 금융투자상품을 투자성, 즉 원본손실 또는 원본 이상의 손실가능성이라는 특징을 갖는 모든 금융상품을 포괄하는 개념으로 추상적으로 정의하여 동 정의에 해당하는 모든 상품을 동 법의 규율대상으로 하고 있다(법 제3조). 이에 따라 금융투자업자의 업무영역이 확대되어 겸업의 시너지를 통한 경쟁력 강화를 도모하고 종래 규제의 근거가 없어 규제의 공백이 발생하였던 부분4)에 대해서도 규제가 가능하게 되어 투자자보호가 보다 강화될 수 있는 기반이 마련되었다.

그리고 종래 금융회사별로 규율하는 기관별 규율(institutional regulation)체제를 기능별 규율(functional regulation)체제로 전환하고 있다. 기관별 규율체제는 금융회사가 취급하는 업무의 종류를 불문하고 동종 금융회사로 분류된 금융회사별로 규율하는 데 비해, 기능별 규율체제는 금융회사의 종류와 관계없이 금융회사가 취급하는 업무의 경제적 기능을 기초로 규율한다. 기능별 규율체제의 도입으로 규제의 전문성을 제고하고 동일한 기능에 대해서는 동일한 규제가 적용됨으로써 규제차익을 줄일 수 있게 되었다.

Ⅱ. 금융투자업의 종류

금융투자업은 법 제6조에 따라 투자매매업, 투자중개업, 집합투자업, 투자자문업, 투자일임업, 신탁업 등 6개로 구분된다.

---

3) 자기계정투자는 자기자본 등 금융회사가 보유하는 고유자금을 장기로 투자한다는 점에서 단기차익을 목적으로 증권, 외환, 파생상품 등에 단기로 투자하는 트레이딩거래(proprietary trading)와 구분된다.

4) 장외파생상품, 「자본시장법」상 간접투자기구 이외의 수단(vehicle)을 이용한 비정형 간접투자 등.

투자매매업(dealing)은 누구의 명의로 하든지 간에 자기의 계산으로 금융투자상품을 매도 · 매수(trading), 발행 · 인수(underwriting) 또는 그 청약(subscription)의 권유 · 청약 · 청약의 승낙을 영업으로 하는 것을 말한다. '누구의 명의로 하든지 간에 자기의 계산'이란 의미는 명의에 관계없이 실제 법률효과의 귀속주체가 자기인 경우를 말한다.

투자매매업자를 상대방으로 하거나 투자중개업자를 통하여 매매하는 등 일반투자자를 상대로 하지 않은 매매거래행위는 비록 자기계산으로 한다 하더라도 투자매매업으로 보지 않는다. 동 법의 규제목적이 주로 투자자 보호에 있는 만큼 일반투자자를 상대로 하지 않는 매매행위를 투자매매업으로 규제할 필요나 실효성이 없기 때문이다. 같은 맥락에서 국가나 공공기관에서 공익을 위하여 금융투자상품을 거래하는 경우와 외국의 투자매매업자나 중개업자가 해외에서 국내의 투자매매업자나 중개업자를 상대로 영업을 하는 경우도 투자매매업자에서 제외하고 있다.

발행이란 영업을 목적으로 증권을 발행하는 것으로 원칙적으로 자기증권을 발행하는 경우는 제외된다. 따라서 증권의 발행인이 순전히 자금조달을 목적으로 직접 증권을 발행하는 경우는 자기의 계산으로 하더라도 영업으로 하는 것이 아니기 때문에 투자매매업으로 보지 않는다.[5)]

인수란 증권을 모집 · 사모 · 매출하는 경우 제3자에게 그 증권을 취득시킬 목적으로 그 증권의 전부 또는 일부를 취득하거나(총액인수), 그 증권의 전부 또는 일부에 대하여 이를 취득하는 자가 없는 때에 그 나머지를 취득하는 것(잔액인수)을 내용으로 하는 계약을 체결하는 것을 말한다.

모집(public offering of new issues)이란 50인 이상의 투자자에게 새로 발행되는 증권의 취득의 청약을 권유하는 것으로 일반적으로 공모를 뜻한다. 모집에 해당하지 않을 경우 공모와 대별되게 사모(private placement)라고 말한다.

매출(public offering of outstanding securities)이란 50인 이상의 투자자에게 이미 발행된 증권의 매도의 청약을 하거나 매수의 청약을 권유하는 것을 말한다

---

5) 증권의 발행인이 전통적인 업무를 영위하는 과정에서 필요한 자금조달 목적 범위를 넘어 실질적으로 금융투자업을 영위하는 경우는 투자매매업으로 본다. 이에 따라 투자신탁의 수익증권 발행, ELS나 ELW 등 지분증권의 가격이나 이를 기초로 하는 지수의 변동과 연계된 파생결합증권 및 투자성 있는 예금 · 보험 등의 발행은 투자매매업으로 본다(법 제7조 ① 및 시행령 제7조 ①).

(이상 법 제9조). 청약의 권유(solicitation)란 금융투자상품의 매매 또는 인수를 청약하도록 투자자에게 권유하는 것을 말하고 청약이란 자신이 직접 매매 또는 인수의 청약을 하는 것을 말한다. 청약의 승낙이란 상대방의 매매 또는 인수의 청약 권유를 받아들이는 것을 말한다.6)

투자중개업(arranging deals, brokering)은 누구의 명의로 하든지 간에 타인의 계산으로 금융투자상품을 매도·매수, 그 청약의 권유·청약·청약의 승낙 또는 발행·인수에 대한 청약의 권유·청약·청약의 승낙을 영업으로 하는 것을 말한다. 투자중개업은 타인의 계산으로 업무를 영위한다는 점에서 자기계산으로 업무를 영위하는 투자매매업과 구분되며 위탁매매업무(brokerage), 대리업무, 중개업무, 발행주선업무 등이 이에 속한다.

위탁매매란 거래소의 회원인 금융투자업자가 투자자의 위탁을 받아 위탁자의 계산과 자기명의로 하는 매매를 말한다. 대리란 거래소의 회원인 금융투자업자가 비회원인 금융투자업자의 위탁을 받아 매매를 행하여 주는 것을 말한다. 거래소의 비회원인 금융투자업자는 투자자로부터 매매의 위탁을 받더라도 자신이 직접 집행할 수 없고 회원인 금융투자업자에게 재위탁하여야 한다.

중개란 타인간에 매매가 성립하도록 노력하는 사실행위를 말하며, 간접적으로도 매매의 당사자가 되지 않는다는 점에서 대리와 차이가 있다. 발행주선이란 증권발행인의 위탁을 받아 증권의 모집 또는 매출을 주선하는 행위로 발행인의 계산으로 단순히 발행 및 판매사무만을 담당하고 증권의 미발행위험을 분담하지 않는다.

한편 2015년 7월에 자본시장의 핀테크 혁신을 촉진하고 중소기업의 크라우드펀딩(crowdfunding)을 지원하기 위해 온라인소액투자중개업을 새롭게 도입하였다. 온라인소액투자중개업은 온라인상에서 누구의 명의로 하든지 타인의 계산으로 중소기업이 발행하는 채무증권, 지분증권, 투자계약증권의 모집 또는 사모를 중개하는 업을 뜻한다.

집합투자업(collective investment services)은 2인 이상의 투자자에게 투자권유를 하여 모은 금전 등을 투자자 등으로부터 일상적인 운용지시를 받지 아니하

---

6) 투자는 투자자의 투자청약과 이에 대한 금융투자업자의 승낙으로 이루어지는데 통상 승낙자인 금융투자업자가 이를 영업으로 하는 관계로 투자자의 투자청약에 앞서 금융투자업자의 청약의 권유, 즉 투자의 권유가 선행하는 것이 보통이다.

면서 자산을 처분·취득, 그 밖의 방법으로 운용하고 그 결과를 투자자 등에게 배분하여 귀속시키는 것을 영업으로 하는 것을 말한다. 원칙적으로 사모단독펀드는 허용되지 않는다.

신탁업(trust)은 신탁을 영업으로 하는 것을 말한다. 여기서 '신탁을 영업으로 하는 것'의 의미는 「신탁법」상의 신탁(동 법 제9조 ㉔)의 인수를 영업으로 하는 것으로 여타 금융투자업과는 달리 반드시 금융투자상품을 전제로 하는 것은 아니다. 다만 「신탁법」상의 신탁을 영업으로 하는 것임에도 불구하고 일부 특정신탁업[7]과 관리신탁의 수익권은 명시적으로 신탁업에서 배제하고 있다.

투자자문업(non-discretionary investment advisory)은 금융투자상품의 가치 또는 투자판단에 관한 자문에 응하는 것을 영업으로 하는 것을 말한다. 여기서 '금융상품에 관한 투자판단'이란 금융상품의 종류와 종목, 취득·처분 및 그 방법, 수량·가격 및 시기 등에 관한 판단을 말한다. 투자자문업은 투자자가 재산을 금융투자업자에게 위탁하지 않는다는 점에서 집합투자업이나 투자일임업과 구분된다. 불특정 다수인을 대상으로 조언하거나 위탁매매에 수반되는 무보수상담, 그 밖에 자문용역과 관련한 분석정보 제공 등은 투자자문업으로 보지 않는다.

투자일임업(discretionary investment advisory)은 투자자로부터 금융투자상품에 대한 투자판단의 전부 또는 일부를 일임받아 투자자별로 구분하여 자산을 취득·처분, 그 밖의 방법으로 운용하는 것을 영업으로 하는 것을 말한다. 투자자 재산이 투자일임업자에게 위탁되어 운용된다는 점에서 투자자문업과 그리고 투자자별로 구분하여 운용된다는 점에서 집합투자업과 구분된다.

III. 금융투자업자의 업무

금융투자업자가 영위할 수 있는 업무는 크게 고유업무, 겸영업무 및 부수업무로 구분할 수 있다. 고유업무는 「자본시장법」에서 금융투자업자가 수행할 수 있는 업무로 규정한 것으로 금융위원회의 인가나 등록을 받아 영위하는 업무를 말

7) 「담보부사채신탁법」에 따른 담보부사채에 관한 신탁업, 「저작권법」에 따른 저작권신탁관리업 및 「컴퓨터프로그램보호법」에 따른 프로그램저작권 위탁관리업 등.

한다. 겸영업무는 다른 법령에서 진입규제의 대상으로 하는 금융업무로서 동 법 또는 다른 법령에서 금융투자업자에게 허용된 업무를 말한다. 부수업무는 금융투자업의 수행에 밀접하게 관련된 업무로서 금융투자업자가 보유하고 있는 인력이나 자산, 설비 등을 활용하여 효율적으로 수행할 수 있는 업무를 말한다.

금융투자업자는 개별 금융투자업종 상호간에는 겸영이 허용되고 이들 업종을 모두 취급할 수 있는 금융투자회사의 설립이 허용된다. 금융투자업자는 동 법 또는 금융관련 법령에서 금융투자업자에게 겸영이 허용된 업무 중에서 필요한 업무를 추가하는 방식으로 겸영을 할 수 있다. 금융투자업자는 겸영업무(concurrent business)로 보험대리점의 업무, 보험중개사의 업무, 그 밖에 대통령령으로 정하는 업무,[8] 국가 또는 공공단체의 대리업무, 투자자예탁금으로 수행하는 자금이체업무,[9] 그 밖에 투자자 보호 및 건전한 거래질서를 해할 우려가 없는 금융업무로서 대통령령으로 정하는 금융업무[10]를 금융위원회 신고로서 영위할 수 있다(법 제40조).

특히 허용된 금융업을 수행함에 따라 수반되는 외국환업무는 「외국환거래법령」상 외국환업무 취급기관으로서의 외국환업무 범위에 포함하여 별도의 절차를 거치지 않고 모두 허용하고 고유재산의 자산운용을 위해 행하는 외국환 거래는 「외국환거래법령」상 자본거래 절차를 준수하는 한 허용하고 있다.[11]

「자본시장법」에서 금융투자업자가 투자자를 위하여 투자자예탁금으로 수행하는 자금이체업무를 취급할 수 있도록 허용됨에 따라 금융투자업자에 위탁매매계좌를 보유한 개인투자자는 동 계좌 내의 현금을 계좌이체하거나 ATM기기 등을 통해 입출금을 할 수 있게 되었다.[12] 이는 개인투자자의 자금이체에 국한된다는 한계가

8) 일반사무관리회사업무, 외국환업무, 전자자금이체업무, 퇴직연금사업자업무, 기업구조조정전문회사업무, 담보부사채신탁업무, 창업투자회사업무, 신기술사업금융업, 그 밖에 금융위원회가 정하여 고시하는 업무(시행령 제43조 ③).

9) 투자자예탁금을 취급하지 않는 금융투자업자는 자금이체업무와 국가와 공공단체업무의 대리를 제한하고 있어 동 업무의 겸영은 사실상 투자매매·중개업자만 가능하다.

10) 유동화에 따른 자산관리자업무와 유동화전문회사의 수탁업무, 사채모집의 수탁업무, 증권의 대차거래와 그 중개·주선 또는 대리업무(투자매매·중개업), 지급보증업무(증권 및 장외파생상품에 대한 투자매매업), 원화표시 CD의 중개·주선 또는 대리업무와 대출채권의 중개·주선 또는 대리업무(이상 채무증권에 대한 투자매매·중개업), 대출의 중개·주선 또는 대리업무, 기업금융업무, 기타 금융위원회가 정하여 고시하는 금융업무 등(시행령 제43조 ⑤).

11) 2015년부터 금융투자회사, 보험회사 등도 은행에 허용된 수준의 외환거래를 할 수 있게 되었다.

12) 이를 위해 금융투자회사가 금융결제원의 5개 소액결제시스템(지로, CD, 타행환, 전자금융, CMS)에

있지만 지급결제기능은 은행만이 수행하는 고유업무라는 오랜 제도에 변화를 초래했다.

한편, 금융투자업자의 대형화와 겸업화를 통한 투자은행업무의 활성화를 위해 증권인수와 M&A업무 수행을 위해 필요한 신용공여 및 지급보증 업무, 대출중개, 신기술사업금융 등의 겸영을 허용하고 부수업무(incident business)는 금융위원회 신고만으로 영위할 수 있도록 하고 있다.[13] 특히, 「자본시장법」은 투자은행의 발전을 촉진하기 위해 자기자본, 위험관리 능력 등 법상 일정한 기준을 충족하는 금융투자회사를 종합금융투자사업자로 지정하고 이들에게 신생기업 발굴 및 이에 대한 투·융자, IPO, 인수, M&A 자문 등 종합적인 기업금융 관련 업무를 원활히 수행할 수 있도록 기업여신[14] · 비상장주식의 내부주문집행[15] 등 관련 규제를 정비하고 종합금융투자사업자가 일반 또는 기관전용 사모집합기구, 대형 기관투자자 등을 대상으로 전담중개(prime broker) 업무[16]를 수행할 경우 일반상품 · 파생상품 등 증권 이외의 투자와 관련하여 해당 사모집합기구 등에 신용공여[17]를 할 수 있다.

금융투자업의 겸영에 따른 투자자와 업자간 및 투자자간 이해상충을 방지하기 위해 정보교류 차단장치(chinese wall)가 설치된다.[18] 적절한 정보교류 차단을 위해 내부통제기준에 정보교류 차단을 위해 필요한 기준 및 절차, 정보교류 차단의 대상이 되는 정보의 예외적 교류를 위한 요건 및 절차, 이해상충 발생을 방지하기 위한 조직 및 인력의 운영, 이해상충 발생 우려가 있는 거래의 유형화 및 교류차단대상정보의 활용에 관련된 책임소재 등을 반드시 정해야 한다.

직접 참가한다. 금융회사간의 결제는 금융투자회사가 예치한 한국예탁결제원의 예탁금을 담보로 이루어지며 당일 자금이체에 의한 차액결제는 익일 정산하여 대행은행 계좌를 통해 이루어진다.

13) 금융위원회는 해당 부수업무가 금융투자업자의 건전성과 투자자 보호 및 금융시장의 안정성을 저해할 우려가 있는 경우 부수업무의 영위를 제한하거나 시정을 요구할 수 있다.

14) 투자은행의 과도한 신용공여로 인한 부실화, 계열회사에 대한 지원 가능성 등을 우려하여 신용공여 총한도액 및 동일차주 신용공여한도 등을 규정하고 있다.

15) 내부주문집행(internalization) 업무란 투자은행이 거래소나 ATS 등을 통해 고객 주문을 집행하지 않고 투자은행 내에서 다수 고객의 주문을 집행하는 것을 말한다. 당초에는 내부주문 집행업무를 허용하려 하였으나 KONEX시장의 개설 등을 고려하여 당분간 도입하지 않기로 하였다.

16) 증권 대차, 신용공여, 펀드재산 보관·관리(custody), 매매체결·청산(clearance), 펀드투자자에 대한 보고(reporting) 등의 종합금융서비스를 연계·제공하는 업무를 말한다.

17) 사모집합기구(사모펀드) 신용공여와 관련하여 전담중개업무를 영위하는 종합금융투자사업자는 위험수준을 평가·관리해야 하고, 신탁업자는 운용사의 펀드 운용행위를 감시해야 한다.

18) 투자자의 투자판단에 중대한 영향을 미칠 수 있는 정보 또는 투자자의 금융투자상품 매매·소유현황에 관한 정보 등으로서 불특정 다수인이 알 수 있도록 공개되지 않은 미공개중요정보가 정보교류가 차단되는 정보에 해당된다.

금융투자업자는 겸영업무와 부수업무의 경우 시행령으로 금지하는 업무[19]를 제외하고는 자신이 영위하는 업무의 일부를 제3자에게 위탁(outsourcing)할 수 있다. 이는 금융투자업자의 새로운 업무영역 개척과 비용의 절감을 통한 경영합리화를 지원하기 위해서다.

본질적 업무(core business)[20]인 경우에도 원칙적으로 위탁을 허용하되 이 경우 이를 위탁받는 자는 그 업무 수행에 필요한 인가를 받거나 등록을 한 자이어야 한다(법 제42조). 이는 금융투자업 허가권(license)의 중개업화 및 비인가·등록자가 금융투자업을 간접적으로 영위하는 것을 방지하기 위해서다. 업무를 위탁받은 자는 이를 제3자에게 재위탁할 수 없다. 다만 투자자 보호를 해하지 않는 범위 내에서 업무의 원활한 수행을 위하여 필요한 경우에는 위탁자의 동의를 받아 제3자에게 재위탁할 수 있다.[21]

금융투자업자가 제3자에게 업무를 위탁한 경우에는 금융위원회에 보고하여야 하며 금융위원회는 위탁계약의 내용이 금융투자업자의 건전성이나 투자자보호에 지장을 초래하는 등의 경우에는 이를 제한 또는 시정을 명할 수 있다. 그리고 업무를 위탁한 자는 위탁한 업무의 범위 내에서 위탁을 받은 자에게 거래정보 등을 제공할 수 있고 업무위탁 내용을 반드시 투자자에게 통보하여야 한다. 업무를 위탁한 금융투자업자는 업무를 위탁받은 자가 위탁업무를 영위하는 과정에서 투자자에게 손해를 끼친 경우에는 사용자 책임규정(「민법」 제756조)에 따라 그 손해를 배상해야 한다.

금융감독원장은 위탁업무와 관련하여 업무수탁자의 업무 및 재산상황을 검사할 수 있고 금융위원회는 동 법 또는 그에 따른 행정관청의 처분명령 등을 위반한 경우 위탁계약의 취소 또는 변경을 명령할 수 있다.

19) 금융투자업자의 내부통제업무 중 「금융회사의 지배구조에 관한 법률」에 따른 준법감시인·위험관리책임자의 업무 및 내부감사업무는 제3자 위탁이 금지된다.

20) 해당 금융투자업자가 인가를 받거나 등록을 한 업무와 직접적으로 관련된 필수업무로서 시행령(제47조)에서 정한 업무.

21) 재위탁이 가능한 업무로는 전산관리 및 운영, 보관, 조사분석, 법률검토, 회계관리, 채권추심, 외화자산인 집합투자재산의 운용 및 운용지시업무 등을 들 수 있다.

Ⅳ. 증권회사의 재무제표

「자본시장법」 이후 투자매매중개업자 I[22]로 분류되는 증권회사는 금융투자업의 주된 업종이라 할 수 있어 여러 금융투자회사 중 국내증권사의 재무제표를 개략해보면 영업의 방식과 이익획득 방식의 이해를 도울 수 있을 것이다.

2022년 말 48개 국내증권사의 자산규모는 595조 정도이므로 은행(국내은행 3,448조)과 보험사(생보 938조)에 비해서는 상대적으로 작은 규모이다. 그러나 자금중개를 하고 수수료를 받는 사업의 특성을 감안하면 은행·보험과는 달리 자산규모 자체가 자금중개규모를 나타내지는 않는다.

증권사의 자금조달은 주로 차입부채(2022년 총자산 대비 62.8%)에 의존하고 있으며, 차입금의 구조도 장기차입금보다는 콜머니, RP매도 등 단기차입금 위주로 자금조달이 이루어지고 있다. 특히 RP매도를 통한 자금조달(21.5%)은 증권회사의 증권매매서비스를 제공하기 위해 상당량의 유가증권을 보유하는데 이를 담보로 한 단기 자금조달방법이다. 최근에 투자자들에게 인기를 끌고 있는 파생결합증권 발행도 주요 자금 조달원(17.0%)이 되고 있다.

자산은 영업을 위해 필요한 유가증권의 보유가 가장 크고 이와 더불어 고객에의 신용공여가 주된 자산항목이 되고 있다.

2022년 동안의 수익구조를 보면 영업수익은 214조, 영업비용은 208조 정도로 영업이익과 당기순이익이 각각 5.5조억, 4.1조이다.

증권회사는 유사한 업무에서 발생하는 수익과 손실이더라도 상계처리를 하지 않고 따로 계상하는 회계제도를 따르고 있어, 증권평가 및 처분손익, 파생상품 관련 손익 및 외환거래 손익에서 보듯이 같은 항목이더라도 수익은 영업이익에 손실은 영업비용에 따로 포함시키고 있다. 따라서 영업수익과 비용에 포함되는 항목을 따로 보면 각 업무의 이익창출 기여도 평가가 왜곡되어 보일 수 있다.

주요 항목별로 순수익(순손실)을 보면 유가증권 거래 중개, 인수, M&A중개 등으로부터의 수수료는 수익이 12조, 그에 따른 비용이 1.88조 정도로 순수수료 수입은 10.2조 정도이다. 순증권평가 및 처분이익은 −2.63조(25.975-28.609), 순파생관련이익은 0.084조(136.739-136.655), 순이자수익은 5.66조(12.657-6.996), 순외환거래이익은 0.02조(21.286-21.086) 등이다. 이중 파생관련 이익 및 손실이 큰 것은 파생상품 투자

22) 투자매매중개업자 II는 선물회사.

의 결과가 아니라 증권회사의 모든 업무수행 시 헷지를 하는 관행에 따라 취한 파생상품포지션의 결과로 나타나는 수동적 결과이기 때문에 시장상황 변화에 따라 그 결과의 변동성이 크다. 수익원 중 안정적이며 가장 큰 비중을 차지하는 것이 수수료 수입이며 그 중에서도 증권거래중개에 따른 수탁수수료이다. 미국의 증권회사의 경우 투자은행업무와 자산관리업무로부터 발생하는 수익 비중이 높은 것과 비교해보면 수익구조의 고도화가 필요하다고 할 수 있다.

표 10-1 국내투자매매중개업자 I(증권사)[1] 요약재무상태표(2022)(단위: 10억, %)

계정과목	금액	구성비
현금 및 예치금	107,444	18.1
유가증권	356,160	59.9
단기손익인식증권	270,558	45.5
파생상품자산	20,605	3.5
대출채권	67,191	11.3
신용공여	35,651	6.0
RP매수	11,272	1.9
기타	43,628	7.3
자산총계	595,027	100
예수부채	72,256	12.1
차입부채	373,508	62.8
콜머니	4,177	0.7
차입금	47,662	8.0
RP매도	127,883	21.5
매도증권	22,221	3.7
매도파생결합증권	101,111	17.0
사채	31,714	5.3
파생상품부채	28,067	4.7
부채총계	517,618	87.0
자기자본 총계	77,410	13.0
부채 및 자본총계	595,027	100.0

주: 1) 2022년 말 48개 국내 증권회사.
자료: 금융감독원 금융통계정보시스템.

표 10-2 국내투자매매중개업자 I(증권사)[1] 요약손익계산서(2022)(단위: 10억, %)

계정과목	금액	구성비	계정과목	금액	구성비
영업수익	**214,007**	**100**	**영업비용**	**208,464**	**97.4**
1. 수수료수익	12,046	5.6	1. 수수료비용	1,883	0.9
수탁수수료	4,535	2.1	2. 증권평가 및 처분손실	28,609	13.4
인수수수료	994	0.5	3. 파생상품관련손실	136,655	63.9
M&A 수수료	1,307	0.6	4. 이자비용	6,996	3.3
2. 증권평가 및 처분이익	25,975	12.1	5. 외환거래손실	21,086	9.9
3. 파생상품관련이익	136,739	63.9	6. 판매비와 일반관리비	10,505	4.9
4. 이자수익	12,657	5.9			
5. 외환거래이익	21,286	9.9	**영업이익**	**5,542**	**2.6**
기타	5,225	2.4	**당기순이익**	**4,142**	**1.9**

주: 1) 2022년 말 48개 국내 증권회사.
자료: 금융감독원 금융통계정보시스템.

제 2 절 금융투자업자에 대한 규제와 감독

Ⅰ. 진입규제

금융투자업에 대한 진입규제는 기능별 규제가 적용된다. 구체적으로 기능별로 정의된 금융투자업의 종류(투자매매업, 투자중개업, 집합투자업, 투자자문업, 투자일임업, 신탁업) 금융투자상품의 범위(증권, 장내파생상품 및 장외파생상품) 및 투자자의 유형(일반투자자와 전문투자자) 등 3개의 요소를 조합한 진입규제의 업무단위(인가 또는 등록업무 단위)를 설정하고 동일한 금융기능에 대해서는 동일한 진입요건이 적용된다(법 제12조 및 제18조).[23]

인가단위는 적절한 수준으로 세분화하여 인수업, 채권·주식전문중개업 등과 같이 특정 영역에 전문화된 금융투자회사의 진입을 허용하는 동시에 이를 포괄하는 업무단위도 설정하는 계층적인 구조를 취함으로써 새롭게 나타나는 금융투자상품을 별도의 인가나 등록 없이도 취급할 수 있도록 하였다(시

23) 다만, 집합투자업의 경우 투자대상자산, 신탁업의 경우 금융투자상품의 범위 대신에 수탁자산 범위로 업무단위를 구분한다.

행령 제15조 및 제20조). 예컨대 투자매매업의 경우 금융투자상품의 범위에 따라 '채무증권', '지분증권', '집합투자증권'으로 세분하면서 이를 포괄하는 상위 업무단위로 '증권'을 설정하고 상위단위의 인가나 등록을 받으면 하위단위의 수행을 위해서는 별도의 인가나 등록을 받지 않아도 된다.

금융투자업자는 업무의 전부나 일부를 선택하여 금융위원회로부터 하나의 금융투자업 인가(authorization) 또는 등록(registration)을 받아야 하며 업무영역을 확장하고자 하는 경우에는 인가 또는 등록 변경을 통하여 필요한 업무단위를 추가할 수 있다(법 제16조 및 21조).[24]

그리고 각 금융기능별로 투자자가 노출되는 위험의 크기에 따라 인가제와 등록제를 적용하여 고객과 직접 채권·채무관계를 가지는 투자매매업과 고객의 재산을 수탁하는 투자중개업, 집합투자업 및 신탁업에 대해서는 인가제를 채택하고 고객의 재산을 수탁하지 않는 투자일임업과 투자자문업에 대해서는 등록제를 채택하고 있다.[25] 이는 금융투자업자가 고객과 직접적인 채권·채무관계를 가짐으로써 금융투자업자에게 채무이행능력을 확보할 필요가 있는 점과 수탁한 고객자산의 보호능력의 확보 필요성 등을 고려한 것이다.[26]

「자본시장법」은 향후 장외파생상품, 증권대차, RP 등 다양한 형태에 대한 청산서비스가 제공될 수 있도록 청산회사에 대한 인가제를 도입하고 청산회사는 결제 안정성이 확보될 수 있도록 청산업 이외의 업무는 원칙적으로 영위하지 못하도록 전업주의를 채택하고 있다. 청산회사는 청산의무거래 등에 대한 거래정보를 보관·관리하고 동 정보를 금융위원회에 보고해야 한다.

인가는 본인가와 예비인가로 구분된다. 예비인가는 본인가를 받기 전에 일부요건에 대해 사전에 인가권자의 허가를 받는 것을 말한다. 예비인가제도

24) 투자매매업자 또는 투자중개업자가 같은 금융투자업의 종류에 속하는 금융투자상품을 구성요소로 하여 인가 업무를 추가할 경우 인가가 아닌 등록으로 신청할 수 있다(법 제15조 및 제16조의2).

25) 인가의 경우 인가당국의 재량적 판단이 허용되는 실질적 심사를 하는 데 반해 등록의 경우 객관적인 등록요건만 충족되면 등록을 거부할 수 없는 형식적 심사(검토)를 한다.

26) 미국의 경우 금융투자업에 상당하는 것은 Broker-Dealer업무라고 할 수 있으며 이를 영위하기 위해서는 SEC규칙이 정한 등록제에 따라 최소자본금, 영업수행능력 등 일정한 요건을 갖추어 SEC에 등록하여야 한다. 다만 은행의 경우 SEC에 Broker 등록을 하지 않고도 증권거래 중개, 신주발행주식 인수, 일정 조건을 충족하는 사모증권 매매 등을 일정 조건하에서 영위할 수 있다. 영국의 경우 금융투자업을 영위하기 위해서는 허가(permission)를 받아야 하며 일본의 경우 종래에는 면허제를 유지하다가 1998년 12월부터 등록제를 원칙으로 하나 취급상품과 업무내용에 따라 1, 2종으로 구분하여 진입을 규제하고 있다.

를 도입한 목적은 금융투자업자가 본인가를 받기 위해서는 초기에 많은 인적·물적자본의 투입이 필요한데, 본인가를 받지 못할 경우 회사의 청산 등 손실이 발생할 수 있는 점을 우려하여 인가신청자가 동 제도를 선택할 수 있도록 하자는 것이다. 동 법에서는 예비인가신청자의 법적 안정성을 도모하기 위하여 2개월간의 심사기간을 명시하고 예비인가를 신청한 자가 그 조건을 이행하면 본인가를 하도록 규정하고 있다(법 제14조).

금융위원회는 금융투자업 인가를 하는 경우 경영의 건전성 확보 및 투자자 보호를 위해 조건을 부과할 수 있고 조건부 인가를 받은 자는 사정의 변경, 그 밖의 정당한 사유가 있는 경우에는 조건의 변경 또는 취소를 요구할 수 있다(법 제13조). 금융투자업 인가를 받은 자는 금융위원회가 기한을 따로 정하거나 기한을 연장한 경우를 제외하고는 인가를 받은 날로부터 6개월 이내에 영업을 개시하여야 한다(시행령 제17조).

금융위원회는 금융투자업자가 인가나 등록조건을 위반한 경우 등 일정한 사유에 해당할 경우 인가 또는 등록을 취소할 수 있다(법 제420조 ①). 금융투자업자가 그 업무와 관련된 인가와 등록이 모두 취소된 경우에는 해산한다. 그러나 겸영투자업자의 경우 그 금융투자업무에 대한 인가나 등록만이 취소된다. 금융투자업무단위 일부의 인가 또는 등록의 취소도 금융투자업 전체의 인가나 등록 취소로 간주된다. 인가나 등록은 금융투자업이지 투자매매업 등 업무단위별로 하지 않는 것과 같은 맥락이다.

금융투자업자간에 영업의 전부를 양수도하거나 자신이 영위하고 있던 금융투자업의 전부를 폐지하는 경우 금융위원회의 승인(일부의 양수도나 폐지인 경우는 금융위원회 보고)을 받아야 한다. 겸영금융투자업자의 경우도 동일한 퇴출규제가 적용된다.

한편, 금융기능의 특성을 반영하여 진입요건의 수준을 차등화하여 인가제를 채택한 금융투자업의 진입요건은 등록제를 채택한 금융투자업에 비해, 취급대상 금융투자상품의 위험의 크기에 따라 장외파생상품 등 위험이 큰 금융투자상품을 대상으로 하는 인가에 대해서는 일반 금융투자상품에 비해 그리고 고객의 위험감수 능력의 크기에 따라 일반투자자를 상대로 하는 금융투자업의 경우에는 전문투자자를 상대로 하는 경우에 비해 각각 보다 강화된 진입요건을 설정하고 있다.

특히 전문투자자에 대해서는 투자자 보호와 관련된 규제의 대부분이 적용대상에서 제외되고 있는바, 이는 전문투자자의 경우 자기책임하에 계약위험을 감수할 수 있는 능력이 일반투자자보다 높다고 판단되기 때문에 이들에 대한 규제비용을 줄여 규제의 효율성을 증대시키자는 것이다.

진입요건은 법적형태,[27] 자기자본요건, 사업계획요건(인가만 해당), 인적·물적요건, 이해상충방지체제 구축, 임원결격요건 및 대주주[28]요건 등이 있다. 진입요건 중 주요 요건은 진입 이후에도 계속 충족하여야 할 유지요건으로 규정하여 경영의 부실화를 예방하고 투자자를 보호하고자 하였다. 다만 진입시 요건을 모두 충족하게 하는 것은 금융투자업자에게 과도한 부담요소로 작용할 소지가 있어 자기자본요건이나 대주주 적격성 요건 등 일부 요건의 경우 진입시 요건보다 완화된 요건을 적용토록 하였다. 진입 후 영업을 하는 과정에서 불가피하게 일부 진입요건을 충족하지 못할 사유가 발생할 수도 있기 때문이다.

은행이 투자성 있는 예금을 판매하거나 보험회사가 투자성 있는 변액보험을 판매하는 경우에는 동 법에 의거 금융투자업 인가를 받은 것으로 간주된다. 외국 금융투자업자 등이 거주자를 상대로 금융서비스를 제공(cross-border supply)하는 경우 원칙적으로 금융투자업 인가를 받아야 한다. 금융투자업자의 소재(presence)를 불문하고 국내에 동일한 효과를 미치는 금융업은 동일하게 규율되도록 하기 위해서다.[29]

27) 국내 금융투자업자인 경우 「상법」상의 주식회사나 시행령이 정하는 금융기관이어야 하고 외국금융투자업자인 경우 외국에서 영위하고 있는 영업에 상당하는 금융투자업 수행에 필요한 지점, 그 밖의 영업소를 설치한 자이어야 한다. 전자증권중개업무를 하고자 하는 자는 「상법」상 주식회사로서 거래소 회원이어야 한다. 역외투자자문·일임업자(외국에서 국내 거주자를 대상으로 직접 또는 통신수단을 이용하여 영업을 하는 자)의 경우 법적형태에 관한 요건이 적용되지 않는다.

28) 대주주는 최대주주와 주요주주로 구분된다. 최대주주는 법인의 의결권 있는 발행주식 총수를 기준으로 본인 및 특수관계인이 명의에 관계없이 자기의 계산으로 소유하는 주식을 합하여 그 수가 가장 많은 경우의 본인을 말한다. 주요주주는 누구의 명의로 하든지 간에 자기의 계산으로 발행주식의 10% 이상을 소유하거나 경영진의 선임, 주요 의사결정이나 업무집행에 지배적인 영향력을 행사한다고 인정되는 자를 말한다. 최대주주가 법인인 경우에는 지분율에 관계없이 동 법인의 최대주주 및 대표자도 적격성 심사대상에 포함된다. 부적격한 대주주가 법인 등을 중간에 내세워 법인을 대주주로 하고 사실상 지배한다면 대주주 적격성 심사는 실효성을 상실하기 때문이다.

29) 외국투자매매업자가 해외에서 증권을 발행하고자 하는 내국인과 인수계약을 국내에서 협의·체결하는 경우와 외국금융투자업자가 해외에서 투자매매업자 또는 투자중개업자를 상대로

Ⅱ. 건전성 규제

건전성 규제는 재무건전성 유지, 경영건전성기준, 회계처리 및 대주주와의 거래제한 등으로 동 규제는 모든 금융투자업자에 공통적으로 적용한다. 재무건전성 유지는 금융투자업자가 노출된 위험에 대해 적절한 자기자본을 갖추도록 하는 기준이고 경영건전성기준은 자본의 적정성, 자산의 건전성, 유동성 및 그 밖에 경영의 건전성 확보를 위해 필요한 사항을 정하는 기준이다.

회계처리는 금융투자업별 회계처리기준을 정한 것이고 대주주와의 거래제한은 대주주의 영향력에 의한 금융투자회사 재산의 부당한 유출을 예방하기 위한 규제이다.

건전성 규제는 금융기능별로 고객의 위험노출 수준에 따라 규제의 수준을 차등적으로 적용한다. 구체적으로 고객과 직접 채권·채무관계가 있는 투자매매업에 대해서는 강화된 건전성 규제를 적용하고 고객의 자산을 수탁하는 투자중개업, 집합투자업 및 자산보관·관리업에 대해서는 상대적으로 완화된 규제를 적용한다. 그리고 고객의 자산을 수탁하지 않는 투자일임업과 투자자문업에 대해서는 건전성 규제를 적용하지 않는다.

금융투자업을 겸영하는 은행, 보험회사 등의 금융회사에 대해서는 당해 회사를 규율하는 개별법에 독자적인 건전성 규제가 적용되어 동 법의 건전성 규제가 적용되지 않고 진입규제와 영업행위 규제만이 적용된다.

1. 재무건전성 유지

1) 자본적정성

금융투자업자는 인가·등록 단위별로 소정의 자본적정성을 유지해야 한다. '동일행위 동일규제' 개념을 세분화하여 투자중개매매업자(1종 금융투자업자)는 순자본비율(NCR: Net Capital Ratio)을, 신탁업자(3종 금융투자업자)는 영업용순자본비율을 적용하고, 집합투자업자(2종 금융투자업자)[30] 는 최소영업자본액을 적용하여 자본적정성을 판단한다.

투자매매 또는 중개업을 하거나 국내거주자를 상대로 투자권유 또는 투자광고를 하지 아니하고 단순히 매매주문을 받아 투자매매 또는 중개업을 하는 경우에는 금융투자업 인가를 받지 않고도 서비스를 제공할 수 있다(시행령 제7조 ④).

30) 2015년 4월부터 집합투자업자(일반 사모집합투자업자도 포함)에 대해 영업용순자본비율 규제를 폐지하고, 최소영업자본액 제도를 도입하였다. 최소영업자본액은 필요유지자기자본, 고객자산운용

신탁업자에 적용되는 영업용순자본비율은 영업용순자본을 총위험액(total risk)으로 나눈 수치이다. 영업용순자본은 금융투자회사가 신속하게 현금화할 수 있는 자산에서 상환의무가 있는 부채를 차감한 금액으로 금융투자회사의 유동성을 나타낸다. 총위험액은 금융투자회사의 자산 및 부채에 내재하거나 업무에 수반된 위험을 금액으로 수치화한 것이다. 따라서 영업용순자본비율은 금융투자업자가 갖고 있는 총위험액을 감내할 수 있는 유동성 보유능력을 의미한다.

$$\text{영업용순자본비율} = \frac{\text{영업용순자본}}{\text{총위험액}} \geq 150\%$$

영업용순자본비율 산정의 기초가 되는 자산, 부채, 자본은 재무제표에 계상된 장부가액을 기준으로 하며 다음 산식에 의해 산정된다. 먼저 영업용순자본은 재무상태표상의 자산총액에서 부채총액을 차감한 잔액(순재산액)에서 차감항목의 합계액을 차감하고 가산항목의 합계액을 가산한 금액이다.

차감항목은 주로 고정화되어 즉시 현금화할 수 없는 자산들이고 가산항목은 재무상태표에 부채로 계상되어 있으나 실질적인 채무이행이 없거나 미래손실에 대비하여 내부에 유보시킨 항목들이다.

총위험액은 시장위험, 신용위험 및 운영위험을 합한 금액이다. 시장위험액은 시세가 불리하게 변동됨으로써 금융투자회사가 입을 수 있는 잠재적인 손실액으로 주식위험액, 금리위험액, 외환위험액, 집합투자증권 등 위험액, 일반상품위험액 및 옵션위험액을 합한 금액이다.

신용위험액은 거래상대방의 계약불이행 등으로 인해 발생할 수 있는 잠재적 손실액을 말하고 운영위험액은 부적절하거나 잘못된 내부의 절차, 인력 및 시스템의 관리 부실 또는 외부의 사건 등으로 인하여 발생할 수 있는 잠재적 손실액을 말한다.

위험액은 원칙적으로 금융감독원장이 제시하는 표준방법에 의해 산정해야 하나 시장위험액의 경우 표준방법과 내부모형 중에서 금융투자회사가 선택할 수 있다.[31]

필요자본, 고유자산운용필요자본의 합계로 계산된다.

31) 표준방법은 금융감독원장이 정하는 모형에 따라 시장위험액, 신용위험액 및 운영위험액을

시장위험과 신용위험을 동시에 내포하는 자산에 대해서는 양 위험액을 모두 산정해야 한다. 영업용순자본 산정시 차감항목에 대해서는 원칙적으로 위험액을 산정하지 않으나 영업용순자본의 차감항목과 위험액 산정 대상 자산 사이에 위험회피효과가 있는 경우에는 위험액 산정 대상 자산의 위험액을 감액할 수 있다. 부외자산과 부외부채에 대해서도 위험액을 산정하는 것을 원칙으로 한다.

과거에는 영업용순자본비율이 신탁업자 이외에도 투자매매중개업자(증권사)에도 적용되었으나, 이 제도는 비율로만 표시함에 따라 위험을 감내할 수 있는 잉여자본의 규모를 나타내지 못하는 등 그동안 변화된 금융투자회사의 영업모델과 시장 환경을 충분히 반영하지 못하다는 지적이 많았다. 이 방식으로는 금융투자회사의 부채상환 능력 또는 손실흡수 능력을 정확하게 파악하기 곤란하다는 지적이 그것이다.

이에 금융투자업자가 재무적 곤경에 처한 상황에서도 금융시스템 전반에 큰 영향을 주지 아니하고 자체 청산(self-liquidation)이 가능할 정도의 충분한 유동자산을 보유할 것을 요구함으로써 채권자와 고객을 보호하여야 한다는 IOSCO 원칙에 따라 고객들과의 접촉이 많은 투자매매중개업자(증권사)에게는 순자본비율(NCR: Net Capital Ratio)기준을 적용하고 있다.

$$\text{순자본비율}(NCR) = \frac{\text{영업용순자본} - \text{총위험액}}{\text{인가업무 단위별 필요 유지 자기자본}} \geq 100\%$$

인가업무 단위별 필요유지 자기자본은 기능별 법정 필요자기자본의 70%로 정하고 있다.[32] 한편, 연결기준을 도입하여 K-IFRS상 종속기업을 보유한 모든 금융투자회사를 대상으로 연결 NCR을 도입하고 영업용순자본의 인정범위를 확대하고 위험값을 합리적으로 조정할 예정이다.

산정하는 방식이고 내부모형은 시장위험액 산정을 위하여 소정의 자격을 갖춘 금융투자업자가 자체적으로 구축·운영하는 일련의 위험산정체계를 말한다.

32) 현행 「자본시장법」은 금액기준으로 영업용 자본을 총위험액 이상으로 유지하고 영업용순자본에서 총위험액을 뺀 금액을 매분기마다 45일 이내에 공시하고(법 §30), 비율기준으로 금융투자업자는 경영건전성 유지를 위해 금융위원회가 정하는 자기자본비율을 준수하도록 규정하고 있다(법 §31).

한편 새로운 순자본비율을 도입함에 따라 변경된 산출구조에 상응하도록 적기시정조치 요건을 변경하여 경영개선권고는 100% 이하, 경영개선요구는 50% 이상 100% 미만, 경영개선요구는 0% 이하로 되었다.

2) 자산건전성 분류

금융투자업자는 매분기마다 「금융투자업규정」이 정하는 바에 따라 자산 및 부채를 '정상', '요주의', '고정', '회수의문', '추정손실'의 5단계로 분류하고 이에 대해 각각 표준비율 이상의 충당금을 적립하여야 한다.

2. 경영건전성기준

1) 경영실태평가

금융투자업자는 경영의 건전성을 유지하기 위하여 자본의 적정성, 자산의 건전성, 유동성 및 그 밖에 경영의 건전성 확보를 위하여 필요한 사항에 대하여 금융위원회가 정하여 고시하는 경영건전성기준을 준수하여야 하며, 이를 위한 적절한 체계를 구축·시행하여야 한다(법 제31조).

금융위원회는 경영건전성기준을 정함에 있어서 금융투자업자가 영위하는 금융투자업의 종류 등을 고려하여 금융투자업별로 그 내용을 달리 정할 수 있으며 금융감독원장은 금융투자업자의 경영건전성 확보를 위한 경영실태 및 위험에 대한 경영실태평가를 실시하여야 한다.

경영실태평가제도는 양적 지표인 (영업용)순자본비율 만으로는 금융투자회사의 건전성을 평가하기에는 부족하다는 판단에서 질적인 측면도 보완하기 위해 금융감독원이 금융투자회사에 대한 임점검사 등을 통해 경영 및 영업 상태를 종합적으로 평가하는 제도이다. 평가지표는 전 업종에 공통적으로 적용되는 항목으로 자본적정성, 수익성 및 내부통제에 관한 지표와 업종별 특성에 따라 부가되는 평가지표로 투자매매·중개업의 경우 유동성과 안정성, 집합투자업의 경우 유동성과 집합재산 운용의 적정성 그리고 부동산신탁업의 경우 유동성과 자산건전성 등이 있다.

평가결과 평가등급은 1등급(우수), 2등급(양호), 3등급(보통), 4등급(취약), 5등급(위험)의 5단계로 구분한다. 평가대상 금융투자업자에 대해 월별로 계량평가를 실시하고 계량평가 결과 4등급 이하이거나 전월보다 2개 등급이 악화되는 경우에 비계량평가를 실시하여 종합평가등급을 산출한다.

투자자문·일임업, 채권중개전문회사 및 전자증권중개회사 등의 경우 소규모이고 영업행태가 복잡하지 아니하여 경영실태평가제도가 적용되지 않는다.[33] 금융투자업자가 경영건전성기준을 충족하지 못하거나 이를 위반한 경우에는 금융위원회는 금융투자업자에 대하여 자본금의 증액, 이익배당의 제한 등 경영건전성 확보를 위한 필요한 조치를 명할 수 있다.

2) 적기시정조치

금융위원회는 (영업용) 순자본비율과 경영실태평가의 등급 등에 따라 적기시정조치를 행한다.

증권사의 경우 순자본비율이 100%(신탁업자의 영업용순자본비율이 150%)에 미달하거나 경영실태평가 결과 종합평가등급이 3등급 이상으로서 자본적정성 부문의 평가등급이 4등급 이하로 판정되는 경우 또는 거액의 금융사고 또는 부실채권의 발생으로 동 기준에 해당될 것이 명백하다고 판단되는 경우에는 '경영개선권고' 조치를 취한다.

증권사의 경우 순자본비율이 50%(신탁업자의 영업용순자본비율이 120%) 미만인 경우나 경영실태평가 결과 종합평가등급이 4등급 이하로 판정되는 경우 또는 거액의 금융사고나 부실채권의 발생으로 동 기준에 해당될 것이 명백하다고 판단되는 경우에는 '경영개선요구' 조치를 취한다. 동 기관들에 순자본비율이 0%(영업용순자본비율이 100%)미만이거나 「금융산업의 구조개선에 관한 법률」에서 정하는 부실금융기관에 해당하는 경우에는 '경영개선명령' 조치를 취한다.[34]

금융감독원장은 거액의 손실 발생 또는 위험의 증가 등으로 순자본비율 100%(영업용 순자본비율이 150%)에 미달될 것으로 예상되거나 일시적으로 미달하는 경우 그리고 검사 또는 경영실태평가결과 경영상의 취약부문이 있다고 판단되는 경우 당해 금융투자업자에 대해 이의 개선을 위한 계획 또는 약정서를 제출하게 하거나 당해 금융투자업자와 경영개선협약을 체결할 수 있다. 이는 적기시정조치에 대한 시장의 과민반응으로 인한 부작용을 최소화하기 위해 동 조치가 적용될 우려가 있는 금융투자업자에 대해 사전에 대비할 수 있게 하기 위해서다.

---

33) 「금융투자업규정」 제3-25조.

34) 제3장 3절 III 건정성규제의 [표 3-1] 참조

3) 위험관리

금융투자업자는 각종 거래에서 발생하는 위험을 적기에 인식·평가·감시·통제하는 등 위험관리체제를 갖추어야 한다. 금융감독원장은 금융투자업자의 위험관리실태의 적정성을 평가하고 그 결과를 감독 및 검사업무에 반영할 수 있다. 금융투자업자의 이사회는 위험관리에 대한 사항을 심의·의결하며 효율적인 위험관리를 위하여 필요하다고 인정되는 경우 이사회 내에 위험관리위원회를 두고 그 업무를 담당하게 할 수 있다.

금융투자업자는 위험을 관리하기 위한 위험관리지침을 마련하여야 하며 동 지침을 제정·변경하는 경우에는 금융감독원장에게 보고하여야 한다. 금융감독원장은 필요한 경우 동 지침의 개선을 요구할 수 있다.

자산(총자산－투자자예탁금)이 1천억원 이상이면서 장외파생매매업이나 인수업을 포함하는 증권매매업을 영위하는 금융투자업자에 대해서는 영업부문별로 리스크 규모 및 관리능력을 평가하는 리스크평가제도(RBS: Risk Based Supervision)[35]가 적용된다. 이를 위해 금융감독원은 RAMS(Risk Analysis and Management System)라는 전산시스템을 운영하고 있다. 동 시스템은 금융투자업자의 리스크를 12개 영업별 및 4개의 유형별로 세분화하여 평가하고 평가결과가 리스크에 노출된 금융투자업자에 대해서는 금융감독원이 집중 모니터링이나 부문검사 등을 실시하여 그 원인을 파악하고 대응방안을 마련한다. 동 평가결과는 해당 금융투자업자도 공유하여 스스로 문제를 해결하도록 유도한다.

한편, 2008년 글로벌 금융위기 이후 금융회사에 대한 유동성리스크 관리의 중요성이 증대됨에 따라 유동성리스크 관리능력을 제고하기 위해 금융투자협회의 모범기준으로 '금융투자회사 유동성리스크 관리기준'을 제정하여 2011년 1월부터 시행하고 있다. 동 기준은 금융투자회사가 유동성리스크를 평가하고 관리함에 있어 필요한 사항을 원칙 중심으로 제시한 것으로 금융투자회사(투자자예탁금을 제외한 자산총액 1천억원 이상 투자매매 중개업자)는 동 기준을 참고하여 자체적으로 유동성리스크 관리 전략, 정책 및 절차를 마련하되 개별 영업의 종류, 특성 등에 따라 탄력적으로 적용이 가능하도록 하여야 한다.

---

35) 감독업무의 효율화와 금융산업의 시스템리스크 예방을 위해 미국 등 선진국가의 금융감독기구가 운영하는 감독방식이다. 예를 들어, 미국 FRB는 1997년부터 Risk Focused Supervision, 영국 FSA는 2003년부터 Advanced Risk Responsive Operating Framework Ⅱ를 통해 리스크 평가를 하고 있다.

동 기준은 이사회 등의 책임 및 역할 명시, 내부통제 강화, 실질적인 유동성리스크 파악, 스트레스 테스트, 자금조달의 다변화 유도, 실효성 있는 비상자금조달계획 수립, 일중 유동성관리 체계 구축, 콜머니 차입 통제 등을 담고 있다.

외국환업무취급금융투자업자는 외화자산 및 부채를 잔존만기별로 구분하여 관리하고 소정의 외화유동성비율을 유지하여야 한다. 외국환업무취급금융투자업자는 외국환포지션을 구분 관리하여야 하며 외국환포지션 한도 준수 여부를 매영업일 잔액을 기준으로 확인하여야 한다. 외국환업무취급금융투자업자가 동 포지션 한도를 위반하는 경우 그 경중에 따라 금융감독원장이 제재한다.

3. 회계처리

금융투자업자는 고유재산과 신탁재산, 그 밖에 총리령으로 정하는 투자재산을 명확하게 구분하여 회계처리하여야 한다(법 제32조). 투자중개업자는 투자자의 예탁재산과 투자중개업자의 자기재산을 구분계리하여야 한다. 신탁업자는 신탁부문과 고유부문을 분리된 독립계정으로 회계처리하여야 하며 금융감독원장이 정하는 바에 따라 재무상태 및 경영성과를 적정하게 표시하고 신탁재산의 건전성 유지에 필요한 준비금 등을 충실히 적립하여 회계처리의 공정성과 객관성을 유지하여야 한다.

신탁겸영금융기관의 신탁회계는 각 신탁재산을 주체로 그 특성에 따라 그리고 부동산신탁업자의 신탁계정은 신탁사업별로 구분하여 회계처리하여야 한다. 금융투자업의 회계처리는 「금융투자업규정」에서 정하고 있는바, 금융투자업자의 회계처리에 관하여 동 규정에서 정하지 않은 사항은 기업회계기준(IFRS)이 정하는 바에 따른다.

4. 업무보고서 및 공시

금융투자업자는 업무보고서, 중요사항공시 및 경영상황공시 등을 통한 공시의무가 있다. 금융투자업자는 업무의 개요와 내용 등에 관한 사항을 업무보고서를 통해 분기별로 금융위원회에 보고하여야 하며 업무보고서 내용 중 중요한 것을 발췌한 공시서류를 인터넷 홈페이지 등을 이용하여 공시하여야 한다. 금융투자업자는 거액의 금융사고나 부실채권의 발생 등 경영상황에 중대한 영향을 미칠 사항으로서 시행령(제36조 ②)에서 정한 사항을 금융위원회에 보고하고 공시하여야 한다(법 제33조).

5. 대주주와의 거래 제한과 대주주의 부당한 영향력 행사 금지

금융투자업자는 담보권의 실행 등 권리행사를 위하여 필요한 경우, 합법적인 주가안정조작이나 시장조성을 하는 경우 등을 제외하고는 원칙적으로 금융투자업자의 대주주(특수관계인 포함)가 발행한 증권을 소유하거나 이들에 대한 신용공여 행위[36]가 금지된다(법 제34조). 금융투자업자가 동 규정을 위반하는 경우 금융위원회는 과징금을 부과할 수 있다(법 제428조).

금융투자업자의 대주주는 금융투자업자의 이익에 반하여 자신의 이익을 얻을 목적으로 부당한 영향력을 행사하기 위하여 금융투자업자에 대하여 외부에 공개되지 아니한 자료 또는 정보의 제공을 요구하거나 경제적 이익 등 반대급부의 제공을 조건으로 다른 주주와 담합하여 금융투자업자의 인사 또는 경영에 부당한 영향력을 행사하여서는 안 된다(법 제35조).

III. 영업행위 규제

금융투자업자에 대한 규제는 건전성 규제가 강조되는 은행이나 보험과는 달리 특히 거래행위에 대한 규제가 강조된다. 이와 같이 거래행위가 강조되는 이유는 금융투자상품이 갖는 특성에 기인한다. 구체적인 내재가치를 가지고 있는 부동산이나 실물자산과는 달리 금융투자상품은 '무엇인가에 대한 권리를 표창하는 증서 또는 이와 유사한 것'에 불과하여 그 가치를 잘못 판단하거나 거래가 공정하게 이루어지지 않을 경우 투자자나 자금을 조달하려는 자 모두가 부당한 피해를 입을 소지가 크기 때문이다.

따라서 금융투자에 관한 규제의 주된 목적은 투자자는 자기책임으로 투

36) 금전·증권 등 경제적 가치가 있는 재산의 대여, 채무이행의 보증, 자금지원적 성격의 증권의 매입, 그 밖에 거래상의 신용위험을 수반하는 직·간접적 거래로서 대통령령으로 정하는 거래.

자해야 한다는 원칙하에 공정한 게임이 이루어질 수 있도록 게임의 규칙을 정하여 공정하고 투명한 투자의 장을 마련하는 것이라고 할 수 있다.

영업행위 규제는 금융투자업자가 영업행위를 할 때 지켜야 할 행위와 영업관행에 관한 규칙과 기준을 제시하는 것으로 6개 금융투자업에 공통적으로 적용되는 공통영업행위 규제와 개별 금융투자업자별로 금융기능의 특성을 반영한 업별 영업행위 규제로 구분된다.

1. 공통영업행위 규칙

공통영업행위 규칙은 금융투자업자가 투자자를 상대로 영업을 함에 있어 공통적으로 지켜야 할 규율로 신의성실의무, 이해상충 방지, 투자권유 규제, 직무관련 정보의 이용 금지 등으로 나눌 수 있다.

1) 신의성실의무

신의성실의무(duty for good faith)는 금융투자업자는 신의성실원칙에 따라 공정하게 금융투자업을 영위하여야 하며 정당한 사유 없이 투자자의 이익을 해치면서 자신이나 제3자의 이익을 취해서는 안 된다는 것을 말한다(법 제37조).[37)]

2) 이해상충 방지

자기매매와 투자자의 재산을 함께 관리하는 금융투자업은 이해상충이 발생할 소지가 크다. 특히 금융투자업간의 겸영이 확대됨으로써 이와 같은 가능성은 더욱 커졌다. 이해상충의 발생 행태는 특정 투자자의 이익을 희생하여 자신 또는 제3자의 이익을 도모하는 행위 등 매우 다양하다.

「자본시장법」은 금융투자업의 영위와 관련하여 금융투자업자에게 이해상충방지의무를 부과하고 있는바, 그 주요 내용은 이해상충관리의 3단계 원칙에

---

37) 현재 금융투자중개업은 「상법」상 위탁매매에 해당되어 「민법」상 수임인의 선관주의의무가 적용되고 있다. 그러나 동 선관주의의무는 일반적으로 일정 정도의 주의의무만 부과되어 추가적인 행위규범을 도출하기 어렵다는 지적이 많아 영미법계의 신인의무(fiduciary duty)로 확장할 필요성이 제기되고 있다. 영미법상의 신인의무는 타인의 신인을 받아 일정 범위의 업무를 수행하는 자를 폭넓은 개념으로 수탁자(fiduciary)라 하고 수탁자의 책임으로 신인의무에 관한 법리가 확립되어 있다. 신인의무에는 주의의무(duty of care), 충실의무(duty of loyalty) 등이 포함되어 있다.

따른 내부통제시스템의 구축과 정보교류의 차단이다(법 제44조 ①).

이해상충관리의 3단계 원칙은 ① 금융투자업자는 이해상충이 발생할 가능성을 파악·평가하고 내부통제기준이 정하는 방법 및 절차에 따라 적절히 관리(control)하고 ② 파악·평가결과 이해상충이 발생할 가능성이 있다고 인정되는 경우 그 사실을 미리 투자자에게 알려야 한다(disclosure). ③ 이해상충 가능성을 내부통제절차에 따라 투자자보호에 문제가 없을 정도로 낮춘 후 거래하여야 하며 이것이 불가능하다고 판단되는 경우에는 매매 또는 그 밖의 거래를 하여서는 아니 된다(avoid).

정보교류 차단장치(chinese wall)는 이해상충이 발생할 가능성이 큰 금융투자업자 간의 내부차단장치를 말한다. 금융투자업자는 금융투자업 등을 영위하는 경우 계열회사를 포함한 제3자에게 정보를 제공할 때에는 내부통제기준이 정하는 방법 및 절차에 따라 미공개중요정보 등 중요한 정보[38]의 교류를 적절히 차단하여야 한다(법 제45조 ②). 원래 금융투자업을 기준으로 임직원 겸직금지, 사무공간 차단벽 설치 등을 통해 정보교류를 차단하였으나 2020년 4월 자본시장법 개정을 통해 이해상충이 발생할 수 있는 '정보'를 기준으로 정보교류를 차단하도록 하였고, 각 정보의 특성에 맞게 정보교류 차단원칙을 제시하였다.

금융위원회는 이해상충방지의무를 위반한 금융투자업자 및 그 임직원에 대한 처분 및 업무위탁계약의 취소변경 명령, 과태료 등 행정제재를 부과할 수 있다.

금융투자업자가 이와 같은 법령 등을 위반하는 행위를 하거나 업무를 소홀히 하여 투자자에게 손해를 끼친 경우에는 손해를 배상할 책임이 있고 귀책사유가 있는 임원은 금융투자업자와 연대하여 책임(joint liability)을 진다.

특히 투자매매업, 투자중개업 및 집합투자업을 겸영하는 과정에서 이해상충 금지규정을 위반하는 경우 금융투자업자는 무과실의 입증책임(burden of

38) 현재 금융투자중개업은 「상법」상 위탁매매에 해당되어 「민법」상 수임인의 선관주의의무가 적용되고 있다. 그러나 동 선관주의의무는 일반적으로 일정 정도의 주의의무만 부과되어 추가적인 행위규범을 도출하기 어렵다는 지적이 많아 영미법계의 신인의무(fiduciary duty)로 확장할 필요성이 제기되고 있다. 영미법상의 신인의무는 타인의 신인을 받아 일정 범위의 업무를 수행하는 자를 폭넓은 개념으로 수탁자(fiduciary)라 하고 수탁자의 책임으로 신인의무에 관한 법리가 확립되어 있다. 신인의무에는 주의의무(duty of care), 충실의무(duty of loyalty) 등이 포함되어 있다.

proof)을 진다. 그러나 이와 같이 입증책임의 전환이 이루어지면 투자자로부터의 남소(abusive litigation)의 우려가 있어 사회적 비용을 증가시킬 수도 있다. 이에 동 법은 이해상충에 대한 손해배상의 특칙을 두어 금융투자업자가 상당한 주의를 하였음을 증명하거나(due diligence defense), 투자자가 금융투자상품의 매매 또는 그 밖의 거래를 할 때 그 사실을 안 경우(투자자의 악의)에는 배상의 책임을 지지 아니할 수 있게 하였다(법 제64조).

3) 투자권유 규제

투자권유 규제로는 금융소비자보호법에 따른 적합성원칙, 설명의무, 부당권유 금지 규제가 있고, 자본시장법에 따른 투자자 구분과 이동, 위험상품 규제가 있다.

(1) 적합성원칙(suitability principle)

금융투자업자는 고객과 금융투자상품의 계약을 체결하거나 고객의 자문에 응하는 경우에 고객이 일반투자자인지 아니면 전문투자자인지를 확인하여야 한다. 그리고 금융투자업자가 일반투자자에게 금융투자상품의 계약 체결을 권유하거나 일반투자자의 자문에 응하는 경우 면담·질문 등을 통하여 일반투자자의 재산상황, 금융투자상품의 취득 또는 처분 목적과 경험 등를 파악하고, 일반금융소비자로부터 서명(전자서명 포함), 기명날인, 녹취 또는 이와 유사한 방법으로 확인을 받아 유지·관리하여야 하며, 확인받은 내용을 일반금융소비자에게 지체 없이 제공해야 한다.

금융투자업자는 일반투자자의 재산상황, 투자목적, 투자경험 등 정보를 고려하여 일반금융소비자에게 적합하지 아니하다고 인정되는 계약 체결을 권유해서는 안 된다.

적합성원칙 준수의무를 금융투자회사에 부여함에 있어 ① 적합성원칙은 윤리적 기준인가 법적 의무인가, ② 적합성의 정의, 구체적으로 투자자에게 적합한 상품을 팔아야 한다는 적극적(positive) 의미인가, 부적합한 상품을 팔아서는 안 된다는 소극적(negative) 의미인가, ③ 투자권유의 정의, 예컨대 고객이 창구에 와서 주문을 하고 직원이 이에 대응하여 일을 처리하는 경우도 투자권유에 해당하는가, ④ 적합성원칙의 준수를 위한 금융투자회사의 정보취득 의무, 예컨대 고객이 제공한 정보에만 기초하여 적합성 여부를 판단하면 되는 것인가, 아니면 금융투자회사가 필요한 설문 및 질문을 통하여 고객의 투자목적 및 위험감내 수준 등을 파악하는 데 합리적인 근거가 될 수 있는 정보를 수집하여야 하는가 등이 주요 쟁점이 되고 있다.

원래 법 취지에 따르자면 ①에 대해서는 적합성원칙 준수 의무를 법적 의무로 간주하고, ②에 대해서는 부적합한 상품은 팔지 않아야 한다는 소극적 의미로 해석할 수 있다. ③에 대해서는 원칙적으로 일반투자자와의 거래는 투자권유가 있는 것으로 간주하고, ④에 대해서는 적합성 판단의 기초가 되는 정보는 투자자가 제공하는 정보로 제한하고 있다. 그리고 적합성은 투자의 결과 사후적으로 확정되는 결과적인 적합성이 아니라 투자권유시점을 기준으로 하는 사전적 적합성을 의미한다.

(2) 설명의무(product guidance)

금융투자업자는 일반투자자에게 계약 체결을 권유하거나 일반투자자의 자문에 응할 경우 및 일반투자자가 설명을 요청하는 경우 투자성 상품의 내용, 투자에 따른 위험, 투자성 상품의 위험등급, 수수료 등 중요한 사항을 일반투자자가 이해할 수 있도록 설명해야 한다. 다만 일반투자자가 특정 사항에 대한 설명만을 원하는 경우 해당 사항만을 설명해도 된다.

(3) 부당권유(unfair solicitation) 금지

금융투자업자는 일반투자자에게 계약 체결을 권유하거나 일반투자자의 자문에 응할 경우 불확실한 사항에 대하여 단정적 판단을 제공하거나 확실하다고 오인하게 할 소지가 있는 내용을 알리는 행위, 금융상품의 내용을 사실과 다르게 알리는 행위, 금융상품의 가치에 중대한 영향을 미치는 사항을 미리 알고 있으면서 금융소비자에게 알리지 아니하는 행위, 금융상품 내용의 일부에 대하여 비교대상 및 기준을 밝히지 아니하거나 객관적인 근거 없이 다른 금융상품과 비교하여 해당 금융상품이 우수하거나 유리하다고 알리는 행위를 할 수 없다.

또한 금융투자업자는 금융소비자로부터 계약의 체결권유를 해줄 것을 요청받지 아니하고 방문·전화 등 실시간 대화의 방법을 이용하는 행위(unsolicited call)와 계약의 체결권유를 받은 금융소비자가 이를 거부하는 취지의 의사를 표시하였는데도 계약의 체결권유를 계속하는 행위(solicitation against will)도 할 수 없다.

(4) 투자권유준칙과 투자권유대행인제도

금융투자업자는 투자권유를 함에 있어 임직원이 지켜야 할 구체적인 기준 및 절차인 투자권유준칙을 정하고 이를 인터넷 홈페이지 등을 이용하여 공

시하여야 한다. 금융투자협회는 투자권유준칙과 관련하여 금융투자업자가 공통으로 사용할 수 있는 '표준투자권유준칙'을 제정할 수 있다(법 제50조). 개별 금융투자회사는 '표준투자권유준칙'을 기초로 금융투자업자의 업무범위와 취급하는 금융투자상품의 종류 등을 고려하여 투자권유준칙을 제정한다. 특히 파생상품 등 위험상품에 대해서는 일반투자자의 투자목적, 재산상황, 투자경험 등을 고려하여 투자자등급별로 차등화된 투자자권유준칙을 제정하여야 한다.

금융투자업자는 투자자가 금융투자상품에 대해 보다 다양한 경로로 접근할 수 있도록 금융투자상품의 판매와 중개업무만을 수행하는 투자권유대행인(introducing broker)에게 투자권유를 위탁할 수 있다. 금융투자업자가 투자권유를 위탁한 경우에는 위탁을 받은 자를 금융위원회에 등록하여야 하며 금융위원회는 동 등록업무를 협회에 위탁할 수 있다(법 제51조). 투자권유대행인은 능력검증시험에 합격하고 협회가 정한 소정의 교육을 이수하여야 한다.

투자권유대행인은 개인에게만 허용되고 1사 전속으로 하였는바, 법인에게도 허용할 경우 동일한 업무영역을 갖는 투자중개업자에 비해 진입요건이 지나치게 완화되어 규제차익이 발생할 수 있기 때문이다. 투자권유대행인에 대해서는 투자권유 과정에서 투자자를 보호하기 위해 금융투자회사에 적용되는 설명의무, 적합성원칙 등의 투자권유 규제가 적용된다.

금융투자업자는 투자권유대행인 외의 자에게 투자권유를 대행하게 하여서는 아니 된다. 또한 투자권유대행인이 투자권유를 대행함에 있어서 법령을 준수하고 건전한 거래질서를 해하는 일이 없도록 성실히 관리하여야 하며, 이를 위한 투자권유대행기준을 정하여야 한다. 투자권유대행인의 불법행위에 대해서는 사용자 책임규정(「민법」 제756조)을 준용하여 투자권유대행인에게 업무를 위탁한 금융투자회사도 책임을 진다.

(5) 투자자 구분과 이동

투자자를 전문투자자와 일반투자자로 구분한다(법 제9조 ⑤). 전문투자자는 국가, 한국은행, 시행령에서 정한 금융기관, 주권상장법인, 기타 시행령에서 정한 투자자(집합투자기구, 일정 규모 이상의 재산을 보유한 개인 등)이다. 이들은 전문지식, 투자정보, 자금 동원, 위험 감내 등에서 충분한 능력이 있으므로 이들에 대해서는 불필요한 투자자 규제가 적용되지 않도록 하고 그렇지 못한 일반투자자에 대해서는 투자자 보호 장치를 강화한다. 예컨대 투자권유시 적합성원칙과 설명의무는 일반투자자에게만 적용하고 전문투자자에게는 적용하지 않는다.

전문투자자에 해당하지 않는 법인·개인도 금융투자상품 잔고가 일정 수준 이상일 경우 금융위원회 신고로 자발적으로 전문투자자로의 전환이 가능하다. 전문투자자 중 시행령으로 정한 자가 일반투자자와 같은 대우를 받겠다는 의사를 금융투자업자에게 서면으로 통지하는 경우 금융투자업자는 정당한 사유가 있는 경우를 제외하고는 이에 동의하여야 하며 이 경우 해당 투자자는 일반투자자로 본다. 그러나 일반투자자를 전문투자자로 대우하는 것은 금융투자업자가 투자자 보호 회피 수단으로 악용하는 것을 방지하기 위해 원칙적으로 금지한다.

(6) 위험상품 규제

장외파생상품 등과 같은 위험이 큰 금융투자상품 거래는 전문투자자만을 대상으로 하고 일반투자자를 상대로는 할 수 없다. 다만 일반투자자의 경우에도 헤지를 목적으로 하는 경우에는 예외적으로 장외파생상품거래가 허용된다. 장외파생상품의 경우 주권상장법인은 서면으로 전문투자자 대우를 받겠다는 별도의 의사표시를 하지 않는 한 일반투자자로 취급된다.

금융투자업자가 투자권유 없이 투자자의 희망에 따라 일반투자자에게 파생상품 등을 판매하는 경우 면담이나 질문 등을 통하여 그 투자자의 투자목적, 재산상황 및 투자경험 등의 정보를 파악하고 이러한 파악과정을 거쳐 일반투자자에게 파생상품 등이 적합하지 않다고 판단되는 경우에는 그 사실을 투자자에게 알려야 할 적정성의무(appropriateness rule)가 있다. 파생상품 등에 대한 투자권유대행 위탁은 금지된다. 금융투자업자는 1인 이상의 파생상품 업무책임자를 지정하고, 지정·변경시 금융위원회에 통보하여야 한다.

(7) 직무관련 정보의 이용 금지 등

종래 금융투자업자와 임직원의 부정행위(fraud)를 막기 위한 장치는 크게 미흡하였다. 부정행위를 적발하기가 어려운데다 적발을 한다 하더라도 이에 대한 제재도 부정행위의 재발을 막고 법규 이행을 강제하기에는 매우 비효과적이고 비효율적이었다. 위법행위에 대한 책임 추궁이 미약한데다 적발된 위법행위에 대한 제재의 강도도 낮아 법규를 위반하는 것이 준수하는 것보다 유리하여 법규위반이 경제적으로 합리적인 의사결정이 되는 경우도 적지 않았기 때문이다. 동 법에서는 이에 대한 제재를 대폭적으로 강화하였다.

미공개 정보 이용

금융투자업자와 그 임직원은 직무관련 정보로서 외부에 공개되지 않은 정보를 이용한 자신 또는 제3자의 이익을 위한 거래는 금지된다(법 제54조). 대표적인 부정행위로 선행매매(front running),[39] 사취적 투자권유(scalping)[40] 및 위법적인 자기매매 등을 들 수 있다.

임직원의 증권거래

종래 실효성이 적었던 금융투자회사 임직원의 자기계산에 의한 위탁매매 금지 조항은 폐지하고 대신 자기계산에 의한 증권매매는 허용하되 불공정 행위와 투자자와의 이해상충을 방지하기 위해 내부통제장치와 제재가 강화된다(법 제63조).

즉, 금융투자회사 임직원은 자기명의로 1개의 회사에 1인 1계좌를 허용하되 매매명세를 분기별로 소속 회사에 정기적으로 통지하여야 하고 소속 금융회사는 임직원이 지켜야 할 적절한 기준 및 절차를 마련하여야 한다. 이를 위반하는 자에는 3년 이하의 징역 또는 1억원 이하의 벌금(fine)에 처하거나(법 제445조), 5천만원 이하의 과태료(fine for negligence)를 부과할 수 있다(법 제449조).

(8) 투자광고 규제

투자광고 규제는 광고를 빙자하여 불특정 다수를 상대로 투자권유하는 것을 방지하기 위함이다. 이에 따라 금융투자업자는 금융상품에 관한 계약을 체결하기 전에 금융상품 설명서 및 약관을 읽어 볼 것을 권유하는 내용, 금융투자업자의 명칭, 금융투자상품의 내용 등을 포함하여 업무 또는 상품에 관한 광고를 해야 한다.

금융투자상품에 관한 광고의 경우 투자에 따른 위험, 과거 운용실적이 미래의

39) 이익의 획득 또는 손실의 회피를 위해 예상되는 고객의 행동양식을 미리 알고 하는 행위를 말한다. 예컨대, 고객으로부터 대량매수 등의 주문을 받은 경우 이를 집행하기에 앞서 자기계산으로 미리 해당 증권을 매수하여 가격상승으로 인한 차익을 얻고자 하거나 대량매도 주문 수탁시 이를 집행하기에 앞서 미리 자기보유 증권을 매도하여 가격하락 위험을 회피하는 행위 등이 그것이다.

40) 고객의 행동을 촉발시킴으로써 증권의 시장가격을 변동시키고, 고객이 행동하는 즉시 반대되는 행동을 함으로써 이익을 얻으려는 행위로 예컨대, 고객에게 특정 증권의 매수를 권유하면서 동시에 당해 증권을 매도하는 행위(역의 경우도 마찬가지)를 들 수 있다. 짧은 시간에 시세차익을 노리는 초단기투자거래를 지칭하기도 한다. scalping이란 '가죽벗기기'라는 어원에서 연유한 것으로 가죽처럼 얇은 이윤을 극히 짧은 시간에 여러 번의 매매를 통해 추구한다는 의미이다.

수익률을 보장하는 것이 아니라는 설명을 포함해야 한다. 또한 손실보전(損失補塡) 또는 이익보장이 되는 것으로 오인하게 하는 행위, 수익률이나 운용실적을 표시하는 경우 수익률이나 운용실적이 좋은 기간의 수익률이나 운용실적만을 표시하는 행위 등이 금지된다.

(9) 약관 규제

약관의 공시를 통해 투자자를 보호하자는 것으로 금융투자업자는 금융투자업의 영위와 관련하여 약관을 제정 또는 변경하고자 하는 경우에는 미리 금융위원회에 신고하여야 한다. 금융위원회는 약관 또는 협회가 정한 표준약관이 법령에 위반되거나 투자자의 이익을 침해할 우려가 있다고 인정되는 경우 금융투자업자 또는 협회에 그 내용을 구체적으로 기재한 서면에 의해 변경할 것을 명할 수 있다(법 제56조 ⑥).

(10) 공통적 금지 또는 제한 행위

모든 금융투자업자가 지켜야 할 공통적 금지 또는 제한 행위로는 대주주와의 거래 제한(법 제34조), 대주주의 부당한 영향력 행사의 금지(법 제35조), 상호사용의 제한(법 제38조),[41] 업무범위 제한(법 제40조 및 41조), 타인에 대한 업무위탁 제한(법 제42조), 고객에 대한 손실보전(compensation for losses) 금지(법 제55조) 및 자료기록 및 유지의무(법 제60조) 등이 있다.

2. 업별 영업행위 규칙

업별 영업행위 규칙은 금융투자업종별 고유한 특성을 반영한 영업행위 규칙을 말한다.

1) 투자매매업자 및 투자중개업자의 영업행위 규칙

(1) 매매형태의 명시

투자매매·중개업자는 주문을 받은 경우 자신이 투자매매업자인지, 투자중개업자인지를 밝혀야 한다(법 제66조). 고객에게 가격협상이 가능한 매매거래인지 단순한 중개거래인지를 알려 분쟁의 소지를 없애기 위해서다. 금융투자업자가 명시의무 위반으로 투자자가 손해를 입은 경우 손해배상책임이 있고

41) 금융투자업자가 아닌 자는 금융투자업자로 오인되지 않도록 '증권, 파생, 집합투자, 투자신탁, 자산운용 투자자문 및 신탁'이라는 문자(한글 또는 이와 같은 뜻을 가지는 외국어 포함)를 사용해서는 안 된다.

의무를 위반한 금융투자업자 및 그 임직원에 대해서는 행정제재 및 벌칙이 있다(법 제446조 11호).

(2) 자기계약의 금지

투자매매 · 중개업자는 매매에 있어 자신이 본인이 됨과 동시에 상대방의 투자중개업자가 되어서는 안 된다(법 제67조).

(3) 시장매매의무

투자중개업자는 투자자로부터 증권시장 또는 파생상품시장에서의 매매의 위탁을 받은 경우 반드시 동 시장을 통하여 매매가 이루어져야 한다(법 제68조). 이 경우 자기계약 금지의무는 적용되지 않는다. 시장의 경쟁거래에 의해 대량매매가 이루어지는 경우 설사 투자중개업자의 자기계약 거래가 이루어진다 하더라도 고객에게 불리한 거래가 될 가능성이 없기 때문이다.

(4) 자기주식의 예외적 취득

투자매매업자는 투자자로부터 투자매매업자가 발행한 단주 미만의 자기주식(treasury stock) 매도주문을 받은 경우 이를 장외에서 취득할 수 있다. 거래소에서 거래될 수 없는 단주 미만의 주식거래가 원활하게 이루어질 수 있게 하기 위해서다. 이 경우 취득한 자기주식은 취득일로부터 3개월 이내에 처분하여야 한다(법 제69조).

(5) 임의매매의 금지

투자매매 · 중개업자는 투자자나 그 대리인으로부터 매매주문을 받지 아니하고는 투자자로부터 예탁받은 자산으로 매매(arbitrary trading)를 하여서는 아니 된다(법 제70조).

(6) 불건전 영업행위의 금지

투자매매 · 중개업자는 선행매매, 과당매매, 조사분석자료와 관련한 불건전 매매[42]나 영업행위 및 위법적인 투자권유 등이 금지된다(법 제71조).

(7) 신용공여 제한

투자매매 · 중개업자가 증권의 매매와 관련하여 금전의 융자 또는 증권의 대여의 방법으로 투자자에게 신용을 공여할 수 있다. 다만, 투자매매업자는

42) 조사분석자료 작성을 담당하는 자에 대하여 기업금융업무와 연동된 성과보수를 지급하는 행위와 주식 및 주식관련 증권의 공모와 관련한 계약을 체결한 날로부터 그 주식이 최초로 상장된 날로부터 40일 이내에 그 주식에 대한 조사분석자료를 공표하거나 특정인에 제공하는 행위는 금지된다(시행령 제68조 ③).

증권의 인수일로부터 3개월 이내에 투자자에게 그 증권을 매수하게 하기 위하여 투자자에게 신용공여를 하여서는 안 된다(법 제72조). 신용공여의 기준 및 방법에 관하여 필요한 사항은 시행령과 금융위원회가 정하여 고시한다.

(8) 투자자예탁금의 별도예치

투자매매·중개업자는 투자자예탁금을 고유재산과 분리하여 증권금융회사에 예치 또는 신탁하여야 한다. 다만 겸영금융투자업자 중 은행과 보험회사는 증권금융회사 이외에 신탁업자에게도 신탁할 수 있으며 이 경우 겸영투자업자가 신탁업을 영위하는 경우에는 자기계약을 할 수 있다(법 제74조).

(9) 투자자 예탁증권의 예탁

투자매매·중개업자는 매매 또는 그 밖의 거래에 따라 보관하게 되는 투자자 소유의 증권(외화증권 제외)은 예탁결제원에 즉시 예탁하여야 한다(법 제75조).

이 밖에 투자매매·중개업자가 집합투자증권을 판매하는 경우에 관한 특례(법 제6조), 은행과 보험회사가 투자성 있는 예금과 보험계약을 체결하거나 그 중개 또는 대리를 하는 경우 금융투자업 인가를 받은 것으로 간주하는 특례(법 제77조), 전자적 방식에 의한 증권중개업무에 관한 규정 등이 있다(법 제78조).

2) 집합투자업자의 영업행위 규칙

(1) 선관의무 및 충실의무

집합투자업자는 투자자에 대하여 선관의무(duty of care)와 충실의무(duty of loyalty)를 진다.[43]

선관의무는 집합투자자는 투자자 또는 수익자에 대하여 선의의 관리자의 주의로써 수탁재산을 운용하여야 함을 말하고 충실의무는 투자자의 이익을 보호하기 위하여 해당업무를 충실(in good faith)하게 수행하여야 하는 것을 말한다(법 제102조). 동 법에 직접적인 명문 규정은 없으나 금융투자업자의 신의성실원칙, 이해상충방지 규정 등을 규정하고 있는 것을 볼 때 영미법상의 수탁자의 신인의무(fiduciary duty)[44]를 수용한 것으로 해석하는 것이 통설이다.

---

43) 집합투자업자는 투자자에 대하여 선량한 관리자로서의 주의로써 재산을 운용하여야 하며 투자자의 이익을 보호하기 위해 업무를 충실하게 수행하여야 한다(법 제79조).

44) 영미법에서는 타인의 신인을 얻어서 일정 범위의 임무를 수행해야 하는 자를 폭넓은 개념으로서 수탁자(fiduciary)라 하며 수탁자의 책임으로 신인의무(fiduciary duty)에 관한 법리가 확립되어 있다. 신인의무에는 주의의무, 충실의무, 자기집행의무, 신탁재산의 분별관리의무,

선관의무상의 주의의 정도는 단순한 위임관계에서의 주의의무가 아니라 전문적인 투자관리자(prudent investor)로서 합리적이고 객관적인 판단과 주의가 요구됨을 의미한다.[45] 여기서 전문적인 투자관리자라 함은 유사한 지위에 있는 자가 유사한 자격과 능력을 보유하고 당해 문제에 대해 잘 알고 있는 신중한 사람이라고 정의된다.

(2) 자산운용의 지시 및 실행

투자신탁의 집합투자업자는 투자신탁재산을 운용함에 있어 이를 보관·관리하는 신탁업자에 대하여 투자신탁재산별로 투자대상자산의 취득·처분 등에 관한 지시를 하여야 한다. 다만 집합투자업자는 투자신탁재산의 효율적 운용을 위해 불가피한 경우로서 시행령이 정한 경우[46]에는 자신의 명의로 직접 투자대상자산의 취득·처분 등을 할 수 있다.

투자신탁을 제외한 집합투자기구(collective investment scheme)의 집합투자업자는 집합투자재산을 운용함에 있어 집합투자기구의 명의로 취득·처분 등을 하고 집합투자기구의 신탁업자에게 자산의 보관·관리에 필요한 지시를 하여야 한다(법 제80조).

공평의무, 계산서류 작성의무 등을 포괄한다.

45) 미국은 당초에는 동 의무를 사려 깊고 분별력 있는 사람이 자기의 재산을 운용하는 때에 사용할 것과 같은 주의를 태만하지 않도록 하는 원칙(prudent man rule)으로 해석하였으나 「Uniform Prudent Investor Act of 1994」의 채택으로 주의의무의 기준을 제시하면서 신탁재산의 투자·관리와 관련되는 사실을 확인할 의무를 규정하고, 특히 주의의무의 이행과 관련하여서는 전체 투자 포트폴리오 관점에서 합리적인 주의(care), 기술능력(skill) 및 배려(caution)를 이행할 것을 요구하고 있다. 여기에서 주의라 함은 수탁자가 자신이 행하는 투자로부터 발생하는 권리·기회와 관련된 정보 등을 파악하고 이를 고려하여 투자전략을 설계·실행하는 것으로서 필요한 경우 타인으로부터 정보와 조언을 구하고 이를 이용하는 것을, 기술능력이란 일반인보다 높은 투자기술과 투자능력을 가진 수탁자에게 그러한 능력을 행사하도록 요구하는 것을 그리고 배려라 함은 수탁자에게 '원본의 안전성'과 '합리적인 수익'을 고려하면서 투자하도록 요구하는 것으로서 당해 신탁의 목적, 수익분배 조건, 구체적 신탁조항, 가능한 위험감수 정도, 부과되는 세금액 등을 고려해야 함을 의미한다(동 법 제2조). 이 밖에도 동 법은 분산투자의무(제3조), 신탁재산조사, 재산보유 및 처분에 관한 결정이행요구(제4조), 충실의무(제5조), 공평의무(제6조), 투자비용에 관한 의무(제7조) 등을 규정하고 있다.

46) 신탁계약에 정하여 투자대상자산을 운용하는 경우로서 상장증권. 장내파생상품, 금융기관이 발행·할인·매매·중개·인수 또는 보증하는 어음, CD, 대외지급수단, 투자위험을 회피하기 위한 장외파생상품 등의 매매, 기타 금융위원회가 고시하는 경우를 말한다(시행령 제79조 ②).

(3) 자산운용의 제한

집합투자기구의 투자한도,[47] 파생상품거래,[48] 부동산투자, 집합투자증권 투자(fund of funds) 등 집합투자업자가 집합투자대상재산을 운용함에 있어 지켜야 할 사항을 규정하고 있다(법 제81조).

(4) 자기집합투자증권(treasury collective investment securities)의 취득 제한

투자신탁이나 투자익명조합의 집합투자업자는 담보권의 실행 등 권리행사에 필요한 경우나 수익증권을 매수하는 경우를 제외하고는 집합투자기구의 계산으로 그 집합투자기구의 집합투자증권을 취득하거나 질권의 목적으로 받지 못한다(법 제82조).

(5) 금전차입 등의 제한

집합투자업자는 집합투자증권의 환매청구가 대량으로 발생하여 일시적으로 매수대금의 지급이 곤란한 경우 등을 제외하고는 집합투자기구의 계산으로 금전을 차입할 수 없으며 집합투자재산으로 집합투자기구 외의 자를 위하여 채무보증 또는 담보제공을 하여서는 아니 된다(법 제83조).

(6) 이해관계인과의 거래 제한 등

집합투자업자는 집합투자재산을 운용함에 있어 공개시장을 통한 거래 등 집합투자기구와 이해상충의 우려가 없는 경우를 제외하고는 이해관계인과 거래행위를 해서는 안 되며 집합투자기구의 계산으로 그 집합투자업자가 발행한 증권(수익증권 제외)을 취득하여서는 아니 된다(법 제84조).

(7) 불건전 영업행위의 금지

집합투자업자는 집합투자재산을 운용함에 있어 투자대상자산의 가격에 중대한 영향을 미칠 수 있는 매수 또는 매도 의사를 결정한 후 이를 실행하기 전에 집합투자업자 자기의 계산으로 동 자산을 매도 또는 매수하거나 제3자에게 매수 또는 매도를 권유하는 행위, 자기 또는 관계인수인이 인수한 증권을 집합투자재산으로 매수하는 행위, 특정집합투자기구의 이익을 해하면서 자기 또는 제3자의 이익을 도모하는 행위 등이 금지된다(법 제85조).

---

47) 동일종목 투자한도(집합투자기구 자산총액의 10%), 동일법인지분투자한도(집합투자업자가 운용하는 전체집합투자기구의 동일법인 발행 지분의 20%와 개별집합투자기구의 동일법인 지분투자한도 10%) 등.

48) 적격성을 갖추지 못한 자와의 장외파생상품거래, 소정의 위험평가액을 초과하는 파생상품의 거래 등.

(8) 성과보수(performance fee)의 제한

집합투자업자는 원칙적으로 집합투자기구의 운용실적과 연동한 성과보수를 받아서는 아니 된다. 다만 집합투자기구가 사모집합투자기구인 경우와 투자자 보호 및 건전한 거래질서를 해할 우려가 없는 경우로서 금융위원회가 정하여 고시하는 경우는 예외로 한다(법 제86조).

(9) 의결권 등

집합투자업자는 수탁자의 책임(fiduciary duty)으로 집합투자재산에 속하는 주식의 의결권을 행사해야 한다. 집합투자업자는 의결권의 행사 여부와 행사할 경우 그 구체적인 내용, 행사하지 않는 경우 구체적인 사유에 대해 영업보고서에 기재하는 방식으로 기록·유지하고 그 내용을 주주총회일로부터 5일 이내에 증권시장을 통해 공시하여야 한다(Comply or Explain).

집합투자업자가 집합투자재산에 속하는 주식의 의결권을 행사함에 있어 집합투자재산에 속하는 주식을 발행한 법인을 계열회사로 편입하기 위한 경우나 동 법인과 계열관계 또는 사실상 지배관계에 해당하는 경우에는 의결권을 중립적으로 행사(shadow voting)하여야 한다. 다만 집합투자재산에 속하는 주식을 발행한 법인의 합병, 영업양도·양수, 임원의 선임, 그 밖에 이에 준하는 사항으로서 집합투자재산에 손실을 초래할 것이 명백하게 예상되는 경우에는 그러하지 아니하다(이상 법 제79조, 제87조).

(10) 수시공시

집합투자업자는 투자운용인력의 변경, 환매연기 또는 환매재개의 결정 및 그 사유, 부실자산이 발생한 경우 그 명세 및 상각률, 그 밖에 투자자 보호를 위해 시행령으로 정하는 사항[49]이 발생한 경우 이를 지체없이 공시하여야 한다(법 제89조).

이 밖에 집합투자재산에 관한 보고 등(법 제90조), 장부서류의 열람 및 공시 등(법 제91조), 환매연기 등의 통지 등(법 제92조), 부동산 운용 특례(법 제94조) 및 집합투자업자의 청산(법 제95조) 등에 관한 사항이 규정되어 있다.

---

49) 투자설명서의 변경, 집합투자업자의 합병·분할·영업양수도, 기준가격의 수정, 그 밖에 금융위원회가 정하여 고시하는 사항(시행령 제93조 ③).

3) 투자자문업자 및 투자일임업자의 영업행위 규칙

(1) 선관의무 및 충실의무

투자자문업자 및 투자일임업자는 선관의무와 충실의무를 진다(법 제96조).

(2) 계약의 체결

투자자문·일임업자는 일반투자자와 투자자문·일임계약을 체결하고자 하는 경우에는 투자자문의 범위 및 제공 방법 또는 투자일임의 범위 및 투자대상상품, 동 서비스의 수행과 투자자와의 이해상충방지를 위하여 투자자문·일임업자가 정한 일반적인 기준 및 절차, 투자결과가 투자자에게 귀속된다는 사실 및 투자자가 부담하는 책임, 수수료, 투자실적의 평가 및 투자결과를 투자자에게 통보하는 방법, 그 밖에 투자자가 계약체결 여부를 결정하는 데에 중요한 판단기준이 되는 사항으로서 시행령이 정하는 사항[50]을 일반투자자에게 미리 서면으로 교부하여야 한다(법 제97조 ①).

(3) 불건전 영업행위의 금지

투자자문·일임업자는 투자자로부터 금전·증권 그 밖의 재산을 보관·예탁받는 행위, 투자자에게 금전·증권 그 밖의 재산을 대여하거나 투자자에 대한 제3자의 금전·증권 그 밖의 재산의 대여를 중개·주선 또는 대리하는 행위, 투자권유자문인력 또는 투자운용인력이 아닌 자에게 동 업무를 수행하게 하는 행위, 계약으로 정한 수수료 외의 대가를 추가로 받는 행위, 투자일임재산을 운용함에 있어 투자대상자산의 가격에 중대한 영향을 미칠 수 있는 매수 또는 매도 의사를 결정한 후 이를 실행하기 전에 자기의 계산으로 이를 매도·매수하거나 제3자에게 매도·매수를 권유하는 행위, 자기 또는 관계인수인이 인수한 증권을 투자일임재산으로 매수하는 행위, 투자일임재산으로 자기가 운용하는 다른 투자일임재산, 집합투자재산, 또는 신탁재산과 거래하는 행위, 투자자의 동의 없이 투자일임재산으로 투자일임업자 또는 그 이해관계인의 고유재산과 거래하거나 이들이 발행하는 증권에 투자하는 행위, 투자일임재산을 각각의 투자자별로 운용하지 않고 여러 투자자의 자산을 집합하여 운용하는 행위, 그 밖에 투자자 보호 또는 건전한 거래질서를 해할 우려가 있는 행위로써 시행령[51]이 정하는 행위 등이 금지된다(법 제98조).

---

50) 임원 및 대주주에 관한 사항, 계약시 및 계약종료시의 투자일임재산의 형태, 투자일임재산의 운용방법, 투자일임보고서의 작성대상기간, 그 밖에 금융위원회가 정하여 고시하는 사항(시행령 제98조).

51) 일반투자자와 같은 대우를 받겠다는 전문투자자의 요구에 정당한 사유 없이 동의하지 않은

(4) 계약해제제도

계약해제제도(cooling off)란 투자자가 금융상품거래 계약을 체결한 후 일정 기간 내에 동 계약을 일방적으로 해제할 수 있는 제도를 말한다.[52] 금융투자업자와 계약을 체결한 투자자는 계약서류를 교부받은 날로부터 7일 이내에 계약을 해제할 수 있다. 계약효력의 발생시점은 투자자가 계약을 해제한다는 취지의 서면을 금융투자업자에게 송부한 때이다.

계약이 해제되면 금융투자업자는 투자자에게 해당 계약의 해제까지의 기간에 상당하는 수수료, 보수, 그 밖에 해당 계약에 관하여 투자자가 지급하여야 하는 대가로서 사회통념상 필요한 비용을 초과하여 해당 계약의 해제에 수반하는 손해배상금 또는 위약금의 지급을 청구할 수 없다.

금융투자업자가 해당 계약과 관련한 대가를 미리 지급받은 때에는 이를 반환하여야 한다. 금융투자업자가 이 규정에 반하는 특약으로서 투자자에게 불리한 것은 무효로 한다. 그러나 가격변동성이 크고 특히 원본손실 가능성이 있는 금융투자상품에 대해 동 제도를 너무 폭넓게 허용하면 투자자의 도덕적 해이를 증가시킬 우려가 있으므로 동 법에서는 그 적용대상을 투자자문계약으로 한정하고 있다(이상 법 제59조).

이 밖에 투자일임보고서의 교부(법 제99조) 및 역외투자자문업자 등의 특례(법 제100조), 유사투자자문업의 신고(법 제101조) 등에 관한 사항이 규정되어 있다.

4) 신탁업자의 영업행위 규칙

(1) 선관의무 및 충실의무

신탁업자는 수익자에 대하여 선관의무 및 충실의무를 진다(법 제102조).

(2) 신탁재산의 제한 등

신탁업자는 금전, 증권, 금전채권, 동산, 부동산, 지상권·전세권·부동산임차권·부동산소유권이전등기청구권·그 밖의 부동산관련 권리, 무체재산권(지적재산권 포함), 「신탁법」에 따른 소극재산(채무)과 담보권신탁, 그 밖에 신탁

경우, 투자일임계약을 위반하여 투자일임재산을 운용하는 행위, 투자일임의 범위·투자목적 등을 고려하지 아니하고 투자일임재산으로 금융투자상품을 지나치게 자주 매매하는 행위(excessive churnning) 등(시행령 제99조 ④).

52) 현재 「방문판매 등에 관한 법률」에서도 이와 유사한 제도를 도입하고 있다. 그러나 동 법에서는 보험계약에 대해서는 적용하지 않고 있다.

업자가 신탁재산으로 수탁을 받더라도 투자자 보호 및 건전한 질서를 해할 우려가 없는 것으로 대통령령으로 정하는 재산을 수탁할 수 있다(법 제5조 ①의 3). 신탁업자는 이상의 재산 중 2개 이상을 종합하여 1개의 신탁계약으로 수탁할 수 있다(법 제103조).

(3) 신탁업무의 방법 등

신탁업자는 원칙적으로 수탁한 재산에 대하여 손실의 보전 또는 이익의 보장을 하여서는 안 된다. 다만 연금 또는 퇴직금 지급을 목적으로 하는 신탁으로서 금융위원회가 정하여 고시하는 경우에는 손실의 보전 또는 이익의 보장을 할 수 있다(시행령 제104조).

(4) 신탁재산과 고유재산의 구분

신탁재산과 고유재산은 구분하여야 한다. 신탁업자는 신탁행위에 따라 수익자에 부담하는 채무를 이행하기 위하여 필요한 경우[53]나 신탁계약의 해지, 그 밖의 수익자 보호를 위해 필요한 경우로서 시행령[54]이 정하는 경우에는 신탁계약이 정하는 바에 따라 신탁재산을 고유재산으로 취득할 수 있다(법 제104조).

(5) 불건전 영업행위의 금지

신탁업자는 신탁재산을 운용함에 있어 투자대상자산의 가격에 중대한 영향을 미칠 수 있는 매수 또는 매도 의사를 결정한 후 이를 실행하기 전에 자기의 계산으로 이를 매도·매수하거나 제3자에게 매도·매수를 권유하는 행위, 자기 또는 관계인수인이 인수한 증권을 신탁재산으로 매수하는 행위, 특정 신탁재산의 이익을 해하면서 자기 또는 제3자의 이익을 도모하는 행위, 신탁재산으로 자기가 운용하는 다른 신탁재산, 집합투자재산, 또는 투자일임재산과 거래하는 행위, 수익자의 동의 없이 신탁재산으로 신탁업자 또는 그 이해관계인의 고유재산과 거래하거나 이들이 발행하는 증권에 투자하는 행위, 투자운용인력이 아닌 자에게 신탁재산을 운용하게 하는 행위, 그 밖에 수익자자 보호 또는 건전한 거래질서를 해할 우려가 있는 행위로써 시행령[55]이 정하는 행위 등이 금지된다(법 제108조).

53) 금전신탁재산의 운용으로 취득한 자산이 증권시장 등에서 시세가 있는 경우.

54) 신탁계약기간이 종료되기까지의 남은 기간이 3개월 이내일 것, 신탁재산을 고유재산으로 취득하는 방법 외에 신탁재산의 처분이 곤란한 경우일 것, 취득가액이 공정할 것 등(시행령 제105조).

55) 일반투자자와 같은 대우를 받겠다는 전문투자자의 요구에 정당한 사유 없이 동의하지 않은 경우, 신탁계약을 위반하여 신탁재산을 운용하는 행위, 신탁계약의 운용방침이나 운용전략

(6) 의결권 등

신탁재산으로 취득한 주식에 대한 권리는 신탁업자가 행사한다. 신탁업자는 신탁재산에 속하는 의결권을 행사함에 있어 신탁업자와 신탁재산에 속하는 주식을 발행한 법인이 계열관계에 해당하는 경우[56]에는 의결권 중립적 행사(shadow voting)를 하여야 한다. 다만 신탁재산에 속하는 주식을 발행한 법인의 합병, 영업양도·양수, 임원의 선임, 그 밖에 이에 준하는 사항으로서 신탁재산에 손실을 초래할 것이 명백하게 예상되는 경우에는 그러하지 아니하다.

신탁회사는 신탁재산에 속하는 주식 중 동일 법인이 발행한 주식총수의 15%를 초과하여 취득한 경우 그 초과하는 주식과 자사주 신탁으로 취득한 주식에 대해서는 의결권을 행사할 수 없다. 신탁업자가 이를 위반하여 신탁재산에 속하는 주식의 의결권을 행사한 경우 금융위원회는 6개월 이내의 기간을 정하여 그 주식의 처분을 명할 수 있다(이상 법 제112조).

(7) 신탁재산의 회계처리 등

신탁업자(수탁자)는 신탁재산에 대하여 신탁업자의 매회계연도 종료 후 2개월 이내에 회계감사인의 회계감사를 받아야 한다. 회계감사인은 신탁업자가 행하는 수익증권의 기준가격 산정업무 및 신탁재산의 회계처리 업무를 감사할 때 관련 법령을 준수하였는지 여부를 감사하고 그 결과를 신탁업자의 감사(감사위원회)에 통보하여야 한다(법 제114조).

(8) 회계감사인의 손해배상책임

회계감사인은 회계감사의 결과 회계감사보고서 중 중요사항에 관하여 거짓의 기재 또는 표시가 있거나 중요사항이 기재 또는 표시되지 아니함으로써 이를 이용한 수익자에게 손해를 끼친 경우에는 수익자에 대하여 손해를 배상할 책임을 진다. 이 경우 신탁업자의 이사·감사(감사위원회)에게도 귀책사유가 있는 경우에는 회계감사인과 신탁업자의 이사·감사는 연대하여 손해를 배상할 책임을 진다(법 제115조).

등을 고려하지 아니하고 신탁재산으로 금융투자상품을 지나치게 자주 매매하는 행위 등(시행령 제109조 ③).

56) 신탁업자(특수관계자 포함)와 신탁업자에 대하여 사실상의 지배력을 행사하는 자(대주주)가 신탁재산에 속하는 주식을 발행한 법인을 계열회사로 편입하기 위한 경우나 신탁재산에 속하는 주식을 발행한 법인이 신탁업자와 계열관계나 신탁업자에 대해 사실상 지배관계에 있는 경우(법 제112조 ②).

이 밖에 신탁계약을 체결할 경우 위탁자에게 교부하여야 할 계약서류(법 제109조), 수익증권의 내용과 형식(법 제110조), 신탁업자의 고유재산으로 수익증권의 매수(법 제111조), 신탁업자의 합병, 청산(법 제116조와 117조) 등에 관한 사항이 규정되어 있다.

제 3 절 투자자 보호제도

투자자 보호제도의 목적은 투자자가 합리적 판단을 할 수 있도록 정보를 적시에 충분하게 제공하고 투자자의 합리적 판단을 방해하는 행위를 금지 또는 규제하여 공정한 투자의 장을 마련하자는 것이다.

투자자 보호의 방식은 사전적 방식과 사후적 방식이 있다. 전자는 사전적으로 투자자에게 금융거래에 대한 정보를 신속·정확·충분하게 제공하여 정보의 비대칭을 해소하자는 것으로 각종 공시제도가 그것이다. 후자는 금융투자회사의 부적절한 공시 또는 불완전 판매 등으로 인해 투자자에게 손해를 입히는 경우 사후적으로 이를 구제하는 장치로 투자자 보호의 법적 의무를 위반한 자에 대한 민사적·형사적·행정적 제재를 가하는 것이 그것이다.

Ⅰ. 공시제도

증권시장은 은행, 보험 등 여타 금융중개시장과는 달리 투자자가 거래상대방을 서로 모르는 비대면적이고 이기적으로 이익을 추구하는 특성상 시장의 투명성과 거래의 공정성 제고가 무엇보다도 강조된다. 증권거래는 불확실성에 따른 투기적 요소가 강하기 때문에 거래 일방이 독점적 정보나 부정한 방법을 이용하여 부당한 이익을 취함으로써 공정한 게임의 원칙(fair game rule)이 깨지게 되고 이는 시장에 대한 신뢰(market integrity)의 상실로 연결되어 시장의 실패를 초래할 수 있기 때문이다.

증권시장의 투명성과 공정성을 제고하기 위한 규제는 공시(disclosure)제도와 불공정 행위(unfaire trade)에 대한 규제가 주축을 이룬다. 공시에 대한 규제는 법적 규제와 자율 규제가 있다. 현재 법적 규제로는 증권의 발행시장 및 유통시장에서의 주요 상황에 대한 공시제도를 들 수 있다.

1. 발행시장 공시제도

발행시장을 규제하는 방식으로 내용규제(merit regulation)와 공시규제(disclosure regulation)가 있다. 내용규제는 규제당국이 일반투자자 보호를 위해 부실한 투자대상이라고 판단되는 증권의 발행을 차단하는 것이고 공시규제는 규제자가 투자대상으로 적절한지를 판단하지 않고 투자자가 자기책임하에 스스로 판단할 수 있도록 증권정보가 투자자들에게 충분히 제공되는 것만을 담보하는 제도이다. 공시규제는 규제자의 자의가 개입될 소지와 사적자치에 대한 간섭을 최소화한다는 장점이 있는 반면, 증권발행자의 공시서류 작성 등 공시에 따른 비용부담이 적지 않다는 약점이 있다.

발행시장 공시제도로는 증권신고서제도, 투자설명서제도 및 증권발행실적보고서제도가 있다.

1) 증권신고서

증권신고서(registration statement)는 증권을 모집 또는 매출하고자 하는 발행인이 모집 또는 매출과 관련하여 투자자의 투자의사결정에 필요한 모든 사항을 기재한 것으로 기재내용은 증권의 권리내용과 위험요소 등 증권에 관한 사항과 발행인의 사업이나 재무내용 등 발행인에 관한 사항, 그밖에 투자자를 보호하기 위한 필요한 사항이다. 증권신고서에 기재되는 사항은 기본적으로 확정된 정보(hard information)이어야 하나 일정한 요건[57] 하에 경영성과나 전망에 관한 예측정보(soft information)를 기재할 수도 있다(법 제125조 ②).

10억원 이상을 모집 또는 매출하는 경우 증권의 발행인은 반드시 증권신고서를 금융위원회에 제출하여야 한다. 신고의무를 10억원 이상으로 한 것은 소액공모의 경우 투자자 보호의 실익에 비해 증권신고서 제출에 따라 발행인이 부담하는 시간과 비용이 너무 크기 때문이다. 소액공모시 증권신고서 제출의무를 면제받기 위해서는 전매제한조치[58]를 하여야 한다. 이는 청약의 권유

57) 예측정보라는 사실과 예측이나 전망과 관련된 가정이나 판단의 근거 및 그 기재 또는 표시에 대하여 예측치와 실적치가 다를 수 있다는 주의문구를 밝혀야 한다.

대상이 50인 미만인 경우 모집에 해당하지 않는 규정을 악용하여 일단 50인 미만에게 청약을 권유하고 이들이 다시 다른 투자자들에게 전매를 하는 형식으로 공시의무를 사실상 회피하는 것을 막기 위한 것이다. 소규모공모에 해당되는 경우라도 발행인의 재무상태, 청약권유의 방법과 청약권유문서의 기재사항 등에 관한 최소한의 공시의무는 부과된다.

증권신고서가 수리되기 이전에는 청약의 권유를 할 수 없다.[59] 증권신고서를 제출하는 경우 신고 당시 해당 발행법인의 대표이사 및 신고업무를 담당하는 이사[60]는 증권신고서의 기재사항 중 중요사항에 관하여 거짓의 기재 또는 누락되지 않았다는 사실 등을 확인·검토하고 이에 각각 서명하여야 한다(법 제119조 ⑤). 증권신고서 작성에 관여하지 않았다는 이유 등으로 이들이 책임을 회피하는 것을 방지하기 위해서다.

증권신고서는 금융위원회에 제출되어 수리된 날로부터 증권의 종류, 거래의 특성 등을 고려하여 일정기간이 경과한 날에 그 효력이 발생한다. 동 기간은 금융위원회가 신고서를 심사하고 투자자가 투자여부를 결정하는 대기기간(waiting period)의 의미를 가지며 금융위원회는 동 기간을 단축할 필요가 있다고 인정될 경우 이를 단축할 수 있다.

금융위원회는 증권신고서 중 중요한 사항에 관하여 거짓의 기재 또는 표시가 있거나 중요사항이 기재 또는 표시되지 않은 경우를 제외하고는 그 수리를 거부하여서는 안 된다(법 제120조 ②). 신고서가 수리되었다 하더라도 아직 효력이 발생하지 않은 증권의 취득 또는 매수의 청약이 있는 경우에 증권의 발행인·매출인과 대리인은 청약의 승낙을 하여서는 아니 된다.

증권신고서의 효력발생은 증권의 모집·매출을 적법하게 할 수 있다는 의

---

58) 권면의 매수를 50매 미만으로 하고 발행 후 1년 이내 권면분할 금지특약을 증권의 권면에 기재하거나 증권의 발행 후 지체 없이 증권예탁결제원에 예탁하고 예탁 후 1년간 인출이나 매각을 하지 않기로 계약을 체결하는 것을 말한다.

59) 증권의 모집 또는 매출의 신고서가 수리되기 전에는 증권의 매도·매수청약의 권유를 내용으로 하는 광고를 할 수 없으나, 증권의 발행이나 매출의 예상 일정 등 대략적인 발행계획만을 내용으로 하는 단순 투자광고(generic ad)는 청약의 권유개념에서 제외되어 허용된다(시행령 제11조 ④).

60) 대표이사나 신고업무를 담당하는 이사가 없는 경우 '이에 준하는 자'가 신고의무를 부담한다. 예컨대 투자익명조합의 경우 영업자나 실제 신고서 제출업무의 책임을 맡은 최고책임자가 이에 해당한다고 할 수 있다.

미에 불과하고, 그 증권신고서의 기재사항이 진실 또는 정확하다는 것을 인정하거나 정부에서 그 증권의 가치를 보증 또는 승인하는 효력을 가지는 것은 아니다.

증권신고서는 모집·매출할 때마다 제출하는 것이 원칙이지만 발행인이 소정의 자격을 갖춘 경우 일괄등록제도(shelf registration)를 이용할 수 있다. 일괄등록제도는 등록증권의 종류, 발행예정기간, 발행횟수, 발행인의 요건 등을 고려하여 일정기간 동안 모집하거나 매출할 증권의 총액을 일괄하여 기재한 신고서를 금융위원회에 제출하여 수리된 경우에는 공모시마다 증권신고서를 따로 제출하지 아니하고 일괄신고 추가서류의 제출만으로 증권을 모집하거나 매출할 수 있는 제도이다.

동 제도의 목적은 신고서 제출당시와 별다른 사항의 변경이 없는 데도 불구하고 공모시마다 신고서를 제출할 경우 발생하는 사무절차의 복잡성과 비용 그리고 적기 자금조달의 차질 등을 예방하기 위해서다. 대상증권은 사채권, 파생결합증권, 개방형집합투자증권에 한하고 발행예정기간은 일괄신고서 효력발생일로부터 2개월 이상 1년 이내이다(시행령 제121조 ①, ②). 주식을 제외한 것은 주식의 발행예정물량이 미리 공시되면 주가에 영향을 미칠 수 있기 때문이다. 전환사채권, 신주인수권부사채권, 이익참가부사채권 및 주권과 교환을 청구할 수 있는 교환사채권을 일괄신고서 대상에서 제외한 것도 이와 같은 맥락이다.

증권신고서를 제출한 자가 신고일 이후 신고의 효력이 발생하기 전에 신고서류에 기재할 중요한 사항이 변경되거나 투자자 보호를 위하여 당해 서류의 내용을 정정할 필요가 있는 경우 정정신고서를 제출하여야 한다. 금융위원회가 중요사항 변경이 있거나 투자자 보호를 위해 필요한 경우 그리고 신고서의 형식 불비, 중요사항의 허위기재 또는 누락 등의 사유로 정정을 요구한 때에는 신고인은 증권의 취득·매수의 청약일 전일까지 이를 정정한 정정신고서를 금융위원회에 제출하여야 한다. 증권의 발행인이 증권신고를 철회하고자 하는 경우에는 그 증권신고서에 기재된 증권의 취득 또는 매수의 청약일 전일까지 철회신고서를 금융위원회에 제출하여야 한다.

2) 투자설명서

투자설명서(prospectus)는 증권신고서의 수리 이후에 매체 등을 통하여 투자자들에게 청약을 권유하기 위해 투자자의 판단에 필요한 내용 및 유의사항 등을 기재한 투자권유문서를 말한다. 투자설명서의 목적은 증권신고서는 일정한 장소에 비치되고 인터넷을 통하여 공시되지만 투자자가 그 내용을 충분히 숙지하지 못할 것을 감안하여 투자자에게 투자설명서를 직접 교부하여 투자에 참고하게 하기 위해서다. 투자설명서는 표제부와 본문으로 구분하여 작성한다.

표제부에는 ① 증권신고의 효력발생일, ② 증권의 모집·매출가액, ③ 청약기간, ④ 납부기간, ⑤ 증권신고서 사본 및 투자설명서 열람 장소, ⑥ 안정조작이나 시장조성이 행해질 수 있다는 뜻, ⑦ 청약일 전날까지 증권신고서의 기재사항 중 일부가 변경될 수 있다는 뜻, ⑧ 정부가 증권신고서의 기재사항이 진실 또는 정확하다는 것을 인정하거나 해당 증권의 가치를 보증 또는 승인하는 것이 아니라는 뜻 등을 기재하여야 한다.

투자설명서의 본문에는 증권신고서에 기재한 사항을 기재하는바, 증권신고서에 기재된 내용과 다른 내용을 표시하거나 그 기재사항을 누락하여서는 안 된다. 다만, 기업경영 등 비밀유지와 투자자보호와의 형평 등을 고려하여 기재를 생략해야 할 필요가 있는 사항으로서 시행령(제131조 ⑤)으로 정하는 사항[61]에 대해서는 그 기재를 생략할 수 있다. 증권을 모집하거나 매출하는 발행인은 투자설명서를 증권신고의 효력이 발생한 날에 금융위원회에 제출하고 이를 일반인이 열람할 수 있는 장소에 비치하여야 한다.

증권신고의 효력이 발생한 증권을 취득하고자 하는 자(전문투자자, 발행인의 최대주주 등 시행령에서 정하는 자 및 수령거부의사를 서면으로 제출하는 자는 제외)에게 투자설명서를 미리 교부하지 아니하고 증권을 취득하게 하거나 매도하여서는 아니 된다. 투자설명서를 이용하는 방법 외에 증권신고의 대상이 되는 증권의 모집 또는 그 밖의 거래를 위하여 청약을 권유하고자 하는 경우 예비투자설명서나 간이투자설명서를 이용할 수도 있다(법 제124조).

예비투자설명서는 증권신고서가 수리된 후 그 효력이 발생하기까지의 기간 동안 청약의 권유를 하기 위하여 사용되는 투자설명서로서 해당 증권신고서가 금융위원회에 제출되었으나 아직 증권신고의 효력이 발생하지 않고 있다는 사실과 효력발생일까지는 그 기재사항 중 일부가 변경될 수 있다는 사실을 덧붙인 것이다.

---

61) ◦「군사기밀보호법」 제2조에 따른 군사기밀에 해당하는 사항
◦ 발행인의 업무나 영업에 관한 것으로서 금융위원회의 확인을 받은 사항.

간이투자설명서(simplified prospect)는 투자설명서에 기재하여야 할 사항 중 일부를 생략하거나 중요한 사항만을 발췌하여 기재 또는 표시한 것으로 신문·방송 등을 이용한 광고나 전자전달매체를 통하여 제공하기 위해 작성한 것이다. 집합투자증권을 판매하는 경우 간이투자설명서를 반드시 교부하도록 하되 투자자가 원하는 경우 투자설명서를 교부할 수 있도록 하고 투자자에게 정식투자설명서를 요청할 수 있는 권리가 있음을 고지하여야 한다(법 제124조). 간이투자설명서는 발행인에게 불리한 정보를 생략하거나 유리한 정보만을 발췌해서는 안 된다.

3) 증권발행실적보고서

증권발행실적보고서(after-report)는 증권신고의 효력이 발생한 증권의 발행실적에 관한 보고서로 발행인은 이를 금융위원회에 제출하여야 한다. 발행실적보고서에는 청약 및 배정에 관한 사항, 유상증자 전후의 주요주주의 지분변동사항, 실권주의 처리내역, 조달된 자금의 사용내역 등에 관한 정보를 기재한다.

금융위원회, 금융감독원, 거래소 등에 신고서 등의 서류를 제출하는 경우 정보통신망을 이용하여 전자문서의 방법에 의할 수 있다(법 제436조).

4) 공시의무 위반에 대한 제재

「자본시장법」은 공시규제의 실효성을 담보하기 위해 공시의무 위반에 대한 행정상 제재와 함께 민·형사상 제재를 규정하고 있다.

(1) 민사상 제재

증권신고서와 투자설명서 중 중요 사항에 관하여 거짓의 기재 또는 표시가 있거나 중요한 사항이 기재 또는 표시되지 아니함으로써 증권의 취득자가 손해를 입은 때에는 증권의 발행인, 인수인 등 신고서 작성 관계자는 그 취득자에 대해 손해를 배상할 책임이 있다(법 제125조).[62] 여기서 중요한 사항의 중요성(materiality) 요건은 '보통의 신중한 투자자가 증권을 매수하기 전에 당연

62) 배상책임자는 신고인과 신고당시 당해법인의 이사, 증권신고서의 작성을 지시하거나 집행한 자, 신고서의 기재사항이나 첨부서류가 진실 또는 정확하다고 서명한 공인회계사, 감정인, 신용평가를 전문으로 하는 자 및 시행령(제135조 ①)으로 정하는 자(변호사, 변리사, 세무사 등 공인된 자격을 가진 자), 증권의 인수계약을 체결한 자, 투자설명서를 작성·교부한 자, 자신의 의견이 기재되는 것에 동의하고 그 내용을 확인한 자, 매출의 방법에 의한 경우 매출신고 당시의 매출되는 증권의 소유자 등이다.

히 알아야 할 사항 또는 모든 정황을 고려하여 합리적인 투자자가 투자판단을 함에 있어서 중요하다고 생각할 실질적인 가능성이 있는 경우 그리고 해당 금융투자상품의 가치에 중대한 영향을 미칠 수 있는 사항'으로 해석된다.

손해배상청구를 하기 위해서는 투자자가 중요 사항에 대한 부실기재 및 기재누락이 존재하는 사실과 자신이 입은 손해를 입증해야 하며 이와 같은 공시의무 위반과 손해발생 간에 손해인과관계(loss causation)가 존재해야 한다.[63] 특히 공시의무 위반행위가 내부자 거래 또는 시세조종 등 불공정거래 행위와 관련이 있는 경우에는 징역과 벌금형을 병과할 수 있다(법 제447조). 다만 배상책임자가 상당한 주의를 하였음에도 불구하고 이를 알 수 없었음을 증명하거나(due diligence defense),[64] 증권의 취득자가 취득의 청약시 허위 또는 누락의 사실을 안 경우(취득자의 악의)에는 면책이 된다(법 제126조 ②).

손해배상액은 공시의무 위반이 없었다면 취득시 형성되었을 당해 증권의 공정한 가격과 실제로 취득한 가격의 차액으로 이에 대한 입증책임은 배상책임자에게 전가하고 배상액을 법으로 정형화하여 투자자가 쉽게 배상을 받을 수 있도록 하고 있다.[65]

손해배상책임은 그 청구권자가 해당 사실을 안 날로부터 1년 이내 또는 해당증권의 신고서 효력이 발생한 날로부터 3년 이내에 청구권을 행사하지 아니하면 소멸한다(법 제127조). 동 기간은 소멸시효기간과는 달리 시효의 중단

---

63) 인과관계는 거래인과관계와 손해인과관계로 구분한다. 전자는 취득자가 거래를 한 것이 부실공시 때문인가 하는 것이고 후자는 취득자의 손해가 부실공시 때문에 발생한 것인가 하는 것이다. 공시 위반행위로 인하여 손해를 입은 투자자는 「민법」상의 일반불법행위에 의해서도 손해배상을 받을 수 있다. 그러나 「민법」상의 손해배상책임을 주장하기 위해서는 투자자가 가해자인 발행인의 과실과 자신의 손해액과의 인과관계를 입증해야 한다. 「자본시장법」은 투자자의 이러한 입증부담(burden of proof)을 덜어 주기 위해 「민법」상 불법행위책임에 대한 특칙을 두어 거래인과관계(transaction causation)에 대한 입증책임을 배상책임자에게 전가하고 있다.

64) 다만 발행인에 대해서는 상당한 의무의 정도를 엄격하게 적용함으로써 보다 적극적인 책임을 부담하게 하는 것이 원칙이다. 미국의 경우 발행인에 대해서는 무과실책임을 부과하여 주의의무의 항변을 부인하고 있다.

65) 손해배상액은 청구권자가 해당 증권을 취득함에 있어 실제로 지급한 금액(취득가액)에서 손해배상을 청구하는 소송의 변론이 종결할 때의 그 증권의 시장가격(시장가격이 없는 경우는 추정처분가격, 변론종결 전에 처분한 경우에는 그 처분가격)을 뺀 금액으로 한다. 다만 배상책임자가 청구권자가 입은 손해액의 전부 또는 일부가 부실공시로 인하여 발생한 것이 아닌 것을 입증한 경우에는 그 부분에 대해 배상책임을 지지 아니 한다(법 제126조).

·정지가 없는 제척기간으로 이를 단기로 규정한 것은 대량으로 신속하게 이루어지는 증권거래의 특성상 증권관계분쟁의 조기 타결과 거래의 안정을 도모하기 위해서다.

(2) 행정상 제재

금융위원회는 투자자 보호를 위하여 필요한 경우 증권신고의 신고인, 증권의 발행인·매출인·인수인, 그 밖의 관계인에 대하여 참고가 될 보고 또는 자료의 제출을 명령할 수 있으며 금융감독원장에게 장부·서류 등을 조사하게 할 수 있다. 금융위원회는 증권신고서나 증권발행실적보고서의 내용이 부정확하거나 중요한 사항이 누락된 경우 또는 투자설명서에 관한 규정(법 제123조 및 124조)을 위반한 경우 발행인에게 이유를 제시한 후 그 사실을 공고하고 정정을 명할 수 있으며 필요한 경우에는 조치를 취할 수 있다.[66]

(3) 형사상 제재

증권신고서, 투자설명서, 증권발행실적보고서 등에 관한 규정을 위반한 자에 대해서는 사안의 경중에 따라 징역이나 벌금형 등 형사적 제재가 부과될 수 있다(법 제444조, 446조).[67]

2. 유통시장 공시제도

유통시장 공시제도는 크게 정기공시 및 수시공시제도로 구분된다.

1) 정기공시

정기공시제도는 사업보고서(annual report)[68] 등과 같이 회사의 경영실적 등을 정

---

66) ① 증권의 발행, 모집, 매출 그 밖의 거래의 정지 또는 금지, ② 1년의 범위에서 증권의 발행 제한, ③ 임원해임권고, ④ 법 위반으로 조치를 받았다는 사실의 공포명령 또는 게시명령, ⑤ 각서 징구, ⑥ 법 위반의 경우 고발 또는 수사기관에의 통보, ⑦ 다른 법률을 위반한 경우 관련기관 또는 수사기관에의 통보, ⑧ 경고 또는 주의(법 제132조, 시행령 제138조). 한편 금융위원회는 증권신고서 등을 제출하지 않거나 부실표시한 일정한 자에 대해서는 20억원을 초과하지 않는 범위 내에서 공모금액의 3%까지 과징금을 부과할 수 있다(법 제125조 ① 및 제429조 ①).

67) 증권신고서와 투자설명서의 중요 사항에 대하여 허위기재나 기재누락이 있음을 알고도 서명을 하였거나 그 사실을 알고도 이를 진실 또는 정확하다고 증명하여 그 뜻을 기재한 공인회계사, 감정인 또는 신용평가를 전문으로 하는 자에 대해서도 동일한 벌칙이 적용된다(법 제444조 13호). 증권발행실적보고서의 미제출 등 경미한 공시의무 위반행위에 대해서는 5천만원 이하의 과태료가 부과될 수 있다(법 제449조 ①).

68) 사업보고서에는 회사의 목적, 상호, 사업내용, 임원보수, 재무에 관한 사항 그 밖에 시행령에

기적으로 공시하는 제도를 말한다. 주권상장법인과 그 밖에 시행령으로 정하는 법인(사업보고서 제출대상법인)은 사업보고서를 각 사업연도 경과 후 90일 이내에 금융위원회와 한국거래소에 제출하고, 반기와 분기사업보고서를 각각 그 기간 경과 후 45일 이내에 금융위원회와 거래소에 제출하여야 한다(법 제160조). 사업보고서를 제출하는 경우 제출 당시 해당 발행법인의 대표이사 및 제출업무를 담당하는 이사는 사업보고서의 기재사항 중 중요사항에 관하여 거짓의 기재 또는 누락되지 않았다는 사실 등을 확인·검토하고 이에 각각 서명하여야 한다.

사업보고서 등 정기공시서류나 주요사항보고서를 제출하지 않거나 허위기재나 기재누락을 하는 경우 제출대상법인에 대해 행정적 제재[69]와 형사적 제재[70]를 부과할 수 있다. 사업보고서 등 정기공시서류에 대해서는 증권신고서와 투자설명서에 관한 규정과 동일한 민사책임이 적용된다(법 제162조).

2) 수시공시

수시공시(ongoing disclosure)제도는 회사의 경영상황이나 장래 계획 등에 주요한 사항이 발생한 경우 이를 지체없이 공시해야 하는 제도[71]로 주요경영사항공시, 공정공시, 조회공시 등이 있다. 주요경영공시항목 중 특히 공적규제 항목[72]만을 분리하여 작성한 것을 주요사항보고서(current report)라 하며 사업보고서

서 정하는 사항을 기재하여야 한다(법 제159조 ①). 2007년 이래 사업보고서의 첨부서류로 운영해 오던 '이사의 경영진단 및 분석(MD&A: Management's Discussion and Analysis)'은 2009년부터 사업보고서 본문기재로 의무화되었다. MD&A는 투자자들이 회사경영을 자세하게 이해할 수 있도록 경영진이 회사의 영업실적·재무상태·유동성 등을 진단하고 그 변동원인을 분석함으로써 투자자와 회사간의 정보 불균형을 해소하기 위한 제도이다. 반기보고서와 분기보고서의 기재사항과 기재방법은 사업보고서의 그것을 준용한다. 다만 재무사항의 부속명세 등 일부 사항에 대해서는 기재를 생략할 수 있다(시행령 제170조 ①).

69) 금융위원회는 과징금 부과, 당해사실의 공고 및 정정명령, 1년의 범위에서 증권발행 제한, 임원해임 권고, 고발, 수사기관에 통보 및 경고 또는 주의 등을 취할 수 있다(법 제164조와 429조). 특히 중요사항보고서를 제출하지 않거나 중요사항에 대해 허위기재나 기재누락을 한 경우 금융투자업자에 대해 인가나 등록의 취소, 업무정지, 그 임직원에 대한 해임요구 등 일정한 조치를 취할 수 있다(법 제420조와 422조).

70) 사업보고서 등 정기공시서류나 주요사항보고서를 제출하지 않거나 중요사항에 대해서 허위기재나 기재를 누락한 자, 그 사실을 알고도 이를 진실 또는 정확하다고 증명하여 그 뜻을 기재한 공인회계사, 감정인 또는 신용평가를 전문으로 하는 자는 징역이나 벌금형에 처할 수 있다(법 제444조와 446조).

71) 다만 기업의 경영상 비밀유지가 필요한 경우에는 예외적으로 비밀유지와 투자자 보호의 필요성을 비교·형량하여 공시를 유보할 수 있다(법 제391조).

72) 사업보고서 제출 대상법인의 부도, 영업활동의 전부 또는 중요한 일부의 정지, 회생절차 개

제출 대상법인은 이에 해당하는 사실이 발생할 경우 발생한 날의 다음 날까지 그 내용을 기재한 주요사항보고서를 금융위원회에 제출하여야 한다(법 제161조).

금융위원회는 주요사항보고서가 제출된 경우 이를 거래소에 지체없이 송부하여야 한다.

공정공시(fair disclosure)제도는 기업이 투자분석가, 기관투자가 등 특정집단에게 기업의 중요정보를 제공하는 경우에는 그 내용을 일반투자자에게도 즉시 공시하도록 의무화한 것으로 특정집단에게만 중요한 정보를 선별적으로 제공함으로써 시장참여자간 정보의 비대칭이 발생하여 불공정거래 행위가 일어날 수 있는 소지를 없애자는 것이다.

공정공시제도가 적용되는 대상자는 주권상장법인과 그 대리인, 임원, 그리고 대상정보에 접근이 가능한 직원이다. 규제대상자가 대상정보를 특정집단에 선별적으로 제공(selective disclosure)하기 위해서는 사전에 거래소에 신고하여야 한다. 공정공시의무를 위반한 경우에는 공시불이행으로 간주되어 불성실공시법인 지정, 공시위반제재금 등 불성실공시의 제재대상이 된다.

조회공시는 거래소가 상장법인에 관한 풍문이나 보도의 확인, 발행증권가격이나 거래량의 현저한 변동이 있을 경우 그 원인의 확인을 위해 해당법인에 조회를 하는 것을 말한다. 이와 같은 비정상적인 상황이 발생할 경우 거래소는 내부자거래에 해당하는 미공개정보가 있는지에 대해 공시를 요구할 수 있다. 거래소는 수시공시에 관한 규정의 제정과 서식의 제·개정 등 공시제도의 운영을 담당한다. 종래에는 수시공시업무의 주관기관이 금융위원회와 거래소로 이원화되어 있으나 2009년 2월부터 주요사항보고서를 제외한 모든 수시공시업무가 자율규제로 전환되어 거래소로 일원화되었다. 거래소의 공시규정은 공시불이행, 공시번복과 공시변경을 불성실공시로 정의하고 이에 대한 제재를 규정하고 있다.[73]

앞으로 증권시장에 대한 감시는 규제주의에서 공시주의(disclosure philoso-

시신청, 해산, 중요한 영업 또는 자산의 양수·도 결의, 자기주식의 취득 또는 처분 결의, 이 밖에 법인의 경영·재산 등에 관하여 중대한 영향을 미치는 사항으로서 시행령으로 정하는 사실이 발생한 경우.

73) 거래소는 불성실공시에 해당하는 법인에 대해 예고절차를 거친 후 불성실공시법인으로 지정하고 적절한 벌점을 부과할 수 있다. 불성실공시법인으로 지정되면 거래소는 해당법인에 대해 매매거래정지를 할 수 있으며 벌금 부과 이외에 공시위반 제재금을 부과할 수 있다.

phy)에 의한 시장규율 제도로 이행하게 될 것이다. 기업의 활동이 복잡해질수록 규제를 통한 감시기능의 실효성은 더욱 약해질 것이고 이에 따라 시장을 통한 감시기능의 강화가 불가피해질 것이기 때문이다. 그러나 공시제도를 너무 엄격하게 운영하면 공시위반에 대한 제재를 우려하여 기업이 정보공시를 기피함으로써 오히려 정보의 원활한 흐름을 차단하는 이른바 냉각효과(chilling effect)가 발생할 소지도 있다. 따라서 공시제도의 실효성을 높이기 위해서는 시장참가자들이 적은 비용으로 기업에 대한 정보에 보다 쉽게 접근할 수 있도록 함과 동시에 허위 또는 부실공시에 대해서는 엄하게 제재할 수 있도록 하여야 할 것이다.

Ⅱ. 불공정거래행위 방지제도

자본시장에서의 불공정거래 행위는 광의로 정의하면 증권의 발행 · 유통과정에서 발생하는 일체의 위법행위라고 할 수 있다. 불공정거래가 발생할 경우 피해자가 불특정 다수인 경우가 많은데다 그 입증도 어려워 「민법」상의 불법행위 책임이나 「형법」상의 사기 등 일반 법리로 규제하기는 매우 어렵다. 「자본시장법」은 이러한 점을 고려하여 불공정거래행위를 내부자거래(insider trading) 등, 시세조종행위(market manipulation) 등, 부정거래행위 등, 공매도 제한(협의의 불공정거래)으로 유형화하고 그 구성요건을 상세히 규정하고 있다. 동시에 불공정거래행위는 원칙적으로 형사처벌 대상으로 하고 벌금 부과 등 엄정한 책임을 물을 수 있고, 위법한 행위로 얻은 이익을 환수하기 위해 과징금을 부과할 수 있으며, 손해배상책임에 관해서도 일반 「민법」상의 배상책임에 대한 특례를 두고 있다.

1. 내부자거래

1) 내부자의 정의

「자본시장법」은 내부자(insider)가 상장법인(6개월 이내에 상장하는 법인 포함)의 업무 등과 관련된 미공개 중요정보를 특정증권의 매매, 그 밖의 거래에 이용하거나 타인에게 이용하게 하지 못하도록 규정하고 있다(법 제174조). 중요정보라 하더라도 이미 공개되었거나 그 정보를 이용하지 않고 단순히 취득한 경우는 이에 해당하지 않는다. 동 법은 내부자를 다음과 같이 정의하고 있다.

(1) 당해 법인(이하 계열회사 포함)과 그 법인의 임직원이나 대리인으로서 그 직무와 관련하여 미공개 중요정보를 알게 된 자(전통적 내부자). 당해 자격에 해당하더라도 그 직무와 관련 없이 알게 된 경우에는 이에 해당하지 않는다.

(2) 당해 법인의 주요주주로서 그 권리를 행사하는 과정에서 미공개 중요정보를 알게 된 자. 여기서 주요주주란 자기의 계산으로 법인의 의결권 있는 주식의 10% 이상을 소유하거나 임원의 임면 등의 방법으로 법인의 중요경영사항에 대해 사실상의 영향력을 행사하는 자로서 시행령에서 정하는 주주를 말한다.

(3) 당해 법인에 대하여 법령에 의한 인허가, 지도, 감독 그 밖의 권한을 가진 자로서 그 권한을 행사하는 과정에서 미공개 중요정보를 알게 된 자. 예컨대 규제감독기관에 종사하는 자 등을 말한다.

(4) 당해 법인과 계약을 체결하고 있거나 계약을 교섭하고 있는 자로서 그 계약을 체결·교섭 또는 이행하는 과정에서 미공개 중요정보를 알게 된 자. 예컨대 법인의 외부감사인, 주거래은행, 대표주관회사, 고문변호사 등을 말한다.

(5) 위 (2) 내지 (4)에 해당하는 자(이를 '준내부자'라 한다)의 대리인이나 사용인 기타 종업원으로서 그 직무와 관련하여 미공개 중요정보를 알게 된 자

(6) 내부자의 지위를 상실한 지 1년이 경과되지 아니 한 자(이를 '원내부자'라 한다)

(7) 내부자로부터 미공개 중요정보를 받은 정보수령자(tepee). 정보수령자는 내부자로부터 정보를 받을 것을 요건으로 하기 때문에 제1차 정보수령자만 해당되고 그로부터 다시 정보를 받은 그 후의 수령자는 해당되지 않는다.

2) 미공개 중요정보

동 법은 미공개 중요정보를 '투자자의 투자판단에 중대한 영향을 미칠 수 있는 정보로서 불특정 다수인이 알 수 있도록 공개되기 전의 것'으로 정의하고 있다. 미공개 중요정보는 내부정보, 공개매수의 실시 또는 정지에 관한 정보, 주식 등의 대량취득·처분에 관한 정보 및 기타 시장정보를 포괄하고 있다. 여기서 공개란 금융위원회나 거래소에 신고, 동 기관이 설치·운영하는 전자전달매체를 통한 공개, 신문에의 게재, 방송 등으로 정하고 1일의 주지기간을 부과하고 있다(시행령 제201조).

내부정보는 당해법인의 업무 등과 관련한 정보로 내부자가 그 지위상 우월적으로 접근할 수 있는 정보를 말한다. 공개매수나 대량취득·처분의 경우 공개매수예정자나 대량취득·처분자가 공개매수나 대량취득·처분을 목적으로 거래하는 경우는 내부자거래에 해당되지 않으나 공개매수예정자나 대량취득·처분자의 내부자가 공개매수나 대량취득·처분에 관한 내부정보를 이용하여 공개매수나 대량취득·처분 외의 목적으로 당해법인의 증권을 거래하는 경우는 내부자거래로 간주된다.

기타 시장정보는 법인 정보 외에 증권시장에서 당해법인이 발행한 증권의 수급이나 가격에 영향을 줄 수 있는 정보를 말한다. 금융투자회사나 그 임직원이 직무와 관련하여 알게 된 정보를 악용하는 경우 등이 그 예이다.

내부자거래 규제 대상이 되는 금융투자상품은 당해 기업이 발행한 증권은 물론 당해 기업과 관련된 증권을 기초자산으로 하는 모든 금융투자상품을 포함한다. 이는 금융투자상품의 범위가 확대되어 다양한 투자대상이 등장하고 당해 발행회사의 증권으로만 한정될 경우 다양한 형태의 불공정거래를 막기 어렵기 때문이다.

3) 내부자거래에 대한 제재

내부자거래에 대한 제재는 내부자거래로 얻은 단기매매차익(회피된 손실 포함)의 반환(disgorgement)과 미공개 중요정보 이용행위에 대한 배상책임으로 구분된다.

(1) 단기매매차익 반환제도

단기매매차익 반환제도는 주권상장법인의 미공개 중요정보를 이용할 수 있는 지위에 있는 임·직원과 주요주주가 당해 법인의 특정증권을 단기간에 매매함으로써 이익을 얻은 경우 당해 법인이 그 이익을 법인에게 반환하도록 청구하는 제도이다. 동 규정은 상장법인이 공모 또는 사모하는 특정증권 등을 인수한 투자매매업자의 매매행위에도 준용된다(법 제172조).[74] 단기차익 반환의무가 있는 임·직원은 임원[75]과 미공개 중요정보를 직무상 알 수 있는 지위

74) 단기매매차익반환규정은 내부정보 이용사실을 입증하기 어려운 현실을 고려한 규정이다. 「자본시장법」은 동 규정의 획일적 적용에 따른 문제점을 완화하기 위해 법령에 따라 불가피하게 매수 또는 매도하는 경우 등 내부정보를 이용할 개연성이 아주 적다고 판단되는 일정한 경우에는 동 규정의 적용을 배제하고 있다(법 제172조 ⑥).

75) ⅰ) 회사에 대한 자신의 영향력을 이용하여 이사에게 업무 집행을 지시한 자, ⅱ) 이사의

에 있는 직원이다.[76] 상장법인의 임원 또는 주요 주주는 임원 또는 주요 주주가 된 날부터 5일 이내에 누구의 명의로 하든지 자기의 계산으로 소유하고 있는 특정증권 등의 소유상황과 소유상황에 변동이 있는 경우에는 변동이 있는 날부터 5일까지 그 내용을 대통령령으로 정하는 방법에 따라 각각 증권선물위원회와 거래소에 보고하여야 한다(법 제173조).[77]

임·직원의 경우 특정증권을 매도하거나 매수한 어느 한 시기에만 임·직원의 지위에 있으면 적용대상이 된다. 예를 들면, 임·직원이 증권을 매수(매도)한 후 퇴임하고 6개월 이내에 그 증권을 매도(매수)하였다면 그 이익을 회사에 반환하여야 한다.

주요 주주는 누구의 명의로 하든지 자기의 계산으로 의결권 있는 발행주식 총수 또는 출자총액의 10% 이상의 주식 또는 출자증권을 소유한 자와 사실상의 지배주주[78]를 말한다. 주요 주주는 임·직원과 달리 매도·매수한 시기 중 어느 한 시기에 주요 주주가 아닌 경우에는 단기매매차익 반환의무를 부담하지 않는다. 따라서 주요 주주가 아닌 자가 매수로 인하여 주요 주주가 된 후 6개월 이내에 매도하여 이익을 취득한 경우 단기매매차익 반환의무가 적용되지 않는다.

단기매매이익 반환의 일차적 청구권자는 해당 회사이고 회사가 청구하지 않을 경우 해당 회사의 주주가 청구할 수 있고 이익을 취득한 날로부터 2년 이내에 행사하지 않을 경우 청구권은 소멸한다.

(2) 미공개 중요정보 이용에 대한 배상책임

내부자거래는 은밀히 이루어지기 때문에 적발이 쉽지가 않다. 따라서 동법은 형식적인 요건, 즉 내부자가 특정 증권을 매수 후 6개월 이내에 매도하

이름으로 직접 업무를 집행한 자, iii) 이사가 아니면서 명예회장, 회장, 사장, 부사장, 전무, 상무, 이사 기타 회사의 업무를 집행할 권한이 있는 것으로 인정될 만한 명칭을 사용하여 회사의 업무를 집행한 자(「상법」 제401조의2)를 포함한다.

76) 주요 사항보고서 제출 사항(법 제161조 제1항 각 호)에 해당하는 사항의 수립, 변경, 추진, 공시, 그 밖에 이에 관련된 업무에 종사하고 있는 직원과 법인의 재무, 회계, 기획, 연구개발에 관련된 업무에 종사하고 있는 직원을 포함한다.

77) 동 의무를 위반한 자에 대해서는 1년 이하의 징역 또는 3천만원 이하의 벌금에 처한다(법 제446조 31호).

78) 10% 이상을 소유하고 있지 아니한 주주라도 임원의 임면 등 당해 법인의 주요 경영사항에 대하여 사실상의 영향력을 행사하고 있는 주주를 말한다.

거나 매도 후 6개월 이내에 매수하여 이득 또는 손실을 회피한 경우 내부자가 실제로 미공개 중요정보를 이용하였는지 여부나 내부자에게 미공개 중요정보를 이용하여 이득을 취하려는 의사가 있었는지 여부를 묻지 않고 이를 무조건 내부자거래로 간주한다(법 제172조 ①).

내부자가 미공개 중요정보 이용을 금지하는 규정을 위반한 경우 해당 회사가 발행한 증권의 매매·기타거래와 관련하여 손해를 입은 자에 대해 손해를 배상할 책임을 지며 형사처벌[79]을 받을 수도 있다. 동 손해배상청구권은 청구권자가 위반행위가 있었던 사실을 안 날로부터 1년간 또는 그 행위가 있었던 날로부터 3년간 이를 행사하지 아니하는 경우에는 시효로 인하여 소멸한다(법 제175조).

금융위원회는 금융투자업자나 그 임직원이 내부자거래에 관여한 경우 행정적 제재를 취할 수 있다.[80]

그러나 현행 미공개 중요정보이용행위금지 규정은 회사관계자를 중심으로 규율하고 그 요건도 상세하게 정하고 있기 때문에 이에 해당되지 않을 경우 문제가 있다는 지적이 있었다. 이에 「자본시장법」은 부당한 정보이용에 해당은 하지만 동 요건에 해당하지 않은 행위에 대해 규제가 가능하도록 '시장질서교란행위금지규정'(제178조의2 제1항)을 신설하였다. 시장질서교란행위(market abuse) 유형으로는 오해유발 소지행위, 가격왜곡행위, 현·선연계행위 및 기타 이애 준하는 행위로 규정하고 있다. 이에 따라 종래 1차 정보수령자에 한해 규제가 가능하던 것이 2차, 3차 정보수령자와 해킹에 의한 정보습득도 규제가 가능하게 되었다.

2. 시세조종행위

1) 시세조종행위의 개념과 그 유형

시세조종행위란 시장에서 특정 금융투자상품에 대한 수급을 인위적으로

---

79) 10년 이하의 징역 또는 5억원 이하의 벌금에 처한다. 다만, 그 위반행위로 얻은 이익 또는 회피한 손실액의 3배에 해당하는 금액이 5억원을 초과하는 경우에는 그 이익 또는 회피한 손실액의 3배에 상당하는 금액 이하의 벌금에 처한다. 그리고 징역에 처하는 경우에는 10년 이하의 자격정지를 병과할 수 있다(법 제443조).

80) 금융투자업자의 경우 금융투자업 인가·등록 취소, 6개월 이내의 업무의 전부 또는 일부의 정지, 계약의 인계명령, 위법행위의 시정 또는 중지명령, 그 밖에 위법행위를 시정하거나 방지하기 위해 필요한 조치를 취할 수 있고(법 제420조 ③) 금융투자업자의 임직원의 경우 해임 또는 면직요구를 할 수 있다(법 제422조).

조작함으로써 그 가격을 조종하려는 행위를 말한다. 「자본시장법」은 시세조종행위의 유형을 위장거래에 의한 시세조종, 현실거래에 의한 시세조종, 표시에 의한 시세조종, 불법한 시세의 고정이나 안정행위, 현·선연계에 의한 시세조종행위로 분류하고 있다(법 제176조).

① 위장거래에 의한 시세조종: 위장거래(fictitious trading)에 의한 시세조종행위란 증권 등의 매매거래에 관하여 성황을 이루고 있는 듯이 잘못 알게 하거나 기타 타인으로 하여금 그릇된 판단을 하게 할 목적으로 하는 행위로 통정매매, 가장매매와 그 위탁 또는 수탁행위를 말한다. 통정매매(elbow trading)란 다른 사람과 사전에 매도(매수)시기와 같은 시기에 매수(매도)하기로 공모(통정)한 후 거래를 하는 것을 말한다.

가장매매(wash sale)란 거래의 외형을 갖추고 있으나 실질적인 권리 이전이 없는 거래를 말한다. 예컨대, 한 사람이 여러 개의 차명계좌를 이용하여 여러 명이 거래하는 형식을 갖추거나 매매 후 바로 반대매매를 이용하여 권리 이전의 효과를 상쇄시키는 경우 등이 그것이다. 위장거래를 위탁이나 수탁하는 행위는 비록 위장거래가 성립하지 않더라도 처벌의 대상이 된다(법 제176조).

② 현실거래에 의한 시세조종: 현실거래에 의한 시세조종행위란 증권 또는 장내파생상품의 매매의 유인을 목적으로 매매가 성황을 이루고 있는 듯이 오인시키거나 시세를 변동시키는 매매 또는 그 위탁이나 수탁을 하는 행위를 말한다. 허수주문이나 허수호가가 그 전형적인 예이다. 허수주문은 진정한 매매거래의 의사 없이 주문을 내는 행위로 예컨대 보유주식을 매도하려는 자가 매수의 의사 없이 시가보다 낮은 가격으로 대량의 매수주문을 내어 당해 증권에 대한 시장의 관심을 높인 뒤 보유주식을 매도한 후 매수주문을 취소하는 것을 말한다.

③ 표시 등에 의한 시세조종: 표시 등에 의한 시세조종행위란 증권 등의 시세가 자기 또는 타인의 시장조작에 의해 변동한다는 말을 유포하는 행위와 증권 등의 매매를 함에 있어 중요한 사실에 관해 거짓의 표시 또는 오해를 유발시키는 표시를 하는 행위를 말한다.

④ 불법한 시세의 고정·안정: 시세의 고정과 안정행위란 증권 등의 시세를 고정시키거나 안정시킬 목적으로 그 증권 등에 관한 일련의 매매 또는 그 위탁이나 수탁을 하는 행위를 말한다. 안정조작이란 적극적으로 시세를 변동

시키는 것이 아니라 소극적으로 현 시세를 유지하려는 것이라는 점에서 일반적인 시세조종과는 차이가 있다.

「자본시장법」은 증권의 공모와 관련해서 안정조작과 시장조성에 관한 예외를 인정하고 있다. 적법한 안정조작과 시장조성이 그것이다. 전자는 공모시 증권의 발행인 또는 소유자와 인수계약을 체결한 투자매매업자가 당해 증권의 모집 또는 매출의 청약기간 종료일 전 30일의 범위에서 시행령으로 정하는 날부터 그 청약기간의 종료일까지의 기간 동안 유통시장에서 거래되는 당해 증권의 가격을 안정시킴으로써 신규로 발행되는 증권의 모집이나 매출이 원활하게 하기 위한 매매를 말하고, 후자는 투자매매업자가 신규발행증권의 가격이 발행가격 이하로 하락하는 것을 방지하기 위해 당해 증권의 수요와 공급을 그 증권이 상장된 날로부터 6개월의 범위 내에서 시행령으로 정하는 기간 동안 조성하는 것을 말한다.

⑤ 현·선연계에 의한 시세조종: 현·선연계에 의한 시세조종이란 현물과 이를 기초자산으로 하는 파생상품을 연계하여 매매하는 것을 말한다. 「자본시장법」은 파생상품이나 그 기초자산인 증권의 매매에서 부당한 이익을 얻거나 제3자에게 부당한 이익을 얻게 할 목적으로 그 증권을 기초자산으로 하는 파생상품의 기초자산의 시세를 고정 또는 변동시키거나 반대로 그 증권을 기초자산으로 하는 파생상품의 시세를 고정 또는 변동시키는 행위를 금지하고 있다.

「자본시장법」은 현·선연계 규제대상을 장외파생상품으로 확대하고 있다. 이는 기초자산이 상장증권인 경우 장외파생상품도 시세조종과 연계될 가능성이 있기 때문이다. 그러나 기초자산과 파생상품이 모두 상장되어 있지 않을 경우에는 규제대상에서 제외된다.

한편, 일반상품의 현물거래소 상장을 가정하여 일반상품관련 현·현연계 거래와 가격연관성이 높은 선·선연계 시세조종행위도 규율의 대상이 된다.

2) 시세조종행위에 대한 제재

「자본시장법」은 시세조종행위의 엄격한 처벌을 위하여 형사처벌을 원칙으로 하고 죄형법정주의에 따라 그 요건을 엄격하게 정하고 있다.[81] 한편, 시

81) 그러나 금융투자기법의 발달로 시세조정행위의 유형을 구체적으로 규정하는 것은 사실상 불가능하여 이를 효과적으로 규율하기 위해서는 형사처벌만으로는 부족하다. 이에 이와 별도로 허수주문, 과다한 호가관여 등 형사처벌 대상은 아니지만 자본시장 질서를 교란하는 다양한 불공정거래 행위를 시장남용행위(market abuse)로 포괄적으로 규정하여 과징금(civil

세조종행위를 한 자는 그 시세조종으로 인하여 형성된 가격에 의하여 상장증권 또는 장내파생상품의 매매 또는 위탁을 한 자가 그 매매 또는 위탁으로 인해 입은 손해를 배상해야 한다(법 제171조 ①). 손해배상을 청구하는 자는 시세조종행위와 시세조종행위로 형성된 가격으로 거래 또는 위탁을 한 사실 및 손해를 입증해야 한다. 그러나 일반투자자가 시세조종행위를 입증하는 것은 매우 어려운바, 시세조종에 관한 사실 확정은 금융감독원의 조사나 검찰의 수사를 거쳐 법원의 판결에 의해 이루어지고 이를 토대로 손해배상청구가 이루어지는 것이 보통이다.

손해배상청구권은 시세조종행위를 안 때로부터 1년, 그 행위가 있었던 날로부터 3년간 이를 행사하지 않으면 시효로 인해 소멸한다. 시세조종행위에 대한 행정적 제재나 형사제재는 내부자거래와 대동소이하다. 시세조종행위는 일종의 사기행위이므로 「민법」이나 「형법」의 사기조항을 적용할 수도 있으나 동 조항만으로는 적절한 구제가 어려우므로 「자본시장법」에 별도의 규정을 둔 것이다.

3. 부정거래행위 등

「자본시장법」은 내부자거래와 시세조종행위와는 별도로 부정거래행위를 금지하는 일반규정을 두고 있다. 동 규정은 불공정행위 수법이 다양해지고 신종 수법들이 계속하여 등장하고 있는 현실을 반영한 포괄적인 사기행위 금지조항이다(법 제178조).[82] 동 조항은 급변하는 자본시장에서 발생하는 다양한 형태의 불공정거래행위 유형들을 사전에 일일이 법에 명시하여 대처하는 것은 현실적으로 매우 어렵기 때문에 기존의 사기적 부정거래행위 유형에 추가하여 포괄적인 부정거래행위 금지규정을 신설하여 사회통념에 반하는 부정행위를 폭넓게 규제하려는 차원에서 도입된 것이다.

---

penalty)을 부과하는 방안이 추진되고 있다.

82) ① 누구든지 금융투자상품의 매매(증권의 경우 모집·사모·매출 포함), 그 밖의 거래와 관련하여 부정한 수단(device), 계획(scheme) 또는 기교(artifice)를 사용하는 행위, 중요사항에 관하여 거짓의 기재 또는 표시를 하거나 타인에게 오해를 유발시키지 아니하기 위하여 필요한 중요사항의 기재 또는 표시가 누락된 문서, 그 밖의 기재 또는 문서를 사용하여 금전, 그 밖의 재산상의 이익을 얻고자 하는 행위, 금융투자상품의 매매, 그 밖의 거래를 할 목적이나 그 시세의 변동을 목적으로 거짓의 시세를 이용하거나, ② 금융투자상품의 매매, 그 밖의 거래를 할 목적이나 그 시세의 변동을 도모할 목적으로 풍문의 유포, 위계의 사용, 폭행 또는 협박을 하여서는 아니 된다.

그러나 동 조항은 규정의 추상성으로 인해 구성요건의 명확성을 요구하는 죄형법정주의 원칙과 상충될 소지도 있어 현실적으로 적용하기가 쉽지 않다는 우려도 있다. 동 조항의 적용대상은 금융투자상품의 상장 여부나 장내거래 여부와 관계없이 적용되고 매매의 경우는 물론이고 담보제공 등과 같은 그 밖의 거래에도 적용된다. 부정거래행위시 민사책임과 형사책임 및 행정제재가 부과된다. 미공개중요정보 이용행위 금지, 시세조종행위 등의 금지 및 부정거래행위 등의 금지를 위반한 자에게는 부정거래행위 등으로 얻은 이익 또는 회피한 손실액에 대해 1배 이상 3배 이하에 상당하는 금액의 벌금에 처할 수 있다(법 제443조 및 제447조).

4. 공매도 제한

공매도는 시장의 가격변동성과 결제리스크 증대 등 시장의 안정을 저해하는 외에 의도적인 투자자 불안심리 확산 등을 통해 부당하게 이득을 얻으려는 불공정거래행위를 유발할 가능성이 있다. 이에 「자본시장법」은 누구든지 증권시장[83]에서 소유하지 않은 상장증권을 매도하는 무차입공매도(naked short sale), 차입한 상장증권으로 결제하고자 매도하는 차입공매도(covered short sale) 및 그 위탁 또는 수탁은 원칙적으로 금지하고 있다(제180조).

다만 대통령령을 정하는 방법에 의하여 행해진 거래와 결제가 이루어지지 않을 우려가 없는 거래에 대해서는 예외적으로 인정된다. 공매도 규제를 위반하는 경우, 형사처벌을 받을 수 있고 과징금이 부과될 수 있다.

III. 불공정거래에 대한 조사 및 조치

불공정거래에 대한 조사권은 증권선물위원회가 갖고 있으며 동 위원회는 조사업무의 실제 집행은 금융감독원장에게 위임하고 있다. 불공정거래의 조사는 주로 거래소의 통보에 의해 시작된다. 거래소는 이상거래에 관한 심리 및 회원에 대한 감리결과 불공정거래의 혐의를 발견하면 동 위원회에 통보한다.[84]

---

83) 공매도 제한범위에 ATS에서의 매매도 포함한다.

84) 조사는 예비조사와 본조사로 진행된다. 예비조사는 혐의자에 대한 본격적인 조사에 들어가

증권선물위원회는 조사에 필요한 경우 장부·서류 등의 영치, 관계자의 사무소 등을 출입하여 장부·서류 등을 조사할 수 있고 소속 공무원으로 하여금 위반혐의자를 심문하거나 압수·수색영장을 발부받아 물건을 압수 또는 사업장을 수색할 수 있다. 증권선물위원회는 조사결과 불공정거래를 적발하거나 의혹은 있으나 확증이 없는 경우에는 검찰에 고발하거나 수사기관 통보 등의 조치를 취할 수 있다. 위반사실이 경미한 경우에는 법 위반으로 인하여 조치받은 사실의 공표로 그칠 수도 있다(법 제426조 ⑤).

그러나 아직도 불공정거래를 효과적으로 막기에는 크게 미흡하다. 현 「자본시장법」은 불공정거래행위에 대한 조치를 사후적인 제재인 형사처벌 위주로 규정하고 있고 감독당국의 행정제재는 경미한 수준이다. 감독당국이 불공정거래행위를 적발할 경우 이에 대해 조치할 수 있는 수단은 검찰 고발·수사기관 통보 등 형사처벌과 경고·주의 등 경미한 행정제재로 한정되고 있다.[85]

자본시장이 역동적으로 진화함에 따라 불공정거래 유형이 다양화되고 그 구조도 복잡화되어 이의 적발 확률은 낮아지고 있다. 따라서 불공정거래 규제대상이 되는 행위의 유형을 보다 포괄적으로 규정하고 이에 대한 제재수단도 다양화하고 처벌도 크게 강화해야 할 필요가 있다. 특히 형사적 제재만으로는 불공정거래 유인을 차단시키는 데는 크게 미흡한바, 형사적 제재에 더하여 부당하게 얻은 재산상의 이익이 즉시에 철저히 환수될 수 있도록 과징금 등 행정적 제재를 병행하고 불공정거래로 인한 손해액에 대해 반드시 배상이 이루어지게 하여 불공정거래로 얻는 기대이익보다 기대손실이 월등히 크다는 인식을 시장에 심어줘야 할 것이다.[86]

기 전에 혐의계좌에 대한 계좌추적을 통해 계좌주의 실체 파악 등을 행한다. 본 조사는 예비조사의 결과 불공정거래의 혐의가 확인되면 증권선물위원회는 관계자에게 ① 조사사항에 관한 사실과 상황에 대한 진술서의 제출, ② 조사사항에 관한 증언을 위한 출석, ③ 조사에 필요한 장부·서류 기타 물건의 제출을 요구할 수 있다(법 제426조 ②). 이러한 요구에 불응하는 경우 3년 이하의 징역이나 1억원 이하의 벌금형에 처한다(법 제445조 48호).

85) 다만, 「자본시장법」은 증권회사의 불건전 주문 수탁을 금지하고, 한국거래소규정은 불건전 주문 수탁거부 정보를 다른 회원과 공유토록 규정하여 불공정거래 발생소지를 간접적으로 규제하고 있다. 한국거래소는 시세조종성 주문을 위탁받은 회원 또는 임·직원에 대한 제명, 임원해임요구 등 징계조치를 할 수 있다.

86) 미국의 SEC는 조사 및 제재를 효율적으로 수행하기 위해 민사제재금(civil penalty), 부당이득 반환명령(disgorgement) 등의 조치를 할 수 있다. 내부자거래 등에 대한 민사제재금의 경우 증권업 종사자에 대해서는 SEC가 직접 그리고 일반인에 대해서는 SEC가 법원에 청구하여 부과가 가능하

특히 증권시장에서 특정인의 불공정거래가 진행되고 있을 경우 이를 조기에 차단하는 장치가 없어 동 행위가 종료된 이후에 단속함으로써 불공정거래를 사전에 예방하여 선의의 투자자를 보호하기에는 크게 미흡하다. 이에 불공정거래를 초기에 신속하게 포착하기 위해 2015. 7. 불공정거래 조사업무를 수행하는 금융위원회 공무원과 금융감독원 직원에게 사법경찰권을 부여할 수 있도록 하는 「사법경찰관리의 직무를 수행할 자와 그 직무범위에 관한 법률」이 제정되었다. 대상은 불공정거래 등 「자본시장법」상 규정된 범죄로 그 절차는 금융감독원장의 의견제출→금융위원장 추천→관할 지방검찰청 검사장이 특별사법경관[87]을 지명하고 동 사법경찰관은 체포구속 · 압수수색 · 통신자료요구,[88] 영장신청권, 전과조회 및 출국금지요청 등 일반 경찰과 동일한 사법경찰권을 보유한다. 이 밖에도 금융당국에 포괄적 계좌추적권을 부여하고 미국의 SEC[89] 등에서 시행하고 있는 위법행위 금지명령(injunction)[90]제도나 위법행위 중지명령(cease and desist)[91]제도를 도입하자는 주장

다. 일본의 증권거래감시위원회는 시세조종, 내부자 거래 등에 과징금 제도를 도입하고 2008년 12월 5%를 보고 위반으로 동 제도를 확대하였다. 영국의 금융감독청은 금전제재금 외에 자체기소권을 보유하고 있다.

87) 일반사법경찰관리의 수사권이 미치기 어려운 특정한 지역 또는 시설이나 수사에 전문적 지식이 필요한 범죄에 대하여 특별사법경찰관리의 지위를 인정하여 수사에 활용하는 제도.

88) 미국의 SEC는 소환장(subpoena) 및 영장(warrant)에 의하여 통화기록 확보가 가능한 통화기록(전화, 이메일 기록 등) 조회권을 갖고 있다. 그리고 조사를 통해 위법사항이 발견된 경우 지방법원에 민사제소가 가능하며 민사제소와 병행하여 검찰에 형사기소 의뢰도 가능하다. 일본의 증권거래감시위원회는 통화기록 조회가 가능하고 필요시 법원 영장을 통한 압수 · 수색 등 강제조사도 가능하다.

89) 미국의 SEC(Security Exchange Commission)는 증권발행과 회계제도, 증권회사와 자율규제기구, 불공정거래 등에 대한 규제와 감독업무를 관장하는 연방정부의 행정조직이다. SEC는 5명의 위원들로 구성되며 위원은 정당 추천에 의해 대통령이 지명하고 상원의 인준을 받아 임명하며 임기는 5년이다. SEC는 등록 정지, 벌금 부과, 정지 · 금지 명령 등 행정조치 권한과 법원에서 소환장이나 압수수색영장을 받아 강제집행을 할 수 있는 등 준사법권을 가지고 있으며 행정부와 입법부로부터 독립성을 갖고 있다.

90) 미국의 SEC는 누구든지 「증권거래법」 등에 위반되거나 위반할 우려가 있다고 인정되는 경우, 법원에 당해 행위의 금지를 청구할 수 있으며, 관할 법원은 상당한 이유가 있는 경우 무기한(permanent injunction) 또는 기한부의 금지명령(interlocutory injunction)이나 정지명령을 할 수 있다「34년 증권거래법 21(d)(1)」. 일본의 경우 내각총리대신의 신청에 의하여 법원이 긴급한 필요가 있고 공익 및 투자자 보호를 위하여 필요 · 적당하다고 인정되는 때에는 금융상품거래법령에 위반하는 행위를 하거나 하려는 자에 대하여 그 행위의 금지 또는 정지를 명할 수 있다.

91) 미국의 SEC는 누구든지 「증권거래법」 등을 위반하였거나 위반의 우려가 있는 경우 당해 사실을 공표하고 당해 위반의 원인이 되는 것을 중지하도록 명령할 수 있으며, 이러한 명령은 사전에 본인에게 통고하고 청문의 기회를 제공한다「34년 증권거래법 21C」. 이 제도는 법원에 의한 금지명령

도 있다. 그러나 동 제도의 도입은 우리나라와 같은 대륙법계에서는 법원이 성문법에 근거하여 조치여부를 판단하므로 구체적인 요건이 법령에 명시되어야 하는데다 명령 행사를 위한 위법행위의 입증이 어렵고 현행 법원의 실무관행상 상당한 시간이 소요되어 실효성이 적다는 이유로 장기과제로 검토하기로 한 바 있다.

(injunction)제도가 많은 시간이 소요되고 부작용을 초래하는 폐단이 있어 SEC가 직접 행정처분을 할 수 있도록 입법화(1990년 10월)한 것으로 금지명령에 비해 피고에게 미치는 부수적 피해가 적기 때문에 SEC는 비사기적 공시의무 위반 등 보다 경미한 사항에 대해 중지명령을 발부한다.

부 록 10-1

금융투자업자에 대한 자기자본 규제

표 10-3 금융투자회사 자기자본비율 규제

투자매매중개업자	순자본비율[1]	100% 이상
신탁업자	영업용순자본비율[2]	150% 이상
집합투자업자	최소영업자본금	자기자본이 최소영업자본액 이상

1) $\text{순자본비율} = \dfrac{\text{영업용순자본} - \text{총위험액}}{\text{필요유지자기자본}}$

2) $\text{영업용순자본비율} = \dfrac{\text{영업용순자본}}{\text{총위험액}}$

영업용순자본 = 자산-부채-차감항목+가산항목
총위험액 = 시장위험액 + 신용위험액 + 운영위험액
필요유지자기자본 = 인가업무단위별 법정필요자본의 70%의 합

Ⅰ. 영업용순자본

영업용순자본(net capital)은 금융투자업자가 신속하게 현금화할 수 있는 자산에서 상환의무가 있는 부채총액을 차감한 금액으로 기준일 현재 대차대조표상 자산총액에서 부채총액을 차감한 잔액(순자산액)에 차감항목의 합계액을 빼고 가산항목의 합계액을 더한 금액이다. 차감 및 가산항목은 다음과 같다.

1. 차감항목

차감항목은 자산 중 현금화가 곤란한 자산으로 다음과 같다.

① 유형자산: 토지, 건물, 차량운반구, 기구비품 등은 신속하게 현금화하기 곤란한 자산이므로 차감한다.

② 선급금, 선급법인세, 이연법인세자산, 선급비용: 시장성·환급성이 없어 신속하게 현금화할 수 없으므로 차감한다.

③ 잔존만기가 1년을 초과하는 예금 및 예치금: 3개월 이내에 계약해지 등을 할 수 없는 장기금융상품 등은 차감한다.

④ 만기 자동연장조건, 만기시 재취득조건 등의 특약이 있거나 잔존만기가 3개월을 초과하는 대출채권을 차감한다. 실질적으로 대출채권의 취득과 동일한 효과를 초래하는 경우, 예컨대 사모집합투자기구가 발행한 증권의 취득, 자산유동화회사 등 다른 법인이 발행한 증권의 취득 등도 차감한다.

⑤ 특수관계인에 대한 채권 등: 계열회사와 내부거래로 인하여 계열회사의 재무위기가 금융투자업자로 이어지는 것을 차단하기 위하여 차감한다.

⑥ 자회사의 결손액 중 금융투자업자 소유지분 해당액: 사실상 모회사인 금융투자회사가 자회사의 결손액에 대해 변제책임을 지게 되므로 차감한다. 다만 당해 자회사에 대해 금융투자회사가 채무를 보증하고 있는 경우에는 채무보증금액과 결손액 중 큰 금액을 차감한다.

⑦ 채무보증금액: 명칭여하를 불문하고 제3자의 채무이행을 직접 또는 간접으로 보장하기 위한 보증, 배서, 담보제공, 채무인수, 추가투자의무, 매입보장약정, 유동성공급계약, 신용파생상품 보장 매도 등은 영업용순자본에서 차감한다.

⑧ 사모투자 전문회사의 무한책임사원인 경우 동 회사의 결손액

⑨ 신탁계정대여금 금액의 100분의 16: 부동산신탁회사가 자기책임하에 조달하여 토지신탁사업에 대여 형태로 투입한 자금을 차감한다.

⑩ 상환우선주 발행에 의한 자본금 및 자본잉여금: 상환우선주를 발행하여 자본을 조달하였으나 아래의 보완자본 요건을 충족하지 못하는 경우 사실상 부채로 보아 영업용순자본에서 차감한다.

- 상환으로 인하여 영업용순자본비율이 100% 미만으로 떨어질 경우에는 계약상의 상환시기가 도래하는 경우에도 상환하지 아니한다는 약정이 있을 것

• 상환을 보증하는 담보의 제공, 상계 및 만기 전 상환을 금지하는 약정이 있고, 기타 상환우선주의 본질을 해할 우려가 있는 약정이 없을 것
• 발행일로부터 상환일까지의 기간이 5년 이상일 것

⑪ 임차보증금 및 전세권 금액: 단기간에 현금화가 곤란하므로 차감한다.

⑫ 자산평가손실: 재무제표의 당기순이익 또는 순재산액에 반영되지 아니한 자산평가손실을 차감한다.

2. 가산항목

가산항목은 대차대조표상 부채로 계상되어 있으나, 실질적인 채무이행 의무가 없거나 미래손실에 대비하여 내부에 유보시킨 항목으로 다음과 같다.

① 유동성자산에 설정된 대손충당금: 단, 자산건전성 분류상 "고정," "회수의문" 또는 "추정손실"로 분류된 유동자산에 대한 대손충당금은 제외한다.

② 후순위차입금: 일반채무의 변제와 관련하여 실질적으로 자본의 보완적 기능을 하는 후순위차입금으로 다음과 같은 요건을 갖춘 것에 한한다. 다만, 영업용순자본에 가산할 수 있는 후순위차입금 총액은 순재산액(자산총액 − 부채총액)의 50%를 초과할 수 없으며 원금 상환일까지의 잔존기간이 5년 미만인 경우에는 연도별로 20%씩 가산금액을 축소한다.

• 회사가 파산한 때에 모든 다른 채무를 우선 변제하고 잔여재산이 있는 경우에 한해 당해 채무를 상환한다는 조건이 명시될 것
• 차입일로부터 원금상환일까지의 기간이 5년 이상일 것
• 원리금의 상환으로 인하여 영업용순자본비율이 100% 이하로 떨어질 경우에는 계약상의 원리금 상환시기가 도래하는 경우에도 원리금을 상환하지 아니한다는 약정이 있을 것
• 담보의 제공, 상계, 만기 전 중도상환 및 채무보증 등을 금지하는 약정이 있고, 기타 후순위차입금의 본질을 해할 우려가 있는 약정이 없을 것

③ 금융리스부채: 계약조건상 리스자산에 의한 현물상환이 가능하다고 명시하고 있고, 현금상환을 하여야 한다는 이면계약이 없는 경우에 한하며, 계약해지금은 차감한다.

④ 자산평가이익: 당기순이익 및 순재산액 계산시 반영된 이익은 제외한다.

Ⅱ. 총위험액

총위험액은 금융투자업자의 각종 리스크를 수치화한 것으로 감독당국에서 제시하고 있는 표준방법에 의하여 산정한다. 시장위험액의 경우는 금융투자업자가 내부모형을 통해 산정할 수도 있으나, 현재 내무모형을 통해 시장위험을 산정하는 금융투자업자는 없으므로 여기에서는 표준방법에 의한 위험액 산정방법에 대해 먼저 설명한다.

1. 시장위험액

시장위험액은 금융투자업자가 자기매매와 관련하여 보유하고 있는 상품자산이 주가, 금리, 외환 등의 시세가 불리하게 변동됨으로써 금융투자업자가 입을 수 있는 손실리스크를 계량화하여 평가한 것으로 주식위험액, 금리위험액, 외환위험액, 집합투자증권등위험액, 일반상품위험액, 옵션위험액의 합계로 산정한다.

위험액은 특정 시점에서의 포지션 시가액에 해당위험값을 곱하여 산정한다.

1) 주식위험액

주식위험액은 주식포지션을 시장별, 국가별로 구분하여 개별위험액과 일반위험액을 각각 산출한 후에 합산한다. 개별위험액은 매입과 매도포지션을 합한 금액을 기준으로 산출하며, 보유 주식포트폴리오의 '분산도' 및 개별주식의 '유동성' 기준을 충족하는 경우 해당위험값을 경감할 수 있다.[92)]

일반위험액은 주식시장별로 매입포지션과 매도포지션의 차액을 기준으로 산출하며 8%의 위험값을 곱한다. 국내에서는 코스피시장과 코스닥시장이 이에 해당된다.

주식관련 파생상품은 기초자산의 포지션으로 변환하여 주식포지션에 합하여 개별 및 일반위험액을 산출한다. 즉, 특정 주식에 대한 선물포지션 및 옵션포지션의 델타포지션은 동일한 현물 주식의 반대포지션과 상계한 후 잔여포지션에 대해 개별위험액과 일반위험액을 산출한다.

---

92) 개별주식의 경우 유동성 인정지수에 포함되는 개별주식인 경우 유동성이 충족된 것으로 보고, 개별주식의 보유금액이 전체 주식 보유금액의 10% 이내이면 해당 주식은 분산도가 충족된 것으로 본다. 주가지수, 상장지수집합투자기구, 주식바스켓은 유동성 인정지수에 포함된 경우 유동성 및 분산도를 충족한 것으로 본다.

표 10-4 주식 등의 개별위험값 및 일반위험값

구 분		개별위험값		일반위험값
		유동성-분산도 충족	유동성-분산도 미충족	
시장성 있는 주식	코스피시장 및 해외적격시장 주식	4%	8%	8%
	코스닥시장 주식	6%	12%	
	주가지수, 주식바스켓, 상장지수집합투자기구(ETF)	1%	4%	
	기타 시장성 있는 주식(협회의 프리보드, 비상장 공모주식 등)	12%		
시장성 없는 주식	투자목적의 주식	24%		–
	매각제한 주식	24%		
	관계기관* 출자지분	12%		

* 한국거래소, 한국예탁결제원, 증권금융, 증권전산, 한국자금중개를 말함.

주가지수선물과 주식바스켓을 이용한 차익거래에 대하여는 위험이 명백히 작다는 현실을 반영하여 별도로 낮은 위험값을 부여한다. 동일한 주가지수선물에 대하여 결제월이 다르거나 시장이 다른 포지션을 이용한 차익거래의 경우에는 큰 포지션에 2%의 위험값을 적용하고, 주가지수선물과 주식바스켓 또는 상장지수집합투자기구를 이용한 차익거래의 경우에는 각각의 포지션에 2%의 위험값을 적용한다.

특정기업이 발행한 주식총수의 5%를 초과하여 매수하거나 매도한 경우에는 주식집중위험액을 부과한다. 즉 특정기업이 발행한 주식총수의 5%~15% 이하인 경우 개별위험액의 100%를, 15%~25% 이하인 경우 개별위험액의 200%를, 25%를 초과한 경우 개별위험액의 300%를 가산한다.

2) 금리위험액

금리위험액은 통화별로 구분하여 금리관련 포지션을 산정한 후 개별위험액과 일반위험액을 합산한다. 금리관련 파생상품은 기초자산인 금리포지션으로 전환한다.

개별위험액은 시가로 평가된 채권금액에 신용등급별 및 잔존만기별로 차별적인 위험값(0%~32%)을 곱하여 계산한다. 국내 채권에 대한 신용등급은 적격 신용평가기관이 평가한 등급을 적용하고, 외국채권에 대해서는 S&P, Moodys, Fitch가 평가한 등급을 적용한다.

표 10-5 금리관련 포지션의 개별위험값

채권의 구분		위 험 값
정부발행	국채*	0.0%
	외국정부채권**	0.0~8.0%
기업 등 발행	우량채권***	0.25~8.0%
	기타 채권	4.0~32.0%

* 한국 중앙정부, 지방자치단체, 한국은행, 예금보험공사 등에서 발행하거나 전액 지급보증하는 채권을 말한다.

** 외국의 중앙정부, 중앙은행 및 국제기구(IMF, IBRD, ADB, EDB 등)에서 발행하거나 전액 지급보증하는 채권.

*** 우량채권은 적격금융기관 및 특별법에 의해 설립된 국내법인이 발행하거나 보증한 채권을 포함.

일반위험액은 잔존만기에 따라 그룹별로 매수포지션과 매도포지션을 상계하는 방법인 만기법(maturity method)을 이용하여 산정한다.

3) 외환위험액

외환위험액은 금융투자업자가 보유하는 외국통화(금을 포함)로 표시된 자산 및 부채에 대하여 통화별로 매입포지션과 매도포지션을 상계하여 순포지션을 구한 후 재무제표 작성 기준일 현재의 기준환율을 적용하여 원화로 환산하고 전체 통화에 대한 순매입포지션의 합계액과 순매도포지션의 합계액 중 큰 금액에 위험값 8%를 곱하여 산정한다.

4) 집합투자증권 등 위험액

금융투자업자가 보유하고 있는 집합투자증권 및 수익증권뿐만 아니라 금융투자업자가 판매한 집합투자증권도 집합투자증권등위험액의 산정대상이다.

보유하는 집합투자증권 및 수익증권의 위험액 산정은 원칙적으로는 편입자산을 기초자산의 포지션으로 분해하여 위험액을 산정해야 하지만, 편입자산을 분해하기 곤란한 경우 펀드의 신용등급별 위험값을 곱하여 산정하거나, 약관상 최대 기초자산 편입한도에 따라 〈표 10-6〉의 위험값을 곱하여 위험액을 산정한다.

표 10-6 집합투자증권의 편입가능자산별 위험값

부동산 (유형자산)	기 타	주식(관련 파생상품)	채권(관련 파생상품)	집합투자증권		유동성자산 (현금 제외)
				공모	사모	
24%	16%	12%	4%	6%	12%	0.5%

그리고 판매한 집합투자증권 및 수익증권의 경우에는 해당 포지션의 시가에 〈표 10-7〉의 위험값을 곱하여 위험액을 산정한다.

표 10-7 판매 집합투자증권에 대한 위험값

구 분		해당위험값
가. 신탁의 일부 해지에 의해 조성된 현금만으로 환매에 응하도록 되어 있는 집합투자증권 판매분		0%
나. 가. 이외의 수익증권	신탁재산이 시가평가되는 집합투자증권	0.2%
	신탁재산이 시가평가되지 아니하는 집합투자증권	0.4%

5) 일반상품위험액

농산물·축산물·수산물·임산물·광산물·에너지에 속하는 일반상품, 이와 관련된 금융상품 및 파생상품에 대해서는 일반상품위험액을 산정한다. 일반상품위험액은 상품별 총포지션에 대하여 3%의 위험값을 곱하여 총포지션을 산출하고 매수포지션과 매도포지션을 상계한 순포지션에 위험값 15%를 곱한 순포지션 위험액을 산출하여 합산한다.

6) 옵션위험액

옵션위험액은 옵션포지션 및 신주인수권 증서를 대상으로 델타플러스법을 이용하여 산정하며, 감마위험액과 베가위험액의 합으로 산정한다. 참고로 델타위험액은 해당 기초자산의 위험액에 합산한다. 델타플러스법에 의한 옵션위험액 산정 시 해당 옵션에 대한 델타, 감마, 베가에 관한 정보를 증권시장, 파생상품시장 또는 공신력 있는 외부기관에서 제공하는 것이어야 한다.

다만 동 정보가 위와 같이 제공되지 않는 경우 신용평가업자, 집합투자기구

평가회사, 채권평가회사가 제공하는 정보를 사용할 수 있고, 장외파생상품의 투자매매업을 인가받은 금융투자업자는 자체 모형에 의한 값을 이용할 수 있다.

2. 신용위험액

신용위험액은 예금, 예치금, 콜론, 증권의 대여 및 차입, 환매조건부매도 및 환매조건부매수, 대고객 신용공여, 채무보증, 대여금, 미수금, 미수수익, 기타 금전채권, 잔여계약기간이 3개월 이내인 임차보증금 및 전세권, 비정형적인 파생상품 등에 대해 산정한다.

1) 거래상대방별 해당 위험값

신용위험액은 거래상대방의 신용상태에 따라 위험액이 크게 차이가 난다. 금융기관에 대한 예금, 예치금, 콜론에 대해서는 장부가액에 거래상대방별 위험값을 곱하여 산정한다. 다만 적격금융기관에 대한 예금, 예치금에 대해서는 위험액을 산정하지 아니한다. 한편, 나머지 거래상대방의 포지션에 대해서는 〈표 10-8〉과 같이 세분화된 위험값을 적용한다.

표 10-8 거래상대방별 위험값

거래상대방	위 험 값
정부, 중앙은행, 국제기구, 지방자치단체	0.0%
외국정부	0.0~8.0%
특별법에 의해 설립된 국내법인, 증권관계기관,* 적격금융기관	0.8~12.0%
일반법인	1.0~24.0%
해외현지법인, 역외금융회사	2.4~32.0%
개 인**	8.0%

* 증권선물거래소, 증권예탁원, 증권금융을 말한다.
** 신용평가회사의 신용등급이 있는 개인에 대해서는 역외금융회사의 신용등급에 따른 위험값을 적용할 수 있다.

결제일 경과 채권에 대한 위험값의 가산은 결제일 경과 일수에 따라 〈표 10-9〉와 같이 세분화하였다.

표 10-9 결제일 경과 채권의 위험값 가산

결제일 초과 일수	해당위험값 가산
0~15	16%
16~30	32%
31~60	48% 또는 영업용순자본에서 차감
61일 이상	영업용순자본에서 차감

2) 비정형 파생상품에 대한 신용위험액 산정방식

비정형 파생상품에 대한 신용위험액은 시가로 평가된 현재의 대체비용(current replacement cost)에 잔존계약기간 중의 잠재적인 익스포저를 나타내는 잠재적 위험액을 합하여 구한 신용환산액을 거래상대방별 위험값을 곱하여 산정한다. 이 때 적용되는 거래상대방별 위험값은 앞서 제시한 〈표 10-8〉과 같다.

여기서 대체비용이란 비정형 파생상품의 시가를 기초로 계산한 당해 계약의 미실현이익을 말하고, 잠재적 위험액은 계약금액에 거래의 종류 및 잔존기간에 〈표 10-10〉의 신용환산율을 곱하여 산출한다.

표10-10 신용환산율

잔존기간	금리	통화 및 금	주식(주가지수)	귀금속(금 제외)	기타일반상품
1년 이하	0%	1.0%	6.0%	7.0%	10.0%
1년 초과 5년 이하	0.5%	5.0%	8.0%	7.0%	12.0%
5년 초과	1.5%	7.5%	10.0%	8.0%	15.0%

3. 운영위험액

운영위험액은 금융투자업 영위과정에서 발생하는 각종 사고, 업무착오, 위법부당행위 등 기타 영업여건 악화로 입을 수 있는 손실위험을 계량화한 것이다. 신BIS의 운영리스크 표준방법을 도입하여 금융투자업자의 영업활동을 12가지로 세분하고 영업부문별 영업이익에 일정비율(12%~18%)의 위험값을 반영하여 합산하여 산정한다. 영업별 영업이익은 기준일 전전월말 이전의 최근 3년간 연평균 금액으로 한다.

영업이익 기준으로 산정된 위험액과 금융투자업자가 영위하는 업무단위에 따른 법정 최소 자기자본 금액의 10% 중 큰 금액을 운영위험액으로 한다. 또한, 금융투자업자의 최근 1년간 위험관리등급에 따라 운영위험액을 10%까지 가산하거나 12%까지 감액한다.

III. 내부모형방식을 이용한 시장위험액 측정

금융투자업자에 대한 내부모형 적용은 현실적으로 어려움이 많으므로 그 첫 단계로 시장위험액에 적용하는 방법을 모색할 예정이다.

기초자산관련 상품을 주가관련 상품, 금리관련 상품, 외환관련 상품, 집합투자증권관련 상품 등의 범주로 나누어 각 기초자산별로 내부모형의 사용을 인정하되, 각 범주 내에서만 상관관계 고려를 통한 리스크 상쇄를 인정하고 범주간의 상관관계는 불인정한다.

내부모형을 사용할 경우 시장위험액의 산정방식은 다음과 같다.

$$\text{시장위험액(VaR)} = \text{Max}\left[\text{VaR}_{t-1},\ \left(\frac{1}{60}\sum_{t=1}^{60}\text{VaR}_{t-1}\right) \times (3+\alpha)\right]$$

이 때 부가승수 α 는 금융투자회사별 리스크 측정시스템의 질적 수준에 대한 평가를 바탕으로 감독당국이 0과 1 사이에서 설정($0 \leq \alpha \leq 1$)한다. 그리고 각 분기별로 거래순손실이 VaR 측정치를 초과한 일자의 수를 계산하여 다음 기의 사후검증 결과가 얻어질 때까지 〈표 10-11〉에서 정하는 바에 따라 매분기마다 변경하여 시장위험액을 계산한다.

〈표 10-11〉에서 정한 '주의(yellow)', '부적합(red)' 영역에 해당될 경우에는 감독당국은 당해 내부모형의 개선 또는 표준방법의 사용 등을 요구할 수 있다. 내부모형으로 일반위험액만 측정하는 경우 표준방법과 혼용할 수 있다. 다시 말하면 내부모형으로 일반위험액만 측정하고 개별위험액을 측정하지 않는 경우에는 표준방법에 의해 산출된 개별위험액을 추가해야 한다.

표10-11 사후검증결과에 대응한 부가승수(α) 선정방법

영역구분	초과횟수*	부가승수(α)
적합(green)	4 이하	0.00
주의(yellow)	5 이하	0.40
	6 이하	0.50
	7 이하	0.65
	8 이하	0.75
	9 이하	0.85
부적합(red)	10 이상	1.00

* 사후검증결과는 최근 250영업일 동안 누적하여 산출한다.

부 록 10-2

표준방법에 따른 금융투자 회사의 시장위험액 산출

1. 가 정

○ KOSPI200 = 93.36p

○ 옵션포지션: KOSPI200 주가지수옵션 보유

거래형태	만기월	행사가격	계약수	옵션시가	내재 변동성	delta	gamma	vega
call매수 ㉠	2000. 6	100	200	0.95	34.78%	0.3017	0.0332	0.0762
call매수 ㉡	2000. 7	100	100	3.05	36.80%	0.4139	0.0224	0.1412
call매도 ㉢	2000. 6	102.5	100	0.65	36.20%	−0.2300	−0.0289	−0.0664
put매수 ㉣	2000. 6	100	150	8.00	46.08%	−0.6983	0.0332	0.0762
put매도 ㉤	2000. 6	102.5	100	10.10	48.53%	0.7700	−0.0289	−0.0664

○ 선물포지션: KOSPI200 주가지수선물 보유

거래형태	만기월	계약수	시가	비 고
선물매수 ㉥	2000. 6	30	92.50	
선물매도 ㉦	2000. 6	40	92.50	주식 basket과의 의도적인 차익거래 (주식 basket의 현재시가: 20억원)
선물매도 ㉧	2000. 9	60	91.05	
선물매도 ㉨	2000. 9	10	91.05	

○ 현물주식 포지션

- 상장주식 포지션

· 현물주식: 320억원 ······ ①

(선물과의 의도적인 차익거래 20억원 포함) ······ ②

· 매도유가증권: 50억원 ······ ③

· 국내주식의 해외시장 상장 DR: 25억원 ······ ④

- KOSDAQ 주식포지션

· 현물주식: 120억원 ······ ⑤

· 매도증권: 20억원 ······ ⑥

- 프리보드시장 주식포지션

· 현물주식: 12억원 ······ ⑦

- 해외시장 주식포지션

· NASDAQ 시장 상장주식: 8억원 ······ ⑧

2. 주식위험액의 산출

1) 옵션포지션을 delta 포지션으로 변환

- delta, 포지션 = 계약수 × KOSPI200 × delta × 100,000

거래형태	만기월	delta position	변환
call매수	2000. 6	563,334,240 ⓐ	선물매수(long)
call매수	2000. 7	386,417,040 ⓑ	선물매수(long)
call매도	2000. 6	−214,728,000 ⓒ	선물매도(short)
put매수	2000. 6	−977,899,320 ⓓ	선물매도(short)
put매도	2000. 6	718,872,000 ⓔ	선물매수(long)

2) 옵션의 감마, 베가리스크를 산출한다

○ 감마리스크

- 개별옵션의 감마리스크: $1/2 \times gamma_i \times VU^2 \times$ 계약수$_i$ $\times 100,000$

거래형태	계약수	gamma	상정변동폭(VU^2)	개별옵션의 gamma리스크
call매수 ㉠	200	0.0332		18,519,947
call매수 ㉡	100	0.022		6,247,693
call매도 ㉢	100	−0.0289	55.7830	−8,060,640
put매수 ㉣	150	0.0332		13,889,960
put매도 ㉤	100	−0.0289		−8,060,640
합 계				22,536,321

- 개별옵션의 감마리스크 합이 음인 경우에만 감마리스크 산정

portfolio 감마리스크 = max(0, − 개별옵션의 감마리스크 합)

∴ 옵션 portfolio의 감마리스크는 0

○ 베가리스크 = Σ(vega$_i$ × volatility$_i$ × (±0.25) × 계약수$_i$ × 100,000)

거래형태	계약수	내재변동성	vega	상정변동폭 (±변동성 × 25%)	vega리스크
call매수 ㉠	200	34.78%	0.0762	−8.70%	−132,512
call매수 ㉡	100	36.80%	0.1412	−9.20%	−129,904
call매도 ㉢	100	36.20%	−0.0664	−9.05%	60,092
put매수 ㉣	150	46.08%	0.0762	−11.52%	−131,674
put매도 ㉤	100	48.53%	−0.0664	−12.13%	80,560
합 계					−253,438

- 상정변동성의 부호는 베가위험액을 합산할 때 음수가 나오도록 하는 부호를 사용→베가위험액은 253,438

3) 선물포지션을 기초자산포지션으로 환산

- 기초자산 포지션 = KOSPI200 × 계약수 × 500,000

거래형태	기초자산 포지션	비 고
선물매수 ㉥	1,400,400,000 ⓕ	
선물매도 ㉦	−1,867,200,000 ⓖ	주식 basket과의 의도적 차익거래
선물매도 ㉧	−2,800,800,000 ⓗ	
선물매도 ㉨	−466,800,000 ⓘ	index fund와의 의도적 차익거래

4) 차익거래 위험액의 산정

○ 선물−주식 basket간 의도적 차익거래: ㉦과 ②

· 일반위험액, 개별위험액: 0

· 가산위험액 = (｜㉦｜ + ②) × 2% = 77,344,000

5) 옵션 delta 포지션과 선물의 기초자산포지션을 합성

거래형태	계약식	기초자산 포지션	비 고
long	ⓐ + ⓑ + ⓔ + ⓕ	3,069,023,280 ⓙ	
short	ⓒ + ⓓ + ⓗ + ⓘ	−4,460,227,320 ⓚ	
계		−1,391,204,040 ⓛ	

6) 주식과 잔여선물 포지션에 대한 위험액산정

○ 일반위험액

	산 식	위험액
KOSPI	(①－②－③＋④＋①) × 8%	2,088,703,677
KOSDAQ	(⑤－⑥) × 8%	800,000,000
프리보드시장	⑦ × 8%	96,000,000
해외시장	⑧ × 8%	64,000,000
합 계		3,048,703,677

○ 개별위험액

- 가정: KOSPI는 분산성－유동성 조건 충족, KOSDAQ은 미충족

	산 식	위험액
선 물	－	0
KOSPI	(①＋②＋③＋④)×4%＋(①×1%)	1,513,912,040
KOSDAQ	(⑤＋⑥)×12%	1,680,000,000
프리보드시장	⑦×12%	144,000,000
해외시장	⑧×4%	32,000,000
합 계		3,369,912,040

7) 위험액의 정리

옵션위험액	감마리스크	0		
	베가리스크	253,438		
		일반위험액	개별위험액	가산위험액
선물위험액	차익거래 · 선물－basket	－	－	77,344,000
주식위험액		3,048,703,677	3,369,912,040	
주식위험액 합계		6,496,213,155		

제 11 장

보험회사 및 연 · 기금

FINANCIAL INSTITUTION

제 1 절 보험회사

Ⅰ. 보험업의 정의

보험업(insurance business)은 사람의 생사에 관하여 약정한 급여의 제공을 약속하거나 우연한 사고로 인하여 발생하는 손해의 보상을 약속하고 금전을 수수하는 것 등을 업으로 행하는 것(보험업법 제2조)을, 그리고 보험업을 영위하는 회사를 보험회사라 한다. 「보험업법」상 보험회사의 형태는 주식회사, 상호회사 및 외국보험회사의 국내지점만 가능하다. 상호회사는 보험계약자를 사원으로 하는 회사를 말하고 있지만 이런 형태로 국내에서 보험업을 영위하고 있는 회사는 아직 없다. 보험회사는 다수인의 위험을 집적(pooling)함으로써 개개인의 위험을 분산하여 감소시키는 위험인수 기능과 수입된 보험료를 산업자본으로 전환하여 국민경제의 각 부문에 운용하는 금융중개기능을 수행하고 있다.

보험상품은 생명보험(life insurance), 손해보험(property and liability insurance) 및 제3보험(grey zone insurance)으로 분류한다. 생명보험은 사람의 생존 또는 사망에 관하여 약정한 급여의 제공을 약속하고 금전을 수수하는 것으로 대표적인 보험종목은 각종 생명보험과 연금보험이다. 손해보험은 우연한 사고로 인하여 발생하는 손해의 보상을 약속하고 금전을 수수하는 것으로 보험종목은 화재보험, 해상보험, 자동차보험, 보증보험, 재보험, 책임보험, 기술보험, 권리보험 등이다. 제3보험은 사람의 질병·상해 또는 이로 인한 간병에 관하여 약

표 11-1 보험업의 구분 및 취급 보험종목

	「보험업법」 제4조	「보험업법」 시행령 제8조
생명보험업	1. 생명보험	
	2. 연금보험(퇴직보험)	
	3. 기타보험	
손해보험업	4. 화재보험	
	5. 해상보험	
	6. 자동차보험	
	7. 보증보험	
	8. 재보험	
	9. 기타보험	1. 책임보험 2. 기술보험 3. 권리보험 4. 도난보험 5. 유리보험 6. 동물보험 7. 원자력보험 8. 비용보험 9. 날씨보험
제3보험업	10. 상해보험	
	11. 질병보험	
	12. 간병보험	
	13. 기타보험	

정한 급여를 제공하거나 손해의 보상을 약속하고 금전을 수수하는 것으로 보험종목은 상해보험, 질병보험 및 간병보험이다.

우리나라를 비롯한 대부분의 국가는 생명보험업과 손해보험업의 회사 본체 내에서 겸영을 금지하고 있으나 자회사 또는 출자관계를 통한 상호진출은 허용하고 있다. 생명보험업과 손해보험업의 겸영을 금지하는 이유는 생명보험과 손해보험의 위험 및 업무의 성격이 다르고 양 업무를 한 기관에서 겸영할 경우 생명보험과 손해보험 계약자 간에 이해상충을 초래할 우려와 감독상의 어려움이 있기 때문이다.

그러나 근래에 들어 양 보험의 위험의 동질화(assimilation) 현상이 증대되고 보험인수(underwriting) 기법의 발달, 재보험에 의한 위험분산, 양 업무 간의 위험차단장치(ring fence)의 마련, 겸영에 따른 범위의 경제 등에 따라 일부 보험분야에 대해서는 상호겸영을 허용해 주고 있는 추세이다. 의료보장보험[1]을 주요 담보요소로 하는 상해보험(accident insurance), 질병보험(disease insurance), 장기간병보험(long-term care insurance)[2] 등과 같은 제3보험이 대표적인 예다.

현재 생·손보사 간 업무영역의 겸업화 현상은 보험상품뿐만 아니라 생명보험과 손해보험 모집조직 간 교차판매 등 모집채널 등의 분야에 이르기까지 확대되고 있다. 최근에 들어 소비자의 다양한 금융수요에 부응하기 위해 주문형과 투자형 상품의 개발이 증가하고 보험상품의 효율적인 판매를 위해 타 금융기관과의 제휴상품 개발과 판매제휴가 늘어나고 있다.

그 동안 보험회사의 업무영역은 보험인수와 자산운용에만 제한적으로 되어 있었으나 2003년 「보험업법」 개정을 통해 겸영업무[3]가 확대되어 제한적인 종합금융서비스를 제공할 수 있게 되었다. 부수업무[4]는 '금융업이 아닌 업무로서 허가받은 보험업에 부수되는 업무'로 포괄적으로 규정하고 허용범위도 '보험회사의 경영건전성을 해치는 경우, 보험계약자 보호에 지장을 가져오는 경우, 금융시장의 안정성을 해치는 경우'에는 불가하다는 열거방식(negative system)으로 규정하여 보험회사의 부수업무가 상당 부분 확대되었다.

---

1) 우리나라의 주된 의료보장보험은 공적의료보험인 국민건강보험으로 국민건강보험공단에서 운영하고 있다.

2) 장기간병보험이란 신체적·정신적 장애를 스스로 극복할 수 없는 사람들에게 일상생활의 보호와 의료서비스를 의료기간이 아닌 요양소(nursing home)나 가정에서 제공하는 것을 말한다. 질환의 치료가 주목적인 의료서비스(acute care)와는 달리 장기간병보험은 장기간 일상생활을 지속할 수 있도록 돕는 것이 주목적이다.

3) 「보험업법」 제11조(보험회사의 겸영업무) 보험회사는 경영건전성을 해치거나 보험계약자 보호 및 건전한 거래질서를 해칠 우려가 없는 금융업무로서 다음 각 호에 규정된 업무를 할 수 있다. 이 경우 보험회사는 제1호 또는 제3호의 업무를 하려면 그 업무를 시작하려는 날의 7일 전까지 금융위원회에 신고하여야 한다.

1. 대통령령으로 정하는 금융관련 법령에서 정하고 있는 금융업무로서 해당 법령에서 보험회사가 할 수 있도록 한 업무(채권유동화자산의 관리업무, 「전자금융거래법」 제28조 제2항 1호에 따른 전자자금이체업무, 「신용정보의 이용 및 보호에 관한 법률」에 따른 본인신용정보관리업무)

2. 대통령령으로 정하는 금융업으로서 해당 법령에 따라 인가·허가·등록 등이 필요한 금융업무(「자본시장과 금융투자업에 관한 법률」의 집합투자업, 투자자문업, 투자일임업, 신탁업, 집합투자증권에 대한 투자매매업, 집합투자증권에 대한 투자중개업과 「외국환거래법」 제3조 16호에 따른 외국환업무, 「근로자퇴직급여보장법」 제2조 13호에 따른 퇴직연금사업자의 업무)

3. 그 밖에 보험회사의 경영건전성을 해치거나 보험계약자 보호 및 건전한 거래질서를 해칠 우려가 없다고 인정되는 금융업무로서 대통령령으로 정하는 금융업무.

4) 「보험업법」 제11조의2(보험회사의 부수업무).

보험회사의 자회사에 대한 소유규제를 열거방식으로 전환하여 업종에 관계없이 보험회사의 건전성 및 계약자 보호에 문제가 없는 한 원칙적으로 소유가 허용되고[5] 지주회사 형태의 사업조직을 구성하여 자회사로 은행, 보험, 자산운용 등 다양한 금융업을 복합적으로 영위하는 금융그룹으로 성장하는 것이 가능하다. 특히 은행을 소유하지 않는 비은행금융지주회사의 경우 「금융지주회사법」상 자회사·손자회사의 소유·지배 및 업무영역에 대한 규제가 일부 완화되었다.

Ⅱ. 보험료 부과방법과 적립금

보험업에서는 적정한 책임준비금의 보유가 필수적인데 특히 장기보험의 경우 더욱 중요해 지는데 이는 보험료 부과방법에 기인한다. 장기생명보험을 예로 들면, 보험료는 각 연령별 사망률에 기초를 두고 1년마다 수지의 균형이 잡히도록 계산하게 되어 있어 고연령으로 갈수록 증가하는 사망률로 인해 매년마다 보험료가 상승되는 바 그에 따라 산정된 보험료를 자연보험료라고 한다. 그러나 이러한 자연보험료는 가입자가 납입기간 말기에는 부담할 수 없을 정도의 고액이 되는 단점이 있고 이를 보완하기 위해 통상 납입기간 동안 균등하게 나눈 금액인 평준보험료를 사용하는 것이 장기보험에서 일반적이다. 그 결과 보험가입 초기에는 자연보험료보다 높은 (평준)보험료를 납입하게 되고 후반으로 갈수록 자연보험료보다 낮은 (평준)보험료를 납입하게 된다. 평준보험료방식은 계약개시부터 완료 시까지 계약기간 동안 보험료의 합과 보험금의 합이 같아야 한다는 "수지상등의 원칙"(principle of equivalence)에 입각하여 산정되나, 각 연도별로 보면 납입된 보험료 합계액과 지급된 보험금의 총액은 일치하지 않고 초기에 납입된 보험료 중 자연보험료 초과 부분은 장래의 보험금 지급을 위해 적립되며 이 금액이 보험사의 부채의 대부분을 차지하는 책임준비금이다.

물론 가입자가 납입하는 보험료는 수지상등원칙에 기초한 평준보험료에 소요비용(사업비)을 더해 결정된다. 3이원방식에 의한 보험료구성을 보면 보험

5) 「보험업법」 제115조(자회사의 소유).

료는 순보험료와 부가보험료로 구성된다. 부가보험료는 신계약비, 유지비, 수금비 등 관련비용이다. 순보험료는 위험보험료와 저축보험료로 구성된다. 위험보험료는 보장대상이 되는 위험의 정도에 따라 미리 정해진 예정위험률에 근거하여 그 수준이 정해진다. 저축보험료는 납입하는 보험료 중 일부에 대해 납입기간 동안 보험사가 정한 수익률인 예정이율로 수익을 약속하고 받는 저축성자금이다. 그러므로 만기시에는 매기 납입한 저축보험료를 예정이율로 성장시켜 가입자에게 돌려 주어야 하는 부분이다. 그러므로 "수지상등의 원칙"은 평준보험료 내의 순보험료(위험보험료와 저축보험료)와 이를 운용해서 생기는 수익을 더한 합이 계약개시부터 완료시까지 계약기간 동안 지급되는 보험금의 합과 같아야 함을 의미한다. 따라서 보험료 납입초기에는 순보험료를 적립하여 후에 발생하는 위험에 대한 보험금지급에 충분한 적립금이 필요해진다.

그림 11-1 3이원방식에 의한 보험료구성

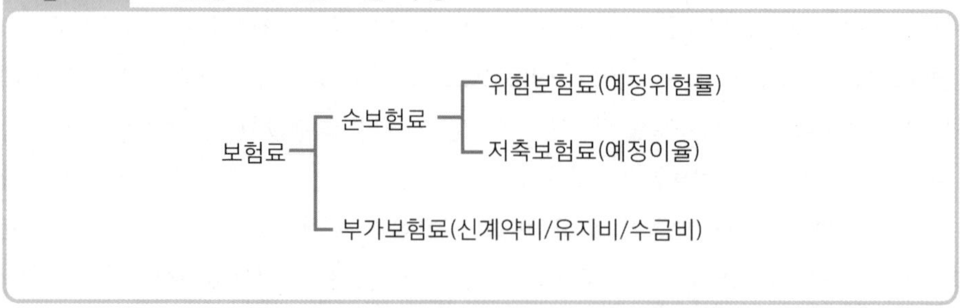

3이원방식은 보험료 구성과 보험사 이익구성의 관리회계측면에서 흔히 적용되어 왔다. 기간별 3이원방식에서의 이익은 이차, 비차, 및 사차로 구성된다. 이차는 저축보험료의 예정이율을 초과하는 운영수익률로 인해 발생한 이익, 비차는 미리 정해진 부가보험료보다 비용을 절약하여 발생한 이익, 사차는 예정위험률보다 사고가 덜 발생하여 발생한 이익을 의미한다.

2013년부터 보험료 산정방식이 3이원방식에서 새로운 가격요소의 유연한 적용이 가능하여 정교한 보험료 산출을 목적으로 한 현금흐름방식으로 변해가고 있지만 여전히 보험업계에서는 적용하기 용이한 3이원방식과 혼용하여 사용하고 있다. 현금흐름방식은 예상 보험금, 보험금외 지급금, 예상 사업비 등 모든 미래현금유출 요인에 목표이익을 더해 산정하는 것을 골자로 하고 있으며, 2023년부터

IFRS17이 시행됨으로써 이 방식이 정착될 것으로 보인다.

2023년부터 국제회계기준원(IASB)의 IFRS9(금융상품)과 IFRS17(보험계약)기준으로 회계방식을 적용하게 되어 보험회사와 보험회사의 재무제표를 이해하기 위해서는 그 회계내용을 이해할 필요가 있다. 주요 변경내용은 IFRS9은 금융상품의 새로운 분류를 요구하고, IFRS17은 수익비용의 인식을 현금주의에서 발생주의로, 보험부채 측정은 원가기준에서 현행가치 회계로 요구하는 것이 골자이다, 이에 대한 좀 더 상세한 내용은 '부록 11-2'에 요약되어 있다.

III. 생명보험회사

생명보험회사(life insurance company)는 생명보험상품의 취급과 관련하여 보험의 인수, 보험료 수수 및 보험금 지급 등을 영업으로 하는 회사이다. 생명보험회사가 취급할 수 있는 보험상품은 위험보장을 목적으로 사람의 생존 또는 사망에 관하여 약정한 금전 및 그 밖의 급여를 지급할 것을 약속하고 대가를 수수하는 계약으로서 생명보험과 연금보험(퇴직연금 포함)이 대표적이며, 이 밖에 제3보험은 본체 내에서 겸영이 가능하다. 특히 생명보험회사는 정액보험을 주로 판매하기 때문에 그간 실손보험을 취급하는 것이 금지되어 왔으나, 제3보험의 겸영확대시 정액형이 아닌 실손의료보험을 취급할 수 있게 허용하였다.

생명보험은 상품의 설계나 추가보장계약(특약)에 따라 다양한 특징을 갖고 있으나 원칙적으로 보험사고로 인한 실제손해액을 지급하는 손해보험과는 달리 보험사고 발생시 또는 손해의 발생 여부에 관계없이 일정기간 경과 후 계약자에게 약정된 보험금(claims paid)을 지급한다. 생명보험회사의 주된 자금의 원천은 수입보험료(written premium)로 조성된 책임준비금이며, 이 밖에 주주들이 납입한 자본금과 잉여금 등이 있지만 책임준비금이 대부분이다. 그런데 발행년도를 기준 시점으로 하는 책임준비금(원가주의)은 현금흐름에 대한 장래추세를 반영하지 않으며, 변액보험을 보험부채에 반영하지 못하는 등 국제보험회계기준의 부채평가요건을 충족하지 못한다는 문제가 지적되어 왔다.

이에 우리나라도 국제보험회계기준서인 『IFRS17 Insurance Contract』을 반영한 K-IFRS 제1117호가 2023년 1월부터 시행되고 있다. IFRS17에서는 매 결산시점마다 위험률, 할인율, 해약율, 사업비율 등의 현행추정치를 재산출하고 이를 이용하여 보험부채를 평가한다.6)

책임준비금과 지급준비금에 해당되는 보험계약부채는 크게 잔여보장부채와 발생사고부채로 구분되며, 잔여보장요소는 예상은 되지만 아직 발생하지 않은 보험사고 및 지급사유가 발생하지 않은 사업비와 관련된 보험자의 보험계약상 의무로 최선추정부채(BEL), 위험조정(RA), 보험계약마진(CSM)으로 구성된다. 잔여보장부채는 보험계약의 형태에 따라 일반모형, 보험료배분접근법, 변동수수료접근법의 세 가지 모형 중 하나를 적용하여 측정한다, 발생사고요소는 보험금 지급사유가 발생했지만 아직 지급되지 않은 부채로 예상지급액(BEL)과 변동요인(RA)으로만 구성되고 CSM은 당기의 손익으로 기록된다. 생명보험 및 장기손해보험 발생사고요소의 위험조정은 회사의 자체 위험회피성향 등을 반영하여 정한 신뢰수준 및 위험수준을 적용하여 산출한 금액으로 하되, 신뢰수준은 최소 75% 이상으로 한다.

보험계약마진(CSM) 58.0조는 미래에 추정되는 보험영업수익으로 기간별로 상각될 금액의 추정치이며 기업의 미래 이익을 현재가치로 추정한 것이다. 현재의 현금유출입에 대한 예상이 정확하다면 위험조정(RA)11.0조가 추가되어 보험영업수익이 될 것이다. CSM과 RA는 기업의 미래 이익을 보여주는 지표가 된다.

생명보험회사의 주된 투자자산은 채권, 주식 등 증권이고 대출금, 현금 및 예금, 이 밖에 부동산 등이다. 생명보험회사의 부채는 기간이 장기이므로 부채와의 기간일치를 위해 자산도 장기성 자산이 많다. IFRS 9(금융상품)(IFRS 17(보험계약)과 같이 2023년 시행)은 증권의 공정가치를 산정하고, 약속한 현금흐름의 형태와 사업모형(보유목적)의 두 기준에 의해 증권을 분류하도록 하고 있다. 대출의 경우 종래에는 보험가입자의 해약환급금 범위 내에서 자동 대출되는 보험계약담보대출(policy loan)과 일반대출 모두 보험가입자에게만 할 수 있었으나 1997년 1월부터는 보험에 가입하지 않은 자에게도 일반대출이 가능하게 되었다. 보험계약대출은 자산의 대출항목의 일부로 표시되거나 정보성계정으로 보험계약부채의 차감계정으로 표시되기도 하는데, 23년 6월 말 기준 61조 정도이다. 특별계정 자산부채는 보험업법 108조에 따라 준비금에 상당하는 자산의 전부 또는 일부를 그 밖의 자산과 구별하여 이용하기 위해 설정하여 운용하는 것으로 연금저축계좌, 퇴직보험계약, 변액보험계약 등을 별도 관리하는 계좌이다

6) 재무제표를 이해하기 위해서는 '부록 11-1(IFRS 4와 IFRS 17)'의 내용을 먼저 숙지하는 게 필요하다.

우리나라에서 2023년 6월 기준 22개의 생명보험사가 845.9조의 자산규모로 영업 중이며, 이들의 재무제표를 간단히 살펴보면 다음과 같다.[7)]

표 11-2 22개 생명보험사[1)]의 요약 재산상태표[2)](2023년 6월말)(단위: 10억, %)

계정과목	금액	구성비	계정과목	금액	구성비
운용자산	**728,146**	86.1%	**보험계약부채**	**516,618**	61.1%
현금 및 예치금	9,862	1.2%	(보험계약대출)[7)]	(61,056)	(7.2)%
유가증권[3)]	581,785	68.8%	계약자배당부채	2,974	0.4%
당기손익-공정가치	104,509	12.3	잔여보장요소	496,713	58.7%
기타포괄손익-공정가치	421,833	49.8	최선추정(BEL)	427,670	50.5
상각후원가측정	34,201	4.0	위험조정(RA)	11,030	1.3
관계종속기업	21,242	2.5	보험계약마진(CSM)	58,013	6.9
대출채권	124,892	14.8%	발생사고요소	19,888	2.4%
부동산담보	62,090	7.3	최선추정(BEL)	19,748	2.4
신용	36,034	4.3	위험조정(RA)	145	0.01
기타	15,935	1.9	**계약자지분조정**	**7,403**	0.8%
부동산	11,064	1.3%	**기타부채**	37,399	4.4%
비운용자산[4)]	**13,642**	1.6%	차입금	2,503	0.3
보험계약자산[5)]	213		파생상품부채	8,462	1.0
재보험계약자산	898		**특별계정부채**	**104,280**	12.3%
보증금	372		**부채총계**	**740,662**	87.5%
미수수익	6,338		자본금	12,097	1.4
파생상품자산	1,224		잉여금 등	93,152	11.0
특별계정자산[6)]	**104,123**	12.3%	**자본총계**	**105,249**	12.4%
자산총계	**845,911**	**100.0%**	**부채 및 자본총계**	**845,911**	**100.0%**

1) 22개 생명보험사(국내사 14개, 외국사 8개)
2) 2023년부터 IFRS17 반영한 통계
3) 이전의 당기손익증권, 매도가능증권, 만기보유증권 분류에서 분류기준 변경(IFRS9기준)
4) IFRS17하에서는 신계약비는 미래현금흐름에 포함되어 미상각신계약비 항목은 사라짐
5) 보험료납부 전 계약만 맺은 상태로 보험계약가치 측정
6) 2023년부터 특별계정 자산과 부채는 실적배당형 특별계정만 포함
7) 2023년부터 보험계약대출은 정보성계정으로 부채차감계정
자료: 금융감독원, 금융통계월보.

7) 2023년 1월부터 IFRS 17등 新제도 시행으로 재무상태표, 포괄손익계산서의 양식이 변경되었다. '부록 11-1' 참조.

〈표 11-2〉의 재무상태표를 보면 보험계약부채가 전체 845.9조로 자금조달의 61.1%를 차지하고 이 중 잔여보장요소가 전체의 58.7%로 가장 중요한 요소이다. 감독 당국의 보험회사의 건전성 판단기준에 적정 자본금에 더하여 보험계약부채(적립금)의 적정성 여부가 핵심이 된다. 차입금등이 4.4%이고 특별계정부채가 12.3%, 자본금이 12.4%를 차지한다. 보험영업 미래 기대이익의 현재가치는 잔여보장요소로부터 69.0조(RA 11.0+ CSM 58.0), 발생사고요소로부터 19.8조(RA 0.1+CSM 19.7)를 보이고 있다

〈표 11-3〉의 손익계산서를 보면 크게 보험영업손익과 투자영업손익으로 구성

표 11-3 22개 생명보험사의 포괄 손익계산서(2023년 2/4분기 까지)(단위: 10억, %)

계정과목	금액	구성비
보험영업손익	2,781	5.6%[1)]
보험영업수익	15,310	30.8%
예상보험금	7,712	15.5%
예상사업비	2,742	5.5%
위험조정(RA)변동	671	1.3%
보험계약마진(CSM) 상각	2,967	5.9%
기타	1,218	2.4%
보험영업비용	12,085	24.3%
발생보험금	7,655	15.3
발생사업비	2,806	5.6%
기타	1,623	3.2%
투자영업손익	2,146	4.3%
투자영업수익	34,480	69.2%
보험금융수익	860	1.7%
이자수익	10,350	20.7%
파생상품거래 및 평가 이익	3,846	7.7%
투자영업비용	32,333	64.9%
보험금융비용	18,515	37.2%
파생상품거래 및 평가손실	8,362	16.8%
영업이익	4,927	9.9%
영업외손익	-95	
당기순이익	3,829	7.7%

주) 보험사의 총수익(보험영업수익+투자영업수익=49,790)대비 비중

* 금융통계월보 자료의 숫자가 정확하지 않지만 IFRS17에 따른 손익계산서 형식을 보여주기 위해 그대로 인용.

자료: 금융감독원, 금융통계월보.

되어 있다. 2023년 6월 기준 생보사의 반년간 보험영업이익은 보험영업수익 15.3조와 보험영업비용 12.0조의 차이로 2.7조이다. 보험영업수익은 시간이 지나면서 줄어든 위험조정(RA) 2.9조, 서비스제공으로 실현된 계약서비스마진(CSM)상각 2.9조 그리고 동기간 동안의 예상현금유출(수익으로 인식)인 예상보험금과 사업비 등으로 구성되어 있고, 보험영업비용은 실제현금유출(비용으로 인식)인 실제 지급한 보험금과 사업비이다.

투자영업손익은 투자활동결과를 보여주고 있고 2.1조에 달한다. 투자영업손익에 속하는 보험금융수익비용은 IFRS 17에서 신설된 항목으로 화폐의 시간가치(Unwinding)와 금융위험 및 이들의 변동 효과를 측정하여 기록하고 있다.[8)]

예상보험금과 실제지급금차이의 예실차는 과거의 사차에 해당되며, 예상사업비와 실제지급금의 예실차는 과거의 비차에 해당되며, 투자영업손익은 이차에 해당된다고 할 수 있으며, 이런 분류하에서는 이익의 원천별 파악이 손익계산서에서 가능하다.

Ⅳ. 손해보험회사

손해보험회사(non-life insurance company)는 손해보험상품의 취급과 관련하여 보험의 인수, 보험료 수수 및 보험금 지급 등을 영업으로 하는 회사이다. 손해보험상품은 각종 재난으로부터 발생하는 재산상의 손실위험에 대처하기 위한 상호보장적 성격의 상품이다. 현재 우리나라 보험회사가 취급하는 손해보험상품은 화재보험, 해상보험, 자동차보험, 신원 · 신용 · 채무이행 · 납세 등의 보증보험, 보험기간 중 보험사고가 없더라도 만기 시 환급금을 지급하는 장기손해보험, 기술 · 상해 · 도난 · 원자력배상책임 · 건설공사 등 앞의 분류에 속하지 않는 특종보험(casualty insurance) 등이 있다. 손해보험회사는 이외에 제3보험의 겸영이 가능하다.

손해보험회사는 취급상품을 제한하고 있지 않기 때문에 각자 경쟁전략에

8) 한국채택국제회계기준 제1117호 '보험계약'에서 발행한 보험계약 집합과 보유한 재보험계약 집합에 대한 후속측정 시 보험금융수익(비용)에 포함하도록 요구한다 손익계산서를 보험영업손익, 투자영업손익, 보험금융손익으로 구분하는 경우도 있다.

따라 취급종목을 선별적으로 허가받아 영위하는 것이 가능하고 모든 손해보험상품을 취급하는 것도 가능하다. 일부 단종보험회사(mono line insurer)는 특정보험만을 취급하고 있는바, 코리안리(주)는 재보험, 서울보증보험(주)[9]은 보증보험(guarantee insurance)만을 전문적으로 취급하고 있다. 한편 「보험업법」이 아닌 개별법에 의거 한국무역보험공사가 수출보험만을 취급하고 있고 보증기금, 공제조합 등 50여 개 보증기관이 영역별 특성화된 전업보증상품을 취급하고 있다.

손해보험회사에 대해서도 생명보험회사와 마찬가지로 국제보험회계기준서인 『IFRS17 Insurance Contract』을 반영한 K-IFRS 제1117호가 2023년 1월부터 시행되고 있다. IFRS17에서는 매 결산시점마다 위험률, 할인율, 해약율, 사업비율 등의 현행추정치를 재산출하고 이를 이용하여 보험부채를 평가한다.

표 11-4 31개 손해보험사의 요약 재무상태표(2023. 6 기준)(단위: 10억, %)

계정과목	금액	구성비	계정과목	금액	구성비
운용자산	301,692	93.4%	**책임준비금**	238,587	73.9%
현금 및 예치금	7,919	2.5%	보험계약부채	199,174	61.7%
유가증권	213,100	66.0%	잔여보장요소	165,250	
당기손익-공정가치	64,419		발생사고요소	33,924	
기타포괄손익-공정가치	136,478		재보험계약부채	264	0.08%
상각후원가	5,935				
대출채권	75,487	23.3%	**기타부채**	22,158	6.9%
부동산 담보	32,671		사채	5,297	
부동산	5,184	1.6%	**특별계정부채**	162	0.05%
비운용자산	20,989	6.5%	부채총계	260,907	80.8%
보험계약자산	12,290		자본총계	61,941	19.2%
특별계정	167	0.05%	신종자본증권	2,271	
자산총계	322,848	100%	부채 및 자본총계	322,848	100.0%

자료: 손해보험협회, 금융통계월보.

9) 당초에는 일반 손해보험회사들이 대출보증, 신원보증보험, 신용보험 등을 포함한 모든 보증보험상품을 취급하였으나 1970년 이들이 자본참여하여 설립한 대한보증보험(주)으로 하여금 이들 업무를 전담케 함으로써 동 면허를 반납하였다. 한편 1989년 한국보증보험(주)의 설립으로 동 업무는 대한보증보험(주)과 함께 양사에 의한 경쟁체제로 운영되어 왔으나, 1997년 외환위기로 대위변제가 급증하여 양사 공히 손실증대로 인한 자본잠식이 심화되어 정상적인 경영이 어렵게 되자 1998년 11월 양사는 합병하여 서울보증보험(주)으로 재출발하였다.

표 11-5 31개 손해보험사의 요약 손익계산서(2023. 6 기준)(단위: 10억)

계정과목	금액		
보험손익[1]	5,214		
보험수익		23,483	
예상보험금			14,698
예상사업비			2,229
위험조정(RA)변동			465
계약서비스마진(CSM)상각			3,486
기타			2,603
보험서비스비용		19,308	
발생보험금			15,063
발생사업비			2,265
기타			1,979
재보험수익		802	
재보험서비스비용		849	
투자손익	1,882		
영업이익	7,097		
기타사업비용	583		
법인세차감전순이익	7,094		
당기순이익	5,350		

1) 일반모형접근법으로 산정.

자료: 손해보험협회, 금융통계월보.

생보사와 마찬가지로 보험계약부채는 크게 잔여보장부채와 발생사고부채로 구분가능하며, 잔여보장부채는 보험계약의 형태에 따라 일반모형, 보험료배분접근법, 변동수수료접근법의 세 가지 모형 중 하나를 적용하여 측정하고, 발생사고부채는 일반모형을 적용하여 측정한다. 잔여보장요소는 아직 발생하지 않은 보험사고 및 지급사유가 발생하지 않은 요소와 관련된 보험자의 보험계약상 의무로 최선추정부채, 위험조정, 보험계약마진으로 구성된다. 생명보험 및 장기손해보험 발생사고요소의 위험조정은 회사의 자체 위험회피성향 등을 반영하여 정한 신뢰수준 및 위험수준을 적용하여 산출한 금액으로 하되, 신뢰수준은 최소 75% 이상으로 한다.

손해보험회사의 주된 자산운용은 본래 부채의 만기가 단기로 매우 짧기 때문에 생명보험회사와 다르게 나타나는 것이 정상이나, 국내 손해보험회사는 제3보험의 비중이 높아 장기손해보험이 부채의 상당부분을 점유하고 있어서 생명보험회사의 자산운용 포트폴리오와 유사하다. 손해보험회사의 주된 자산운용 대상은 주식, 채권 등 증권과 대출금, 현금·예금 및 부동산 등이다.

2023년 6월 기준 국내 31개 손해보험사들의 재무제표는 〈표 11-4〉와 〈표 11-5〉와 같다.[10)]

손해보험사들의 총자산규모는 322.8조로 생보사의 규모(845.9조)에 비해 적게 나타난다. 이는 장기상품인 제3보험의 영업중요도가 증대함에도 불구하고 단기손해보험 상품 위주의 특성에 기인한다. 수입보험료의 상당부분을 적립한 보험계약부채를 포함한 책임준비금이 전체 자금조달의 73.9%를 차지하고 있다. 차입금 등이 6.9% 자기자본이 19.2%의 비중을 보이고 있다

수익자산운용은 유가증권 66.0%, 대출운용 23.3%, 부동산투자 1.6%의 중요도를 보이고 있다.

2023년 6월 기준 반년간의 손보사의 보험영업수익은 23.4조와 재보험수익 0.8조이고, 보험영업비용 19.3조와 재보험서비스비용이 0.8조 발생하여 보험영업손익은 5.2조였다. 이에 더하여 투자영업손익이 1.88조가 발생하여 7.1조의 영업이익, 5.3조의 당기순이익이 발생하였다.

제 2 절 보험회사에 대한 규제와 감독

보험업은 사회성 및 공공성이 강한 사업으로서 이를 통하여 보다 내실 있는 사회보장제도가 이루어지도록 하는 것이 궁극적인 목표이다. 이처럼 보험산업은 공공성이 강하면서도 동시에 영리사업으로서 이윤을 추구해야 하는 양면성을 지니고 있다.

보험업은 위험을 인수하는 사업(risk-accepting activity)으로 다양한 위험 및 손해의 유형을 파악하고 이를 효율적으로 관리할 수 있는 능력을 갖추어 보험가입자들의 신뢰를 얻는 것이 무엇보다 중요하다. 따라서 보험회사에 대한 규제는 진입제한 및 자본충실화 등 재무건전성 규제, 보험회사가 영업행위를 준수하여 신의성실원칙이 확립되도록 하는 규제, 보험업에 본질적으로 내재하는 도덕적 해이 및 역선택의 방지를 통한 선량한 보험소비자를 보호하기 위한 규

10) 2023년 1월부터 IFRS 17등 시행으로 생명보험사와 마찬가지로 재무상태표, 포괄손익계산서의 양식이 변경되었다.

제도 필요하다. 현재 보험업을 영위하는 보험회사에 대한 규제와 감독은 크게 진입 및 퇴출 규제, 상품 및 가격 규제, 보험모집 및 영업행위 규제, 계약자배당 규제, 건전성 규제로 나누어진다. 건전성 규제는 책임준비금 적립 규제, 자산운용 규제, 자기자본 규제를 포함한 적기시정조치 규제로 구분된다.

Ⅰ. 진입 및 퇴출규제

1. 진입규제

표 11-6 보험종목별 자본금 또는 기금(보험업법 시행령 제12조)(단위 : 억원)

보험종목	금액	보험종목	금액
생명보험	200	책임보험	100
연금보험(퇴직보험)	200	기술보험	50
화재보험	100	부동산권리보험	50
해상보험(항공·운송보험)	150	상해보험	100
자동차보험	200	질병보험	100
보증보험	300	간병보험	100
재보험	300	기타 보험	50

보험업이 보험계약자의 보험료로 운영되고 장기간 동안 책임준비금을 운용해야 하기 때문에 보험업의 진입에 대해 다른 금융업에 비해 보다 엄격한 요건을 필요로 한다. 2000년 「보험업법」 개정 이전까지만 해도 보험회사의 진입허가에 대해 경제적 수요심사제도(ENT: economic needs test)에 의해 필요한 경우에는 보험시장의 안정유지를 위하여 보험회사업의 허가를 제한할 수 있었다. 그러나 2000년에 「보험업법」을 개정하여 ENT를 폐지하고 보험업 허가에 필요한 요건을 도입하였다.

국내에서 보험업을 영위할 수 있는 보험회사의 법적 형태(legal form)는 주식회사나 상호회사로 국내에 법인을 신설하거나 외국보험회사가 국내에 지점을 설치하는 방법과 역외보험거래(cross-border)를 통해서만 가능하다. 역외보험거래는 국내 보험업법의 보험업 허가를 받지 아니하고 국내 계약자를 대상으로 생명보험, 장기상해보험, 해외여행보험, 선박 및 적하보험 등의 보험계약을 체결하는 것을 말한다.

보험회사의 진입허가요건은 최저자본금 또는 기금 요건, 전문인력 및 물적 시설 요건, 사업계획의 타당성 및 건전성 요건, 대주주 요건으로 나눌 수 있다. 한편 외국보험회사의 사업허가 요건으로서는 영업기금 요건, 전문인력 및 물적 시설 요건, 사업계획의 타당성 및 건전성 요건, 보험업 영위 요건, 재무건전성 요건을 충족해야 한다. 이는 보험업 영위 초기부터 신뢰할 수 없는 회사의 설립을 억제하고 보험업을 영구적으로 영위할 수 있는 기본적 요건을 정함으로써 보험계약자의 부당한 피해를 방지하기 위해서이다. 보험회사의 진입요건을 살펴보면 다음과 같다.[11)]

1) 최저 자본금 또는 기금요건

보험회사의 최저자본금 또는 기금은 주식회사와 상호회사 등 형태에 따른 차이 없이 동일한 금액을 요구하고 있으며, 취급하고자 하는 보험종목별로 차등화된 금액을 요구하고 있다.

보험회사가 생명보험업 또는 손해보험업의 다수의 종목을 취급하는 경우 최대 300억원을 요구하고 있다. 보험회사가 사업모형을 통신판매방식으로 하는 경우에는 일반 보험회사에 요구하는 자본금이나 기금의 2/3만 필요로 한다. 외국보험회사의 국내지점은 자본금 대신 영업기금(30억원 이상)을 납입하여야 한다.

2) 전문인력 · 물적 시설 요건

준법감시인, 선임계리사, 손해사정사 또는 손해사정업무수탁자(허가받고자 하는 보험업이 손해사정에 관한 업무를 필요로 하는 경우에 한함), 전산전문 인력, 그 밖에 영업 · 계약 · 보전 · 보험금지급 등 보험업무 수행에 필요한 전문인력을 갖추어야 한다. 또한 사무실 등 영업시설, 전산설비 등의 물적 시설을 가지고 있어야 한다.

3) 사업계획 요건

사업계획의 타당성의 세부 요건으로는 "사업계획서가 합리적이고 실현가능성 있게 작성될 것, 지급여력비율 100분의 100 이상을 지속적으로 유지할 수 있을 것, 지급여력비율 유지 및 사업계획 추진에 소요되는 자금을 차입(후순위채무 포함)하는 것은 불가능하며 조달자금의 출처가 명확할 것, 내부통제기준이 마련되어 있어야 할 것"으로 되어 있다.

4) 대주주 요건

최대주주의 특수관계인 주주를 포함하여 대주주[12)]는 임원 결격사유에 해당하

---

11) 이기형 · 변혜원 · 정인영(2012), 『보험산업 진입 및 퇴출에 관한 연구』, 보험연구원 정책보고서 2012-2호, pp. 50~60 참조 정리.

12) 과거에는 보험업법에서 대주주의 정의를 하고 있었으나 「금융회사지배구조에 관한 법률」(이하 '금융회사지배구조법'이라 한다)이 제정되고 시행된 2016년 이후부터는 금융회사지배구조법에 의

지 않고, 충분한 출자능력을 보유하고 건전한 재무상태를 확보하고 있으며, 경제질서를 해친 일이 없어야 한다. 「보험업감독규정」은 대주주의 세부 요건에 관한 기준을 제시하고 있는데, 금융기관인 경우에는 자기자본이 출자금액의 300% 이상, 당해 금융기관의 재무건전성 기준을 충족해야 한다. 상호출자제한 기업집단 또는 주채무계열에 속하는 경우 부채비율이 200% 이하여야 하며, 자금조달이 부채성 조달자금이 아니어야 한다.[13)]

또한 최근 5년간 보험관계법 및 금융관계법, 「공정거래법」, 「조세범처벌법」으로부터 형사처벌을 받지 않았어야 하며, 부실금융기관 또는 허가, 인가, 등록이 취소된 금융기관의 부실책임이 있는 대주주인 경우 금융위원회가 정하는 기준에 의해 경제적 책임부담의무를 이행하거나 면제받은 자이어야 한다.

2. 퇴출규제

보험회사가 시장에서 퇴출하고자 하는 경우 진입과 마찬가지로 금융위원회의 허가가 필요하다. 보험회사의 퇴출사유는 크게 자발적 사유와 비자발적 사유로 구분할 수 있다. 보험회사의 자발적 퇴출사유는 존립기간의 만료(정관에 정한 사유 발생), 주주총회 등의 결의, 회사의 합병, 보험계약의 전부이전 등이 해당된다. 비자발적 해산사유로는 보험회사의 파산, 보험업 허가취소, 해산을 명하는 재판 등이 있다. 보험회사의 퇴출은 자발적 퇴출과 비자발적 퇴출로 구분하여 관련된 법규가 적용된다. 자발적인 퇴출은 「보험업법」에서 규정하고 있고 비자발적인 퇴출은 「금융산업구조개선에 관한 법률」에서 규정하고 있다.

보험회사의 비자발적인 퇴출의 경우 다른 기업과는 다른 규제를 받는다.

해 정의되고 있다. 금융회사지배구조법 제2조 제6호에 대주주는 최대주주와 주요주주라고 정의하고 있다. 최대주주는 금융회사의 의결권 있는 발행주식총수를 기준으로 본인 및 특수관계인을 합하여 그 수가 가장 많은 경우의 본인을 의미한다. 주요주주는 누구의 명의로 하든지 자기의 계산으로 금융회사의 의결권 있는 발행주식 총수의 100분의 10이상의 주식을 소유한 자이거나 임원의 임면 등의 방법으로 금융회사의 경영사항에 대하여 사실상의 영향력을 행사하는 주주로서 대통령령으로 정한 자를 말한다.

13) 종래 경제력 집중과 보험회사가 재벌의 사금고화되는 것을 막기 위하여 대규모 기업그룹의 생명보험회사업 진입을 규제하여 왔다. 그러나 신설 생명보험회사들의 지급능력 부족으로 계약자 보호가 우려되는 등 이들 회사들의 경쟁력 강화가 시급한 과제로 등장함에 따라 1996년 6월 5대 이하 그룹의 신규진입을 허용하였다. 그리고 1997년 8월부터 부실보험기관 또는 경영 부실로 자본금 증액명령을 받은 보험회사를 인수하거나 합병하는 경우에는 5대그룹의 진입이 조건부로 허용되었으며 2003년 4월부터는 5대그룹의 신규진입 제한이 전면적으로 폐지되었다.

일반적으로 법인의 퇴출을 규율하는 법체계에서 보면 비영리법인은 「민법」이 적용되고, 상사법인은 「상법」을 적용받는 것에 비해, 보험회사는 「보험업법」의 해산과 청산규정을 적용받고 「보험업법」이 정하지 않는 사항에 대해서는 「상법」의 규정을 준용하는 형태로 되어 있다. 이에 따라 「보험업법」은 보험회사의 해산과 청산절차에 대해서 상세하게 규정하고 있다.

Ⅱ. 상품 및 가격규제

1. 상품규제

보험상품이 무형의 상품이고 보험계약체결 이후 상당한 기간이 경과한 뒤에 보험금을 지급하기 때문에 보험회사가 인수한 보험상품에 대해 책임을 이행할 수 있는지에 대해 모니터링이 필요하다. 특히 보험시장의 진입 등의 규제완화로 가격인하와 상품경쟁을 병행하여 보험회사가 파산하는 경우에는 보험업의 신뢰성이 하락하고 금융업 간 경쟁력도 약화된다. 이러한 측면에서 보험회사가 취급하는 보험상품 규제로 신고제도(file & use)와 제출제도(reporting)를 도입하여 운영하고 있다.

보험상품의 신고제도[14]는 보험회사가 보험상품을 개발하거나 기존 상품의 기초서류[15]를 변경하고자 하는 경우 판매일 30일 전에 금융위원회에 요율산출기관 또는 독립계리법인의 기초서류확인서를 첨부하여 신고해야 하며, 금융위원회는 접

---

14) 보험업법 제127조(기초서류의 작성 및 제출 등) ① 보험회사는 취급하려는 보험상품에 관한 기초서류를 작성하여야 한다.

② 보험회사는 기초서류를 작성하거나 변경하려는 경우 그 내용이 다음 각 호의 어느 하나에 해당하는 경우에 한정하여 미리 금융위원회에 신고하여야 한다.

1. 법령의 제정·개정에 따라 새로운 보험상품이 도입되거나 보험상품 가입이 의무가 되는 경우
2. 삭제 <2020. 12. 8.>
3. 보험계약자 보호 등을 위하여 대통령령으로 정하는 경우

③ 금융위원회는 보험계약자 보호 등을 위하여 필요하다고 인정되면 보험회사에 대하여 취급하고 있는 보험상품의 기초서류에 관한 자료 제출을 요구할 수 있다.

15) 사업방법서, 보험약관, 보험료와 책임준비금산출방법서 등을 말하며 보험회사가 고의적인 보험금 지급 지연이나 불지급 등 기초서류 기재사항의 준수의무(보험업법 제127조의3)를 위반하는 경우 업무정지 명령 등 행정처분을 받는다.

수일로부터 15일 이내에 보험요율산출원칙을 위배한 경우에 기초서류에 대한 변경권고를 할 수 있다. 이에 해당하는 보험상품은 법규에 의해 새롭게 도입되는 신상품이거나 보험가입이 의무화된 상품, 금융기관대리점으로 판매하는 상품(방카슈랑스상품), 기타의 상품은 시행령 별표에서 정하고 있는데 이에 해당하는 것은 변액보험, 자연재해를 담보하는 정책보험, 생명보험 중 현금흐름방식이 아닌 3이원방식으로 산출한 경우 등 다양하다.

신고상품에 해당하지 아니하는 보험상품은 제출상품으로 되어 있다. 제출제도는 보험회사가 상품을 개발하여 판매하고 나서 분기종료 후 10일 이내에 취급하고 있는 보험상품 목록만 제출하면 된다. 제출상품에 대해 금융위원회가 관여하는 정도는 낮으나 보험계약자 보호 등을 위하여 확인이 필요하다고 인정되는 경우에는 그 사유를 적어 서면으로 해당 보험회사의 선임계리사가 검증 · 확인한 기초서류를 제출하도록 요구할 수 있다.

또한 제출상품을 금융위원회가 확인한 결과 보험료 및 책임준비금의 적절성 검증이 필요하다고 판단한 경우에는 그 사유를 적어 서면으로 보험요율산출기관 또는 독립계리업자의 검증확인서 및 보험상품신고서를 제출하도록 요구할 수 있으며, 이 경우 보험회사는 제출요구일로부터 20일 이내에 검증확인서를 제출하여야 한다.

2. 가격 산출

1) 생명보험

보험가격 산출체계란 보험료, 책임준비금 및 해약환급금의 계산, 손익인식 등과 관련된 일련의 과정을 말한다. 보험산업은 가격산정의 특수성, 즉 보험원가의 사후적 확정(inverted cycle of production)이라는 특징을 갖고 있다. 생명보험의 보험료는 사전적 가격요소로 사망 등의 사고시 보험금을 지급하기 위한 위험보험료, 보험계약을 체결 · 유지하기 위한 부가보험료, 만기 등 생존시 보험금을 지급하기 위한 저축보험료와 사후적 가격요소인 계약자배당으로 구성되어 있다.

우리나라는 2010년 4월 이전까지는 생명보험의 보험료는 위험률, 이율, 사업비율 등 3가지 예정기초율을 토대로 수지상등원칙[16]에 따라 계산하는 3이원방식

16) 수지상등원칙은 계약자(n)가 낸 보험료(P)는 보험사고가 발생한 계약자(r)에게 지급보험금(L)을

을 채택하였다. 예정위험률은 성별, 나이별 및 사망보험, 연금보험 등 보험종목의 성격에 따라 달리 적용되며, 현재 보험회사의 실적통계를 기초로 보험개발원이 산출한 경험생명표[17] 등을 이용하고 있다. 예정사업비는 생명보험업에 필요한 경비를 말하며 신계약비, 유지비, 수금비로 대별할 수 있다.[18] 예정이율은 보험료 납입시점과 보험금 지급시점의 시차에 따른 화폐가치 변동을 보상해 주기 위한 할인율로서 높은 예정이율을 사용할 경우 보험료가 저렴해진다. 일반적으로 배당보험의 예정이율이 무배당보험의 경우보다 낮다.[19]

3이원방식은 주어진 틀에서 주어진 예정기초율을 토대로 보험료 및 준비금 등을 기계적으로 산출·적용하는 방식(formula pricing)으로 판매규모, 자산운용수익률, 위험률의 변동에 따른 미래현금흐름의 변동성 등을 반영하기 어려워 적정수준의 보험가격 결정이 어려울 뿐만 아니라 예정기초율에 마진(margin)이 포함되어 있어 손익관리에도 어려움이 있다. 특히 현금흐름과 관련한 모든 요소를 감안하여 부채를 평가하도록 한 국제회계기준(IFRS Ⅳ)과 접근방식이 근본적으로 다르다.[20]

이에 반해 미국, 유럽 등에서 채택하고 있는 현금흐름방식은 이와 같은 3가지 요소 이외에 미래의 투자수익률, 보험금의 지급규모, 판매경쟁력 및 판매규모, 유지율 추이 등 현금흐름의 변동성을 종합적으로 분석하여 실제경험

충당해야 한다는 원칙을 말한다($nP = rL$). 여기서 보험료는 "예상보험금(보장금액 × 위험률 + 저축보험금)/(1 + 이율) + 예정사업비"의 합으로 구성된다.

17) 경험생명표(experience life table)란 전체 국민을 대상으로 하는 국민생명보험표(mortality table)와는 달리 보험에 가입한 사람을 대상으로 성별, 연령별로 사망할 확률을 나타내는 사망률과 앞으로 얼마나 더 살 수 있느냐를 나타내는 여명(life expectancy)을 예측하여 수치로 나타낸 표이다. 보험계약자의 경우 건강진단 또는 과거 병력고지 등의 방법에 의하여 일정한 기준 이하의 자(substandard lives)는 가입대상에서 제외(selection of risk)하고 있기 때문에 보험가입자의 사망률이 일반국민의 사망률보다 낮다. 경험생명표는 보험료 및 책임준비금, 계약자배당금과 계약인수 여부의 기초자료 등으로 활용된다.

18) 2010년부터 사업비 후취방식(back end loading)의 상품개발이 논의되었지만 일부 보험기간중 분할 수취하는 상품 이외에 완전 후취로 개발된 보험상품은 없다.

19) 배당보험의 경우 투자수익률이 예정이율보다 높으면 계약자배당금의 지급을 통해 계약자에게 환원하기 때문이다. 반면에 무배당보험의 경우 배당보험에 비해 예정이율이 높게 적용되어 보험료가 낮게 책정되며, 이익발생 여부에 관계없이 배당을 실시하지 않는다. 현재 전세계적으로 일반화되고 있는 탈상호화(demutualization) 추세에 따라 무배당상품이 늘어나고 있다.

20) 다만 단순한 보장특약 등 보험료 산출절차의 간편화가 요구되는 일부 상품의 경우에는 3이원방식이 보다 효율적인 측면도 있다.

률에 근접한 가정치(best estimate)를 설정하고, 이에 목표이익(target profit)을 고려하여 보험계약의 가치를 평가하는 방식으로 보험가격의 적정성 및 손익의 투명성을 보다 제고시킬 수 있다. 동 방식은 최근에는 단순한 현금흐름방식을 벗어나 민감도, 시나리오분석 등을 통한 확률론적 가격결정기법 및 ALM, 헤지기법 등을 반영한 보다 과학적인 기법(macro pricing)으로 발전하고 있다.

우리나라도 2013년부터 현금흐름방식을 도입하고 3이원방식으로 가격을 산출한 경우에는 신고상품으로 하여 상품 규제를 달리하고 있다. 현금흐름방식을 도입하면 회사별 경험통계에 기초한 가정, 상품의 기대이익 및 가격전략 등을 유연하게 반영할 수 있게 되어 회사별로 보험료가 보다 차별화되고 금리시나리오, 금리변동에 따른 유지율 영향 등 가격요소를 정교하게 반영할 수 있어 다양한 옵션 · 보증이 부가된 보험상품이 출시될 수 있다.

한편, 2011회계연도부터 국제회계기준(IFRS) 1단계 시행에 따라 보험계약의 미래 현금흐름을 예측하여 재무제표상 책임준비금의 과부족 여부를 평가하도록 하는 책임준비금 적정성평가제도(LAT: Liability Adequacy Test)가 도입되었다. 동 제도는 국제회계기준 도입에 따라 매 결산시점의 이자율, 위험률 등을 기준으로 미래의 현금흐름을 추정한 후, 기존에 적립한 책임준비금이 미래의 부채를 충당 · 가능한지 여부를 평가하고, 부족하다고 판단되는 경우에 그 부족한 금액을 추가 적립토록 하는 제도이다. 현재 운영 중인 책임준비금 평가시스템은 보험료적립금 검증, 보험료 결손 평가 및 자동차보험 지급준비금(대인) 검증 등 3개 부문으로 구성되어 있다.

2023년부터는 IFRS 17의 회계제도하에서 과거 지급여력평가 기준이었던 RBC(risk-based capital)제도보다 강화된 신지급여력제도(K-ICS)[21] 가 시행 중이다.

2) 손해보험

2001년 순보험료가 자유화되기 이전에는 보험요율산출기관이 영업보험료(순보험료+부가보험료)를 산출하여 제시하였기 때문에 손해보험회사의 경영효율에 따른 가격차별화가 이루어지지 않아 실질적인 자유화가 이루어지지 않았다. 그러나 OECD 등 국제기구에서 보험요율산출단체가 영업보험료를 산출하여 회원사에 제시하는 것은 「독점금지법」에 저촉될 수 있다는 이의를 제기해 온데다 OECD권고에 의해 「경성카르텔(hardcore cartel)[22] 일괄정리법」이 제정(1999년 1

21) 부록 <11-1> 과 <11-2> 참조

월)됨에 따라 2000년 4월부터 요율산출기관은 순보험료만을 산출하여 제시하고 부가보험료는 회사가 자율적으로 산정하되 과도한 요율덤핑경쟁을 방지하기 위한 제도적 보완장치로 부가보험료 산정근거를 제시토록 하였다.

손해보험의 가격산출방법은 손해율법, 순보험료법, 판단법이 있는데 이중에서 어떤 방법을 사용하는가는 보험회사의 자율적 판단에 따른다. 손해율법은 일정한 경험기간 동안의 손해율(발생손해액/경과보험료)과 예정손해율과의 차이가 있는 경우 예정손해율에 근접하게 가격을 조정하는 방법이다.

순보험료법은 일정한 경험 통계기간 동안의 사고발생 빈도와 손해심도를 곱하여 순보험료를 산출하고 이에 사업비 등의 부가보험료를 부가하는 방법이다. 판단법은 보험가격을 산출할 수 있는 경험통계 등이 부족하여 계리적으로 보험가격 산출이 곤란한 상품에 한정하여 보험회사의 과거 경험적 판단에 따라 적용하는 방법이다.

이들 보험가격 산출방법 중 순보험료법은 신상품이나 기존 판매상품의 가격을 산출할 때 주로 사용하고, 손해율법은 기존에 판매하고 있는 상품의 가격을 산출할 때 사용한다. 보험가격은 이러한 산출방법 외에도 계약자의 위험정도를 반영하는 변수를 기준으로 하여 차등화하는 방법도 적용하고 있다.

보증보험의 경우 그간 보험의 목적별 또는 위험요인별로 요율의 최고와 최저만을 정하여 놓고 보험의 목적별로 위험실태에 적합하게 요율을 수정하여 적용할 수 있는 범위요율제로 운용되고 있었으나, 2000년 4월부터 범위요율제를 폐지하고 보상사유별로 세분화된 기본요율을 설정하고 보험계약자별로 할인·할증률을 적용하도록 변경되었다.

자동차보험의 경우에는 차량의 종류, 가입자 특성변수(보험계약자의 나이, 사고이력, 보험가입 경력), 교통법규 위반경력 등 부과변수가 동일한 경우 차량가액별로만 차등화하고 있다. 최근에 들어 자동차보험료의 세분화를 자동차의 주행거리(mileage) 등 운행특성[23]이나 차량모델별 손해율(발생손해액/경과보험료) 및 수리비용 등

22) 사업자 간 가격담합, 입찰담합, 생산량 제한, 시장분할 등을 내용으로 하는 경쟁사 간의 반경쟁적 합의나 공동행위를 말한다.

23) 차량의 운행빈도 및 운행거리, 운행특성 등에 따라 사고발생 가능성이 달라지므로 차량에 navigator가 부착된 blackbox를 장착하여 운행거리, 운행시간, 운행속도 등을 자동 입력함으로써 운전자의 실제 차량운행 현황 및 특성에 따라 보험료를 차별하는 주행거리연동보험료차등제도(pay as you drive)가 그 대표적인 예다. 현재 영국, 이탈리아 등 일부 유럽국가에서 도입하고 있으며

을 감안하여 실시하여 보험계약자 간 형평성을 제고하고 자동차 제작사 간의 경쟁을 유도하여 손해율 저하에 기여할 것으로 보인다. 차량모델별 보험료차등화는 개인 및 법인소유 승용차의 자차보상에 한해 차종별로 차등화하고 있으나 다른 차종(승합 · 화물차) 및 보상(대인 · 대물 등)에 확대하는 것을 추후 검토할 예정이다.

III. 모집 및 영업행위 규제

1. 보험상품 판매조직

종래 우리나라의 보험모집(solicitation)[24]방식은 주로 모집인의 연고 및 소개에 의한 단순한 방문판매에 의존하고 있어 과다한 사업비와 실효 및 해약률(ratio of lapses and surrenders)[25] 증가 등 문제점이 매우 컸다. 특히 보험시장의 개방과 상품 및 요율 자율화의 확대에 따라 선진 보험회사들의 전문적이고 정예화된 모집요원들에 의한 완전판매방식과 경쟁하기 위해서는 모집제도의 대폭적인 개선이 불가피하였다. 이와 같은 보험영업환경 변화에 부응하기 위해 일차적으로 보험설계사의 전문화 및 전업화를 추진하고 전문전업대리점의 자격요건 강화, 대리점 수수료체제의 정비 등 보험설계사 및 대리점의 자질향상을 추진하는 한편 독립대리점제도(1996년 4월)와 보험중개사제도를 도입(손해보험 1997년 4월, 생명보험 1998년 4월)하였다

2023년 기준 「보험업법」은 보험모집을 할 수 있는 자로 보험설계사, 보험대리점, 보험중개사, 보험회사의 임원(대표이사 · 사외이사 · 감사 및 감사위원은 제외) 또는 직원으로 제한하고 있다. 이 중에서 설계사와 대리점, 중개사는 금융위원회에 일정한 요건을 갖추어 등록[26]해야 하며, 종류는 보험업의 구분과 동일하게 생명보험, 손해보험, 제3보험으로 구분하여 별도의 자격이 필요하다. 이 중에서 특히 보험중개사는 「보험업법」에서 정한 영위 보험업별 중개사 시험에 합격해야 등록하는 것이 가능하다.

우리나라도 대부분의 손해보험회사들이 도입하여 판매하고 있다.

24) 모집이란 보험계약의 체결을 중개 또는 대리하는 행위를 말한다.

25) 실효란 보험료 미납입 등으로 인한 보험계약의 효력이 상실된 것을 말하고, 해약이란 보험계약자의 의사에 의한 보험계약이 종료된 것을 말한다.

26) 금융위원회는 동 업무에 대해 보험설계사, 보험대리점은 보험협회에 등록하고, 금융기관대리점은 금융감독원에 등록하도록 위임하고 있다.

보험설계사는 소속된 보험회사를 위해 보험계약 체결을 중개하는 자를 말하며 계약체결대리권, 보험료수령권 및 고지의무[27]수령권이 없다. 보험대리점은 보험회사와의 계약에 의해 보험계약 체결을 대리하는 자로 계약체결대리권, 보험료수령권, 고지의무수령권을 가지고 있다. 고지의무수령권이란 보험계약자가 고지의무와 관련된 사항을 모집종사자에게 알린 경우 고지의무의 이행으로 간주하는 것을 말한다. 대리점은 설계사가 전속인 것에 비해 전속대리점(exclusive agent)과 독립대리점(general agent or independent agent)으로 영업하는 것이 가능하다. 독립대리점은 특정 보험회사에 전속되지 않고 다수 보험회사의 상품을 취급한다.

보험중개사(broker)는 보험회사와 보험계약자 간의 보험계약 체결을 중개하는 자로 보험회사와 요율, 기간 등 보험조건(terms and conditions)[28]을 독자적으로 협상하여 이를 보험계약자에게 중개한다. 보험중개사는 보험계약자가 지니고 있는 위험 및 위험분포 등을 분석하여 적절한 보험을 선택하도록 도와주며, 최근에는 보험금 청구관리, 위험관리컨설팅, 자산관리자문, 종업원 연금프로그램 제공 등 종합적인 위험관리서비스 제공자로 그 기능이 확대되고 있다.[29] 보험중개사는 보험설

표 11-7 보험모집조직의 성격 비교

구 분	회사 임직원	보험대리점	보험설계사	보험중개사
조직의 역할	보험회사를 위한 보험계약 체결	보험회사를 위한 보험계약 체결을 대리	보험회사를 위한 보험계약 체결을 중개	보험회사를 위한 보험계약 체결을 중개
요율협상권	○	×	×	○
보험료수령권	○	○	△[1]	×
계약체결대리권	○	○	×	×
회사전속 유무	○	△[2]	○	×

주: 1) 회사와 모집인 간의 계약에 의거 수령권 위임가능
2) 독립대리점의 경우 비전속.

27) 고지의무란 보험계약자가 보험계약을 체결하기 전에 병력, 직업 등 보험금 지급사유의 발생과 관계가 있거나 보험회사가 보험계약의 체결 여부를 결정하는 데 영향을 미칠 수 있는 중요한 사항을 보험회사에 알려야 하는 의무(「상법」 제651조)를 말한다. 보험계약자가 고지의무를 위반한 경우 보험회사는 보험계약을 해지하거나 보험금 지급을 거절할 수 있다.

28) 보험계약자의 특성, 보험경력 등을 제시하여 보험계약자에게 적합한 보험료를 적용해 주도록 보험회사와 협상할 수 있는 권리를 말한다.

29) 최근 보험중개사의 역할이 커져 손해보험시장에서 보험중개사가 차지하는 시장점유율이 미국, 영

계사와 마찬가지로 보험계약체결대리권, 보험료수령권 및 고지의무수령권이 없다.

보험중개사는 보험회사의 임원 또는 직원이 될 수 없으며, 보험계약의 체결을 중개함에 있어서 보험회사 · 보험설계사 · 보험대리점 · 보험계리사 및 손해사정사의 업무를 겸영하지 못한다. 그러나 이들이 중개하는 업무가 대부분 재보험에 한정되어 손해보험 · 생명보험 중개 업무는 미미하고 화재 등 대규모 손해보험의 경우, 대체로 계열손해보험회사(captive insurance company)와 직접 계약체결을 함에 따라 이들이 보험회사와 소비자 간 중립적인 역할을 제대로 수행하지 못하고 있는 실정이다.

2003년 8월에 도입된 금융기관대리점(방카슈랑스)은 전속대리점이 아닌 독립대리점 성격을 지니고 있다. 방카슈랑스제도의 도입으로 은행 등의 금융회사[30]가 보험대리점 또는 보험중개사의 자격으로 보험상품을 판매할 수 있게 되었다. 판매가 허용되는 보험상품의 범위는 판매의 용이성, 불공정거래의 소지, 보험산업에 미치는 영향을 감안하여 단계적으로 허용하여 왔다.

보험모집방법은 점포 내 지정된 장소에서 보험계약자와 직접 대면하여 모집하는 인바운드(in bound)방식이나 인터넷 홈페이지를 이용하여 불특정 다수를 대상으로 보험상품을 안내 또는 설명하여 모집하는 방법만 가능하다. 방카슈랑스의 허용형태는 금융회사가 기존 보험회사의 대리점 또는 중개사의 자격으로 보험상품을 판매하는 단순한 판매제휴방식 이외에 금융기관이 기존 보험회사를 인수하거나 자회사를 신설하여 판매하는 것도 가능하다.

2015년 11월부터 온라인 보험슈퍼마켓을 활용한 보험상품 비교 · 공시를 대폭 확대하여 소비자의 정보취득 용이성 및 상품 선택권을 제고할 예정이다. 이를 위해 인터넷 포털 등에 비교 · 공시정보를 전면 개방하고 온라인에 적합한 표준화 · 규격화 된 상품개발과 함께 온라인 전용상품의 사업비를 직접 공시하게 할 예정이다. 온라인 보험슈퍼마켓을 통해 구입할 수 있는 대상은 일차적으로 실손의료보험, 자동차보험, 여행자보험, 연금보험, 보장성보험, 저축성보험 등이었으나 그 범위는 전 종목으로 확대되고 있다.

국 등 앵글로-색슨 국가의 경우 50% 이상, 프랑스 등 유럽국가들의 경우 10~20% 이상을 점유하고 있다. 그러나 우리나라와 일본, 중국 등은 아직 1% 미만으로 미약하다.

30) 「은행법」에 의하여 설립된 은행, 「자본시장법」에 따른 투자매매업자 또는 투자중개업자, 상호저축은행, 한국산업은행, 중소기업은행, 신용카드업자 등을 말한다.

2. 영업행위 규제

보험시장은 OECD가입을 기폭제로 하여 모집채널의 변화와 더불어 가격자유화로 인해 경쟁이 모집조직 간, 보험회사 간 경쟁으로 심화되었다. 경쟁심화는 모집인 중심의 보험판매방식이 개선되고 보험료인하 등으로 소비자혜택이 증가하는 긍정적인 효과도 나타나지만, 보험모집과정에서 불공정한 모집행위[31]로 인한 불완전 판매[32]가 증가하여 소비자를 보호하지 못하는 부정적인 영향도 나타날 가능성이 매우 크다. 이러한 현상이 심화되면 보험업의 신뢰성이 하락하여 향후 종합금융화 시대에 금융회사로의 역할에 제약요인이 될 수 있다.

이러한 보험업의 영업행위의 문제점을 개선하기 위하여 2010년 6월에 「보험업법」을 개정하였다. 이 때 도입된 영업행위 규제(market conduct regulation)는 계약자구분,[33] 적합성원칙 도입 등이다. 그런데 최근 금융소비자보호에 관한 법률(이하 '금소법'이라 한다)이 제정되어 2021. 3. 25. 시행됨에 따라 보험모집 관련 준수사항 규정들 핵심사항이 보험업법에서 삭제되고 금소법으로 이관되었다. 아래에서는 보험업법과 금소법에 규정된 주요 영업행위 규제를 설명한다.

---

31) 은행 등의 우월적 지위 남용을 방지하고 중·소형 보험회사의 교섭력을 강화하기 위해 현재 금융기관보험대리점의 경우 보험판매인을 점포당 2인 이내로 제한하고 1개 대리점이 판매할 수 있는 특정 보험회사 상품의 판매한도를 25% 이내로 제한하고 있다.

32) 보험의 완전판매란 보험청약의사가 있는 가입자를 대상으로 관련법규에 위배됨이 없이 체결된 계약을 의미한다. 종래 우리나라의 보험가입 행태를 보면 연고모집이나 작성계약(모집자가 수당 등을 이유로 제3자 명의의 보험계약을 임의로 체결) 등이 상당 부분을 차지하였다. 이러한 문제점을 해소하기 위한 방법의 하나로 시행되고 있는 것이 보험의 완전판매운동으로 자필서명, 약관 및 청약서부본 전달, 그리고 약관 중 중요내용 설명하기 등이 그 핵심이다. 보험회사는 보험의 불완전판매(mis-selling)를 방지하기 위한 자체 노력으로 품질보증제를 도입하고 있다. 품질보증제란 보험계약이 성사된 보험가입자에게 사후에 전화 등을 통해 약관설명을 들었는지, 자필서명은 하였는지 등을 확인하고 정상적으로 보험계약이 체결되지 않은 보험가입자에 대하여는 청약철회(보험청약일 또는 초회 보험료 납입일 이후 15일 내에 불이익 없이 보험계약 청약의 철회)가 가능함을 안내하는 제도를 말한다.

33) 「보험업법」은 계약자를 일반계약자와 전문계약자로 구분하여 보호수준을 달리하고 있다. 일반계약자는 다음의 전문계약자가 아닌 자를 말한다. 전문보험계약자는 보험계약에 관한 전문성, 자산규모 등에 비추어 보험계약의 내용을 이해하고 이행할 능력이 있는 자로서 국가, 한국은행, 대통령령으로 정하는 금융기관, 주권 상장법인 중 어느 하나에 해당하는 자를 말한다. 다만, 전문보험계약자 중 대통령령으로 정하는 자가 일반보험계약자와 같은 대우를 받겠다는 의사를 보험회사에 서면으로 통지하는 경우 보험회사는 정당한 사유가 없으면 이에 동의하여야 하며, 보험회사가 동의한 경우에는 해당 보험계약자는 일반보험계약자로 본다.

1) 보험상품 설명의무제도(보험업법 제95조의2, 금소법 제19조)

보험회사나 보험모집인은 일반보험계약자에게 보험계약 체결을 권유하는 경우 보험료, 보장범위, 보험금 지급제한 사유 등 대통령령으로 정하는 보험계약의 중요사항을 일반보험계약자가 이해할 수 있도록 설명하여야 하고 일반보험계약자가 이를 이해하였음을 자필서명 등의 방법으로 확인을 받아야 한다.

2) 적합성원칙 적용(금소법 제17조)

보험회사 등은 일반보험계약자의 소득, 재산상황, 보험가입의 목적 등을 파악하여 그에게 적합한 상품을 권유하여야 한다. 이를 확인하기 위해 보험회사는 보험계약자의 서명 등의 방법으로 확인을 받아 유지 · 관리하고 확인받은 내용은 보험계약자에게 지체 없이 제공하여야 한다. 적합성원칙은 일차적으로 투자성 상품인 변액보험에 적용된다.

3) 허위 · 과장광고 규제(금소법 제21조, 제22조)

보험상품 광고시 필수포함사항과 금지사항 등 광고기준을 정하고 있다. 필수포함사항은 계약 전 상품설명서 · 약관을 읽어볼 것을 권유하는 내용, 변액보험상품의 경우 원본손실 가능성 등이고, 금지사항은 보험금 지급한도, 지급제한조건, 면책사항 등을 누락하거나 충분하게 고지하지 아니하여 제한 없이 보험금을 수령할 수 있는 것으로 오인하는 행위 등이다.

4) 중복계약 체결확인의무(보험업법 제95조의5)

실손의료보험 등 대통령령이 정하는 보험계약에 대하여 보험회사 등은 보험계약을 하려는 자의 동의를 얻어 모집하고자 하는 보험계약과 동일한 위험을 보장하는 다른 보험계약을 체결하고 있는지를 미리 확인하여 보험계약자의 중복 가입을 방지해야 한다.

5) 통신수단을 이용한 계약해지 허용(보험업법 제96조)

보험계약자는 전화 · 우편 · 컴퓨터 통신 등 통신수단을 이용하여 청약 내용의 확인 · 정정, 청약의 철회 및 계약해지를 할 수 있다. 단, 통신수단을 이용한 계약해지는 보험가입시 미리 동의한 경우에 한한다.

6) 보험계약의 체결 또는 모집에 관한 금지 행위(보험업법 제97조)

금전대차관계를 이용한 모집, 다른 모집종사자의 명의를 이용한 모집, 자필서명을 받지 아니한 모집, 정당한 이유 없이 장애인의 보험가입을 거부하는 행위 등은 금지된다.

7) 불공정한 대출의 금지 등(금소법 제20조)

대출을 조건으로 차주의 의사에 반하여 보험가입을 강요하는 행위, 부당하게 담보를 요구하거나 연대보증을 요구하는 행위, 보험회사가 우월한 지위를 이용하여 보험소비자의 권익을 부당하게 침해하는 행위 등은 금지된다.

8) 보험약관에 대한 이해도 평가(보험업법 제128조의4)

금융위원회는 평가대행기관을 지정하여 보험소비자 등을 대상으로 보험약관의 이해도를 평가(readability)하고 이를 공시할 수 있다.

9) 부당영업행위에 대한 과징금 부과(보험업법 제196조, 금소법 제57조)

보험회사가 허위과장광고 규제, 보험금 부당 불지급 또는 감액 지급, 기초서류 준수의무 등을 위반할 경우 금융위원회는 과징금(최대 연간 수입보험료의 20%)을 부과할 수 있다.

10) 선지급수당제도 개선

독립대리점이 활성화되면서 채널경쟁을 위한 수단으로 신계약비의 선지급수당제도가 도입되었다. 이로 인해 보험회사는 신계약을 경쟁적으로 유치하여 외형확대가 가능했지만 불완전판매나 환급금이 필요하여 계약을 중도에 해지하는 경우에 큰 금액의 해약공제 등으로 보험소비자의 민원이 크게 증가하였다. 이러한 문제점을 해결하기 위하여 모집인에게 지급하는 선지급수당의 재원인 신계약비에 대해 70%만 당해연도의 선지급수당으로 지급하고, 신계약비의 30%는 1차년도 이후의 보험계약 유지기간 동안에 나뉘어 지급하는 제도를 도입하여 2012회계연도 부터 적용하고 있다.

3. 보험사기방지

보험사기(insurance fraud)는 '고요한 대재해(the quiet catastrophe)'로 불릴 정도로 사회문제가 되고 있다. 미국의 경우 보험사기를 탈세 다음으로 중대한 사회·국가적 경제범죄로 인식하고 있고, 이의 퇴치를 위해 정부, 보험회사, 소비자가 공동의 노력을 경주하고 있다.

보험사기는 선의의 보험가입자의 보험료 부담을 가중시키고 보험회사의 건전경영을 위협할 뿐 아니라 사회의 부도덕화를 초래한다. 따라서 건전한 보험거래 확립 및 사회적 손실 경감을 위해 보험사기방지를 위한 규제의 필요성이 증대되고 있다. 보험사기는 경성사기(hard fraud)와 연성사기(soft fraud)로 구분할 수 있다. 경성사기는 고의 · 악의적인 사기행위로서 보험증서에서 보상하는 재해, 상해, 도난, 방화, 기타의 손실을 의도적으로 각색 또는 조작하는 행위로 법률적으로 범죄요건을 구성한다.

연성사기는 우연한 보험사고에 편승하여 보험금 청구를 과장 · 확대하는 등 비교적 가벼운 사기행위로 주로 보험금 청구권자의 보상시스템을 이용한 기회주의적 행위에서 발생되며 이런 의미에서 기회사기(opportunity fraud)라고도 한다.

보험사기는 보험계약의 사행성, 보험사기에 대한 사회적 관용 및 죄의식 결여 등의 사유로 발생한다. 즉 보험금 지급이 우연한 사고에 달려 있어 도박과 같이 사행성을 가지는 보험 본연의 성질로 말미암아 보험사기를 유혹하고 타인에게 직접적인 피해를 주지 않는다는 왜곡된 인식으로 보험사기행위에 대한 사회의 관용적인 성향이 보험사기의 범죄의식을 약화시키는 것이다.

따라서 보험사기를 예방하기 위해서는 사회 전반적인 도덕성의 고양이 가장 중요하며 이 밖에 보험사고를 신속하게 발견하고 제어하는 시스템의 구축이 필요하다. 현재 금융감독원은 보험계약 및 사고정보의 집적을 통한 보험사기정보 데이터베이스의 구축, 사고정보를 보험금 청구 즉시 실시간으로 입력 · 공유할 수 있도록 하는 사고정보조회시스템(CPS: Claims Pooling System)의 도입, 보험사기혐의가 있는 건을 파악하여 조사 시 활용할 수 있도록 하는 보험사기지표(fraud index)[34]의 개발, 보험사기지표를 통계적으로 분석하여 보험사기를 사전에 인지 · 적발할 수 있는 보험사기인지시스템(IFAS: Insurance Fraud Analysis System)[35]의 구축 등을 통하여 보험사기방지 및 조사를 전담하는 보험사기전담기구[36]

34) 보험사기 가능성이 있는 자의 특성, 보험사기자의 사기유형 및 행태를 정형화, 표준화하여 공통적으로 발견되는 사항을 지표화한 것을 말한다.

35) 보험사기인지시스템의 주된 기능은 보험사기지표를 개인, 설계사, 병원, 정비업체, 대리점 등 혐의주체별로 점수화하여 특정 보험사기 혐의자를 선정해 내는 기능과 주된 혐의자를 중심으로 가해 · 피해자, 설계사 · 계약자, 피보험자 · 계약자, 피보험자 · 보험금수익자 관계 등 혐의자 간의 연관성과 보험사기혐의 정도를 점수로 보여주는 연계분석 기능(VL: visual links)이다.

36) 미국 연방보험감독관협의회(NAIC: National Association of Insurance Commissioners)는 각 주마다 주 「보험법」에 보험사기행위의 금지 및 주 보험청의 사기조사를 내용으로 하는 「보험사기예방모델법」(Insurance Fraud Prevention Model Act)을 반영토록 권고하고 있다. 주 보험사기방지국(IFB: Insurance Fraud Bureau)은 주 「보험법」에 근거하여 보험청 내에 설치되고, 보험사기 방지 및 형사처벌을 위한 조사를 주목적으로 검 · 경찰 등과 공조하여 보험사기 조사활동을 수행

의 역할을 하고 있다. 이 밖에도 효율적인 보험사기의 조사 및 적발을 위해서는 유사보험기관 및 수사기관 등 유관기관 간의 공조체제 구축 등이 필요하다.

현행 「보험업법」은 금융위원회의 보험사기 조사근거를 마련하고 보험사기 방지업무의 효율적인 수행을 위해 민영보험업계와 국민건강보험, 국민연금, 산업재해보상보험 등 국·공영 보험단체가 함께 참여하는 보험조사협의회를 구성하도록 하고 있다(법 제163조). 또한 2006년 2월 「보험업법」 개정을 통해 보험계약자 및 보험금을 취득할 자에게 보험사기행위를 금지하는 의무조항이 신설되었다(제102조의2).

그러나 보험사기가 계속 증가하고 있어 선량한 계약자에게 보험료 인상 등의 전가가 발생하고 있다. 현재 보험사기에 대한 법적용은 「형법」상의 사기죄를 적용하고 「보험업법」을 통해서는 처벌하지 못하고 있었다.[37] 이에 2016년 3월 보험사기방지특별법이 제정되어 2016년 9월부터 시행되고 있다. 법 제2조에서는 "보험사기행위"란 보험사고의 발생, 원인 또는 내용에 관하여 보험자를 기망하여 보험금을 청구하는 행위를 말한다고 정의하고 있다. 보험사기방지특별법에서는 일반 사기죄보다 형량을 가중하여 보험사기에 대한 경각심을 제고하였다. 보험사기행위로 보험금을 취득하거나 제3자에게 보험금을 취득하게 한 자는 10년 이하의 징역 또는 5천만원 이하의 벌금에 처하도록 하고 있고(제8조), 상습범은 형의 1/2을 가중한다(제9조). 보험사기이득액이 5억원 이상일 경우 가중처벌한다(제11조). 보험사기이득액이 50억원 이상일 때는 무기 또는 5년 이상의 징역이고, 보험사기이득액이 5억원 이상 50억원 미만일 때는 3년 이상의 유기징역에 처하도록 한다. 또한 보험회사의 보험사기의심행위 보고(특별법 제4조), 수사기관에 고발 등 조치(특별법 제6조), 건강보험심사평가원에 입원적정성 심사의뢰(특별법 제7조) 등 보험사기 조사수사 업무절차를 명확히 규정하였다.

한다. 연방보험사기방지국(NICB: National Insurance Crime Bureau)은 현재 약 1,000여 개의 보험회사가 참여하고 있으며, 전국의 보험회사 및 정부 등을 연결한 데이터베이스를 구축하여 실시간으로 보험사기자 및 도난차량에 대한 정보를 제공하고 있다.

37) 주요국은 우리나라에 비해 보험사기에 대해 보다 엄격히 처벌하고 있다. 독일, 오스트리아, 중국, 이탈리아 등은 「형법」에 처벌조항을 두고 있고, 미국 뉴욕주의 경우 형사처벌과 함께 「보험업법」에 민사책임 조항을 두고 있다.

Ⅳ. 계약자배당 규제

계약자배당은 보험요율 산출시 적용했던 가격 요소, 즉 예정위험률, 예정이율, 예정사업비가 실제 발생한 가격요소와 달라 차익이 생겼을 경우 이를 계약자에게 환원시키는 것이다. 계약자배당의 발생 원인은 주로 안정적인 보험사업 운영을 위해 보험료가 실제 경험치보다 높게 책정되는 것에 기인하며 이 밖에 회사의 효율적 경영과 자산운용의 결과 등에 기인한다.[38]

계약자배당의 방식은 이익의 원천별 배당방식(contribution plan), 자산할당방식(asset share method) 등이 있다. 이익의 원천별 배당방식은 잉여금의 발생원천에 따라 배당하는 방법으로 현재 생명보험의 경우 위험률차배당(mortality dividends), 금리차배당(interest dividends), 사업비차배당(expense dividends) 등 3이원방식(three-factor saving)을 적용하고 있다.

위험률차배당의 원천은 요율산출시 적용했던 예정위험률과 실제위험률의 차이로 인하여 발생하는 이익(위험률차익)으로, 예정위험률의 경우 경험생명표 작성시 실제사망률에 대해 안전할증(safety margin)을 책정하기 때문에 대부분의 경우 위험률차익이 발생하고 있다.

금리차배당은 수입보험료를 운용하여 얻은 투자수익률이 예정이율보다 높을 경우 이를 원천으로 지급하는 배당금을 말한다. 사업비차배당은 예정사업비와 실제 집행된 사업비와의 차액을 원천으로 배당하는 것을 말한다. 계약자배당은 1995년 4월부터 위험률차배당이 자유화된 데 이어 1997년부터는 금리차배당이 자유화되고 2000년 4월부터 사업비차배당도 자유화되었다.

자산할당방식은 각 보험계약별 자산할당액(asset share)을 기준으로 보험계

38) Belth는 배당부상품에 대한 주주와 계약자 간 이익배분 문제에 대해 주주무관설, 경영대가설, 이익공유설, 이자보상설, 주주귀속설 등으로 설명하고 있다. 주주무관설은 주주는 배당부상품의 이익에 대하여 어떠한 청구권도 없다는 것이다. 경영대가설은 주주는 계약자에 대하여 경영의 대가를 청구할 수 있다는 것으로 이익은 원칙적으로 계약자 몫이라는 견해이다. 이자보상설은 주주는 배당상품 영업에 투자된 자금에 대하여 이자를 청구할 수 있다는 것으로 이는 계약자와 주주 간의 관계를 주주와 채권자 관계로 유추하여 계약자가 주주이고 생명보험회사의 주주는 자금을 빌려 준 채권자로 간주하는 견해이다. 이익공유설은 주주는 배당부상품 중 일정부분을 계약자와 공유할 권리가 있다는 것으로 양자가 공동의 위험을 분담한다는 견해이다. 주주귀속설은 주주는 보험금과 배당금 지급 후 나머지 잔여이익에 대한 소유권이 있다는 것으로 생명보험회사와 계약자 간의 관계를 예금 등과 같은 계약관계로 보는 견해이다. Joseph M. Belth(1964), Participating Life Insurance Sold by Stock Companies, pp. 125~128.

약자가 회사 재산형성에 기여한 정도를 측정하고, 이에 따라 배당을 하는 방식으로 영국 등에서 사용되고 있으며 일본의 경우 생명보험계약의 소멸시 적용하고 있다. 자산할당액은 일반적으로 수입보험료에서 지출액(지급보험금, 해약환급금, 사업비 등)을 차감하고, 투자이익할당액을 더한 금액을 적절한 투자수익률을 적용하여 누적한 값으로 계산한다. 동 방식은 이익의 원천별 배당방식과 달리 이익의 원천을 분리하지 않기 때문에 이익의 원천별로 이익이 발생하였더라도 전체에서 손실이 발생되었다면 배당을 하지 않는다.

한편, 보험계약별로 확정된 계약자배당의 지급방법에는 ① 계약자배당이 발생할 때마다 현금으로 지급하는 방법, ② 향후 지급할 보험료와 상계처리하는 방법, ③ 배당금 지급시까지 이자를 부리하여 계약소멸시 지급하는 방법, ④ 배당금으로 추가보험을 구입하여 보험금액을 증액하는 방법(uniform reversionary method) 등이 있다. 이 밖에도 일정기간 유지하는 계약에만 배당금을 지급하고 소멸계약은 배당에서 제외하는 거치배당방식, 납입한 보험료에 비례하여 배당금을 지급하는 보험료누가배당방식 등이 있다.

생명보험회사 영업의 결과에 따른 잉여금, 즉 총수지차는 크게 보험영업수지와 투자영업수지로 구성되며 이는 적절한 기준에 따라 계약자와 주주에게 배분된다. 유배당보험이익은 다시 주주와 계약자의 기여도를 반영하여 주주지분(최고 10% 범위 내)과 계약자지분(주주지분을 제외한 잔여분)으로 배분한다. 그리고 유배당보험이익 중 주주지분과 무배당보험이익 및 자본계정 운용이익은 주주지분으로 이익잉여금계정에 계상하고 유배당보험이익 중 계약자지분은 계약자배당준비금 또는 계약자이익배당준비금계정에 계상한다.

한편 2008년 2월의 「보험업법」 개정으로 배당보험 계약 외에 무배당보험 계약별로도 자산 또는 손익의 구분계리 근거가 마련되었다(제121조의2).

V. 건전성 규제

1. 책임준비금 규제

보험료는 책정방식에 따라 자연보험료(natural premium)와 평준보험료(level premium)로 구분할 수 있다. 자연보험료는 보험금지급액과 일치하도록 매년 위험률(사망률)에 맞게 책정된 것으로 '자연보험료 = 위험률 × 보험금액'이 된다. 따라서 보험금액이 1원인 경우 자연보험료는 위험률과 일치한다. 생명보험의 위험률(사망률)은 대체로 연령의 증가에 따라 상승하므로 자연보험료도 연령의 증가에 따라 상승한다.

평준보험료는 이와 같이 자연보험료로 보험료를 책정할 경우 연령의 증가에 따라 매년 보험요율이 달라지는 불편을 해소하기 위해 보험기간 중 납입해야 하는 전체 보험료를 평준화하여 매년 동일한 보험료를 납입토록 책정한 것이다. 연령이 낮은 보험기간 초기에는 평준보험료가 자연보험료를 초과하고 연령이 높은 보험기간 후기에는 자연보험료가 평준보험료를 초과하게 된다.

따라서 보험기간 초기의 초과분(평준보험료 − 자연보험료)을 적립하여 보험기간 후기의 부족분을 보전하여야 하는바, 이 초과분의 적립금이 보험료적립금, 즉 책임준비금이다.[39] 보험기간 초기에는 동 초과분이 누적적으로 증가하여 책임준비금이 증가하지만 보험기간 후기에는 오히려 자연보험료가 평준보험료를 초과하게 되어 책임준비금은 점차 감소하게 된다.

보험료는 보험기간 중 수입될 보험료의 현가총액이 지급될 보험금과 사업비의 현가총액과 동일하다는 가정 하에 계산되는데, 이를 수지상등의 원칙(principle of equivalence)이라고 한다. 책임준비금의 계산방식은 특정 시점에서 장래지출의 현가와 장래수입의 현가와의 차액으로 계산하는 장래방식(prospective method)이 보편적으로 이용된다.[40]

2023년 이전의 원가 방식에 의하면 장래지출은 장래에 지출될 보험금과 사업비를 예정이율로 할인한 금액이며 장래수입은 장래에 유입될 보험료를 예정이율로 할인한 금액으로 양 금액의 차이가 책임준비금으로 적립되어 수지상등이 이루어지게 된다.[41] 그러나 2023년부터 적용된 IFRS 17에서는 보험회사의 부채를 현재가

39) 생명보험회사의 책임준비금은 보험료적립금과 지급준비금, 계약자배당준비금 등이 있으나 여기서는 준비금의 대부분을 차지하는 보험료적립금제도에 대하여 살펴보기로 한다.

40) Kenneth Black Jr. & Harold D. Skipper Jr.(2000), Life & Health Insurance, Prentice-Hall, pp. 739~740.

41) 현재 책임준비금은 보험료 산출시점(Lock-in 방식)에서 적용한 기초율(예정이율, 예정위험률)에 의해 계상하나 앞으로 국제회계기준이 채택되면 평가시점(Lock-out 방식)의 기초율을 적용하여 계상하게 될 것이다. 국제보험회계기준 2단계 기준서(IFRS 4 Phase Ⅱ)에 의하면 보험부채 측정 시 미래현금흐름의 추정, 화폐의 시간가치, 리스크 마진 및 서비스 마진을 반영하는 현행유출가치(current exit value)를 반영하여야 한다.

치 방식으로 평가하도록 함으로써, 책임준비금 항목이 과거와 달라졌다. 기본적으로 모든 미래 예상되는 현금유입과 유출을 고정된 예정이율로 할인하는 것이 아니라 평가시점에서 적정하다고 판단된 할인율로 할인하여 현가를 구하도록 하는 것이 핵심이다.

2023년 이전에는 보험사의 책임준비금[42])으로 보험료적립금, 미경과보험료적립금, 지급준비금, 계약자배당준비금, 계약자이익준비금으로 구분하여 적립했으나, IFRS 17하에서는 책임준비금에 상응하는 보험계약부채[43]) 항목엔 계약자배당부채, 잔여보장요소(최선추정+위험조정+보험계약마진), 발생사고요소(최선추정+위험조정)로 통합되어 표시되고 있다. 미래에 대한 최적 가정하에서 추정한 책임준비금은 최선추정금액이고, 이런 추정의 오류에 대비한 것이 위험조정 금액이고, 이런 추정들이 맞다면 예상되는 이익의 현재가치가 보험계약마진이지만, 보험계약마진은 잔여개념으로 최선추정과 위험조정 이상으로 현금유출이 있다면 일차적으로 보험계약마진으로 충당할 것이다. 그 이상의 현금유출이 발생한다면 자기자본으로 충당하는 순서가 될 것이다. 보험사의 재무건전성을 강조하는 지급여력제도는 이러한 최악의 상황에 대비하기 위한 제도라고 할 수 있다.

IFRS17 시행으로 최저준비금 제도가 폐지되므로 경제적 가정(할인율) 및 계리적 가정(위험률, 해약율 등)에 따라 시가 보험부채가 변동하여 해약환급금보다 적어질 가능성이 존재한다. 금융위기가 발생하면 보험회사의 건전성이 악화될 가능성이 크나 금리의 급격한 상승으로 부채 규모는 오히려 축소될 가능성이 있으므로, 보험회사가 해약환급금 이하의 자산을 보유하게 되어 계약자에게 해약환급금을 지급하지 못할 가능성이 상존한다. 금융위기 상황에서의 계약자 보호 강화를 위해 보험감독회계기준 상 이익잉여금내 "해약환급금준비금"을 신설하여 시가부채가 해약환급금보다 작은 경우 차액(부족액)의 사외 유출을 제한하도록 했다. 해약환급금준비금 적립으로 해약환급금의 사외 유출 방지가 가능해져 계약자 보호가 강화되었

42) 책임준비금 적립방식은 순보험료식, Zillmer식 및 해약환급금식으로 구분할 수 있지만 국내에서는 순보험료식을 원칙으로 하고 있으며 7년 해약환급금식을 가미하여 운영했다. 순보험료식은 보험료 중 부가보험료는 고려하지 않고 순보험료만을 고려하여 적립해가는 방식이고, Zillmer식은 보험계약 초기에 신계약비(acquisition expense) 전액이 지출되기 때문에 이를 초년도에 들어오는 부가보험료만으로 충당하기 어려우므로 부족분을 우선 순보험료 부분에서 대체해서 사용하고 전용된 순보험료를 보험기간 등 일정기간 동안 수입된 부가보험료로 점진적으로 충당하는 방식이며, 해약환급금식은 해약환급금(refunds of surrenders)을 책임준비금으로 적립하는 방식이다. 해약환급금은 보험기간 만료 이전에 중도해약시 보험계약자에게 지급해야 하는 금액이다.

43) <부록 11-1> IFRS 17 참조.

으므로 해약환급금준비금 상당액은 신지급여력제도(K-ICS)에서는 기본자본으로 인정하고 있다. 다만, 낙관적 계리적 가정을 통해 K-ICS비율을 높일 수 있는 부작용은 여전히 존재하므로 해약환급금준비금 상당액을 초과하는 금액에 대해서는 보완자본으로 분류하여 자본의 질을 낮게 평가하고 있다.[44)]

2. 자산운용 규제

보험회사가 보유하고 있는 자산은 대부분 다수의 보험계약자가 납입한 보험료로 축적된 것인 만큼 보험회사는 자산을 관리 · 운용함에 있어 선량한 관리자의 주의로 자산의 안정성 · 유동성 · 수익성 및 공익성이 확보되도록 운용하여야 한다(「보험업법」 제104조). 환언하면 보험자산은 대부분이 보험계약자의 신탁재산 성격인 타인자본으로 조성되어 운용된 것이므로 보험사업의 두 가지 기능인 보장기능과 금융기능을 효과적으로 수행할 수 있도록 운용되어야 한다.

따라서 지금까지 보험회사의 자산운용에 대한 규제는 보험계약자 등에 대한 채무이행능력의 확보와 보험경영의 부실화를 방지하기 위해서 그 자산을 보험사업자 임의로 운용하게 하여 지급능력을 위협하는 사례가 발생하지 않도록 포괄적 규제방식(positive system)을 채택하여 왔다.

그러나 경쟁을 촉진하고 자율경영이 확대되는 등 보험환경이 급변하는 추세에 부응하기 위해 개정 「보험업법」(2011년 1월 시행)은 규제방식을 편중여신 억제, 보험회사의 사금고화 방지 등의 목적을 위해 필요한 것만을 규제하고, 여타 부문은 경쟁에 의한 시장규율에 맡기는 열거방식(negative system)으로 전환하고 있다.

앞으로 보험회사의 자산운용 규제 패러다임이 현행 사전적 · 직접적 통제에서 사후적 · 간접적 감독방식으로 전환될 것이다. 이를 위해 현재 사전적으로 대주주 관련 자산운용비율 규제를 제외한 보험회사의 자산운용행위를 통제하는 각종 한도규제를 폐지할 예정이다.

1) 자산운용의 금지 또는 제한

보험회사의 금지 또는 제한되는 자산운용으로는 동일인 또는 동일 차주에 대한 신용공여 및 이들이 발행한 채권 및 주식취득 제한, 대주주에 대한 신용공여 및 대주주가 발행한 채권이나 주식의 취득 제한, 자회사에 대한 신용공여 제한, 부동산의 소유 제한 등이 있다(법 제106조).

44) 보험사 신지급여력제도(K-ICS)해설서, 2022, 12

2) 특별계정의 설정·운용

보험회사는 회사와 고객 또는 고객 상호간의 이해상충을 방지하기 위해 일정한 계약에 대해 고객특별계정을 설정·운용하여야 한다. 현재 연금저축과 변액보험계약에 대하여 그 준비금에 상당하는 자산의 전부 또는 일부를 그 밖의 자산과 구별하여 이용하기 위한 특별계정을 각각 설정하여 운용한다. 보험회사는 특별계정에 속하는 자산에 대하여는 다른 특별계정에 속하는 자산 및 그 밖의 자산과 구분하여 회계처리를 하여야 한다(법 제108조, 시행령 제52조).

3) 다른 회사에 대한 출자 제한

보험회사는 다른 회사의 의결권 있는 발행주식 총수의 15%를 초과하는 주식을 소유할 수 없다. 다만, 금융위원회의 승인을 받은 자회사의 주식에 대하여는 그러하지 아니하다(법 제109조).

4) 대주주와의 거래 제한

보험회사는 당해 보험회사의 대주주와 대주주의 다른 회사에 대한 출자를 지원하기 위한 신용공여, 자산을 무상으로 양도하거나 통상의 거래조건에 비추어 당해 보험회사에 현저하게 불리한 조건으로 매매 또는 교환하거나 신용공여를 하는 행위를 하여서는 아니 된다. 보험회사의 대주주는 당해 보험회사의 이익에 반하여 대주주 개인의 이익을 위하여 외부에 공개되지 아니한 자료 또는 정보의 제공을 요구하거나 경제적 이익 등 반대급부의 제공을 조건으로 다른 주주 또는 출자자와 담합하여 당해 보험회사의 인사 또는 경영에 부당한 영향력을 행사하는 행위 등을 하여서는 아니 된다(법 제111조).

5) 타인을 위한 보증 금지

보험회사는 타인을 위하여 그 소유자산을 담보로 제공하거나 채무의 보증을 할 수 없다(법 제113조). 다만, 「보험업법」(제171조)의 규정에 의하여 채무의 보증을 할 수 있는 경우에는 그러하지 아니하다.

6) 자 회 사

보험회사는 금융기관이 영위하는 금융업, 신용정보업(신용평가업무는 제외), 보험계약의 유지·해지·변경·부활 등을 관리하는 업무 등을 주로 영위하는 회사를 금융위원회의 승인을 얻어 자회사로 소유할 수 있다. 다만, 보험회사의 대주주가 「은행법」에 의한 비금융주력자인 경우에는 은행을 자회사로 소유할 수 없다(법 제115조).

보험회사는 자회사와 자산을 무상으로 양도하거나 통상의 거래조건에 비추어 당해 보험회사에 현저하게 불리한 조건으로 매매 또는 교환하거나 신용공여를 하는 행위, 자회사가 소유하는 주식을 담보로 하는 신용공여, 자회사의 다른 회사에 대한 출자를 지원하기 위한 신용공여, 이 밖에 자회사의 임원 또는 직원에 대한 대출(금융위원회가 정하는 소액대출은 제외) 등을 하여서는 아니 된다(법 제116조).

이와 같이 보험산업이 갖는 공공성이라는 특성으로 인해 자산운용에 대한 어느 정도의 규제는 불가피하나 향후 선진 보험회사들이나 여타 금융기관과의 경쟁에 대비하기 위해서는 보험회사 스스로 투자기법의 향상과 투자위험을 효율적으로 분산할 수 있는 능력을 갖추어야 한다는 점에서 자산운용의 자율성이 더욱 확대될 것이다.

3. 자기자본 규제 및 적기시정조치

1) 신지급여력제도(K-ICS: Korean-Insurance Capital Standard)

보험회사는 다른 권역과 마찬가지로 자기자본충실도와 경영실태평가등급에 따라 적기시정조치가 적용된다. 보험회사는 보험금 지급 등 계약자에 대한 채무이행을 위해 보험계약부채(책임준비금)을 적립하고 있으나 보험회사 경영과정에서 예기치 못한 손실이 발생할 경우 보험금 지급의무를 제대로 이행하지 못할 가능성이 있으며, 이러한 경우를 대비해 책임준비금 외에 추가로 순자산을 보유하도록 하는 제도인 지급여력제도를 운영하고 있다.

지급여력제도는 보험회사가 노출된 다양한 리스크에 따라 재무건전성을 나타내는 일정규모 이상의 지급여력을 보유하도록 함으로써 보험회사에 예기치 못한 손실이 발생하더라도 보험계약자에 대한 채무불이행을 방지하는 제도이다.

보험회사는 지급여력(solvency)은 가용자본을 요구자본으로 나눈 비율로 산정하며 이 비율이 100% 이상으로 유지되는 것을 요구하고 있다. 즉, 보험회사는 내재된 위험을 요구자본으로 측정하고 보험금지급에 사용할 수 있는 가용자본과의 비율을 100% 이상으로 유지해야 한다.

이러한 개념적 틀은 유지하면서 2023년을 기점으로 지급여력제도가 RBC(Risk-based Capital)방식에서 K-ICS(신지급여력제도)[45] 방식으로 바뀌었다.[46] K-ICS

45) 자세한 내용은 보험사 신지급여력제도(K-ICS)해설서(2022.12) 해설서 참조

46) 이전의 보험회사의 지급여력제도는 크게 EU방식과 RBC(risk-based capital)방식이 있었다. EU방

는 기존 RBC방식 대비 IFRS 17의 보험부채평가방식이 현재가치방식으로 변한 것과 기존에 측정되지 않던 위험들을 추가로 반영하고 측정수준을 강화하여 지급여력비율을 산정하고 있다.

표 11-8 RBC와 K-ICS의 차이점

보험부채평가 방식	원가평가 + 일부 시가	완전 시가평가
더 다양한 위험반영	보험위험(사망,장해,질병,장기재물 등) 시장위험(금리,주식,환율,부동산) 신용위험 운영위험	기존+장수,해지,사업비,대재해, 자산집중
측정수준강화	위험계수방식	위험계수방식 충격시나리오방식
신뢰수준	99.0%(1년 부도율 1%)	99.5%(1년 부도율 0.5%)

자료: 금융감독원 보도자료(22.2.24).

가용자본(available capital: 지급여력금액)이란 보험회사가 계약자에게 지급해야 할 책임준비금 이상으로 보유한 실질 자기자본으로서 예상하지 못한 손실이 발생할 경우 이를 흡수하여 보험계약자에 대한 채무이행 능력을 유지하는 리스크 완충(risk buffer)의 역할을 한다. 가용자본은 보험회사의 지급여력금액은 건전성감독기준 재무상태표상의 기본자본인 부채를 초과하는 자산금액(순자산)에서 손실흡수성의 유무에 따라 일부 항목을 가산 또는 차감하여 산출한다. 추가하는 보완자본은 기본자본에는 포함되지 않으나 발생손실을 흡수하는 데 사용될 수 있는 자본성격의 항목이며, 차감항목은 자본성이 없는 항목이다.

식은 과거 EU에서 채택한 방식으로 계산이 간단명료하고 실무적으로 관리가 용이하다는 장점이 있으나 보험회사의 다양한 리스크를 제대로 포착하는 데 한계가 있다. EU식 지급여력제도는 생명보험 및 장기손해보험 자산운용리스크를 책임준비금의 4%로 일률적으로 적용하고 손해보험회사의 리스크는 보유보험료의 25.2%와 과거 평균 발생손해액의 17.8% 중 큰 값으로 일괄 산출한다. RBC방식은 과거 미국, 일본, 캐나다 등에서 채택한 방식으로 보험회사에 내재된 은행의 BIS 자본규제와 유사하게 다양한 리스크를 세분화하여 보다 정교하게 고려한다. 우리나라는 1999년 EU방식 지급여력제도를 도입하여 보험회사에 대한 감독기준으로 적용하여 왔으나 2009년 4월 1일부터 RBC방식으로 전환하되 제도의 연착륙을 위해 기존 EU식 지급여력제도와 2년간 병행운영한 후 2011년 4월부터 RBC방식으로 전환되었으나, 2023년부터는 요건이 더 강화된 신지급여력제도(K-ICS)를 운영 중이다.

가용자본 = 기본자본(보통주, 자본항목 중 보통주이외의 자본증권, 이익잉여금, 자본조정, 기타포괄손익누적액, 조정준비금[47])) + 보완자본[48](후순위차입금, 신종자본증권[49] 등) − 차감항목(지급예정된 주주배당액 등[50]))

요구자본(required capital: 지급여력기준금액)이란 보험회사에 내재된 다양한 리스크를 경험통계 및 위험도 등을 감안하여 산출한 총리스크로서 향후 1년간 99.5% 신뢰수준에서 발생가능한 순자산(자산-부채) 감소금액을 측정한 것이다. 리스크를 측정하기 위해서는 손실분포를 추정해야 하며, 모수적 방법(델타노말 등) 또는 비모수적 방법(역사적 시뮬레이션, 몬테카를로 시뮬레이션 등)을 이용하여 99.5% 리스크 신뢰수준에 해당하는 VaR 금액으로 측정[51]되며, 보험회사가 리스크 완충(risk buffer)을 위해 보유해야 할 최소한의 지급여력(required solvency)을 의미한다.

총요구자본은 기본요구자본에서 법인세조정액을 차감한 후 기타요구자본을 가산하여 산출한다.

기본요구자본은 위험을 크게 생명장기손해보험리스크, 일반손해보험리스크, 시장리스크, 신용리스크, 운영리스크로 구분하여 각각의 위험에 대한에 대한 요구자본(위험액)을 다음 계산식에 정해진 상관계수[52](위험분산효과)를 적용하여 산출한다.

---

47) 조정준비금은 건전성감독기준 재무상태표(PAP B/S)와 보험감독회계기준 재무상태표(SAPB/S) 간의 차이(CSM(미래보험료에 포함된 이익 등))를 보여주는 항목이다.

48) 자본증권은 (1)가용성, (2)지속성, (3)후순위성, (4)기타제한의 부재 등 4가지 요인으로 손실흡수성의 정도를 판단하고 각 요인별로 "기본자본요건"과 "보완자본요건"으로 구분한다. 이에 따라 보완자본은 손실흡수가 가능해야 하고 발행 시 만기가 최소 5년 이상으로 지속성이 있어야 하며(잔존만기 5년 이하면 매년 20%씩 차감), 일반채권자보다 후순위여야 한다는 조건과 다른 제한사항이 없어야 한다는 조건이 충족되어야 한다. 그리고 보완자본은 총요구자본의 50%를 한도로 한다

49) 비누적적 영구우선주 또는 채권형태(만기 30년 이상으로 보험회사가 만기연장 권한을 보유한 것)로 발행된 것으로 후순위채보다도 후순위일 것, 신종자본증권 보유자의 상환청구권이 허용되지 않을 것, 단, 신종자본증권 발행액은 자기자본의 15% 범위 내에서 지급여력금액으로 인정하고, 지급여력비율이 100% 미만인 경우 발행이 금지된다.

50) 차감항목에는 지급이 예정된 주주배당액, 지급여력 제고를 목적으로 타 금융기관과 교차보유한 자본증권, 기본자본요건과 보완자본요건을 모두 충족하지 못하는 자본증권, 순 확정급여형 퇴직연금자산 상당액의 50%, 자본계정에 계상된 비지배지분 중 종속회사 지급여력기준금액(요구자본)의 비지배지분 상응액을 초과하는 금액 등이 포함된다

51) 이는 리스크 신뢰수준에 상응하는 자본을 보유한 보험회사는 부도가 발생하지 않는다는 의미로, 보험회사의 목표 부도율에 맞춰서 리스크 신뢰수준을 설정(리스크 신뢰수준=1-목표부도율)이다. 이는 향후 1년간 요구자본보다 큰 손실금액이 발생할 확률(≒부도확률)이 0.5%(100%-99.5%)임을 의미

52) 생명장기손해보험과 일반손해보험의 상관계수는 0, 나머지는 0.25가 주어진다. 한편 요구자본 측

$$기본요구자본 = \sqrt{\sum_i \sum_j 상관계수_{ij} \times 개별위험액_i \times 개별위험액_j + 운영위험액}$$

$i, j =$ 생명장기손해보험, 일반손해보험, 시장, 신용

일반적 위험액 산출방법을 보면 생명 · 장기손해보험위험액(대재해위험액 제외) 및 시장위험액(자산집중위험액 제외)은 충격시나리오 방식으로 요구자본을 산출하고 일반손해보험위험액, 신용위험액, 운영위험액, 생명 · 장기손해보험위험액 중 대재해위험액 및 시장위험액 중 자산집중위험액은 위험계수 방식으로 요구자본을 산출한다.

생명 · 장기손해보험위험액은 계리적 가정 변동 시 보험회사에 직 · 간접적으로 손실(계리적가정 변동 시 장래현금흐름 변동으로 인해 가치가 변동)을 초래할 수 있는 자산(보험계약대출, 재보험자산 등) 및 부채(퇴직보험 및 퇴직연금을 제외)를 대상으로 한다. 생명 · 장기손해보험위험액(대재해위험액 제외)은 충격시나리오 방식으로 요구자본을 산출하는데, 그 하위위험은 사망위험, 장수위험, 장해 · 질병위험, 장기재물 · 기타위험, 해지위험, 사업비위험, 대재해위험이 있고 각각에 대한 요구자본을 구분하여 측정하고, 하위위험 간 상관계수를 반영하여 합산한다.

일반손해보험위험액은 일반손해보험 계약 전체를 대상으로 측정하며, 하위 위험으로 보험가격위험 및 준비금위험과 대재해위험이 있고 각각의 위험을 추정한 후에 상관계수 0.25를 적용하여 합산한다.

시장위험액은 시장변수의 변동에 직 · 간접적인 영향을 받는 모든 자산과 부채를 측정대상으로 한다. 시장위험의 하위위험은 금리위험, 주식위험, 부동산위험, 외환위험, 자산집중위험으로 구분하여 측정하고, 주어진 하위위험 간 상관계수를 적용하여 합산한다.

신용위험액 측정대상은 신용리스크가 내재된 모든 자산을 대상으로 하며, 간접투자 및 난외자산(장외파생거래, 약정, 보증 등)을 포함한다.[53] B/S(난내)자산은 신용자산과 담보부자산으로 구분하여 측정하는데, 신용자산은 무위험 익스포져, 공공부

정시 위험경감기법을 활용하여 위험경감효과를 반영할 수 있다. 다만, 운영위험액은 적용대상에서 제외하는데, 위험경감기법으로 재보험, 파생상품, 신용위험경감기법(담보, 상계, 보증 등)을 사용할 수 있다.

53) 우선주 유형에 포함한 자본증권, 변액보험 및 퇴직연금 실적배당형 보험의 운용자산은 신용위험 측정대상에서 제외.

문 익스포져, 일반기업 익스포져, 유동화 익스포져, 재유동화 익스포져, 기타자산 익스포져로 구분하고, 담보부자산은 상업용부동산 담보대출 익스포져, 주택담보대출 익스포져,적격금융자산담보대출 익스포져로 구분한다. 난외자산은 장외파생상품(신용파생상품 제외), 신용파생상품 및 난외신용공여로 구분하여 측정한다. 신용위험액은 거래자산별 익스포져에 주어진 위험계수 산출기준에 따라 산출한 위험계수를 곱한 후 합산하여 산출한다. 다만, 요구자본 산출시 담보, 보증 및 신용파생상품, 동일한 거래상대방과의 자산 및 부채간 상계 등 신용위험액 위험경감기법에서 정한 방법을 활용하여 신용위험액을 경감할 수 있다.

운영위험액은 보험회사의 모든 원수 및 수재보험계약, 역외출재보험계약을 대상으로 측정하는데, 각각의 측정대상 익스포져에 해당하는 위험계수를 곱하여 산출한 후 합산하여 구한다. 익스포져는 일반운영위험 익스포져와 기초가정위험 익스포져로 구분한다, 일반운영위험액은 생명 · 장기손해보험의 변액보험, 퇴직보험 및 퇴직연금, 이외 생명 · 장기손해보험, 일반손해보험으로 상품군을 구분하여 일반운영위험액을 각각 계산한 후 이를 합산하여 보험회사의 전체 일반운영위험액을 산출하며, 기초가정위험액은 지급금예실차위험액과 사업비예실차위험액을 합산하여 산출한다

이상의 기본요구자본에 덧붙여 기타요구자본은 계정별 합산방법으로 요구자본을 산출하지 않는 종속회사 및 관계회사에 적용하는 요구자본을 의미하며, 업권별 자본규제를 활용하거나 요구자본 대용치(총자산 8%)를 적용하여 산출한다.

상기한 기본요구자본과 기타요구자본을 합친 총요구자본이 보험회사가 리스크 완충(risk buffer)을 위해 보유해야 할 최소한의 지급여력(required solvency)이다.

한편, IAIS는 보험회사 재무건전성 강화를 위해 자체 위험 · 지급여력 평가(ORSA: Own Risk and Solvency Assessment)제도 도입을 권고하고 있다. 동 제도는 보험회사가 리스크 및 지급여력의 적정성을 스스로 평가토록 하는 제도로 은행권의 바젤 Ⅱ 필라 2와 유사한 제도이며, 2017년 시행되어 리스크와 자본을 내부모형으로 통합관리하고 관리실태를 자체평가하고 있다.

$$\text{K-ICS비율} = \frac{\text{가용자본}}{\text{총요구자본}} \geq 100\%$$

표 11-9 K-ICS 자기자본제도 구성 체계

• 기본자본 • 합산항목 • 차감항목	⇒	가용자본(1) =기본자본 +합산항목 −차감항목	⇒	K-ICS비율= $\frac{(1)}{(2)} \times 100 \geq 100\%$	⇒	경영실태평가
					⇒	적기시정조치
• 생명장기손해보험위험액 • 일반손해보험위험액 • 시장위험액 • 신용위험액 • 운영위험액	⇒	요구자본(2) =총리스크	⇒		⇒	리스크 평가제도 (RAAS)

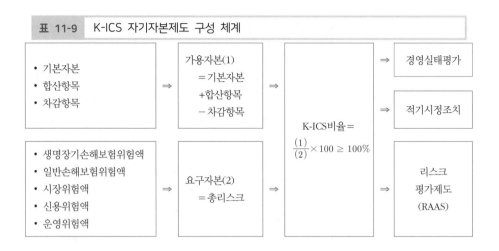

2) 경영실태평가제도

보험회사의 경영실태평가제도와 리스크평가제도는 재무건전성감독의 하나의 축으로 도입되었다. 초기에는 경영실태평가제도가 운영되어 오다 2007년에 리스크평가제도를 도입하여 병행 운영하고 있다.

경영실태평가제도는 보험회사의 재무 및 손익상태, 자산운영의 건전성, 경영관리, 리스크관리 등 경영실태를 종합평가하여 문제점이 있는 회사 또는 경영상 취약한 부문에 대하여 적기시정조치 등 적절한 조치를 취함으로써 보험회사 경영의 건전성을 확보하는 한편, 부실회사에 대하여 감독상의 주의 및 관심을 집중하여 감독 및 검사업무의 효율성을 높이는 데 그 목적이 있다. 경영실태평가 항목은 자본적정성(capital adequacy), 자산건전성(asset quality), 수익성(profitability), 유동성(liquidity) 및 경영관리(management) 등의 계량 및 비계량 항목으로 구성되어 있다.

자본의 적정성은 보험회사가 보험업을 영위함에 있어 현재 및 미래의 재무·영업활동을 원활하게 수행할 수 있고, 향후 유동성 부족이나 손실발생에 대비할 수 있는 충분한 지급여력을 보유하였는지 여부를 평가하는 것으로 평가지표는 지급여력비율을 조정한 지표를 사용하고 있다.

자산건전성은 보험회사가 보유하고 있는 자산의 양적인 구성과 질적인 수준을 분석하여 불확실성이 높은 보험금의 적기지급능력 및 수익력의 기반이 되고 있는 자산운용의 건전성을 측정하고, 미래의 자산구조에 영향을 미치는 자산운용 방침의 적정성 여부를 평가하는 것으로 평가지표는 부실자산비율과 위험가중자산비율이다.

수익성은 보험회사가 계속기업으로서 성장·발전하는 데 필요한 적정수익을 실현하고 있는지 여부와 향후 지속적으로 수익을 시현할 수 있는 능력을 평가하는 것으로 평가지표는 운용자산이익률(투자영업이익/경과운용자산), 위험보험금비율(위험보험금/위험보험료) 및 영업이익률[당기손익/(총수익－투자비용)]이다.

유동성은 보험회사가 보험계약의 해약, 보험사고의 발생 등으로 인한 각종 보험금의 지급, 계약자 대출 또는 채권자의 자금상환 요구에 신속하게 대응할 수 있는 유동성을 충분히 확보하고 있는지 여부와 앞으로도 적정수준의 유동성을 지속적으로 유지할 수 있는 관리능력을 갖추고 있는지 여부를 평가하는 것으로 평가지표는 유동성자산비율과 수지차비율이다. 경영관리능력은 보험회사가 적정수준의 이익을 실현할 수 있는 기업성과 자산운용의 효율성 및 보험계약자를 위한 공공성을 조화롭고 합리적으로 실천해 나갈 수 있는 경영진의 능력을 평가하는 것으로 평가지표로는 전반적인 업무 및 리스크관리능력 등이 이용된다.

그러나 경영실태평가는 평가시점의 자산건전성 및 보험금 지급이행능력 중심으로 평가가 이루어짐에 따라 보험회사 고유의 주요 리스크인 보험 및 금리리스크 평가가 미흡하고 자산과 부채의 구성 및 재무실적의 변동 등에 따른 리스크를 체계적으로 반영하지 못하는 한계가 있다. 이에 감독당국은 이러한 점을 보완하기 위해 2007년 4월부터 보험회사 리스크평가제도(RAAS: risk assessment and application system)를 도입하고 당분간은 경영실태평가제도와 병행하여 운영하다가 동 제도로 일원화할 예정이다.

RAAS제도는 보험회사 경영활동에 수반되는 각종 리스크[54]의 규모 및 관리능력을 체계적으로 평가하여 이를 취약회사 및 취약부문을 발굴하여 감독·검사업무에 활용하기 위한 시스템으로 앞으로 적기시정조치와 연계하여 운영할 예정이다. 현재 보험회사에 적용하고 있는 리스크평가제도는 경영관리리스크, 보험리스크, 금리리스크, 투자리스크, 유동성리스크, 자본적정성, 수익성 등 총 7개 리스크에

54) 보험, 금리, 시장, 신용, 유동성, 비재무리스크.

표 11-10 RAAS의 평가리스크 및 가중치

평가부문	생 보 사	손 보 사	재 보 사 등
① 경영관리리스크	15%	15%	15%
② 보험리스크	10%	15%	20%
③ 금리리스크	15%	10%	–
④ 투자리스크	15%	15%	20%
⑤ 유동성리스크	5%	5%	5%
⑥ 자본적정성	25%	25%	25%
⑦ 수 익 성	15%	15%	15%

자료: 금융감독원(2011), 『보험회사 리스크평가제도 해설서』, p. 31.

대해 계량적으로는 분기별로 평가하고, 비계량적으로는 매년 평가하되 종합등급은 회사의 영위업별 가중치를 부여하여 매분기별로 측정하는 것으로 되어 있다.

3) 적기시정조치

금융위원회는 금융기관의 부실화를 예방하고 건전한 경영을 유도하기 위하여 해당 금융기관이나 임원에게 적기시정조치(prompt corrective action)를 부과하고 있다. 적기시정조치의 내용은 경영개선사항을 권고, 요구 또는 명령하고 그 이행계획을 제출하도록 하는 등 포괄적으로 규정하고 있다.

보험회사의 적기시정조치는 재무건전성 지표인 K-ICS지급여력비율과 경영실태평가 결과[55]에 따라 3단계의 조치, 즉 경영개선권고, 경영개선요구, 경영개선명령을 내리고 있다. 아울러 보험회사가 경영개선명령을 이행하지 않는 경우 금융위원회는 보험업의 전부 정지 또는 보험업 허가를 취소할 수 있다.

---

55) K-ICS(지급여력) 비율 10% 이하 와 경영실태평가 종합등급 3등급 및 자본적정성 또는 자산건전성 부분 4등급 이하는 경영개선권고, K-ICS비율 50%이하와 종합등급 4등급 이하는 경영개선요구, K-ICS비율 0% 이하는 경영개선명령.

제 3 절 공제사업과 연·기금

Ⅰ. 공제사업기관

공제(mutual aid)란 유사보험(quasi-insurance)의 일종으로 원래 특정지역이나 조합 등과 같이 공통적 유대를 가진 단체(fraternal societies)의 구성원 간의 상호부조를 목적으로 회원이나 조합원 스스로가 운영하는 간이보험서비스를 말한다. 현재 공제사업을 영위하는 기관(mutual aid association)은 특별법상 24개의 공제와 8개의 「민법」상의 공제 및 1개의 국영보험 등 총 33개가 있다. 특별법에 의해 설립·운영되는 기관은 우체국보험, 수협공제 등 26개가 있고 「민법」에 의해 설립·운영되는 기관은 담배인삼공제 등 6개가 있다.

이 중 생명공제와 손해공제를 겸영하는 기관은 수협공제, 새마을공제, 신협공제 등 3개이고 생명공제만을 영위하는 기관은 우체국보험 등 11개 그리고 건설공제 등 18개는 손해공제만을 영위하고 있다. 우체국보험과 수협공제, 새마을공제, 신협공제는 조합원이 아닌 일반인을 대상으로 공제업무를 영위하고 나머지 공제는 조합원이나 특정 회원을 대상으로만 공제업무를 영위한다.[56)]

이들 공제기관들은 「보험업법」의 규제를 받지 않아 모집인에 대한 제약이 없고 방대한 판매조직망을 이용할 수 있는 이점 등으로 민영보험과 대등한 경쟁을 하고 있으며, 특히 우체국보험과 수협 공제 등은 은행업무 등 타 사업을 겸영하고 있어 마케팅상 유리한 지위를 확보하고 있다.

그간 공제사업을 영위하여 오던 농협공제는 민영보험으로 전환되어 농업생명과 농협손보를 설립하고 농협은행과 단위조합을 이들의 보험대리점으로 의제하여 방카슈랑스 관련 규제를 적용하는 방향으로 「농업협동조합법」이 개정되어 2012년부터 「보험업법」을 적용받고 있다.

Ⅱ. 연·기금

연·기금은 일정한 목적을 위하여 적립하거나 준비하는 자금으로 일정액

56) 일부 공제회는 장기저축이나 보증업무를 겸영하고 있다.

을 적립하여 특정시점 도달시 일정금액을 지급하는 연금성 기금과 특정사업 수행을 위한 사업성 기금으로 구분될 수 있다. 연금성 기금은 운영주체에 따라 정부에서 노후의 최저생활을 보장하기 위해 운영하는 공적연금(public pension)과 기업에서 근로자의 표준적인 생활을 보장하거나 개인 스스로 노후생활 안정을 위해 준비하는 사적연금(private pension)이 있다.

공적연금으로는 국민연금기금, 공무원연금기금, 군인연금기금 및 사립학교 교직원연금기금이 있고, 사적연금으로는 기업연금과 개인연금이 있다. 사적연금 취급기관은 은행, 보험회사, 자산운용회사, 농·수협의 회원조합, 우체국 중 금융위원회가 지정하는 기관이다.

사업성기금은 정부(지방자치단체 포함)의 출연금이나 정부보증을 통한 채권발행 등으로 자금을 조성하여 주로 공공사업에 사용되는 공적기금과, 재정지원 없이 개인 및 법인의 자체 사업목적으로 설립된 사적기금이 있다. 공적기금에는 중앙관서의 장이 관리하거나 사업의 공공성이 커 개별기금법과 「기금관리기본법」의 적용을 받는 기금과 지방자치단체가 조례에 의거 설립한 기금 등이 있다.

현재 개별기금법 및 「국가재정법」의 적용을 받는 공적기금은 공공자금관리기금, 외국환평형기금 등 57개가 있으며 이들 기금의 운용은 국회의 심의·의결을 거친 기금운용계획에 의해 결정된다. 한편 지방자치단체가 관리하고 있는 공적기금은 자치단체별로 설립목적에 따라 다양하다. 사적기금은 개인이나 법인이 장학사업, 친목, 투자 등 다양한 목적을 위해 설립 운용되고 있다.

III. 공제사업 및 연·기금에 대한 규제와 감독

1. 공제사업

수협, 새마을금고 등 각종 공제사업에 대한 감독권은 각각의 특별법의 규정에 의거 농축산식품부, 행정자치부 등 소관부처에서 행사하고 「육운진흥법」에 의한 각종 운송사업 공제의 경우 국토교통부에서 감독권한을 행사하고 있다. 이들 공제는 「보험업법」의 적용을 받지는 않지만 2010년에 보험업법과 공제를 연결시킨 「보험업법」(제193조) "공제에 대한 협의" 조항이 신설되었다.

이 조항에 의하면 금융위원회는 법률에 따라 운영되는 공제업과 「보험업법」에 따른 보험업 간의 균형 있는 발전을 위하여 필요하다고 인정하는 경우에는 그 공제업을 운영하는 자에게 기초서류에 해당하는 사항에 관한 협의를 요구할 수 있으며, 이 요구를 받은 자는 정당한 사유가 없으면 그 요구에 따라야 한다고 되어 있다. 그러나 이의 실질적인 구속력은 없기 때문에 공제사업에 대해 보험업과 동일한 규제와 감독을 하는 것은 어려운 상태이다.

우체국예금 · 보험사업의 경우 산업통상자원부 장관이 감독권한을 가지고 있다. 다만 동 사업의 건전성 유지 · 관리를 위해 필요한 경우 산업통상자원부 장관은 금융위원회에 검사를 요청할 수 있고, 동 사업의 건전한 육성과 계약자 보호를 위해 금융위원회와 협의하여 건전성의 유지 · 관리에 필요한 기준을 정하고 이를 고시하여야 한다(「우체국예금 · 보험에 관한 법률」 제3조의2).

미국 등 주요국의 경우 공제조합에 의한 공제사업은 일반 보험회사와 동일하게 「보험법」에 의해 자산운용, 모집규제 등 보험감독기관의 감독을 받고 있다. 우리나라의 경우 공제사업에 대한 감독주체가 소관부처별로 분산되어 감독의 효율성 면에서 많은 문제점을 갖고 있었다. 감독정책의 일관성 결여, 체계적인 감독규정의 미비, 전문감독인력의 부족, 공제관련 분쟁발생시 이를 조정해 줄 전문적이고 객관적인 분쟁조정을 위한 법적 제도장치의 미비, 부당모집 또는 불완전판매에 대한 배상책임에 대한 명시적인 규정의 미비와 이에 따른 공제가입자 보호장치의 미흡, 건전성 규제를 위한 제도적 장치의 미흡, 재보험(재공제) 등 위험분산제도의 미비에 따른 이상위험 또는 거대위험 발생시 대처능력 부족 등이 그 예이다.

이러한 필요성에 따라 동일한 보험업을 영위하는 경우에는 그 영위주체가 누구이든 간에 동일한 법규에 의해 동일한 감독기관의 감독을 받도록 하는 법률개정 노력이 수차례 있었으나 그 때마다 이해관계자들의 이견으로 실패하였다. 그러나 한미 FTA협정이 2012년 3월 15일에 발효되었기 때문에 유사보험(수협 · 신협 · 새마을금고 공제)에 대해서도 3년 유예기간이 지나면 보험회사와 동일한 지급여력기준, 책임준비금의 적립 등 건전성 규제를 적용하게 된다.

2. 연 · 기금

국민연금, 공무원연금, 군인연금, 사립학교교원연금 등 4개 공적연금과 「기금관리법」의 적용을 받는 공적기금에 대해서는 소관부처별로 감독을 하고 있다. 군인연금을 제외한 국민연금, 공무원연금, 사립학교교원연금은 각 연금을 관할하는 중앙부처에서 연금업무 수행을 위한 별도의 관리공단을 설립하고 있다. 각 관리공단은 연금급여 등을 지급하기 위한 기금을 설치하고 동 기금은 「기금관리법」의 적용을 받아 국회에 제출해야 하며 국고금으로서 「예산회계법」의 적용을 받아 세입·세출에 대한 국회의 동의가 필요하다.

한편, 각 기금관리주체는 자산운용이 투명하고 효율적으로 이루어지도록 투자결정 및 위험관리의 기준과 절차, 자산운용 실적 및 평가에 관한 사항 등 기금자산 운용의 주요내용이 포함되는 자산운용지침을 자산운용위원회 및 기금운용심의회의 심의를 거쳐 기금관리주체가 정하여 국회 소관 상임위원회에 제출하여야 한다.

기금이 보유한 주식의 의결권 행사는 원칙적으로 허용하되 의결권 행사시 기업의 경영활동에 대한 부당한 간섭이 되지 않도록 하되 국민의 이익에 반하여 행사되거나 소홀히 관리되는 것을 막고 있다. 기금은 기금의 이익을 위하여 신의에 따라 성실하게 행사하고, 그 행사내용은 공시하여야 한다. 그리고 자산운용의 전문성과 안정성을 제고하기 위하여 여유자금 규모가 1조원을 초과하는 기금에 대해서는 자산운용을 전담하는 부서를 두는 한편, 자산운용평가 및 위험관리와 관련하여 이를 전담하는 부서를 두거나 외부전문기관에 위탁하여야 한다.

공무원의 기금 자산운용에 대한 부당한 영향력 행사를 배제하기 위하여 공무원이 직권을 남용하여 자산운용담당자에게 부당한 영향력을 행사한 경우 5년 이하의 징역, 10년 이하의 자격정지 또는 1천만원 이하의 벌금에 처하도록 하고, 발생한 손해에 대하여는 손해배상책임이 있는 자산운용담당자와 연대하여 그 손해를 배상하도록 하고 있다.

개인연금 등 사적연금에 대한 세제지원 및 취급기관의 지정 등은 기획재정부가 정한다. 금융감독원은 「근로기준법」 및 관련 「세법」의 요건에 맞는 상품의 인가 및 사후감독 업무를 수행한다.

부 록 11-1

IFRS 9과 IFRS17[57]

FINANCIAL INSTITUTION

2023년부터 IFRS 9(금융상품) 및 IFRS 17(보험계약)이 도입되어 새로운 보험회계 방식이 적용된다. 그 주된 내용은 다음과 같다.[58]

I. IFRS 9의 금융자산 분류

금융자산의 공정가치 평가를 강화하기 위해 IFRS 9 체제하에서 보유하는 금융자산은 채무상품, 지분상품, 파생상품으로 구분하고, 각 상품의 계약상의 현금흐

57) 2021년 6월 10일자 금융위원회 보도자료와 금융감독원·생명보험협회·손해보험협회가 발간한 『보험감독회계도입방안』(2021) 및 『보험회계해설서』(2022)를 이용하여 요약하였음.

58) 국제회계기준(IFRS: International Financial Reporting Standards)은 런던 소재 민간기구인 국제회계기준위원회(IASB)가 1973년에 제정한 것으로 미국 회계기준(US-GAAP)과 더불어 글로벌 회계기준의 역할을 해왔다. 2000년 5월 국제증권감독위원회(IOSCO)가 IFRS를 전 세계의 단일 회계 기준으로 채택한 뒤 세계 증권시장과 투자자들이 일반적으로 사용하는 회계기준이 됐다. 미국이나 일본처럼 별도의 회계기준을 갖고 있는 국가들도 큰 틀에서 IFRS 원칙을 따르는 추세다.

IFRS의 특징은 △규칙에 근거(rule-based)한 회계처리보다는 회계담당자가 경제적 실질에 기초해 회계처리를 하는 원칙중심(principle-based) △연결재무제표가 주재무제표인 연결회계 중심 장부가(취득원가)보다는 현재의 자산가치에 초점을 맞추는 공정가치(fair-value accounting) 중심이라는 점을 꼽을 수 있다. IASB는 새로운 회계기준이 확정될 때마다 차례로 번호를 부과하는 방식으로 이름을 정하고 있다.

름의 형태(원금과 이자만의 여부)와 사업모형(매도, 현금흐름 수취와 매도, 현금흐름수취 등 보유목적의 분류)의 두 가지 기준에 의해 구분 기재하도록 되어 있다. 이에 따라 금융자산은 상각후원가 측정 금융자산(Amortized Cost: AC), 기타포괄손익-공정가치 측정 금융자산(Fair Value through Other Comprehensive Income: FVOCI), 당기손익-공정가치 측정 금융자산(Fair Value through Profit or Loss: FVPL)으로 분류한다.[59)]

금융자산의 계약상 현금흐름 특성은 원금과 이자만으로 구성되어 있느냐 아니냐 이고, 사업모형은 계약상 현금흐름 수취모형, 계약상 현금흐름의 수취 및 금융자산의 매도 모형, 금융자산의 매도 등을 사업목적으로 하는 세 가지 유형을 고려하여 금융자산을 분류 기재한다.

이러한 분류의 적용은 보험사들이 많이 보유하고 있는 채무상품의 경우에 적절히 적용될 것이며, 지분상품은 계약상 현금흐름 특성을 충족하지 못하기 때문에 당기손익 공정가치 측정 금융자산(FVPL)분류가 원칙이다

대부분의 경우 대출채권은 이 분류에 포함되지 않지만, 대출채권은 현금흐름 특성을 충족하고 현금흐름 수취가 사업모형이기 때문에 상각후원가 측정 금융자산(AC)으로 분류하기도 한다.

표 11-11 금융상품의 분류(IFRS 9)

		분류기준	
금융자산 분류	측정기준	계약상 현금흐름 특성	사업모형
당기손익-공정가치 측정 금융자산(FVPL)	공정가치평가: 평가손익=당기순이익	FVOCI와 AC로 분류되지 않은 자산(trading 자산 등)	
기타포괄손익 공정가치 측정 금융자산(FVOCI)	공정가치평가: 평가손익=자본인식	원금과 이자	현금흐름 수취 및 매도
상각후원가 측정 금융자산(AC)	원가법 평가: 대손충당금 적립	원금과 이자	현금흐름 수취

II. IFRS17의 주요 내용

기존의 보험회계(IFRS 4)에서는 개별 국가의 다양한 보험 회계처리 실무관행

59) 이전에는 유가증권을 보유목적에 따라 단기매매증권, 매도가능증권, 만기보유증권으로 분류하고 만기보유의 경우는 원가법에 의해 평가를 해왔다.

사용을 허용하였으나 새로운 보험계약 회계기준인 IFRS 17(한국채택국제회계기준 제 1117호)은 국제적으로 통일된 회계기준으로 국내 보험회사와 다국적 보험회사 재무제표의 비교가능성이 향상되고, 보험회사는 보험부채를 현행가치로 평가하여 재무제표상 보험금 지급 의무가 현재 시점에서 측정된 가치로 표현되며, 보험손익과 비보험손익을 쉽게 구분할 수 있어 재무제표 이해가능성과 타 산업과의 비교가능성이 증대될 것으로 기대된다. 또한 신계약 매출 위주의 경영관행을 장기수익성 위주로 변화시키는 계기가 될 것으로 기대된다.

1. 보험부채 측정: 원가기준에서 현행가치 기준으로

과거 보험기준서(IFRS 4)는 과거 정보(보험판매 시점의 금리)를 이용하여 보험부채를 역사적 원가기반으로 측정함에 따라, 보험회사의 재무정보가 보험계약자에게 지급할 실질가치를 적절히 반영하지 못한다는 비판이 있어 왔다.

이에 IFRS17에서 보험회사는 보험계약에 따른 모든 미래 현금흐름을 추정하고 현재시점(보고시점)의 가정과 위험을 반영한 할인율을 사용하여 보험부채를 시가로 측정하도록 하고 있다. 이로 인해 재무제표 작성시점의 가정과 위험을 반영하여 보험금 지급 의무가 현 시점에서 측정된 가치로 표현되며, 그에 따라 자본도 경제적 가치를 표현하게 된다.

표 11-12 금리변동에 따른 보험부채(책임준비금) 규모의 변화(예)

가정: 일시납 보험료 100원, 보험기간 2년, 2년 말 예상 지급보험금 77원,
계약당시 이자율 5%→1년 후 이자율 1%로 하락 가정

t=0		t=1	t=2
보험료 100 사업비 30			예상보험금 77
IFRS 4(원가기준) 책임준비금	70[1]	73[2]	
IFRS 17(시가기준)책임준비금	70[1]	76[3]	

1) $70=\frac{77}{(1+0.05)^2}$, 2) $73=\frac{77}{(1+0.05)}$, 3) $76=\frac{77}{(1+0.01)}$

자료: 금융감독원 보도자료(2022.3.20.)

부채를 시가평가하면 원가평가식과는 달리 책임준비금의 규모가 측정 당시의 적정 할인율에 따라 변하게 된다. <표 11-12>의 예에서는 5%의 할인율이 1%의 할인율로 변할 때 책임준비금 규모가 IFRS17하에서는 1년 후에 73에서 76으로 증가하는 것을 보여주고 있다.

IFRS 17상에서 보험계약부채 측정[60]에서의 가장 기본적인 개념은 납입되는 보험료는 미래의무를 나타내는 것이라 보험료를 보험계약부채로 인식하는 것이다. 현금흐름 방식 보험료 가격결정 방식과 마찬가지로 보험료(보험계약부채)에는 미래 예상보험금과 그 외 지급금, 추정이 잘못되었을 때를 보완할 부분, 그리고 예상이익 등 세 요소가 포함되어 있으며, 이 세 가지를 현재가치로 환산하여 더한 것이 보험부채가 된다.

표 11-13 IFRS 17 재무상태표

<table>
<tr><td rowspan="4">자 산
(공정가치)</td><td rowspan="3">부 채
(이행가치)</td><td>최선추정부채(BEL)</td><td rowspan="2">미래의무</td></tr>
<tr><td>위험조정(RA)</td></tr>
<tr><td>서비스마진(CSM)</td><td>미래이익</td></tr>
<tr><td>자 본
(경제적 가치)</td><td></td><td></td></tr>
</table>

최선추정부채(BEL: best-estimate liabilities)=(예상현금유출액(보험금+직접사업비 등)-예상현금유입액(보험료))의 현재가치, 미래 현금흐름에 영향을 미치는 모든 요소들의 최적 가정에 근거하여 산출한다.

위험조정(RA: rsik adjustment): 비금융위험(보험위험, 해지위험, 사업비위험 등)으로 인한 미래현금흐름의 예측불확실성에 대한 준비 항목으로 이는 미래현금흐름의 추정치로 산출된 최선추정부채(BEL)의 변동성에 따른 별도의 보상을 위험조정이란 항목의 부채로 산출한 금액이다. 현금흐름의 변동성이 당초 산정한 금액보다 줄어들면 감소분을 이익으로 인식한다. BEL과 RA의 합은 미래 지급해야 될 최대 예상순현금유출의 현재가치로 책임준비금에 상응한다.

60) 보험은 많은 사람이 모여서 합리적으로 계산된 적은 보험료를 내서 공동의 재산을 형성해두고 불의의 사고를 당한 사람에게 약정된 보험금을 지급하는 목적의 계약(서로의 위험을 공유)이므로, 은행의 대출과 같이 개별대출계약자 수준에서 인식하고 측정하는 것과 달리, 보험계약은 개별고객단위로 인식 및 측정하지 않고 유사한 계약집합(포트폴리오)의 수준에서 인식 및 측정하여 회계 처리한다.

표 11-14 재산상태표에서 보험계약부채 표시 방법

보험계약부채=최선추정부채(BEL)+위험조정(RA)+계약서비스 마진(CSM)

BEL=예상현금유출(보험금+사업비 등)의 현재가치-예상현금유입(보험료)의 현재가치

가정:
1) 보험기간 중 예상보험료=1,000(2회 분납)
2) 보험기간 중 예상현금유출=900(200,700)
3) 할인율=0%
4) 위험조정=45(초기 보험부채의 5%)
5) 납입된 보험료는 현금으로 보유

	t=0	t=1	t=2	t=3
예상현금흐름유입	500		500	
예상현금흐름유출		200		700

재산상태표에 표시

$t=0^-$ 계약만 맺은 상태 BEL= 900(유출)-1,000(유입)= -100
= 45(RA) + 55(CSM)

보험계약자산 (BEL)	100	RA	45
		CSM	55

* -100의 BEL은 부채가 아니라 자산(보험계약자산)이며 이는 계약의 가치를 표시

t=0 보험료 500 납입 직후 BEL= (200+700)-500 = 400,
CSM = BEL-RA = 55

현금	500	BEL	400
		RA	45
		CSM	55

t=1 보험금 200 지급 직후 BEL=700-500=200

현금	300	BEL	200
		RA	45
		CSM	55

t=2 보험료 500 납입 직후 BEL=700- 0=700

현금	800	BEL	700
		RA	45
		CSM	55

t=3 보험금 700 지급 직후 BEL = 0 - 0 =0

현금	100	BEL	0
		RA	45
		CSM	55

이 모든 일이 이익인식기간에 발생했다면 그 기간 동안 RA와 CSM은 보험 이익으로 기록

계약서비스마진(contract service margin): 잔여개념(=보험료-최선추정부채-위험조정)의 장래이익의 현재가치로 손익변동성의 완충작용을 하고, 서비스제공에 따라 장차 상각되어 이익으로 인식하며, 보유 보험계약으로부터 기대하는 이익의 현재가치이다. 보험계약 최초 인식시점의 미실현이익을 일시에 인식하는 것을 방지하기 위해

계상되는 부채가 CSM이다. 단, 동 차이 금액이 음수로 산출되는 경우에는 손실부담계약으로 판단하여 차이금액을 즉시 비용으로 인식한다. (자본금+ CSM)은 회사의 가치를 나타내는 지표로 활용될 수 있다.

따라서 시가평가된 보험계약부채는 (BEL+RA+CSM)으로 구분 표시되며, 이해를 돕기 위한 간단한 예를 〈표 11-14〉에 제시했다.

2. 보험수익 인식: 현금주의에서 발생주의로

IFRS의 17에서의 손익계산서도 많은 변화가 있다. 과거 보험회계기준서(IFRS 4)는 기업이 보험료를 수취하면 수취한 보험료를 그대로 보험수익으로 인식하는 현금주의를 적용함에 따라, 보험수익 정보가 보험계약자에게 제공하는 서비스를 적절히 반영하지 못한다는 비판이 있어 왔다. 예를 들어 특정 기간에 보험을 많이 판매하여 보험료를 많이 수취하면 수취한 보험료가 전부 수익으로 인식되기 때문에 일시에 수익이 증가하게 되어, 장기적 영향 고려보다는 단기수익을 위해 신계약판매에 매진하는 왜곡현상도 발생했다. 사업비의 상당부분을 차지하는 신계약비도 최대 7년 까지만 이연할 수 있어서 수익비용대응의 원칙에도 어긋났다. 또한 과거 손익계산서 작성 방식은 이익의 원천파악이 어려워 별도로 3이원 등의 분석을 수행했어야 하며 공시자료의 비교가능성, 경영진 성과평가 등에서 활용성이 낮았다.

표 11-15 손익계산서 구성 변화

<table>
<tr><th colspan="2">IFRS 4</th><th colspan="2">IFRS 17</th><th></th></tr>
<tr><td rowspan="2">수 익</td><td>보험료 수익</td><td rowspan="4">수익</td><td>(기간동안)예상보험금</td><td rowspan="2">모든 예상현금유출은 수익</td></tr>
<tr><td>자산투자이익</td><td>(기간동안)예상사업비</td></tr>
<tr><td colspan="2"></td><td>위험조정 상각</td><td>위험노출 감소</td></tr>
<tr><td rowspan="3">비 용</td><td>보험금</td><td>계약서비스마진 상각</td><td>서비스 제공에 대한 이익</td></tr>
<tr><td>사업비</td><td rowspan="2">비용</td><td>실제보험금</td><td rowspan="2">실제 현금유출은 비용</td></tr>
<tr><td>준비금 전입</td><td>실제사업비</td></tr>
<tr><td colspan="2"></td><td colspan="2">보험영업이익</td><td></td></tr>
<tr><td></td><td>영업이익</td><td>수익</td><td>자산투자이익
보험금융수익</td><td rowspan="2">자산운용결과</td></tr>
<tr><td colspan="2" rowspan="3"></td><td>비용</td><td>보험부채이자비용
보험금융비용</td></tr>
<tr><td colspan="2">투자이익</td><td></td></tr>
<tr><td colspan="2">영업이익</td><td></td></tr>
</table>

이에 IFRS17에서 보험수익은 매 회계연도별로 보험회사가 계약자에게 제공한 서비스(보험보장)를 반영하여 수익과 비용을 인식(발생주의)하도록 한다. 보험료를 보험기간에 나누어 수익으로 인식하고 신계약비도 7년 상각이 아니라 보험서비스 기간 동안 상각한다. 또한, 보험사건과 관계없이 보험계약자에게 지급하는 투자요소는 보험수익에서 제외하며, 보험손익과 투자손익(금융손익 등)을 구분 표시함에 따라 정보이용자는 손익의 원천 분석이 가능한 정보가 제공된다. 이로 인해 보험회사가 서비스를 제공한 시점(발생시점)에 보험수익을 인식하므로 다른 산업과 재무정보의 비교가 가능해 진다.

손익계산서항목은 크게 보험영업손익과 투자영업손익으로 구분한다. 보험영업수익은 시간이 지나면서 위험감소가 발생한 만큼의 위험조정(RA) 상각과 서비스제공만큼의 계약서비스마진(CSM) 상각 금액이 수익으로 기록된다. 또한 작성 기간 동안 예상되었던 모든 보험금과 사업비 등의 현금유출은 보험영업수익으로 처리한다. 수익으로 처리하는 논리는 이 금액이 이미 재무상태표에 보험계약부채의 일부로 포함되어 있었고, 기간 동안 보험서비스가 제공되어 그 만큼 부채가 줄어들게 되어 줄어든 만큼 수익으로 인식하는 것이다. 실제로 지급된 보험금과 사업비는 보험영업비용으로 처리하여 둘의 차이를 보험영업이익으로 기록하도록 하고 있다.

투자영업손익은 모든 투자이익에서 보험부채금융비용의 차이로 기록한다. 여기서 보험금융손익은 신설된 항목인데 투자영업손익에 포함되기도 하고 따로 분리되어 표시되기도 한다. 보험금융손익은 보험관련 금융가정의 변동으로 인한 손익을 보여주는데, 금리, 환율, 물가 등의 변동으로 현금유출입의 시간차이에 따른 화폐의 시간가치 및 그 변동효과, 운용손익, 금융위험 및 그 변동효과 등을 측정 기록하는 항목이다. IFRS 17에서는 보험금융손익의 변동은 CSM조정이 아닌 OCI(기타포괄손익) 또는 PL(당기손익)조정으로 반영한다.

이런 손익계산서의 이익의 원천분석을 가능하게 한다. 예상보험금(수익)과 실제보험금(비용)은 과거 사차의 개념과 같고, 예상사업비(수익)과 실제사업비(비용)의 차이는 비차, 투자영업손익은 이차의 개념과 연결된다. IFRS 17상에서는 부분별 '예실차'라는 용어로 손익을 표현한다.

제 12 장

기타금융중개기관

FINANCIAL INSTITUTION

제 1 절 여신전문금융회사

여신전문금융회사(credit-specialized financial firm)는 채권발행이나 차입금 등으로 자금을 조성하여 여신만을 취급하는 금융기관으로 리스, 카드, 할부금융, 벤처캐피털, 팩토링회사 등이 그것이다. 이들 회사들은 은행 등과는 달리 불특정 다수로부터의 수신기능이 없어 파산을 하더라도 금융제도의 안정성에 미치는 부정적 영향(negative externalities)이 여타 금융중개기관보다 크지 않아 건전성 규제의 필요성이 상대적으로 적다.

따라서 대부분 국가들의 경우 이들 시장간의 칸막이(compartment)를 헐고 대형기관에 의해 복합적으로 영위되거나 아니면 각자의 비교우위에 따라 전문화하는 것이 보편적인 현상이다. 우리나라도 종래 개별 근거법에 의거 업종별로 별도로 회사를 설립하여 영업을 하게 하던 것을 1997년 8월 단일법인 「여신전문금융업법」을 제정하여 한 회사가 희망에 따라 1~4개 업종을 선택적으로 취급할 수 있도록 하였다.

시설대여업, 할부금융업 및 신기술사업금융업은 이들 산업을 육성·지원한다는 취지에서 원칙적으로 자유롭게 영업할 수 있도록 하되, 동 법에 의한 지원[1]을 받고자 하는 경우에만 금융위원회에 등록(임의등록제)을 하도록 하였다. 따라서 이들

1) 이들 사업자가 등록을 할 경우 주요 지원 내용으로는 신기술금융업자에 대한 세제상의 지원 및 기타 시설대여업자가 다른 법령에 의해 받아야 할 허가·승인·추천 기타 행정상의 처분에 필요한 요건을 갖춘 것으로 간주하는 등의 행정처분상의 특례 등이 있다. 그러나 등록업자가 되는 경우 제도권의 금융기관으로서 감독당국의 건전성 감독을 받아야 하는 부담이 있다.

사업자는 등록을 하지 않고도 영업을 할 수 있으며, 등록을 희망하면 소정의 진입요건(2개 업종 이하의 경우 자본금 200억원, 3개 업종 이상인 경우 자본금 400억원)만 갖추어 신청하면 등록이 허용된다.2)

이렇게 되면 종합여신금융전문회사는 기업의 설립(벤처캐피털)에서부터 설비의 도입(리스 및 할부금융), 영업(카드, 할부금융 및 팩토링)에 이르기까지 기업활동의 전 과정에 대한 금융업무를 수행하게 된다.

그간 여신전문금융회사에 대한 영업상의 규제도 대폭 완화되어 자기계열기업에 대한 여신한도와 부동산보유한도만 존속하고 채무부담한도나 동일인한도 등 여타 규제는 대부분 폐지되었다. 다만 자금조달방법은 불특정 다수로부터의 수신 금지의 실효성이 확보될 수 있도록 금융기관 차입, 회사채 및 CP발행, 보유유가증권 매출 등으로 한정하고 유가증권 매출은 그 자체로 수신행위가 될 수 있으므로 대통령령으로 그 방법 및 대상을 제한하고 있다.

여신전문금융업을 취급하는 회사는 앞에서 열거한 여신업무만을 전업으로 하는 여신전문금융회사와 리스업무를 겸영하는 종합금융회사, 신용카드업을 겸영하는 은행이나 백화점 등과 같이 타 업무도 겸영하는 겸영여신업자로 구분하여 등록(신용카드 겸영업자의 경우 허가)토록 하였다. 그리고 여신전문금융회사는 일반대출, 어음할인, 팩토링 등 여신관련 부대업무를 포괄적으로 영위할 수 있도록 하였다.

한편 1998년 5월부터 외국인의 여신전문금융회사에 대한 지분제한이 철폐되어 동산업의 완전한 대외개방이 이루어졌다.

Ⅰ. 리스회사

리스업무는 현재 리스전업회사와 종합금융회사 및 벤처캐피털회사 등에 의해 취급되고 있다. 리스전업회사는 1973년 제정된 「시설대여법」(1997년 「여신전문금융업법」의 제정으로 폐기)에 의거 대부분이 은행의 자회사들로서 설립되기 시작하였는데 이 중 일부회사들은 원활한 자금조달과 선진기술 습득을 위해 국내외 금융기관 또는 외국 리스전문회사와의 합작형태로 설립 · 운영되어 왔으나 부실화되어 1997년 외

2) 지급수단을 창출하는 카드업의 경우만은 난립을 규제하기 위해 허가제로 운영하고 있다. 앞으로 신용카드업은 「여신전문금융업」과 별도의 규제법을 제정할 예정이다.

환위기 이후 다수의 회사들이 퇴출되었다.

종래 리스전업회사는 시설의 대여 및 연불판매업무와 동 계약으로 부담하는 채무를 보증하는 업무로 그 업무영역이 제한되어 업무영역이 매우 협소하였으나 리스전업회사들의 경쟁력 강화와 시설대여를 받은 기업에 대한 운전자금 지원의 필요성 등을 감안하여 1996년 3월부터 리스사로부터 설비대여를 받은 기업들이 취득한 외상매출채권을 대상으로 하는 팩토링업무, 일반대출업무 및 지급보증업무도 제한적으로 허용하였다. 그리고 사업자등록증이 있는 사업자에 한해 리스 이용을 허용했던 것을 일반 개인에까지 확대하였다.

전업리스사들의 자금조달은 종래에는 리스채 발행과 은행 차입 등으로 한정되었으나 1995년부터 리스전업사들도 외국환지정기관으로 지정되어 해외로부터의 직접 차입이 허용되는 등 자금조달 수단이 다양화되었다.

원래 리스회사의 주된 취급대상은 시설 · 건설기계, 의료기기, 차량, 선박, 항공기 등과 이와 관련한 부동산과 재산권 등이나 외환위기 이후 이와 같은 기능이 크게 위축되고 현재는 여신전문금융회사의 겸영업무의 하나로 자동차리스가 주종을 차지하고 있다.

한편 현재 수요자들의 일시적이고 간헐적 수요에 부응하여 특정 물건을 임대하는 렌탈(rental)회사들이 일부 기존 리스회사들의 자회사 형태로 운영되고 있다. 기존 리스회사와 렌탈회사의 차이점은 기존 리스회사가 불특정 시설을 대상으로 한 장기시설금융으로 임대기간이 3~10년의 장기이며 시설의 유지보수책임이 주로 임차인에 있는 데 비해 렌탈회사는 예외적으로 장기렌탈도 있으나 특정 물건을 주로 일 내지 월 단위의 단기로 임대하고 그 유지보수책임이 임대인에 있는 순수한 「상법」상의 물건임대회사라는 점이다.

이 밖에 리스의 경우 물품공급자가 임차인에게 직접 임대시설을 전달하므로 임대인이 물품을 직접 보관할 필요가 없으나 렌탈의 경우 물품이 수시로 입출하므로 임대인이 반드시 물품을 보관할 창고가 있어야 하는 점 등을 차이점으로 들 수 있다. 우리나라는 몇몇 리스회사들이 자회사 형태로 「상법」에 의한 렌탈업을 영위하고 있고 이 밖에 rent-a-car, 건설중장비 및 기타 소비재를 대상으로 렌탈업무를 영위하는 회사들이 있으나 그 규모는 크지 않다.

Ⅱ. 카드회사

우리나라에 신용카드가 도입된 것은 1969년 신세계백화점이 자신의 판매장에서 자사 상품을 판매하기 위해 발급한 것이 최초이다. 그러나 이는 자사 상품을 외상으로 판매하기 위한 판매자와 구입자간의 양 당사자카드(two party credit card)로서 보다 발전된 형태인 카드발행회사, 카드회원 및 가맹점간의 3당사자카드(three party credit card)가 도입된 것은 1980년대 초 은행계 카드가 발급되면서부터이다.

3당사자 방식의 거래 구조는 소비자(cardholder), 가맹점(merchant) 및 카드회사로 구성된다. 미국 등에서는 3당사자 방식과 함께 4당사자 방식(4 party scheme)도 있다.[3] 전자는 카드사업자가 신용카드발급 등 회원업무(issuer)와 가맹점 전표매입업무(acquirer)를 겸영하는 방식이고 후자는 양 업무를 별도의 회사가 수행한다. 3당사자 방식의 경우 카드사별로 자사의 가맹점들을 별도로 모집해야 함에 따라 가맹점 모집과 관리에 관련한 비용이 많이 들어 4당사자 방식에 비해 신규카드사의 시장진입이 어렵고 가맹점들은 카드매출전표를 해당 카드업자에게만 매각할 수 있음으로 인해 중소가맹점의 경우 수수료 결정에 있어 카드업자에 비해 협상력이 낮다.

우리나라의 경우 BC카드사를 제외한 대부분의 카드사들이 3당사자 방식을 채택하고 있다.

카드회사는 운영형태에 따라 별도법인 형태인 전업사와 겸업형태의 2가지 유형이 있다. 별도법인의 형태는 카드사가 모회사와 별도법인으로 영업을 수행하는바, 은행계의 경우 모기업인 은행은 운영자금 지원과 은행창구를 통한 자금결제업무를 대행하고 카드사가 카드의 발급, 회원 모집, 신용공여, 회수업무 등 일체의 업무를 수행한다. 전업사는 모기업과 출자관계만 갖는다. 겸업형태는 모회사가 카드업무를 사업부문의 하나로 직접 수행하는바, 유통업계와 겸업은행이 이에 속한다.

현재 국내의 신용카드업은 전업사와 은행 및 유통업체 등의 겸영여신업자에 의해 영위되고 있다. 전업사(mono-line company)와 은행(은행자회사 포함)은 ① 카드의 발행 및 관리, ② 이용대금의 결제, ③ 가맹점의 모집 및 관리 등 신용카드의 고유

3) 미국의 경우 Amex, Diners Club이 3당사자 방식이고 Visa, MasterCard가 4당사자 방식이다. 우리나라 BC카드사의 경우 4당사자 방식을 채택하여 11개 카드사 회원의 매입업무 대행을 하고 있으나 일반적인 4당사자 방식과는 달리 가맹점 수수료는 결정하지 않고 카드업자로부터 업무대행 수수료만 수취하고 있다.

업무 이외에 ④ 자금의 융통업무를 수행하고 있다. 유통계사는 ①~③의 신용카드의 고유업무만을 자사 매장 범위 내를 영업구역으로 하여 취급하고 있으며, ④ 자금의 융통업무는 취급하지 않고 있다. 신용카드회사는 카드사업 이외에 기업매출채권의 양수·관리·회수업무, 지급보증, 유동화자산의 관리업무 등을 영위한다.

현재 1개의 가맹점이 복수의 카드사와 가맹점 계약을 체결하는 방식이 일반화되어 있다. 종래에는 카드이용자는 카드발급사와 계약이 체결된 가맹점에서만 카드를 사용할 수 있었다. 이에 따라 카드사들은 가맹점 확보를 위해 개별적으로 가맹점 계약을 맺어야 함에 따른 관리비용의 증가 등 진입비용과 사회적 비효율성이 매우 컸다. 이와 같은 문제점을 해소하기 위해 신용카드가맹점 공동이용제도가 도입되어 있다. 동 제도를 이용할 경우 카드사들이 다른 카드사의 가맹점을 이용할 수 있기 때문에 가맹점의 중복계약 문제를 해소할 수 있고 과도하게 가맹점 수수료 인하를 요구하는 대형가맹점에 대한 협상력을 제고시킬 수 있다.

이를 위해 여신전문금융협회와 신용카드사들이 공동 출자하여 한국신용카드결제(주)를 설립하였으며 동 사는 가맹점 공동망 운영주체로서 타카드사들의 매출전표를 접수대행 방식으로 처리·정산하고 있다. 동 제도는 카드회원과 가맹점의 편의를 도모할 수 있을 뿐 아니라 신용카드 과다소지에 따른 도난·분실 등에 의한 부정사용 억제, 신용카드 발급매수 감소에 따른 인적·물적 자원의 낭비를 줄일 수 있다.

그러나 기존 카드사들이 카드사의 신규 진입을 꺼리는데다 대부분의 가맹점들이 불이익을 우려하여 카드사와 개별 계약을 맺음에 따라 동 제도는 거의 이용되지 않고 있다.

한편 2001년부터 카드가맹점 요건을 갖추기 어려운 영세 인터넷쇼핑몰의 카드거래 등 전자상거래를 활성화하기 위하여 이들을 대신하여 카드결제를 대행하는 결제대행업체(payment gateway)도 가맹점이 될 수 있도록 하였다. 인터넷에서의 비대면 카드거래는 회원 본인 확인의 어려움 등으로 인해 결제리스크가 크며, 특히 중소형 인터넷 쇼핑몰의 경우 보안 솔루션의 부재로 거래의 안전성이 매우 취약하다.

따라서 카드사는 전문화된 보안 솔루션을 갖추고 카드 부정사용시 책임을 담보하기 위해 결제대행업체를 대표가맹점으로 하여 하위판매점(sub-mall)에 대한 관리 및 결제업무를 대행시키고 있다. 결제대행업체는 하위판매점을 대신하여 카드사와 가맹점계약을 맺고 신용카드 거래정보를 신용카드사에 제공하고 카드사로부터 판매대금을 지급받아 소정의 수수료를 공제하고 하위판매점에 지급한다.

III. 할부금융회사

현행 할부판매 및 할부금융에 대한 규제체계는 크게 할부거래행위에 대한 규제와 할부금융기관에 대한 규제로 나눌 수 있다. 할부거래행위에 대한 규제는 「할부거래에 관한 법률」 그리고 할부금융기관에 대한 규제는 「여신전문금융업법」에 근거를 두고 있다.

「할부거래에 관한 법률」은 할부거래의 적용범위, 할부거래 내용의 매입자에 대한 고지, 분쟁방지 및 계약의 공정성 확보를 위한 서면주의, 할부구입자의 철회권과 항변권,[4] 각종 요율, 기한이익 상실 등 각종 소비자보호를 위한 사항이 규정되어 있다. 「여신전문금융업법」에는 할부금융회사의 업무내용, 최저자본금, 채권발행한도, 할부금융업자의 자격과 등록요건, 각종 요율 등이 규정되어 있다.

할부금융회사는 내구재, 주택 및 기계류 등의 구입자에게 할부상환조건으로 금융을 지원하는 할부금융과 팩토링업무 그리고 양 업무와 관련된 신용조사업무 등을 영위한다. 할부금융회사는 이외에 학자금, 의료비, 전세자금대출 등 소비자금융과 지급보증, 유동화자산관리업무 등을 취급할 수 있다. 할부금융회사는 주로 채권 발행 및 차입에 의해 자금을 조달한다.

할부금융회사는 제도 도입 당시에는 건설업자들이 설립한 주택할부금융회사와 기계공업진흥회가 설립한 기계전문할부금융회사가 각각 주택과 기계류만을 할부금융 대상으로 영위하고 제조업체와 금융기관들이 설립한 일반할부금융회사는 이러한 제한 없이 내구재 전반을 대상으로 할부금융업을 영위하였으나, 외환위기 이후 대부분의 할부금융회사들이 부실화되어 정리되고 현재는 할부금융업은 여신전문금융회사의 겸영업무의 하나로 주로 자동차할부금융을 취급하고 있다.

---

4) 철회권이란 계약서교부일 또는 목적물을 인도받은 날로부터 소정기일(7일) 이내에 매도인에게 할부계약에 관한 청약을 철회할 수 있는 권리를 말하고, 항변권이란 매수인이 매매계약의 내용이나 목적물에 대해 불만이 있거나 매도인이 채무를 이행하지 않을 경우 잔여할부금의 지급을 거절할 수 있는 권리를 말한다.

Ⅳ. 벤처캐피털회사

벤처캐피털(venture capital)회사는 유망한 기술을 가지고 있으나 이를 기업화 또는 상품화하기 위한 자금이나 경영능력이 부족한 벤처기업이나 기술집약적인 중소기업에 투자하여 성공할 경우 높은 수익을 기대하고 자금 및 경영을 지원하는 회사를 말한다. 이들 기업에 대한 벤처캐피털회사의 투자는 주식인수가 일반적이지만 위험의 분산을 위해 신주인수권부 사채, 전환사채, 전환우선주 등의 형태를 취하기도 한다.

벤처캐피털회사가 투자자금을 회수하는 방법은 지원기업의 상장을 통해 주식을 매각하여 자본이득을 얻는 것이 대부분이나 이 밖에 제3자와의 합병, 경영자에의 매각, 실패할 경우의 정리 등이 있다. 경영지원은 융자, 경영컨설팅 및 기술지원 등 다양한 형태를 취한다. 지원기업에 대한 융자는 약정기간 동안 소정의 원리금을 받는 통상의 일반융자와 지원기업이 성공할 경우 융자금 이외에 매출액의 일정액을 로열티로 받고 실패할 경우 최소상환금만 상환하는 조건부 융자가 있다.

벤처캐피털회사의 자금조성은 자체자금, 외부차입 등 통상의 방식 이외에 투자조합을 결성하여 자금을 조성하기도 한다.

우리나라 벤처캐피털이 조성하는 투자조합의 경우 일반조합원(출자금 총액의 70% 이상), 업무집행조합원(출자금총액의 10% 이상) 및 특별조합원(출자금총액의 20% 이내)으로 구성되는데, 일반조합원은 개인, 법인 기관투자가 등이고, 업무집행조합원은 벤처캐피털회사이며 특별조합원은 창업지원기금[5]을 통해 지분 참여하는 정부이다. 일반조합원은 수익의 배분과 손실의 분담 등에서 가장 우대를 받는바, 투자손실이 발생할 경우 정부의 창업지원기금 출자분, 업무집행조합원의 출자분 순으로 우선 충당하도록 되어 있다. 이 밖에도 일반조합원에 대해서는 배당소득세의 일정부분에 대한 원천징수 분리과세, 의제배당세 면제 등 세제상의 혜택이 주어진다.

현재 벤처캐피털회사는 「여신전문금융업법」에 의거 설립된 신기술사업금융회사, 그리고 「중소기업창업지원법」에 의해 설립된 중소기업창업투자회사가 있다. 신기술금융회사는 투·융자, 지급보증, 경영 및 기술의 지도, 신기술투자조합의 설

---

5) 2005년 4월 「벤처기업육성에 관한 특별조치법」에 의거 한국모태펀드가 설립되어 2009년까지 총 1조원 규모를 정부재정 및 기금으로 조성하여 30년간 운용토록 하였다. 모태펀드는 벤처캐피탈회사가 설립한 투자조합에 출자하는 재간접펀드(Fund of funds)이다.

립 및 자금의 관리·운용을 주업무로 영위하고 이 밖에 신기술사업자를 대상으로 구조조정(CRC)업무와 사모투자전문회사(PEF)의 업무집행사원업무 등을 겸영업무로 취급하고 있다. 신기술사업자에 대한 자금지원은 주식이나 채권의 인수, 사업이 성공할 경우 성과에 참가하는 조건부대출 등으로 이루어진다.

종래 창업투자회사는 주식이나 주식관련증권에 대한 투자보다는 융자와 사실상의 자금대여라 할 수 있는 약정투자가 훨씬 많았다. 그러나 최근에 들어 「중소기업창업지원법」의 개정으로 창업투자회사의 투자범위를 확대하여 창업투자회사가 사모투자전문회사의 유한책임사원 또는 무한책임사원으로 참여할 수 있도록 하고, 또한 창업투자조합의 업무집행조합원에게는 투자수익에 따른 성과보수를 지급할 수 있도록 하며, 창업투자회사가 투자한 기업에 대한 경영지배를 허용함에 따라 주식관련 투자가 늘어나고 있다.

제 2 절 부실정리회사

Ⅰ. 자산관리회사

자산관리회사(AMC: Asset Management Company)란 부실자산을 일정한 대가를 지불하고 채권은행 등으로부터 양도받아 독립적으로 관리하는 회사로서 부실자산을 즉시 처분하거나 또는 장기적으로 기업회생을 도모하기 위해 관리한다. 자산관리회사는 한국자산관리공사와 같이 공적자금으로 금융기관이 보유하고 있는 부실채권을 집중하여 유동화 등을 통해 정리하는 집중형과, 개별 금융기관들이 자산관리회사를 설립하여 자신의 정보를 활용하여 직접 부실채권을 정리하는 분산형으로 구분할 수 있다. 후자의 경우 자산관리회사는 「상법」상의 유한회사로 설립·운영되는 것이 보통이다.

자산관리회사는 부실자산의 신속한 처리와 청산업무에 주력하는 부실처리형과 자산매각이나 청산보다는 구조개선에 따른 자산가치 상승을 목표로 구조조정에 역점을 두는 구조 개선형이 있으나 현재 우리나라의 경우 전자가 보다 일반적이다.

Ⅱ. 기업구조조정 투자회사

기업구조조정 투자회사(CRV: Corporate Restructuring Vehicle)란 채권은행 등으로부터 워크아웃 기업의 여신이나 출자전환된 주식 등을 양도받아 한 곳에 집결(지분 pooling)시켜 이를 구조조정을 전문으로 하는 자산관리회사에 위탁 운용하여 대상기업의 경영을 정상화시킨 후 그 수익을 주주에게 배분하는 존속기간이 한시적인(5년 이내, 1년 연장가능) 투자회사(mutual fund) 형태의 명목회사(paper company)이다. CRV는 다수의 금융기관이 현금 및 현물을 출자해 설립하는 「상법」상의 주식회사로 직원 및 상근 임원을 두지 않고 보유자산의 관리를 채권추심업무가 가능한 별도의 자산관리회사(asset management company)에 위탁한다.

CRV 또는 워크아웃 대상기업에 대한 경영관리는 동 CRV에 지분참여를 한 금융기관(joint venture 회사형) 또는 지분참여 없이 해당 기업에 대한 위탁경영만 맡은 기업구조조정 전문기관(조합형)이 수행한다. CRV는 채권금융기관의 출자전환 주식 및 관련 여신을 해당 금융기관의 본 계정으로부터 분리해 냄으로써 해당 금융기관의 건전성을 제고할 수 있고 워크아웃 여신에 대한 다수의 채권금융기관간 통일된 의견 결집을 수행할 수 있게 한다. 이 밖에 CRV는 기업구조조정에 대한 전문적인 노하우를 가진 기업구조조정 전문가가 경영관리에 참가함으로써 기존 경영진의 도덕적 해이를 차단하는 등 기업의 경영 정상화에 기여할 수 있다.

현재 조합형 CRV의 경우 CRV를 「자산유동화법」상의 유동화전문회사로 지정하여 CRV가 직접 자산을 유동화할 수 있게 하였다. 특히 채권금융기관의 CRV 앞 양도자산의 금융위원회 등록시 자산양도에 대한 절차상 특례를 인정하여 양도자산의 금융위원회 등록시 채권양도의 대항요건 특례, 근저당권에 의해 담보된 채권의 확정, 등기없이 질권·저당권 취득 특례 등을 인정하여 자산의 결집을 용이하게 하였다.

CRV는 단순한 자산관리뿐만 아니라 구조조정대상기업을 자회사로 소유하고 기업의 분할, 합병, 관리, 매각 등의 업무를 영위할 수 있는 사실상의 지주회사 기능을 수행할 수 있도록 하고 있다. 그리고 CRV의 권리행사, 설립, 재원조달 등을 제약하는 지주회사의 행위제한 규정(부채비율 100% 이내, 자회사출자비율 50% 이상)에 대한 특례 인정을 통하여 CRV가 기업구조조정 과정에서 충분한 역할을 할 수 있도록 하였다.

또한 CRV는 자산범위 내에서의 약정체결기업의 경영 정상화를 위한 자금대여

표 12-1 CRV, CRC, CRF 비교

	CRV	CRC	CRF
도입목적	• 금융기관 경영건전성 제고 • 약정체결기업의 경영정상화	• 구조조정 대상기업의 경영 정상화	• 다양한 투자수단 제공 • 자본시장의 투자활성화
대상기업	• 약정체결기업	• 파산 등 부실기업 • 결손발생기업 등 구조조정이 필요한 기업	• 제한 없음
설립방식	• 채권금융기관 및 법인투자자가 참여하는 뮤추얼펀드 형태의 paper company로 발기설립에 의한 주식회사	• 「상법」상 실체를 갖는 주식회사	• 일반투자자가 참여하는 증권투자회사(뮤추얼펀드)
운영주체	• 자산운영: 자산관리회사 • 자산보관: 자산보관회사 등	• CRC가 직접 자산운영, 자산보관, 구조조정 등 업무를 수행	• 자산운용: 자산운용회사 • 자산보관: 자산보관회사 등
업무내용	• 약정체결기업의 증권 매매 • 대출채권의 유동화 및 매매 • 자금의 차입 및 사채의 발행, 약정체결기업에 대한 투자 등	• 구조조정기업의 인수·투자, 자산의 인수 등 • 인수기업 정상화를 위한 자금지원 등	• 기업의 증권, 외환증권, 콜론, 금융기관 예치금 등에 투자
운영방식	• 금융기관의 성격 • 한시적·제한적 조직	• 비금융기관의 성격 • 영구적·비제한적 조직	• 폐쇄형의 경우 한시적·제한적 조직
감독주체	• 금융위원회	• 산업통상자원부	• 금융위원회

및 지급보증 등이 가능하게 하고 필요한 자금조달이 가능하도록 자기자본의 2배 이내에서 자금차입이 허용되며 자본금과 적립금 합계액의 10배 이내에서 회사채를 발행할 수 있게 하였다.

III. 기업구조조정 전문회사

기업구조조정 전문회사(CRC: Corporate Restructuring Company)는 부실기업이나 구조조정이 필요한 기업을 인수, 사업정리 등을 통해 기업가치를 높인 후 매각을 통해 수익을 추구하는 것을 목적으로 1998년 4월 「산업발전법」에 의거 설립된 기관이다.

CRC의 업무는 구조조정 대상기업의 인수, 인수기업의 경영 정상화, 인수기업의 매각, 구조조정 대상기업에 대한 투자, 구조조정 대상기업의 자산의 매입, 부실채권의 매입 및 기업간 인수합병의 중개, 회사정리 · 파산절차의 대행 등으로 미국의 vulture fund[6]와 유사한 제도이다. 기업구조조정전문회사는 산업통상자원부에 등록하여야 하는바, 일반 신청자의 경우 「상법」상 주식회사로서 구조조정 업무에 전업하여야 하며 창업투자회사 및 신기술금융사업자는 겸업이 가능하다. CRC는 등록 3년 후 납입자본금의 20% 이상을 핵심업무, 즉 구조조정 대상기업의 인수 · 정상화 및 매각에 사용하여야 하며 취득한 날로부터 5년 이내에 투자기업의 주식을 매각하여야 한다.

CRC는 구조조정업무 추진에 필요한 자금을 다른 출자자와 조합을 결성하여 조달할 수 있으며, 이 경우 동 사는 조합 총출자금액의 5% 이상을 출자하여야 한다. 기업구조조정조합의 법률적 실체는 「민법」상 조합이며 「산업발전법」에 규정된 것을 제외하고는 「민법」이 적용된다.

조합은 업무집행조합원과 업무감독조합원을 두어야 하며 업무집행조합원은 조합에 출자한 CRC가 담당한다. 업무집행조합원은 투자의사 결정, 투자집행, 미투자자산의 운용, 기타 조합의 관리업무를 관장한다. 기업구조조정조합은 「산업발전법」의 개정에 따라 2009년 5월부터 신규등록은 불가하며 기 등록된 기업구조조정조합은 개정법 시행일로부터 5년이 되는 2014년 5월까지 모두 해산해야 하고, 해산될 때까지는 종전의 규정을 적용받게 된다. 한편, 개정 「산업발전법」에서는 기업구조조정조합을 대체하는 기업구조개선 사모투자전문회사(PEF)를 도입하였으며 동 사는 「자본시장법」에 따른 사모투자 전문회사로서 구조조정 대상기업에 재산의 50% 이상 투자, 최저 출자금액 15억원 이상 등의 요건을 갖추어 산업통상자원부와 금융위원회에 등록하여야 한다.

CRC가 자신의 자산으로 구조조정 대상기업을 인수하여 지배할 경우 「공정거래법」상 지주회사가 될 가능성이 있다. 따라서 「산업발전법」은 CRC에 대해서는 「공정거래법」상 지주회사에 대한 규제사항 중 부채비율 규제[7] 및 자회사지분율 규제[8]의 적용을 배제하는 특례를 규정하고 있다.

---

6) vulture fund는 기관투자가 및 개인투자가로부터 자금을 조달, 부실기업을 인수 · 정상화한 후 매각하여 차익을 얻으며 1980년대 중반에 등장하여 1990년대 들어 본격적으로 성장하고 있다. vulture fund는 부실기업의 주식을 매입하거나 채권을 인수하여 출자전환하는 방법으로 경영권을 확보한 후 기업가치를 증대하여 매각하거나 과소평가된 부실기업의 자산에 단순히 투자하여 시세차익을 얻기도 한다.

7) 지주회사의 부채비율을 200% 이내로 제한.

8) 지주회사의 자회사지분율을 자회사 총지분의 40% 이상으로 제한.

이 밖에 CRC에 대해서는 「상법」상 주식회사의 회사채 발행한도(자본금과 적립금 합계액의 4배)의 규정에 불구하고 10배까지 발행이 가능하며 주식양도차익 및 배당 소득의 비과세 등 각종 세제지원이 있다.

Ⅳ. 기업구조조정 증권투자회사

기업구조조정 증권투자회사(CRF: Corporate Restructuring Fund)는 일반투자자가 참여하는 투자회사(mutual fund) 형태의 증권투자회사이다. CRF는 다양한 증권에 투자할 수 있으나 일정비율 이상을 중소 및 중견기업이 신규로 발행하는 증권에 투자하여야 한다. 동 펀드에 대한 관리는 AMC가 맡으며 CRF와 AMC와는 위탁관리계약이 체결된다.

CRF는 CRC에 비하여 외부 전문기관의 활용이 용이하다는 점에서 기업구조조정을 통한 기업가치 제고면에서 더 효율적이다. 특히 CRF는 CRC와는 달리 금융기관의 성격을 띠게 됨에 따라, 워크아웃제도와 연계하여 다수의 금융기관의 참여가 보다 용이하다. CRF는 유동성 부족, 부채과다 등으로 인해 재무적 어려움을 겪고 있는 중소·중견기업에 대한 자금지원은 물론 이들에 대한 경영자문과 경영감시 등을 통해 재무구조개선을 도모한다. 그러나 CRF를 실제 운용하는 AMC의 기능이 현행법상 증권관리에 한정되어 실질적인 경영관리에는 다소 어려움이 있다.

제 3 절 기타기관

Ⅰ. 대부업자

대부업이란 금전의 대부 또는 그 중개를 영위하는 사업으로 이 때 중개에는 어음할인, 양도담보 그 밖에 이와 유사한 방법에 의한 금전의 교부 및 금전 수수의 중개가 포함된다.

그간 금융기관이 아닌 자로서 대부업을 하는 경우 별도의 등록 없이 영업을 할 수 있었으나, 2002년 7월 31일 제정된 「대부업의 등록 및 금융이용자 보호에 관한 법률」에 의하여 영업소별로 해당 영업소를 관할하는 특별시장·광역시장 또는 도지사에게 등록하여야 대부업을 행할 수 있다.[9] 동 법은 사채업의 제도권 편입을 통한 양성화를 위해 등록을 하지 아니하고 대부업을 영위하거나 대부 광고를 하는 자에 대하여는 5년 이하의 징역 또는 5천만원 이하의 벌금에 처하도록 하였으며, 사채를 쓰는 영세민(업자)의 권익을 보호하기 위해 대부업자 또는 여신금융기관의 불법적 채권추심행위를 금지하고, 이를 위반한 자에 대하여도 위와 같은 징역형과 벌금형을 동시에 부과할 수 있도록 하였다.[10]

특히 동 법은 대부업자가 대부하는 이자율을 대통령령이 정하는 율(연 39%)을 초과할 수 없도록 하였고, 이를 초과하는 부분에 대한 이자계약은 무효로서 채무자가 그 초과부분에 대한 이자를 변제하였을 경우 그 반환을 청구할 수 있도록 하였다.[11] 여기서 이자라 함은 수수료, 할인금, 사례금 등 어떠한 명칭이라도 금전대차와 관련하여 채권자가 수취하는 것을 모두 포함하고 법령 및 거래상 일반원칙에 따라 채권자가 부담해야 하는 것을 채무자가 지급하기로 한 의무도 포함하는 등

---

9) 다만 일정 규모 이상의 대부업의 등록은 금융위원회가 관장한다. 일본의 대금업에 대한 감독은 금융청에서 총괄하고 있으나 권한의 대부분을 재무성의 지방조직인 지방재무국에 위임하고 있다. 미국의 대부회사(finance company or money lender)에 대한 감독은 주법에 의거 주 은행국에서 관장하고 있다.

10) 일본은 1970년대 후반 이후 고금리, 과잉대부, 과잉채권 회수 등 대금업의 폐해가 사회문제화되자 1983년 「대금업의 규제 등에 관한 법률」을 제정하여 이를 규제하고 있다. 주요 규제내용은 대금업자의 등록, 이자율 상한제한(29.2%), 과잉대부 금지(50만 엔 또는 연수입의 10%), 폭행, 폭언 등 채권회수 행위 제한 등이다.

미국은 대부회사에 대해 각 주법에 근거하여 허위과대광고 금지, 대출한도 제한, 과잉채권 회수 행위 제한 등의 규제를 하고 있다. 한편 소비자 보호 차원에서 은행, 보험, 대부회사 등 소비자금융업무를 취급하는 모든 금융회사에 적용되는 연방법인 「Consumer Credit Protection Act」에 의거 소비자신용 관련 이용률 등 비용(credit cost)의 공시의무, 원리금 회수를 위한 급여 등 개인소득의 압류조치(garnishment)에 대한 제한, 소비자신용공여업무와 관련한 차별행위 금지, 채권회수를 위한 강제조치남용행위 금지 등의 규제를 하고 있다. 이와 같은 규제에도 불구하고 저소득층을 대상으로 한 약탈적 대출(predatory lending)이 증가하여 사회문제로 확대되자 최근 연방정부가 이를 규제하기 위한 「Responsible Lending Act」의 제정을 추진하고 있다. 동 법안의 주요 내용은 고비용 대출시장에서 불공정하고 사기적인 관행의 금지, 대출브로커 면허제도 및 최소한도 거래기준 마련 등이다.

11) 대부업자의 금리 상한이 너무 높다는 비판이 제기됨에 따라 정부는 1998년 1월 폐지되었던 「이자제한법」을 2007년 6월 다시 부활하여 금리 상한을 연 40%(법)와 연 30%(시행령)로 정하였다. 동 금리는 사인간의 거래와 무등록대부업자에게만 적용되고 등록대부업자와 여신금융회사의 경우에는 「대부업법」의 금리 상한이 적용된다.

채무자가 실질적으로 부담하는 금융비용(financial charge)을 말한다.[12)]

한편 동 법은 여신금융기관도 조달비용 등을 감안하여 대통령령이 정하는 율(대출이자율의 1.3배로 연 34.9%[정부는 2016년부터 29.9%로 낮출 예정이다] 이내)을 초과하여 대부금에 대한 연체이자를 받지 못하도록 하였고 이를 위반하는 경우 금융위원회가 그 시정을 명할 수 있도록 하였다.

동 법은 또한 등록대부업자가 아닌 자의 대부중개를 금지하고, 대부업자가 대부중개를 한 경우에도 사금융 이용자로부터 중개수수료를 받지 못하도록 하였다.[13)] 한편, 대부업자가 미등록 대부중개업자와 거래하는 행위가 금지되고 대부중개업자와 마찬가지로 미등록 대부중개업자와 대출모집인이 거래상대방으로부터 중개수수료를 수취하는 행위도 금지된다. 동 법은 또한 대부계약의 체결시 계약서에 기재하여야 할 사항 등에 연체이자율을 명시적으로 추가하며, 소재불명인 대부업자로 인한 피해를 미연에 방지하기 위하여 대부업 등록시 고정사업장 요건을 추가함과 동시에 대부업 등록시 등기부등본이나 임대차계약서와 같은 관련서류를 제출하도록 하였다.

그리고 대부업자와 채무자 간 채무상환 여부에 대한 법률적 다툼이 끊이지 않는 점을 고려하여 변제방법이 계좌이체인 경우 변제를 받기 위한 대부업자 명의의 계좌번호를 계약서에 기재토록 하고 제3자 명의의 담보가 제공된 경우 대부업자가 제3자에게 담보제공 여부를 확인하도록 하였다. 한편 대부업자와 거래상대방 간의 분쟁을 해결하기 위하여 해당 영업소를 관할하는 시·도지사 소속하에 분쟁조정위원회를 설치하고 있다.

대부업자 또는 대부중개업자는 손해배상책임을 보장하기 위하여 보증금을 예탁하거나 보험 또는 공제에 가입하여야 한다.

---

12) 영국의 금융행위감독청(Financial Conduct Authority)은 2015년부터 고금리 단기대출에 대한 비용상환 규제로 최초비용(initial cost cap), 연체시 수수료 상한(default cap) 및 총비용 상한(total cost cap)을 각각 규제하고 있다.

13) 정부는 대부업의 관리·감독을 강화하기 위해 대부의 중개를 대부업과 함께 또는 단독으로 영위하고자 하는 자는 대부중개업으로 별도로 등록토록 하고 대부업자 및 여신금융기관으로부터 대출채권을 양도받아 추심하는 경우 대부업 등록대상에 포함하도록 「대부업법」을 개정하였다. 한편, 악성 추심행위의 근절, 서민금융이용자의 피해 방지 등을 위해 「대부업법」의 불법채권추심금지조항을 별개의 독립된 법으로 한 「채권의 공정한 추심에 관한 법률」을 제정하였다(2009년 2월). 동 법은 채권추심과 관련한 대리인 선임 시 채무자에 대한 연락 금지(제8조의2), 폭행·협박 등의 금지(제9조), 채권추심과 관련한 개인정보의 누설 금지 등(제10조)을 담고 있다.

동 법의 제정으로 대부업자의 과도한 이자 징수 및 불법적인 채권추심행위 방지 등 소비자 보호를 위한 전기가 마련되었으나 이자율 상한이 적정한 것인가에 대하여는 논란이 있다. 즉 이자율이 시장이자율을 제대로 반영하지 못하는 경우 동 법에 의해 등록한 대부업자로부터 소비자가 대출을 받을 수 있는 기회는 감소하게 될 것이며, 특히 대부업을 등록하지 아니하는 불법적인 사채업자를 양산하게 되고 불법 사채업자들이 불법행위에 따르는 위험을 사채이자에 반영하여 사채이자는 오히려 상승하게 되는 등 이는 결국 저신용계층의 피해로 귀착될 우려가 있다는 것이다.

Ⅱ. 공적대안금융기관

금융소외계층에 대한 금융지원을 확대하기 위해 2007년 「휴면예금이체에 관한 특별법」 및 「휴면예금관리재단의 설립 등에 관한 법률」이 제정되어 2008년부터 공적대안금융기관인 소액서민금융재단(2009년 10월 미소금융중앙재단으로 확대 개편)이 설립되었다.[14] 동 재단은 미소금융(micro credit 또는 microfinance) 정책방향 결정, 미소금융 수행법인에 대한 자금지원, 컨설팅, 교육훈련, 지원정보의 통합관리 등 미소금융사업을 총괄한다.

동 재단은 휴면예금 이외에 재계의 기부금과 출연금을 포함한 금융권의 기부금으로 조성한다. 지역별 미소금융수행법인 및 동 법인의 지부는 전국적인 네트워크를 구축하여 미소금융사업을 수행한다. 동 자금은 재활의지가 있는 영세사업자나 상인 등 저신용계층에 대한 운영자금, 창업자나 자활추진단체에 대한 창업지원이나 운영자금 등으로 지원된다. 대출한도는 지원내용에 따라 500만원~1억원 이내, 금리는 시장금리 이하로 적용하고 상환기간은 지원내용에 따라 1~5년 분할 상환한다.

---

14) micro credit은 '70년대 방글라데시, 베네수엘라 등 제도금융권이 발달되지 않은 저개발국에서 민간주도로 빈민에 대한 소자본 창업지원 프로그램으로 출발하였다. 특히 노벨평화상을 받은 방글라데시의 무하마드 유누스가 설립한 Grameen Bank 등의 성공사례가 알려지면서 전 세계적으로 확산되었다. 이후 UN, 세계은행, 아시아개발은행 등 국제기구의 차관 무상원조가 마이크로 크레딧의 확대에 큰 역할을 하였다.

Ⅲ. 유동화전문회사

유동화전문회사는 대출채권이나 부동산 등을 기초자산으로 하는 유동화증권(ABS: Asset Backed Securities)시장을 활성화시키기 위해 제정(1998년 9월)된 「자산유동화에 관한 법률」에 의거 도입된 제도이다. 유동화전문회사는 자신의 명의로 유동화증권을 발행하되 자산보유자(originator)와는 법인격이 분리된 서류상의 특별목적회사(SPC: Special Purpose Company)로 유동화자산의 관리는 자산보유자, 자산관리자나 신용정보업자에게 위탁한다.

유동화전문회사가 유동화를 위해 금융기관 등 자산보유자로부터 자산의 양도나 신탁을 받은 경우 동 사실을 금융위원회에 등록하여야 하며 동 등록을 한 경우에는 「민법」상의 특례를 인정받아 채권양도의 경우 제3자에게 대항이 가능하고 저당권이나 질권의 경우 등기 없이 이를 취득한다.

또한 유동화전문회사가 자산관리자에게 관리를 위탁한 유동화자산은 자산관리자가 파산하는 경우 자산관리자의 파산재단을 구성하지 아니하며 유동화전문회사 등은 그 자산관리자 또는 파산관재인에 대해 유동화자산의 인도를 청구할 수 있고 강제집행이나 「채무자회생 및 파산에 관한 법률」(제593조)에 의한 보전처분이나 중지명령의 대상이 될 수 없도록 하여(「자산유동화에 관한 법률」 제12조) 유동화자산의 법적 안전성을 보호하고 있다.

Ⅳ. 공적기금

현재 금융중개기능을 수행하는 공적기금으로는 국민투자기금과 국민주택기금이 있다. 국민투자기금(National Investment Fund)은 중요 산업에 대한 장기금융을 지원하기 위해 제정된 「국민투자기금법」에 의거 한국은행 내에 설치된 기금으로 자금의 조성은 주로 금융기관이 저축성 예금의 일정비율에 해당하는 금액을 예탁한 것과 재정자금 등이며 자금의 운용은 산업은행이나 수출입은행 등 개발금융기관과 일반은행을 통하여 실수요자에게 지원하여 왔다. 국민투자기금은 현재 신규 지원은 중단되었고 회수업무만 관리하고 있는데 최종상환분이 도래하는 2017년에는 해체될 것이다.

국민주택기금은 정부의 주택건설촉진사업을 지원하기 위해 설립된 기금으로 기금의 운용·관리는 국토교통부 장관의 소관이나 기금의 관리는 금융기관에 위탁하고 있다. 동 기금은 소형국민주택 구입자금, 주택단지 조성자금, 건설자재구입자금, 기타 국민주택과 연관된 연구 및 기술개발자금 등으로 지원되고 있으며 그 재원은 국민주택채권, 국민주택기금채권, 주택복권 등으로 조성된다.

제 4 절 기타금융중개기관에 대한 규제와 감독

Ⅰ. 진입 및 퇴출규제

리스회사, 할부금융회사, 신기술금융회사 등 여신전문금융회사의 설립은 원칙적으로 자유롭게 하되 「여신전문금융업법」상의 지원을 받고자 할 경우에는 금융위원회에 등록하면 된다(임의등록제). 예금취급기관의 경우 예금자 보호 및 신용질서 확립이라는 차원에서 인가제를 유지하고 있으나 이러한 문제가 없는 여신전문금융회사의 경우 상대적으로 규제를 완화하고 있다. 다만 지급결제수단을 갖고 있는 카드회사의 설립에 대해서는 지급결제제도의 안정성을 위해 금융위원회의 허가제도를 유지하고 있다. 겸영여신업자가 신용카드업을 영위하고자 하는 경우에는 금융위원회에 등록하면 신용카드업을 영위할 수 있다(제3조).

소유 및 지배에 대한 규제는 주로 카드회사에 집중되어 있고 기타 여신전문금융회사에 대해서는 별다른 규제가 없다. 카드회사의 대주주는 출자능력, 재무상태, 사회적 신용 등의 적격성과 건전한 경영을 위한 일정 요건을 충족하여야 하며 총자산이 2조원 이상인 카드회사는 사외이사, 감사위원회, 준법감사인 등의 지배구조를 갖추어야 한다.

중소기업창업투자회사의 설립은 산업통상자원부(중소기업청)에 등록한다. 기업구조조정투자회사(CRV), 기업구조조정증권투자회사(CRF) 및 기업구조조정조합에 대한 등록 및 감독권한은 금융위원회가 가지고 있고 기업구조조정전문회사(CRC)에 대한 등록 및 감독권한은 산업통상자원부가 갖고 있다. 대부업자의 경우 시·도지사가 등록 및 등록취소업무를 관장한다.

Ⅱ. 건전성 규제

1. 적기시정조치제도

여신전문금융회사에 대해서는 조정총자본을 조정총자산으로 나눈 수치인 조정자기자본비율(CAR: capital adequate ratio)과 CAMEL방식에 따른 경영실태 평가등급에 따라 적기시정조치 제도가 적용된다. 조정총자본은 은행의 BIS 자기자본과 유사한 개념으로 "기본자본+보완자본－공제항목"으로 산정한다. 조정총자산은 총자산에서 이연자산, 영업권 등과 같은 실질자산가치가 없는 항목과 현금, 예금, 단기국·공채 등과 같이 위험이 없거나 극히 작아 자기자본 부담(capital charge)이 없는 항목을 차감하여 산정한다.

2. 재무건전성 규제

여신전문금융회사의 경우 자산건전성 분류에 따라 정상 0.5%, 요주의 1%, 고정 20%, 회수의문 75%, 추정손실 100%의 충당금을 적립하고 자기 계열회사에 대해 여신합계액이 자기자본을 초과하지 않도록 규제하고 있다. 그리고 여신전문금융회사가 대주주 등에게 대통령령이 정하는 금액 이상의 신용공여 등을 하려는 경우에는 미리 이사회의 결의를 거치도록 하고, 신용공여 등을 한 경우에는 이를 금융위원회에 보고하고 공시하도록 하여 여신전문금융회사가 신용공여 등을 통하여 부당하게 대주주를 지원하는 것을 방지하고 있다.

앞으로 리스, 할부금융, 신기술금융회사 등 불특정 다수인을 대상으로 한 수신기능이 없는 여신전문금융회사에 대한 건전성 감독은 자산건전성 중심의 감독보다는 자금제공자의 신용평가 등 시장규율에 의한 감시체제가 강화되고, 공정거래 등 금융소비자 보호를 위한 감독이 보다 강조될 것이다. 현재 카드회사의 경우 고객정보 누출방지, 불법적인 채권추심 금지, 카드의 불법사용에 대한 책임 귀속 등 소비자 보호를 위한 조항이 관계법령에 규정되어 있다.

종래 대부업체에 대한 감독·검사권은 지방자치단체에 부여되어 있어 금융감독원은 지방자치단체의 요청이 있는 경우에 한해 검사를 실시하여 왔다. 그러나 2007년 12월 「대부업법」의 개정으로 대부업체에 대한 직권검사권이 금융감독원에 부여됨에 따라 2008년 3월부터 대통령령에서 정한 대부업체(자산 70억원 이상 및 2개 이상 시·도에서 영업하는 대부업체)에 대해 금융감독원은 직권으로 검사를 실시할 수 있게 되었다. 금융감독원은 검사 결과를 시·도지사에게 통보하고 법령 위반사항에 대해 「대부업법령」에 따른 필요한 조치를 요구할 수 있다.

3. 소비자 보호 등을 위한 규제

「여신전문금융업법」을 비롯한 관련법에서는 소비자 보호를 위한 규정들이 마련되어 있다. 신용카드업자는 신용카드 상품에 관한 충분한 정보를 제공하지 아니하거나 과장되거나 거짓된 설명 등으로 신용카드회원 등의 권익을 부당하게 침해하는 행위 등 소비자 보호 목적과 건전한 영업질서를 해칠 우려가 있는 행위를 하여서는 아니 된다(제24조의2).

가맹점 수수료의 책정 등에 있어 신용카드사와 불리한 계약을 강요당할 우려가 있는 신용카드가맹점이 신용카드업자와 거래조건과 관련하여 합리적으로 계약을 체결·유지할 수 있도록 단체를 설립할 수 있다. 금융위원회는 이를 확인하기 위하여 신용카드업자에게 필요한 자료의 제출을 요구할 수 있으며 업무상 필요하다고 인정하는 경우에는 국가기관·지방자치단체에 대하여도 필요한 자료의 제공을 요청할 수 있다(제18조의2).

신용카드가맹점은 신용카드로 거래한다는 이유로 신용카드 결제를 거절하거나 신용카드회원을 불리하게 대우해서는 안 되며 가맹점수수료를 신용카드회원이 부담하게 하여서는 아니 된다(제19조). 신용카드가맹점은 신용카드에 따른 거래로 생긴 채권을 신용카드업자 외의 자에게 양도하여서는 아니 된다(제20조).[15]

이 밖에 여신전문금융회사에 대해 대출한도 등을 규정한 대출업무기준, 부동산의 취득제한, 대주주와의 거래 등의 제한, 약관에 관한 규제 등이 있다. 특히, 여신전문금융회사는 금융지식이 부족한 저신용자가 주로 이용하고 있으나, 종래에는 '표준 약관' 없이 각사가 임의로 작성한 개별약관으로 금융거래가 이루어짐에 따라 금융분쟁 및 민원이 지속적으로 발생하였다. 이에 따라 2009년 2월 「여신전문금융업법」 개정으로 금융감독원이 약관심사권을 갖게 된 것을 계기로 금융감독원과 여신전문금융협회는 할부, 리스 및 신기술금융회사에 대한 여신거래기본약관, 자동차할부금융약관, 자동차리스약관, 신용대출약관 등 4개의 표준약관을 제정하여 시행하고 있다.

---

15) 다만, 신용카드가맹점이 신용카드업자에게 가지는 매출채권을 「자산유동화에 관한 법률」(제2조)에 따른 자산유동화를 위하여 양도하는 경우에는 신용카드가맹점은 신용카드에 따른 거래로 생긴 채권을 신용카드업자 외의 자에게 양도할 수 있다.

제 13 장

금융보조기관

FINANCIAL INSTITUTION

제 1 절 정부출자기관

Ⅰ. 한국무역보험공사

한국무역보험공사는 수출무역 및 대외거래에서 통상의 보험으로는 구제하기 어려운 위험을 보상하여 수출무역 및 대외거래를 진흥할 목적으로 1992년 7월 「수출보험법」에 의거 설립된 무자본특수법인이다.

동 공사는 장단기수출보험, 수출어음보험, 수출보증보험 등 일반수출에 관련된 보험은 물론 해외투자보험, 중장기연불수출보험, 해외건설공사보험, 위탁판매수출보험, 시장개척보험, 금리 및 환율변동보험, 이 밖에 해외수입상에 대한 신용정보 및 해외수입국에 대한 정세분석자료 수집, 해외채권추심기관의 소개 및 알선업무 등을 수행하며 2004년 7월부터는 외국기업과의 무역업무 범위 내에서 신용정보업과 채권추심업무도 취급하고 있다. 수출보험업무는 1976년 12월까지는 대한재보험공사가, 1977년 1월 이후 1992년 7월까지는 한국수출입은행이 수행하여 왔었다.

Ⅱ. 한국자산관리공사

한국자산관리공사는[1] 1997년 8월 「금융기관 부실자산 등의 효율적 처리 및

1) 한국자산관리공사의 전신은 (구)성업공사로 동 공사는 당초 「한국산업은행법」에 의거 설립된 특별법인으로 금융기관 등으로부터 회수 위임을 받은 채권의 보전과 추심을 담당하고 이들 기관으로부터 매각의 위임을 받은 비업무용 재산의 처분과 그 대금의 추심업무를 수행하여 왔으나 「금융기관 부실자산 등의 효율적 처리 및 성업공사의 설립에 관한 법률」의 제정으로 해산되고 종래

한국자산관리공사의 설립에 관한 법률」에 의거 금융기관이 보유하고 있는 부실자산의 정리 촉진과 부실징후기업의 경영정상화 등을 효율적으로 지원하기 위해 설립되었으며 동 법상의 부실채권정리전담기구의 역할을 겸하게 되었다.

동 법은 동 공사로 하여금 금융기관이 보유하고 있는 부실채권을 매입 또는 수탁하여 부실채권을 조기에 정리하여 주고 일시적 자금난을 겪고 있는 부실징후기업의 부동산이나 계열회사 등을 매입 또는 수탁하여 동 기업의 자구노력을 지원함으로써 금융기관의 재무구조를 개선하고 산업구조 개편을 원활하게 하기 위해 제정되었다.

이와 같은 목적을 수행하기 위한 동 공사의 재원은 금융기관 및 정부의 출연금, 사채발행 및 차입금으로 하고 사채는 자기자본의 10배 범위 내로 발행한도를 제한하였다. 한편 동 공사 내에 부실채권정리기금을 설치하고 부실채권정리기금의 회계는 동 공사의 회계와 구분계리토록 하였다.

부실채권정리기금의 용도는 금융기관의 담보부 부실채권 및 기타 대통령령이 정하는 자산의 매입 정리 등으로 하고 이에 소요되는 재원은 금융기관 및 정부의 출연금, 동 공사의 전입금, 채권발행, 한은차입금 및 기타 차입금으로 조성한다. 부실채권정리기금은 2012년 11월 22일로 존속기한이 만료되었다.

동 공사는 이 밖에 금융기관 등으로부터 매입한 자산의 유동화업무, 국가기관 등으로부터 수임받은 재산의 관리·처분 및 채권의 보전과 추심업무, 정부투자기관의 청산업무, 부동산담보신탁업무, 유동화전문회사로부터 위탁받은 자산의 관리업무 및 유동화전문회사가 발행한 채권·증권의 매입, 부실채권정리기금을 통한 부실채권 매입과 출자전환, 당해 출자회사에 대한 자금대여 및 지급보증, 구조개선기업의 자산관리와 매각·매매의 중개·인수정리 및 이와 관련된 재산의 매입과 개발, 부실자산 매수자에 대한 자금대여 등 사실상 부실채권정리은행(bad bank)의 기능을 수행하고 있다.

동 공사는 2008년 9월부터 대출기관 채무자의 채무재조정과 사금융 채무자의 저금리 환승을 지원하기 위한 '신용회복기금'을 설치·운영하고 있다.

한편, 2009년 4월 동 법의 개정으로 금융기관 부실자산 등을 효율적으로 정리하기 위하여 부실채권정리기금과 별도로 구조조정기금을 설치하였다. 구조조정기

의 모든 재산과 권리의무는 새로 설립된 (신)성업공사〔1999년 12월 한국자산관리공사로 명칭 변경〕에 포괄적으로 승계되었다.

금은 재원을 조성한 날부터 2014. 12. 31.까지 운용하고 운용기간이 종료되는 날까지 차입금의 원리금 상환 및 인수자산의 정리 등을 완료하며, 잔여재산은 국고에 귀속하도록 하였다. 동 기금은 금융기관의 출연금, 정부의 출연금 및 구조조정기금채권의 발행으로 조성된다.

III. 한국주택금융공사

한국주택금융공사는 「한국주택금융공사법」에 의거 기존의 주택저당채권유동화회사와 주택금융신용보증기금을 통합하여 설립한 정부출자기관으로 정부, 한국은행 및 국민주택기금이 전액출자하고 있다. 동 공사는 출자금 이외에 공사채 발행(자기자본의 10배 이내), 정부, 금융기관 및 국제금융기구로부터의 차입 등으로 자금을 조달한다. 정부는 동 공사의 공신력을 제고하기 위해 공사의 손실이 발생할 시는 전액 보전한다. 동 공사는 주택저당채권의 유동화(MBS)를 활성화하기 위해 MBS의 지급보증한도를 자기자본의 50배로 하고 종래 주택구입 용도의 주택담보대출로 제한되어 있던 유동화대상을 전 주택담보대출과 학자금대출로까지 확대하였다.

동 공사는 또한 기존의 주택금융신용보증기금의 기본재산을 승계하여 관리운영하되 동 기금의 손실이 공사의 재무에 영향을 미치지 않도록 하기 위해 회계를 분리하여 이원화하고 있다. 한편, 2006년 12월 「한국주택금융공사법」의 개정으로 '주택담보노후연금보증제도'가 도입됨에 따라 주택신용보증기금 내에 주택담보노후연금보증계정을 별도로 설치하고 동 재원은 정부의 출연금, 고령자가 납부하는 보증료 수입, 금융기관의 출연금 등으로 조달한다. 이 밖에 동 공사는 주택저당채권의 평가 및 실사 업무 등을 수행하고, 주택저당채권을 매입하여 일정기간 보유하고, 장기주택금융 활성화를 위해 금융기관에 대하여 주택대출자금을 지원한다.

IV. 한국투자공사

한국투자공사는 2005년 7월 외환보유액 및 「국가재정법」에 의한 기금의 일부를 출연하여 조성된 공적자금펀드(sovereign wealth fund)를 효율적으로 운용하기 위해 「한국투자공사법」에 의해 설립되었다. 동 공사는 정부, 한국은행 또는 「국가재정법」에 의한 기금의 관리 주체 등으로부터 위탁받은 자산의 운용업무를 수행하며, 2007년 1월부터는 국민연금 등 연기금으로부터도 자금을 위탁받을 수 있다.

자금의 운용은 법상 유가증권, 외국환, 부동산, 자산운용회사에의 재위탁 등이 가능하나 운용자금의 대부분이 대외지급준비자산임을 고려하여 자금의 투자대상을 외화표시자산이거나 원화표시자산인 경우 국공채, 금융기관 예치 등 안전 자산에 운용하고, 자금을 직접 운용하기보다는 주로 외국금융기관 등에 위탁·운용한다. 공사의 최고의사결정기구는 운영위원회로 동 위원회는 공사의 운영에 관한 기본 방침을 수립하고, 경영성과의 평가 등을 심의한다.

공사의 일상적인 업무는 사장을 포함한 이사회가 수행한다. 공사는 위탁기관에서 위탁받은 자산의 관리 및 운용 이외에 이와 관련된 조사·연구 및 국내외 관련기관과의 교류·협력과 이와 관련된 부수업무로서 운영위원회가 의결한 업무를 수행한다. 위탁자산은 외국에서 외화표시 자산으로 운용하는 것을 원칙으로 한다. 공사는 고유자산과 위탁자산 간에 회계를 구분하여 계리하고, 위탁기관별로도 구분하여 계리하여야 한다.

Ⅴ. 중소기업진흥공단

중소기업진흥공단은 중소기업청 산하 기금관리형 공공기관[2]이다. 동 공단은 다양한 중소기업 지원사업을 통해 중소기업의 생산성 향상 및 경쟁력 제고를 목적으로 1979년 1월 「중소기업진흥에 관한 법률」(제68조)에 의거 설립되었다. 주요사업은 정책자금 융자사업으로 직접대출, 금융회사를 통한 대리대출, 이익·성과공유형 대출 등의 방식으로 지원하며 주로 창업기업지원자금, 재창업자금, 개발기술사업화자금, 신성장기반자금 및 긴급경영안정자금 등으로 지원된다.

동 공단은 이 밖에 건강진단 및 기술지원사업, 연수사업, 해외마케팅 및 글로

2) 공공기관은 크게 공기업, 준정부기관, 기타공공기관으로 나눠지며, 이 중 준정부기관은 기금관리형 준정부기관, 위탁집행형 준정부기관으로 분류된다(「공공기관의 운영에 관한 법률」 제50조). 기금관리형 준정부기관에는 중소기업진흥공단을 비롯하여 국민연금공단, 신용보증기금 등 17개 기관이 있고, 위탁집행형 준정부기관에는 한국거래소, 한국소비자원, 한국장학재단 등 65개 기관이 지정되어 있다.

별 협력사업 등을 수행하고 있으며, 중소기업의 상품판매 및 마케팅 사업을 지원하는 ㈜중소기업유통센터와 한국모태펀드의 운영·관리를 맡고 있는 ㈜한국벤처투자 등에 투자하고 있다.

Ⅵ. 주택도시보증공사

주택도시보증공사는 주택건설사업과 관련된 각종 보증 등을 하여 주택분양계약고객 및 입주자를 보호하고 주택건설사업자의 원활한 사업수행을 지원하기 위하여 주택도시기금법(제16조)에 근거하여 설립되었다. 동 사는 선분양제도하에서 1993년 4월 주택사업공제조합으로 설립되었으나, 1997년 외환위기시 주택건설회사들의 무더기 도산으로 분양받은 소비자가 피해를 보게 되자, 그 소비자를 보호하고 장차 주택을 안정되게 공급하고자 정부가 출연하고 주택건설사업자들이 감자하여 설립한 기구로 1999년 6월 대한주택보증㈜로 전환설립 등기하여 현재에 이르고 있다.

주요업무로는 주택에 대한 분양보증, 임대보증금보증, 조합주택시공보증 등 보증업무, 전세보증금반환보증, 모기지보증 등 정부정책 지원을 위한 보증업무, 공유형모기지 수탁 등 국가 및 지방자치단체가 위탁하는 업무, 주택도시기금법에 따른 기금의 운용·관리에 관한 사무 등이다. 이 밖에 주 채무자의 채무 불이행시 채권의 회수와 보증거래고객의 재무상태 및 경영능력에 대한 신용도 평가 업무, 부동산정보 및 금융서비스 등이 있다. 주택도시보증공사는 정관을 제정하거나 변경하려는 경우에는 국토교통부장관의 인가를 받아야 한다.

제 2 절 금융투자업 관계회사

Ⅰ. 한국거래소

한국거래소(이하 거래소라 한다)는 증권 및 장내파생상품의 공정한 가격 형성과 그 매매, 그 밖에 거래의 안정성 및 효율성을 도모하기 위하여 「자본시장법」에 의거 설립된 주식회사이다. 거래소는 시장(유가증권시장 · 코스닥시장 및 파생상품시장)의 개설 · 운영과 이에 수반되는 부수업무, 동 시장에서의 매매와 관련된 분쟁의 자율조정, 증권의 상장, 장내파생상품 매매의 유형 및 품목의 결정, 상장법인의 신고 · 공시, 이상거래의 심리 및 회원의 감리 등에 관한 업무를 수행한다(법 제377조).

거래소는 이 밖에 증권시장 및 파생상품시장에서의 매매거래에 따른 매매확인, 채무인수, 차감(netting), 결제증권 · 결제품목 · 결제금액의 확정, 결제이행보증, 결제불이행에 따른 처리 및 결제지시 업무를 청산기관으로서 수행하고 파생상품(exchange traded derivatives)시장에서의 품목인도 및 대금지급업무를 결제기관으로서 수행한다(법 제378조).

한편, 2013년 3월 「자본시장법」의 개정으로 장외파생상품의 매매 등에 대한 금융투자상품거래청산제도가 도입됨에 따라 금융투자상품청산업 인가를 받아 영위하고 있다. 청산기관(clearing house)은 거래의 매도자 및 매수자에 대한 상대방(central counter party)으로서 결제이행을 보장하고 거래에 따른 신용위험을 부담한다.

거래소에서의 거래는 자격을 갖춘 회원만이 할 수 있고 회원의 자격, 회원의 가입과 탈퇴, 권리와 의무, 그 밖에 회원관리에 필요한 사항은 회원관리규정으로 정한다. 회원은 거래소 결제회원, 매매전문회원 및 시행령으로 정한 회원[3]으로 구분된다. 결제회원은 자기거래 및 위탁자의 주문 · 정정과 청산업무를 수행하며 거래소와 직접 자금수수를 한다. 매매전문회원은 자기거래 및 위탁자의 주문 · 정정 업무를 결제회원의 이름으로 체결하며 청산 및 자금수수업무는 지정 결제회원을 통하여 한다.

주문에 의해 거래가 체결되는 경우 거래소는 결제회원에게, 결제회원은 매매

3) 증권회원, 파생상품회원, 증권시장이나 파생상품시장 내의 일부 시장이나 일부 종목에 대하여 결제나 매매에 참가하는 회원, 회원관리규정으로 정하는 회원(시행령 제359조).

전문회원에게 청산내역을 통보하고 이에 따라 증거금 및 결제금액을 수수한다.

회원은 증권시장 또는 파생상품시장에서의 매매거래애 따른 채무의 불이행으로 인하여 발생하는 손해를 배상하기 위하여 거래소에 손해배상공동기금을 적립하여야 한다. 회원은 또한 매매거래와 관련하여 발생할 수 있는 채무의 이행을 보증하기 위하여 회원보증금을 그리고 매매거래를 함에 있어 거래소에 대해 부담하는 채무의 이행을 보증하기 위하여 거래증거금을 거래소에 각각 예치하여야 한다.

거래소는 증권시장에 상장할 증권의 심사 및 상장증권의 관리를 위한 상장규정과 상장법인의 기업내용의 신고 공시 및 관리를 위한 공시규정 및 증권시장에서의 매매거래에 관한 증권시장업무규정을 정한다. 거래소가 정관이나 규정을 제정 · 변경하거나 폐지하는 경우에는 금융위원회의 승인을 받아야 한다.

거래소는 내부에 시장감시위원회를 둔다. 시장감시위원회는 시장감시규정을 제정하고 동 규정에 따라 시장감시, 이상거래의 심리 및 회원에 대한 감리,[4] 증권시장 및 파생상품시장간의 연계감시 및 동 결과에 따른 회원과 그 임직원에 대한 징계 또는 징계요구 등에 관한 업무를 그리고 분쟁조정규정을 제정하고 동 규정에 의거 분쟁의 자율조정에 관한 업무 등을 수행한다. 시장감시위원회는 거래소의 내부기구이기는 하나 공익성이 강한 특성을 감안하여 인사, 조직, 예산 등에서 독립성을 가지고 있다.[5]

거래소는 공적기구로서의 공익성과 주식회사로서의 영리성이 혼재하는 특수성으로 인해 주식에 대한 소유 제한이 있다. 즉 집합투자기구(사모펀드는 제외), 외국거래소 및 정부를 제외하고는 누구도 동 주식의 5% 이상을 소유할 수 없고 동 한도를 초과하여 소유하는 자는 지체없이 처분하여야 하며 초과분에 대하여는 의결

4) 거래소가 증권시장의 매매상황을 주시하여 이상매매를 적출 · 분석하는 기능을 시장감시(market watch)라 하고 시장감시시스템에서 이상매매로 적출된 종목에 대하여 불공정거래 여부를 조사하는바, 이를 심리(market surveillance)라 한다. 거래소는 동 심리결과에 따라 해당 금융투자회사를 조사 · 조치를 하는데 이를 감리(investigation)라 한다. 거래소는 동 심리결과 위법 혐의가 발견되면 이를 금융감독원에 통보하는데 금융감독원은 동 통보에 따라 적출된 이상 종목의 거래내역을 정밀 분석하여 불공정거래 혐의자를 색출하여 수사기관에 통보한다. 금융감독원은 시장감시에 대한 감독권자로서 필요할 경우 자체적으로 확보한 정보를 바탕으로 거래소의 통보 과정을 거치지 않고 직접 불공정거래를 조사할 수도 있다.

5) NYSE와 NASDAQ의 경우 2007년 7월 규제와 집행과 관련된 기능을 자회사에서 분리하여 별도의 규제기구(FINRA: Financial Industry Regulation Authority)를 설립하여 담당하게 하고 있다. 이밖에 자율규제기구를 자회사 등 독립된 기구로 분리한 경우는 독일, 호주 등이 있다. 동경과 싱가포르의 경우 거래소 내의 독립성이 강한 내부기구(In-house)가 맡고 있다.

권을 행사할 수 없다.[6)]

거래소는 영업양도, 합병, 분할, 분할합병 또는 주식의 포괄적 교환·이전, 동 거래소가 발행한 증권의 상장(self listing) 및 상장폐지를 하고자 하는 경우에는 금융위원회의 승인을 받아야 한다.

금융위원회는 거래소를 포함하여 후술하는 금융투자업 관계기관(금융투자협회, 예탁결제원, 증권금융 등)의 각종 업무규정의 제정·변경·폐지 및 정관변경에 관한 승인권, 관계기관이나 그 임직원이 법령이나 행정관청의 처분을 위반한 경우 기관에 대한 업무정지, 당해 임원의 해임요구 또는 직원의 면직 등의 조치를 취할 수 있다. 금융감독원장은 이들에 대한 검사권을 갖고 있다.

한편, 2013년 「자본시장법」 개정으로 대체매매거래시스템(ATS: Alternative Trading System)이 도입되었다. 동 시스템은 주식의 매매체결 등에 있어 정규거래소와 경쟁하는 다양한 형태의 증권거래시스템으로 매매체결에 있어 거래소 독점체제의 비효율성을 개선하고 거래비용 등을 절감하기 위해 도입된 것이다. 동 시스템의 도입으로 한국거래소는 법정기관이 아닌 허가기관으로 바뀌게 되었다. 정규거래소와는 달리 상장 심사 기능은 없고 주식매매체결만 담당한다.

ATS가 설립되면 거래소간 경쟁이 구축되어 거래시간 확대, 매매수수료 인하, 거래 속도 개선 등 긍정적인 효과가 기대된다. 예컨대 정규거래소 시간외에 야간에도 주식매매가 가능해지며 국내투자자들이 해외시장 상황을 반영하여 투자도 할 수 있게 된다. 또한 ATS는 비상장주식이나 가상자산 등 제도권 밖의 상품들을 규제 시장으로 끌어들이는 역할을 할 수 있을 것으로 기대된다.

Ⅱ. 한국금융투자협회

한국금융투자협회(이하 협회라 한다)는 회원간의 건전한 영업질서 유지와 투자자

6) 금융위원회는 이를 준수하지 아니한 자에게 6개월 이내의 기한을 정하여 한도를 초과하는 주식을 처분할 것을 명할 수 있고(법 제406조), 주식처분명령을 받은 후 그 기한 이내에 주식처분명령을 이행하지 아니한 자에 대하여는 다시 상당한 이행 기한을 정하여 주식을 처분할 것을 명하고, 그 기한까지 주식처분명령을 이행하지 아니하는 경우에는 처분하여야 하는 주식의 취득가액의 100분의 5를 초과하지 아니하는 범위에서 이행강제금(charges for compelling compliance)을 부과한다(법 제407조).

보호, 금융투자업의 건전한 발전을 지원하기 위해 「민법」상 사단법인 형태로 설립된 회원조직이다. 회원이 될 수 있는 자는 금융투자업자와 금융투자업과 관련된 업무를 영위하는 자로서 시행령으로 정하는 자이다.[7]

협회는 자율규제업무와 회원의 영업행위와 관련된 분쟁의 자율조정, 투자권유자문인력 · 조사분석인력 · 투자운용인력 등 주요 직무종사자의 등록 및 관리, 비상장주권의 장외매매거래(Free Board), 금융투자업 관련 제도의 조사 · 연구, 투자자 교육 및 이를 위한 재단의 설립 · 운영, 금융투자업 관련 연수 등에 관한 업무, 이 밖에 「자본시장법」 또는 다른 법령에서 위탁받은 업무 등을 수행한다(법 제286조).

협회는 정관이나 업무규정을 통해 공정관습규칙을 제정하고 회원이 이를 위반한 때에는 징계를 할 수 있다. 협회는 자율규제업무를 위해 자율규제에 관한 규정을 제 · 개정하며 동 규정을 제 · 개정하거나 폐지하는 경우 금융위원회의 승인을 받아야 한다. 그리고 자율규제업무의 공정하고 독립적인 수행을 위해 정관에 별도의 조직인 자율규제위원회를 설치 · 운용하고 있다. 이 밖에 협회는 자율규제업무의 일환으로 금융투자업에 종사하는 임 · 직원의 징계기록 유지 · 관리업무, 투자광고 심의업무, 금융감독원장의 위탁에 의한 주요 직무종사자 등의 영업행위 및 금융투자업자의 약관준수 여부를 검사하는 업무 등도 수행한다.

협회는 회원의 영업행위와 관련하여 분쟁이 발생하는 경우 당사자의 신청이 있는 경우에 한해 분쟁을 조정하는 업무도 수행하는바, 이를 위해 협회 내에 별도 조직인 분쟁조정위원회를 설치 · 운용한다. 협회를 통한 분쟁의 조정은 「민법」상의 화해계약으로 조정이 성립하면 당사자간에 계약상의 권리 · 의무가 발생한다.[8]

III. 한국예탁결제원

한국예탁결제원은 증권 등(이하 증권이라 한다)[9]의 집중예탁(securities depository)과

---

7) 일반사무관리회사, 집합투자기구평가회사, 채권평가회사 및 협회 정관에서 회원으로 정하는 자(시행령 제306조).

8) 소비자원이나 금융감독원 분쟁조정위원회의 경우 분쟁조정에 의해 당사자가 조정안을 수락하면 재판상의 화해와 동일한 확정판결과 같은 효력을 가진다.

9) 시행령(제310조)에서는 원화 CD, 그 밖에 금융위원회가 정하여 고시하는 것으로 규정하고 있고 「금융투자업규정」에서는 어음(CP 제외), 그 밖에 증권과 유사하고 집중예탁과 계좌간 대체에 적

계좌간 대체, 매매거래에 따른 결제업무를 수행하기 위하여 설립된 특수법인이다.[10] 예탁결제원은 증권을 집중 예탁받아 이를 보관하고 매매 등 각종 거래에 따른 증권의 이전을 실물의 인도 대신 계좌간 대체방식으로 처리함으로써 실물증권의 유통 및 발행을 줄이고 이에 수반되는 분실, 도난, 위·변조 등의 사고위험을 방지하여 증권의 유통을 원활하게 한다.

예탁결제원은 예탁된 증권을 자신의 명의로 일괄 발행하여 예탁된 증권에 대한 권리행사와 증권시장(유가증권시장과 코스닥시장)과 증권시장 밖(Free Board)에서의 매매거래에 따른 증권의 인도 및 대금 지급업무를 결제기관으로서 수행한다. 예탁결제원이 아닌 자는 증권 등을 예탁받아 그 증권 등의 수수를 갈음하여 계좌간 대체로 결제하는 업무나 증권예탁증권발행업무를 영위할 수 없다. 예탁결제업무를 다수의 기관이 수행하게 되면 거래 당사자가 다른 예탁결제기관을 이용하게 되고 이 경우 거래 당사자는 다수의 결제기관과 결제업무를 처리해야 하므로 결제비용도 증가하고 결제기관간 실물의 이동이 발생하여 증권거래의 안전성 및 효율성이 저해될 수 있기 때문이다.

현재 고객의 의뢰 및 자신의 필요에 따라 증권을 대량으로 취득하는 금융투자회사와 자신의 투자목적으로 증권을 대량으로 취득하는 기관투자가들은 취득한 증권을 예탁결제원 등에 보관·관리한다. 이 중 금융투자회사가 고객의 주문에 의해 취득한 증권은 반드시 예탁결제원에 예탁하여야 하고 집합투자업자는 자신이 취득한 증권을 반드시 자산보관회사(은행 및 증권금융)에 보관하여야 하며, 자산보관회사는 대부분의 증권을 다시 예탁결제원에 재예탁하고 있다.

예탁결제원은 예탁증권을 직접 점유하고 주주명부·수익자명부 등에는 예탁결제원 명의로 기재되므로 발행회사 및 제3자에 대하여 예탁증권에 관한 권리를 행사할 수 있다. 그러나 권리내용에 변경을 가져오는 권리행사일 경우 예탁자와 투자자의 의사에 따라서 행사되어야 할 것인바, 예탁결제원이 예탁증권에 관한 권리를 예탁자와 투자자의 신청에 따라 행사할 수 있는 경우와 직접 행사할 수 있는 경우로 구분된다.

예탁결제원이 투자자의 신청에 의해 예탁증권에 관한 권리를 행사할 경우 투

합한 것으로서 예탁결제원이 정하는 것으로 규정하고 있다.

10) 예탁결제원은 「자본시장법」 또는 동 법에 따른 특별한 규정이 없는 한 「상법」상의 주식회사에 관한 규정이 준용된다.

자자는 예탁자를 통하여 예탁결제원에 권리행사를 신청해야 하며 예탁결제원은 투자자의 신청내용에 따라 발행회사에 대하여 예탁결제원의 명의로 권리를 행사해야 한다. 의결권, 신주인수권, 주식매수청구권, 전환권 등의 권리행사는 성질상 당연히 투자자의 신청이 있어야 한다. 예탁결제원이 투자자의 신청에 따라 권리를 행사하기 위해서는 그에 관한 내용을 사전에 파악할 필요가 있으므로 예탁자는 증권 등의 권리의 종류, 내용 및 행사일정 등에 대하여 예탁결제원에 통지해야 한다.

예탁결제원이 투자자의 신청 없이 예탁증권의 권리를 행사할 수 있는 경우는 자기명의로 명의개서 및 등록을 청구하는 경우, 자신의 명의로 주주명부에 기재하고 주권에 관하여 주주로서의 권리를 행사하는 경우 및 실물증권 보관에 따른 비용과 위험을 줄이기 위한 증권 등의 불소지 신고를[11] 하는 경우 등을 들 수 있다. 예탁결제원은 예탁증권 등에 대하여 자기명의로 명의개서 또는 등록을 청구할 수 있음에 따라 예탁증권의 형식상 소유자로서 주권에 관한 권리를 행사할 수 있게 되어 예탁증권이 원활하게 유통될 수 있게 한다.

이 밖에 예탁결제원은 명의개서 대행업무, 증권의 발행대행업무, 증권에 대한 배당·이자·상환금의 지급대행업무, 보호예수업무, 국제간 대체결제업무 그리고 동 법 및 다른 법률에서 부여된 업무로 증권예탁증권발행업무, 통일규격증권관리업무, 투자신탁의 수익자명부관리업무, 채권등록업무와 이에 부수되는 업무 등도 수행한다.

Ⅳ. 증권금융회사

증권금융회사는 증권의 발행과 유통을 촉진하기 위해 증권금융(securities finance)을 취급하는 주식회사이다. 증권금융회사가 취급하는 증권금융업무는 ① 금

11) 주권불소지제도는 기명주식을 안전하게 보유하기 위하여 주권을 발행하지 않는 제도이다. 주주는 정관에 다른 정함이 있는 경우를 제외하고는 기명주식에 대하여 주권의 소지를 하지 아니하겠다는 뜻을 회사에 신고할 수 있으며 동 신고가 있는 때에는 회사는 지체없이 주권을 발행하지 아니한다는 뜻을 주주명부와 그 복본에 기재하고, 그 사실을 주주에게 통지하여야 한다(「상법」 제58조의2). 예탁결제원은 예탁주권에 대하여 자기명의로 명의개서를 청구할 수 있으며 자기명의로 명의개서된 주식에 대하여는 주권불소지, 주주명부기재 및 주권에 관하여 주주로서의 권리를 행사할 수 있다.

융투자상품의 매도·매수, 증권의 발행·인수 또는 그 청약의 권유·청약·청약의 승낙과 관련하여 투자매매업자 또는 투자중개업자에 대하여 필요한 자금 또는 증권을 대여하는 업무, ② 증권시장 및 파생상품시장에서의 매매거래에 필요한 자금 또는 증권을 청산기관인 거래소를 통하여 대여하는 업무, ③ 증권을 담보로 하는 대출업무, ④ 그 밖에 금융위원회의 승인을 받은 업무 등이다.

증권금융회사는 증권금융업무 외에 투자매매업 및 투자중개업 중 대통령령으로 정하는 업무,[12] 신탁업무, 집합투자재산의 보관·관리업무, 증권대차업무, 보호예수업무, 그 밖에 금융위원회가 승인하는 업무 등을 「자본시장법」 또는 해당 법률이 정하는 바에 따라 인가·허가·등록 등을 받아 영위할 수 있다(법 제326조). 증권금융회사는 금융투자업자, 금융투자업 관계기관, 한국거래소, 상장법인, 그 밖에 총리령으로 정하는 자로부터 자금의 예탁을 받을 수 있고, 동 업무에 필요한 경우에는 총리령으로 정하는 방법에 따라 채무증서를 발행할 수 있다. 증권금융회사는 「상법」 제470조에 불구하고 자본금과 준비금 합계액의 20배를 초과하지 않은 범위에서 사채를 발행할 수 있다.[13]

투자매매업자 또는 투자중개업자는 투자자예탁금을 고유재산과 구분하여 증권금융회사에 예치 또는 신탁하여야 한다. 금융위원회는 증권금융회사 경영의 건전성을 유지하기 위하여 경영지도기준을 정하여 지도한다. 경영지도기준에는 자기자본비율과 유동성비율 등 경영지도비율, 자산건전성 분류, 대손충당금 등 적립기준, 위험관리 및 위험관리조직, 회계처리원칙, 건전성 평가, 적기시정조치, 경영공시 등이 포함된다.

V. 명의개서 대행회사

명의개서 대행회사(transfer agent)는 증권의 명의개서를 대행하는 업무를 영위하는 회사를 말한다. 주식과 사채를 취득한 자가 주주명부나 사채원부에 자신의 이름과 주소 등 필요한 사항을 기재하지 아니하면 회사에 대하여 대항할 수 없는데,

12) 환매조건부증권매매 및 그 중개·주선 또는 대리업무와 집합투자증권의 투자매매중개업무(시행령 제320조).

13) 증권금융회사는 동 사채의 상환을 위하여 일시적으로 동 한도를 초과하여 사채를 발행할 수도 있다. 다만, 이 경우 발행 후 1개월 이내에 동 한도에 적합하도록 하여야 한다.

이와 같이 주주명부나 사채원부의 주식이나 사채의 취득자 명의를 기재하는 것을 명의개서라 한다. 주주·사채권자의 확정을 위한 주주명부·사채원부에의 기재,[14] 보관 등 명의개서와 관련된 업무는 번잡할 뿐만 아니라 별도의 인력·설비 및 시간을 투자해야 하기 때문에 발행회사에 많은 부담이 될 뿐만 아니라 주주·사채권자 입장에서도 명의개서를 위해 회사마다 청구해야 하는 불편함이 있다. 따라서 이러한 업무를 전문으로 하는 회사에 이를 위임하게 되면 명의개서 업무를 보다 효율적으로 처리할 수 있다.

명의개서는 주식 또는 사채를 양수한 자가 회사에 청구함으로써 회사가 하는 것이 원칙이지만 정관이 정하는 바에 따라 명의개서 대리인을 둘 수 있으므로 명의개서 대행회사가 회사를 대신하여 명의개서를 대행할 수 있다. 증권의 명의개서를 대행하는 업무를 영위하려는 자는 금융위원회에 등록을 해야 한다. 현재 한국예탁결제원, 하나은행, 국민은행이 명의개서 대행업무를 겸영업무로서 취급하고 있다.

한편, 주식과 사채의 무권화제도 및 전자등록제도가 도입되어 전자등록부를 주주명부·사채원부로 보게 되어 주권과 사채권을 발행하지 않고 전자등록기관에 등록만 하면 증권을 소지하지 않고도 권리의 양도, 담보의 설정 및 권리행사가 가능하게 되었다.[15] 전자등록부에의 기재가 주식·사채양도의 대항요건이 되어 별도의 명의개서가 필요하지 않게 되기 때문이다.

명의개서 대행회사는 이 밖에 증권의 배당·이자 및 상환금의 지급을 대행하는 업무와 증권의 발행을 대행하는 업무를 부수업무로 영위할 수 있다(「자본시장법」 제366조). 명의개서 대행회사는 증권의 명의개서를 대행하는 업무와 그 외의 업무간에 조직 및 업무처리, 정보와 자료의 공유 등에서 이해상충을 방지할 수 있는 체제를 갖추어야 한다. 증권의 명의개서를 담당하는 임·직원의 직무관련 정보 이용과 금융상품 매매는 금융투자회사의 임·직원에 관한 규정이 준용된다.

---

14) 주주명부에는 주주의 성명과 주소, 각 주주가 가진 주식의 종류와 수, 주권의 번호, 각 주식의 취득연월일을 기재해야 하고 사채원부에는 사채권자의 성명과 주소, 채권의 번호, 각 사채의 취득연월일을 기재해야 한다.

15) 「상법」 제356조의2 및 제478조 ③.

Ⅵ. 자금중개회사

자금중개회사는 금융회사간 단기자금거래의 중개를 목적으로 설립된 주식회사이다. 자금중개회사가 영위하는 업무는 콜자금, CD, RP 등 원화자금거래의 중개와 외국환 중개 그리고 금융위원회가 인가하거나 승인한 업무 등이다. 자금중개회사는 금융투자업(자금거래의 중개업무와 경제적 실질이 유사한 것으로서 시행령으로 정하는 금융투자업[16]은 제외)을 영위하여서는 아니 된다(「자본시장법」 제357조 ①). 자금거래의 중개를 업무로 하는 자금중개회사가 금융투자업을 영위하게 되면 이해상충 문제가 발생할 소지가 크기 때문이다. 자금중개회사는 금융위원회가 정하여 고시하는 금융회사 등[17]이 콜거래에 따른 차입을 하는 경우에는 그 중개·주선 또는 대리를 하여서는 아니 된다.

자금중개회사의 중개업무는 수수료만 받고 거래상대방을 연결하여 주는 단순중개(broking)를 원칙으로 하나 콜거래에 한해 금융위원회가 정하여 고시하는 최소한의 범위 내에서 자신의 책임과 계산하에 거래하는 매매중개(dealing)도 허용된다(시행령 제346조 ③).

Ⅶ. 종합금융회사

종합금융회사는 국제수지상의 애로가 컸던 1975년 주로 외자도입을 촉진하기 위해 설립된 회사이다. 설립 당시에는 국내금융회사들의 대외공신력이 낮고 금융노하우 부족으로 국제금융시장에 접근하기가 어려웠기 때문에 외국의 유수 금융회사와 제휴하여 외자도입을 주선해 줄 수 있는 금융회사가 필요하였기 때문이다. 종합금융회사는 1997년 말까지 30개에 달하였으나 이 중 8개는 1991년 「금융기관의 합병 및 전환에 관한 법률」에 의하여 은행이나 증권회사로 전환되었다. 그러나 1997년 외환위기 이후 부실 종합금융회사 20개의 인가가 취소되거나 합병 등으로 정리되어 현재 1개가 전업사로 영업중이고 종합금융회사를 합병한 일부 은행과 금

---

16) 외화표시 CD, RP, CP, 통화·이자율을 기초로 하는 장외파생상품의 중개·주선 또는 대리업무 등(시행령 제346조 ①).

17) 신용보증기금, 기술신용보증기금을 제외한 법률에 따라 설립된 기금이 이에 해당한다.

융투자회사 등이 한시적으로 단기금융업무를 겸영하고 있다.

종합금융회사가 취급할 수 있는 업무는 만기 1년 이내의 어음의 발행·할인·매매·중개·인수 및 보증, 설비 또는 운전자금의 투융자, 증권의 인수·매출 또는 모집·매출의 중개·주선·대리, 외자도입, 해외투자, 국제금융의 주선과 외자의 차입 및 전대, 채권의 발행, 기업의 경영상담과 기업인수 또는 합병 등에 관한 용역, 지급보증 등의 업무와 이상의 업무에 부수되는 업무로서 대통령령으로 정하는 업무[18]이다.

종합금융회사는 동 업무 외에 「여신전문금융업법」에 따른 시설대여업무, 집합투자업, 금전신탁 외의 신탁업무, 증권을 대상으로 하는 투자매매업 및 투자중개업, 「외국환거래법」에 따른 외국환업무, 그 밖에 이들 업무와 관련된 업무로서 대통령령으로 정하는 업무[19]를 이 법 또는 해당 법률이 정하는 바에 따라 인가·허가·등록 등을 받아 영위할 수 있다(법 제336조).

종합금융회사는 다양한 업무를 취급하는 관계로 이해상충을 방지하기 위한 규제를 받는다. 투자신탁의 설정·해지 및 투자신탁재산의 운용업무를 영위하는 경우 별도로 담당 임원을 두어야 하고, 임·직원에게 이해상충의 가능성이 큰 업무를 겸직하게 하여서는 아니 되며, 전산설비 또는 사무실 등의 공동사용 금지 및 다른 업무를 영위하는 임·직원간의 정보교류 제한 등 이해상충방지체계를 갖추어야 하는 등이 그것이다.

이 밖에 종합금융회사에 대하여는 경영건전성 규제로 적기시정조치제도와 경영실태평가 제도 그리고 재무건전성 규제로 자기자본 규제, 지급준비자산 보유, 동일인·동일차주·임원·자회사 등에 신용공여한도, 대주주와의 거래 제한, 증권투자한도, 부동산 취득제한, 자산건전성 분류에 따른 대손충당금 적립 등의 규제가 적용된다.

---

18) 어음관리계좌, 팩토링, 주가지수파생상품의 매매·중개, CD의 매매 및 그 중개·주선 또는 대리 등(「자본시장법」 시행령 제325조 ②).

19) 장내파생상품을 대상으로 하는 투자매매·중개업무, 유동화자산관리업무, 투자자문업무, 신용정보업무 등(「자본시장법」 시행령 제325조 ③).

Ⅷ. 단기금융회사

단기금융회사는 1년 이내에 만기가 도래하는 어음의 발행 · 할인 · 매매 · 중개 · 인수 및 보증업무와 그 부대업무로서 대통령령으로 정하는 업무(어음담보대출)를 영위하는 회사이다(「자본시장법」 제360조). 단기금융회사는 1972년 8 · 3조치에 의거 투자금융회사라는 이름으로 설립되어 단기금융을 주로 취급하던 회사로 1994년부터 은행이나 종합금융회사로 전환함에 따라 현재 단기금융만을 영위하는 단기금융회사는 없고 금융투자업자의 겸영업무로만 영위되고 있다.

제 3 절 신용보증기관

Ⅰ. 우리나라의 신용보증제도

신용보증제도는 기업의 사업상 필요한 자금조달을 원활하게 하기 위하여 또는 경제주체간 신용거래에 개재되어 있는 채무불이행의 위험을 경감시켜 주기 위하여, 물적 담보능력이 부족한 기업에 대하여 그 채무의 이행을 보증하여 주는 제도를 말한다.[20)]

우리나라 신용보증제도의 시작은 1961년 8월 「중소기업은행법」 시행령에 신용보증준비금제도가 도입되면서부터이다. 이후 1966년 12월 「중소기업기본법」이 제정되면서 중소기업은행과 중소기업자 사이의 여신거래에만 국한되어 있던 신용

20) 신용보증제도는 19C 길드제를 바탕으로 한 혈연적 관계에서 시작되어 업종별 보증조합 형태로 발전한 스위스의 신용보증제도에서 그 원형을 찾을 수 있다. 동 제도는 2차대전을 전후하여 독일을 비롯한 오스트리아, 네덜란드 등 유럽 각국으로 전파되어 그 나라의 특성을 반영하는 독특한 형태의 보증제도로 정착되었다. 현재 세계 각국에서 운영중인 신용보증제도는 크게 회원기업의 출자금을 재원으로 독립된 보증기관이 회원기업을 대상으로 독자적으로 보증제도를 운영하는 유럽식 상호보증모델과, 정부예산을 재원으로 정부가 불특정 다수의 기업을 대상으로 금융기관과의 포괄적 계약을 체결하고 제도 운영은 주로 금융기관이 담당하는 영미식 융자보증모델, 그리고 우리나라의 신용보증기금과 같이 두 모델을 혼합하여 정부 및 금융기관의 출연재원을 바탕으로 불특정다수의 기업을 대상으로 독립된 보증기관이 제도를 운영하는 아시아식 신용보증모델로 나누어진다.

보증준비금제도가 폐지되고 업무의 범위와 내용이 대폭 확충된 현재 운용 중인 제도와 유사한 형태의 신용보증제도가 마련되었다.

1972년 8월 이른바 「8·3 긴급경제조치」에 의해 전 금융기관에 신용보증기금이 설치되고 보증 대상기업이 대폭 확대되면서 신용보증제도가 일회적 정책수단이 아닌 새로운 금융분야의 하나로 지속적인 발전을 기할 수 있는 토대를 마련하였으며, 1974년 12월에는 각 금융기관에 산재되어 있던 기금을 통합하고 독립된 관리기관에 의하여 신용보증제도의 운영을 전담할 수 있는 법적 근거인 「신용보증기금법」을 제정·공포하였다.

동 법은 종래의 여러 갈래로 나누어진 신용보증제도를 통합, 확충하여 담보능력이 취약한 기업의 채무를 보증해 줌으로써 기업의 자금융통을 원활히 하고 신용정보의 효율적인 관리운용을 통해 건전한 신용질서를 확립하는 데 목적을 두고 제정되었다. 현재 신용보증기관으로는 신용보증기금, 기술신용보증기금, 농수산업자신용보증기금, 주택신용보증기금 및 산업기반신용보증기금 등이 있고, 동 기금을 관리 또는 위탁관리하는 기관으로 신용보증기금, 기술신용보증기금, 농업협동조합중앙회, 주택금융공사 등이 있다. 또한 1999년 9월 지역소재 중소기업에 대한 신용보증을 위해 제정된 「지역신용보증재단법」에 의거 현재 광역지방자치단체별로 16개 지역신용보증재단이 설립되어 운영중이다.

Ⅱ. 신용보증기금

우리나라 최초의 공적 신용보증기관인 신용보증기금은 「신용보증기금법」에 따라 1975년 3월 특수법인으로 설립되어 중소기업은행에 의한 잠정적인 업무대행체제를 거친 후 1976년 6월 독립기구로서 정식 발족했다. 현재 신용보증기금이 취급하고 있는 보증의 종류는 대출보증, 지급보증의 보증, 사채보증, 납세보증, 어음보증, 시설대여보증, 이행보증, 무역어음인수담보보증, 제2금융보증, 상거래담보보증, 담보부보증 등 일반보증과 회사채나 채권담보부증권보증 등 특수보증이 있다.

신용보증기금의 주요 재원은 법적으로 정부, 금융기관 및 기업의 출연으로 조성하도록 되어 있으나 현실적으로 기업의 출연은 이루어지지 않고 주로 금융기관 및 정부의 출연에 의존하고 있다. 신용보증기금에 출연이 의무화되어 있는 금융기관은 일반은행, 특수은행, 개발기관 및 신탁회사 등이다. 정부는 매회계연도 정부 예산 중 일부를 출연하며 금융기관은 출연대출금의 0.2%에 해당하는 금액을 매월 출연토록 되어 있다.

신용보증기금의 보증한도는 기본재산과 이월이익잉여금 합계액의 20배이다. 신용보증기금은 또한 지방중소기업의 자립적인 신용보증을 목적으로 하여 설립된 지역신용보증재단의 원보증에 대해 일정금액(2억원) 범위 이내에서 재보증을 할 수 있다. 신용보증기금은 채권자의 보증채무이행 청구에 의해 대위변제를 하는 경우 「민법」상의 대위권에 의해 채권자의 지위를 승계하여 채권관계자들에게 대위변제금의 상환을 청구할 수 있는 구상권을 갖는다. 지금까지 신용보증기금은 높은 대위변제율과 전액보증제도로 인해 이월결손금이 누적되어 보증능력 확충을 위해 정부의 추가출연과 보증한도 확대 등을 반복하여 왔다.

이와 같은 문제점을 개선하기 위해 1997년 하반기부터 부분보증제도를 도입하고 보증료도 보증대상의 신용도, 보증기간 및 보증금액에 따라 차등화하였다. 이 밖에도 신용보증기금은 「신용정보의 이용 및 보호에 관한 법률」에 의거 금융위원회의 허가를 받아 신용조회업과 어음보험,[21] 기업에 대한 경영 및 기술지도 업무 등을 영위하고 있다.

III. 기술신용보증기금

기술신용보증기금은 1986년 12월 「신기술사업 금융지원에 관한 법률」(2001년 「기술신용보증기금법」으로 변경)이 제정됨에 따라 신용보증기금 내에 기술신용보증기금이 설치 운용되어 오다가 1988년 12월 동 법률이 개정되면서 독립된 법인격을 부여받고 1989년 4월에 설립되었다.

기술신용보증기금이 취급하는 보증의 종류는 신용보증기금이 취급하는 일반

21) 어음보증은 어음상의 채무자(물품구입업자)가 보증료를 부담하고 어음의 부도시 보증기관이 채권자(물품판매업자)에게 어음금액을 보상하는 데 반해 어음보험은 채권자가 보험가입자가 되어 보험료를 지급하고 어음의 부도시 보험금을 받는 일종의 신용보험(credit insurance)이다. 어음보험제도는 1997년 9월 1일부터 도입되었는데 이는 채권자(물품판매업자)가 대부분 중소기업으로 이들의 교섭력이 약해 채무자(물품구입자)에게 어음에 대한 지급보증을 요구하는 것이 어려운 거래관행으로 인해 어음보증의 실효성이 낮은 현실을 고려한 것이다.

신용보증 이외에 신기술사업화자금에 대한 보증업무를 취급하고 있는바, 특히 기업에 대한 기술평가, 기술지도, 기술중개업무 등 기술관련 업무를 중점적으로 취급하도록 하기 위해 총 보증공급의 3/4 이상이 기술신용보증이 되도록 의무화되어 있다. 동 기금은 정부, 금융기관 및 신기술사업금융회사로부터 출연을 받고 있다.

기술신용보증기금의 보증한도는 기본재산과 이월이익잉여금 합계액의 20배다. 기술신용보증기금은 이 밖에도 「신용정보의 이용 및 보호에 관한 법률」에 의거 금융위원회의 허가를 받아 신용조회업을 영위하고 있다.

Ⅳ. 농림수산업자신용보증기금

농림수산업자신용보증기금은 담보력이 미약한 농림수산업자가 금융기관으로부터 사업자금의 융자를 받고자 할 경우 그 신용을 보증하기 위하여 도입된 제도로 1971년 1월 「농림수산업자 신용보증법」의 제정으로 1972년 3월 농협중앙회의 기금출연(1억원)으로 업무를 개시하였다. 현재 농업협동조합중앙회가 관리업무를 대행하고 있다. 동 기금은 이후 정부 및 농·수·축협의 추가출연이 있었다.

Ⅴ. 주택금융신용보증기금

주택신용보증기금은 담보력이 미약한 근로자에 대해 신용보증을 함으로써 주택자금 융자의 원활한 지원을 위해 1987년 5월 제정된 「근로자의주거안정과 목돈마련 지원에 관한 법률」에 의해 설치된 기금이다. 주택신용보증기금은 1999년 1월까지 주택은행이 위탁관리를 하다가 이후 신용보증기금의 위탁관리를 거쳐 한국주택금융공사의 설립과 함께 동 사로 이관되었다.

Ⅵ. 산업기반신용보증기금

산업기반신용보증기금은 도로, 철도, 항만, 통신 등 사회간접시설의 확충을 위한 민간투자를 유도할 목적으로 1994년 8월 제정·공포된 「사회간접자본시설에 대한 민간자본유치촉진법」에 의거 설립되었다. 동 기금은 1995년 5월 신용보증기금, 한국산업은행, 기술신용보증기금 등 3개 기관을 관리기관으로 선정하여 최초 업무를 개시하였다가 1999년 1월 「사회간접자본시설에 대한 민간자본유치촉진법」이 「사회간접자본시설에 대한 민간투자법」으로 개정되면서 관리기관이 신용보증기금으로 단일화되었다.

Ⅶ. 지역신용보증재단

지역신용보증재단은 당초에는 지역소재 소기업과 소상공인에 대한 신용보증을 확대하기 위해 「민법」상의 비영리사단법인 조합으로 설립되었으나, 1999년 9월 「지역신용보증재단법」의 제정으로 중소기업청장의 인가를 받아 재단으로 설립토록 변경되었다.

지역신용보증재단은 원칙적으로 특별시, 광역시 또는 도 등 광역지방자치단체를 업무구역으로 하나, 대통령령이 정하는 특별한 사유가 있을 때에는 2 이상의 시·도를 업무구역으로 할 수 있다. 신용보증재단의 기본재산은 지방자치단체의 출연금, 금융기관의 출연금, 기업의 출연금 등이며, 정부는 재단의 기본재산 확충을 위하여 시·도에 보조할 수 있다. 동 재단은 신용보증을 받은 소기업 등으로부터 그 보증금액에 대하여 신용도 등을 참작하여 보증료를 징수한다.

신용보증재단의 신용보증총액의 한도는 재단의 기본재산과 이월이익금의 합계액의 15배를 초과하지 아니하는 범위 안에서 대통령령으로 정한다. 동 재단은 신용보증 이외에 신용조사 및 신용정보의 관리, 경영지도, 구상권의 행사 및 기타 업무에 부수되는 업무로서 중소기업청장의 승인을 얻은 것을 수행할 수 있다. 동 재단은 특정 금융기관, 신용보증기금 또는 기술신용보증기금과 보증책임의 일부를 부담하는 것을 조건으로 여유금의 운용 등에 관한 업무특약을 체결할 수 있다.

지역신용보증재단은 채권회수전문기관에 구상채권을 매각할 수 있으며 신용조사, 신용정보의 관리 및 구상권 행사 업무를 효율적으로 수행할 수 있도록 국가, 지방자치단체 및 공공단체에 대하여 필요한 자료의 제공을 요청할 수 있다.

신용보증재단은 각 개별재단을 구성원으로 하는 신용보증재단중앙회를 설립·

운영하고 있다. 중앙회는 지역신용보증재단과의 계약에 의거 동 재단에 대한 재보증업무를 수행하는 외에 동 재단의 공동사업, 교육연수, 재단업무 지원, 신용보증 연구개발 등의 업무를 수행하고 있다. 중앙회의 재보증을 위한 기본재산은 정부의 출연금, 금융기관·기업 등의 출연금 및 사업의 수익금 등으로 조성된다. 현재 신용보증재단중앙회는 종래 중소기업청에서 수행하던 지역신용보증재단에 대한 감사업무를 수탁받아 수행하고 있으며 이 밖에 정부, 지방자치단체, 공공기관 등이 위탁하는 소기업 등에 대한 지원사업과 다른 법령에서 정한 사업을 수행할 수 있다.

중소기업청장은 신용보증재단 및 중앙회의 업무를 감독하고 감독상 필요한 명령을 할 수 있으며, 동 재단과 관련된 업무의 원활한 수행을 위하여 필요한 경우 중앙회에 업무의 일부를 위탁할 수 있다.

Ⅷ. 대한주택보증㈜

대한주택보증㈜는 1999년 3월 종래의 주택사업공제조합을 흡수·발전시킨 회사이다. 종래의 주택사업공제조합은 주택사업에 필요한 각종 보증 및 융자를 통해 주택사업자의 신용도를 제고하고 주택선분양제도에 따른 분양 이행 및 하자보수의 보장으로 입주자를 보호하기 위해 「주택건설촉진법」에 의거 1993년 설립되었었다. 그러나 1995년 이후의 주택경기 침체로 조합원사의 부도가 크게 증가, 조합의 손실이 크게 늘어 부실화되자 1999년 3월 대한주택보증㈜을 설립하여 동 조합을 흡수하고 동 사에 대해 정부, 금융기관 및 주택건설업체가 공동출자하였다.

동 사는 주택분양보증, 하자보수보증, 주택임대보증, 감리비예치보증, 기타 유사한 보증 및 보증채무 이행에 필요한 주택건설사업 등의 업무를 수행하고 있다. 동 사에 대한 정관 승인, 업무감독 및 재산검사업무는 국토교통부 장관이, 경영건전성 검사는 금융위원회가 담당하고 있다.

제 4 절 신용정보기관

Ⅰ. 신용정보회사

신용정보업은 신용정보를 수집, 가공 및 평가하여 이를 금융회사 등 신용정보 이용자에게 제공하는 사업을 말한다. 신용정보는 개인관련 정보와 기업의 신용능력을 판단하는 신용능력 정보로 구분할 수 있다.

개인관련 신용정보는 식별정보, 신용거래정보 및 공공기록정보 등이 있다. 식별정보는 개인의 주민등록번호, 주소, 직업 등 개인의 신상을 확인하기 위한 정보이고 신용거래정보는 예금, 대출, 보증 현황과 연체, 부도 등 금융회사와의 거래기록정보를, 그리고 공공기록정보는 금융사기 등 금융질서 문란행위와 국세, 지방세 등의 각종 세금체납정보 등을 포함한다.

기업의 신용능력정보는 기업의 사업내용, 감사의견 등 신용정보주체의 신용거래능력을 판단할 수 있는 정보를 말한다. 원칙적으로 공개가 요구되는 기업신용정보와는 달리 개인정보는 오·남용이나 유출될 경우 개인의 사생활(privacy)을 침해할 가능성이 크다. 이에 현행 「신용정보의 이용 및 보호에 관한 법률」과 「정보통신망법」을 중심으로 「공공기관개인정보보호법」, 「금융실명거래법」, 「특정금융거래정보의 보고 및 이용법」 등에 개인정보의 오·남용과 누설에 대비하기 위해 국제적인 기준을 고려하여 개인정보 보호를 위한 규정을 담고 있다.

현행 「신용정보의 이용 및 보호에 관한 법률」은 신용정보업을 수행하는 자를 신용정보업자(Credit Bureau)와 신용정보집중기관으로 구분하여 규율하고 있다. 신용정보업자는 개인이나 기업 등 신용정보주체의 개별정보를 조사·수집·정리하여 금융회사 등 신용정보이용자에게 제공하고 이의 대가로 수수료를 받는 자를 말한다. 동 법에 의한 신용정보업무의 종류는 신용조사업무, 신용조회업무, 채권추심업무, 신용평가업무,[22] 이들의 부대업무 및 기타 금융위원회의 승인을 얻은 업무로 구분된다. 신용정보업자는 동 법에서 정한 일부 업무[23] 외에는 금융위원회에 미리

---

22) 투자자 보호 목적으로 기업 등의 신용평가를 제공하는 신용평가업은 신용정보의 활용을 규율하는 「신용정보의 이용에 관한 법률」과는 규제 취지가 상이하여 2013년 「자본시장법」 개정으로 신용평가업에 대한 규제는 동 법으로 이관되었다.

23) 1. 개인에 대하여 타인의 신용정보 및 신용정보를 가공한 신용정보를 제공하는 업무

신고하고 허가받은 업무와 관련된 업무를 겸업할 수 있다(동 법 제11조).

신용조사업이란 타인의 의뢰를 받아 신용정보를 조사하고 이를 의뢰인에게 제공하는 업무를 말한다.

신용조회업이란 신용정보를 수집 · 정리 또는 가공 · 처리하고, 의뢰인의 조회에 따라 신용정보를 제공하는 업무로 신용조회업자는 자체적으로 신용정보를 수집 · 조사 · 분석하여 데이터베이스를 구축하고, 상거래를 목적으로 한 신용정보 수요자에게 정보를 제공한다.

신용조회회사(CB: Credit Bureau)는 예금, 대출, 카드 등 상거래정보, 세금관련 정보 등 개인의 신용관련 정보를 금융회사, 공공기관, 기업 등으로부터 수집 · 가공 · 평가하여 이를 바탕으로 개인의 신용등급을 산출한다. CB는 이와 같은 정보를 금융회사 등에 제공하고 개별신용정보 주체에게는 본인의 신용정보 및 동 변동사항, 신용평점 산정, 신용인증, 신용상담 등의 서비스를 제공한다. 현재 한국신용정보(NICE), 한국신용평가정보(KIS), 한국개인신용(KCB), 서울신용평가정보 등이 금융위원회의 허가를 받아 동 업무를 영위하고 있다.

신용정보업을 영위하기 위해서는 공신력을 제고하기 위해 금융기관이 50% 이상 출자한 법인으로서 소정의 최저자본금(신용조사 및 채권추심업의 경우 30억원, 신용조회 및 평가업의 경우 50억원)과 충분한 인적 · 물적 요건을 갖추어 금융위원회의 허가를 받아야 한다. 신용조사나 채권추심업에 비해 신용조회와 평가업의 진입요건이 보다 엄한 것은 이들 사업을 영위하기 위해서는 보다 전문성이 있는 인적자원과 전산설비, 네트워크 구축 등 고정투자비용이 많이 들기 때문이다.

2009년 기준 현재 4개의 신용평가업자(2개는 신용조사 · 조회업 겸영)와 9개의 신용조사 · 조회업자 및 25개의 신용조사 · 채권추심업자(한국무역보험공사, 한국자산관리공사, 신용보증기금, 농협자산관리 등 4개 겸영업자 포함)가 신용정보업을 영위하고 있다.[24)]

채권추심업이란 채권자의 위임을 받아 채무자에 대한 재산 조사, 변제의 촉구 또는 채무자로부터의 변제 수령을 통하여 채권자를 대신하여 추심채권을 행사하는

---

2. 다른 회사 채권에 대한 부채증명서 발급 대행 업무
3. 부실채권 매입, 채권추심 등 타인의 권리실행을 위한 소송사건 등의 대리업무, 신용평가회사의 개인신용등급 산정업무 등 신용정보회사의 업무 범위를 벗어난 업무
4. 신용정보주체 또는 사회에 명백하게 해악을 끼칠 수 있는 업무로서 시행령으로 정하는 업무.

24) 미국의 경우 기업신용조사기관으로는 Dun & Bradstreet사가 개인신용정보기관으로는 Equifax, Experian, Trans Union 등이 시장을 지배하고 있다.

업무를 말한다. 여기서 추심채권이라 함은 「상법」에 따른 상행위로 생긴 금전채권, 판결 등에 따라 권원이 확정된 민사채권으로서 시행령이 정하는 채권 및 다른 법률에서 신용정보회사에 대한 채권추심의 위탁을 허용한 채권을 말한다.

Ⅱ. 신용정보집중기관

신용정보집중기관은 금융회사 등으로부터 신용정보를 수집 · 집중하여 체계적 · 종합적으로 관리하고 이의 유통을 담당하는 기관으로 금융위원회가 지정한다. 신용정보 집중의 목적은 신용정보의 공유 확대를 통해 정보비대칭을 완화함으로써 신용시장을 확대 · 발전시키기 위함이다.

동 시장은 금융소비자에 대해서는 신용경력(credit history)관리의 중요성을 인식하게 하여 기강효과(discipline effect)를 높이고, 금융회사들에 대해서는 금융소비자들의 평판담보(reputation collateral)를 활용함으로써 신용리스크관리에 기여할 수 있다.

신용정보집중기관은 종합신용정보집중기관과 개별신용정보집중기관으로 구분된다. 종합신용정보집중기관은 모든 금융회사로부터의 신용정보를 집중관리 · 활용하는 공적기구(public credit registry)로 신용정보의 집중관리 및 활용, 공공 목적의 조사 및 분석 업무, 신용정보의 가공 · 분석 및 제공 등과 관련하여 대통령령으로 정하는 업무, 신용정보주체 주소변경의 통보대행 업무 및 다른 법령에서 종합신용정보집중기관이 할 수 있도록 정한 업무를 영위한다. 현재 한국신용정보원이 동 업무를 수행하고 있다.

신용정보집중기관과 신용조회회사 사이의 신용정보 교환 및 이용은 신용조회회사의 의뢰에 따라 신용정보집중기관이 신용조회회사에 신용정보를 제공하는 방식으로 한다. 종합신용정보집중기관은 집중되는 신용정보의 정확성 · 신속성을 확보하기 위하여 신용정보집중관리위원회가 정하는 바에 따라 신용정보를 제공하는 금융기관의 신용정보 제공의무 이행 실태를 조사할 수 있다.

개별신용정보집중기관은 금융기관 외의 같은 종류의 사업자가 설립한 협회 등의 협약에 따라 신용정보를 집중관리 · 활용하는 신용정보집중기관으로 현재 은행연합회, 금융투자협회, 손해보험협회, 생명보험협회, 여신전문금융협회, 한국정보통신진흥협회 등이 있다.

이밖에 민간이 개별적으로 설립한 중금리혁신법인이 있다. 동 법인은 주주들(한국신용데이터, 카카오은행, 웰컴저축은행, 국민은행, 현대캐피털, SGI서울보증 등)이 보유한 금융·비금융데이터를 기반으로 개인사업자 전용 신용평가모형(CSS)을 개발·운용하고 있다. 지금까지 개인사업자에 대한 신용평가는 주로 사업자 개인의 신용정보에 근거하여 신용평가를 받기 때문에 사업체가 가진 유·무형의 경쟁력을 제대로 반영하지 못하고 있다는 취지에서 설립된 법인이다.

앞으로 금융권은 자신이 보유한 방대한 정보에 이종 기업이 보유한 고객 데이터를 결합하여 초 개인화된 맞춤형 상품과 서비스를 제공할 수 있게 될 것이다. 또한 여러 금융사에 흩어져 있는 개인금융정보를 한데 모아 관리할 수 있게 하여 주는 마이데이터도 금융권의 데이트 확보를 위한 경쟁을 더욱 가속화 시킬 것이다.

III. 신용평가회사

신용평가업이란 투자자를 보호하기 위하여 금융상품 및 신용공여 등에 대하여 그 원리금이 상환될 가능성과 기업·법인 및 간접투자기구 등의 신용도를 평가하는 행위를 말한다. 신용평가회사는 피평가대상 주체나 이들이 발행하는 증권의 신용등급을 평가하여 기호로 표시하고, 이를 투자자나 채권자 등 이해관계자들에게 제공하고, 이들이나 피평가회사로부터 수수료를 받는다.

신용평가회사의 신용평가등급은 채권자나 투자자들의 판단에 중요한 정보가 되는바, 신용평가회사가 비싼 수수료를 받고도 질이 낮은 정보를 제공하는 것을 방지하기 위해 기업신용위험관련 예측정보와 신용평가정보의 공시, 신용평가결과분석(default study)[25] 제도의 도입 등 신용평가업무에 대한 시장규율을 강화하고 피평가기업들이 좋은 평가등급을 받기 위해 평가등급세일(rating shopping)을 하는 것을 방지하여 평가업무의 공정성을 제고하기 위해 신용평가회사가 동일 회사에 대해 평가업무와 컨설팅업무를 동시에 수행하는 것을 금지하고 있다.[26] 「자본시장법」

25) 누적부도행렬, 전이행렬 등 전체적인 데이터와 유형별 신용등급의 적정성 및 신용위험에 대한 예측정보 제공기능을 독립적으로 평가하고 의견을 제시하는 제도를 말한다.

26) 최근 글로벌 금융위기 과정에서 신용평가회사의 부실평가 문제가 제기되면서 신용평가회사의 평가능력 제고와 이해상충 방지를 위한 규제가 강화되고 있다. 미국은 2010년 「Dodd-Frank법」에서 특정 증권에 대한 평가업무와 신용평가회사 등록을 취소할 수 있는 권한, 신용등급의 질 및

은 신용평가회사의 평가방법 등에 관한 작성·공시의무를 강화하여 신용평가회사는 신용등급의 부여·제공·열람에 제공하기 위한 방침·방법을 정하고 이를 금융위원회 등에 제출하게 하고 금융감독원은 이를 DART 등에 공시하도록 규정하고 있다.

제 5 절 기타유관기관

Ⅰ. 금융결제원

금융결제원(Korea Financial Telecommunications and Clearing Institute)은 1986년 6월 전국어음교환관리소와 은행지로관리소를 통합하여 설립된 「민법」상의 사단법인이다. 현재 금융결제원 참가기관으로서는 12개의 사원은행, 10개의 준사원은행 및 14개의 특별참가기관으로 구성되어 있다.

금융결제원은 어음교환소의 설치 및 운영, 은행지로, 금융공동망의 구축·운영, 부가가치통신망(VAN)사업 운영 업무를 주로 수행하고 있다.

어음교환 업무는 동일 경제권역 내에 있는 은행들이 영업활동을 통하여 수납한 어음(수표, 어음 및 제증서 등) 중 다른 은행에서 지급하여야 할 어음을 상호교환하고 그 차액을 일괄결제하는 것이다.

지로업무는 지급인과 수취인 사이의 각종 채권·채무의 결제나 자금의 이전을 금융기관의 예금계좌를 통하여 처리하는 것으로서 금융결제원이 은행지로업무를

이해상충 등을 감시할 수 있는 권한, 구조화상품에 대한 평가시 이해상충을 줄이기 위해 최초 평가시 신용평가회사를 지정하는 권한을 SEC에 부여하는 등 SEC의 감독 권한을 확대하고, 신용평가회사의 평가실적·평가방법론·평가과정 등과 관련된 정보의 공시를 강화하는 장치를 도입하였다. 한편, SEC는 MMF 투자채권에 대한 신용평가회사의 투자등급 부여 의무를 폐지하고 신용등급에 따라 투자은행들이 보유해야 하는 필요자기자본 부담의무를 완화하였으며 CFTC도 기존의 신용등급요건을 폐지하고 이를 적절한 다른 기준으로 대체하는 규정을 발표하는 등 신용평가회사의 위상을 낮추어 신용평가회사의 시장지배력을 약화시키는 조치를 실시하였다. EU의회는 신용평가회사의 등록 및 법규준수의무 부여, 역외 신용평가회사가 부여한 신용등급에 대한 EU등록 신용평가사의 보증(endorsement) 등을 주요 내용으로 하는 규제를 2010년 9월부터 시행하고 있다. 2010년 G20정상회의는 신용평가회사들에 대한 감독을 강화한다는 데 합의하였다.

집중하여 결제하는 지로센터로서의 역할을 담당하고 있다.

금융공동망은 금융결제원을 중계센터로 각 금융기관이 통신망으로 상호연결하여 각종 금융거래 및 금융정보를 처리할 수 있도록 하는 것으로 CD/ATM 공동망, ARS공동망 등이 있다. 이 외에 부가가치통신망 사업으로 신용카드거래 승인 서비스 및 자금관리서비스(CMS) 등이 포함된다.

Ⅱ. 금융정보분석원

금융정보분석원(FIU: Financial Intelligence Unit)은 「특정금융거래정보의 보고 및 이용 등에 관한 법률」(2001년 9월 제정)에 의거 금융위원회 내에 설립되었다. 금융정보분석원은 불법적인 자금세탁 등을 감시하기 위해 금융기관 등으로부터 일정규모 이상의 현금거래 및 불법재산 또는 자금세탁 행위로 의심이 가는 거래(suspicious transactions) 등의 금융거래 정보와 세적·세무 자료, 주민등록 자료 등 공공정보를 포함하는 일정 관련정보를 일괄 수집·집중하여 이를 데이터베이스화하고 수집된 정보를 대조·분석하여, 법집행기관[27]들이 수사·조사 등 업무에 활용할 수 있도록 원시정보 및 분석정보를 제공하는 종합정보집중시스템이다.

자금세탁(money laundering)이란 범죄자가 범죄행위로부터 취득한 재산을 금융거래 및 경제거래 등을 이용하여 위법한 출처를 숨기고 적법한 수입으로 가장하는 일련의 과정을 말한다. 현재 자금세탁을 방지하기 위한 규제법률로 「특정금융거래정보의 보고 및 이용 등에 관한 법률」과 「범죄수익은닉의 규제 및 처벌 등에 관한 법률」 등이 있다.

「특정금융거래정보의 보고 및 이용 등에 관한 법률」은 금융정보분석원의 설치, 금융기관 등의 혐의거래보고, 금융기관 등의 고액현금거래보고, 금융기관 등의 고객주의의무, 혐의거래에 대한 심사분석, 자금세탁관련 정보제공, 보안유지 및 재판상 증거사용 불가 등을 규정하고 있다.

「범죄수익은닉의 규제 및 처벌 등에 관한 법률」은 자금세탁행위를 전제범죄(predicate offence)[28]로 규정하고 불법재산 또는 자금세탁 행위 발견시 금융기관 등

27) 금융정보분석원장은 불법재산, 자금세탁 등에 관련된 수사를 위해 금융위원장, 중앙선거관리위원장, 검찰총장, 국세청장, 관세청장의 요구가 있을 경우 필요한 금융정보를 제공하여야 한다.

의 신고의무, 범죄수익 등의 몰수 추징, 국제공조의 실시 등을 규정하고 있다.

이와 같은 업무를 효율적으로 수행하기 위해 혐의거래보고(suspicious transaction report), 고액현금거래보고(currency transaction report) 및 고객주의의무(customer due diligence)제도 등이 도입되었다. 혐의거래보고제도는 금융회사 등은 불법재산이거나 금융거래 상대방이 자금세탁행위 또는 분할거래를 하고 있다고 의심되는 합당한 근거가 있는 경우 이를 금융정보분석원에 보고해야 하는 제도이고, 고액현금거래 보고제도는 동일인 명의로 이루어지는 1거래일간의 현금거래 합산액이 2천만원(5천달러) 이상일 경우 그 거래내역을 금융정보분석원에 보고해야 하는 제도이다. 고객주의의무제도는 금융회사가 자금세탁에 이용되지 않도록 고객을 확인하고 자금의 출처와 거래목적을 파악하는 등 고객의 신원에 대해 합당한 주의의무(due diligence)를 기울여야 하는 것을 말한다.

최근 세계적인 자금세탁방지기구인 FATF(Financial Action Task Force on Money Laundering)는 동 기구에의 가입요건으로 자금세탁의 전제범죄규정, 고객확인의무,[29] 기록보존의무, 혐의거래보고, 테러자금 조달행위의 범죄화, 테러관련 혐의거래의 보고 등 6대 핵심권고사항을 포함한 40개의 권고사항과 9개의 특별권고사항을 이행할 것을 요구하고 있다.[30]

우리나라는 2006년 8월 '옵저버국가'로 결정되었으며 「테러자금 조달의 억제를 위한 국제협약」을 이행하기 위하여 2007년 12월 「공중 등 협박 목적을 위한 자금조달행위의 금지에 관한 법률」[31]을 제정하는 등 대부분의 권고요건을 충족하

28) 전제범죄란 자금세탁과 관련하여 처벌하는 경우 처벌대상이 되는 특정범죄(조직범죄, 마약범죄) 등을 말한다.

29) 현재 고객확인의무는 금융회사가 보유계좌의 수혜자(beneficial owner of account) 신원을 확인하기 위한 합당한 조치를 취해야 한다고만 되어 있으나 최근 독재자들에 대한 자산동결조치가 잇따르고 있는 가운데 FATF는 보유계좌에 대해 실질적인 지배권을 갖는 최종수혜자의 신상자료 확보 및 검증을 의무화하는 방안을 검토하고 있다. 그러나 명의신탁 방식의 계좌 개설이 허용되고 있는 미국은행 등 자금 이탈을 우려하는 민간은행들의 반대와 확인의무 강화가 오히려 신원을 은폐하려는 사람들에게 복잡한 형태로 소유구조를 치밀하게 위장하거나 은닉하는 편법이나 위법을 저지르는 유인을 제공할 수도 있다는 주장 등으로 채택 여부는 불투명하다.

30) FATF는 G7 정상회의를 통해 1990년에 설립된 OECD산하의 독립기구로 현재 미국, 영국, 중국 등 32개국과 European Commission, Gulf Co-operation Council 등 2개 국제기구가 회원으로 참여하고 있으며 자금세탁방지 및 테러자금 조달 차단을 위한 국제적 네트워크 구축, 자금세탁방지관련 국제규범의 제정 및 이행권고 등의 활동을 하고 있다.

31) 공중협박자금의 조달과 관련 있는 것으로 판단되는 개인·법인 또는 단체를 금융거래 제한 대상자로 지정하여 고시할 수 있도록 하고, 공중협박자금을 모집·제공한 자 등에 대한 벌칙 규정을 두고 있다.

여 2008년 11월 상호평가를 받은 결과 2009년 10월 35번째 FATF의 정회원국으로 가입하였다. 우리나라가 FATF의 정회원국이 됨으로써 국내제도의 국제적인 공인을 획득하게 되어 우리 금융시장의 투명성에 대한 대외 신인도를 높이고 우리 금융회사들의 해외영업 활동에도 긍정적으로 작용할 것으로 기대된다.

III. 전자서명인증기관

전자서명인증기관은 전자상거래의 활성화를 뒷받침하기 위해 전자서명의 공인인증서를 담당하는 기관이다. 공인인증서(certificate)란 「전자서명법」에 의거하여 개인간, 기업간 그리고 개인과 기업간에 이루어지는 인터넷상의 상거래, 문서교환 등을 신뢰성 있게 할 수 있도록 국가로부터 지정을 받은 공신력 있는 인증기관이 발급하는 전자서명에 대한 인증서로서, 공인인증서에 의한 거래는 「전자서명법」에 의거 법적 효력을 갖는다.

공인인증서는 전자거래 상대방의 신원 확인(authentication), 전송되는 정보의 변질 여부 확인(integrity), 전자거래 상대방간 정보 송수신 여부에 대한 부인방지(non-repudiation) 등의 서비스를 가능케 한다. 현재 전자서명인증기관의 관련기관으로는 공인인증기관과 등록기관이 있다.

공인인증기관(certification authority)은 전자서명의 인증관리체계를 갖추고 인증서 발급 서비스를 제공하고 발급된 인증서를 관리하는 조직으로, 「전자서명법」에 의거 산업통상자원부 장관이 지정하여 운영한다. 현재 민간부문에서는 한국증권전산(주), 한국정보인증(주), 금융결제원, 한국전자인증, 한국전산원 및 한국무역정보통신(주) 등 6개사가 운영 중이다. 이들이 발행하는 인증서는 상호 연동되어 하나의 인증서로 모든 공인인증기관의 응용프로그램을 이용할 수 있다.

등록기관(registration authority)은 가입자의 신원확인 및 등록업무 등을 대행하는 기관으로, 주로 지역적으로 분산된 은행들이 업무를 대행한다.

부　　표

우리나라의 주요 금융제도변천 연표

년	월	일	주 요 사 항
1878	6		일본 제일국립은행 부산지점 개점
1897	2	19	한성은행(현 조흥은행) 창립
1899	1	30	대한천일은행(구한국상업은행) 창립
1909	7		한국은행조례 제정 및 구한국은행 설립(10.29)
1911	2	28	조선은행법 제정 및 구한국은행, 조선은행으로 개칭(8.1)
1918	6	7	조선식산은행령 제정
1929	7	1	조선저축은행(현 제일은행) 창립
1943	7	2	조선증권취인소 설립
1950	5	5	「한국은행법」 및 「은행법」 제정
	6	12	한국은행 업무개시, 조선은행 폐쇄
1953	2	15	통화개혁(100원→1환)
1954	4	1	한국산업은행 설립, 조선식산은행령 폐지
1956	3	3	대한증권거래소 발족
	5	1	농업은행, 금융조합 및 동 연합회 업무를 인수하여 창립
1961	6		「농어촌고리채정리법」 제정
	8	1	중소기업은행, 구농업은행에서 분리하여 설립
		5	농업협동조합중앙회 창립
	12	30	「신탁법」 및 「신탁업법」 제정
1962	2	1	한국국민은행, 한국무진주식회사를 모체로 창립
	11	1	시중은행 신탁업무취급 개시
1967	1	30	한국외환은행 창립
	7	10	한국주택금고, 한국산업은행으로부터 주택금융업무를 인수받아 발족
		21	미국 체이스맨하턴은행 서울지점 개설
	10	7	대구은행 창립
1970	5	20	대한투자신탁주식회사 창립
1972	8	2	「상호신용금고법」 제정
		3	경제의 안정과 성장을 위한 대통령 긴급명령 발표
		17	「단기금융업법」 제정
			「신용협동조합법」 제정
1973	12	14	「한국투자기금법」 제정
1975	12	31	「종합금융회사에 관한 법률」 제정

년	월	일	주 요 사 항
1976	6	10	신용보증기금 설립
	7	1	한국수출입은행 설립
	9	14	한국종합금융주식회사 창립
1977	2	19	증권관리위원회 구성 및 증권감독원 설립
1980	6	2	한국장기신용은행, 한국개발금융주식회사를 모체로 창립
1982	1	21	5개 시중은행에서 신용카드업무 허용(6.7 업무개시)
1983	4	11	10개 지방은행에 신탁업무 겸영 허용(5.2 업무개시)
1984	5	15	코리아펀드(Korea Fund) 설립(8.15 뉴욕증권거래소 상장)
		17	시중·외환·지방은행에 양도성예금증서(CD)업무 허용(6.1 시행)
1987	4	23	미국 생명보험회사 LINA의 서울지점 개설
1989	9	5	동화은행 창립
	11	15	5개 지방투자신탁회사의 설립 인가
	12	30	「한국외환은행법」 폐지(한국외환은행, 특수은행에서 일반은행으로 전환)
1991	7	1	서울투자금융 등 5개 투금사, 증권회사로 전환 창립
		15	하나은행, 한국투자금융에서 전환 창립
1992	1	3	외국인의 국내주식투자 허용
1993	6	30	제3단계 금융자율화 및 시장개방계획 발표
	8	12	금융실명거래 및 비밀보장에 관한 긴급재정경제명령에 의거 금융실명제 실시
	12	20	지방투자금융회사의 종합금융회사 전환 허용
1994	3	15	총액한도대출제도 실시
1995	2	24	증권회사의 외국인주식투자관련 외환업무 허용
	4	3	할부금융업 도입
1996	3	12	외국증권사의 국내지점 허가시 경제적 수요심사 폐지
	6	1	예금보험공사(무자본특수법인) 설립
	7	18	콜거래 전문중개회사를 설립하는 등 콜시장 전면 개편
	9	24	원·엔시장 개설
	11	21	선물거래업을 영위하는 35개 선물회사 내인가
	12	17	•비상임이사 중심의 이사회제도를 도입하는 내용을 골자로 하는 「은행법」 개정 •금융기관의 합병 및 전환을 지원하고 금융기관의 부실예방 및 부실금융기관의 정리를 원활히 할 수 있도록 하기 위하여 「금융산업구조개선에 관한 법률」 제정 •M&A제도개선, 증권산업에 대한 진입, 업무, 영업 등에 대한 규제완화, 공시제도 및 소액투자자보호 강화, 투자자보호기금 설립, 임직원에 대한 주식매입선택권제도 도입 등을 주요 내용으로 하는 「증권거래법」 개정
1997	8	28	리스, 카드, 할부금융, 벤처캐피털, 팩토링 등의 업무영역을 통합하는 내용의 「여신전문금융업법」 제정
	12	29	•금융감독업무를 총괄하는 금융감독위원회 설치 등을 주요 내용으로 하는 「금융감독기구 설립 등에 관한 법」 제정 •중앙은행의 통화신용정책의 수립·집행에 있어 자주성 강화와 은행감독원의 분리를

년	월	일	주 요 사 항
			주요 내용으로 하는「한국은행법」개정 •시중은행에 대한 내외국인의 소유한도를 확대하는 내용의「은행법」개정 •부실금융기관의 개념을 확대하고 부실금융기관의 인수·합병 및 감자명령권을 부여하는 내용의「금융산업구조개선에 관한 법률」개정 •이자율 상한선(40%)을 규정한「이자제한법」폐지 •기업집단의 결합재무제표작성 및 외부감사를 의무화하는 내용의「주식회사의 외부감사에 관한 법률」개정 •통합예금보험공사 발족 및 예금보험기금 채권발행 허용을 주요 내용으로 하는「예금자보험법」개정 •외국인 주식소유제한 폐지를 주요 내용으로 하는「증권거래법」개정
	12	30	•국공채, 회사채, 금융채 등 채권시장 전면 개방
1998	6	29	•동화은행 등 5개은행 영업정지 및 신한은행 등 5개은행으로 계약이전
	7	1	주식, CD, RP 등 주식 및 단기금융시장 전면개방
	9	16	•「자산유동화에 관한 법률」제정 •외환업무에 대한 감독 운영체계 개편을 주요내용으로 하는「외국환거래법」제정 •회사형 투자신탁 도입을 위한「증권투자회사법」제정 •금융기관의 적기시정조치제도 근거제공 등을 주요 내용으로 하는「금융산업의 구조개선에 관한 법률」개정
	12	2	•기업분할제도 도입 등 기업의 구조조정지원을 주요 내용으로 하는「상법」개정
	12	11	•외화환산손익의 당기비용처리, 자산재평가폐지, 채권·채무의 시가평가, 파생상품거래의 부내거래화 등을 주요 내용으로 하는「기업회계기준」개정
1999	1	5	•동일인 여신한도 축소 및 거액여신 범위조정을 주요 내용으로 하는「은행법」개정
	3	1	•외국환거래법 제정, 시행
	4	23	•한국선물거래소 개장
2000	10		•금융지주회사의 설립 및 건전성규제 등을 주요 내용으로 하는「금융지주회사법」제정
	10	9	•기업구조조정투자회사의 설립과 운영 등을 주요 내용으로 하는「기업구조조정투자회사법」제정
		12	•공적자금관리위원회 설치 등을 주요 내용으로 하는「공적자금관리 특별법」제정·시행
2001	1		•예금부분보장제도 시행 −금융기관별로 1인당 최고 5천만원 보장
	3		•우리금융지주주식회사 설립
	7	18	•기업구조조정을 신속하게 진행하기 위한 채권단협의안에 대해 법적 토대를 부여하는 것을 주요 내용으로 하는「기업구조조정촉진법」제정
	11		•국민·주택은행 합병
2002	1		•개별주식옵션 증권거래소 상장
	4		•동일인의 은행주식보유한도 확대 등을 주요 내용으로 하는「은행법」개정
	8		•대부업의 등록·감독 및 대부업자에 적용되는 최고이자율 등에 관한 사항을 주요 내용으로 하는「대부업법」제정

년	월	일	주 요 사 항
2003	5		•방카슈랑스제도 도입, 의무보험피해자 보호 강화 및 기타 보험제도 개편을 주요 내용으로 하는 「보험업법」 개정
	9		•종래의 「증권투자신탁업법」, 「증권투자회사법」 및 「증권거래법」의 투자자문 및 일임업을 통합한 「간접투자자산운용업법」을 제정, 간접투자산업을 포괄적으로 정의하고 간접투자행위에 대해 우선적으로 적용
	12		•주택저당채권의 유동화와 주택금융신용보증업무를 주된 업무로 하는 한국주택금융공사의 설립과 그 운영방법을 규정한 「한국주택금융공사법」 제정
2004	1		•한국증권거래소, 코스닥 및 선물거래소를 주식회사 형태의 단일거래소로 통합하고 그 내부에 시장감시위원회를 두는 것을 주요 내용으로 하는 「증권선물거래소법」 제정
	1		•분식회계, 부실감사, 허위공시, 주가조작, 내부자거래 등 불법행위로 인한 소액투자자들의 피해를 구제하기 위한 「증권관련집단소송법」 제정
2005	1	27	•근로자 퇴직급여제도의 설정 및 운영에 필요한 사항을 정한 「근로자퇴직급여보장법」 제정
	3	31	•「회사정리법」, 「화의법」, 「파산법」과 「개인채무자회생법」을 하나로 통합한 「채무자 회생 및 파산에 관한 법률」 제정
	7	29	•증권·보험사에 대한 신탁업겸영 허용을 주요 내용으로 하는 「신탁업법」 개정
2006	3	24	•외국 금융감독당국 및 외국 증권거래소와의 금융거래정보 공유가 가능하도록 「금융실명거래 및 비밀보장에 관한 법률」 개정
	3	24	•부당한 채권추심행위 규제와 신용정보 관련제도를 개선하기 위해 「신용정보의 이용 및 보호에 관한 법률」 개정
	3	26	•조흥은행과 신한은행 합병
	4	28	•전자금융거래와 전자지급수단에 의한 금융관련 제도를 규율하는 「전자금융거래법」 제정
2007	7	2	•금융지주회사 인가대상에서 소규모 회사 제외, 건전성 등의 요건을 갖춘 외국 금융기관의 국내 금융지주회사 설립·지배 허용, 국내 금융지주회사의 자회사에 외국 금융기관 포함 등을 주요 내용으로 하는 「금융지주회사법」 개정
	7	3	•인구구조의 급속한 고령화에 대비하여 세대간 형평성이 제고되도록 연금 급여수준을 조정하여 장기적인 재정안정화 방안을 마련하는 것을 주요 내용으로 하는 「국민연금법」 개정
	7	3	•금융투자업에 공통으로 적용되는 규제와 개별 금융투자업의 업종별 특성에 따라 기능별로 규제하는 것을 주요 내용으로 하는 「자본시장 및 금융투자업에 관한 법률」 제정
2008	2	2	•18부 4처인 중앙행정조직을 15부 2처로 축소하는 「정부조직법」 개정 －금융위원회를 신설하고 재정경제부의 금융정책기능을 동 위원회로 이관
	6	30	•은행의 가계대출에 대한 연대보증제도 폐지
2009	1	8	•「증권거래법」의 상장법인의 지배구조에 관한 특례규정을 회사편에 포함시켜 법적용의 계속성을 유지하기 위한 「상법」 일부 개정
	1	13	•헤지펀드 도입, 장외 파생상품 등에 대한 투자자 보호 장치 강화 등을 주요 내용으로 하는 「자본시장법」 개정

년	월	일	주 요 사 항
	5	27	•한국산업은행을 산업금융지주회사와 정책금융공사로 분할하는 「한국산업은행법」 개정과 「한국정책금융공사법」 시행
	6	9	•비금융주력자의 은행주식 보유한도 확대, 투자(전문)회사에 대한 비금융주력자 판단 기준 완화 등 은산분리 완화를 주요 내용으로 하는 「은행법」 개정
	7	31	•비은행금융지주회사의 비금융자회사 지배 허용, 금융지주회사의 자회사출자한도 폐지 등 금산분리 완화를 주요 내용으로 하는 「금융지주회사법」 개정
2010	5	17	•은행 부수업무 확대 등 은행업에 대한 규제 완화를 내용으로 하는 「은행법」 개정
	6	10	•기업재무안정PEF제도 도입, 펀드 판매수수료·보수한도 신설 등을 위한 「자본시장법」 개정
	7	23	•보험업의 허용 범위를 열거방식(negative system)으로 전환하는 등 보험업에 대한 규제 완화와 보험소비자 보호장치를 강화하는 내용의 「보험업법」 개정
2011	3	19	•개인정보 보호를 강화하기 위한 「개인정보보호법」 제정
	4	14	•이사의 사업기회유용금지의무 신설, 종류주식의 도입 등 기업의 지배구조 개선과 자금 조달 수단의 다양화 등을 주요 내용으로 하는 「상법」 개정
	7	25	•자기신탁, 담보권신탁 도입 등 신탁제도를 국제적 기준에 부합하도록 「신탁법」 개정
	9	16	•한국은행의 목적에 금융안정기능 추가 등 한국은행의 기능 강화를 주요 내용으로 하는 「한국은행법」 개정
2012	10	5	•대주주 자격요건 수시심사제도 도입 등을 주요 내용으로 하는 「상호저축은행법」 개정
	12	11	•대부중개수수료 상한제 도입 등을 내용으로 하는 「대부업 등의 등록 및 금융이용자 보호에 관한 법률」 개정
2013	1	15	•전자단기사채의 발행요건, 유통, 권리행사 등을 주요 내용으로 하는 「전자단기사채 등의 발행 및 유통에 관한 법률」 시행
	5	28	•선진형 투자은행 육성을 위한 종합금융투자사업자 신설 등을 주요 내용으로 하는 「자본시장과 금융투자업에 관한 법률」 개정
	7	3	•바젤 Ⅲ에 따른 최저자본규제 세분화, 자본인정요건 개선 등을 주요 내용으로 하는 「은행업감독규정」 개정(2013. 12. 1. 시행)
	8	13	•비금융주력자의 은행지주회사·은행 주식 보유한도를 9%에서 4%로 축소하는 「자본시장과 금융투자업에 관한 법률」 개정
2014	1	14	•이중상환청구권부 채권(covered bond) 발행한도, 발행요건 등을 규정한 「이중상환청구권부 채권 발행에 관한 법률」 제정
	4	2	•대부업자·여신금융업자의 이자율 상한을 연 34.9%로 제한하는 「대부업 등의 등록 및 금융이용자 보호에 관한 법률」 개정
2015	6		•사모펀드제도 전반에 관한 규제완화와 크라우드펀딩제도 도입을 내용으로 한 「자본시장법」 개정
	7	7	•크라우드펀딩법 국회 본회의 통과
	8	19	•㈜한국외환은행과 ㈜하나은행의 합병 인가
2016	2	25	•계좌이동서비스 3단계 시행
	3	14	•ISA 계좌 도입
	8	5	•증권회사에 대한 전문투자형 사모펀드 운용업 최초 허용

년	월	일	주 요 사 항
	12	15	•㈜케이뱅크 은행(제1호 인터넷전문은행) 은행법 인가
2017	4		•㈜카카오 뱅크 은행업 인가
2018	7		•「금융그룹 통합감독제도」, 7월부터 시범 운영
2019	10	30	•오픈뱅킹 서비스 개시
	11	21	•인터넷전문은행 특례법(ICT기업의 소유지분 34%까지 허용)통과
	12	16	•㈜한국토스은행에 은행업(인터넷전문은행) 예비인가

국문색인

영문색인

[공저자약력]

강 병 호

고려대학교 상과대학 경영학과 졸업
미 University of Wisconsin-Madison 대학원 졸업(M.B.A.)
고려대학교 대학원 경영학과 졸업 (Ph.D.)
한국은행 근무
증권관리위원회 위원
금융감독위원회 위원
금융감독원 부원장
한국기업지배구조원장
현 한양대학교 명예교수

저 서

차등대출금리론(석정, 1986)
재무관리론(공저)(무역경영사, 1987)
증권투자론(형설출판사, 1988)
주요국의 금융제도론(박영사, 1996)
금융기관경영론(공저)(박영사, 1997)
금융시장론(공저)(박영사, 2014)
금융업리스크관리(공저)(박영사, 2000)
투자론(공저)(박영사, 2004)

주요 논문

"이자율의 기간구조," 증권학회지, 1985
"우리나라 금융감독 및 자율규제체계에 관한 연구," 한국규제학회지, 2005
"Restructuring of Financial Institutions and Corporate Sector in Korea," *The Journal of Asian Economics*, vol. 9, No. 4, Winter 1998

김 대 식

서울대학교 경영대학 경영학과 졸업
한국은행 근무
Wharton School, University of Pennsylvania 졸업(M.B.A.와 Ph.D.)
State University of New York at Buffalo, 경영대학 교수
공적자금관리위원회 민간위원 겸 매각소위원회 위원장
채권금융기관 조정위원회 위원
보험연구원 원장
현 한양대학교 교수

주요 논문

"금융감독기구 개편방향," 금융학회지 제10권 제 1 호, 2005. 6
"예금보험기금의 적정 적립 목표규모와 보험료율 연계방안에 관한 연구: 은행부분을 중심으로," 한국금융학회지, 제 9 권 제 2 호, 157-194
"국내 은행의 정보생산 역할에 관한 실증적 연구: 차입방법에 따른 공시효과분석을 중심으로," 재무관리연구, 2010년 제 1 호
"Risk in Banking and Capital Regulation," *Journal of Finance*, December 1988
"Forecasting Required Loan Loss Reserves," *Journal of Business and Economics*, vol. 45, August 1993
"Korean Financial Crisis and Reform: An Overview," in Asian Financial Crisis-Financial, Structural and International Dimensions, *International Financial Review*, vol. I, 2000. 6

제23개정판

금융기관론

초판발행 1992년 3월 30일
제23개정판발행 2024년 2월 29일

공저자 강병호·김대식
펴낸이 안종만·안상준

편 집 배근하
기획/마케팅 최동인
표지디자인 BEN STORY
제 작 고철민·조영환

펴낸곳 (주) 박영사
서울특별시 금천구 가산디지털2로 53 한라시그마밸리 210호(가산동)
등록 1959. 3. 11. 제300-1959-1호(倫)
전 화 02)733-6771
f a x 02)736-4818
e-mail pys@pybook.co.kr
homepage www.pybook.co.kr
ISBN 979-11-303-1931-5 93320

정 가 36,000원